MICHAEL COLLINS PIPER

GIUDIZIO FINALE

L'anello mancante nell'assassinio di JFK

Volume I

MICHAEL COLLINS PIPER (1960-2015)

Michael Collins Piper è stato uno scrittore politico e conduttore radiofonico americano. È nato nel 1960 in Pennsylvania, negli Stati Uniti. È stato un collaboratore regolare di *The Spotlight* e del suo successore, *American Free Press*, giornali sostenuti da Willis Carto. È morto nel 2015 a Coeur d'Alene, Idaho, Stati Uniti.

FINAL JUDGMENT
The Missing Link in the JFK Assassination Conspiracy
Prima edizione (1993) The Wolfe Press
Sesta edizione (2005) American Free Press
da cui è tratta questa traduzione.

GIUDIZIO FINALE
L'anello mancante nell'assassinio di JFK
Volume I

Tradotto dall'americano e pubblicato da
OMNIA VERITAS LTD
OMNIA VERITAS®
www.omnia-veritas.com

© Omnia Veritas Ltd – 2025

Tutti i diritti riservati. Nessuna parte di questa pubblicazione può essere riprodotta con qualsiasi mezzo senza la previa autorizzazione dell'editore. Il codice della proprietà intellettuale vieta le copie o le riproduzioni per uso collettivo. Qualsiasi rappresentazione o riproduzione totale o parziale con qualsiasi mezzo, senza il consenso dell'editore, dell'autore o dei loro successori, è illegale e costituisce una violazione punita dagli articoli del Codice della proprietà intellettuale.

Le armi nucleari israeliane legate all'assassinio di JFK sono oggetto di un dibattito mondiale... ....*21*
Nuove prove collegano il programma di armi nucleari di Israele alla connessione con New Orleans nella cospirazione JFK..*21*

JFK E ISRAELE: NESSUNA "AMICIZIA SPECIALE 22
MOBILI..*22*
LE ORIGINI..*23*
I GIOCATORI...*23*
GLI INVESTIGATORI... ....*23*
INFORMAZIONI SBAGLIATE *23*
TRUCCHI MAGICI... ....*23*
SPECCHIETTI..*24*
I MAGICI...*24*

ECCO COSA HANNO DETTO GLI INVESTIGATORI AUSTRALIANI INCARICATI DI INDAGARE SULL'ASSASSINIO DI JFK *GIUDIZIO FINALE*: 25
ECCO COSA HANNO DETTO ALCUNI GRANDI NOMI HANNO DETTO A PROPOSITO DEL PRIMO LIBRO VIETATO IN AMERICA 26

Un rispettato ex alto funzionario del Dipartimento di Stato americano........................*26*
Famoso sceneggiatore di Hollywood vittima della "caccia alle streghe" degli anni '50 ....*27*
Un autore americano esperto e rispettato, giornalista e leader di una fondazione *27*
Un ex alto funzionario del Pentagono..*28*
Uno dei giovani giornalisti investigativi indipendenti più rigorosi d'America... ....*28*
Ed ecco cosa ha da dire il famoso storico populista americano Eustace Mullins su GIUDIZIO FINALE...*28*

IL MITO DI DALLAS **30**
NUOVE RIVELAZIONI 30

INTRODUZIONE **35**
IL PUNTO DI VISTA DI UN NERO AMERICANO SULL'ASSASSINIO DI JOHN F. KENNEDY 35
GRAZIE - E *INCURIOSISCE*...37

LE SCUSE DELL'AUTORE..**41**
"MI È MANCATO L'ANELLO MANCANTE"..41

L'ALTRO LATO DEL PUZZLE..**43**
PREFAZIONE DELL'AUTORE...43

PREFAZIONE..**57**
L'INDICIBILE VERITÀ: IL RUOLO CENTRALE DI ISRAELE NELL'ASSASSINIO DI JFK............57
IL LEGAME CON LANSKY..*58*
IL LEGAME CON ISRAELE..*58*
ISRAELE, LANSKY E LA CIA..*59*
CONNESSIONE CON IL PERMINDEX *60*
GLI ADDETTI AI LAVORI SONO D'ACCORDO... ....*60*
LA TAVOLA COMPLETA..*60*

UN WHO'S WHO DELLA COSPIRAZIONE PER L'ASSASSINIO DI JFK E DELL'INSABBIAMENTO 61

All'interno di Permindex..*61*
Il legame con il Mossad...*62*
Il legame con la CIA..*63*

Il sindacato criminale di Lansky 64
Il legame con la Francia 66
Cercatori di verità 67
Truffatori di notizie 67
Teorici e/o propagandisti? 68

CAPITOLO PRIMO **70**

    L'ANELLO CHE TIENE INSIEME IL TUTTO QUALI SONO LE TEORIE PIÙ COMUNEMENTE ACCETTATE TEORIE PIÙ COMUNEMENTE ACCETTATE SULL'ASSASSINIO DI JFK HANNO IN COMUNE: LA *CONNESSIONE ISRAELIANA* MAI MENZIONATA 70

    IL RUOLO CENTRALE DI ISRAELE 71
    IL CELLULARE DI ISRAELE 71
    UNA SORTA DI "ORGANIZZAZIONE CLANDESTINA 72
    "ALTRE RETI DI INTELLIGENCE 73
    IL RUOLO DEI MEDIA 73
    "BANNER FALSI 74
    UN CAMBIAMENTO NELLA POLITICA DEL MEDIO ORIENTE 74
    LE TEORIE SI INTEGRANO 74
    CONCLUSIONI GENERALMENTE ACCETTATE 75
    LE PROVE CI SONO 76
    COSA È ACCADUTO.... 77
    LA TEORIA DELLA POLITICA DEL POTERE AL LAVORO 78
    COME È ORGANIZZATO QUESTO LIBRO: UNA GUIDA PER IL LETTORE 79
    IL MOSSAD 79
    JFK, LBJ E ISRAELE 79
    MEYER LANSKY, ISRAELE E LA CIA 80
    PERMINDEX E LA CONNESSIONE FRANCESE 80
    ALCUNI ASPETTI POCO CONOSCIUTI 81
    L'AVETE SENTITO PRIMA QUI 82
    ESPRIMERE UN GIUDIZIO DEFINITIVO 82

CAPITOLO 2 .... **83**

    VIA LA TESTA UN COMPLOTTO DEL MOSSAD PER UCCIDERE UN PRESIDENTE AMERICANO 83

    AMERICANI UCCISI IN UN COMPLOTTO ISRAELIANO 84
    UNA FALLA NELLA SICUREZZA 85
    NEL 1991, QUINDI PERCHÉ NON NEL 1963? 86
    ALCUNE SPECULAZIONI STORICHE 86
    UN'INTERESSANTE NOTA STORICA 87
    UNA SERIE DI PROVE 88

CAPITOLO 3 .... **89**

    UNA CATTIVA ABITUDINE: LUSO DI "FALSI VESSILLI" DA PARTE DI ISRAELE NEL TERRORISMO INTERNAZIONALE - INCOLPARE GLI ALTRI 89

    "TRACCE FABBRICATE E STRISCIONI FALSI 89
    U.S.S. LIBERTY - COLPA DEGLI EGIZIANI 90
    LA BOMBA NUCLEARE 90
    IL CASO LAVON 91
    ACCUSANDO "ESTREMISTI DI DESTRA 91
    LA COLPA DELLA MAFIA CORSARA 92
    INCOLPARE I NEO-NAZISTI 92
    INCOLPARE I SUDCOREANI 92
    INCOLPARE I LIBICI 93
    DI NUOVO LA COLPA ALLA LIBIA 93
    INCOLPARE I SIRIANI 94

ACCUSANDO IL PLO 94
PERCHÉ FARE DI OSWALD UN "AGITATORE PRO-CASTRO"? 95
JFK E GLI AFFARI SEGRETI 96

CAPITOLO 4 97

Sotto la minaccia di un coltello JFK, Meyer Lansky, la mafia e la lobby israeliana 97

JFK, HITLER E LA GUERRA IN EUROPA 98
KENNEDY E IL "FASCISMO 98
UN PROGETTO IMPRENDITORIALE 99
APERTAMENTE ANTIEBRAICO 100
JOE KENNEDY PARLA APERTAMENTE 100
I NAZISTI "APPROVANO" NIXON 101
KENNEDY INFASTIDISCE LA LOBBY ISRAELIANA 102
KENNEDY E LANSKY 103
TRADIMENTO 104
KENNEDY E IL CRIMINE 105
UNA PROMESSA ALLA MAFIA 105
JFK, LA MAFIA E MEYER LANSKY 106
PROBLEMI CON LA LOBBY ISRAELIANA 106
ABRAHAM FEINBERG 107
L'"INDIGNAZIONE" DI KENNEDY 108
UN PREGIUDIZIO "PERICOLOSO 108
KENNEDY E BEN-GOURION - IL PRIMO INCONTRO 109
KENNEDY INVERTE I RUOLI 109
JFK SI OPPONE ALLA LOBBY ISRAELIANA 110
GUERRE SEGRETE 110
IL MONOPOLIO DEL DENARO 111
VARIE ENTITÀ 111

CAPITOLO 5 112

Genesi la guerra segreta di JFK con Israele 112

"SIONISTI NELLA SALA RIUNIONI DEL GABINETTO" 112
LE BUONE INTENZIONI DI KENNEDY 113
IL GESTO DI PACE DI NASSER 114
IN LINEA CON LA TRADIZIONE 114
LA LOBBY DI ISRAELE REAGISCE 114
ALGERIA, DI NUOVO 115
IL VOLTAFACCIA DI DE GAULLE IN MEDIO ORIENTE 115
"DOPPIO SENSO 116
NESSUN "AMICO ESCLUSIVO 116
QUATTRO PROBLEMI CON ISRAELE 117
I BISOGNI DELL'AMERICA SONO NOTEVOLI 117
PRIMA L'AMERICA, NON ISRAELE 117
ESPANSIONE NUCLEARE 118
UNA SITUAZIONE "MOLTO DIFFICILE 118
A KENNEDY "NON PIACEVA" E DE GAULLE ERA "SCONVOLTO". 118
LA GUERRA SEGRETA 119
IL PROGRAMMA NUCLEARE DI ISRAELE 120
KENNEDY E BEN-GOURION 121
RELAZIONI VELENOSE 121
OSPITALITÀ 122
"UN PERICOLO PIÙ GRAVE 123
IL GESTO DI KENNEDY 123
LO SPIETATO ISRAELE 123

MINACCE CONTRO JFK 124
L'IMPOSTURA DEL DESERTO 125
L'"ULTIMO PRESIDENTE AMERICANO 125
"L'ANNO TURBOLENTO 126
IL PROBLEMA ALGERINO 126
L'ULTIMA CONFERENZA STAMPA 127
LA "BUONA FEDE" DI JFK MESSA IN DISCUSSIONE 128
BEN-GOURION: "SEGNI DI PARANOIA 129
CORRISPONDENZA SEGRETA "SEMPRE PIÙ AMAREGGIATA 129
KENNEDY È UN TIRANNO 129
L'ESISTENZA DI ISRAELE "È IN PERICOLO" 130
un vicolo cieco dal sapore amaro 130
UN MODERNO HAMAN? 130
L'ORDINE FINALE? 131
I CECCHINI DEL MOSSAD 132
I NEMICI SI UNISCONO 132
LA VENUTA DEL MESSIA 133

CAPITOLO 6 134

LA VENUTA DEL MESSIA LYNDON JOHNSON VIENE IN SOCCORSO DI ISRAELE; LA POLITICA AMERICANA IN MEDIO ORIENTE VIENE RIBALTATA 134

LA SOPRAVVIVENZA DI ISRAELE 134
IL LEGAME TRA JOHNSON E LANSKY 135
JOHNSON RISCHIA LA PRIGIONE? 136
IMPROVVISI CAMBIAMENTI DI POLITICA 136
BUONE NOTIZIE" DA DALLAS 137
GLI INTERESSI DI ISRAELE PRIMA DI TUTTO 138
IL LUTTO NEL MONDO ISLAMICO 138
DEUIL A PARIGI 138
SOSPETTI 139
MUOVERSI VELOCEMENTE 139
UN FAVORITO DI LUNGA DATA DI ISRAELE 140
INIZIA IL CAMBIAMENTO DI POLITICA 141
LA BOMBA NUCLEARE 141
HUBERT HUMPHREY E IL SINDACATO LANSKY 142
AIUTI ESTERI SOVVENZIONATI DALLO STATO 143
ARMARE LA MACCHINA DA GUERRA DI ISRAELE 143
GLI INTERESSI DI ISRAELE PRIMA DI TUTTO 144
ISRAELE APPROFITTA DEL VIETNAM 145
VIETNAM - IL PICCOLO SPORCO SEGRETO DI ISRAELE 146
DOVE DOVREBBE COMBATTERE L'AMERICA? 147
LANSKY, LA CIA E IL VIETNAM 147
UN ATTACCAMENTO APPASSIONATO 148

CAPITOLO 7 149

IL PADRINO DI ISRAELE: L'INTERMEDIARIO MEYER LANSKY, LA CIA, L'FBI E IL MOSSAD ISRAELIANO 149

CHI ERA MEYER LANSKY? 150
UN MEMBRO DEL CONSIGLIO DI AMMINISTRAZIONE 150
COLLEGAMENTI CON I SERVIZI SEGRETI AMERICANI 151
IL PRESIDENTE DEL CONSIGLIO DI AMMINISTRAZIONE 151
LANSKY E CUBA 151
ALLEANZA E RIVALITÀ 152
LUCIANO FRAMMATO 152
LANSKY, DEWEY E LA CIA 153

FRANK COSTELLO "VA IN PENSIONE *154*
LUCIANO RIMEMBRI.... .... *154*
"IL CAPO DI TUTTO *155*
AIUTO BENEVOLO *155*
NASCONDERSI DIETRO "LA MAFIA *155*
"I VERI BOSS DEL CRIMINE *156*
"NASCONDERE NOSTRA.. *156*
LA MAFIA NEL CAOS / LANSKY AL VERTICE *157*
IL LEGAME TRA HOOVER E LANSKY *158*
L'ADL E LA CRIMINALITÀ ORGANIZZATA *159*
CHIUDERE GLI OCCHI.. *160*
UN TESTIMONE MORTO... *161*
L'ACCORDO HOOVER *161*
COSA SAPEVA HOOVER *162*
IL LEGAME CON ANGLETON *162*
LO SPONSOR... *163*
TRAFFICO DI ARMI PER ISRAELE... *163*
OPERAZIONE MALAVITA.. *164*
ISRAELE: UNA BASE OPERATIVA *165*
RICICLAGGIO DI DENARO.. *166*
RABBINO TIBOR ROSENBAUM *166*
LA BANCA DI CREDITO INTERNAZIONALE *166*
SOCIETÀ ISRAELICA *168*
LE BANCHE ADL.. *169*
LO SPONSOR TORNA A CASA... *170*
DENARO PEGRE IN ISRAELE *171*
LANSKY IN DECLINO *171*

CAPITOLO 8...**174**

Gli inseparabili: Le relazioni pericolose James Jesus Angleton e la Profana Alleanza tra Israele, la CIA e il sindacato del crimine di Meyer Lansky 174

CAPI POTENTI *175*
UNA POTENZA A SÉ STANTE.. *175*
IL CAPO DELL'INTELLIGENCE INTERNAZIONALE *176*
L'UOMO DI BEN-GURION A WASHINGTON.. *176*
KENNEDY UNA MINACCIA *177*
LA CIA E ISRAELE: I PRIMI TEMPI... *177*
COMPLOTTI DI ASSASSINIO *178*
LA SQUADRA DI TIRO A SEGNO DI ANGLETON... *179*
UN'ALLEANZA SOLIDA... *179*
UN'INVERSIONE DI POLITICA *180*
ANGLETON E LA BOMBA NUCLEARE DI ISRAELE.. *180*
TEODORO SHACKLEY *181*
IL MEMORANDUM SEGRETO *181*
IL POTERE DI ANGLETON SI RAFFORZA *182*
ANGLETON, LANSKY E L'OSS *182*
RESISTENZA EBRAICA... *183*
ANCORA TIBOR ROSENBAUM *183*
IL LEGAME CON LA MAFIA CORSARA.. *183*
I COLPEVOLI DELLA CIA *184*
ANGLETON, LA CIA E LA CONNESSIONE FRANCESE... *185*
LA MANIPOLAZIONE DELLA COMMISSIONE WARREN... *185*
IL CASO NOSENKO: L'ACCUSA *186*
FANTASY IN FORMA DI LIBRO *187*
INGANNATI DA UN FALSO BANNER *188*
"UNA CASA CON MOLTE STANZE *189*

CAPITOLO 9 191

    UN PICCOLO INCONVENIENTE LA GUERRA DI JFK CON GLI ALLEATI DI ISRAELE ALLEATI ALL'INTERNO DELLA CIA 191

    LA BAIA DEI MAIALI 191
    LE MISURE DI KENNEDY CONTRO LA CIA 192
    CONTROLLO DELLA CIA 193
    LA CIA E IL VIETNAM 193
    L'INTERMEDIARIO DI FIDUCIA DI KENNEDY 194
    FUORI CONTROLLO 194
    UN COLPO DI STATO SPONSORIZZATO DALLA CIA? 194
    LA CIA VINCE 196
    LA CIA E L'ASSASSINIO DI JFK 196
    CACCIARE UN AGENTE INDIPENDENTE? 197
    HUNT, STURGIS E RUBY A DALLAS 197
    I FRATELLI NOVO 198
    IL COLLEGAMENTO HUNT - BUCKLEY 199
    LE MOLTE CONNESSIONI DEL MOSSAD 199
    IL PROTETTO DI TIBOR ROSENBAUM 200
    IL LEGAME DI BUCKLEY CON ISRAELE 201
    IL COLLEGAMENTO BUCKLEY - De Mohrenschildt 202
    DE MOHRENSCHILDT E HUNT 203
    LA CIA E L'OAS 203
    OAS E AMICI DI ISRAELE IN FRANCIA 205
    TRE FORZE POTENTI 206

CAPITOLO 10 207

    IL TIRAPIEDI DEL TIRAPIEDI MEYER LANSKY E CARLOS MARCELLO - LA MAFIA HA UCCISO JFK? 207

    ACCUSARE MARCELLO 207
    DISTORCERE LA VERITÀ 207
    CLAY SHAW E LA CIA 208
    IGNORARE I FATTI 208
    IL SABOTAGGIO DELLA GUARNIGIONE 209
    L'ESPERTO DI CRIMINALITÀ ORGANIZZATA 210
    IL LEGAME BLAKEY - LANSKY 210
    DALITZ, SIEGEL E LANSKY 211
    ISRAELE ONORA DALITZ 212
    BLAKEY E LA CIA 212
    IL FRONTMAN DELLA LOUISIANA 213
    Il mercato tra LONG e LANSKY 214
    MARCELLO INDOSSA IL CAPPELLO 214
    LANSKY, MARCELLO E LA CIA 215
    MARCELLO, FERRIE, BANISTER & LA CIA 216
    LANSKY E L'ASSASSINIO DI LONG 216
    RINTRACCIARE LANSKY VIA MARCELLO 218
    "KOSHER NOSTRA" DI LANSKY 218
    PAROLE NELL'ARIA 219
    LANSKY NON È MENZIONATO 219

CAPITOLO 11 221

    SERENATA CUBANA MEYER LANSKY, LA MAFIA, LA CIA, MOSSAD E I COMPLOTTI PER ASSASSINARE CASTRO 221

    L'ALLEANZA TRA LANSKY E LA CIA 222
    IL "LEGAME EBRAICO" CUBANO 224

- *LANSKY E GLI ATTENTATI* 224
- *ROSSELLI E L'ASSASSINIO DI JFK* 226
- *IL LEGAME DEL MOSSAD CON SAM GIANCANA...* 227
- *GIANCANA E ROSSELLI ESEGUITI* 229
- *LA MAFIA E IL MOSSAD* 230

CAPITOLO 12 231

L'OPPIO DEI POPOLI IL COMMERCIO DI DROGA NEL SUD-EST ASIATICO DI LANSKY, DELLA CIA E DEL COLLEGAMENTO CON IL MOSSAD 231

- *IL BOSS DELLE DROGHE* 232
- *TRAFFICANTE L'UOMO DI PAGLIA* 232
- *LANSKY AVANZA IN CIMA ALLA CLASSIFICA* 233
- *LA MAFIA SOTTO PRESSIONE* 233
- *CHI È IL CAPO?* 234
- *IL LEGAME TRA DROGA E MOSSAD* 235
- *LA MAFIA CORSICA* 236
- *LANSKY, LA CIA E LA MAFIA CORSARA* 236
- *IL LEGAME TRA IL VIETNAM E LA DROGA* 237
- *MASCHERARE IL LEGAME CON LANSKY* 238
- *ASSASSINI FRANCESI?* 239
- *IL COLLEGAMENTO CON LA CACCIA* 240
- *DUE FACCE DELLA STESSA MEDAGLIA* 240
- *ISRAELE, LA CIA E IL CARTELLO DELLA DROGA* 241

CAPITOLO 13 242

I LEGAMI DELLA CALIFORNIA CON ISRAELE MICKEY COHEN E LA COSPIRAZIONE PER ASSASSINARE JFK 242

- *MEMORIE DI COHEN* 242
- *IL LEGAME CON LA CIA* 243
- *IL SUCCESSORE DI SIEGEL* 243
- *LANSKY ORDINA L'OMICIDIO* 244
- *HOOVER INVIA LE SUE CONDOGLIANZE* 244
- *"GLI OCCHI E LE ORECCHIE DI LANSKY* 244
- *COHEN E ISRAELE* 245
- *MENACHEM BEGIN ARRIVA IN CITTÀ* 245
- *DEDICATO A ISRAELE* 246
- *JACK RUBY ARRIVA IN CITTÀ* 247
- *COHEN, MARILYN MONROE E JFK* 248
- *LE OPINIONI DI JFK SU ISRAELE?* 249
- *DUE OMICIDI?* 249
- *COSA STAVANO FACENDO?* 250
- *MELVIN BELLI* 250
- *LA MISSIONE DI COHEN* 251
- *COPRIRE LE SPALLE A ISRAELE* 251
- *LA CONNESSIONE COHEN* 252

CAPITOLO 14 253

IL CORRIERE: JACK RUBY ERA PIÙ MOSSAD" CHE "MAFIA 253

- *RUBY E IL TRAFFICO DI DROGA DI LANSKY* 255
- *RUBY NON FACEVA PARTE DELLA MAFIA* 256
- *I LEGAMI ISRAELIANI DI RUBY* 257
- *RUBY E IL COMMERCIO DI ARMI ISRAELIANO* 257
- *RUBY E LA FAMIGLIA BRONFMAN* 260
- *RUBINO E LA CIA* 260

RUBY, OSWALD E LA CIA 261
UNA COSPIRAZIONE CONTRO CONNALLY? 263
IL MESSAGGERO DI LANSKY A DALLAS 264
BRADEN, RUBY E FERRIE 264
MELVIN BELLI ARRIVA IN CITTÀ 266
L'INSABBIAMENTO DEI MEDIA 268
UN CORRIERE BEN PIAZZATO 268
UNA STRANA STORIA 269
LEGATO A ISRAELE? 269
QUALCUNO STAVA AIUTANDO RUBY 270
IL MISTERO FINALE - RUBY E L'ADL 272
NUOVE RIVELAZIONI 272
STROFINACCI MISTI A TOVAGLIOLI 273

CAPITOLO 15 .... **274**

IL MISTERO DEL PERMINDEX ISRAELE, LA CIA, IL SINDACATO CRIMINALE LANSKY E IL COMPLOTTO PER UCCIDERE JOHN F. KENNEDY 274

IL SEGRETO DI PERMINDEX 275
"CONNESSIONI TRANSNAZIONALI 275
CHE COS'È IL PERMINDEX? 276
GLI SPONSOR POCO CONOSCIUTI DI CLAY SHAW 277
SEYMOUR WEISS E LA CIA 278
GLI UOMINI DIETRO SHAW 278
LOUIS BLOOMFIELD - IL LEGAME CON BRONFMAN 279
BLOOMFIELD E L'INTELLIGENCE AMERICANA 281
SHAW E ANGLETON 281
CONNESSIONI ANCORA PIÙ STRANE 283
IL RUOLO DI ISRAELE È CHIUSO 284
EISENBERG E FEINBERG - DI NUOVO 284
LA COSPIRAZIONE DEL PERMINDEX 286
IL CORRIERE DI LANSKY A MIAMI E GINEVRA 286
UN ALTRO LEGAME CON ISRAELE 287
I COMPLOTTI PER ASSASSINARE CHARLES DE GAULLE 287
SOUSTELLE, OAS E IRGOUN 288
ISRAELE E L'OAS 289
OAS, PERMINDEX E NEW ORLEANS 290
IL LEGAME ISRAELIANO DI BANISTER 292
UNA "TERZA FORZA"? 293
UNA VISITA AL PERMINDEX 294
LO STRANO MONDO DI CLAY SHAW 295
E IL LEGAME CON IL "NAZISMO"? 295
"I FASCISTI GIUDEI 296
UNA DISPOSIZIONE TRANSNAZIONALE 297

CAPITOLO 16 .... **299**

TRADIMENTO A DALLAS COSA È SUCCESSO VERAMENTE A DEALEY PLAZA? JAMES JESUS ANGLETON, E. HOWARD HUNT E L'ASSASSINIO DI JFK. LA VERITÀ SULLA "CONNESSIONE FRANCESE 299

LA CIA HA INCASTRATO HUNT? 300
UNA SOCIETÀ TRA LA CIA E IL MOSSAD? 300
HUNT ERA A DALLAS 301
LANE PRENDE IL CASO 302
HUNT E RUBY A DALLAS 303
IL LEGAME CON ANGLETON 304
IL MEMO È STATO DELIBERATAMENTE DIVULGATO? 310

A HUNT È STATO ORDINATO DI ANDARE A DALLAS? 310
LA CIA E LO SCENARIO MESSICANO 311
OSWALD E IL KGB? 311
WARREN "TENUTO IN OSTAGGIO 312
ANGLETON E MESSICO 313
QUAL ERA LA MOTIVAZIONE DI ANGLETON? 314
L'AMANTE ASSASSINATA 315
COSA SAPEVA E QUANDO LO SAPEVA? 316
ANGLETON, HUNT E L'ASSASSINIO DI JFK 316
IL SILENZIO DELLA CACCIA 318
HUNT ERA UN CAPRO ESPIATORIO? 319
IL POLIZIOTTO, LA STAR DEL CINEMA E LO SCERIFFO 319
"UN TERRIBILE TRADIMENTO DA QUALCHE PARTE" 320
IMPRONTE ALLA PORTA DI CASTRO 321
"UN TRADIMENTO DI PROPORZIONI INCREDIBILI"? 322
L'IDENTITÀ DI JOHN? 323
UNA "TERZA FORZA"? 324
CHI AVEVA IL POTERE? 324
UN AGENTE DEL MOSSAD A DEALEY PLAZA 325
STURGIS, BANISTER, FERRIE E OSWALD 327
I TENTACOLI DEL MOSSAD CIRCONDANO OSWALD 327
L'INSABBIAMENTO DEL MOSSAD 329
STRISCIONI FALSI A DEALEY PLAZA? 330
Altre disinformazioni da parte della CIA e del MOSSAD? 331
IL COLLEGAMENTO FRANCESE 332
IL MERCENARIO OAS 333
I LEGAMI FRANCESI DI ISRAELE 335
SCIACALLO O JACL? 336
LA COSPIRAZIONE HA CHIUSO IL CERCHIO 337
CRISTIANO DAVID 338
GLI ANELLI SI INTERSECANO A DALLAS 338
DE GAULLE COLPISCE ANCORA 339
PERMINDEX E LA CONNESSIONE FRANCESE 340
PIÙ ISRAELE 341
LA FORZA MOTRICE 341

CAPITOLO 17 .... **342**

Non osano parlare: Il silenzio dei media - Perché il ruolo di Israele
nell'assassinio del JFK nell'assassinio di JFK non poteva essere rivelato 342

IL DISSENSO DI UN CITTADINO 343
GARRISON E IL LEGAME TRA LA CIA E IL MOSSAD 343
INTERVENTO DI ANGLETON 343
LA GANG STERN 344
SABOTAGGIO 345
ANCORA DI PIÙ DALLA BANDA DI POPPA 345
LA "PUBBLICITÀ GRATUITA" DI OSWALD 346
IL LEGAME CON SHERIDAN E ISRAELE 347
PRESIDIO CRITICATO 348
SABOTAGGIO DALL'INTERNO 348
ANCORA UN INTERVENTO DELLA CIA? 349
GARRISON E MARCELLO 350
I FEDERALI CONTRO GARRISON 350
I MEDIA INFANGANO L'IMMAGINE DI KENNEDY 351
LA CONNESSIONE HUNT - CIA ELIMINATA 351
LA CIA E I MEDIA 352
ISRAELE E I MEDIA AMERICANI 352

I TENTACOLI DEL MOSSAD 353
LA LEGA ANTIDIFFAMAZIONE 354
L'ADL E IL SINDACATO DI LANSKY 354
L'ADL E L'INTELLIGENCE AMERICANA 355
L'ADL E I MEDIA 355
AZIONE CONTRO I CRITICI DI ISRAELE 355
SCANDALO SPIA 356
SPIARE TUTTI 357
IL LEGAME CON ANGLETON 357
L'ADL E L'ASSASSINIO DI JFK 357
la copertina di pearson e anderson 358
PERCHÉ LA COPERTURA NON REGGE... 358
IL LEGAME CON LA CIA 359
PEARSON, JOHNSON E IL SINDACATO LANSKY 360
EARL WARREN VIENE FREGATO 360
DISTOGLIERE L'ATTENZIONE DALLA CONTROVERSIA 361
IL GIORNALISTA PREFERITO DI ISRAELE 362
PEARSON E L'ADL 362
IL LEGAME DI PEARSON CON IL MOSSAD 363
LA LOBBY ISRAELIANA E PEARSON 363
L'AFFARE MICKEY COHEN 364
PEARSON E IL NATIONAL ENQUIRER 364
IL LEGAME CON JOE TRENTO 365
CONNESSIONI DI JACK ANDERSON 365
UN CASO DI STUDIO SULLA DISINFORMAZIONE 366
ALTRA DISINFORMAZIONE 367
UN "CRITICO" PRO-ISRAELE 368
LA COPERTINA DI "HOFFA A TUÉ JFK 368
PERCHÉ LA STORIA DI HOFFA NON REGGE 369
CHI HA UCCISO HOFFA? 369
SUN MYUNG MOON, ISRAELE E LA CIA 370
INSABBIAMENTO CONSERVATORE 371
CHI C'È DIETRO IL MAGNETE? 371
IL LEGAME DI ISRAELE CON L'OBIETTIVO 371
UN'ALTRA CONNESSIONE CON LA CIA E LANSKY 372
PIETRA OLIVER 372
PUNTARE NELLA DIREZIONE SBAGLIATA 373
IL LEGAME DI STONE CON LANSKY E ISRAELE 373
"LA MAFIA ISRAELIANA 374
ANCORA TIBOR ROSENBAUM 374
LA BANDA DEL TEMPO-VITA 375
DI NUOVO I BRONFMAN 375
IL LEGAME DI STONE CON L'ADL 376
LA PIETRA REAGISCE AL GIUDIZIO FINALE... 376
PIETRA E "LA CONNESSIONE FRANCESE 376
IL LEGAME DI STONE CON IL MOSSAD 377
UNA "SITUAZIONE LIMITATA" IN STILE HOLLYWOODIANO? 378
UN INVITO AL DIBATTITO 378
DOVE LA PIETRA FALLISCE 378
I MEDIA RIFIUTANO IL GIUDIZIO FINALE 379

CAPITOLO 18 380

EREDE AL L'ASSASSINIO DI ROBERT F. KENNEDY ISRAELE, IRAN, LANSKY E LA CIA 380

"IL COLPEVOLE È UN ARABO 381
LA COSPIRAZIONE DELL'RFK 381
DEBUTTO DELLA SAVAK 382

LA SECONDA "ARMA *383*
ALTRI POTENZIALI TIRATORI...*383*
L'INDAGINE VIENE ANNULLATA *384*
IL LEGAME CON LANSKY...*384*
ISRAELE E IRAN...*385*
L'IRAN E LA LOBBY ISRAELIANA *385*
LE ORIGINI ISRAELIANE DELLA SAVAK..*386*
ISRAELE ADDESTRA SAVAK..*386*
A SHAH RAVI...*387*
PERPETUARE IL CAMUFFAMENTO...*387*
RICHARD HELMS E LO SHAH *387*
ALCUNE OSSERVAZIONI CONCLUSIVE *388*
SOMMARIO...*389*

CONCLUSIONE **390**
    Operazione Haman La teoria che funziona Il riassunto *390*
IL SINDACATO DI LANSKY LEGATO AD ISRAELE *390*
LYNDON JOHNSON...*390*
CUBANI ANTICASTRISTI...*391*
LA CIA..*391*
HOOVER...*391*
IL VIETNAM E LE DROGHE..*392*
ISRAELE, LA CIA E IL SINDACATO LANSKY *392*
MICKEY COHEN *392*
BEN-GURION E LA BOMBA NUCLEARE ISRAELIANA...*393*
LA COSPIRAZIONE È IN CORSO *393*
ATTORI CHIAVE DELLA CIA - TUTTI LEGATI AL MOSSAD *394*
IL LEGAME CON LA FRANCIA *394*
"L'OMICIDIO FITTIZIO..*394*
JACK RUBY, MICKEY COHEN E IL MOSSAD *395*
EARL WARREN..*396*
TRACCE SBAGLIATE *397*
ROBERT F. KENNEDY..*397*
ISRAELE E I MEDIA..*397*
L'IMPATTO DELL'ASSASSINIO *397*
UNA PICCOLA CERCHIA DI COSPIRATORI *398*
QUELLI DELLA PERIFERIA...*399*
IL GIUDIZIO FINALE..*400*
    CINQUE OPINIONI SUI LEGAMI DEL MOSSAD CON LA COSPIRAZIONE PER
    L'ASSASSINIO DI JFK 434

ALTRE PUBBLICAZIONI **441**

Giudizio Finale è senza dubbio il libro più "controverso" - e certamente il più denunciato - su quello che è forse l'argomento più discusso della storia americana...

Eppure la maggior parte di coloro che hanno condannato istericamente questo libro non lo hanno mai letto...

I critici attaccano violentemente l'autore, ma si rifiutano di discutere con lui...
Questo è l'unico libro sull'assassinio di JFK che nessun grande editore ha osato pubblicare...

Nonostante ciò, le persone di mentalità aperta che *hanno osato leggere Giudizio Finale* - tra cui alcuni nomi molto famosi - hanno concluso che è l'unico libro che descrive in modo più completo il complotto che costò la vita a John F. Kennedy.

Giudizio Finale presenta quello che l'autore, Michael Collins Piper, chiama "l'altro lato del puzzle": i dettagli a lungo ignorati ma altrimenti liberamente disponibili (tutti trovati nella documentazione "mainstream") che gettano una nuova e sorprendente luce sulle circostanze dell'assassinio di JFK.

Questo libro dimostra la forte probabilità che il Mossad, il servizio di intelligence israeliano, abbia collaborato con la CIA e il sindacato del crimine di Meyer Lansky nell'assassinio di JFK, perché il presidente Kennedy stava cercando di impedire a Israele di dotarsi di armi nucleari di distruzione di massa. Questo fatto è rimasto un segreto ben custodito per decenni.

Tuttavia, a metà degli anni '80, cominciò a emergere la verità sui retroscena della guerra del Presidente Kennedy contro Israele. Eppure, molti investigatori altrimenti diligenti sull'assassinio di JFK non hanno mai considerato la possibilità che Israele avesse buone ragioni per allinearsi con altre forze potenti che volevano JFK fuori dalla Casa Bianca. Una volta letto il *Giudizio Finale*, vi accorgerete che le prove del coinvolgimento di Israele ci sono.

Nonostante sia stato pubblicato per la prima volta nel 1994, il libro è stato citato solo da un giornale, un piccolo settimanale di Washington. Nonostante ciò, *Giudizio Finale* ha venduto più di 40.000 copie, guadagnandosi il famoso status di bestseller "indipendente".

Eppure la maggior parte degli americani non ha mai sentito parlare di questa rivoluzionaria bomba storica o delle sue controverse tesi.

Illustrazioni di copertina
David Ben Gurion (a sinistra), John Fitzgerald Kennedy (a destra).

Dedicazione

Alla mia defunta amica Lois Petersen.

Senza Lois, questo libro non sarebbe stato possibile.

Grazie, Lois, per tutto.

Al notevole O.W. MacLeod, la cui amicizia e il cui incoraggiamento sono stati inestimabili.

A Robert M. Piper, che ha condiviso il mio entusiasmo per le cause apparentemente perse.

E al coraggioso e inimitabile Jim Floyd, che mi ha offerto il suo sostegno quando molti non l'avrebbero fatto.

Le armi nucleari israeliane legate all'assassinio di JFK sono oggetto di un dibattito mondiale...

Per dieci anni i propagandisti israeliani hanno etichettato Michael Collins Piper, l'autore di *Giudizio finale*, come "bugiardo" e "antisemita" per aver accusato i servizi segreti israeliani di aver avuto un ruolo nel complotto per l'assassinio di JFK, a causa dell'aspro conflitto segreto tra JFK e il Primo Ministro israeliano David Ben Gurion sugli sforzi di Israele per produrre armi nucleari di distruzione di massa. Alcuni cosiddetti "investigatori dell'assassinio di JFK" hanno deriso Piper e si sono rifiutati di affrontare la tesi del suo libro.

Tuttavia, il 25 luglio 2004, molti dei critici di Piper sono stati messi a tacere e sono rimasti sconcertati quando l'autorevole *Jerusalem* Post israeliano ha pubblicato un articolo intitolato: "Vanunu: Israele dietro l'assassinio di JFK". Il giornale affermava che il famoso fisico nucleare di origine ebraica Mordechai Vanunu - recentemente rilasciato dopo aver trascorso 18 anni in prigione per aver rivelato il programma segreto di armi atomiche di Israele - aveva accusato i sostenitori della campagna nucleare di Israele *di essere coinvolti nell'assassinio di JFK proprio a causa dell'interferenza di quest'ultimo con i loro obiettivi*.

Il governo israeliano ha negato le accuse di Vanunu, ma le sue affermazioni hanno ricevuto l'attenzione dei giornali di tutto il mondo, con la notevole eccezione degli Stati Uniti, dove *un solo giornale* ha menzionato le accuse di Vanunu: *American Free Press*, il settimanale con sede a Washington che ha pubblicato *Final Judgement*. Tuttavia, come ha spiegato correttamente lo scrittore più letto su Internet, il reverendo Mark Dankof, "le accuse di Vanunu e Piper su Israele non spariranno".

Nuove prove collegano il programma di armi nucleari di Israele alla connessione con New Orleans nella cospirazione JFK

Mentre la seconda stampa della sesta edizione di questo libro andava in stampa, una fonte di alto livello che aveva familiarità con gli affari della centrale nucleare NUMEC in Pennsylvania, che aveva contrabbandato materiale nucleare in Israele (si veda solo il capitolo 8), fornì a Michael Collins Piper documenti che attestavano che la famiglia di Edith Rosenwald Stern, un importante leader ebreo di New Orleans, era uno dei principali finanziatori della NUMEC. La signora Stern era l'amica più intima di Clay Shaw, un informatore di lunga data della CIA incriminato dal procuratore distrettuale di New Orleans Jim Garrison per la cospirazione JFK. *Sentenza Finale* aveva già riportato i legami di Shaw con l'intelligence israeliana, quindi il collegamento tra NUMEC e Stern è ancora più schiacciante e, insieme ad altri dati, spiega perché Garrison alla fine ha concluso che c'era un collegamento israeliano dietro il complotto. E notate questo: un altro investitore del NUMEC era Richard Scaife, un miliardario "di destra" collegato alla CIA di Pittsburgh, il cui protetto, Joe Farah, un convinto sostenitore di Israele, aveva promosso un libro sul complotto JFK, ovviamente progettato per distrarre dal *Giudizio Finale*. Questo dice tutto.

Il legame tra le armi nucleari israeliane e l'assassinio di JFK è una realtà - un fatto storico che non è destinato a scomparire...

JFK e ISRAELE: nessuna amicizia speciale

"Israele non ha bisogno di scusarsi per l'assassinio o la distruzione di coloro che cercano di distruggerlo. La prima cosa da fare per qualsiasi Paese è proteggere il proprio popolo".

Washington Jewish Week **9 ottobre 1997**

"L'assassinio del presidente americano John F. Kennedy pose brutalmente fine alle massicce pressioni esercitate dall'amministrazione statunitense sul governo di Israele per fermare il programma nucleare [in *Israele e la bomba* di Avner] Cohen dimostra a lungo le pressioni esercitate da Kennedy su Ben-Gurion... in cui Kennedy chiarisce al primo ministro israeliano che in nessun caso avrebbe acconsentito a che Israele diventasse uno Stato nucleare. Il libro implica che, se Kennedy fosse rimasto in vita, è improbabile che oggi Israele abbia un'opzione nucleare".

Reuven Pedatzer nel giornale
*Ha'aretz***, 5 febbraio 1999, recensendo Israele e la bomba.**
Israele e la bomba **(New York: Columbia University Press, 1998)**

"Nulla nell'universo è una coincidenza", ha detto il rabbino Meir Yeshurun del Kabbalah Center di Boca Raton, in Florida, a un giornalista *del Palm Beach Post*. "Qualcuno nella famiglia [Kennedy] ha fatto qualcosa per rendere la famiglia disposta a questa energia negativa, che ha afflitto i Kennedy per decenni". Secondo una storia raccontata nei circoli mistici ebraici... [il padre di JFK] Joseph Kennedy... tornò negli Stati Uniti su una nave che trasportava anche Israel Jacobson, un rabbino povero di Lubavitcher, e sei dei suoi studenti della yeshiva, che stavano fuggendo dai nazisti.
"Kennedy, noto antisemita, si lamentò con il capitano perché gli ebrei vestiti di nero e con la barba disturbavano i passeggeri della prima classe pregando nel giorno sacro di Rosh Hashanah.... Per rappresaglia, o almeno così si racconta, il rabbino Jacobson lanciò una maledizione su Kennedy, condannando lui e tutta la sua progenie maschile a un tragico destino.
" .... È curioso che le stesse persone che deridono il concetto di Kismet, o destino, trovino difficile rifiutare il concetto di maledizione.... [La famiglia Kennedy] ha commesso l'errore fatale di pensare di essere Dio".

Edward Klein, ex caporedattore del
New York Times, **nelle pagine iniziali di**
La maledizione di Kennedy **(New York, St Martin's Press, 2003)**

MOBILI...

"È interessante - ma non sorprendente - notare che in tutte le parole scritte e pronunciate sull'assassinio di Kennedy, l'agenzia di intelligence israeliana, il Mossad, non è mai stata menzionata. Eppure il movente del Mossad è evidente. Su questo tema, come su quasi tutti gli altri, i giornalisti e i commentatori americani non riescono a ritrarre Israele in una luce sfavorevole - nonostante il fatto ovvio che la complicità del Mossad sia plausibile come qualsiasi altra teoria".

**Ex deputato Paul Findley (R-I11.),
nel *Washington Report on Middle East Affairs*, marzo 1992.**

LE ORIGINI...

" .... L'origine israeliana dovrebbe essere totalmente insabbiata, mentre l'attenzione dovrebbe essere rivolta ad ogni altro possibile fattore. ...."

**Benjamin Givli, capo del servizio di intelligence militare di Israele
di intelligence, descrivendo una campagna di terrore
incolpando gli estremisti musulmani
Descritta durante l'inchiesta "Lavon Affair".**

I GIOCATORI

"Fin dai primi giorni dello Stato israeliano e dai primi giorni della CIA, c'è quasi sempre stato un legame segreto, in base al quale l'intelligence israeliana lavorava fondamentalmente per la CIA e per il resto dell'intelligence americana. Non si può capire cosa sia successo con le operazioni segrete americane e quelle israeliane se non si comprende questo accordo segreto".

**Andrew Cockburn in
Booknotes from C-SPAN 1st settembre 1991.**

GLI INVESTIGATORI...

"Mentre i ricercatori [che si occupano dell'assassinio di JFK] sono stati coinvolti in indagini microanalitiche su come è stato compiuto l'assassinio, non c'è stata quasi nessuna riflessione metodica sul perché il presidente Kennedy è stato ucciso".

**L'investigatore Vincent Salandria è stato citato da
Daniel Brandt di *NameBase NewsLine Report*,
gennaio-marzo 1994.**

INFORMAZIONI SBAGLIATE

"È stata diffusa molta disinformazione... È ora che la gente cerchi altre strade. Non mi interessa davvero chi è stato. Voglio solo che Lee sia scagionato se non è colpevole".

**Marina Oswald, in
L'uomo che sapeva
di Dick Russell**

TRUCCHI MAGICI...

"Esiste un tipo di illusione ottica nota nelle sue manifestazioni più pretenziose come "arte del camuffamento". Si tratta di dipinti, di solito di paesaggi selvaggi, che, visti da vicino, sembrano semplici scene pittoresche: un lago di montagna con una pista innevata riflessa sulla superficie, un campo di fiori selvatici, un bosco di betulle. Ma basta fare qualche passo indietro e l'immagine cambia. La roccia riflessa assume la forma di un'aquila in volo, i fiori si trasformano in uno stallone in fase di monta, i tronchi di betulla diventano il profilo di un guerriero Apache. La miriade di dettagli si riunisce in un'unica, inconfondibile immagine, prima ben nascosta, ma solo se vista da lontano".

Deranged, **lo studio del serial killer Albert Fish di Harold Schecter.**

SPECCHIETTI...

"La prova schiacciante è che una cospirazione - una grande cospirazione che contiene molti strati di intrighi - ha portato all'assassinio di Kennedy. Ovunque si guardi, c'è un'altra sala degli specchi. Nel corso degli anni... è diventato quasi impossibile vedere la verità. Dov'è il mago, la strega cattiva? È tutto questo e niente allo stesso tempo. .... Alla fine ci troviamo di fronte a una bestia con la testa di idra, ma è possibile almeno arrivare ai suoi artigli. Ricordando sempre che la natura intrinseca di questa bestia è la nebbia e il fumo, eppure non si tratta di un mondo totalmente ambiguo e sconosciuto... "

L'uomo che sapeva troppo di **Dick Russel**

I MAGICI....

"L'assassinio del Presidente Kennedy è stato opera di maghi. Era un trucco, completo di oggetti di scena e specchi finti, e quando il sipario è calato, gli attori e il set sono scomparsi. Solo che i maghi non erano illusionisti, ma professionisti, artisti a tutti gli effetti".

Addio America **di Herve Lamarr**

Ecco cosa hanno detto gli investigatori australiani incaricati di indagare sull'assassinio di JFK
GIUDIZIO FINALE:

MICHAEL COLLINS PIPER DEVE ESSERE UN MASOCHISTA. Quando il suo libro, *Giudizio finale*, è stato pubblicato per la prima volta, negli Stati Uniti è scoppiata una tempesta di polemiche, con alcuni "gruppi di pressione" che hanno cercato di far vietare il libro. Da allora, il *Giudizio Finale* è stato stampato in altre tre edizioni e la polemica non si è placata.

Qui in Australia crediamo che tutte le teorie sull'assassinio di JFK debbano essere ascoltate, che si sia d'accordo o meno. Diamine, abbiamo persino comprato e letto *Case Closed* di Gerald Posner, e non c'è teoria più stramba della sua! Cercare di far bandire un altro libro perché non si è d'accordo con esso, o perché non è politicamente corretto (il più grande movimento di censura degli anni '80 e '90), è esattamente il genere di cose contro cui stiamo combattendo.

È lo stesso che gruppi come l'FBI e la CIA "scrivono" testi qua e là.

Chi si occupa di teorie del vetro non dovrebbe scrivere libri, per così dire.

Noi di *Probable Cause* siamo orgogliosi di recensire *Final Judgement* e ci auguriamo di non percorrere mai la strada del "modello americano": libertà di parola, primo emendamento e tutto il resto... Sì, certo, finché non inizi a esprimere la tua opinione e a pestare i piedi agli altri. Ti mettono in riga per fermarti. Mio Dio, Michael Collins Piper ne sa qualcosa!

Ok, dopo questo piccolo editoriale, di cosa parla *Giudizio Finale*? La tesi di Piper è che l'agenzia di intelligence israeliana, il Mossad, abbia avuto un ruolo chiave nell'assassinio, insieme alla CIA e alla criminalità organizzata. Durante la sua presidenza, JFK fu coinvolto in una disputa sempre più aspra con il Primo Ministro israeliano David Ben-Gurion per l'incrollabile determinazione di Israele a costruire un arsenale nucleare. JFK voleva che si fermassero. Ma loro avevano altre idee in mente.

Sembra inverosimile? Beh, in realtà, sareste sorpresi di sapere quanti dei "protagonisti noti dell'assassinio di JFK" hanno legami con il Mossad e siamo rimasti molto colpiti dalle prove documentate nel libro. Comunque, dovrete leggerlo per decidere. Negli Stati Uniti Piper è stato attaccato dalla Anti-Defamation League (ADL) per questo libro e, in realtà, ciò non è giustificato. La comunità francese negli Stati Uniti si è forse arrabbiata quando è stato suggerito che ci fosse un collegamento francese nell'assassinio? No. Ma forse non hanno il potere di pressione dell'ADL.

Recensione su Internet di *Judgement*
del gruppo australiano *Probable Cause*
La recensione dà anche
Final Judgement - per mancanza di un possibile 4

Ecco cosa hanno detto alcuni grandi nomi hanno detto a proposito del primo libro vietato in America

Un rispettato ex alto funzionario del Dipartimento di Stato americano...

"Avendo letto oltre 200 libri sull'assassinio di JFK e avendo partecipato alle indagini sia come singolo che come membro di varie squadre, posso dire senza timore di essere smentito che il libro di Piper è ora l'opera definitiva sull'assassinio di JFK.

Di tutto ciò che ho letto finora, *Giudizio Finale* è il più approfondito, il più onesto, il più penetrante, il più fattuale e il più analiticamente completo e metodico.

"L'autore costruisce un complesso mosaico ascendente di fatti ben documentati, collegando i fili della cospirazione mentre salgono dalla base alla cima della piramide. Man mano che la storia si dipana, egli scompone la cospirazione in pezzi facilmente digeribili. Altrimenti, la sua complessità sarebbe quasi impossibile da seguire e decifrare. A ogni livello, i fili dell'enigma vengono intrecciati in modo tale che la nebbia del labirinto si dirada lentamente ma inesorabilmente, fino a quando la verità viene rivelata e le grandi linee della trama vengono messe a nudo. Ciò che viene rivelato è tanto convincente quanto spaventoso.

Un giorno l'America dovrà affrontare scomode verità sulla sua democrazia e su come sia stata e continui ad essere manipolata, se non completamente requisita, da coloro la cui lealtà di fondo risiede altrove". Anche se i collegamenti ad alcuni livelli sono fragili, l'autore si rifiuta di "falsificare o alterare i dati" o di essere "fatalmente selettivo" in ciò che viene incluso o escluso, come è avvenuto nel caso del "*Caso chiuso*" di Gerald Posner, o come è avvenuto nel rapporto della Commissione Warren, pieno di errori. Piper è impavido nel perseguire la sua analisi di tutte le conclusioni logiche, ovunque esse portino e qualunque siano le implicazioni.

"In breve, Piper tiene d'occhio la ciambella (il quadro generale) e non il buco (i dettagli insignificanti). Si concentra sul "come e perché" della trama e senza dubbio tutti i fili riconducono a Israele, ai superpatrioti israeliani, al "ramo ebraico della mafia" guidato da Meyer Lansky, al Mossad e agli "agenti di influenza internazionale" sotto il suo controllo.

"Mentre importanti ricercatori cavillano su dettagli non necessari all'indagine, come collegamenti inconsistenti ad alcuni livelli o ridondanze ad altri, quelli di noi che hanno studiato questo tema all'indomani dell'assassinio hanno sempre saputo che la verità avrebbe avuto una sua risonanza, come l'indagine di Garrison. Sapevamo che la verità avrebbe avuto il suo contesto, il suo odore, come ha fatto *Deep Politics and the Death of JFK* di Peter Dale Scott. Il libro di Piper li aveva tutti e, nella grande tradizione di *The Yankee and Cowboy War* Karl Oglesby, Michael Collins Piper ha fatto centro. Ha fatto centro e, allo stesso tempo, ha puntato il dito e stretto il cappio intorno al collo dei cospiratori della cricca di funzionari che hanno tirato i fili (e i grilletti) dell'assassinio di JFK.

"La ricerca sull'assassinio di JFK ha un nuovo portabandiera. Non sarà più la stessa cosa. Grazie a questo libro, le ricerche future cominceranno a concentrarsi maggiormente sul "quadro generale", allontanandosi dalle costanti incongruenze del rapporto della Commissione Warren. Rispetto a *Caso chiuso* di Posner, *Giudizio finale* è un capolavoro".

Herbert L. Calhoun

(Il Dr. Herbert L. Calhoun è andato in pensione come Vice Capo Divisione dell'Ufficio Affari Politico-Militari del Dipartimento di Stato ed è stato Specialista per gli Affari Esteri dell'Agenzia per il Controllo delle Armi e il Disarmo degli Stati Uniti e Rappresentante degli Stati Uniti presso il Gruppo di Esperti Governativi delle Nazioni Unite sulle armi leggere e di piccolo calibro nel 1996 e 1998. Il Dr. Calhoun ha pubblicato questa approvazione di *Final Judgment* su amazon.com il 10 marzo 2003).

Famoso sceneggiatore di Hollywood vittima della "caccia alle streghe" degli anni '50 ....

"Michael Collins Piper ha presentato l'unico scenario dell'assassinio di JFK che ha più senso. È un uomo coraggioso che non ha avuto paura di affrontare la verità. Questa è l'America. *Giudizio Finale* è un capolavoro che sarebbe un grande film, - ma probabilmente non lo sarà".

Bill Norton

(Uno dei più prolifici sceneggiatori dell'industria cinematografica, l'inimitabile Bill Norton è stato descritto dal *Sunday World* di Londra (9 aprile 2000) come "una figura del cinema hollywoodiano" e "un socialista devoto e un uomo di forti convinzioni religiose che ha aiutato varie cause di sinistra". Alla fine degli anni '40 e all'inizio degli anni '50, Norton fu un testimone ostile durante la famigerata "caccia alle streghe" anticomunista del Comitato per le attività antiamericane).

Un autore americano esperto e rispettato, giornalista e leader di una fondazione

"Credo che lei abbia colto nel segno. A mio parere, *Giudizio finale* si colloca come il libro più importante del XX secolo".

William J. Gill

(Gill - morto mentre questa edizione di *Giudizio Finale* andava in stampa - è stato autore di libri come *Trade Wars Against America, The Ordeal Of Otto Otepka, Suite 3505: The Story Of the Draft Goldwater Movement* e *Why Reagan Won*. Giornalista della United Press International e della *Pittsburgh Press*, Gill ha scritto anche per *Life, Fortune, The Saturday Evening Post, Reader's Digest* e *National Geographic*. È stato anche direttore esecutivo della prestigiosa Allegheny

Foundation e noto rappresentante dell'industria siderurgica nazionale di Washington).

Un ex alto funzionario del Pentagono...

È quanto scrive il colonnello Donn De Grand Pre nel suo libro *Barbarians Inside The Gates*, citando *Giudizio Finale*, che Grand Pre definisce "geniale"...
"Diversi ufficiali militari di alto rango ritenevano che l'omicidio di JFK fosse in realtà un colpo di stato messo in atto da membri della CIA che lavoravano con il Mossad israeliano. Kennedy stava cercando di impedire agli israeliani di sviluppare armi nucleari, pianificando contemporaneamente lo smantellamento della CIA e il disimpegno delle nostre truppe militari dalla zona dell'Indocina (per maggiori dettagli, leggere *Giudizio finale* di Michael Collins Piper)".

Col. Donn De Grand Pre
(Veterano della Seconda Guerra Mondiale e della Guerra di Corea, Grand Pre è stato vice capo della Divisione Internazionale e dell'Ufficio del Capo della Ricerca e Sviluppo al Pentagono. Nel 1967 Grand Pre fu nominato direttore dei sistemi d'arma terrestri nel neonato Ufficio dei negoziati logistici internazionali, responsabile della negoziazione dei contratti per la vendita di sistemi di difesa militare con i leader delle nazioni straniere. Il 30 settembre 1979, il *Washington Post* scrisse di Grand Pre, citando la sua competenza: "Se negli anni '70 foste stati un leader mediorientale alla ricerca di sistemi di difesa americani, avreste chiamato Donn de Grand Pre, il commerciante di armi del Pentagono").

Uno dei giovani giornalisti investigativi indipendenti più rigorosi d'America...

Poco prima della sua strana morte, avvenuta a Phoenix, in Arizona, il 16 giugno 2003, il giornalista Brian Downing Quig scrisse a Michael Collins Piper:
"Una persona molto importante mi ha dato il suo libro. Così ho iniziato a leggere quello che non avrei mai comprato a una vendita di libri a un dollaro. Ero ostile alle tesi esposte in copertina! Ma ho guardato le immagini e letto ogni parola. Ora sono convinto che lei abbia visto e stia aiutando gli altri a vedere l'aspetto più importante dell'assassinio di JFK che fino ad oggi era sfuggito a tutti. Credo che *Giudizio Finale* mantenga tutte le vostre promesse".

Brian Downing Quig
(Quig era noto soprattutto per le sue indagini sulla morte del giornalista Don Bolles e successivamente per il suo lavoro sullo scandalo di Charles Keating).

Ed ecco cosa ha da dire il famoso storico populista americano Eustace Mullins su GIUDIZIO FINALE...

"Solo una volta ogni dieci anni appare un libro che diventa immediatamente una "lettura obbligata" per tutti i patrioti interessati. *Jugement Final* è un libro di questo tipo. *Jugement Final* è una "lettura obbligata" perché solleva e risponde a tante domande di cui dobbiamo essere consapevoli.

"Dovete sapere tutto di questo libro se volete capire le forze sovversive che stanno distruggendo la nostra nazione.

"*Il Giudizio Finale* è una munizione per la prossima guerra di liberazione dell'America. La vittoria non è possibile senza informazioni, e questo libro ci ha dato le informazioni di cui abbiamo bisogno.

"Aspetterete a lungo, se mai vi capiterà, prima di vedere un così grande assemblaggio di informazioni vitali come quello che troverete in questo libro".

GIUDIZIO FINALE - *il libro che, se letto da un numero sufficiente di persone, scuoterà la politica americana.*

IL MITO DI DALLAS

Nuove rivelazioni

Proprio mentre la seconda edizione di *Giudizio Finale* stava per andare in stampa, nella cassetta della posta di Michael Collins Piper, l'autore di *Giudizio Finale*, è arrivato un rapporto dettagliato anonimo di 19 pagine, con 115 note a piè di pagina e basato su un'ampia gamma di fonti tradizionali. Il documento era contenuto in una busta (senza indirizzo di ritorno) affrancata "Dallas, Texas". Intitolato "The Kennedy Assassination and Israel: Some Dallas Connections" (L'assassinio di Kennedy e Israele: alcuni collegamenti con Dallas), il documento era apparentemente il lavoro di un giornalista professionista - incentrato sui "dettagli di come gli israeliani possano aver influenzato gli eventi a Dallas", colmando le lacune nei dettagli di alcune piste che non erano state esplorate nelle precedenti edizioni di *Final Judgement*. I dati sono piuttosto esplosivi, soprattutto se confrontati con la mitologia su Dallas (Big D) che viene ripetuta instancabilmente negli scritti su JFK. Tuttavia, la comprensione della vera Dallas - e non della leggenda ritratta nei film di Hollywood - prepara il lettore alle rivelazioni presentate in *Giudizio finale*.

Il documento seppellisce il vecchio mito secondo cui a Dallas dominava una cricca di plutocrati petroliferi bianchi antisemiti di religione anglosassone (WASP).

In verità, è vero il contrario. Non solo Dallas aveva una comunità ebraica immensamente potente, ma, cosa ancora più importante, la città (e il Texas) era stata *un importante centro di raccolta fondi e di traffico d'armi per conto della causa sionista*, fin dagli anni Quaranta. Anche Jonathan Pollard, la spia americana di Israele, ha dichiarato di essersi ispirato a storie di attivismo pro-Israele che aveva sentito (mentre viveva in Texas) sul traffico di armi degli ebrei per la resistenza israeliana in Texas. In effetti, la pubblicazione che racconta la storia ufficiale di un'importante operazione sionista di contrabbando di armi, il Sonneborn Institute, ha riferito che i suoi agenti contrabbandavano parti di aerei dal Texas a Israele.

Ciò avvenne quando Jack Ruby, meccanico aeronautico da poco in pensione, tornò a Dallas nel 1947, l'anno prima della nascita di Israele, quando le attività di Sonneborn erano al loro apice. Ruby si vantava di aver contrabbandato armi in Israele e, nel 1963, fu coinvolto in un contrabbando di armi supervisionato da un ufficiale dei servizi segreti israeliani. *Quindi il legame israeliano con il Texas era molto più stretto di quanto si pensasse all'epoca.*

Nel 1963, l'interesse principale di JFK a Dallas era quello di raccogliere denaro dall'élite di Dallas, ovvero dai ricchi democratici ebrei filo-israeliani che erano i principali finanziatori del Partito Democratico al potere in quel paese. Poiché all'epoca JFK era in conflitto con Israele per il suo programma di armi nucleari, è essenziale sapere come JFK fu attirato a Dallas e chi fu responsabile degli accordi che facilitarono il suo assassinio. Sebbene sia noto che la tappa texana del viaggio di JFK fu sponsorizzata dal Citizens Council (CC), il gruppo d'affari d'élite che dominava Dallas, le prove inosservate dimostrano che due delle tre persone chiave che dominavano il CC erano ebree - non "WASP" come suggerisce la leggenda di

Dallas. Erano loro a gestire Dallas, non i conservatori affiliati alla John Birch Society, come suggerisce il vecchio mito.

Nel 1963, Julius Schepps, uno di questi uomini d'influenza ebrei, era un grossista di liquori dichiaratamente filoisraeliano che deteneva i diritti di distribuzione dei prodotti Seagram della famiglia Bronfman a Dallas. E come vedremo, è *stato dimostrato che Jack Ruby era un membro dello staff della famiglia Bronfman, le cui impronte sono presenti ovunque nel complotto per l'assassinio di JFK*.

È interessante il modo in cui l'élite di Dallas prese il controllo del programma di viaggio di JFK a Dallas. Poiché il viaggio di JFK a Dallas era ufficialmente considerato "non politico" - a differenza di altre tappe in Texas come Houston e Austin che erano considerate "politiche" - le organizzazioni private che pagavano il viaggio a Dallas presero il controllo della pianificazione (togliendolo dalle mani del Comitato Nazionale Democratico controllato da JFK). Il DC nominò un "comitato di benvenuto". Il presidente era Sam Bloom, leader ebraico e rappresentante delle pubbliche relazioni della comunità ebraica di Dallas, a lungo direttore esecutivo del CC e, a posteriori, una delle figure meno conosciute ma più importanti della storia mondiale.

Ci fu uno scontro immediato tra Bloom, un rappresentante dell'élite di Dallas, e Jerry Bruno, un veterano che era il rappresentante locale di JFK. Bruno voleva che il Presidente parlasse al Women's Building, ma la leadership di Dallas insisteva perché JFK parlasse al Trade Mart. Sebbene Bruno abbia combattuto a lungo e duramente, dopo molte pressioni, l'élite di Dallas ha prevalso, spingendo il lealista di JFK a dire che "è stata una delle poche battaglie di questo tipo che ho perso. Di solito, su questioni del genere, il mio giudizio viene adottato. Questa volta non è stato così".

Costringendo JFK a parlare al Trade Mart, l'élite di Dallas si assicurò che il convoglio di JFK prendesse la famigerata svolta "ad angolo retto" che lo avrebbe portato dritto nella classica "zona di tiro" preferita dai cecchini, in Elm Street, proprio sotto il Texas School Book Depository (TSBD), da dove il presunto assassino, l'impiegato del TSBD Lee Harvey Oswald, avrebbe sparato i colpi fatali, come è stato poi affermato. Il luogo era anche facilmente accessibile dal "prato" e dal vicino Dal-Tex Building, dove gli investigatori dell'assassinio ritengono fossero appostati i cecchini. Se la decisione del rappresentante di JFK avesse prevalso - come di consueto - JFK (mentre si recava nel luogo desiderato) avrebbe attraversato due isolati di distanza dal TSBD - fuori dalla zona degli spari - a una velocità maggiore.

Sebbene i Servizi Segreti si opponessero (per motivi di sicurezza) alla pubblicazione del percorso del corteo di JFK, Bloom (il rappresentante dell'élite di Dallas) si assicurò comunque che una mappa del percorso fosse pubblicata più volte sul giornale di Dallas. Così più tardi, quando il "capro espiatorio" fu arrestato, ci fu una spiegazione plausibile di come avesse saputo che JFK sarebbe passato dal suo posto di lavoro.

Il fatto che un assassino abbia probabilmente sparato a JFK dall'edificio Dal-Tex è molto rilevante per lo studio della connessione israeliana. Di proprietà di David Weisblat, uno dei principali sostenitori finanziari della Anti-Defamation League della lobby israeliana, l'edificio Dal-Tex ospitava una serie di attività commerciali su diversi piani che utilizzavano il numero di telefono di Morty

Freedman, avvocato, produttore di abbigliamento e attivista per le cause ebraiche. Dato che JFK stava cercando di fermare il programma di armi nucleari di Israele - che riceveva uranio di contrabbando dagli Stati Uniti - è interessante notare che una delle società Dal-Tex collegate a Freedman era la Dallas Uranium & Oil Company. È anche curioso che uno dei soci d'affari di Freedman collegato alla Dal-Tex fosse Abe Zapruder, il sarto ebreo che filmò l'assassinio e ne trasse profitto. Alcuni ritengono che Zapruder sapesse già in anticipo dell'assassinio.

Una volta che l'assassino accusato fu in custodia, fu - indovinate un po' - Sam Bloom, che aveva precedentemente spinto JFK nella zona dell'assassinio, a fare pressione su Elgin Crull, il sindaco della città, affinché a sua volta facesse pressione sul capo della polizia di Dallas Jesse Curry per rendere Oswald accessibile alla stampa e portarlo pubblicamente dalla stazione di polizia di Dallas alla prigione della città. Questo creò le premesse per l'uccisione da parte di Jack Ruby. Diverse fonti, tra cui James Hosty, un agente dell'FBI di Dallas, hanno affermato che Bloom e i suoi sostenitori sono stati la forza trainante di tutto ciò. Quando la polizia perquisì la casa di Ruby, trovò un pezzo di carta con il nome, l'indirizzo e il numero di telefono di Bloom.

E così il mito di Dallas muore dolorosamente. Sarà dolorosa per coloro che pensavano che la città fosse un bastione antiebraico, maturo per una rivoluzione nazista. Invece, Dallas era in realtà un avamposto per l'avanzamento degli interessi di Israele, come lo è ancora oggi.

Sebbene Walt Brown abbia suggerito in *Treachery in Dallas* che l'élite della città fosse dietro gli eventi del 22 novembre 1963, si è affrettato a scrivere altrove che l'assassinio di JFK "non è stato commesso dal Mossad... Come alcuni vorrebbero farci credere" (riferendosi al *Giudizio Finale*). Tuttavia, alla luce della "Grande panoramica di Dallas" ("Big D") - dettagli che Brown ha ignorato (o soppresso) dal punto di vista del loro contesto finale (e critico) - è tempo per i veri cercatori della verità sull'assassinio di JFK di dare una nuova occhiata a *Giudizio Finale*.

Pochi lo sanno, ma a un libro bastano 40.000 copie per entrare nella classifica dei bestseller *del New York Times*. Quello che ancora meno si sa - ma i distributori di libri lo possono testimoniare - è che in realtà ci sono stati libri elencati dal *Times* come "bestseller" anche quando non erano ancora stati stampati! Gli ordini anticipati da parte dei distributori di libri - presumibilmente - rendono possibile questo insolito fenomeno.

Comunque sia, dietro la storia del bestseller c'è molto di più di quanto sembri. Ed è una storia che la maggior parte dei grandi nomi dell'industria editoriale probabilmente preferirebbe non raccontare.

Ciononostante, diversi libri che trattano dell'assassinio di JFK sono entrati nella lista del *Times*. Curiosamente, però, il bestseller senza precedenti *Rush to Judgment* di Mark Lane - che è entrato nella lista - non è mai stato recensito dal *Times*, il quale ci dice che il libro è la fonte di "qualsiasi informazione che valga la pena di andare in stampa", molto tempo dopo che il libro è diventato una causa internazionale.

Negli ultimi anni, soprattutto dopo l'uscita del film hollywoodiano *JFK* di Oliver Stone, molti altri libri hanno raggiunto la classifica dei bestseller *del Times*. *Giudizio Finale* non è stato uno di questi. Questo nonostante il fatto che quasi 8.000 copie di *Giudizio finale* siano state vendute nelle due settimane di uscita del libro, nel gennaio 1994, a seguito di una modesta pubblicità su un piccolo settimanale nazionale.

Da allora, oltre 300 copie del libro sono state acquistate in blocco dai rivenditori. Tutte le altre vendite sono state effettuate a privati. In un caso, tuttavia, un lettore entusiasta ha acquistato altre 100 copie dopo aver ricevuto le prime due che aveva ordinato. Oggi, grazie al direct mail, altre migliaia di copie di *Giudizio finale* vengono vendute in tutto il Paese, con oltre 40.000 copie in circolazione.

Quando il libro era temporaneamente fuori catalogo, nell'autunno del 2003, la domanda era così forte che a un certo punto i rivenditori di libri usati su Internet ne vendevano addirittura 185 dollari a copia. È evidente che c'è un interesse per questo libro che alcuni non vogliono nemmeno ammettere che esista!

Il fatto che *il Giudizio Finale* abbia già venduto così bene è piuttosto notevole, data la generale mancanza di pubblicità che il libro ha ricevuto. *Il* tanto discusso *The Plot to Kill the President* di G. Robert Blakey, l'ex capo dell'inchiesta sull'assassinio, è stato ampiamente promosso a livello nazionale quando è stato pubblicato da una filiale editoriale del *New York Times* nel 1981.

Eppure il libro di Blakey, secondo quanto dichiarato dallo stesso Blakey, ha venduto solo 20.000 copie, un numero di gran lunga inferiore a quello di *Giudizio Finale*, che non aveva ricevuto alcuna promozione da parte dei mass media.

Se non avete mai letto nulla sull'assassinio di JFK, *Giudizio Finale* è l'unico libro che dovete leggere sull'argomento. Se invece avete letto uno o più libri vecchi sull'argomento, rimarrete stupiti dalle nuove esplosive rivelazioni che appaiono in *Giudizio finale*.

Non cercate di analizzare "da dove sono arrivati gli spari" o "quanti colpi sono stati sparati" o "quanti assassini sono stati coinvolti". Non c'è nulla di tutto questo. Sezionando la cospirazione dell'assassinio nella sua interezza, *Giudizio Finale* mette insieme dettagli poco noti che sono stati ignorati o fraintesi (o addirittura nascosti) da altri scrittori - per caso o per disegno. *Il Giudizio Finale* si concentra sulla domanda più importante di tutte: Chi fu il responsabile ultimo dell'assassinio di John F. Kennedy?

Una volta letto *Giudizio Finale*, non guarderete più l'assassinio di JFK nello stesso modo. E non vi fiderete più dei media che vi informano su tutti i fatti di qualsiasi altro evento importante che ha segnato il corso della storia. Soprattutto, capirete come la cospirazione sull'assassinio di JFK si sia evoluta e perché la verità non sia mai stata rivelata, almeno fino all'avvento di *Giudizio finale*.

È importante notare che, da quando il *Giudizio Finale* è stato pubblicato, solo una manciata di errori minori è stata portata all'attenzione dell'autore. Gli errori, tuttavia, non avevano nulla a che fare con la tesi del libro e si basavano su ricerche di altri. Questi errori sono stati corretti. Per il resto, le conclusioni rimangono invariate.

Il Giudizio Finale rimane incontestato. L'unica critica è stata *ad hominem*. Tuttavia, gli insulti non sono una sfida vincente. Comunque sia, la diffamazione isterica e malevola - soprattutto considerando le fonti - dà credito, a suo modo, alla tesi del libro.

C'è ancora molto da imparare sull'assassinio di John F. Kennedy. *Giudizio Finale* indica la strada a coloro che desiderano approfondire. *Giudizio Finale* è, almeno per il momento, esattamente ciò che suggerisce il titolo.

Michael Collins Piper ha fatto il lavoro necessario per mettere insieme questo libro. Spetta ora ai lettori fare in modo che il messaggio trasmesso in queste pagine raggiunga il più ampio pubblico possibile. Una volta terminato il libro, passatelo a un amico. Ordinate copie extra da donare alle biblioteche e agli opinionisti. Scrivete lettere ai direttori dei giornali locali per parlare del libro. Telefonate ai programmi radiofonici.

Gli americani devono sapere la verità. *Dipende da voi.* Questo libro, se letto da un numero sufficiente di persone, potrebbe avere un ruolo importante - come l'assassinio del Presidente Kennedy - nel ridisegnare il corso degli affari mondiali. Ma questo potrà accadere solo se un numero sufficiente di persone, furiose per aver appreso la verità, agirà.

Preparatevi a un viaggio straordinario per scoprire, finalmente, chi ha *davvero ucciso John F. Kennedy... e perché.*

INTRODUZIONE

di Robert L. Brock

Il punto di vista di un nero americano sull'assassinio di John F. Kennedy

Come americano che discende da schiavi africani, come veterano dell'esercito americano nella Seconda Guerra Mondiale e come lavoratore di lunga data nella comunità afroamericana, sono molto desideroso di sapere esattamente chi ha ucciso il presidente John F. Kennedy e perché.

John F. Kennedy e suo fratello, Robert Kennedy, misero in gioco molta della loro credibilità quando si fecero avanti e si identificarono con la causa della giustizia per i neri in America. Naturalmente, Jack e Bobby erano politici esperti, consapevoli dell'evoluzione del blocco elettorale nero e della sua crescente influenza in America. Quindi, per ragioni personali, avevano deciso consapevolmente di allinearsi politicamente con gli americani discendenti dagli schiavi africani. Tuttavia, allo stesso tempo Jack e Bobby credevano davvero che fosse giunto il momento per l'uomo e la donna neri in America di meritare la parità di trattamento.

Con le loro parole e, soprattutto, con le loro azioni, i fratelli Kennedy portarono un popolo diseredato sotto la protezione della dinastia Kennedy. Se John Kennedy fosse sopravvissuto e fosse stato eletto per un secondo mandato, il voto dei neri - per gli anni a venire - sarebbe stato finalmente parte della forza politica di Kennedy. Per tutto il XX secolo l'apparato politico nero in America è stato dominato ai massimi livelli dall'influenza ebraica, in particolare nell'importantissima sfera finanziaria. Organizzazioni come la Anti-Defamation League (ADL) di B'nai B'rith, uno degli elementi principali della potente lobby di Israele, hanno dettato in modo aggressivo gli affari interni, il corso pubblico e il discorso di quelle che erano apparentemente organizzazioni per i diritti civili "nere" o, come diciamo oggi, "negre".

Tuttavia, con l'avvento della presidenza Kennedy, gli americani discendenti da schiavi africani avevano ora un portavoce efficace ed eloquente alla Casa Bianca. Questo ebbe l'effetto, ad esempio, di mettere fuori gioco l'ADL. L'ADL non era più l'"uomo di mezzo" che divideva le briciole dei diritti civili dei neri in America.

John F. Kennedy, a tutti gli effetti, era emerso come la voce bianca "maggioritaria" per l'emancipazione politica dell'America nera. In qualità di Presidente degli Stati Uniti, parlando a nome dei neri, John F. Kennedy aggirò il lungo dominio della comunità nera da parte degli interessi finanziari ebraici e si pose al centro del dibattito sui diritti civili. L'ADL e altre organizzazioni per i "diritti civili" finanziate da interessi finanziari ebraici furono messe in disparte e divennero irrilevanti. Un bianco cattolico di origine irlandese, nipote di un direttore di carcere, divenne l'improbabile portavoce dell'America nera e prese il controllo dei supervisori ebrei del movimento per i diritti civili in America.

Di conseguenza, credo, come molti altri americani di origine africana, che questo sia uno dei motivi per cui i poteri all'interno dell'élite plutocratica americana hanno deciso di porre fine prematuramente alla presidenza di John F. Kennedy.

Inoltre, tutto questo avveniva in un periodo in cui voci nere indipendenti come Malcolm X e Martin Luther King stavano diventando sempre più popolari e influenti, con grande disappunto della comunità ebraica. Oggi sappiamo che, sebbene i media abbiano parlato molto della guerra di J. Edgar Hoover contro il dottor King, è stata l'ADL a fornire i soldati di fanteria per quella guerra - un fatto che l'ADL preferirebbe tenere segreto. Un ex funzionario dell'ADL ha ammesso che (come dimostra Michael Collins Piper in *Giudizio finale*) è stata l'ADL a fornire gran parte della sorveglianza del dottor King, i cui frutti illeciti, a loro volta, sono stati convogliati dall'ADL all'FBI di J. Edgar Hoover.

Il Dr. King, Malcolm X e altri conoscevano lo stile di vita nel ghetto nero. Capirono come l'America nera fosse manipolata. Sapevano che il traffico di droga, il gioco d'azzardo e la prostituzione di Meyer Lansky - uno dei principali donatori dell'ADL - stavano sventrando l'America nera. Hanno osato parlare. Martin e Malcolm alla fine ne pagarono il prezzo.

Alla fine, non ho dubbi che si scoprirà che coloro che hanno massacrato questi sognatori erano anche dietro l'omicidio di John F. Kennedy e di suo fratello Bobby. È per questo che sono così felice di scrivere questa breve introduzione allo straordinario libro di Michael Collins Piper. Credo che *Giudizio finale* fornisca la risposta al mistero di chi ha veramente ucciso John F. Kennedy - e perché.

Lo dirò per la cronaca: non ho altro che disprezzo per quei vili liberali bianchi che si ritraggono come ammiratori della posizione di JFK sui diritti civili e dicono di voler trovare i veri assassini del Presidente Kennedy, ma che per il resto ignorano o reprimono i fatti presentati in *Giudizio Finale*. Sono impostori e truffatori. Hanno paura della verità. Sono approfittatori che traggono profitto dalla morte del Presidente Kennedy coprendo tutti i fatti che gli vengono raccontati.

Non esiste un altro libro che spieghi così apertamente la cospirazione per l'assassinio di JFK o che renda tutto così chiaro sul complotto di JFK. Una volta letto il *Giudizio Finale*, capirete l'intero quadro.

Michael Collins Piper è approdato direttamente sotto i riflettori e, come uno dei grandi impresari di Broadway, Piper ha consegnato una sceneggiatura avvincente, che descrive l'intera cospirazione dell'assassinio di JFK, più potente e avvincente di qualsiasi altra prima. Penso che sarete d'accordo.

ROBERT L. BROCK,
fondatore del Comitato per l'Autodeterminazione

Grazie - e *incuriosisce...*

Aver scritto un libro su un argomento così "controverso" come l'assassinio di JFK - averlo associato a una tesi particolarmente "sensazionale" - è stata una vera avventura. È stato gratificante e talvolta frustrante. Mi ha portato molti nuovi amici - e anche molti nemici!

Da quando è uscita la prima edizione, ho ricevuto un gran numero di lettere di congratulazioni e ho apprezzato i commenti di molte persone che stimo e che mi hanno detto, come ha detto uno di loro: "Penso che tu abbia fatto centro".

Non mi sono mai definito un "esperto" dell'assassinio di JFK e protesto quando qualcuno mi presenta come tale. In realtà, nonostante quello che molti hanno pensato, l'argomento non mi ha mai interessato particolarmente. Altri hanno dedicato molto più tempo all'argomento. E conosco *molto* bene il loro lavoro.

Tuttavia, ci sono molti ricercatori sull'assassinio di JFK che si rifiutano di accettare che ci sia una qualche base per la mia tesi. *Alcuni non vogliono nemmeno riconoscere l'esistenza di questo libro, tanto è "controverso".*

Nelle pagine che seguono, non mi risparmio di fare nomi e di sottolineare perché ritengo che alcuni "ricercatori" siano disonesti e forse addirittura compromessi, corrotti dalle forze responsabili dell'assassinio di JFK. Non credo affatto di esagerare.

Alcuni sciocchi hanno suggerito che *il Giudizio Finale* è "propaganda araba". Nessun governo o interesse finanziario arabo - e nemmeno nessuna fonte arabo-americana - è stato coinvolto nella preparazione, pubblicazione o distribuzione di questo libro. Solo verso la fine del 2001, un anno dopo la pubblicazione della quinta edizione in inglese, una casa editrice privata in lingua araba ha pubblicato una traduzione del libro.

Questo lavoro è mio e solo mio.

Alcuni critici hanno fatto notare che ero un dipendente di Liberty Lobby, l'establishment populista che pubblicava il settimanale nazionale (ora defunto) *The Spotlight*. Questi critici sottolineano che Liberty Lobby ha messo in discussione il favoritismo degli Stati Uniti nei confronti di Israele. Tutto questo è vero. Non mi scuso per questo, e in effetti non ho nulla di cui scusarmi. Infatti, mentre questa nuova edizione di *Giudizio Finale* viene consegnata all'editore, i media di tutto il mondo sono concentrati su Israele e sul Medio Oriente... e le pubblicazioni e le voci della lobby israeliana in America affermano che (vero o no): "tutto il mondo è contro di noi".

Quindi è stato proprio il rapporto con Liberty Lobby a permettermi di ottenere informazioni specifiche, in particolare sulla politica degli Stati Uniti nei confronti di Israele, che mi hanno aiutato enormemente nella preparazione di questo libro. Altri ricercatori non hanno avuto questo eccezionale vantaggio.

Inoltre, come si vedrà in *Giudizio finale*, Liberty Lobby è stata coinvolta in una causa per diffamazione dopo che l'ex agente della CIA E. Howard Hunt ha citato Liberty Lobby per aver pubblicato un articolo in cui si affermava che la CIA intendeva incastrare Hunt per il suo coinvolgimento nell'assassinio di JFK.

Mark Lane, il decano dei critici della Commissione Warren, ha condotto con successo la difesa di *Spotlight*, come avrebbe dovuto. Lane ha messo da parte le presunte divergenze ideologiche con Liberty Lobby e ha abilmente utilizzato il caso Hunt per esplorare l'assassinio di JFK in un forum legale - la prima vera opportunità del genere dopo lo sfortunato processo di Jim Garrison a Clay Shaw.

Quindi, seguire il caso Hunt dall'"interno" - e successivamente studiare il resoconto di Lane sul caso in *Plausible Denial* - mi ha dato una prospettiva unica che altri non avevano. Ringrazio Mark Lane - e Willis Carto, il fondatore della Liberty Lobby - per questa opportunità.

L'incoraggiamento e l'entusiasmo di Willis Carto sono stati molto importanti nella realizzazione di questo libro. Il titolo *Giudizio finale* è stata una sua idea e l'ha azzeccata.

Per quanto riguarda Mark Lane, vale la pena notare che se non avesse scritto una sola parola dopo *Rush To Judgement* - il libro che ha dimostrato che la Commissione Warren era una truffa - saremmo ancora in debito con lui.

Sebbene siano seguiti molti libri di altri autori, la singolare crociata di Mark ha convinto il mondo che c'era dell'altro nella storia. Mark e sua moglie Trish, unica nel suo genere, sono esseri umani meravigliosi e grandi amici. In *Giudizio finale* incontrerete anche un altro personaggio straordinario: un ex ufficiale dei servizi segreti francesi che mi ha fornito sorprendenti informazioni "dall'interno" che mi hanno costretto a riscrivere la prima stesura di *Giudizio finale*, chiudendo il cerchio della mia tesi. Questo libro non sarebbe completo senza il suo contributo.

Il nome della mia fonte francese, Pierre Neuville, è stato rivelato per la prima volta nella quinta edizione di *Giudizio Finale*, ma il Mossad - ovviamente - conosceva la sua identità da sempre.

Sebbene la prima bozza presentasse - credo - un'accusa convincente al Mossad per l'assassinio del JFK, la mia fonte francese mi ha indicato una direzione che ha convinto me - e molti lettori - che *Giudizio Finale* era sulla strada giusta.

Questa storia ha un debito di gratitudine nei confronti di Paul Findley, un noto e rispettato ex membro del Congresso degli Stati Uniti, liberale e per nulla "di estrema destra", che mi ha presentato questa fonte francese e mi ha garantito la sua credibilità. Solo di recente ho identificato ufficialmente Findley come intermediario, ma d'altronde non era un mistero per coloro che hanno il compito di conoscere queste cose.

Un altro ex membro del Congresso degli Stati Uniti, il defunto John G. Schmitz, mi ha parlato del suo sospetto di lunga data sul coinvolgimento del Mossad nell'assassinio di JFK (basato sulle sue indagini) e mi ha incoraggiato a scrivere questo libro, dicendo che avrebbe voluto averlo scritto lui. Un uomo d'affari internazionale un po' stravagante, intimamente coinvolto con diverse figure importanti citate in *Giudizio finale*, mi ha dato un appoggio piuttosto deciso alla tesi di questo libro, dicendo sinteticamente: "Penso che sia più o meno quello che è successo". Date le conoscenze di questo signore, la sua valutazione è certamente molto rivelatrice.

Sebbene non siano mai stati d'accordo con la mia tesi, diversi autori sui quali mi sono ampiamente basato confermano la guerra segreta tra JFK e Israele e suggeriscono (a mio avviso) che l'intrigo non ufficiale delle relazioni tra Stati Uniti e Israele è rilevante per gli eventi del 22 novembre 1963. Stephen Green, Andrew e Leslie Cockburn e Seymour Hersh, nei loro studi sulla politica statunitense in Medio Oriente (rispettivamente *Taking Sides, Dangerous Liaison* e *The Samson Option*), hanno fornito la base per molte delle mie ricerche. Nel 1998, quattro anni dopo la pubblicazione di *Giudizio finale*, arrivò lo storico israeliano Avner Cohen, autore di *Israel and the Bomb*, il cui libro (certamente involontariamente) diede grande credibilità alla mia tesi.

Cohen disse a un conoscente comune - sono sicuro che sarebbe scioccato di sapere che abbiamo un conoscente in comune - che era rimasto inorridito nell'apprendere (facendo una ricerca su Internet sul suo stesso libro) dell'esistenza del *Giudizio Finale* e della sua tesi. Naturalmente, Cohen si affrettò ad affermare il suo punto di vista che respingeva l'idea del coinvolgimento di Israele nell'assassinio di JFK, ma il genio era fuori dalla bottiglia e il mondo ora sa che Israele e JFK non erano "buoni amici" come alcuni vorrebbero farci credere.

There's a Fish in The Courthouse di Gary Wean, un libro inosservato ma importante, ha aggiunto notevolmente al mio lavoro. Sfortunatamente, Gary sostiene che il mio libro abbia "plagiato" il suo e che io sia stato "costretto" a riconoscere il suo lavoro, che, ovviamente, è sempre stato chiaramente citato e riconosciuto.

Nessuno mi ha "costretto" a dare al suo libro il riconoscimento che meritava. Infatti, l'amico di Gary, Wade Frazier, ha sottolineato che sono stato uno dei pochi a dare a Gary credibilità o pubblicità.

Un ringraziamento "speciale" a un vero amico, Tom Valentine, conduttore della popolare stazione radio *Free America*. Quando nessun altro lo faceva, Tom mi ha dato l'opportunità di parlare di questo libro e mi ha continuamente incoraggiato. (A proposito, Tom è anche una favolosa fonte di informazioni sulla salute alternativa, tra le altre cose. Visitate il sito carotec.com).

Molti altri conduttori radiofonici, tra cui Jack Stockwell e Barbara Jean di "K-TALK" a Salt Lake City, e "One Eyed Jack" Jackson a Springfield, Illinois, Bill Boshears a Cincinnati, Ron Muhammed a San Diego, Victor Thorn e Lisa "Vicki" Guliani (di babelmagazine.com) e Rick Adams di WALE a Providence, Rhode Island, hanno avuto il coraggio di mandarmi in onda.

Saluto l'avvocato di Victor Marchetti, l'ex ufficiale della CIA, anche se il mio vecchio amico mi fa ridere quando dice di credere ancora che "il KGB ha ucciso JFK". Come redattore di New American View, Victor e il suo braccio destro, Donna McGrath, tenevano d'occhio la lobby di Israele a Washington.

Vince Ryan, John Tiffany, Travis McCoy e Jim Yarbrough, tra gli altri, hanno fornito preziose indicazioni durante la stesura di *Giudizio finale*. Ognuno, a modo suo, ha contribuito a questo libro.

Il dottor Alfred Lilienthal, lo spietato e meraviglioso critico americano che fu il pioniere della disastrosa politica americana in Medio Oriente, era molto favorevole.

Un caloroso omaggio al compianto H. Keith Thompson, il cui sostegno al mio lavoro è stato un immenso onore.

Fin dall'inizio, Van Loman è stato un confidente molto apprezzato, che ha fornito idee perspicaci e indizi notevoli che hanno fatto chiudere il cerchio al libro

Un enorme, anche se tardivo, ringraziamento a Bill Grimstad per avermi indicato il poco noto legame di Franck Strugis con il Mossad, un punto piuttosto pertinente - ed è un eufemismo - che era sfuggito alle mie ricerche.

Tom Kerr, Bill W., Reg O., Martin Williams, Tony Blizzard e altri hanno contribuito all'editing che ha migliorato notevolmente questo libro. L'umorismo e il sostegno di Bob "H. L." Diehli sono stati altrettanto incoraggianti.

Le parole amichevoli del compianto Ace Hayes, il provocatorio editore del *Portland Free Press*, e di Daniel Brandt di *NameBase Newsline* hanno dimostrato che l'assassinio di JFK non fu una questione di "destra" o "sinistra", come alcuni ingenui ancora credono. Quelle vecchie etichette sono state spazzate via.

Dio benedica il dottor Herbert Calhoun, l'ex funzionario del Dipartimento di Stato, la cui assoluta approvazione del *Giudizio Finale* ha radunato i miei critici, che sanno che molti altri nelle alte sfere sono d'accordo con Calhoun, ma non sono ancora pronti a dirlo pubblicamente.

Il consiglio dello scrittore britannico Gordon Thomas è stato molto apprezzato. Grazie anche ai colleghi di Gordon di *The European* per aver pubblicato un articolo dettagliato sulla mia controversa ricerca.

Il sostegno entusiasta dell'avvocato dell'Idaho Edmund Steele (vedi conspiracypenpal.com) ha certamente contribuito a diffondere la notizia.

Sarei negligente se non menzionassi Sid e Woolf di feralnews.com, Russ di playtowinmoney.com e i ragazzi di afrocubaweb.com che hanno generosamente promosso *Final Judgement*.

L'eccellente sinossi di *Giudizio Finale* di Alan Jones in *How The World Really Works* (vedi abjpress.com) è stata una vera spinta. Anche Carol Adler, l'editore coraggioso e incondizionato di molti titoli "affascinanti" e controversi (vedi dandelionbooks.net), si è distinta per il suo interesse per il mio lavoro.

A Christopher e Helje Bollyn: siete persone coraggiose e buoni amici. Lo stesso vale per il professor Ray Goodwin, che ha messo a rischio la sua carriera dicendo ai suoi studenti che *Giudizio Finale* è "l'ultima parola" sull'affare JFK.

Grazie a tutti coloro che hanno fornito supporto morale lungo il percorso: Blayne Hutzel, Paul Wolff, Pete Godlove, Dale Crowley, Robert Boody, Mark Lillis, Mary e Mae, gli agenti di viaggio, Tom McIntyre, Joe Power, Ed Harrington, George Kadar, Joe Fields, Jim Scott, Robert Wolfe, Larry Showell, RH Showell, Greg Garnett, Jerry Myers, Donald Malloy, David Lewis, Dan Hinton, James Jakes, Anne Cronin, Julia Foster, Trisha Katson, Ann Brown, Helen Nunley, Marie Zittel, Agi, Mike, Nick, Jim, Judy, Ruby Lee, George, Will, Ricky, DVS, Steve, James il Poeta e, ultimo ma non meno importante, quel cane speciale, Brute, e tutti gli altri amici a quattro zampe troppo numerosi da menzionare.

Mia madre, che è sempre stata la mia peggior critica, ha letto il libro e si è convinta, nonostante i suoi dubbi iniziali. È un peccato che mio padre non sia vivo per vedere il libro pubblicato. Sarebbe stato orgoglioso.

Detto questo, lascio al lettore il compito di decidere se ho colto nel segno.

- MCP

LE SCUSE DELL'AUTORE...

"Mi è mancato l'anello mancante"

"Michael Collins Piper fa molto di più che convincere i lettori del complotto multidimensionale per rimuovere JFK dalla carica: ci convince che i fatti sono sempre stati davanti ai nostri occhi".

Estratto da una recensione di Giudizio finale pubblicata su amazon.com

Uno dei problemi della scrittura di un libro è che, per quanto un autore possa esplorare il suo argomento, è destinato a perdere alcuni elementi importanti la prima volta. Da quando il *Giudizio Finale* è stato pubblicato per la prima volta nel 1994, mi sono rimproverato più volte di aver tralasciato alcuni dettagli che, a mio avviso, davano credito alla teoria esposta in questo libro.

Nella quarta edizione di *Giudizio Finale*, ho ripetutamente sostenuto che Jim Garrison, l'anziano di New Orleans che perseguì l'uomo d'affari Clay Shaw per aver cospirato nell'assassinio di JFK, non aveva idea del legame del Mossad con l'assassinio. Ma ora sembra che mi sbagliassi.

Dopo la pubblicazione della quarta edizione di *Giudizio finale*, ho fatto la scoperta un po' inquietante che Garrison aveva apparentemente capito che il Mossad era collegato al complotto - e le informazioni erano lì per me, se avessi cercato nel posto giusto.

Mentre sfogliavo il sito web piuttosto esteso di A.J. Weberman (www.weberman.com), l'ex investigatore dell'assassinio di JFK, mi sono imbattuto in qualcosa di piuttosto sorprendente. Sul suo sito web, Weberman ha fatto la seguente notevole affermazione:

> Ho conosciuto Jim Garrison a metà degli anni '70. Garrison voleva che trovassi un editore per un manoscritto che aveva scritto sull'assassinio del presidente John F. Kennedy. Quando lessi il manoscritto mi resi conto che si trattava di un'opera di fantasia che incolpava i servizi segreti israeliani - il Mossad - della morte di John Kennedy.

Considerando tutti i problemi che ho avuto negli ultimi anni - comprese le critiche di alcuni difensori dell'indagine di Garrison - non riuscivo a credere a ciò che avevo letto. Se si deve credere a A. Weberman, Jim Garrison aveva effettivamente scoperto - in un certo senso, non sorprendentemente - che c'erano buone ragioni per credere che il Mossad fosse coinvolto nel crimine del secolo.

Ma Garrison stesso concluse ovviamente (e giustamente) che non era nel suo interesse dirlo, almeno non pubblicamente e certamente non in nessuno dei suoi libri di saggistica sull'argomento. Così Garrison decise di tradurre la sua tesi in un romanzo, che ovviamente non fu mai pubblicato. Dubito che la famiglia di Garrison cercherà di mettere sul mercato il manoscritto inedito (se ancora esiste) in tempi brevi.

La rivelazione di Weberman metterà sicuramente a disagio molti dei difensori di Jim Garrison, ma è una sorprendente conferma che la tesi sostenuta in *Giudizio Finale* gode di un reale sostegno da parte di una figura che è diventata sia un cattivo che un'icona nella storia del complotto per assassinare JFK.

Naturalmente, la teoria di Garrison sul coinvolgimento del Mossad non dimostra che il Mossad fosse coinvolto nell'assassinio di JFK, ma dà credito a ciò che è stato ampiamente criticato (ma non confutato, se posso dirlo) nelle pagine di *Giudizio Finale*.

Naturalmente sorge la domanda se Weberman stesse mentendo sulla teoria del Mossad di Garrison e, in caso affermativo, perché Weberman avrebbe fatto questa affermazione? Non spetta a me rispondere a questa domanda. Sono qui solo per dirvi che è quello che ha detto Weberman.

Se Weberman non sta mentendo, possiamo allora credere che Garrison abbia semplicemente provato un piacere maligno nell'inventare questo scenario per uno scopo particolare? Questo, ovviamente, sembra altamente improbabile.

Rimangono quindi le affermazioni di Weberman sulle apparenti supposizioni di Garrison, unite al fatto che la *Sentenza Finale* è stata emessa, dimostrando il "come" e il "perché" del coinvolgimento del Mossad nel complotto per l'assassinio di JFK.

E per quanto possa sconcertare Israele e la sua potente lobby in America, rappresentata dalla Anti-Defamation League (ADL) di B'nai B'rith e da altre potenti forze, ci sono molte persone - e in numero crescente - che credono che il *Giudizio Finale* presenti uno scenario che ha senso, che ha altrettanto o più senso di molte altre teorie convenzionali sull'argomento, nonostante gli isterici sforzi dell'ADL per mettermi a tacere (ma non per confutarmi).

Quindi, nonostante il sottotitolo del mio libro, in un certo senso inizialmente mi era sfuggito l'"anello mancante nella cospirazione dell'assassinio del JFK": il fatto che Jim Garrison avesse effettivamente riconosciuto la connessione con il Mossad.

Solo ora sono finalmente in grado di fornire ai miei lettori questo dettaglio essenziale. Vorrei solo averlo fatto prima. Tenendo presente tutto questo, invito i lettori di *Giudizio finale* a leggere ciò che ho scritto, riscritto, rivisto e aggiornato e a stabilire da soli se i sospetti di Jim Garrison erano davvero fondati e se Israele e il suo Mossad erano i principali protagonisti, insieme alla CIA, dell'assassinio di John F. Kennedy.

- **Michael Collins Piper**
Washington, D.C.

L'ALTRO LATO DEL PUZZLE

Prefazione dell'autore

Il 21 agosto 1997, sul *Los Angeles Times* apparve un articolo in prima pagina che descriveva una sommossa nel sud della California, scoppiata durante la mia imminente conferenza a un seminario universitario sull'assassinio di JFK. Il seminario era stato organizzato sotto gli auspici del Southern Orange County Community College (SOCCCD). Sebbene fossero previsti quattro relatori, è stata la mia presenza, e solo la mia, a suscitare polemiche. L'Anti-Defamation League (ADL) del B'nai B'rith era (senza sorpresa) contrariata dal fatto che io sostenessi in questo libro, *Giudizio Finale*, che il Mossad, il servizio di intelligence israeliano, avesse avuto un ruolo di primo piano nell'assassinio di JFK, insieme alla CIA e al sindacato del crimine di Lansky.

Il *Times* ha riportato che l'ADL ha accusato il sottoscritto "di essere un sostenitore della negazione dell'Olocausto e ha descritto la sua affermazione che gli israeliani hanno ucciso Kennedy come ridicola". L'ADL non è riuscita a dimostrare che io sia un "sostenitore della negazione dell'Olocausto", ma ovviamente l'ADL vede questo come un colpo mortale finale e che tali accuse sono lecite quando si cerca di mettere a tacere chiunque si opponga alla loro agenda.

Il fatto che l'ADL ritenga "ridicola" la mia accusa di coinvolgimento israeliano nell'assassinio di JFK è davvero ridicolo. Dato che l'ADL non solo è una delle principali forze della lobby israeliana negli Stati Uniti, ma è anche il braccio di intelligence e propaganda del Mossad, sembra improbabile che l'ADL sostenga la mia tesi.

In ogni caso, a causa dell'intensa e isterica protesta dell'ADL, il seminario su JFK è stato cancellato, nonostante i funzionari del college e altri avessero dichiarato pubblicamente e apertamente di essere preoccupati per le implicazioni e le conseguenze della campagna di pressione dell'ADL per limitare la libertà di parola, in particolare in un forum universitario.

Ciononostante, i giornali di tutto il Paese hanno pubblicato notizie sulla vicenda, tra cui un commento su *Newsweek* di George Will, strenuo difensore di Israele.

Sono quindi lieto di dire che c'è stato un lato positivo in tutto questo. Oggi, per la prima volta da quando il *Giudizio Finale* è stato pubblicato nel 1994, i lettori dei "giornali tradizionali" di tutta l'America hanno appreso che circola una teoria secondo cui il Mossad israeliano sarebbe coinvolto nell'assassinio di John F. Kennedy.

Come ho dichiarato al *Los Angeles* Times, citato in un secondo articolo del 22 agosto: "La Lega Antidiffamazione non ha sentito l'ultima parola sul *Giudizio Finale*. La porta è stata sfondata. Ora ci sarà un grande dibattito su questo libro", che all'ADL piaccia o meno.

Sebbene il giornalista *del Los Angeles* Times Michael Granberry abbia tentato di presentare il mio punto di vista, mi sento in dovere di commentare vari aspetti dell'articolo *del Los Angeles* Times, poiché è necessario raccontare la storia completa che sta dietro all'articolo.

Il *Times* ha citato Gerald Posner, l'autore di *Case Closed*, come esperto della cospirazione JFK. Il fatto è che Posner è stato ampiamente diffamato dai principali ricercatori di lunga data sull'assassinio di JFK per aver scritto *Case Closed*, che sostiene che il rapporto della Commissione Warren era corretto (nonostante alcuni difetti) e che Lee Harvey Oswald ha agito da solo.

Il cosmopolita Posner si è detto "inorridito" dal fatto che il seminario sia stato programmato e ha detto: "Mi sembra simile all'idea che l'Olocausto sia una bufala". Si dà il caso che questa sia proprio la linea propagandistica promossa oggi dall'ADL, che ha dichiarato che se la gente crede che ci sia stata una cospirazione dietro l'assassinio di JFK, potrebbe anche finire per credere che non ci sia stato l'Olocausto.

In *Antisemitism in America Today: Outspoken Experts Explode the Myths*, il direttore nazionale dell'ADL Abe Foxman afferma senza mezzi termini:

"Se alcuni segmenti della popolazione sono davvero disposti a credere che il presidente Kennedy sia stato ucciso dal complesso militare-industriale perché era troppo morbido nei confronti del comunismo... allora non è difficile immaginare che alcune di quelle stesse persone cadano nelle bugie di Bradley Smith o nelle invenzioni di Louis Farrakhan e Leonard Jeffries.

"Tutte queste teorie del complotto condividono la caratteristica fondamentale che la "ricerca" che le sostiene - poco più, in realtà, di una raccolta di aneddoti separati dal loro contesto originale - è truccata per portare a conclusioni predeterminate, non a rivelazioni storiche o di intelligence".

(Il suddetto Smith, per inciso, difende l'opinione, condivisa anche da Jim Marrs, il cosiddetto ricercatore "mainstream" sull'affare JFK, che il numero di ebrei morti nell'Olocausto sia stato esagerato.

(Farrakhan e Jeffries sono indiscutibilmente figure di colore che hanno dimostrato l'importante ruolo degli ebrei nella tratta degli schiavi e hanno dato molto filo da torcere all'ADL).

In breve, se credete a una teoria cospirativa sull'assassinio di JFK, potreste in realtà credere a qualcos'altro su altri casi - come l'olocausto o la tratta degli schiavi - che l'ADL non vuole farvi credere.

Ma torniamo a Posner, l'amico dell'ADL. In realtà, il libro di Posner non è altro che un rimaneggiamento del rapporto originale della Commissione Warren, completo di un'offensiva accozzaglia di attacchi virulenti non solo contro alcuni investigatori incaricati del caso JFK, ma anche contro cittadini che hanno presentato prove credibili che dimostrano l'esistenza di una cospirazione dietro l'assassinio del Presidente. Ma chi è esattamente Posner? Perché è emerso come una sorta di beniamino dell'ADL e di altri critici del *Giudizio Finale* (e delle teorie cospirative su JFK in generale)?

Jim Marrs, autore di *Crossfire*, un popolare compendio di teorie cospirative su JFK, è stato un feroce critico di Posner e ha reso pubbliche le sue critiche; ha le sue opinioni (citabili) sull'origine di Posner.

Nel numero dell'autunno 1995 della rivista *Paranoia*, un articolo di Posner rivelò che egli aveva ammesso privatamente a Marrs che Bob Loomis, un dirigente della *Random House*, lo aveva contattato per scrivere un libro sull'assassinio di JFK, promettendogli che la CIA avrebbe aperto i propri file sull'assassinio di JFK in modo che egli potesse scrivere il libro.

Ecco perché Marrs ha condannato Posner come prestanome della CIA. Perché Loomis ha chiesto a Posner - tra tutti gli autori del mondo - di scrivere il libro? Secondo Marrs: "Probabilmente perché [Posner] era stato usato come strumento dalla CIA nel suo precedente libro, *Hitler's Chilren*. In quel libro aveva intervistato i figli dei principali leader nazisti. Come si fa a farlo? Come si fa a scoprire chi sono? Hanno tutti cambiato nome. Come si fa a localizzarli? Posner deve essere stato incastrato dalla CIA anche per quel libro", dice Marrs.

Marrs è (giustamente) sconvolto dal modo in cui i media tradizionali hanno promosso il libro di Posner nel 30° anniversario dell'assassinio di JFK. Era ovvio, allora come oggi, che i media volevano far credere al pubblico che il caso JFK fosse un "caso irrisolto". È sorprendente che la spinta mediatica di gran lunga maggiore per il libro di Posner sia arrivata dal numero del 30 agosto 1993 di U.S. News & World Report, che ha dato al libro una storia di copertina ampiamente pubblicizzata. Probabilmente farò arrabbiare qualcuno sottolineando che U.S. News è di proprietà di Mort Zuckerman, una delle figure più eloquenti e potenti della lobby israeliana in America.

In un'appendice a questa edizione di *Giudizio Finale*, ho analizzato il libro di Posner e ho dimostrato che si tratta di una patetica frode. Tuttavia, per coloro che sono interessati a una critica più completa di Posner, raccomando caldamente *Caso aperto* di Harold Weisberg, un esperto ricercatore dell'affare JFK.

Alla faccia di Gerald Posner. Sebbene non sia una fonte affidabile (ovviamente), il *Los Angeles Times* si è divertito a citare la sua recensione di *Giudizio finale*, che Posner considera una delle teorie "più stravaganti" presentate finora, secondo il *Times*.

Il *Los Angeles Times* ha anche citato un certo Chip Berlet, descritto come "studioso approfondito dell'assassinio" e come "analista senior" presso un "think tank... che esamina il pensiero totalitario". Berlet ha detto che le mie opinioni rappresentano "l'al di là del reale".

In primo luogo, non sono a conoscenza di nulla che Berlet abbia mai scritto sull'assassinio di JFK (a parte attacchi casuali ad altri teorici della cospirazione di JFK), quindi non sono a conoscenza di alcuna prova pubblicata del suo "studio approfondito". Questo è in netto contrasto con quella che, all'epoca, era la terza edizione di 385 pagine del *Giudizio Finale*, documentata con 746 note a piè di pagina.

Inoltre, il cosiddetto "think tank" che impiega Berlet serve i suoi interessi personali. Il *Times* non ha sottolineato questo punto, presentando Berlet come una sorta di analista obiettivo. Il *Times* ha anche omesso di dire che il "think tank" di Berlet è finanziato da almeno due note società di facciata della CIA. Possiamo quindi capire, ancora oggi, da dove viene Berlet.

A questo punto, devo anche notare che importanti attivisti della "nuova sinistra" degli anni Sessanta, come Ace Hayes (ora deceduto), editore del *Portland Free Press*, e Daniel Brandt della newsletter *NameBase NewsLine*, avevano seguito da vicino Berlet ed erano giunti alla seguente conclusione:

1) Non c'è dubbio che Berlet abbia collaborato strettamente con l'ADL, tanto da essere considerato molto più di un "complice" dell'ADL e, nel peggiore dei casi, forse uno dei suoi agenti segreti.

2) Berlet potrebbe anche avere legami nascosti con la CIA, tra cui la partecipazione a un gruppo di "studenti" finanziato dalla CIA negli anni Sessanta.

Altri hanno sottolineato che, nonostante il soprannome bonario, il vero nome di Berlet era John Foster Berlet. Il suo nome deriva dall'ex Segretario di Stato John Foster Dulles, che pare fosse legato al padre di Berlet. Il fratello di Dulles, Allen, non solo fu licenziato da JFK come direttore della CIA, ma divenne anche membro della Commissione Warren che insabbiò la verità sull'assassinio.

Quindi, dato che *Sentenza Finale* accusa la CIA di aver collaborato con il Mossad nell'assassinio di JFK, possiamo capire perché Berlet (e Posner) desiderino che *Sentenza Finale* non venga rivelata. È chiaro che l'ADL ha indirizzato il *Los Angeles Times* verso Posner e Berlet, sapendo che i due "esperti" legati alla CIA l'avrebbero fatta franca.

Il Times ha anche citato Roy Bauer, un professore di filosofia della UC Irvine Valley, che ha definito me (e gli altri relatori della conferenza) "pazzi". (Sembra che sia stato Bauer a chiamare l'ADL per lamentarsi della mia imminente partecipazione al seminario). Sono sicuro che Bauer non ha mai letto il mio libro, quindi accusarmi di essere un "pazzo" è un insulto malizioso e infondato della peggior specie. Inoltre, pur non conoscendo la "filosofia" sostenuta in classe dal bravo professore, è chiaro che non è una filosofia coerente con la tradizione americana della libertà di parola.

Ho cercato più volte di contattare Bauer per parlare direttamente con lui, ma si è rifiutato di rispondere alle mie chiamate. Quando finalmente sono riuscito a contattare Bauer, mi ha detto che gli era stato "consigliato" di non parlare con me e ha riattaccato immediatamente. Questo consiglio, sono sicuro, è arrivato direttamente dagli amici di Bauer nell'ADL. Per anni, l'ADL ha mantenuto una politica di "rifiuto di discutere" con coloro che attacca così febbrilmente sulla stampa. L'angosciato Bauer, ovviamente, si sentiva a suo agio nel lanciare critiche da lontano e nel chiamare in causa la "polizia del pensiero" dell'ADL, ma non aveva la forza di affrontarmi direttamente.

Il Los Angeles Times ha anche riportato, per inciso, che l'amministratore universitario Steve Frogue, il padrino del seminario della sfortunata università, aveva affermato qualche tempo prima che "l'ADL era dietro" l'assassinio di Kennedy. Frogue non ha detto questo. In realtà, ciò che Frogue disse fu che c'erano prove (chiaramente documentate in *Final Judgment*) che era possibile che le strane attività di Lee Harvey Oswald a New Orleans facessero parte di una delle famose (o famigerate) indagini dell'ADL.

Il giornalista *del Times* ha (forse) frainteso le osservazioni di Frogue sul legame dell'ADL con Oswald, ma ora che l'interpretazione errata è stata riportata ripetutamente, ha importanza. Ma Frogue non ha detto quello che si suppone abbia detto. Tuttavia, in *Giudizio finale* vengono esaminati per la prima volta i (sorprendenti) legami di Oswald con l'ADL.

Povero signor Frogue. Giovane ammiratore di JFK, Frogue era pronto a entrare nei Corpi di Pace, ispirato dalla Nuova Frontiera di Kennedy. Tuttavia, quando il Presidente morì, Frogue era così frustrato e disilluso che si arruolò nel Corpo dei Marines. In qualità di professore universitario e di leader della comunità (nonché di studente part-time delle teorie cospirative su JFK), Frogue ha pensato che un forum universitario - sotto l'egida della Southern Area Community University di Orange County (di cui è stato eletto presidente) - sarebbe stato il modo ideale per discutere la teoria presentata in *Giudizio Finale*, così come altre teorie concorrenti - tra cui quella secondo cui "i nazisti hanno ucciso JFK".

Ma l'ADL la pensava diversamente. Non volevano permettere agli studenti universitari e ad altri partecipanti interessati di ascoltare ciò che avevo da dire. Consideravano la tesi del *Giudizio Finale* così pericolosa che hanno fatto di tutto per impedirmi di essere ascoltato. Di conseguenza, il progetto di Steve Frogue è stato sabotato da una campagna diffamatoria contro di me e contro quest'uomo onesto, che probabilmente non avrebbe mai immaginato possibile.

Il *Los Angeles Times* riportò correttamente il mio commento sul fatto che JFK era stato coinvolto in un'aspra lotta con il Primo Ministro israeliano David Ben-Gurion per gli sforzi di Israele di costruire un arsenale nucleare. Il giovane giornalista, Mike Granberry, mi aveva chiesto espressamente (ed era una buona domanda, non c'è bisogno di dirlo): "I miei redattori vogliono sapere perché pensi che Israele si opponga a John F. Kennedy?", così glielo spiegai e lui pubblicò la mia risposta.

Ciò che il *Times* non ha riportato è che avevo anche sottolineato che, dopo la morte di JFK, la politica degli Stati Uniti nei confronti di Israele sotto Lyndon Johnson aveva fatto una completa e immediata inversione di 180 gradi e, cosa più importante, il programma di Israele per la costruzione di bombe nucleari era proseguito senza ostacoli.

Come ho detto al *Times* (ma non è stato pubblicato), "Mentre si discute se gli Stati Uniti sarebbero rimasti coinvolti in Vietnam se JFK fosse sopravvissuto, non c'è assolutamente alcun dubbio sulla drastica inversione della politica statunitense in Medio Oriente, di cui Israele è stato il principale beneficiario". Ho fatto notare al *Times* che quattro eminenti autori, Seymour Hersh, Stephen Green e Andrew e Leslie Cockburn, hanno scritto ampiamente sulla politica di JFK nei confronti di Israele e che mi sono basato quasi esclusivamente sulle loro conclusioni.

Non ho detto, come ha riportato il *Times*, di aver contestato la cifra ampiamente diffusa secondo cui "sei milioni di ebrei" sarebbero morti per mano dei nazisti, né ho mai alluso ad affermazioni secondo cui la cifra sarebbe stata molto più bassa. Ho detto questo: "Prima di tutto, il mio libro riguarda l'assassinio di JFK. Non ha nulla a che fare con l'Olocausto. L'assassinio di JFK è avvenuto nel 1963. L'Olocausto è finito nel 1945. Il mio punto di vista su ciò che è accaduto o meno durante l'Olocausto non ha nulla a che fare con il mio libro sull'assassinio di JFK. È un argomento completamente diverso.

"Per quanto riguarda le cifre", dissi, "ho sempre sentito parlare di sei milioni di persone. Non si può girare senza leggerne sempre sui giornali". Tuttavia, ho aggiunto, "negli ultimi anni, alcuni storici ebrei hanno affermato che il numero era di sette o addirittura otto milioni. Quindi non so quale sia questo numero.

(Per un esempio di tale affermazione, secondo cui la cifra potrebbe arrivare a 7 milioni, si veda l'augusto *Washington Post* del 20 novembre 1996, l'edizione del rinomato *Jerusalem Post* della settimana conclusasi il 23 novembre 1996 e le edizioni del 23 e del 30 maggio 1997 del New York Jewish Press, tutti considerati completamente "responsabili" dall'ADL).

Non ho mai suggerito al *Los Angeles Times* di credere, come il *Times* ha falsamente affermato, "che nessun ebreo sia stato ucciso nelle camere a gas". Si è trattato di una libertà letteraria da parte del giornalista, che ha supposto che questa fosse la mia opinione sulla base di ciò che l'ADL gli aveva (falsamente) già detto riguardo alle mie opinioni su questo argomento irrilevante.

Nonostante tutto questo, ovviamente, il mio libro su JFK **non ha nulla a** *che fare con l'Olocausto, nonostante le maligne e false farneticazioni dell'ADL.*

E probabilmente vale la pena notare che un manipolo di sedicenti revisionisti dell'Olocausto - "negazionisti dell'Olocausto" nel linguaggio dell'ADL - non solo ha cercato di bloccare la distribuzione del *Giudizio Finale* e di screditarlo, ma questi stessi intrallazzatori sono riusciti a sabotare una traduzione in corso del libro in russo! Alla faccia delle sciocchezze sull'Olocausto! !

Francamente, dubito fortemente che se fossi stato "a favore" della questione dell'aborto, la Chiesa cattolica avrebbe lanciato una grande campagna diffamatoria su questa base per impedirmi di parlare del tema non correlato dell'assassinio di JFK. Quindi, ancora una volta, dobbiamo chiederci perché l'ADL si sia opposta così fermamente all'ascolto della mia conferenza e abbia poi introdotto il tema *fuori tema* dell'"Olocausto". La risposta è ovvia. In definitiva, la reazione isterica dell'ADL al *Giudizio Finale* convalida la tesi di questo libro. È così semplice.

Il Los Angeles Times ha fatto riferimento a John Judge, un altro oratore previsto per il seminario annullato, sottolineando che era noto per la sua adesione "alle teorie cospirative del defunto procuratore distrettuale di New Orleans Jim Garrison" e che "quelle teorie non avevano sfumature antisemite".

È interessante notare che Judge si rifiutò di farmi parlare a una conferenza su JFK da lui organizzata qui a Washington nell'ottobre 1996. La scusa diplomatica di allora (secondo le parole dell'associato di Judge, Philip Melanson) fu che il programma della conferenza "cercava di concentrarsi su problemi e questioni sostanziali piuttosto che su ampi temi e teorie storiche". Tuttavia, i soci di Judge hanno detto a un partecipante, che aveva chiesto perché *il Giudizio Finale* non fosse esposto a questa conferenza: "Né Michael Collins Piper né il suo libro sono i benvenuti qui". Infine, quando il nome di Judge è stato accostato al mio nei comunicati stampa, Judge ha prontamente inviato una lettera all'*Orange* County *Register* assicurando ai suoi lettori che lui e i suoi colleghi non avevano certo nulla a che fare con un estremista come me. *Eppure, anche Judge è nei guai per quanto riguarda l'ADL: dopo tutto, anche Judge crede in una teoria del complotto - e questo è maaaaal!*

Trovo quindi molto divertente che Judge si ritrovi ora ad essere descritto come un "pazzo" insieme a me. Così come un altro individuo che doveva parlare al seminario in California - un certo Dave Emory - che sostiene che dietro l'assassinio di JFK ci siano i nazisti. Non costringerò il lettore a commentare qui questa particolare nozione, anche se nel capitolo 15 di *Giudizio Finale* fornisco alcune informazioni interessanti sulla cosiddetta "connessione nazista" di Emory che dimostrano che era tutt'altro.

In effetti, la tesi presentata in *Giudizio finale, per così dire, rivendica l'*accusa di Jim Garrison a Clay Shaw per il suo coinvolgimento nel complotto per l'assassinio di JFK. Garrison ha prima delineato il ruolo di Clay Shaw nella cospirazione e nel capitolo 15 i legami di Shaw con Israele sono descritti in dettaglio. Tuttavia, devo dire che la teoria presentata in *Giudizio finale* non si basa su Clay Shaw. *Con o senza Shaw, ci sono ampie prove in molte altre aree che indicano il coinvolgimento di Israele nell'assassinio di JFK.* Tuttavia, la complicità di Shaw nella cospirazione non fa che chiudere il cerchio della storia, come vedrete.

Per quanto riguarda il suggerimento *del Times* che la mia tesi abbia "sfumature antisemite", dirò questo: non penso che il libro sia "anti-israeliano" o "antisemita". Punto e basta. Criticare le azioni di Israele e della sua lobby in questo Paese non è "antisemita" e le persone di buon senso che non hanno interessi religiosi o politici lo capiscono.

Il critico Kenn Thomas, nella sua rivista di teoria della cospirazione *Steamshovel Press*, ha osservato che "il libro non può essere letto senza cercare di individuare la sottile distinzione tra la critica anti-israeliana/antisionista e l'antisemitismo superato". Penso che questo sia assurdo. Tuttavia, ad essere onesti, devo ritenere che Thomas abbia fatto questa osservazione (nel contesto di una critica rancorosa) semplicemente nella speranza di evitare di essere etichettato lui stesso come "antisemita" per aver suggerito (come ha fatto) che il lettore avrebbe potuto imparare molto dalla lettura del libro sulla poco nota lotta segreta di JFK con Israele. Vedete, ci sono molti codardi tra i cosiddetti investigatori di cospirazioni: "Coinvolgimento del Mossad? Oh no!" gridano, e poi aggiungono, sussurrando tra loro: "Ma, se fosse così, per favore non ditelo. Saremmo screditati nella nostra ricerca". Povera gente.

Israele, a mio avviso, è solo un altro Paese straniero e non merita un trattamento speciale più dell'Irlanda o dell'Islanda. Tuttavia, in America esiste una lobby molto forte a favore di Israele (che comprende alcuni dei suoi più potenti sostenitori, come cristiani di spicco come Jerry Falwell e Pat Robertson) e di conseguenza Israele ha un grande potere sulla politica estera degli Stati Uniti. A causa di questa "relazione speciale", Israele occupa una posizione unica che lo ha messo nel mirino dei critici. Israele non è esente da colpe e, poiché desidera esercitare la propria influenza, deve aspettarsi di essere criticato.

Credo fermamente che il Mossad sia stato coinvolto nell'assassinio di JFK e che Israele debba rispondere delle sue azioni. È così semplice. Se ci fossero prove che gli arabi hanno avuto un ruolo nell'assassinio di JFK, anche loro dovrebbero essere ritenuti responsabili. Tuttavia, le prove non vanno nella direzione degli arabi.

Comunque sia, in base alla nostra buona vecchia Costituzione americana ho il diritto (almeno al momento) di far sentire le mie opinioni. Se qualcuno (erroneamente) interpreta tali opinioni come "anti-israeliane" o "antisemite", anche questo è un suo diritto. Ma opporsi alle malefatte di Israele non significa essere "antisemiti", checché ne dica l'ADL. Comunque, in ogni caso, francamente non mi interessa cosa pensa l'ADL.

Le prove presentate in *Giudizio Finale* si reggono da sole, indipendentemente da ciò che dicono gli accusatori dell'ADL e i loro vari complici. Chiunque sostenga che io creda che l'assassinio di JFK sia stato un "complotto ebraico" è un bugiardo o un pazzo o entrambe le cose - o almeno un analfabeta.

Nonostante tutto questo, come ho detto, la frenesia generata dal seminario universitario ha portato una pubblicità incredibile e del tutto inaspettata alla tesi presentata in *Giudizio finale*

Dei 27 diversi articoli portati alla mia attenzione sulla controversia nei giorni successivi all'articolo iniziale del *Los Angeles* Times, 21 di essi (basati sull'articolo del *Times* e sul rapporto dell'*Associated* Press) dicevano specificamente che al seminario era presente un oratore che sosteneva il coinvolgimento del Mossad nell'omicidio del Presidente. La maggior parte dei riferimenti, infatti, compariva nei paragrafi iniziali degli articoli in questione.

Non tutti gli articoli citavano *il Giudizio Finale* come titolo - anche se molti lo facevano - ma la tesi presentata nel libro era sicuramente citata e senza dubbio sorprendeva coloro che non avevano mai sentito parlare di questa teoria.

Alcuni dei titoli degli articoli erano piuttosto semplici: "Gli oratori dicono che Kennedy è stato ucciso da un complotto israeliano" recitava l'articolo del *Bryan College Station Eagle* in Texas. "L'oratore ospite dice che Israele ha architettato l'omicidio" annunciava un sottotitolo *del Miami Herald*. "I docenti incolpano gli israeliani per la morte di JFK", ha dichiarato il *Chicago Sun-Times*. "Professori universitari incolpano Israele per la morte di JFK", ha dichiarato il *Birmingham News*. Riferendo che una "sommossa" aveva costretto alla cancellazione del seminario, il *Pasadena Star-News* ha aggiunto (falsamente) che "uno dei relatori ha detto che gli ebrei sono dietro la morte di JFK".

E così è stato trasmesso in tutto il Paese. In definitiva, la grande ironia è che se l'ADL avesse ignorato il seminario, il ruolo del Mossad israeliano nell'assassinio di JFK non avrebbe mai ricevuto una così ampia copertura nazionale sulla stampa quotidiana.

Ironia della sorte, Michael Granberry, il giovane che ha coperto la storia per il *Los Angeles Times* - e il cui titolo è apparso in numerosi articoli in tutto il Paese - ha lasciato il suo posto poco dopo la pubblicazione della storia. Granberry ha pagato il prezzo per aver detto troppo ai suoi lettori sulla tesi del *Giudizio Finale*? Non lo so, ma è un pensiero che fa riflettere.

A suo merito, il famoso commentatore Nat Hentoff, che ha scritto una rubrica molto letta sulle questioni relative al Primo Emendamento, è intervenuto nella controversia. Hentoff ha scritto: "Non c'è libertà accademica se non si ha la libertà di parlare di un'idea, per quanto grossolana o ripugnante possa essere" (l'insinuazione è, ovviamente, che la mia tesi sia "ripugnante" per il fatto stesso di aver detto qualcosa di non amichevole nei confronti di Israele - una ridefinizione di "ripugnante" davvero unica).

I commenti di Hentoff sono stati presentati in un rapporto intitolato "Free Speech in the Fiery Academic Environment" (Libertà di parola in un ambiente accademico infuocato), pubblicato dal First Amendment Center della Vanderbilt University. È emerso che Caroline Kennedy, figlia del defunto presidente, non è altro che Caroline Kennedy, membro del comitato consultivo del centro.

È chiaro, quindi, che Caroline ha probabilmente sentito parlare di *Giudizio Finale*, così come diversi membri della sua famiglia e, come vedremo, probabilmente anche il suo defunto fratello.

In ogni caso, come risultato diretto del suo isterico (e riuscito) tentativo di impedirmi di apparire al seminario di Orange County, l'ADL ha subito uno storico (e ben meritato) "doppio colpo" nel giro di otto giorni, come risultato diretto della controversia.

Innanzitutto, il 12 ottobre 1997 l'*Orange County Register*, il più grande quotidiano di una delle aree metropolitane più densamente popolate del Paese, ha pubblicato un lungo commento in cui rispondevo agli attacchi dell'ADL e illustravo la tesi del libro.

Era la prima volta, dopo la pubblicazione di *Giudizio finale* nel gennaio 1994, che un giornale tradizionale dava una pubblicità così sostanziale alle accuse fatte nel libro.

Anche se un debole tentativo di "confutazione" da parte di Bruno Medwin, un portavoce dell'ADL, è stato pubblicato insieme al mio commento, la zoppicante risposta dell'ADL non ha mai tentato di confutare nessuna delle mie affermazioni. Il commento dell'ADL ha in realtà fuorviato i lettori suggerendo che l'ADL credeva che le teorie "mainstream" su un possibile complotto per assassinare JFK avessero il diritto di essere ascoltate.

Infatti, come abbiamo già notato, il direttore nazionale dell'ADL Abe Foxman ha dichiarato altrove che qualsiasi teoria sull'assassinio è potenzialmente pericolosa e infondata. Chiaramente, l'ADL è pronta a cambiare posizione a seconda del pubblico, il che la dice lunga sulla sua disonestà.

Una settimana dopo, il 20 ottobre 1997, l'ADL dovette subire uno shock ancora più grave. In una riunione del consiglio di amministrazione del Southern Orange County Community College (SOCCCD), il presidente del consiglio, Steven Frogue - che mi aveva invitato al seminario di JFK a Orange County - è stato rieletto con 4 voti contro 3, con grande disappunto dell'ADL.

Nonostante l'ADL abbia chiesto la testa di Frogue e abbia inviato i suoi sostenitori per sollecitare le sue dimissioni dal consiglio di amministrazione - o la sua rimozione forzata - lo sforzo non ha avuto successo. Un altro membro del consiglio di amministrazione, Marcia Milchiker, a sua volta membro del consiglio della divisione locale dell'ADL, ha presentato una risoluzione per estromettere Frogue, ma il suo piano è fallito.

Il tentativo fallito di punire Frogue è arrivato dopo un grande raduno in cui circa quaranta membri del pubblico sono stati autorizzati a parlare e la maggior parte di loro - cittadini comuni, professori, studenti e altri - si sono alzati per difendere Frogue, sfidando pubblicamente l'ADL nonostante i dipendenti dell'ADL avessero in mano delle fotografie dei partecipanti all'incontro. "Questo è controllo del pensiero", ha detto l'oratore James Scott, denunciando la campagna dell'ADL e affermando (tra gli applausi) che "stasera il capo siamo noi".

Quando Marcia Milchiker dell'ADL si è accorta che c'era una *vera* protesta pubblica contro i suoi sforzi per destituire Frogue - in contrasto con la campagna *orchestrata* dall'ADL - la Milchiker ha potuto solo rispondere in modo sconclusionato, incoerente e piuttosto patetico, inducendo gli altri membri del Consiglio a chiederle di limitare le sue osservazioni.

Nel descrivere la sua "ricerca" sulle origini del *Giudizio Finale* e nel citare le sue cosiddette scoperte, la Milchiker a un certo punto si è riferita a me come "William Collins Piper", dimostrando esattamente quanto fosse adeguata la sua ricerca. La Milchiker ha affermato di essere una "scienziata" (e quindi presumibilmente in grado di leggere), ma non ha risposto quando un contributore arrabbiato della Contea di Orange ha gridato "Hai letto il libro?" mentre la Milchiker tentava di spiegare (senza alcuna documentazione di supporto) perché *il Giudizio Finale* semplicemente non poteva essere creduto.

Arrivata alla riunione, Milchiker era certa che Frogue stesse per uscire. Che sorpresa l'attendeva. Alla fine, Milchiker ha affermato che la teoria del *Giudizio Finale* è "scientificamente indimostrabile", "oltraggiosa" e "assurda", ma non ha dimostrato perché. Non ci è riuscita. Alla fine, un altro membro del consiglio, Dorothy Fortune, intervenendo in difesa di Frogue, ha accusato pubblicamente Milchiker - che è ebrea - di "giocare la carta della religione per scopi politici". Frogue è stato quindi rieletto.

Ma l'ADL aveva un altro asso nella manica. Usando Buckner Coe, un ministro in pensione, come prestanome, l'ADL orchestrò una campagna di richiamo contro Frogue. Sebbene lo sforzo non sia riuscito a raccogliere le firme necessarie di 35.000 elettori del settore universitario prima del marzo 1998, una fonte "anonima" ha donato 10.000 dollari e la campagna di richiamo è stata rilanciata.

A questo punto, l'ADL ha tentato di creare un "fronte unito" contro Frogue, esortando vari gruppi di interesse speciale, tra cui asiatici, latini, neri e attivisti per i diritti degli omosessuali a sostenere l'abrogazione. Sebbene lo stratagemma non sia riuscito a generare maggiore interesse, l'ADL ha rifiutato di arrendersi e ha invitato una serie di politici di spicco della California meridionale, tra cui due membri repubblicani del Congresso - Dana Rohrabacher e Christopher Cox - a chiedere l'estromissione di Frogue. Insieme ad altri funzionari repubblicani, i due legislatori hanno unito le forze con i loro amici del Partito Democratico per attingere ai fondi neri della loro campagna elettorale e contribuire a finanziare la campagna dell'ADL per la destituzione di Frogue, generando circa 40.000 dollari in una raccolta fondi molto popolare.

Anche George Kadar, residente nella contea di Orange, che ha formato un comitato ad hoc per sostenere Frogue, è stato oggetto di attacchi da parte dei media. In un caso, un giornalista ha proclamato che Kadar era, secondo l'ADL, anche "anti-immigrati", con l'imbarazzo di apprendere in seguito che Kadar era egli stesso un immigrato fuggito dalla "polizia del pensiero" altamente comunista dell'Europa dell'Est, le cui tattiche sono state così ben imitate - e riprese nella Contea di Orange dall'ADL e dai suoi alleati.

Nel bel mezzo della campagna di petizione antidroga, Harriet Walther, membro dell'ADL, ha affermato di essere stata vittima di un attacco "antisemita" fuori dall'ufficio del segretario della contea. Walther sostenne che alcuni impiegati dell'ufficio avevano assistito all'incidente, ma secondo quanto riportato dall'*Orange County Register* il 4 febbraio 1998, un supervisore dell'ufficio, Mai Kang, disse che, secondo il *Register*, "nessuno aveva visto l'aggressione".

Da parte mia, al culmine della frenesia, mi stavo recando a Orange County per parlare a una riunione pubblica del consiglio di amministrazione del SOCCCD (Southern Orange County Community College) nel giugno 1998.

L'evento è stato un circo mediatico, con la stampa e le guardie armate ben visibili mentre centinaia di persone si affollavano nella sala della riunione e in una stanza adiacente dove una folla gremita ha potuto seguire i lavori in diretta grazie alla magia del video. Aspettando fuori prima dell'incontro, un giovane giornalista idealista di un giornale della comunità ebraica locale si è sforzato di additarmi come "negazionista dell'Olocausto" e "antisemita" e di contestare la tesi del *Giudizio Finale*. Tuttavia, Bob Ourlian, un giornalista del *Los Angeles Times, fu sentito* sussurrare alla giovane donna: "Non cercare di discutere con questo ragazzo. È molto eloquente e sa di cosa parla", e lei cambiò rapidamente (e saggiamente) approccio.

Una settimana prima, infatti, avevo inviato a Ourlian una copia del *Giudizio Finale,* quindi sapeva perfettamente che il libro era stato studiato con cura e che avevo il pieno controllo delle informazioni che avevo presentato. Per quanto riguarda l'Olocausto, l'ho detto alla stampa:

> Sono stanco di sentir parlare dell'Olocausto. È noioso. È sufficiente. È successo più di 50 anni fa, molto prima che io nascessi. Mia nonna mandò quattro dei suoi figli - mio padre e tre dei suoi fratelli - a combattere nella Seconda Guerra Mondiale.
> Hanno partecipato alle attività di salvataggio dell'Olocausto come membri dell'esercito americano Mio padre ha trascorso un periodo in un ospedale per veterani per le sue azioni a favore degli ebrei. Quindi, per favore: non voglio sentire parlare dell'Olocausto. Sono qui per parlare dell'assassinio di JFK.
> Ma se volete saperne di più su un vero e proprio Olocausto, che sta avvenendo proprio ora, date un'occhiata a ciò che sta accadendo ai nativi americani nei campi di concentramento negli Stati Uniti, chiamati eufemisticamente "riserve".
> Il mio trisnonno era un indiano d'America purosangue e, per quanto ne so, oggi ho dei parenti nelle riserve che soffrono di malnutrizione, alcolismo, alti tassi di suicidio e altre tragedie.
> Nonostante tutto questo, il governo federale sta tagliando gli aiuti alle riserve, ma miliardi di dollari dei contribuenti statunitensi vengono versati a Israele. Se volete parlare di *questo* olocausto, sarò felice di farlo.

Inutile dire che i giornalisti non sembravano interessati a parlare di questo argomento e, francamente, non ne sono sorpreso.

È stato un vero e proprio dramma. Il corpulento professor Roy Bauer è apparso accompagnato da un gruppo di donne ridacchianti e decisamente poco attraenti, che hanno cinguettato i suoi giochetti mentali mentre diffondeva un "rapporto" di quattro pagine, intitolato "Chi è Michael Collins Piper?", che pretendeva di descrivere in dettaglio i miei crimini contro il popolo ebraico. Ma la cosa interessante era che Bauer aveva abbandonato l'accusa di essere un "negazionista dell'Olocausto", sostenendo ora che apparentemente ero solo un "revisionista" dell'Olocausto.

Marcia Milchiker, il mio principale detrattore nel consiglio del SOCCCD, era purtroppo assente. Sebbene per un anno intero abbia avuto molto da ridire su di me e sul mio editore, compresa l'accusa palesemente ridicola che stavamo cercando di "far risorgere il partito nazista", si è rifiutata (alla maniera dell'ADL) di affrontarmi quando ho voluto confrontarmi con lei. Nonostante sia stato al centro di feroci discussioni pubbliche alle riunioni del SOCCCD per quasi un anno, il consiglio, purtroppo, non mi ha concesso più di tre minuti per parlare (lo stesso tempo concesso agli altri oratori).

Tuttavia, per tutto il tempo del mio intervento, Irv Rubin, il capo della violenta Lega di Difesa Ebraica (JDL), e due soci altrettanto disgustosi urlavano dal pubblico, inducendo la polizia a espellere definitivamente uno degli amici di Rubin, uno strano troll di nome Barry Krugel.

A un certo punto, esasperato, ho detto al consiglio in tutta franchezza: "Qui si è parlato molto di 'antisemitismo', ma se mai c'è stato un argomento a favore dell'antisemitismo, questo proviene dall'autoproclamato portavoce della comunità ebraica", riferendosi a Rubin.

C'è stato comunque un lato positivo in questo evento molto rumoroso. Il giorno successivo sono stato invitato dal professore di giornalismo Lee Williams della Saddleback University a parlare alla sua classe nel campus universitario. Williams mi ha invitato a nome dello staff del giornale universitario e io mi sono incontrato con il personale dell'ufficio del giornale nel campus, dove *gli studenti hanno posto domande ponderate e hanno mostrato proprio il tipo di curiosità intellettuale che l'ADL era così determinata a sopprimere.*

Gli studenti non solo hanno sfidato coloro che volevano che l'ADL bandisse il libro chiedendomi di posare per una foto con loro, ma in seguito sono andati oltre e, come gruppo, hanno sfidato pubblicamente l'ADL prendendo le difese di Steve Frogue.

Ma l'appello dell'ADL per la distruzione di Frogue è continuato. L'ADL riuscì persino a creare un'alleanza di breve durata tra la rappresentante democratica Loretta Sanchez della Contea di Orange e il suo acerrimo avversario, l'ex rappresentante Bob Dornan, il repubblicano che la Sanchez aveva sconfitto per un pelo nel 1996 e che era stato mandato via nelle elezioni del 1998. Sia la Sanchez che Dornan hanno appoggiato la campagna di richiamo su richiesta dell'ADL. Tuttavia, la Sanchez ha fatto marcia indietro dopo che molti dei suoi sostenitori ispanici (che disprezzavano Dornan) hanno deriso il suo "patto con il diavolo".

Nonostante tutta questa potenza di fuoco, il piano di richiamo dell'ADL fallì. Alla fine, il 12 novembre 1998, gli odiatori dell'ADL subirono un'imbarazzante sconfitta. La campagna sostenuta dai media, durata oltre 16 mesi per spodestare Frogue, si è interrotta bruscamente. L'ufficio elettorale della Contea di Orange dichiarò che il gruppo di una dozzina di firmatari non era riuscito a portare a termine la campagna, avendo presentato circa 13.000 firme non valide.

La copertura mediatica della Waterloo dell'ADL è stata interessante. Kimberly Kindy dell'*Orange County Register*, che aveva denunciato con grande interesse la campagna dell'ADL contro Frogue, ha dimenticato di menzionare il ruolo dell'ADL in questo spudorato richiamo nel suo breve servizio sull'arresto della campagna. Invece, la signora Kindy si è concentrata sul ruolo dei Democratici e dei Repubblicani nell'azione, senza mai indicare che l'ADL è stata la prima responsabile del maldestro sforzo di indebolire Frogue.

C'è un aneddoto interessante. Alla mia vecchia nemesi, il professor Roy Bauer, fu ordinato di farsi visitare da uno psichiatra a causa degli scritti incendiari contenuti nella sua scurrile newsletter del campus, in cui ero stato uno dei suoi bersagli. Bauer fece causa al consiglio del SOCCCD, sostenendo che i suoi diritti del Primo Emendamento erano stati violati. La preoccupazione di Bauer per la libertà di parola non aveva molto significato quando stava lavorando per sopprimere le mie libertà, ma quando le cose sono cambiate, ha dato un'occhiata più da vicino alla Dichiarazione dei diritti dell'uomo. Bauer ha vinto la sua causa e ne sono felice, perché, a differenza di Bauer, io credo nel Primo Emendamento, anche se lui e l'ADL non ci credono.

Steve Frogue si rifiutò di chiedere la rielezione al consiglio del SOCCCD nel 2000, ma possiamo essere certi che il "caso della sentenza finale" si sarebbe ritorto contro di lui. Tuttavia, il fatto è che l'ADL ha subito una violenta sconfitta nella Contea di Orange e anche a Schaumburg, nell'Illinois, come vedremo in seguito. L'ADL continuerà a essere sconfitta su questo tema finché avrò qualcosa da dire al riguardo - e l'ADL lo sa.

Da parte sua, il detestabile Irv Rubin della JDL (la Lega di Difesa Ebraica) è ora morto - si sarebbe suicidato durante la detenzione federale dopo essere stato arrestato alla fine del 2001 per aver complottato di bombardare l'ufficio del deputato del Partito Repubblicano della California Darrel Issa, un arabo-americano. Eppure Rubin era proprio il tipo di oratore che l'ADL e i suoi alleati avevano accolto al SOCCCD: questo la dice lunga sull'agenda dell'ADL.

Cosa c'è nel *Giudizio Finale* che dà tanto fastidio all'ADL? Perché l'ADL "protesta così tanto"? Ecco la possibilità di scoprirlo. Allora, forse, capirete perché *il Giudizio Finale* è proprio nel mirino.

Se non avessi rielaborato *Giudizio Finale* dopo la sua prima pubblicazione, direi, anche adesso, che il libro potrebbe continuare a reggersi da solo senza alcuna correzione. Ora che il libro è stato notevolmente ampliato, più di quanto avrei creduto possibile, credo che resisterà alla prova del tempo.

I fatti parlano da soli. Il Mossad israeliano ha svolto un ruolo di primo piano, insieme alla CIA e al sindacato del crimine di Lansky, nell'assassinio di John F. Kennedy. Alla fine, *Giudizio Finale* si rivelerà il primo rapporto completo su questa cospirazione.

Credo di aver dato una nuova occhiata a un puzzle molto grande che mostra un quadro straordinariamente complesso e in qualche modo oscuro. Nel puzzle, vedete tutti i diversi gruppi e individui coinvolti nel complotto per l'assassinio di JFK. È un quadro immensamente confuso. Tuttavia, quando si gira il puzzle, si trova un'immagine completa, un'immagine molto grande e chiara della bandiera israeliana. Tutte le altre bandiere presenti sul fronte del puzzle sono, nel gergo dei servizi segreti, "false bandiere", e *il Giudizio Finale* lo dimostra.

MICHAEL COLLINS PIPER

GIUDIZIO FINALE

"Un crimine è come qualsiasi altra opera d'arte. Ogni opera d'arte, divina o diabolica, ha un'impronta ineludibile - il centro dell'opera è semplice, anche se la realizzazione può essere complicata..."

"Ogni crimine intelligente si basa in ultima analisi su un fatto abbastanza semplice, un fatto che non è di per sé misterioso."

"La mistificazione si verifica quando viene camuffata, deviando i pensieri degli uomini".

**Il leggendario Padre Brown
di G.K. Chesterton in** *The Queer Feet*

PREFAZIONE

L'indicibile verità:
Il ruolo centrale di Israele
nell'assassinio di JFK

Come si può pensare che il Mossad di Israele sia coinvolto nell'assassinio di John F. Kennedy? Tutte le informazioni, nel loro insieme, dimostrano che questo argomento è da tempo di dominio pubblico. Questo libro, *Giudizio Finale*, riunisce per la prima volta tutti questi fatti in uno scenario affascinante e spaventoso che, sebbene controverso, ha senso.

Date tutte le teorie sull'assassinio di John F. Kennedy che circolano da anni, come si può pensare che il Mossad israeliano sia coinvolto?
Questa è stata la reazione di molte persone una volta venute a conoscenza delle tesi presentate nelle pagine di questo libro. Ma, credo, quando leggerete questo libro arriverete alla stessa conclusione: Israele e la sua agenzia di spionaggio, il Mossad, hanno effettivamente svolto un ruolo cruciale nella cospirazione per l'assassinio di JFK e nel suo insabbiamento. Le prove ci sono, come vedrete.
È stato nel 1989, mentre rileggevo *Coup d'État in America* di A.J. Weberman e Michael Canfield (pubblicato per la prima volta nel 1975), che mi sono imbattuto per la prima volta in uno strano riferimento che mi ha poi condotto all'indagine descritta nelle pagine di *Giudizio Finale*. La voce, per quanto semplice, a pagina 41 recitava come segue:
"Dopo l'assassinio, un informatore dei Servizi Segreti e dell'FBI che si era infiltrato in un gruppo di esuli cubani e stava vendendo loro armi automatiche, ci disse quello che gli era stato detto il 21 novembre 1963: 'Abbiamo un sacco di soldi ora - i nostri *nuovi finanziatori sono ebrei - non appena si occuperanno di JFK'*. Quest'uomo aveva fornito informazioni affidabili in passato". (corsivo aggiunto)
Ho notato a malapena la menzione, ma mi ha incuriosito. Che cosa intendeva questa fonte con "gli ebrei" e perché (proprio *loro*) avrebbero voluto *"occuparsi di JFK"*? Conclusi che la fonte si riferiva a delinquenti ebrei come Meyer Lansky, che volevano riavere le loro società di gioco d'azzardo a Cuba che avevano perso quando Castro era salito al potere. Questa, pensai, doveva essere la risposta.
Francamente, ho messo da parte le speculazioni. Era solo un dettaglio isolato tra milioni di parole scritte sull'assassinio di JFK. Era passato quasi un anno prima che mi imbattessi nuovamente nella citazione, rileggendo lo stesso libro. Ho riflettuto sulla citazione per un momento, pensando: "*È* interessante".
Tuttavia, lo misi di nuovo da parte. Da tempo avevo concluso che la CIA, in combutta con membri della "mafia" ed esuli cubani anticastristi, era responsabile dell'assassinio del Presidente. Tuttavia, un anno dopo, nel 1991, mi imbattei in una variante della stessa citazione citata nel libro di Weberman e Canfield. Questa volta

è apparsa nel libro di David Scheim, *Contract on America*, che sostiene che "la mafia ha ucciso JFK" e nega con veemenza qualsiasi coinvolgimento della CIA. Avevo letto il libro di Scheim quando uscì nel 1988, ma all'epoca non avevo notato la menzione (o la somiglianza con l'altro).

Ciò che mi ha incuriosito, tuttavia, è che l'interpretazione di Scheim della citazione ha eliminato il riferimento al presunto sostegno finanziario ebraico dei complottisti cubani. Il mio pensiero immediato è stato: "Cosa sta cercando di nascondere Scheim?". A questo punto, ho finalmente iniziato a capire che questo dettaglio insolito (apparentemente minore) poteva, in realtà, indicare qualcosa di molto più grande di quanto avessi capito.

IL LEGAME CON LANSKY

È in questo periodo che viene pubblicata una nuova biografia di Meyer Lansky, figura del crimine organizzato. Intitolato *Little Man: Meyer Lansky and the Gangster Life*, il libro, preparato in collaborazione con la famiglia di Lansky, era poco più di un elogio di Lansky. Mi resi subito conto che il libro in qualche modo sembrava mancare di molte cose. Era incompleto.

Poi sono tornato alla mia libreria e ho tirato fuori dallo scaffale un libro che non rileggevo da forse quindici anni. Era la biografia di Lansky di Hank Messick. Rileggendo questo libro importante, ho cominciato a capire che Meyer Lansky non era solo un consigliere della mafia, come David Scheim, ad esempio, vorrebbe far credere ai suoi lettori. Piuttosto, Lansky era il "presidente del consiglio di amministrazione" della criminalità organizzata. Tutte le figure mafiose che sono state più volte implicate nell'assassinio di JFK erano, in realtà, i prestanome di Lansky, i suoi subordinati, i suoi sottoposti. In breve, se "la mafia" ha avuto un ruolo nell'omicidio di JFK, allora Lansky doveva essere uno dei principali protagonisti.

Tuttavia, come ho cominciato a vedere esaminando molte delle opere che sostengono che "la mafia ha ucciso JFK", l'importanza del ruolo di Lansky è stata ignorata o addirittura minimizzata. Ero a conoscenza degli stretti legami di Lansky con Israele. Dopotutto, Lansky era fuggito in Israele quando le cose hanno iniziato a scaldarsi negli Stati Uniti. Ma fino a che punto si spinge il legame di Lansky con Israele? La mia ricerca su questa domanda ha iniziato a rivelare alcuni fatti interessanti.

IL LEGAME CON ISRAELE

Tuttavia, a quel punto non avevo motivo di credere che Israele avesse una qualche ragione per partecipare alla cospirazione per assassinare JFK. Tuttavia, nel 1991, quando ho ricominciato a esaminare il legame con Lansky, sono stati pubblicati diversi nuovi libri che fornivano informazioni inedite sulle relazioni segrete tra Stati Uniti e Israele.

Questi libri, ampiamente citati nel *Giudizio Finale*, dimostrano chiaramente che John F. Kennedy era ufficiosamente impegnato in una dura battaglia contro Israele. In realtà, Kennedy era in guerra.

La guerra segreta di JFK con Israele era qualcosa che persino i ricercatori senior incaricati dell'assassinio di JFK non avevano motivo di sapere. Molti dei dati erano stati classificati da tempo. Era un segreto, un grande e oscuro segreto.

Alcune delle comunicazioni di JFK con l'allora Primo Ministro israeliano David Ben-Gurion sono state secretate per anni, fino a poco tempo fa. Nemmeno gli ufficiali dei servizi segreti di alto livello con speciali autorizzazioni di sicurezza avevano accesso a questi documenti esplosivi.

In realtà, prima di queste recenti rivelazioni, ben poco sulle relazioni di JFK con Israele e il mondo arabo era stato pubblicato. Come ha sottolineato lo storico David Schoenbaum nel suo libro *The United States and the State of Israel*:

"Sommerso da temi importanti come le relazioni Est-Ovest, la corsa agli armamenti nucleari e l'avvento del divieto di sperimentazione e della non proliferazione, le crisi missilistiche di Berlino e di Cuba, le complessità del Congo belga appena decolonizzato, le speranze sostenute di un'Alleanza per il Progresso in America Latina e l'aggravarsi del pantano in Vietnam, *il Medio Oriente è a malapena visibile nelle biografie classiche che seguirono l'assassinio di Kennedy. Anche secondo stime liberali, Ben-Gurion e Nasser, Israele e l'Egitto compaiono solo in sette delle 758 pagine di testo di Theodore Sorensen e nelle 1031 pagine di Arthur M. Schlesinger*". (corsivo aggiunto).

In breve, mentre gli investigatori dell'assassinio di JFK erano impegnati a sondare un'ampia varietà di aree, non riuscivano a cogliere il quadro generale: l'immagine nascosta dietro il puzzle.

Le nuove rivelazioni sui rapporti di Kennedy con Israele (e il suo potenziale legame con il complotto dell'assassinio) mi hanno fatto capire che c'era un'area di ricerca inesplorata, mai esaminata prima, che andava approfondita.

ISRAELE, LANSKY E LA CIA

A quel punto, la lunga e stretta relazione tra Israele e i nemici di JFK nella CIA era un fatto consolidato. E la guerra di JFK con la CIA era già di dominio pubblico. Tuttavia, all'epoca dell'assassinio di JFK, la profondità e l'ampiezza delle relazioni tra la CIA e il Mossad israeliano non erano così note.

I pezzi del puzzle erano tutti lì. Dovevo solo metterli insieme. Con una tesi di base che si stava sviluppando nella mia mente, ho iniziato a rileggere molte delle informazioni pubblicate sull'assassinio di JFK, sulla sua politica verso Israele e sulla storia del crimine organizzato.

Nel farlo, mi sono imbattuto ripetutamente in nuove informazioni che continuavano a confermare quella che inizialmente era solo una teoria nella mia mente, ma che ora ritengo essere la verità. Nel dicembre 1992 mi resi conto di avere abbastanza materiale per un libro e iniziai a scriverlo.

Ma anche durante la stesura del libro, sono rimasto sorpreso dall'enorme quantità di dati che scoprivo continuamente, e praticamente tutti si trovavano nelle pagine delle fonti tradizionali, liberamente disponibili a chiunque volesse fare una ricerca. Mi sono reso conto che avevo effettivamente iniziato a raccogliere una notevole ricchezza di materiale che chiudeva il cerchio della mia tesi originaria.

CONNESSIONE CON IL PERMINDEX

Il legame con Permindex è la prova definitiva che il Mossad era al centro della cospirazione per l'assassinio. Nella filiale Permindex troviamo tutti gli elementi essenziali che uniscono il Mossad, la CIA e il sindacato del crimine di Lansky in una cospirazione strettamente *legata all'omicidio del Presidente Kennedy*.

Sebbene i ricercatori sull'assassinio di JFK abbiano dedicato una grande quantità di tempo ed energia a perseguire un'ampia varietà di domande relative all'assassinio di JFK (concentrandosi su molte questioni che non saranno mai risolte), la maggior parte ha evitato il Permindex. Coloro che vi hanno fatto riferimento ritraggono il Permindex come una sorta di residuo del Terzo Reich, ma ciò non potrebbe essere più lontano dalla verità.

In effetti, la comprensione delle forze che stanno dietro a Permindex è la chiave per risolvere il più grande mistero di questo secolo: la questione di chi ha ucciso John F. Kennedy e perché.

GLI ADDETTI AI LAVORI SONO D'ACCORDO...

Poco prima di iniziare il libro, ho accennato alla mia teoria a un noto ex membro del Congresso degli Stati Uniti. Mi ha sorpreso quando ha detto: "Credo che tu abbia ragione. Per anni ho creduto che il Mossad fosse coinvolto nell'assassinio di Kennedy, ma non mi sono mai preso il tempo di approfondire la questione. Quindi sono contento che tu lo stia facendo. Sarà un libro importante. È un libro che vorrei aver scritto io".

Poi, subito dopo aver terminato la prima stesura, ho inviato una copia del manoscritto a un altro ex deputato, Paul Findley, pensando che potesse essere interessato all'argomento. La sua risposta è stata piuttosto sorprendente. L'ex deputato mi scrisse una lettera sorprendente in cui diceva: "Premetto che negli ultimi quattro anni ho avuto una lunga corrispondenza con un diplomatico in pensione di una nazione dell'Europa occidentale la cui famiglia (lui compreso) ha avuto esperienze disastrose con Israele e il Mossad. In tutti questi anni mi ha esortato a fare quello che avete fatto voi". - cioè scrivere un libro che esplori il ruolo segreto di Israele nel complotto per l'assassinio di JFK.

Il deputato Findley ha poi passato il manoscritto al francese (la cui straordinaria storia leggerete in queste pagine) che, a sua volta, mi ha fornito affascinanti informazioni aggiuntive e approfondimenti che hanno contribuito a completare la tesi presentata in *Giudizio finale*

LA TAVOLA COMPLETA

Il Mossad israeliano è stato effettivamente l'attore principale dietro il complotto per l'assassinio di JFK. Il collegamento israeliano riunisce tutti i pezzi del puzzle in un quadro completo. Il ruolo del Mossad nell'assassinio di JFK è effettivamente l'"anello mancante" della cospirazione. Per il bene della storia, questa è una storia che deve essere raccontata.

- MICHAEL COLLINS PIPER

Un Who's Who della cospirazione per l'assassinio di JFK e dell'insabbiamento

La seguente selezione di nomi non è assolutamente completa, ma fornisce al lettore di *Giudizio Finale* una breve panoramica dei fatti relativi al coinvolgimento delle persone in questione nelle circostanze che circondano non solo l'assassinio di JFK, ma anche gli sforzi di alcuni per scoprire la verità sull'assassinio - e di altri per insabbiarla.

Dopo ogni nome e descrizione ci sono riferimenti incrociati ai capitoli del *Giudizio Finale* in cui si possono trovare i dettagli rilevanti su quella persona. L'inclusione di un nome particolare non intende suggerire che la persona, a meno che non sia indicato diversamente, fosse a conoscenza dell'omicidio del Presidente Kennedy.

Come vediamo in queste pagine, molte delle persone coinvolte nel complotto per l'assassinio di JFK e nel successivo insabbiamento non avevano idea del ruolo che stavano svolgendo.

"The Fine Print" che segue, se letto in questo contesto, offre al lettore un rapido sguardo agli individui chiave che, alla fine, si rivelano essenziali per una piena comprensione dell'intera cospirazione che ha portato all'assassinio del Presidente Kennedy.

All'interno di Permindex

Clay Shaw - Se al procuratore distrettuale di New Orleans Jim Garrison fosse stato permesso di condurre un'indagine e un'azione penale senza restrizioni nei confronti di Shaw, agente della CIA ed ex direttore dell'International Trade Mart di New Orleans, implicato con Lee Harvey Oswald, David Ferrie, Guy Banister e altre figure chiave nel complotto per l'assassinio di JFK, la verità sui legami di Shaw - attraverso la misteriosa società di comodo nota come Permindex - non solo con il Mossad israeliano, ma anche con l'International Crime Syndicate del lealista Meyer Lansky, sarebbe stata rivelata al mondo. (Vedi capitolo 15)

Louis M. Bloomfield - Con sede a Montréal, Bloomfield era un vecchio agente dei servizi segreti e un candidato agli interessi della potente famiglia Bronfman. I Bronfman non erano solo i principali sostenitori internazionali di Israele, ma anche vecchie figure del sindacato criminale di Lansky. Bloomfield, una delle figure di spicco della lobby israeliana in Canada e uno dei principali agenti internazionali di Israele, non solo era un azionista di maggioranza della società Permindex, nel cui consiglio di amministrazione sedeva Clay Shaw, ma aveva anche stretti legami con i servizi segreti americani (cfr. capitolo 15).

Tibor Rosenbaum - Uno dei "padrini" dello Stato di Israele e primo direttore delle Finanze e degli Approvvigionamenti dell'agenzia di intelligence israeliana, il Mossad, Rosenbaum è stato uno dei principali finanziatori angelici dietro la società Permindex e una figura chiave nel complotto per l'assassinio di JFK. La sua banca svizzera, la International Credit Bank, è stata utilizzata anche per riciclare denaro in Europa per Meyer Lansky, capo del Sindacato Criminale Globale. La sua banca svizzera, la International Credit Bank, veniva utilizzata anche per riciclare denaro in Europa per Meyer Lansky, capo del Sindacato del Crimine Globale (vedi Capitolo 8, Capitolo 15, Appendice 4 e Appendice 9).

John King - Stretto collaboratore d'affari di Bernard Cornfeld, protetto e candidato di Tibor Rosenbaum, King si presentò a New Orleans all'inizio dell'indagine di Jim Garrison, prima che venisse fuori il nome di Clay Shaw, e cercò di persuadere Garrison (attraverso un tentativo di corruzione) a ritirare il caso. Fortunatamente il suo piano fallì (vedi capitolo 15).

Il legame con il Mossad

David Ben-Gurion - Primo Ministro di Israele; si dimise nell'aprile del 1963 in segno di disgusto per la posizione di JFK nei confronti di Israele, che minacciava la sopravvivenza stessa di Israele (vedi Capitolo 4 e Capitolo 5).

Yitzhak Shamir - Ufficiale del Mossad di lungo corso (principalmente presso l'ufficio europeo del Mossad a Parigi), Shamir ha guidato la squadra di sicari del Mossad all'epoca dell'assassinio di JFK. Un ex ufficiale dei servizi segreti francesi ha accusato Shamir di aver ingaggiato gli assassini di JFK attraverso uno stretto alleato dei servizi segreti francesi. (Vedi Capitolo 5 e Capitolo 16)

Menachem Begin - Nel 1963, Begin (poi Primo Ministro di Israele) era un diplomatico israeliano in viaggio; prima dell'assassinio di JFK, fu sentito cospirare con lo scagnozzo di Meyer Lansky, Mickey Cohen, in una conversazione che suggeriva le intenzioni ostili di Israele nei confronti del Presidente degli Stati Uniti (vedi capitolo 13).

Luis Kutner - Ben noto come "avvocato della mafia" di Chicago, Kutner - che è stato a lungo associato a Jack Ruby, suo cliente occasionale - è stato anche agente dei servizi segreti internazionali e consulente di uno speciale gruppo di pressione pro-israeliano negli Stati Uniti (vedi capitolo 14).

A.L. Botnick - Capo dell'ufficio della Anti-Defamation League (ADL) di New Orleans del B'nai B'rith, il braccio di intelligence e propaganda del Mossad israeliano; stretto collaboratore di Guy Banister, l'agente della CIA di New Orleans che contribuì a creare il profilo preassassinio di Lee Harvey Oswald come agitatore "pro-Castro". Le prove suggeriscono che la manipolazione di Oswald da parte di Banister potrebbe essere stata effettuata con il pretesto di un'operazione di "deep probe" dell'ADL. (Si veda il Capitolo 15 e l'Appendice 3)

Arnon Milchan - Milchan è stato il più grande trafficante di armi di Israele, è stato "produttore esecutivo" (cioè finanziatore di angeli) del dramma hollywoodiano di Oliver Stone sull'assassinio di JFK, il che potrebbe spiegare l'avversione di Stone ad esplorare il legame israeliano nel caso. (Vedi capitolo 17)

Shaul Eisenberg - il più ricco industriale israeliano e funzionario del Mossad di lunga data, che è stato uno dei principali promotori degli sforzi di Israele per costruire un arsenale nucleare. I suoi rapporti segreti con la Repubblica Popolare Cinese hanno avuto un ruolo chiave nel complotto per l'assassinio di JFK (vedi Appendice 9).

Il legame con la CIA

Rudolph Hecht - Proprietario della Standard Fruit, collegata alla CIA - Hecht era una figura di spicco della comunità ebraica di New Orleans e, in qualità di presidente del consiglio di amministrazione dell'International Trade Mart, era il principale referente del membro del consiglio di amministrazione della Permindex Clay Shaw. (Vedi capitolo 15)

James Jesus Angleton - Angleton, a lungo capo del controspionaggio della CIA, è stato il principale cospiratore della CIA nell'assassinio e nell'insabbiamento di Kennedy. Angleton, che era stato cooptato dal Mossad israeliano e gli era totalmente fedele, svolse un ruolo fondamentale nel tentativo di incastrare Lee Harvey Oswald. *Giudizio Finale* è il primo studio sull'assassinio di JFK a esaminare il ruolo di Angleton nella cospirazione (vedi capitolo 8, capitolo 9 e capitolo 16).

David Atlee Phillips - Alto funzionario della CIA di lungo corso, Phillips era a capo dell'ufficio della CIA di Città del Messico quando era in corso un bizzarro tentativo di coinvolgere Lee Harvey Oswald come collaboratore del KGB sovietico. Se c'era qualcuno nella CIA che conosceva la verità su Oswald, quello era Phillips. Egli ammise pubblicamente che la storia di Oswald a Città del Messico non era esattamente quella che la CIA sosteneva da tempo. (Vedi capitolo 16)

E. Howard Hunt - Agente della CIA di lungo corso e ufficiale di collegamento con gli esuli cubani anticastristi. La testimonianza dell'ex agente della CIA Marita Lorenz colloca Hunt a Dallas, in Texas, alla vigilia dell'assassinio del Presidente. Probabilmente non si saprà mai tutta la verità sull'effettivo coinvolgimento di Hunt nella vicenda, ma non c'è dubbio che Hunt fosse profondamente coinvolto nella trama dell'omicidio del Presidente. Le prove indicano che ci fu uno sforzo consapevole per accusare Hunt di essere coinvolto nel crimine (vedi Capitolo 9 e Capitolo 16).

Guy Banister - Ex agente dell'FBI diventato agente della CIA, il cui ufficio di New Orleans era un punto centrale della cospirazione che coinvolgeva la CIA, gli esuli cubani anticastristi e le forze anti-De Gaulle dell'Organisation de l'armée secrète française (OAS). Sotto la direzione di Banister, Lee Harvey Oswald si fece un nome come agitatore "pro-Castro" nelle strade di New Orleans.

David Ferrie - Enigmatico agente della CIA, Ferrie fu strettamente legato a Lee Harvey Oswald a New Orleans nell'estate del 1963, lavorando al fianco di Oswald dall'ufficio di Guy Banister. Le indagini su Ferrie condotte dal procuratore di New

Orleans Jim Garrison portarono alla scoperta dei legami del membro del consiglio di amministrazione di Permindex Clay Shaw con Ferrie, Oswald e Banister. (Vedi Capitolo 15 e Appendice 3)

Marita Lorenz - Ex agente della CIA, ha testimoniato sotto giuramento, un giorno prima dell'assassinio di JFK, di essere arrivata a Dallas con Frank Sturgis, il suo supervisore della CIA, e un convoglio armato di esuli cubani a cui si era unito non solo Jack Ruby, che in seguito uccise Lee Harvey Oswald, ma anche il supervisore della CIA E. Howard Hunt (vedi Capitolo 9 e Capitolo 16).

Frank Sturgis - Meglio conosciuto come uno dei protagonisti della CIA nella guerra contro Castro, Sturgis aveva lavorato per il Mossad molto prima dei suoi giorni alla CIA e aveva mantenuto legami con il Mossad fino agli anni Settanta. Non solo Sturgis era coinvolto nell'addestramento degli esuli cubani vicino a New Orleans (la stessa operazione che coinvolgeva Guy Banister e David Ferrie), ma era anche a capo del convoglio armato (descritto da Marita Lorenz) che arrivò a Dallas il giorno prima dell'assassinio di JFK. Sturgis disse in seguito alla signorina Lorenz che la sua squadra aveva avuto un ruolo negli eventi di Dealey Plaza (vedi capitolo 16).

Guillermo e Ignacio Novo - Veterani delle guerre degli esuli cubani sostenuti dalla CIA contro Fidel Castro, i fratelli Novos facevano parte del convoglio armato guidato dall'agente della CIA e del Mossad Frank Sturgis che arrivò a Dallas il 21 novembre 1963. Alcuni anni dopo Dallas, i Novos furono riconosciuti colpevoli di aver partecipato all'omicidio di un dissidente cileno in collaborazione con Michael Townley, un altro avventuriero legato al Mossad che, nel 1963, lavorava per alti esponenti del Mossad coinvolti nel complotto di JFK (vedi Capitolo 9 e Capitolo 16).

Victor Marchetti - Alto funzionario della CIA che ha lasciato l'agenzia per disgusto, Marchetti ha poi fatto carriera scrivendo sulla CIA. In un articolo del 1978 per *The Spotlight*, Marchetti denunciò il fatto che la CIA stava per incastrare il suo agente di lunga data, E. Howard Hunt, per il coinvolgimento nell'assassinio di JFK. Una causa per diffamazione intentata da Hunt in risposta all'articolo di Marchetti portò a una memorabile scoperta da parte di una giuria che dimostrò il coinvolgimento della CIA nell'assassinio del Presidente (vedi capitolo 16).

Robin Moore - Giornalista di lungo corso con stretti legami con la CIA, Moore è stato coautore del libro *LBJ and the JFK Conspiracy* dell'ex uomo della CIA Hugh McDonald, che ha difeso la falsa affermazione di James J. Angleton secondo cui dietro l'omicidio del Presidente ci sarebbe stato il KGB - un'altra delle storie di disinformazione emerse all'indomani dell'assassinio (vedi capitolo 17).

Il sindacato criminale di Lansky

Meyer Lansky - Amministratore delegato e "tesoriere" de facto del sindacato criminale internazionale; impegnato nel traffico di armi per la clandestinità israeliana; ha lavorato a stretto contatto con i servizi segreti statunitensi su diversi fronti; in seguito si è trasferito in Israele. Gli investigatori dell'assassinio di JFK che sostenevano che "la mafia ha ucciso JFK" si rifiutavano di riconoscere la posizione di primo piano di Lansky nella malavita (si veda il capitolo 7).

Carlos Marcello - Capo della mafia di New Orleans, Marcello doveva il suo status a Meyer Lansky, che era il suo principale sponsor nel sindacato criminale. Marcello non avrebbe potuto orchestrare l'assassinio di JFK - come alcuni suggeriscono - senza l'esplicito accordo di Lansky (si veda il capitolo 10).

Seymour Weiss - Raccoglitore di fondi di Meyer Lansky a New Orleans e collegamento con la classe dirigente della Louisiana come direttore della Standard Fruit, collegata alla CIA. Sembra che fosse un alto funzionario della CIA a New Orleans all'epoca dell'assassinio di JFK (vedi capitolo 15).

Santo Trafficante, Jr. - Meglio conosciuto come capo della mafia di Tampa, Trafficante era in realtà il principale luogotenente di Meyer Lansky nel sindacato del crimine e il collegamento di Lansky con la CIA nei complotti per l'assassinio di Castro (vedi capitolo 12).

Sam Giancana - Capo di lunga data della mafia di Chicago, Giancana ha avuto un ruolo nei complotti della CIA e della mafia contro Castro, lavorando sotto la direzione del vero "capo" del sindacato criminale di Chicago, l'associato del Mossad Hyman Lamer, socio del boss nazionale Meyer Lansky (vedi capitolo 11).

Johnny Rosselli - "Ambasciatore" itinerante della mafia di Chicago legata al Mossad, Rosselli è stato il principale intermediario tra la CIA e la mafia nei complotti contro Fidel Castro; potrebbe aver organizzato l'omicidio di Sam Giancana e in seguito è stato anch'egli assassinato (vedi capitolo 11).

Mickey Cohen - scagnozzo di Meyer Lansky sulla costa occidentale; modello di Jack Ruby e trafficante d'armi per la clandestinità israeliana, Cohen lavorò a stretto contatto con il diplomatico israeliano Menachem Begin prima dell'assassinio di JFK; Cohen organizzò l'incontro tra John F. Kennedy e l'attrice Marilyn Monroe, che fu responsabile della scoperta delle opinioni e delle intenzioni private di JFK nei confronti di Israele (vedi capitolo 13).

Jack Ruby - Funzionario di lunga data del sindacato di Lansky, Ruby era il contatto di Lansky a Dallas ed era anche coinvolto nel traffico di armi con esuli cubani anticastristi legati alla CIA. È chiaro che dietro la morte improvvisa di Ruby c'è molto di più (vedi capitolo 14).

Jim Braden - ex corriere personale di Meyer Lansky, Braden era certamente in contatto a Dallas con Jack Ruby prima dell'assassinio di JFK. Fu brevemente arrestato in Dealey Plaza pochi minuti dopo l'omicidio del Presidente, ma gli investigatori dell'assassinio di JFK che hanno menzionato Braden preferiscono ritenerlo una figura "mafiosa" piuttosto che l'uomo di Lansky sulla scena di Dallas (si veda il capitolo 14).

Al Gruber - tirapiedi di Mickey Cohen, agente di Lansky sulla costa occidentale, Gruber e Ruby parlarono al telefono poco prima che Ruby uccidesse Lee Harvey Oswald. Si ritiene che Gruber abbia incaricato Ruby di uccidere Oswald per conto dei suoi superiori. (Vedi capitolo 13)

Il legame con la Francia

Charles De Gaulle - ripetutamente preso di mira per l'assassinio da parte delle forze israeliane alleate dei servizi segreti francesi e dell'organizzazione segreta dell'esercito (OAS), arrabbiate perché De Gaulle aveva concesso l'indipendenza all'Algeria. La Permindex, sponsorizzata dal Mossad e coinvolta anche nell'assassinio di JFK, ha riciclato il denaro utilizzato per i tentativi di assassinio di De Gaulle. (Si veda il Capitolo 9, il Capitolo 15 e il Capitolo 16).

Georges De Lannurien - Alto funzionario dell'agenzia di intelligence francese, SDECE (Service de documentation extérieure et de contre-espionnage); identificato da un ex ufficiale dell'intelligence francese come colui che (su richiesta del capo degli assassini del Mossad, Yitzhak Shamir) assunse la squadra che uccise JFK a Dallas (vedi capitolo 16).

Michael Mertz - Ex ufficiale francese dello SDECE e collegamento con Parigi per l'operazione eroina di Lansky e Trafficante; si presume che sia stato uno degli uomini armati a Dallas il 22 novembre 1963. A lungo considerato il leggendario sicario della CIA, QJ / WIN. (Vedi capitolo 16)

Jean Souètre - Contatto di E. Howard Hunt per l'OAS, Souètre rimase in contatto con il quartier generale del traffico d'armi di Guy Banister e con la malavita di New Orleans. Souètre potrebbe essere stato a Dallas al momento dell'assassinio di JFK. Ci sono prove che collegano Souètre alla cospirazione della CIA di James Jesus Angleton, che ha influenzato drammaticamente l'intelligence francese (vedi capitolo 15 e capitolo 16).

Thomas Eli Davis III - Mercenario in giro per il mondo legato al traffico d'armi di Jack Ruby, Davis fu detenuto in Nord Africa per le sue attività sovversive insieme ad agenti israeliani per aver fornito armi all'OSA poco prima dell'assassinio di JFK. Da tempo si dice che il famigerato assassino internazionale QJ/WIN della CIA abbia ottenuto il rilascio di Davis. (Vedi capitolo 16)

Geoffrey Bocca - Ex propagandista dell'OAS, Bocca è stato in seguito coautore del libro dell'ex agente della CIA Hugh McDonald, "*Appointement in Dallas*", che ha smentito la responsabilità dell'assassinio di JFK da parte dei veri responsabili - il primo dei due libri dubbi di McDonald (vedi capitolo 17 e appendice 8).

Christian David - Criminale francese di origine corsa associato al noto assassino di JFK Michael Mertz, David sostiene di essere a conoscenza di una squadra francese coinvolta nell'assassinio di JFK. David stesso è stato il principale sospettato dell'assassinio di un dissidente marocchino, Mehdi Ben Barka, il cui omicidio è stato orchestrato dal Mossad israeliano attraverso le forze dei servizi segreti francesi anti-De Gaulle. (Vedi capitolo 16)

Cercatori di verità

Mark Lane - Ingaggiato dalla madre di Lee Harvey Oswald per rappresentare gli interessi del figlio davanti alla Commissione Warren, il libro di Lane *"Rush to Judgment"* fu la prima grande critica al rapporto della Commissione Warren. Difendendo una causa per diffamazione intentata dall'ex agente della CIA E. Howard Hunt contro il quotidiano *The Spotlight*, Lane dimostrò alla giuria che la CIA era effettivamente coinvolta nell'assassinio di JFK. Il suo libro best-seller *Plausible Denial* descrive le circostanze di questo processo per diffamazione e la sua conclusione finale. (Vedi capitolo 9 e capitolo 16)

Gary Wean - Ex detective del Dipartimento di Polizia di Los Angeles, operante nella zona di Hollywood, Wean scoprì come Mickey Cohen, scagnozzo di Meyer Lansky sulla costa occidentale, stesse cospirando contro John F. Kennedy per conto degli israeliani. In un incontro con Bill Decker, l'ex sceriffo della contea di Dallas, Wean scoprì parte della verità su ciò che era realmente accaduto a Dallas (vedi capitolo 13 e capitolo 16).

Truffatori di notizie

Edgar e Edith Stern - amici intimi di Clay Shaw e sostenitori finanziari della Lega Antidiffamazione (ADL) pro-israeliana del B'nai B'rith, proprietari dell'impero mediatico WDSU di New Orleans, che non solo hanno svolto un ruolo importante nel dare ampia pubblicità al ritratto di Lee Harvey Oswald come "agitatore pro-Castro", ma hanno anche cercato in seguito di minare l'indagine di Jim Garrison su Clay Shaw (cfr. Capitolo 17 e Appendice 3).

Johann Rush - Come giovane cameraman della WDSU, Rush era presente per registrare le attività "pro-Castro" di Oswald. Molti anni dopo è emerso come la mente dietro una versione "migliorata al computer" del famoso filmato di Zapruder dell'assassinio di JFK che l'autore Gerald Posner ha citato come "prova" che Oswald aveva agito da solo nell'omicidio del Presidente (vedi capitolo 17).

Drew Pearson - Accusato dalla sua stessa suocera di essere un "portavoce" dell'ADL pro-Israele, Pearson aveva stretti legami non solo con la lobby di Israele, ma anche con la CIA e con il presidente Lyndon Johnson e i suoi amici. Fu Pearson a raccontare l'inverosimile storia che dietro l'assassinio di JFK ci fosse Fidel Castro, ed ebbe anche una grande influenza nel plasmare la percezione della tragedia da parte di Earl Warren (vedi capitolo 17).

Jack Anderson - Come il protetto di Drew Pearson, anche Jack Anderson aveva strani legami che potrebbero aver influenzato il suo resoconto sull'affare JFK. Dal 1963 Anderson ha promosso una serie di versioni contrastanti su "chi ha veramente ucciso JFK", che vanno dalla "mafia" a Fidel Castro o a una combinazione di entrambi (vedi capitolo 17).

Jack Newfield - Opinionista liberale e appassionato dell'assassinio di JFK, Newfield è stato a lungo un fervente sostenitore di Israele. Fece scalpore la storia estremamente stravagante secondo cui il boss del Teamster scomparso Jimmy Hoffa avrebbe "ordinato" a due mafiosi di organizzare l'omicidio del Presidente Kennedy. Prevedibilmente, la ridicola storia di Newfield fu ampiamente riportata dai media della classe dirigente (vedi capitolo 17).

Teorici e/o propagandisti?

Oliver Stone - *JFK*, la sua stravaganza hollywoodiana, ha presentato al pubblico una teoria del complotto completa e a colori sull'assassinio di JFK, fin nei minimi dettagli. Tuttavia, la presentazione di Stone della cospirazione era tutt'altro che completa e non giungeva a nessuna conclusione solida. Egli ha deliberatamente soppresso la "connessione francese" che, a sua volta, era la connessione israeliana a lungo nascosta. Non solo il direttore finanziario di Stone era il principale distributore di armi di Israele, ma la società che distribuiva il suo film era stata creata grazie al sindacato criminale di Lansky. Inoltre, uno dei principali azionisti della società cinematografica non era altro che Bernard Cornfeld, ex socio di Tibor Rosenbaum alla Permindex (vedi capitolo 17).

Frank Mankiewicz - questo ex pubblicitario della Anti-Defamation League, legata al Mossad, ha avuto un ruolo speciale negli eventi che hanno portato all'omicidio di Robert F. Kennedy. Poi, quando Oliver Stone iniziò a promuovere il suo film *JFK*, Mankiewicz si presentò come il suo principale addetto alle pubbliche relazioni. (Vedi capitolo 17 e capitolo 18)

Anthony Summers - Autore di un libro che insinuava che la famiglia Kennedy fosse responsabile della morte - forse dell'omicidio - dell'attrice Marilyn Monroe, Summers ha scritto un altro libro sulla cospirazione JFK. In nessuno dei due libri Summers ha rivelato informazioni esplosive (di cui era a conoscenza) che avrebbero potuto contribuire a indirizzare verso le stesse forze che avevano avuto un ruolo in entrambi i crimini. (Vedi capitolo 13)

Robert Morrow - Ex agente della CIA che ha svolto un ruolo importante nelle attività periferiche del complotto per l'assassinio di JFK, il libro di Morrow sulle sue esperienze è ricco di dettagli, ma sospetto agli occhi di molti che hanno esaminato le sue affermazioni. Il libro di Morrow assolve James J. Angleton, il principale cospiratore della CIA, dal suo coinvolgimento nella cospirazione contro JFK e lo dipinge come "fuori dal giro", mentre in realtà è vero esattamente il contrario. È una coincidenza che l'editore del libro di Morrow sia una filiale americana di una casa editrice israeliana (vedi epilogo)?

G. Robert Blakey - Scelta improbabile come direttore della Commissione d'inchiesta sugli assassinii (HSCA), Blakey due anni prima aveva testimoniato per uno stretto collaboratore del boss Meyer Lansky. Nell'omicidio JFK, Blakey accusò Carlos Marcello, pupillo di Lansky e boss della mafia di New Orleans, ma non andò oltre. Allo stesso modo, Blakey non è riuscito a dimostrare il ruolo svolto dalla CIA - o da qualsiasi altra agenzia di intelligence - nell'assassinio. Blakey afferma che se (e solo *se*) c'è stata una cospirazione, "la mafia ha ucciso JFK". (Vedi capitolo 10)

David Scheim - Autore di un libro che attribuisce l'omicidio del Presidente Kennedy alla "mafia", Scheim si rifiuta di riconoscere i legami con i servizi segreti di Clay Shaw, membro del consiglio di amministrazione della Permindex, e ritrae il lealista israeliano Meyer Lansky come una figura di basso livello della banda senza alcuna influenza. Il libro di Scheim è stato curato dal fronte americano di una casa editrice israeliana. (Vedi capitolo 10)

John Foster "Chip" Berlet - Sedicente "giornalista" con legami segreti di lunga data con la CIA e aperto collaboratore della Anti-Defamation League (ADL) - un intermediario del Mossad - Berlet ha svolto un ruolo chiave in una grande campagna di propaganda dell'ADL per impedire che i fatti sull'assassinio di JFK presentati nelle pagine di *Giudizio Finale venissero* ascoltati. (Vedi prefazione)

James Di Eugenio - Nonostante sia un grande ammiratore di John F. Kennedy e del procuratore distrettuale di New Orleans Jim Garrison, Di Eugenio ha esaminato con leggerezza i legami di Clay Shaw con Permindex, con i suoi molteplici legami con il Mossad israeliano e il sindacato del crimine (vedi Appendice 3 ed Epilogo).

Peter Dale Scott - I suoi anni di ricerche approfondite sull'assassinio di JFK lo hanno portato dritto alla porta della CIA, del Mossad e del sindacato criminale Lansky, ma non è mai stato disposto a fare nomi o a puntare il dito contro queste stesse forze, preferendo eludere la questione. Ha paura o è solo ignorante? (Si veda l'epilogo).

E ora è il momento del giudizio finale...

CAPITOLO PRIMO

L'anello che tiene insieme il tutto
Quali sono le teorie più comunemente accettate teorie più comunemente accettate sull'assassinio di JFK hanno in comune: la *connessione israeliana* mai menzionata

Chi ha ucciso John F. Kennedy? Questa domanda ha tormentato il mondo per una generazione. Che cosa sappiamo dell'omicidio di JFK che lega tutte le grandi teorie? Che cosa hanno in comune tutte le teorie?

La responsabilità dell'assassinio è stata attribuita a molti gruppi di potere, forse operanti in modo indipendente o congiunto. I nomi più frequenti sono stati quelli della CIA (o di elementi disonesti al suo interno), della criminalità organizzata e della rete anticastrista cubana.

Ma una potenza in particolare - Israele e la sua agenzia di spionaggio, il Mossad - collega tutte queste forze. Israele, tuttavia, è l'attore centrale il cui ruolo è stato sistematicamente ignorato.

"A volte si ha l'impressione che tutti i presenti sulla terra il 22 novembre 1963 fossero coinvolti in un complotto per assassinare JFK. Se tutti questi presunti cospiratori - che hanno tutti negato le accuse - erano sulla scena, è un bene che tutti siano usciti vivi da Dealey Plaza".[1]

Queste sono le parole del giornalista Terry Catchpole, che ha esaminato la controversia che circonda lo spettacolo hollywoodiano *JFK* e il diffuso interesse per l'assassinio di JFK in generale.

Catchpole cita gruppi spesso sospettati di essere stati coinvolti in un modo o nell'altro nell'assassinio di JFK, anche se questa sintesi non è esaustiva (non include la CIA come istituzione):

- Comunisti cubani
- Anticomunisti cubani
- Il complesso militare-industriale
- Un gruppo di ribelli della CIA
- Criminalità organizzata
- Comunisti sovietici
- L'FBI
- Il cervello

---

[1] *Entertainment Weekly*, 17 gennaio 1992.

Quest'ultima teoria, secondo Catchpole, è che "la mafia aveva effettivamente rilevato l'organizzazione dal solitario e chiuso Howard Hughes, ed era guidata da 'Mr X', probabilmente [il boss del sindacato criminale] Meyer Lansky".[2]

Naturalmente, ognuna di queste teorie ha i suoi difensori. Inoltre, ognuna di queste teorie si è intrecciata con una o più altre teorie. Oggi, l'avvento del film di Stone, insieme all'imminente uscita di diversi nuovi libri sull'assassinio - in particolare *Plausible Denial* di Mark Lane, che dimostra la complicità della CIA nell'omicidio del Presidente - ha portato nuovo interesse alla controversia.

Forse un giorno ci sarà persino un libro che accuserà i "clown in pensione", come diceva il procuratore distrettuale di New Orleans Jim Garrison. Tuttavia, non sono stati i clown in pensione a uccidere John F. Kennedy, almeno per quanto ne sappiamo.

IL RUOLO CENTRALE DI ISRAELE

Questo libro sostiene che il Mossad israeliano è stato un attore chiave, insieme alla CIA e al sindacato criminale di Lansky, nella cospirazione per l'assassinio di JFK e che, di fatto, il ruolo del Mossad è stato probabilmente la forza trainante della cospirazione. È chiaramente Israele e il suo Mossad - come dimostreremo - la singola forza che collega tutti i presunti cospiratori più frequentemente citati: la CIA, le forze cubane anticastriste, la criminalità organizzata e, in particolare - in modo più significativo della cosiddetta mafia - il sindacato criminale di Meyer Lansky. Queste connessioni sono molto più segrete e vanno molto più in là di quanto la maggior parte delle persone possa immaginare. In *Giudizio finale* esamineremo tutto questo in dettaglio.

IL CELLULARE DI ISRAELE

Israele, come vedremo, aveva un motivo ben preciso non solo per orchestrare l'impeachment di Kennedy, ma anche per issare il suo successore, Lyndon B. Johnson alla Casa Bianca. Come, naturalmente, molti altri elementi della cospirazione che portò all'omicidio di Kennedy.

Tuttavia, nemmeno una volta - almeno in un'indagine standard sull'assassinio - è stato suggerito che Israele fosse coinvolto nell'omicidio di Kennedy. Eppure le prove ci sono, prove che erano rimaste latenti, o che erano state ignorate o la cui importanza era passata inosservata.

In effetti, praticamente tutti i fatti raccolti in *Giudizio Finale* sono stati tratti da opere di ricerca riconosciute sull'assassinio di JFK e da altre fonti classiche.

Un ex membro del Congresso, il rappresentante Paul Findley (R-Ill.) ha suggerito pubblicamente che Israele potrebbe essere coinvolto nell'assassinio di JFK. Nel numero di marzo 1992 del *Washington Report on Middle East Affairs*, Findley sottolinea:

"È interessante, ma non sorprendente, notare che in tutte le parole scritte e pronunciate sull'assassinio di Kennedy, l'agenzia di intelligence di Israele, il

---

[2] *Ibidem.*

Mossad, non è mai stata menzionata. Eppure, il movente del Mossad è evidente".[3]

Findley ne delinea il motivo, un motivo che descriviamo in dettaglio nelle pagine di questo libro: "I leader israeliani non si sono mai fidati dei Kennedy. Sapevano che il padre del presidente Kennedy, Joseph Kennedy, quando era ambasciatore in Gran Bretagna, aveva spesso elogiato la Germania nazista.

"Durante la campagna presidenziale di John Kennedy, un gruppo di ebrei di New York si offrì privatamente di coprire le spese della sua campagna se avesse permesso loro di attuare la sua politica per il Medio Oriente. Lui non accettò.... Da Presidente, diede solo un sostegno limitato a Israele.

"D'altra parte, Lyndon Johnson aveva dimostrato un forte sostegno a Israele durante tutta la sua carriera politica. Il governo israeliano aveva quindi tutte le ragioni per credere che i suoi interessi sarebbero stati meglio difesi con Johnson alla presidenza. E così fu. Dopo la morte di Kennedy, gli Stati Uniti iniziarono per la prima volta a spedire armi a Israele su scala massiccia...

"Il Mossad aveva certamente le risorse per compiere un assassinio in qualsiasi parte del mondo".

Findley conclude: "Sto accusando il Mossad di complicità? Assolutamente no. Non ne ho le prove. Il mio punto è semplicemente questo: su questa questione, come su quasi tutte le altre, i giornalisti e i commentatori americani non riescono a gettare una luce sfavorevole su Israele, nonostante l'ovvio fatto che la complicità del Mossad sia plausibile come qualsiasi altra teoria".[4]

In queste pagine, forniremo al deputato Findley e ai lettori le prove. Lasceremo ai lettori il giudizio finale.

UNA SORTA DI ORGANIZZAZIONE CLANDESTINA

Carl Oglesby, uno dei più importanti investigatori di omicidi al mondo, ha recentemente riassunto i suoi dieci anni di ricerche personali. È stato un lavoro dall'interno", ha detto, "qualcosa di simile al caso che abbiamo scoperto nello scandalo Iran/Contra".

"Allo stesso tempo", ha aggiunto a mo' di avvertimento, "non riesco a credere che un'istituzione come la CIA [ad esempio] possa decidere formalmente e presumibilmente di uccidere il Presidente.

"Quindi quello di cui parlo è una sorta di azione classica, non ufficiale, che deve essere stata messa in piedi da una sorta di organizzazione clandestina che ha attraversato non solo la CIA, ma anche in qualche misura l'FBI, la polizia di Dallas e le stesse agenzie di intelligence militare".[5]

***Il Giudizio Finale* suggerisce che fu proprio il Mossad di Israele la famosa "organizzazione clandestina" che passò attraverso le varie entità coinvolte nel complotto per assassinare JFK.**

In una recente intervista Peter Dale Scott, un altro rispettato ricercatore sull'assassinio di JFK, forse dà maggior credito alla teoria che stiamo per presentare.

---

[3] *Washington Report on Middle East Affairs*, marzo 1992.
[4] *Ibidem*.
[5] *University Reporter*, gennaio 1992.

Scott ritiene che l'assassinio di JFK sia stato compiuto da una serie di forze. In particolare, egli indica "i sostenitori di Lyndon Johnson - in particolare quelli che avevano a che fare con il complesso militare-industriale" e "una connessione tra mafia e intelligence che era coinvolta con i sostenitori militari-industriali di Lyndon Johnson, che a loro volta erano coinvolti con i mafiosi".

"Come minimo", dice Scott, "bisogna considerare questa triade di forze". Notate le parole di Scott: "come minimo".[6]

Questo, ovviamente, suggerisce che altre forze erano effettivamente coinvolte. *Il Giudizio Finale* non solo suggerisce che si trattava effettivamente del Mossad di Israele, ma identifica chiaramente il collegamento con il Mossad.

ALTRE RETI DI INTELLIGENCE

Lo stesso Scott si spinge oltre, ma senza nominare il Mossad. Dice: "Nella mia ricerca, gli indizi più suggestivi sono emersi da una cerchia relativamente ristretta che io chiamo il quadrante oscuro delle relazioni soppresse o della politica profonda: Si tratta di un circolo che si estende, in primo luogo, all'interno del mondo tripartito della CIA, della difesa e di altre reti di intelligence; in secondo luogo, all'interno della malavita, della criminalità organizzata e dei cubani anticastristi; in terzo luogo, all'interno di interessi aziendali legati sia alle comunità dell'intelligence e della difesa sia alla criminalità organizzata".

La chiave", dice Scott, "è che tutti coloro che si trovavano in quel quadrante oscuro avrebbero resistito alla sua esposizione, indipendentemente dal fatto che fossero o meno complici chiave".[7] *Il giudizio finale* concorda con quello di Scott. Di nuovo, notate le parole di Scott: "CIA, difesa e altre reti di intelligence".

Come dimostriamo - e questo non è un vero e proprio segreto - è il Mossad - al di là di qualsiasi altra rete di intelligence - straniera o nazionale - ad essere stato eccezionalmente vicino (quasi incestuosamente) alla CIA in un gran numero di imprese internazionali.

IL RUOLO DEI MEDIA

Inoltre, andiamo oltre le conclusioni di Scott. *Giudizio Finale* evidenzia il ruolo molto importante dei media statunitensi nell'insabbiamento. L'insabbiamento del complotto per l'assassinio di JFK non avrebbe mai potuto avere successo senza il sostegno di media disponibili. Il fatto è che Israele e i suoi sostenitori nei media statunitensi hanno avuto una stretta relazione per molto tempo. Fino agli ultimi anni, e ancora oggi, le critiche a Israele e alle sue malefatte sono state bandite dai media della classe dirigente, come già notato nei commenti del deputato Findley.

---

[6] *Tikkun*, marzo/aprile 1992.
[7] *Ibidem*.

BANNER FALSI

Illustreremo, attraverso diversi esempi degni di nota, come i principali amici di Israele nei media statunitensi abbiano avuto un ruolo chiave nel diffondere "false piste" (o "falsi striscioni" nel gergo dell'intelligence) che hanno indirizzato l'attenzione e i sospetti altrove. Si tratta di un fenomeno che non era mai stato esaminato prima dell'assassinio di JFK e che contribuisce a spiegare perché la vera verità sul complotto dell'assassinio sia rimasta nascosta per così tanto tempo, nonostante tutte le ricerche.

(Nel Capitolo 3 esamineremo molti casi in cui il Mossad stesso ha utilizzato "falsi vessilli" per coprire il proprio ruolo in un gran numero di cospirazioni e crimini di assassinio in tutto il mondo).

UN CAMBIAMENTO NELLA POLITICA DEL MEDIO ORIENTE

Il professor Scott, come molti investigatori del complotto JFK, si è a lungo concentrato sul cambiamento di politica verso il Vietnam avvenuto dopo l'assassinio di John F. Kennedy. Egli sottolinea inoltre che vi fu un cambiamento di politica anche nei confronti dell'America Latina.

In queste pagine, tuttavia, dimostriamo al di là di ogni dubbio che l'inversione più profonda - e, a posteriori, probabilmente la più duratura e insolita - nella conduzione della politica estera americana si è verificata nell'ambito delle relazioni israelo-americane. Questi fatti, purtroppo, sono stati trascurati anche dai più seri ricercatori dell'assassinio di JFK.

LE TEORIE SI INTEGRANO

Lo scopo del *Giudizio Finale*, vedete, non è quello di dimostrare, una volta per tutte, che c'è stata davvero una cospirazione per assassinare il presidente John F. Kennedy e di perpetuare un insabbiamento di tale cospirazione. Questo è stato dimostrato più e più volte, in innumerevoli libri, monografie, articoli di riviste, persino nelle pagine di diversi romanzi.

Invece, *Giudizio Finale* fa un passo avanti rispetto alle teorie più comunemente accettate e le lega tutte insieme in modo splendido, in uno scenario allarmante e molto vicino alla verità.

Molti volevano che JFK fosse rimosso dalla presidenza. Tuttavia, come abbiamo notato in queste pagine, nel corso degli anni le indagini - per una serie di ragioni - hanno ignorato l'aspro conflitto tra lo Stato di Israele e John F. Kennedy.

Allo stesso modo, gli investigatori hanno ignorato - ancora una volta, per varie ragioni, innocenti e non - gli strettissimi legami tra Israele e ciascuno dei vari gruppi che avevano avuto motivo di voler porre fine alla presidenza di John F. Kennedy: il sindacato del crimine organizzato di Meyer Lansky, la mafia, i cubani anticastristi e la CIA.

In *Giudizio finale* presentiamo una teoria che, nel libero mercato delle idee, merita di essere presa in considerazione, anche se controversa.

John F. Kennedy ha detto meglio: "Una nazione che ha paura di lasciare che il suo popolo giudichi ciò che è vero e ciò che è falso è una nazione che ha paura del suo stesso popolo".

Ciò che lega tutte le presunte cospirazioni è l'elemento che è sempre stato ignorato, ovvero il legame con Israele.

Nel *Giudizio finale* esamineremo questo aspetto nascosto della storia, che (purtroppo) è stato a lungo ignorato.

Ciò che *il Giudizio Finale* dimostra non è solo che Israele aveva motivo di cospirare contro JFK, ma che Israele si trovava in una posizione centrale non solo per coordinare il complotto per l'assassinio (e lo fece), ma anche per il successivo insabbiamento - il tutto in stretta collaborazione con i suoi cospiratori della CIA e della criminalità organizzata - in particolare quei membri intimamente coinvolti con il boss del Sindacato Meyer Lansky.

Israele - così come la mafia o la CIA, ad esempio - trarrà grandi benefici dalla morte del 35° presidente americano; l'assassinio di JFK ha spianato la strada a Israele per diventare una grande potenza.

La ricerca sull'assassinio di Kennedy è molto difficile, se non altro perché la documentazione è così vasta, la rete così intricata e la sovrabbondanza di teorie e potenziali cospiratori così apparentemente infinita. Inoltre, alcuni dei ricercatori incaricati dell'assassinio si sono aggrappati alle loro uniche teorie e, di conseguenza, non hanno guardato altrove, ad esempio verso Israele. Tenendo presente tutto questo, ipotizziamo che ci siano alcuni punti di convergenza.

CONCLUSIONI GENERALMENTE ACCETTATE

Il nostro giudizio finale - esposto in queste pagine - si basa sulle seguenti conclusioni generalmente accettate sulla natura del complotto per l'assassinio di JFK:

- C'era un complotto per uccidere John F. Kennedy;
- La cospirazione stessa coinvolgeva membri della comunità dei servizi segreti statunitensi, in particolare la CIA;
- Le figure del crimine organizzato hanno svolto un ruolo importante nella cospirazione;
- I cubani anticastristi hanno partecipato attivamente alla cospirazione, su richiesta e/o con la manipolazione della CIA e di membri del crimine organizzato;
- In qualche modo, Lee Harvey Oswald (involontariamente o inconsapevolmente) è stato coinvolto nella cospirazione e i cospiratori hanno piazzato prove false per collegare Oswald a Fidel Castro e ai sovietici;
- Oswald era coinvolto in qualche misura nelle attività dei servizi segreti statunitensi, anche se non sapeva che queste attività erano sponsorizzate o manipolate da un membro dei servizi segreti americani.
- Jack Ruby era attivamente coinvolto nel complotto per l'assassinio o è stato usato in qualche modo per manipolare Oswald prima dell'assassinio di JFK;
- Ruby era attivamente coinvolto nella criminalità organizzata e, in conseguenza di questo coinvolgimento, era anche legato alle attività della criminalità organizzata che operava in parallelo con le attività dei servizi segreti statunitensi.

- La CIA era a conoscenza delle attività di Oswald e Ruby e certamente li ha manipolati entrambi;
- Oswald fu giustiziato da Jack Ruby nel tentativo di metterlo a tacere per sempre;
- Dopo gli eventi di Dallas è stata intrapresa una grande opera di insabbiamento del complotto per l'assassinio di JFK;
- L'insabbiamento coinvolgeva membri del governo federale (compresa la CIA);
- La Commissione Warren e la Commissione d'inchiesta sugli omicidi erano deliberatamente coinvolte nell'insabbiamento.
- La cospirazione per l'insabbiamento è stata organizzata per un'ampia gamma di ragioni - apparentemente "patriottiche" e non, tra cui, ma non solo,:
  a) Insabbiamento delle connessioni della comunità dei servizi segreti con la cospirazione dell'assassinio;
  b) proteggere i membri della criminalità organizzata coinvolti;
  c) prevenire le ostilità tra gli Stati Uniti e le nazioni straniere (che si tratti dell'Unione Sovietica o di Cuba di Castro); e
  d) risolvere gli interrogativi sull'omicidio nella mente dell'opinione pubblica, sia qui che all'estero.
- I media controllati hanno attivamente incoraggiato e/o partecipato all'insabbiamento a causa dei loro legami con la CIA, la comunità dei servizi segreti in generale e la criminalità organizzata.

Questa è la base su cui è stata condotta la ricerca per questo libro. Su questa base, *Giudizio Finale* riunisce tutti i fatti e mostra come lo Stato di Israele e la sua agenzia di spionaggio, il Mossad, abbiano collaborato non solo con la CIA, ma anche con elementi chiave della criminalità organizzata e della comunità cubana anticastrista per orchestrare l'assassinio di John F. Kennedy e l'insabbiamento.

LE PROVE CI SONO

Alcuni dei fatti presentati - anche se non necessariamente "nuovi" - sono a disposizione dei ricercatori da decenni. Tuttavia, molti ricercatori, purtroppo, non hanno guardato nella giusta direzione. Naturalmente, non è colpa loro. Ulteriori informazioni - in particolare sul difficile rapporto di Kennedy con Israele e su come le relazioni israelo-americane siano cambiate radicalmente dopo l'assassinio di JFK - sono venute alla luce solo di recente. Nel *Giudizio Finale* esploreremo queste informazioni in dettaglio. Sono queste informazioni - a lungo non disponibili nemmeno per i ricercatori più impegnati - a collegare tutti i dati precedenti.

La notevole trama presentata in *Giudizio finale* incorpora logicamente tutte le teorie attuali in una teoria di ampio respiro che non solo ha senso, ma riunisce i vari elementi della cospirazione. Per questo motivo, *Giudizio Finale* è all'altezza del suo titolo.

La teoria presentata nelle pagine del *Giudizio Finale* è stata bollata come "antisemita" - un classico attacco a qualsiasi dichiarazione anche solo vagamente critica nei confronti di Israele e dei suoi misfatti.

Tuttavia, l'autore lascia all'onestà e all'apertura mentale dei lettori il compito di stabilire se la teoria presentata in questo libro abbia senso.

COSA È ACCADUTO....

Ecco, in breve - a volte nei minimi dettagli - le basi della teoria presentata e documentata nelle pagine seguenti.

- Durante la sua presidenza, John F. Kennedy suscitò l'ostilità di tre grandi blocchi di potere internazionali: la CIA americana, la criminalità organizzata e Israele e la sua lobby americana.
- In ogni caso, la permanenza di Kennedy alla Casa Bianca è stata percepita da ciascuno di questi gruppi di potere come una minaccia alla propria esistenza.
- Ciascuno di questi grandi blocchi di potere internazionali era strettamente legato agli altri, spesso a più livelli.
- Quando la presenza di Kennedy alla Casa Bianca divenne troppo intollerabile, queste forze si unirono in una vasta cospirazione che portò all'omicidio di JFK.
- Il potere combinato di queste forze sui media americani ha giocato un ruolo essenziale nell'occultare il complotto dell'assassinio.

Giudizio Finale esplora in dettaglio la guerra poco conosciuta tra John F. Kennedy e Israele e mostra come la politica degli Stati Uniti verso Israele e il mondo arabo abbia subito una brusca inversione di rotta al momento dell'assassinio.

Il libro documenta non solo la stretta collaborazione tra il sindacato criminale di Meyer Lansky e il Mossad, ma anche l'analoga relazione incestuosa tra il sindacato di Lansky e gli alleati di Israele nella CIA. Ci concentreremo anche sul ruolo singolarmente importante del posizionamento di Meyer Lansky nel nesso Mossad-CIA-criminalità organizzata che si è formato intorno all'assassinio di JFK.

Il ruolo di Lansky nel complotto per l'assassinio di JFK è stato continuamente ignorato e persino eliminato, persino dalle stesse "autorità" che affermano che "la mafia ha ucciso JFK". Come vedremo, Meyer Lansky era in realtà il vero "signore" del sindacato criminale internazionale; molti dei "boss mafiosi" che avrebbero architettato l'assassinio di JFK erano in realtà scagnozzi, prestanome e subordinati di Lansky.

I fatti fondamentali sono stati praticamente tutti pubblicati in opere precedenti sull'assassinio di JFK e in altri studi sulle relazioni israelo-americane, sui complotti dei servizi segreti internazionali e sulla criminalità organizzata.

Solo ora, tuttavia, tutti i fatti sono stati finalmente messi insieme in un puzzle accuratamente costruito che presenta l'intero quadro nei suoi termini più semplici. Come vedremo, non è così complesso come sembra. Alla fine, però, è chiaro che non solo Israele aveva il movente per partecipare all'assassinio di JFK, ma che ha effettivamente svolto un ruolo cruciale nella cospirazione.

LA TEORIA DELLA POLITICA DEL POTERE AL LAVORO

La cospirazione qui descritta era un'impresa criminale che coinvolgeva la politica di potere nelle sue forme più alte e più basse. Questo volume:
- Presenta la macchinazione internazionale al di là delle relazioni traballanti tra Stati Uniti e Israele all'epoca;
- Esamina la tragica realtà del coinvolgimento americano nel sud-est asiatico - che Kennedy cercò di evitare - il cui risultato finale garantì:
  (a) Il dominio di Israele sugli affari mediorientali, mentre gli Stati Uniti erano impantanati in Asia;
  (b) Profitti della droga nel Sud-Est asiatico per il commercio globale della droga di Meyer Lansky (in collaborazione con la CIA, alleata del Mossad); e
  (c) I profitti multimiliardari derivanti dalla produzione di armi per i finanziatori di Lyndon Johnson, alleato di Israele nel complesso militare-industriale
- Spiega come la CIA - strettamente legata a Israele - abbia potuto continuare le sue attività segrete clandestine nel Sud-Est asiatico e altrove dopo l'eliminazione di JFK;
- Illustra come alcuni interessi acquisiti (il movimento anticastrista cubano e la criminalità organizzata) possano essere manipolati da un altro interesse acquisito - l'alleanza Mossad-CIA - per perseguire un obiettivo comune: porre fine alla presidenza di John F. Kennedy;
- Evidenzia il motivo per cui i vari membri coinvolti nella cospirazione hanno lavorato in collaborazione tra loro per insabbiare i fatti dell'assassinio;
- Dettagli su come i media controllati - a lungo i principali collaboratori della lobby pro-Israele di Lansky negli Stati Uniti - promossero la soluzione della Commissione Warren che vedeva un pazzo solitario nell'omicidio di JFK e cercarono di mettere a tacere i critici della spiegazione "ufficiale".
- Rivela come la rabbia e il disgusto di un uomo potente - in questo caso, David Ben-Gurion di Israele - abbiano dato origine a una vendetta eseguita per mezzo di una cospirazione di vasta portata orchestrata dalla sua stessa sfera di influenza;
- Descrive come i principali intermediari del potere politico americano - come J. Edgar Hoover e, più in particolare, Lyndon B. Johnson (entrambi legati al sindacato criminale di Lansky), siano stati in grado di mantenere la loro influenza, e di estenderla in modo appropriato, al momento della morte di John F. Kennedy e di come il loro potere sia stato rafforzato.
- Dimostra come agenti di basso livello come Lee Harvey Oswald e Jack Ruby - entrambi con una serie di strani legami - siano stati utilizzati dai cospiratori al vertice.

Tutto ciò rende la cospirazione qui descritta non solo logica, ma che lega tutti i cospiratori più importanti in un insieme eccessivamente disordinato.

COME È ORGANIZZATO QUESTO LIBRO: UNA GUIDA PER IL LETTORE

Per delineare la cospirazione descritta nelle pagine del *Giudizio Finale*, è necessario innanzitutto considerare la cospirazione nel suo contesto storico. Gli attori coinvolti sono numerosi e i loro legami intrinseci tra loro e con le varie forze della cospirazione rendono prudente, in questa fase, fornire al lettore una panoramica dei documenti che stanno per essere presentati. Quello che segue, tuttavia, è un breve schema dei capitoli successivi, che delinea l'approccio che stiamo adottando per gettare le basi su cui giungere al nostro giudizio finale:

IL MOSSAD

- Il capitolo 2 esplora l'accusa che il Mossad israeliano stesse effettivamente pianificando l'assassinio di un presidente americano percepito come ostile a Israele - in questo caso, George Bush - e riflette sulla probabilità che il Mossad abbia, in effetti, precedentemente collaborato all'assassinio di John F. Kennedy.
- Il capitolo 3 esamina l'uso storico da parte del Mossad dei cosiddetti "falsi vessilli" nei suoi atti di terrorismo e assassinio in tutto il mondo, lasciando che altri (come la mafia, gli "estremisti di destra" e i "terroristi arabi") si assumessero la responsabilità. Il fatto è che il Mossad potrebbe aver fatto lo stesso nell'assassinio di JFK.

JFK, LBJ E ISRAELE

- Il capitolo 4 esamina l'iniziale alleanza tattica - e la successiva ostilità - tra John F. Kennedy e suo padre, l'ambasciatore Joseph P. Kennedy, non solo con la lobby israeliana, ma anche con il collegamento israeliano del sindacato del crimine di Lansky.
- Il capitolo 5 analizza in modo approfondito il crescente conflitto tra il Presidente John F. Kennedy e lo Stato di Israele - fatti che non sono mai stati esaminati seriamente dagli studenti dell'assassinio di JFK.
- Il capitolo 6 descrive come l'assassinio di John F. Kennedy abbia permesso al Sindacato del Crimine di Lansky e alla lobby israeliana di Lyndon B. Johnson (il beniamino degli alleati israeliani della CIA) di assumere la presidenza e di iniziare un'incredibile inversione delle politiche di JFK in Medio Oriente, rafforzando così la portata globale di Israele. La lobby israeliana di Johnson (il beniamino degli alleati israeliani della CIA) assunse la presidenza e iniziò un'incredibile inversione delle politiche di JFK in Medio Oriente, rafforzando così la portata globale di Israele.

Questo importante capitolo mostra anche come Israele, la CIA e il sindacato Lansky abbiano tratto profitto dal coinvolgimento americano nella guerra del Vietnam - un aspetto poco esplorato di questo periodo infelice.

MEYER LANSKY, ISRAELE E LA CIA

- Il capitolo 7 è un'analisi completa di Meyer Lansky, figura del crimine organizzato che ha nascosto il suo ruolo di primo piano nelle imprese criminali globali e i suoi legami non solo con il Mossad di Israele, ma anche con i servizi segreti statunitensi.
- Il capitolo 8 esplora la stretta relazione tra il Mossad israeliano e la CIA statunitense, e in particolare il ruolo importante di James Angleton, capo del controspionaggio della CIA e principale alleato del Mossad.
- Il capitolo 9 esamina i conflitti tra l'amministrazione di John F. Kennedy e la CIA, il principale collegamento di Israele nel mondo dell'intelligence internazionale. Vengono presi in considerazione anche i legami di alcune figure chiave della CIA (legate all'assassinio di JFK) con Israele.
- Il capitolo 10 getta una luce importante sui legami di Meyer Lansky con Carlos Marcello, capo della mafia di New Orleans (spesso indicato come uno dei principali cospiratori dell'assassinio di JFK) e sul predominio di Lansky sulla mafia italiana nelle attività del crimine organizzato.
- Il capitolo 11 esamina il coinvolgimento di Lansky con i mafiosi Johnny Rosselli, Santo Trafficante Jr e Sam Giancana ed esplora nuove rivelazioni sui legami tra la mafia di Chicago e i servizi segreti israeliani.
- Il capitolo 12 esplora in dettaglio il ruolo di primo piano di Meyer Lansky nel traffico internazionale di droga e il modo in cui il suo sindacato criminale ha lavorato di concerto con la CIA in queste imprese internazionali.
- Il capitolo 13 tratta un aspetto poco conosciuto della cospirazione per l'assassinio di JFK: il ruolo di Mickey Cohen, scagnozzo di Lansky nella West Coast. Questo capitolo documenta la stretta relazione di Cohen con i servizi segreti israeliani e collega l'omicidio dell'attrice Marilyn Monroe alle attività pro-israeliane di Cohen.
- Il capitolo 14 esamina la carriera di Jack Ruby come corriere della CIA e del sindacato criminale di Lansky e le sue attività in relazione all'assassinio di JFK. E sì, ci sono anche prove che collegano Ruby a Israele.

PERMINDEX E LA CONNESSIONE FRANCESE

- Il capitolo 15, intitolato "Gli asciugamani si mischiano con gli asciugamani da tè", dimostra che fu attraverso la poco esplorata operazione dei servizi segreti di Roma nota come Permindex che l'alleanza israeliana Mossad-CIA e il sindacato del crimine di Lansky si riunirono e usarono le loro risorse comuni per orchestrare l'assassinio di JFK, chiudendo il cerchio della cospirazione documentata nei capitoli precedenti.
- Il capitolo 16 documenta un processo per diffamazione poco conosciuto in cui una giuria ha stabilito che la CIA ha partecipato all'assassinio di John F. Kennedy ed esamina il ruolo che James Jesus Angleton, alleato di Israele nella CIA, ha svolto nella cospirazione. Soprattutto, esamineremo la spesso citata (ma poco

compresa) "connessione francese" alla cospirazione per l'assassinio di JFK, che in realtà era anche la connessione israeliana.
- Il capitolo 17 analizza il ruolo che gli agenti della CIA e del Mossad hanno avuto sui media nel distorcere la percezione pubblica della cospirazione per l'assassinio di JFK e come hanno incolpato altri.
- Il capitolo 18 è un nuovo sguardo sull'assassinio del senatore Robert F. e su come l'omicidio di RFK colleghi non solo la CIA, il Mossad israeliano e il sindacato di Meyer Lansky, ma anche la polizia segreta iraniana, SAVAK (una creazione della CIA e del Mossad).
- Il capitolo conclusivo offre una panoramica sulla natura della cospirazione che ha portato all'assassinio di JFK.

Poi troverete dieci appendici uniche e diverse che gettano nuova luce su un'ampia gamma di aspetti poco noti della cospirazione e dell'insabbiamento dell'assassinio di JFK che sono stati distorti, mal interpretati o addirittura dimenticati.

ALCUNI ASPETTI POCO CONOSCIUTI....

- L'Appendice 1 esamina la carriera segreta di George Herbert Walker Bush nella CIA ed esplora i suoi legami intrinseci con alcuni dei protagonisti del complotto per l'assassinio di JFK, rispondendo alla domanda cruciale: "Dov'era George?".
- L'Appendice 2 esamina il legame poco noto di Lee Harvey Oswald con almeno un ex informatore federale sotto copertura che operava in gruppi politici sia di "destra" che di "sinistra".
- Infine, l'Appendice 3 sfata la teoria secondo cui gli "estremisti di destra" sarebbero stati la forza trainante dell'assassinio di JFK. La principale figura "di destra" collegata all'assassinio si è sempre mossa in ambienti filo-israeliani (questa appendice aprirà sicuramente nuove strade di discussione tra gli investigatori "liberali" che lavorano sull'assassinio di JFK).
- L'Appendice 4 tratta un argomento molto controverso che nessun altro libro sull'assassinio di JFK ha mai toccato: le origini etniche e politiche degli avvocati che si occupano delle "indagini" quotidiane della Commissione Warren sull'assassinio di JFK.

Questa appendice analizza anche i fatti poco noti sull'"éminence grise" dietro il membro della Commissione Warren Gerald R. Ford: un mediatore di potere politico legato al Mossad di Israele e al sindacato del crimine di Lansky.
- L'Appendice 5 esamina l'affermazione ampiamente discussa che "la Federal Reserve ha ucciso JFK". Separando i fatti dai miti, questa appendice mostra che la storia è molto più complessa di quanto sembri.
- L'Appendice 6 esamina la strana morte non solo dell'ex direttore della CIA William Colby (un critico di Israele), ma anche di un'alta figura della CIA che è fuggita dal Mossad israeliano (anche in questi due casi potrebbe esserci un collegamento con l'assassinio di JFK).

L'AVETE SENTITO PRIMA QUI...

- Appendix 7 è la prima denuncia del *vero* legame tra l'assassinio di JFK e il Watergate. Dimenticate tutto quello che avete sentito sul collegamento Dallas-Watergate. Ciò che state per leggere collega le due cospirazioni, a differenza di qualsiasi altra cosa abbiate mai letto prima.
- L'Appendice 8 è una speciale panoramica di alcuni dei libri più rilevanti (e di alcuni dei più scandalosi) apparsi nel corso degli anni sul tema dell'assassinio di JFK - una guida per il lettore ai dati disponibili a tutti.
- L'Appendice 9 esamina la lunga collaborazione segreta tra Israele e la Repubblica Popolare Cinese (Cina Rossa) nel campo della produzione nucleare e discute se la cancellazione da parte di Lyndon Johnson dei piani di JFK di lanciare un attacco militare contro le strutture nucleari della Cina comunista sia stata una conseguenza diretta del ruolo di Israele nella cospirazione per l'assassinio di JFK.
- L'Appendice 10 analizza l'attuale crisi politica in Israele: molti israeliani ritengono che i servizi segreti israeliani siano stati coinvolti nell'assassinio del Primo Ministro israeliano Yitzhak Rabin. Se questa teoria è oggetto di aperto dibattito in Israele, perché gli americani non considerano la possibilità che i servizi segreti israeliani abbiano partecipato all'assassinio di un presidente americano?
- Un supplemento speciale a questa edizione di *Giudizio finale* appare sotto forma di ciò che è stato originariamente pubblicato come opera separata con il titolo *Judgement by Default*. Si tratta di una selezione dettagliata di domande rivolte all'autore dopo la pubblicazione iniziale di *Giudizio finale*. Le risposte gettano ulteriore luce su molte delle questioni discusse nel *Giudizio Finale*, così come su alcuni aspetti che non sono stati affrontati.
- Il nostro epilogo e quella che potrebbe essere la nostra "ultima parola" riflettono la natura del continuo insabbiamento e come la verità non possa mai essere veramente detta. Un poscritto speciale spiega la tragica storia di come un onesto diplomatico francese sia morto dopo la pubblicazione di *Giudizio finale* - un'altra delle strane morti che seguirono l'assassinio a Dallas il 22 novembre 1963. Molti lettori oggi credono a ciò che appare in queste pagine, ovvero un resoconto logicamente costruito dei fatti che ci portano alla conclusione che il Mossad di Israele ha giocato un ruolo decisivo nella cospirazione per l'assassinio di JFK.

ESPRIMERE UN GIUDIZIO DEFINITIVO

Giudicate voi.
Avete sentito tutte le altre teorie più e più volte.
Questo è l'unico libro che unisce tutte queste teorie in un riassunto completo e sensato.
Leggete questo libro e date il vostro giudizio finale.

CAPITOLO 2

Via la testa
Un complotto del Mossad per uccidere un presidente americano

Il Mossad di Israele stava davvero pianificando l'assassinio di un presidente americano percepito come ostile a Israele? Un ex agente del Mossad dice di sì. Secondo l'ex agente del Mossad Victor Ostrovsky, l'agenzia di spionaggio israeliana avrebbe elaborato un piano per uccidere il presidente George Bush.

Il presidente John F. Kennedy può essere stato ucciso da una cospirazione orchestrata - almeno in parte - dal Mossad, l'agenzia di spionaggio israeliana, ma questa non è chiaramente l'ultima volta che il Mossad ha pianificato di assassinare un presidente americano. Secondo l'ex agente del Mossad Victor Ostrovsky, alcuni membri del Mossad stavano complottando per togliere la vita al Presidente George Bush. Il motivo: secondo Ostrovsky, Bush era odiato dal Mossad e considerato un nemico di Israele.

Questa sorprendente rivelazione è stata pubblicata nell'edizione del febbraio 1992 *Washington Report on Middle East Affairs*. L'autore era l'ex deputato Paul Findley (R-Ill.), egli stesso un critico di spicco di Israele (il libro best-seller di Findley, *The Dare to Speak Out: People and Institutions Confront Israel's Lobby*, è una classica esposizione di come la lobby di Israele abbia lavorato per mettere a tacere i critici americani della nazione straniera).

Findley ha riferito che Ostrovsky aveva appreso dalle sue fonti nella comunità dei servizi segreti che, a causa dell'apparente intransigenza del Presidente Bush nei confronti delle richieste di Israele, il Mossad aveva iniziato a coordinare i piani per l'assassinio del Presidente degli Stati Uniti.

Ostrovsky ha trasmesso queste informazioni a diversi membri del Parlamento canadese, indicando che i leader non israeliani eletti dal Mossad erano "il vero motore della politica in Israele".[8] Uno dei partecipanti all'incontro con Ostrovsky aveva passato le informazioni a un altro ex rappresentante degli Stati Uniti, Paul N. (Pete) McCloskey (R-Calif.).

Dopo aver appreso della potenziale minaccia al Presidente Bush, l'ex deputato McCloskey è volato in Canada dove ha incontrato Ostrovsky. Secondo Findley: "Ostrovsky impressionò McCloskey come un sionista patriottico che crede che il Mossad sia fuori controllo. Ostrovsky gli spiegò che la direzione attuale del Mossad era quella di "fare tutto ciò che è in suo potere per preservare lo stato di guerra tra Israele e i suoi vicini, assassinando il Presidente Bush, se necessario".[9]

---

[8] *Washington Report on Middle East Affairs*, febbraio 1992.
[9] *Ibidem*.

"Ha dichiarato che è già in corso una campagna in Israele e negli Stati Uniti "per preparare l'accettazione pubblica di Dan Quayle [il vicepresidente] come presidente". Dopo una lunga discussione in cui si convinse che Ostrovsky era "serio" e diceva la verità, McCloskey prese il volo successivo per Washington.

"Lì ha trasmesso le informazioni ai Servizi Segreti e al Dipartimento di Stato, ricevendo reazioni contrastanti sull'affidabilità di Ostrovsky. Un ufficiale del Dipartimento della Marina lo ha liquidato semplicemente come un "traditore di Israele".[10]

AMERICANI UCCISI IN UN COMPLOTTO ISRAELIANO

Findley sottolinea che nel suo controverso libro *By Way of Deception*, il già citato Ostrovsky ha registrato un'azione del Mossad "particolarmente scioccante per i lettori americani".[11] In questo caso, 241 Marines americani furono uccisi da un camion bomba terroristico che devastò la caserma dei Marines a Beirut nel 1983.

Sebbene agli agenti israeliani fosse stato comunicato che l'attacco era imminente, il quartier generale del Mossad a Tel Aviv ordinò ai suoi agenti di ignorare la minaccia e di non allertare l'esercito americano del pericolo. "Non siamo lì [a Beirut] per proteggere gli americani", hanno spiegato i funzionari del Mossad. "Questo è un grande Paese. Mandiamo solo informazioni regolari". Secondo Ostrovsky, le "informazioni regolari" erano "come l'invio di un bollettino meteorologico, che difficilmente avrebbe causato un particolare allarme".[12]

"È concepibile", si chiede Findley, "che il Mossad di Israele possa assassinare George Bush per mettere alla Casa Bianca un uomo più simpatico? Vale la pena ricordare i due precedenti eventi in cui le autorità israeliane erano pronte a sacrificare vite americane per servire i propri interessi nazionali".[13] Il deputato Findley specifica altre due occasioni in cui gli americani sono morti o hanno rischiato di morire per mano di Israele:

• L'8 giugno 1967, le forze navali e aeree israeliane attaccarono deliberatamente - e senza alcuna provocazione - la nave spia americana U.S.S. Liberty, uccidendo 34 marinai americani e ferendone altri 171. Si trattò di un tentativo di distruggere la nave e tutto il suo equipaggio. Si trattava di un tentativo di distruggere la nave e tutto il suo equipaggio.

• Durante la guerra dell'ottobre 1973, i piloti israeliani ricevettero l'ordine di abbattere un aereo da ricognizione americano disarmato che sorvolava il sito segreto di sviluppo di bombe nucleari di Israele a Dimona. L'aereo, tuttavia, volava troppo in alto perché gli aspiranti assassini israeliani potessero raggiungerlo.

Valutando il potenziale pericolo per il Presidente George Bush, il deputato Findley ha concluso: "I Servizi Segreti degli Stati Uniti faranno meglio a pensare al peggio".[14]

---

[10] *Ibidem*.
[11] *Ibidem*.
[12] *Ibidem*.
[13] *Ibidem*.
[14] *Ibidem*.

Incredibilmente, nello stesso periodo in cui è emerso il rapporto provocatorio di Findley, si sono verificati diversi eventi strani che sembrano confermare l'affermazione che potrebbe esserci un complotto per eliminare George Bush, se non fisicamente, allora politicamente. Ognuno di questi episodi di minaccia ebbe luogo durante il viaggio del Presidente George Bush in Estremo Oriente nel gennaio 1992.

L'incidente più rilevante, naturalmente, è stato lo strano sfogo pubblico del Presidente durante il pranzo con il Primo Ministro giapponese. Diverse persone hanno ipotizzato - in privato - che il Presidente potesse essere stato avvelenato. Si tratta ovviamente di speculazioni, ma basate sulla realtà.

È interessante notare che proprio durante il viaggio vorticoso del Presidente in Estremo Oriente, il *Washington Post* - *il* quotidiano *del* Paese - ha inspiegabilmente invertito la rotta e ha iniziato a pubblicare una lunga ed entusiasmante serie di sette puntate in cui acclama il Vicepresidente Dan Quayle. Naturalmente, ciò sembra confermare l'affermazione di Victor Ostrovsky secondo cui negli Stati Uniti erano in corso i preparativi per rendere appetibile la presidenza di Dan Quayle.

L'insolito voltafaccia del *Post* fu ancora più forte quando arrivò la notizia che il Presidente era stato ucciso. Quayle, ovviamente, aveva già il sostegno della classe dirigente se era stato inaspettatamente spinto alla presidenza. Curiosamente, prima della retromarcia del *Post*, il quotidiano di Washington era stato uno dei critici più insistenti di Quayle. Tuttavia, durante quella movimentata settimana era accaduto anche qualcosa di molto allarmante.

UNA FALLA NELLA SICUREZZA

Per due giorni, durante la visita del Presidente Bush a Seoul, in Corea del Sud, sono state inspiegabilmente rese pubbliche informazioni top secret sulle disposizioni personali del Presidente Bush. Incredibilmente, ciò è avvenuto in un momento in cui l'allarme terrorismo era già alto. Gli esperti di sicurezza ritengono che se gli aspiranti assassini del Presidente avevano in mente un'azione del genere, la violazione della sicurezza li avrebbe aiutati enormemente. [15]Secondo Robert Snow, portavoce dei Servizi Segreti, "non sarebbe esagerato" affermare che la violazione della sicurezza avrebbe potuto mettere in pericolo Bush. La responsabilità della violazione della sicurezza è stata attribuita al Servizio Informazioni degli Stati Uniti (USIS), un ramo del Dipartimento di Stato. Da parte loro, i funzionari del Dipartimento di Stato non sono stati in grado di fornire una spiegazione per la bizzarra violazione della sicurezza. La Casa Bianca ha rifiutato di commentare.

L'USIS ha prodotto un elenco dei nomi e dei numeri di stanza della delegazione del Presidente, che contava 471 persone (il fatto che il Presidente alloggiasse nella residenza dell'Ambasciatore degli Stati Uniti faceva parte delle informazioni fornite). L'elenco comprendeva i nomi e i numeri di stanza di 122 agenti dei servizi segreti, otto marines, quattro steward presidenziali e sei assistenti militari. Sono stati inoltre rivelati l'ubicazione della sala di controllo della sicurezza nell'hotel in cui il

---

[15] *Washington Times,* 14 gennaio 1992.

Presidente alloggiava e i nomi dei 10 agenti dei Servizi Segreti responsabili della sicurezza nelle varie località visitate dal Presidente durante il suo soggiorno in Corea. Sono state pubblicate anche le assegnazioni delle stanze degli alti funzionari dell'amministrazione che accompagnavano il Presidente e quelle dei tredici dirigenti d'azienda che partecipavano al viaggio.[16]

Questa incredibile rivelazione ha sollevato sospetti su coloro che occupano posizioni di potere e che potrebbero non essersi preoccupati della sicurezza del Presidente. I tentacoli del Mossad israeliano arrivano in profondità nel Dipartimento di Stato americano. Questa violazione della sicurezza è stata il primo passo di un tentativo di assassinio, che potrebbe essere stato compiuto da un oscuro gruppo terroristico coreano che agisce come "facciata" del Mossad?

Il tenente colonnello dell'aeronautica in pensione Fletcher Prouty, un'autorità riconosciuta in materia di operazioni segrete - compresa la pianificazione degli omicidi - afferma che uno dei passaggi chiave di qualsiasi piano di assassinio è il processo di rimozione o violazione della copertura di sicurezza della vittima designata. Prouty, che ha lavorato nella sicurezza presidenziale con le forze armate, sa di cosa sta parlando. Secondo Prouty, "nessuno deve dirigere un assassinio. Succede e basta. Il ruolo attivo è svolto segretamente nel permettere che avvenga... Questo è l'indizio principale... Chi ha il potere di disattivare o ridurre le consuete misure di sicurezza che sono sempre in vigore quando un presidente viaggia?".[17]

NEL 1991, QUINDI PERCHÉ NON NEL 1963?

Nel suo libro del 1994, *L'altra faccia dell'inganno*, Victor Ostrovsky, membro del Mossad, ha finalmente rivelato i dettagli di ciò che aveva appreso del complotto del Mossad del 1991 contro Bush: il Mossad aveva pianificato di assassinare Bush durante una conferenza internazionale a Madrid. Il Mossad aveva catturato tre "estremisti" palestinesi e aveva detto alla polizia spagnola che i terroristi erano in viaggio verso Madrid. Il piano era di uccidere Bush, liberare gli "assassini" in mezzo alla confusione e uccidere i palestinesi sul posto. Il crimine sarebbe stato attribuito ai palestinesi - un'altra "falsa bandiera" del Mossad, di cui si parlerà nel terzo capitolo.[18]

ALCUNE SPECULAZIONI STORICHE

Francamente, alcuni hanno suggerito, dopo la pubblicazione della prima edizione di *Giudizio Finale*, che il presidente Franklin Delano Roosevelt, in realtà, potrebbe essere stato il primo presidente americano a morire per mano della rete di intelligence che alla fine è diventata il Mossad di Israele. Essi sottolineano, sulla base di prove storiche ben documentate, che FDR potrebbe essere stato un vero e proprio ostacolo alla creazione di uno Stato ebraico in Palestina.

---

[16] *Ibidem*.
[17] Jim Marrs. *Crossfire: The Plot That Killed Kennedy* (New York: Carroll & Graf Publishers, Inc., 1989), pag. 582.
[18] Victor Ostrovsky. *L'altra faccia dell'inganno*. New York: HarperCollins, 1994, pp. 277-279.

Sappiamo che il re saudita Abd al-Aziz Ibn Saud incontrò FDR a bordo di una nave della Marina statunitense il 14 febbraio 1945, mentre il presidente americano tornava dalla famosa conferenza di Yalta. In quell'occasione, secondo l'ex diplomatico statunitense Richard Curtiss, il re saudita "pretese dal Presidente la garanzia che non avrebbe fatto nulla per aiutare gli ebrei contro gli arabi e che non avrebbe fatto alcuna mossa ostile contro il popolo arabo".[19]

Dopo questo incontro, secondo Curtiss, FDR "disse agli amici che in pochi minuti di conversazione con il monarca saudita aveva appreso più cose sulla situazione in Palestina di quante ne avesse apprese in tutta la sua vita". Le nuove conoscenze non gli impedirono tuttavia di permettere a un leader sionista americano di dichiarare che il Presidente era ancora favorevole a uno Stato ebraico e a un'immigrazione ebraica illimitata in Palestina.

"Poi, quando gli arabi reagirono con domande di malcontento, autorizzò il Dipartimento di Stato a riaffermare il suo impegno con Ibn Saud e altri leader arabi che ci sarebbe stata una consultazione preventiva con gli arabi e gli ebrei prima che gli Stati Uniti intraprendessero qualsiasi azione relativa alla Palestina".[20] Una settimana dopo, FDR morì.

Infatti, John Loftus e Mark Aarons, due autori noti per la loro dedizione alla causa sionista, hanno dichiarato con franchezza che molti amici di Israele ritengono che la morte di FDR sia stata del tutto fortuita: "Sebbene l'opinione pubblica americana fosse favorevole agli ebrei, pochi sionisti avevano piena fiducia in Roosevelt". Come hanno ammesso diversi sionisti di spicco, se Roosevelt fosse vissuto, è improbabile che Israele sarebbe mai nato. Sapevano di cosa stavano parlando.[21]

UN'INTERESSANTE NOTA STORICA

Potremmo speculare all'infinito su come sia morto davvero FDR. Tuttavia, sappiamo - da una fonte molto attendibile - che il successore di FDR, Harry Truman, fu in realtà bersaglio di un assassinio perché ritenuto ostile agli interessi sionisti. Secondo Margaret Truman, figlia del defunto Presidente, il movimento terroristico clandestino ebraico in Palestina, noto come Banda Stern, tentò di assassinare suo padre.

In una biografia del padre, la signorina Truman ha menzionato l'attentato alla sua vita da parte di nazionalisti portoricani. Poi, in un inciso poco notato ma molto importante, ha commentato: "Nel corso delle mie ricerche per questo libro ho appreso che ci sono stati altri attentati alla vita di papà che lui non ha mai menzionato... Nell'estate del 1947, la cosiddetta banda Stern di terroristi palestinesi tentò di assassinare papà per posta...".[22]

---

[19] Richard Curtiss. *Un'immagine che cambia*. (Washington, DC: American Educational Trust, 1986), p. 24.
[20] *Ibidem*.
[21] John Loftus e Mark Aarons. *The Secret War Against the Jews* (New York: St. Martin's Press, 1994), p. 154.
[22] Margaret Truman. *Harry S. Truman* (New York: William Morrow & Company, Inc. 1973), pag. 489.

Sembra che dei terroristi ebrei avessero inviato al Presidente delle lettere contaminate da sostanze chimiche tossiche. Fortunatamente, la posta fu intercettata e non ci fu alcun danno. Harry Truman, naturalmente, ricevette il messaggio e si affrettò a riconoscere lo Stato di Israele quando fu fondato nel 1948, nonostante le sue riserve e quelle dei suoi consiglieri diplomatici.

Questo maldestro tentativo di uccidere Truman è comunque interessante e mette in evidenza una tendenza alla violenza politica da parte dei leader israeliani della Banda Stern che, va ricordato, erano individui emersi come leader del Mossad dopo la creazione dello Stato di Israele.

UNA SERIE DI PROVE

È evidente che ci sono prove solide - una serie di prove, in effetti - che suggeriscono che Israele stava effettivamente pianificando l'assassinio di un presidente americano. Detto questo, andiamo avanti ed esaminiamo le prove che ci porteranno a un giudizio finale.

CAPITOLO 3

Una cattiva abitudine: l'uso di "falsi vessilli" da parte di Israele nel terrorismo internazionale - Incolpare gli altri

Gli investigatori della controversia sull'assassinio di JFK hanno ripetutamente sottolineato le false piste che continuano a emergere. La maggior parte ritiene che Lee Harvey Oswald, il presunto assassino, fosse effettivamente ciò che sosteneva di essere - il capro espiatorio - e che i falsi indizi fossero stati piazzati dai veri cospiratori per far credere che Oswald fosse un agente di Fidel Castro o dei sovietici o di entrambi. L'uso di questi "falsi vessilli" da parte del Mossad israeliano per camuffare il proprio ruolo in complotti di assassinio e altre attività criminali in tutto il mondo è stato documentato più volte. "Arabi", "mafia", "estremisti di destra" e altri si sono ripetutamente presi la colpa di crimini commessi dal Mossad o eseguiti sotto il suo coordinamento.

L'uso di operazioni con "falsi vessilli" da parte di Israele e del suo Mossad è stato documentato in diverse occasioni fin dalla creazione dello Stato ebraico. Questo libro sostiene che Israele e il suo principale collaboratore, la CIA, hanno usato insidiosi "falsi vessilli" per orchestrare l'assassinio di John F. Kennedy e il suo successivo insabbiamento: "la mafia", "i cubani anticastristi", "i sovietici", "gli agenti di Castro" e persino "gli estremisti di destra" sono stati tutti indicati come responsabili dell'assassinio di JFK. Ma le prove tangibili li portano in una direzione completamente diversa.

"TRACCE FABBRICATE E STRISCIONI FALSI

Un importante investigatore dell'assassinio di JFK, il professor Peter Dale Scott, ha descritto quello che ha definito "il genio del complotto dell'assassinio".[23] Secondo Scott, si trattava di "piste inventate dai cospiratori per condurre a un insabbiamento". Scott cita una serie di esempi: "C'erano, ad esempio, piste che potenzialmente collegavano Oswald a Fidel Castro o al KGB e a Khruschev, una pista che poteva portare alla guerra.

"Inoltre, ci furono false prove fornite ai servizi segreti che portarono a un gruppo di cubani anticastristi a Chicago le cui operazioni erano state indirettamente autorizzate da Bobby Kennedy in persona. Questa è solo una delle tante piste che potrebbero aver portato in direzioni che nessuno ha voluto esaminare".[24]

---

[23] *Tikkun*, marzo/aprile 1992.
[24] *Ibidem*.

Il fatto che Israele avesse una lunga e fondata reputazione di piantare "falsi vessilli" è oggetto di discussione in questo capitolo.

In preparazione alla nostra considerazione del ruolo di Israele nella cospirazione per l'assassinio di JFK, è interessante prima passare in rassegna alcuni dei casi più notevoli in cui Israele ha orchestrato assassinii e ha addossato queste atrocità sulle spalle di persone innocenti - "falsi vessilli".

Nel capitolo 2, abbiamo notato che l'ex membro del Congresso Paul Findley ha citato due casi in cui Israele ha indicato che era disposto a sacrificare vite americane per i propri interessi: (a) l'attacco alla U.S.S. Liberty nel giugno 1967 e (b) l'attacco pianificato a un aereo da ricognizione americano che sorvolava il sito segreto di sviluppo della bomba nucleare di Israele. Questi incidenti sono particolarmente interessanti alla luce di quanto stiamo per discutere in questo volume.

L'attacco alla *Liberty* - generalmente riconosciuto da tutti tranne che da Israele e dai suoi difensori - è stato un tentativo deliberato di distruggere la *Liberty* e il suo equipaggio e di affondare la nave sul fondo del Mediterraneo. L'aspetto più interessante è il motivo di questo bizzarro e brutale attacco.

U.S.S. LIBERTY - COLPA DEGLI EGIZIANI

In realtà, Israele sperava di addossare la colpa a un "falso vessillo" - l'Egitto - e di attirare gli Stati Uniti nell'imminente guerra del 1967 al fianco di Israele. Solo perché la Liberty non affondò e fu salvata, i libri di storia non ci dicono oggi che "gli arabi" affondarono una nave spia americana e scatenarono un altro "incidente del Lusitania" che costrinse l'America a entrare in guerra.

LA BOMBA NUCLEARE

Il secondo caso a cui si riferiva il deputato Findley era di particolare interesse in quanto l'attacco pianificato a un aereo da ricognizione dell'aeronautica statunitense era stato architettato per proteggere lo sviluppo segreto di armi nucleari da parte di Israele. Fu proprio l'offensiva nucleare di Israele a condurre il Presidente John F. Kennedy alla "guerra segreta" contro Israele, che egli condusse con crescente intensità durante i tre anni della sua breve presidenza.

Come vedremo nel capitolo 5, fu proprio la questione dell'intransigente opposizione di Kennedy allo sviluppo di armi nucleari da parte di Israele a diventare una parte centrale del suo confronto con Israele e il suo Mossad. Fu questo conflitto a giocare un ruolo chiave nel mettere in moto le fasi finali del complotto per l'assassinio che pose fine alla vita di John Kennedy.

Di seguito, una panoramica di altri casi degni di nota in cui Israele ha utilizzato "falsi vessilli" nei suoi sforzi criminali internazionali.

IL CASO LAVON

Forse l'esempio più noto di come Israele abbia usato una "falsa bandiera" per coprire le proprie tracce è stato il famigerato affare Lavon. Nel 1954 furono perpetrati diversi atti di terrorismo orchestrati da Israele contro obiettivi britannici in Egitto. La Fratellanza Musulmana, che si opponeva al regime del presidente egiziano Gamul Abdul-Nasser, fu incolpata di questi attacchi.

Tuttavia, oggi la verità sull'ondata di terrore può essere trovata in un telegramma un tempo segreto inviato dal colonnello Benjamin Givli, capo dell'intelligence militare israeliana, che descrive lo scopo previsto dietro l'ondata di terrore:

"Il nostro obiettivo] è infrangere la fiducia dell'Occidente nell'attuale regime [egiziano]. Le azioni devono provocare arresti, dimostrazioni ed espressioni di vendetta. L'origine israeliana dovrebbe essere completamente insabbiata, mentre l'attenzione dovrebbe essere spostata su qualsiasi altro possibile fattore. L'obiettivo è impedire gli aiuti economici e militari occidentali all'Egitto".[25]

Alla fine la verità sul coinvolgimento di Israele nella vicenda divenne pubblica e Israele fu scosso internamente dallo scandalo. I partiti politici israeliani in competizione tra loro usarono lo scandalo come un randello contro i loro avversari. Ma la verità sull'uso da parte di Israele di un "falso vessillo" attirò l'attenzione internazionale e dimostrò che Israele era davvero disposto a mettere inutilmente in pericolo vite innocenti come parte della sua ambiziosa strategia politica per aumentare la propria influenza in Medio Oriente.

ACCUSANDO "ESTREMISTI DI DESTRA

Un misterioso gruppo di "destra" noto come "Action Directe" è stato accusato dell'attacco al ristorante Goldenberg di Parigi il 9 agosto 1982. Sei persone morirono e 22 rimasero ferite. Il leader di "Action Directe" era un certo Jean-Marc Rouillan. Rouillan aveva operato nel Mediterraneo con il nome in codice "Sebas" e in diverse occasioni era stato collegato al Mossad. Tutti i riferimenti ai legami di Rouillan con il Mossad furono eliminati dai rapporti ufficiali pubblicati all'epoca.

Tuttavia, il servizio di informazione nazionale algerino - che ha legami con l'intelligence francese - ha incolpato il Mossad per le attività di Rouillan. Funzionari dell'intelligence francese arrabbiati avrebbero fatto trapelare queste informazioni agli algerini. Diversi alti funzionari della sicurezza francese si sono dimessi per protesta contro la complicità del Mossad nei crimini di Rouillan.[26] Tuttavia, anche altre operazioni orchestrate dal Mossad hanno avuto luogo in territorio francese.

Il 3 ottobre 1980, una sinagoga in rue Copernic a Parigi viene bombardata. Quattro spettatori furono uccisi. Nove furono feriti. La frenesia mediatica che seguì l'incidente fu mondiale. Secondo alcuni rapporti, i responsabili erano "estremisti di destra". Tuttavia, di tutti gli "estremisti di destra" fermati per essere interrogati, nessuno è stato arrestato. Anzi, sono stati tutti rilasciati.

---

[25] Livia Rokach. *Israel's Sacred Terrorism* (Belmont, Massachusetts: AAUG Press, 1986), pag. 34.
[26] *The Spotlight*, 6 settembre 1982.

Nelle sfere più alte dell'intelligence francese, tuttavia, il dito del sospetto era puntato contro il Mossad. Secondo un rapporto: "Il 6 aprile 1979, la stessa unità terroristica del Mossad ora sospettata della strage di Copernicus fece esplodere l'impianto altamente sorvegliato delle industrie CNIM a La Seyne-sur-Mer, vicino a Tolone, nel sud-est della Francia, dove un consorzio di aziende francesi stava costruendo un reattore nucleare per l'Iraq.

"Il Mossad ha cosparso il sito dell'esplosione del CNIM "di indizi", seguiti da telefonate anonime alla polizia - suggerendo che il sabotaggio fosse opera della Troup, un'organizzazione ambientalista "conservatrice" - "le persone più pacifiche e innocue della terra", secondo una fonte".[27]

LA COLPA DELLA MAFIA CORSARA

- Il 28 giugno 1978, agenti israeliani fecero esplodere una bomba sotto una piccola auto da turismo in rue St Anne, uccidendo Mohammed Boudia, un organizzatore dell'Organizzazione per la Liberazione della Palestina (OLP). Subito dopo, la polizia di Parigi ricevette telefonate anonime che accusavano Boudia di essere coinvolto in traffici di stupefacenti e attribuivano il suo omicidio alla mafia corsa. Un'indagine approfondita ha poi stabilito che i responsabili del massacro terroristico erano agenti specializzati del Mossad.

INCOLPARE I NEO-NAZISTI

- Nell'ottobre 1976, la stessa unità del Mossad rapì due studenti della Germania occidentale, Brigette Schulz e Thomas Reuter, dal loro albergo a Parigi. Gli "indizi" disseminati e le telefonate anonime fecero pensare che il rapimento fosse stato compiuto da un gruppo "neonazista" bavarese. In realtà, l'intelligence francese ha stabilito che i due giovani tedeschi erano stati trasportati segretamente in Israele, drogati, torturati, costretti a fare una "falsa confessione di complicità" nelle attività dell'OLP e poi incarcerati anonimamente in una delle famigerate prigioni politiche del governo israeliano.

INCOLPARE I SUDCOREANI

- Nel febbraio 1977, un cittadino americano naturalizzato di origine tedesca, William Jahnke, arrivò a Parigi per incontri d'affari privati. Scomparve rapidamente, senza lasciare traccia. La polizia parigina fu informata in forma anonima che Jahnke era stato coinvolto in un caso di corruzione ad alto livello in Corea del Sud e che era stato "eliminato" quando l'affare era andato a rotoli. Una squadra speciale di investigatori dello SDECE (Service de documentation extérieure et de contre-espionnage), la principale agenzia di intelligence francese, ha infine stabilito che Jahnke "era stato licenziato" dal Mossad, che lo aveva sospettato di aver venduto informazioni segrete ai libici. Oltre ad altri dettagli di questo sordido caso, lo

---

[27] *The Spotlight*, 10 novembre 1980.

SDECE ha appreso che Jahnke era stato "denunciato" al Mossad dal suo stesso ex datore di lavoro, la CIA.[28]

INCOLPARE I LIBICI

Una delle più scandalose operazioni di Israele "a bandiera falsa" ha riguardato una storia di violenta propaganda volta a screditare il leader libico Muamar Gheddafi - uno dei nemici preferiti di Israele. Durante i primi mesi dell'amministrazione del Presidente Ronald Reagan, i media statunitensi iniziarono a promuovere la storia secondo cui un "commando libico" era negli Stati Uniti appositamente per assassinare Reagan. Ciò fece salire la temperatura contro la Libia e ci furono ripetuti appelli all'omicidio.

Improvvisamente, però, le storie del "commando" sono scomparse. Alla fine si scoprì che la fonte della storia era un certo Manucher Ghorbanifar, un ex agente iraniano del SAVAK (polizia segreta) con stretti legami con il Mossad.

Anche il *Washington Post* ha riconosciuto che la stessa CIA riteneva che Ghorbanifar fosse un bugiardo che "aveva inventato la storia del commando per creare problemi a uno dei nemici di Israele".[29]

Il Los Angeles Times aveva già denunciato le storie allarmistiche di Israele. "L'intelligence israeliana, e non l'amministrazione Reagan", riportava il Times, "è stata la fonte principale di alcune delle notizie più drammatiche pubblicate su un commando libico presumibilmente inviato per uccidere il presidente Reagan e altri funzionari... Israele, che secondo fonti ben informate "desiderava da tempo una scusa per entrare e colpire la Libia", "potrebbe aver cercato di ottenere il sostegno dell'opinione pubblica americana per un attacco contro [Gheddafi]", avevano detto le fonti".[30]

In altre parole, Israele aveva promosso l'ex agente del SAVAK, Ghorbanifar, negli ambienti di Washington come una fonte affidabile. In realtà, era un agente di disinformazione del Mossad che sventolava un "falso vessillo" per fuorviare l'America. Si trattava dell'ennesimo piano israeliano per incolpare la Libia delle proprie malefatte, questa volta utilizzando un "falso vessillo" (il SAVAK iraniano) per spostare la colpa su un altro "falso vessillo" (la Libia). (Nel capitolo 18 vedremo un altro crimine del SAVAK perpetrato per conto di Israele e dei suoi alleati della CIA).

DI NUOVO LA COLPA ALLA LIBIA

Il Mossad israeliano era sicuramente dietro l'attentato alla discoteca La Belle di Berlino Ovest del 5 aprile 1986. Tuttavia, si affermò che esistevano prove "inconfutabili" della responsabilità dei libici. Un soldato americano era stato ucciso. Il Presidente Ronald Reagan rispose attaccando la Libia.

---

[28] *Ibidem*.
[29] Jonathan Marshall, Peter Dale Scott e Jane Hunter. *The Iran-Contra Connection: Secret Teams and Covert Operations in the Reagan Era* (Boston, Massachusetts: South End Press, 1987), pag. 217.
[30] *Ibidem*.

Tuttavia, gli addetti ai lavori ritenevano che il Mossad israeliano avesse inventato false "prove" per "dimostrare" la responsabilità libica. Manfred Ganschow, direttore della polizia di Berlino Ovest, che aveva preso in carico le indagini, scagionò i libici, dicendo: "Si tratta di un affare altamente politico. Alcune delle prove citate a Washington potrebbero non essere affatto prove, ma solo ipotesi fornite per motivi politici".[31]

INCOLPARE I SIRIANI

Il 18 aprile 1986 un certo Nezar Hindawi, giordano di 32 anni, fu arrestato a Londra dopo che le guardie di sicurezza notarono che una delle passeggere che si imbarcavano su un aereo israeliano diretto a Gerusalemme, Ann Murphy, di 22 anni, portava un foglio di esplosivo al plastico nel doppio fondo della borsetta. La signorina Murphy ha detto agli agenti di sicurezza che il detonatore (camuffato da calcolatrice) le era stato dato dal suo finanziatore, Hindawi. È stato accusato di tentato sabotaggio e tentato omicidio.

Si diceva che Hindawi avesse confessato e affermato di essere stato ingaggiato dal generale Mohammed Al-Khouli, direttore dell'intelligence dell'aeronautica militare siriana. Anche altre persone erano coinvolte, tra cui l'ambasciatore siriano a Londra. Le autorità francesi hanno avvertito il Primo Ministro britannico che tutto questo non era quello che sembrava, cioè un coinvolgimento israeliano. Ciò è stato successivamente confermato dalla stampa occidentale.[32]

ACCUSANDO IL PLO

Nel 1970, re Hussein di Giordania ricevette informazioni incriminanti che suggerivano che l'Organizzazione per la Liberazione della Palestina aveva pianificato di assassinarlo e di prendere il controllo della sua nazione. Furioso, Hussein mobilitò le sue forze per quello che oggi è noto come "Settembre nero", l'epurazione dell'OLP. Migliaia di palestinesi che vivevano in Giordania furono radunati, alcuni leader furono torturati e alla fine masse di profughi furono spinte dalla Giordania in Libano.

Nuove prove, rivelate dopo l'assassinio di due alti funzionari del Mossad a Larnaka, Cipro, suggeriscono che l'intera operazione è stata un'azione segreta del Mossad, guidata da una delle sue migliori operatrici, Sylvia Roxburgh. La donna è riuscita a stabilire un collegamento con Re Hussein ed è stata il perno di un grande colpo del Mossad volto a destabilizzare gli arabi.[33]

Nel 1982, proprio quando l'OLP aveva abbandonato l'uso del terrorismo, il Mossad diffuse disinformazione su "attacchi terroristici" agli insediamenti israeliani lungo il confine settentrionale per giustificare un'invasione militare su larga scala del Libano. Anni dopo, anche importanti portavoce israeliani, come l'ex ministro degli

---

[31] *The Spotlight*, 21 aprile 1986.
[32] *The Spotlight*, 10 novembre 1986
[33] *Ibidem.*

Esteri Abba Eban, ammisero che i rapporti sul "terrorismo dell'OLP" erano stati messi insieme dal Mossad.[34]

È anche interessante notare che il tentato omicidio - a Londra - di Shlomo Argov, ambasciatore israeliano in Inghilterra, è stato inizialmente attribuito all'OLP.

L'attentato fu addotto da Israele come scusa per la sanguinosa incursione in Libano del 1982. In realtà, il diplomatico in questione era considerato una delle "colombe" di Israele ed era propenso a una soluzione amichevole nel lungo conflitto tra Israele e l'OLP. Era il bersaglio meno probabile della rabbia dell'OLP. Inoltre, uno dei sospettati del crimine è stato trovato con una "lista nera" che includeva il nome del capo dell'ufficio di Londra dell'OLP.[35] Sembra quindi che l'attentato sia stato compiuto dal Mossad - ancora una volta sotto un'altra "falsa bandiera" - per due scopi: (a) eliminare dal Paese un "pacifista" che si riteneva stesse mostrando gentilezza nei confronti dei palestinesi; e (b) attribuire l'ennesimo crimine all'Organizzazione per la Liberazione della Palestina.

PERCHÉ FARE DI OSWALD UN "AGITATORE PRO-CASTRO"?

Gli esempi qui citati sono solo una manciata di operazioni "a bandiera falsa" orchestrate dal Mossad e attribuite a una vasta gamma di presunti "sospetti". Le prove che esamineremo nel *Giudizio Finale* suggeriscono che l'assassinio di John F. Kennedy fu un'altra cospirazione "a bandiera falsa" del Mossad israeliano e dei suoi collaboratori nella CIA statunitense.

Oggi sappiamo, dopo anni di studi da parte di numerosi ricercatori sull'assassinio di JFK, che prima dellassassinio di JFK, Lee Harvey Oswald, il presunto assassino, era stato individuato come capro espiatorio. In effetti, le attività di Oswald furono presentate come prova che un "agitatore filo-castrista" era stato il "persecutore solitario" dietro l'assassinio del Presidente.

In ogni caso, l'identità di Lee Harvey Oswald come "agitatore filocastrista" era fatta su misura per (o dovremmo dire su misura per) la CIA e i suoi alleati del Mossad. Ciò che pochi degli investigatori incaricati dell'assassinio di JFK notarono (o forse compresero) è che la Cuba di Fidel Castro era da tempo ostile a Israele e alla causa del sionismo. Quindi un "agitatore filo-castrista" sarebbe stato un capro espiatorio ideale per il Mossad e la CIA.

In un lungo saggio, il governo castrista pubblicò nell'edizione del 4 novembre 1979 del Granma, un giornale ufficiale: I marxisti cubani hanno criticato Israele e il sionismo. Il giornale di Castro dichiarava, in parte:

"I sionisti non hanno mai perdonato lo Stato sovietico e il suo Partito leninista, e mai lo faranno... perché i bolscevichi avevano messo in atto una politica giusta che integrava i talenti e gli sforzi degli ebrei sovietici nei compiti di costruzione di una nuova società e avevano così smascherato le origini della discriminazione di classe e dell'antisemitismo, rompendo con il passato e fornendo una soluzione reale

---

[34] *Ibidem*.
[35] *Ibidem*, 27 settembre 1982.

al problema ebraico, una soluzione che non era e non poteva mai essere un esodo di massa verso la Palestina".

"Con lo scoppio della Guerra Fredda, i sionisti hanno collaborato a tutte le attività sovversive e divisive contro l'URSS e altri Paesi socialisti. I servizi segreti dello Stato sionista israeliano coordinavano le loro attività di spionaggio con la CIA. E per completare il quadro, c'era l'azione controrivoluzionaria sionista contro i movimenti di liberazione nazionale.

"I sionisti sono diventati una potenza e sono riusciti a creare il loro Stato nel 1948. Ora il loro compito è difendere le rotte del petrolio, proteggere tutti gli interessi dell'imperialismo americano e bloccare l'avanzata della rivoluzione araba. Né i meccanismi della controrivoluzione sionista né le armi israeliane possono fermare la marcia vittoriosa dei popoli del mondo".[36]

Si tratta di parole a dir poco dure e forse spiegano perché i responsabili dell'incastratura di Lee Harvey Oswald abbiano scelto il suo profilo di agitatore filocastrista. Il profilo avrebbe soddisfatto sia gli anticomunisti più accaniti che i sionisti.

Negli anni successivi, man mano che la storia di copertura iniziale, secondo la quale Oswald era un agitatore filo-castrista, cominciava a sgretolarsi, vennero nominati nuovi obiettivi di ripiego, principalmente la "mafia". Il Mossad e i suoi alleati nella CIA e nei media statunitensi controllati avevano il controllo. Tutti coloro che erano stati accusati dal Mossad e dai suoi alleati della CIA furono coinvolti e tutti, di conseguenza, avevano un interesse nell'insabbiamento.

JFK E GLI AFFARI SEGRETI

Per ottenere la presidenza nel 1960, John F. Kennedy fu costretto a stringere accordi segreti - in via ufficiosa - con un gran numero di potenti forze strettamente legate a Israele. Il capitolo 4 analizza la storia di questi accordi e il loro ruolo nel complotto per l'assassinio di JFK.

---

[36] *Granma*, 4 novembre 1979.

Capitolo 4

Sotto la minaccia di un coltello
JFK, Meyer Lansky, la mafia
e la lobby israeliana

John Fitzgerald Kennedy, suo padre, il potente ambasciatore Joseph P. Kennedy, e il boss della criminalità organizzata Meyer Lansky avevano una lunga storia di accesa ostilità, in parte dovuta agli accordi di Kennedy Senior con la mafia. Questo, tuttavia, non impedì alla famiglia Kennedy di stringere accordi con il sindacato del crimine quando si trattava di vincere le elezioni.

Né il presunto antisemitismo della famiglia Kennedy contribuì a migliorare le relazioni di JFK con Israele e la sua lobby americana. Anche l'intervento di Kennedy sulla questione dell'indipendenza dell'Algeria dalla Francia attirò aspre critiche da parte della lobby israeliana. Tuttavia, quando John F. Kennedy cercò la presidenza, era pronto a fare accordi con la lobby israeliana - e a pagarne il prezzo.

Alla fine della sua presidenza, tuttavia, Kennedy non aveva rispettato i suoi accordi, non solo con il padrino di Israele, Meyer Lansky, e i suoi sostenitori mafiosi, ma anche con la lobby di Israele.

John F. Kennedy era un puro prodotto dell'educazione di suo padre - con grande disappunto, si può dire, di molti dei più ferventi seguaci di JFK. Essi preferirebbero dimenticare gran parte della storia della famiglia Kennedy e presentare JFK come una sorta di santo.

Il fatto che il presidente John F. Kennedy fosse figlio dell'ambasciatore Joseph P. Kennedy, che da tempo era considerato, come minimo, neutrale nei confronti delle ambizioni della Germania nazista - e, nel peggiore dei casi, un antisemita e persino un ammiratore di Adolf Hitler - era molto difficile da digerire per gli ammiratori di Kennedy.

L'ambasciatore Kennedy, ovviamente, aveva combattuto contro l'ingresso dell'America nella Seconda guerra mondiale. Diversi resoconti dell'epoca suggeriscono che Kennedy tornò dalla Gran Bretagna, dove era stato ambasciatore degli Stati Uniti, con l'obiettivo di lanciare una grande campagna contro i piani di guerra del Presidente Roosevelt.

Tuttavia, dopo un incontro alla Casa Bianca tra l'ambasciatore e il Presidente, Kennedy fece marcia indietro. Cosa sia successo in questo incontro è oggetto di speculazioni.

JFK, HITLER E LA GUERRA IN EUROPA

È interessante notare (e certamente poco noto) che nello stesso periodo in cui l'ambasciatore Kennedy si batteva per il coinvolgimento americano in quella che sarebbe diventata la Seconda guerra mondiale, anche i suoi figli Joe, Jr. e John promuovevano lo stesso obiettivo.

Da studente di Harvard, Joe Jr. fece parte del Comitato di Harvard contro l'intervento militare in Europa, descritto come "un gruppo reazionario che presentava petizioni a influenti funzionari governativi e teneva raduni contro il coinvolgimento americano nello sforzo bellico in Europa".[37]

Più significativamente, tuttavia, sembra che lo stesso JFK fosse regolarmente sorvegliato dall'FBI di J. Edgar Hoover per le sue attività contro la guerra. JFK fu accusato dall'FBI di aver espresso "sentimenti anti-britannici e disfattisti e di aver incolpato Winston Churchill di aver portato gli Stati Uniti in guerra". "Sembra anche", accusò l'FBI, "che Kennedy avesse preparato per suo padre almeno uno dei discorsi che suo padre aveva fatto, o intendeva fare, in risposta alle critiche sulla sua presunta politica di appeasement.... Inoltre, Jack Kennedy aveva detto che pensava che l'Inghilterra fosse finita e che il più grande errore di suo padre era stato quello di non aver parlato abbastanza, di aver smesso di parlare troppo presto".[38]

Sembra che il giovane Jack Kennedy, studente di Harvard, fosse più che neutrale nei confronti di Hitler. Dopo aver visitato l'Italia di Mussolini, la Russia di Stalin e la Germania di Hitler, JFK annotò nel suo diario, secondo il *Time Magazine*, di aver deciso che "il facismo [sic] è affare della Germania e dell'Italia, per la Russia è comunismo e per l'America e l'Inghilterra è democrazia".[39] Riflessioni giovanili, ma a dir poco interessanti.

KENNEDY E IL "FASCISMO"

Dopo la guerra, il padre di JFK, l'ambasciatore Kennedy, prese in considerazione la possibilità di partecipare attivamente a un progetto per porre fine alla guerra - in opposizione al Presidente Roosevelt.

Il biografo di Kennedy Richard Whalen ha scritto di un incontro segreto tra Kennedy e un importante critico dell'amministrazione Roosevelt, il controverso pubblicista Lawrence Dennis. Spesso descritto (in modo impreciso) come "il più grande fascista d'America", Dennis era a sua volta un ex diplomatico e uno dei primi leader a cercare di bloccare l'intervento americano in quella che divenne la Seconda guerra mondiale. Di conseguenza, lui e Kennedy avevano molto in comune.

Il biografo di Kennedy ha descritto le circostanze di questo incontro segreto, un incontro che dice molto sul pensiero di Kennedy:

"Nell'ottobre del 1943, Lawrence Dennis ricevette una telefonata dal suo amico Paul Palmer, allora direttore *del Reader's Digest*. Prima della guerra, Dennis aveva contribuito al *Digest*, ma da allora l'autore di *The Coming American Fascism* era

---

[37] C. David Heymann, *A Woman Named Jackie* (New: New American Library, 1989), p. 151.
[38] *Ibidem.*
[39] *Time*, 9 ottobre 1992, p. 28.

diventato troppo controverso per poter apparire sulla rivista più importante del Paese. Ora riceveva un anticipo di 500 dollari al mese come consulente editoriale.

"Una delle sue recenti iniziative era stato il memorandum di resa incondizionata, aspramente criticato, e le voci sullo smantellamento della Germania. Palmer invitò Dennis a pranzo nella sua suite all'Hotel St. Regis di Manhattan, dicendo che lì avrebbe incontrato qualcuno che la pensava come lui.

"Si è scoperto che si trattava di Joe Kennedy. Durante il pranzo, Kennedy affermò di vedere l'arcivescovo Spellman quasi quotidianamente. Disse che l'arcivescovo era tornato da Roma dicendo che i generali di Hitler avrebbero potuto tentare di rovesciarlo se fossero state offerte loro condizioni meno disperate della resa incondizionata.

"Kennedy rimase scioccato e rimproverò Roosevelt. Raccontò all'esercito dei suoi due figli e disse che la guerra sarebbe potuta finire in quindici giorni se i generali tedeschi fossero stati incoraggiati.

"Naturalmente nessun leader della Chiesa poteva opporsi alla follia della politica di Roosevelt, ma Kennedy sì, e questo era lo scopo di Palmer nell'organizzare il pranzo. L'editore chiese se l'ex ambasciatore avrebbe scritto o almeno firmato un articolo di condanna della resa incondizionata. L'impatto di un tale articolo, data la precedente posizione di Kennedy nell'amministrazione, avrebbe potuto essere enorme. Ma egli non accettò l'invito e la guerra combattuta dai suoi figli e da tanti altri giovani continuò.[40]

L'ambasciatore Kennedy ricordò senza dubbio questo incontro per il resto della sua vita. Era molto amareggiato per la guerra e in particolare per Franklin D. Roosevelt. Kennedy avrebbe definito FDR "un paralitico figlio di puttana che ha ucciso mio figlio Joe".

(Joe Kennedy Jr. era ovviamente il figlio maggiore dell'ambasciatore. Fu la morte di Joe Jr. a gettare finalmente le basi perché il secondogenito, John, venisse preparato per la presidenza al posto del fratello maggiore).

UN PROGETTO IMPRENDITORIALE

Tuttavia, le opinioni di Kennedy senior non cambiarono nel tempo. Ma con l'avanzare dell'età, l'ambasciatore in pensione divenne più pragmatico. Ciò fu confermato da un incontro, a metà degli anni Cinquanta, tra Kennedy e un collaboratore di Lawrence Dennis, un dirigente del mondo dello spettacolo di New York di nome DeWest Hooker.

In realtà, come vedremo, è possibile che gli sforzi di Hooker, in seguito all'incontro con Joe Kennedy, abbiano aiutato John F. Kennedy a ottenere una vittoria risicata alle elezioni presidenziali del 1960.

Hooker sperava che Joe Kennedy si interessasse a un progetto che Hooker riteneva potesse essere di suo interesse. Hooker voleva creare un canale televisivo indipendente e pensava che Kennedy, ex magnate del cinema, potesse essere interessato a sostenere il progetto. Il ricordo di Hooker di questo incontro è molto

---

[40] Richard Whalen. *The Founding Father: The Story of Joseph P. Kennedy* (New York: New American Library, 1964), pp. 366-367.

interessante, soprattutto nel contesto della tesi presentata in queste pagine. Per capire esattamente da dove veniva Hooker, vale la pena ricordare il suo notevole passato.

APERTAMENTE ANTIEBRAICO

Nato in un ambiente ricco e privilegiato e discendente di uno dei firmatari della Dichiarazione di Indipendenza, Hooker aveva avuto una carriera variegata. Non solo aveva recitato sul palcoscenico di Broadway, ma aveva anche posato per la pubblicità delle sigarette. Ha anche trascorso un periodo come impresario per la potente compagnia MCA e, per un certo periodo negli anni Cinquanta, è stato uno degli impresari più pagati d'America. Hooker si dilettò anche nella produzione televisiva, con un successo simile.

Tuttavia, c'era un aspetto della sua personalità che lo rendeva, per usare un eufemismo, una *persona non grata* nel mondo dello spettacolo: Hooker è spietatamente e apertamente antiebraico. È stato il primo ad ammetterlo, senza che gli venisse chiesto. Con la sua imponente statura, Hooker è impavido e non teme di far conoscere la sua posizione.

Uno dei protetti di Hooker fu George Lincoln Rockwell, fondatore del Partito Nazista Americano. Nel suo libro di memorie, This Time the World, Rockwell attribuisce a Hooker una grande influenza sul suo pensiero. In effetti, Rockwell dedicò il libro a Hooker, oltre che a pochi altri, tra cui il senatore Joseph R. McCarthy e il generale Douglas MacArthur. Hooker, ha detto Rockwell, è stato l'uomo che "mi ha insegnato i trucchi e le cattive maniere del nemico".[41] Secondo Rockwell, Hooker era "la cosa più vicina a un nazista dopo il Bund".[42]

La ragione dell'interesse di Hooker per la creazione di un canale indipendente era altamente politica: Hooker voleva che il nuovo canale fosse completamente separato dal denaro e dall'influenza ebraica. A suo avviso, i tre canali esistenti erano interamente sotto il controllo degli interessi ebraici. Hooker voleva un canale che presentasse quello che lui chiamava "il nostro modo di pensare".

JOE KENNEDY PARLA APERTAMENTE

Nel 1956 Hooker incontrò Kennedy in privato a Palm Beach, in Florida. Dopo una partita a golf, Kennedy e Hooker si misero al lavoro. Hooker era lì per sollecitare il sostegno finanziario, politico e personale di Kennedy per il suo progetto di rete.

(In questo periodo il senatore John F. Kennedy cercò attivamente di candidarsi alla vicepresidenza del Partito Democratico. Perse, ma i suoi sforzi furono lodati all'interno dei ranghi del partito e gettarono le basi per il primo posto che egli cercò nelle elezioni del 1960).

---

[41] George Lincoln Rockwell. *This Time the World* (Liverpool, West Virginia: White Power Publications, 1963), pag. v.
[42] *Ibidem*, p. 123.

Dopo che Hooker si presentò all'ambasciatore in pensione, la reazione di Kennedy fu favorevole in spirito, ma il vecchio Joe chiarì la sua posizione definitiva durante le quattro ore di conferenza.

Secondo Hooker, "Joe ammise che quando era ambasciatore in Inghilterra era stato favorevole a Hitler. Tuttavia, secondo le parole di Kennedy, "noi" abbiamo perso la guerra. Con "noi" non intendeva gli Stati Uniti. Quando Kennedy diceva "noi", intendeva i non ebrei. Joe Kennedy riteneva che fossero stati gli ebrei a vincere la Seconda guerra mondiale.

"Kennedy ha detto: "Ho fatto tutto il possibile per combattere il potere ebraico in questo Paese. Ho cercato di fermare la Seconda Guerra Mondiale, ma ho fallito. Ho fatto i soldi che mi servivano e ora sto trasmettendo tutto quello che ho imparato ai miei figli".

"Non cammino con i 'perdenti'", mi dice Kennedy. "Mi sono unito ai 'vincitori'. Lavorerò con gli ebrei. Sto insegnando ai miei ragazzi tutta la storia e loro lavoreranno con gli ebrei. Farò di Jack il primo presidente irlandese cattolico degli Stati Uniti e se questo significa lavorare con gli ebrei, ben venga. Sono d'accordo con quello che stai facendo, Hooker", dichiarò Kennedy, "ma non farò nulla per rovinare le possibilità di Jack di diventare Presidente".[43]

Hooker rimase ovviamente deluso dalla risposta di Kennedy e, alla fine, il suo "quarto" canale fallì. Ma Hooker ebbe almeno la soddisfazione di sapere che lui e la famiglia Kennedy erano sulla stessa lunghezza d'onda, anche se erano disposti a compromettere tali opinioni per ragioni politiche.

I NAZISTI "APPROVANO" NIXON

Al termine dell'incontro a Palm Beach, Hooker chiese a Kennedy se poteva fare qualcosa per aiutare la famiglia Kennedy.

"Sì, in effetti c'è qualcosa che può fare", rispose Joe Kennedy. "Vorrei che usasse i suoi contatti all'interno della destra. Chieda loro di pubblicare articoli che accusino Jack di essere controllato dagli ebrei, di essere un burattino degli ebrei. Questo avrà l'effetto di neutralizzare l'opposizione ebraica a Jack (a causa mia).

"Gli ebrei conoscono le mie opinioni e, naturalmente, penseranno che Jack sia della stessa pasta. Se la destra inizia a criticare Jack, gli ebrei cambieranno idea - almeno quelli che votano".[44]

Hooker promise a Kennedy che avrebbe fatto il possibile. Essendo un uomo di parola, Hooker influenzò i suoi contatti di destra come richiesto da Kennedy. Hooker incoraggiò il suo amico, il leader nazista Rockwell, e altri "uomini di destra" a diffamare John F. Kennedy come aveva proposto il padre di JFK. I suoi sforzi ebbero successo.

Come si legge in una cronaca della campagna elettorale del 1960: "Anche il Partito Nazista Americano contribuì a dare il suo sostegno a Richard Nixon. Nazisti

---

[43] Intervista con DeWest Hooker, 20 gennaio 1992.
[44] *Ibidem.*

per Nixon, Yippies per Kennedy" era uno dei suoi slogan. Un altro slogan era: 'FDR e JFK = un patto JEWISH'".[45]

Naturalmente, tutto ciò è stato ispirato dal padre di JFK e realizzato grazie ai buoni uffici di DeWest Hooker e del suo amico George Lincoln Rockwell, anche se lo storico che scriveva gli slogan di Rockwell probabilmente non aveva idea che si trattasse indirettamente dell'opera di Joe Kennedy.

"Francamente", dice Hooker, "per quanto mi riguarda, è stato il mio lavoro a portare Johnny Kennedy alla Casa Bianca".[46] (L'affermazione di Hooker non è del tutto falsa, dato che i leader ebrei americani dell'epoca sostenevano che era stato il sostegno degli ebrei a fargli ottenere una vittoria risicata su Nixon nelle elezioni del 1960).

È improbabile che questo episodio interessante e rivelatore venga ricordato nella Biblioteca John F. Kennedy di Harvard o in una biografia benevola della famiglia Kennedy. Tuttavia, non c'è dubbio che Israele e la sua lobby americana avessero un'idea piuttosto precisa di ciò che stava accadendo dietro le quinte.

KENNEDY INFASTIDISCE LA LOBBY ISRAELIANA

Nel 1957, durante il suo primo mandato da senatore, John Kennedy fu coinvolto in una latente disputa internazionale poco notata dagli elettori americani medi, ma di particolare interesse per Israele e la sua lobby in America: la questione dell'indipendenza dell'Algeria. Il gigantesco colosso arabo, ex colonia francese, cercava la libertà e in Francia la nazione era impegnata in un acceso dibattito sulla questione. Israele, naturalmente, vedeva l'emergere di un'altra repubblica araba indipendente come una minaccia alla propria sicurezza e chiunque fosse a favore dell'indipendenza algerina sosteneva quindi una politica ritenuta una minaccia per la sopravvivenza di Israele.

L'ex diplomatico Richard Curtiss descrive l'ingresso a sorpresa di Kennedy nel dibattito sull'Algeria: "Nel 1957, come nuovo membro della Commissione per le Relazioni Estere del Senato, pensava di aver riconosciuto la tragedia dell'inflessibilità coloniale in Algeria. Già uno dei più importanti beneficiari della Biblioteca del Congresso, trascorse il suo tempo conversando con William J. Porter, filo-arabo e direttore dell'Ufficio per gli Affari del Nord Africa del Dipartimento di Stato.

"Porter temeva che il sostegno incondizionato di Washington all'alleato NATO, la Francia, nella sempre più brutale repressione francese dei nazionalisti algerini, minacciasse l'intero futuro degli Stati Uniti in Nord Africa. Kennedy incontrò anche i membri della delegazione del FLN algerino presso la sede delle Nazioni Unite".[47]

Il 2 luglio 1957, JFK si presentò al Senato e tenne il suo primo discorso di politica estera su questo tema controverso. Egli disse, in parte: "Qualunque sia la nostra preoccupazione per la reciproca cortesia, i nostri pii desideri, la nostra

---

[45] Edward Tivnan. *The Lobby: Jewish Political Power and American Foreign Policy* (New York: Simon & Schuster, 1987), pag. 54.
[46] Intervista con De West Hooker.
[47] Richard Curtiss. *Un'immagine che cambia.* (Washington, D.C.: American Educational Trust, 1986), p. 65.

nostalgia o i nostri rimpianti, non devono impedire né alla Francia né agli Stati Uniti di rendersi conto che, se la Francia e l'Occidente in generale desiderano mantenere una qualche influenza in Nord Africa [...], il primo passo che deve essere compiuto è quello di concedere l'indipendenza all'Algeria".[48]

Secondo Curtiss: "Il discorso generò più posta di qualsiasi altro pronunciato da lui come senatore. L'establishment della politica estera di New York, bastione della solidarietà atlantica, era giustamente indignato".[49] Curtiss ha anche sottolineato che "ai francesi non piacque".[50]

Alcuni critici di Kennedy affermarono che il discorso era una manovra politica e che aveva scelto il tema dell'indipendenza algerina per il suo primo discorso importante di politica estera perché non c'era un voto "francese" o "algerino" con cui confrontarsi nel suo Stato natale, il Massachusetts, o nell'intera nazione.

Se quest'ultima osservazione è ovviamente corretta, il fatto è che c'era un blocco di voti americani particolarmente potente (e fonte di contributi finanziari) che aveva preso atto del sostegno di Kennedy all'indipendenza araba dell'Algeria: la potente lobby americana di Israele.

Come vedremo, alla fine potrebbe essere stata proprio l'iniziativa di JFK sulla questione algerina a giocare un ruolo fondamentale nella formazione della cospirazione che pose fine alla sua vita il 22 novembre 1963 a Dallas, in Texas.

Il gesto del giovane senatore fece arrabbiare anche molti nazionalisti francesi che volevano mantenere il controllo coloniale francese sull'Algeria.

Molti di questi nazionalisti si sono poi riuniti nella cosiddetta Organisation de l'Armée Secrète - l'OAS sostenuta da Israele - e hanno combattuto contro il presidente francese Charles De Gaulle, che alla fine ha concesso l'indipendenza dell'Algeria.

Nei capitoli 12, 15 e 16, apprendiamo di più sulla cosiddetta "connessione francese" e su come, in effetti, essa abbia giocato un ruolo nell'omicidio di JFK, manipolato dal Mossad di Israele.

KENNEDY E LANSKY

Kennedy aveva altri potenti nemici. C'era anche una vecchia inimicizia tra Joseph P. Kennedy e Meyer Lansky, il primo capo della mafia ebraica in America (nel capitolo 7 analizzeremo più dettagliatamente la storia di Lansky). Tuttavia, il conflitto tra JFK e Lansky risale all'epoca delle attività di contrabbando del padre del Presidente.

Secondo l'esperto dell'assassinio di JFK Jim Marrs: "Nel 1927, un carico di whisky di contrabbando dall'Irlanda a Boston fu dirottato nel sud del New England. Quasi l'intera guardia fu uccisa nella sparatoria. I pirati facevano parte della mafia di Luciano e Lansky, mentre circolavano voci che Joseph P. Kennedy fosse coinvolto nella spedizione. Kennedy avrebbe perso una fortuna nell'affare e fu assediato dalle vedove delle guardie in cerca di assistenza finanziaria. Lansky disse in seguito ai biografi di essere convinto che Kennedy nutrisse fin da allora un

---

[48] *Ibidem*.
[49] *Ibidem*, p. 66.
[50] *Ibidem*.

rancore personale nei suoi confronti e che, di fatto, avesse trasmesso la sua ostilità ai figli.[51]

Michael Milan, scagnozzo di Lansky di lunga data, sostiene le affermazioni di Marrs. Secondo Milan, "chiedete a Meyer Lansky di Joe Kennedy e potreste assistere a uno di quei rari momenti in cui Mr. L. va fuori di testa. Ai tempi del proibizionismo si diceva che non ci si poteva fidare di Joe Kennedy, che non manteneva la parola data. Rubava così tanto ai suoi amici che non aveva più amici. E poco prima della Seconda Guerra Mondiale, quel figlio di puttana si girò e disse che dovevamo passare tutti dalla parte di Hitler, così gli ebrei potevano andare all'inferno.

"Meyer era pronto a esplodere una miccia. Le tempie cominciarono a pulsare quando Sam Koenig gli riferì ciò che aveva detto Kennedy. E allora Meyer, come se fosse nato siciliano, giurò una sanguinosa vendetta su tutta la famiglia. Continuava a ripetersi: "I peccati del padre", borbottando come un vecchio zeydah (nonno) che promette vendetta. "I peccati del padre".[52]

Il conflitto tra Lansky e Joseph P. Kennedy era solo una delle sfaccettature del rapporto tra Kennedy e la criminalità organizzata. Si trattava di una relazione tra più parti che alla fine ha avuto un ruolo decisamente importante nel contribuire a organizzare il complotto che ha portato all'assassinio del figlio dell'ambasciatore Kennedy, che aveva finalmente ottenuto la presidenza.

TRADIMENTO

[53]Commentando la teoria secondo cui la criminalità organizzata avrebbe ucciso JFK (teoria con cui Fox è d'accordo), lo storico Stephen Fox ha sottolineato che "i gangster non fanno normalmente del male a poliziotti onesti", compreso un presidente come Kennedy, la cui amministrazione aveva iniziato a dare un giro di vite al sindacato criminale nazionale.

Tuttavia, osserva Fox, "per un omicidio così incredibile - uccidere un presidente - dovevano essere estremamente provocati. Nei loro termini, poteva trattarsi solo di tradimento. I Kennedy dovettero trattare con la mafia in modo compromettente. Quando i Kennedy cambiarono idea e si dedicarono comunque alla criminalità organizzata, infransero il codice e fecero un attentato al Presidente".[54]

Fox osserva che, sebbene il vecchio Joe Kennedy fosse un giocatore d'azzardo incallito con stretti legami con la malavita, "data la sua immensa ricchezza, non importa quanto abbia perso, la mafia non lo avrebbe mai 'posseduto'".[55]

Joe Kennedy era un assiduo frequentatore del Colonial Inn di Meyer Lansky, di cui Lansky era comproprietario insieme a Frank Costello, capo della mafia di New

---

[51] Jim Marrs, *Crossfire: The Plot That Killed Kennedy* (New York: Carroll & Graf Publishers, Inc., 1989), p. 175.
[52] Michael Milan. *La squadra: l'alleanza segreta del governo degli Stati Uniti con il crimine organizzato.* [New York: Shapolski Publishers, 1989], p. 166.
[53] Stephen Fox. *Blood and Power: Organized Crime in Twentieth Century America* (New York: William Morrow & Company, 1989), p. 307.
[54] *Ibidem.*
[55] *Ibidem,* pp. 313-314.

York, e a un gruppo di piccoli azionisti, tra cui una poco nota guardia di nightclub di Dallas di nome Jack Ruby. Lansky era solito vantarsi del fatto che tra i suoi clienti ci fossero "giudici, senatori, rispettabili uomini d'affari". Joe Kennedy veniva quattro o cinque volte alla settimana.[56]

Tuttavia, mentre il figlio maggiore di Kennedy, Jack, progrediva nell'arena politica, il padre cercava di tenere a bada la sua passata relazione con Frank Costello. Secondo un amico di Costello, "dal modo in cui [Costello] parlava di [Joe Kennedy], si aveva l'impressione che fossero vicini durante il proibizionismo e che poi fosse successo qualcosa. Frank diceva di aver aiutato Kennedy ad arricchirsi. Cosa sia successo tra loro non lo so".[57]

KENNEDY E IL CRIMINE

Ci volle la famiglia del boss della mafia di Chicago Sam Giancana per riempire i pezzi mancanti del puzzle. Secondo Sam Giancana (nipote del mafioso di Windy City) e Chuck Giancana (fratello del mafioso), JFK - e suo padre - avevano effettivamente tradito la criminalità organizzata.

Secondo i Giancana, la "mafia ebraica" di Detroit, la cosiddetta "Purple Gang", aveva messo una taglia sulla testa di Joe Kennedy per aver portato liquori illegali nel loro territorio senza il loro permesso durante i giorni del proibizionismo. Tuttavia, Kennedy Sr. si era recato a Chicago per implorare la sua vita e i boss della mafia di Chicago erano intervenuti in suo favore salvandogli la vita. Come dice Giancana: "Kennedy aveva un debito con Chicago per sempre".[58]

Tuttavia, la relazione andava oltre. Secondo i Giancana: "I legami di Kennedy con la malavita si intersecavano in cento punti. Oltre ad aver fatto fortuna con il contrabbando, Kennedy aveva commesso un massacro finanziario a Hollywood negli anni Venti, con l'aiuto non ufficiale di potenti di New York e Chicago.

"Quando il proibizionismo finì, come parte di un accordo nazionale tra i vari contrabbandieri, Kennedy possedeva tre dei distributori di liquori più redditizi del Paese: Gordon's Gin, Dewar's e Haig & Haig, attraverso la sua società Somerset Imports".[59]

I Giancana affermano inoltre che fu Sam Giancana a organizzare le cose con Frank Costello per Joe Kennedy dopo che l'ambasciatore Kennedy aveva snobbato il mafioso di New York. Secondo i Giancana, Kennedy era preoccupato per la nascente carriera politica del figlio e fu allora che accettò di negoziare un accordo con la criminalità organizzata per navigare con prudenza e per togliersi Frank Costello, secondo le parole di Kennedy, "di torno".[60]

UNA PROMESSA ALLA MAFIA

---

[56] *Ibidem*, p. 314.
[57] *Ibidem*, p. 315.
[58] Sam Giancana e Chuck Giancana. *Double Cross* (New York: Warner Books, 1992), p. 75.
[59] *Ibidem*, p. 227.
[60] *Ibidem*, p. 229.

Dopo che Joe Kennedy implorò l'aiuto di Giancana durante un incontro a Chicago, Giancana fu citato per dire: "Non ho sentito nulla oggi che mi porti a credere che lei possa promettermi qualcosa in cambio del mio aiuto".
Kennedy ha risposto: "Posso. E lo farò. Aiutami adesso, Sam, e farò in modo che Chicago - cioè tu - possa sedersi nel maledetto Studio Ovale, se lo vorrai". Per ottenere l'attenzione del Presidente. Ma ho bisogno di tempo. "
Kennedy disse a Giancana: "Sarà il tuo uomo. Lo giuro. Mio figlio - il Presidente degli Stati Uniti - ti dovrà la vita di suo padre. Non si rifiuterà mai. Ha la mia parola".[61]

JFK, LA MAFIA E MEYER LANSKY

Fu durante la campagna per le primarie democratiche del 1960 che i Kennedy si rivolsero nuovamente a Giancana per ottenere il fondamentale sostegno della mafia. Infatti, secondo i Giancana, i Kennedy, padre e figlio, si incontrarono con Sam Giancana per stipulare un accordo di sostegno reciproco prima e dopo le elezioni. Come Giancana ha riassunto l'accordo: "Io aiuto Jack a farsi eleggere e, in cambio, lui calma le cose. Sarà tutto come al solito".[62]

Il denaro della mafia fu riversato in Stati chiave per il voto, come la Virginia Occidentale (dove molti leader politici locali erano sotto la protezione della mafia) e, al momento della convention, JFK era praticamente assicurato della nomination presidenziale. Anche se il boss della mafia di New Orleans Carlos Marcello preferiva il senatore texano Lyndon Johnson, era stato trovato un accordo ed era stata programmata un'elezione Kennedy-Johnson. Il campo democratico era pronto per le elezioni autunnali.[63]

(Nel capitolo 10 esploreremo in dettaglio la relazione tra Carlos Marcello e Meyer Lansky. Marcello, infatti, era un protetto di Lansky, il suo nominato a New Orleans, puro e semplice).

È emerso anche che lo stesso JFK ha frequentato altri personaggi della malavita oltre a Sam Giancana, ma i libri di storia hanno tranquillamente ignorato le altre connessioni criminali di JFK, preferendo invece concentrarsi sulle figure italo-americane della "mafia".

[64]Secondo i documenti e le intercettazioni dell'FBI, JFK era in "contatto diretto" con Meyer Lansky durante la campagna presidenziale del 1960, presumibilmente per attirare il sostegno della mafia alla sua campagna presidenziale - un patto che sarebbe poi diventato un patto con il diavolo.

PROBLEMI CON LA LOBBY ISRAELIANA

Nello stesso periodo, JFK intavolò anche negoziati cruciali con un altro importante blocco di potere negli affari politici americani: la lobby pro-Israele. Per

---

[61] *Ibidem*, p. 230.
[62] *Ibidem*, p. 280.
[63] *Ibidem*, pag. 284
[64] Heymann, p. 234.

ovvie ragioni, come abbiamo visto, non c'era amore tra JFK, suo padre, l'ambasciatore Kennedy e la comunità ebraica americana.

Nel suo libro *The Lobby: Jewish Political Power and American Foreign Policy*, Edward Tivnan spiega: "Il curriculum del senatore Kennedy su Israele è stato vago, certamente non eloquente come quello di Hubert Humphrey. E a differenza di Lyndon Johnson, Kennedy non si precipitò a difendere Israele durante l'affare di Suez.

"Era anche un cattolico. Molti ebrei associavano i cattolici americani a cause di destra, pro-McCarthy e antisemite. Peggio ancora, c'era la spinosa questione del padre del candidato, Joseph P. Kennedy, che, come ambasciatore alla corte inglese negli anni '30, era stato un sostenitore della politica di Neville Chamberlain di placare i nazisti".[65]

Come abbiamo visto, il discorso di Kennedy del 1957 che chiedeva l'indipendenza dell'Algeria non fu ben accolto dai difensori americani di Israele. Facendo ulteriormente arrabbiare Israele, il senatore Kennedy aveva già approvato un emendamento che avrebbe ridotto gli aiuti economici all'Africa e al Medio Oriente da 175 a 140 milioni di dollari, nonostante i senatori pro-Israele avessero affermato che ciò sarebbe stato dannoso per Israele.[66]

ABRAHAM FEINBERG

Tuttavia, John F. Kennedy era pronto ad affrontare la situazione e aveva preso provvedimenti per placare la lobby pro-Israele. Secondo Edward Tivnan, JFK "si dimostrò un diplomatico migliore di suo padre".[67]

Il contatto di Kennedy con la lobby israeliana era il produttore di abbigliamento e finanziere newyorkese Abraham Feinberg. Feinberg era presidente della Israel Bonds Organization e aveva contribuito a raccogliere fondi privati per finanziare il programma segreto di sviluppo nucleare di Israele.

(Il finanziamento fu fornito privatamente, segretamente e al di fuori del normale processo di bilancio israeliano perché il programma di sviluppo nucleare era controverso, non solo per l'amministrazione Eisenhower a Washington, ma anche agli occhi di molti israeliani).

Riferendosi a Kennedy, Feinberg disse in seguito: "La mia strada verso il potere è stata l'aiuto reciproco in ciò di cui avevano bisogno: il denaro per la campagna elettorale".[68] (Feinberg stesso aveva già sostenuto l'amico di JFK, il senatore Stuart Symington, un rivale per la nomination democratica del 1960).

Riconoscendo la necessità non solo del denaro ebraico, che era essenziale, ma anche dei voti ebraici, Kennedy decise di incontrare Feinberg e una serie di altri ricchi ebrei americani nell'appartamento di Feinberg a New York. Dopo una discussione con Kennedy, Feinberg e i suoi soci accettarono di pagare 500.000

---

[65] Tivnan, p. 52.
[66] Victor Lasky. *JFK: The Man & The Myth* (New Rochelle, New York, 1966), p. 143.
[67] Tivnan, *Ibid.*
[68] Seymour M. Hersh. *The Samson Option: Israel's Nuclear Arsenal and American Foreign Policy* (New York: Random House, 1991), p. 94.

dollari per conto di Kennedy. Secondo Feinberg: "Lo chiamai immediatamente. La sua voce vacillò. Era commosso, 'pieno di gratitudine'.[69]

L'"INDIGNAZIONE" DI KENNEDY

Tuttavia, secondo lo scrittore Seymour Hersh, che ha indagato sui rapporti di Kennedy con Israele e la sua lobby americana, c'è di più nella storia:
"Kennedy era tutt'altro che grato il mattino seguente quando descrisse l'incontro a Charles L. Bartlett, editorialista e amico intimo. Era andato a casa di Bartlett nel nord-ovest di Washington e aveva portato l'amico a fare una passeggiata, dove aveva raccontato una versione molto diversa dell'incontro della sera prima".
"Come cittadino americano, era indignato", ha ricordato Bartlett, quando un gruppo sionista gli disse: "Sappiamo che la sua campagna è in difficoltà. Siamo pronti a pagare i suoi conti se ci permetterà di avere il controllo della sua politica in Medio Oriente". Anche Kennedy, come candidato alla presidenza, si risentì della maleducazione con cui era stato avvicinato. "Volevano il controllo". Disse con rabbia a Bartlett.
"Bartlett ricorda ancora che Kennedy promise a se stesso che "se fosse diventato presidente, avrebbe fatto qualcosa al riguardo".[70] - cioè le lobby di interessi speciali - in particolare quelle straniere - che dettano le campagne elettorali statunitensi e straniere attraverso la loro influenza finanziaria e politica.

UN PREGIUDIZIO "PERICOLOSO

In una lettera privata allo storico ebreo americano Alfred Lilienthal, anch'egli critico nei confronti di Israele, Kennedy rivelò tuttavia i suoi sentimenti sul conflitto mediorientale.[71] La lettera, scritta il 30 settembre 1960, recitava in parte: "Sono pienamente d'accordo con lei sul fatto che la parzialità americana nel conflitto arabo-israeliano è pericolosa sia per gli Stati Uniti che per il mondo libero". Secondo Lilienthal, il commento di Kennedy era "una delle dichiarazioni più importanti e perspicaci sul Medio Oriente" mai fatte da un personaggio politico americano.[72]
Ma Kennedy aveva già negoziato degli accordi. Non era solo il crimine organizzato, ma anche la lobby di Israele (di cui Meyer Lansky era uno dei principali sostenitori) ad avere richieste a John F. Kennedy.
Dopo l'elezione, ci si aspettava che Kennedy facesse faville. L'elezione fu una vittoria di stretta misura per Kennedy sul candidato repubblicano, il vicepresidente Richard M. Nixon.
Il ruolo della macchina politica del Partito Democratico di Chicago (sotto il controllo del boss mafioso Sam Giancana) nel rubare i voti dell'Illinois in nome

---

[69] *Ibidem*, p. 96.
[70] *Ibidem*, p. 97.
[71] Alfred M. Lilienthal. *The Zionist Connection II* (New Brunswick, New Jersey: North American, 1982), p. 548.
[72] *Ibidem*.

dell'elezione di Kennedy-Johnson è ormai noto e fa parte della storia politica americana.

Sam Giancana e i suoi alleati della criminalità organizzata, tra cui Meyer Lansky e la lobby di Israele, erano certi di aver trovato un presidente.

KENNEDY E BEN-GOURION - IL PRIMO INCONTRO

Poco dopo il suo insediamento alla presidenza, Kennedy decise di incontrare il Primo Ministro israeliano David Ben-Gurion. Durante questo incontro, Kennedy dichiarò: "So di essere stato eletto grazie al voto degli ebrei americani. Devo a loro la mia elezione. Mi dica, c'è qualcosa che posso fare per il popolo ebraico?

Secondo Seymour Hersh, "Ben-Gurion fu stupito dalla franchezza ed eluse la domanda rispondendo: "Dovete fare ciò che è meglio per il mondo libero"". Tuttavia, la vera reazione di Ben-Gurion a Kennedy fu alquanto diversa. "Che politico", così il leader israeliano descrisse il leader americano.[73]

Questo fu l'inizio di una relazione amara e sgradevole tra i due uomini che si concluse a Dallas il 22 novembre 1963 (il capitolo 5 esaminerà in dettaglio questa sfortunata relazione).

KENNEDY INVERTE I RUOLI

Non passò molto tempo che gli amici di Kennedy nel crimine organizzato cominciarono a rendersi conto che Kennedy non si stava dimostrando il fedele alleato che si aspettavano. Poco dopo l'insediamento di JFK alla presidenza, iniziò una guerra inaspettata contro il crimine organizzato. Robert Kennedy, che si era fatto le ossa perseguendo i mafiosi come consulente della "commissione traffici" del Senato, fu nominato Procuratore generale e fu chiaro che prese sul serio il suo nuovo incarico.

Secondo Sam Giancana, "è una mossa brillante di Joe [Kennedy]. Farà in modo che Bobby ci faccia sparire per coprire le loro sporche tracce e tutto sarà fatto in nome della 'guerra dei Kennedy al crimine organizzato'. È geniale. È semplicemente "geniale", cazzo".[74]

Mickey Cohen, scagnozzo di Meyer Lansky sulla West Coast, ha ricordato gli anni successivi all'alleanza tra la criminalità organizzata e Kennedy e cosa ha significato, in particolare dopo che Bobby Kennedy ha lanciato la sua campagna contro la mafia.

"So che alcuni membri dell'organizzazione di Chicago sapevano di dover far vincere John Kennedy. Nessuno pensava di poter ottenere il meglio da John Kennedy. Vedete, ci possono essere diversi uomini in corsa per la carica, e nessuno di loro può essere... la combinazione migliore.

---

[73] Hersh, p. 103.
[74] Giancana, p. 296.

"La scelta che si fa è poi la migliore. John Kennedy era il migliore di tutti. Ma nessuno nel mio settore aveva idea che avrebbe nominato Bobby Kennedy procuratore generale. Era l'ultima cosa a cui si pensava".[75]

(Nel Capitolo 13 e nel Capitolo 14 esamineremo lo strano ruolo di Cohen nella cospirazione per l'assassinio di JFK e il suo insabbiamento finale - un altro pezzo del puzzle raccolto in queste pagine).

Alla fine, come vedremo, la guerra di JFK contro i suoi ex alleati malavitosi lo condusse alle vere menti del sindacato criminale nazionale - e internazionale - di Meyer Lansky.

In ogni caso, aveva già fatto il doppio gioco con i suoi stretti collaboratori della malavita. Questo fu sufficiente per condannare JFK.

JFK SI OPPONE ALLA LOBBY ISRAELIANA

Tuttavia, Kennedy si abbandonò anche a un gioco di prestigio legislativo che poteva rivelarsi pericoloso per l'influenza politica di Israele nella politica elettorale statunitense. Sconvolto dalle esperienze della sua campagna elettorale con i raccoglitori di fondi della lobby israeliana, nel 1961 Kennedy nominò una commissione bipartisan per raccomandare modi per ampliare "la base finanziaria delle nostre campagne presidenziali".[76]

Secondo Seymour Hersh, "in una dichiarazione molto più sincera di quanto il pubblico o la stampa potessero percepire, [Kennedy] criticò l'attuale metodo di finanziamento delle campagne elettorali come "altamente indesiderabile" e "malsano", perché rendeva i candidati "dipendenti da grandi contributi finanziari da parte di chi aveva interessi particolari"".[77]

Nel 1962 Kennedy presentò al Congresso cinque proposte di legge per riformare il finanziamento delle campagne elettorali e nel 1963 due proposte di legge simili. Ma nessuno di questi disegni di legge sopravvisse, essendo stato sconfitto proprio dai gruppi di interesse che Kennedy cercava di contrastare.[78]

GUERRE SEGRETE

A un livello più sottile, tuttavia, Kennedy era più profondamente impegnato con Israele. Come vedremo nel capitolo 5, Kennedy era di fatto in guerra con Israele.

Kennedy non solo aveva tradito i suoi alleati della criminalità organizzata, ma aveva scavalcato i suoi sostenitori filo-israeliani. Israele, come vedremo nel capitolo 7, era vicino al sindacato del crimine organizzato di Meyer Lansky.

E Israele, come vedremo nel capitolo 8, era particolarmente vicino alla CIA. A metà della sua presidenza, Kennedy era anche in guerra con la CIA. Ne parleremo nel Capitolo 9.

---

[75] Mickey Cohen e John Peer Nugent. *Mickey Cohen: In My Own Words* (Englewood Cliffs, New Jersey: Prentice-Hall, Inc., 1975), p. 236.
[76] Hersh, p. 97.
[77] *Ibidem.*
[78] *Ibidem.*

Tutti questi potenti gruppi di interesse avevano buone ragioni per volere che JFK fosse rimosso dalla presidenza e sostituito da Lyndon Johnson. Non c'era amore perduto tra John F. Kennedy e le potenti forze che lo avevano portato alla presidenza.

Un Presidente riformista come Kennedy aveva in cantiere anche altri piani a lungo termine. Discendente di un uomo indipendente ed essenzialmente self-made che "giocava la partita" per ottenere potere e influenza e per far eleggere il figlio alla presidenza, JFK era davvero il figlio di suo padre. Quindi, in un altro settore importante, JFK si stava muovendo in una direzione che avrebbe potuto scuotere il cuore del sistema bancario internazionale.

Per quasi una generazione si è diffusa la voce che JFK avesse intenzione di emettere banconote senza interessi - note come "Greenbacks" - indipendenti dal controllo del sistema privato della Federal Reserve. In effetti, durante la presidenza di JFK vennero emesse banconote statunitensi prive di interessi - alcune sono ancora oggi in mani private - ma ci sono stati molti miti su quelli che alcuni chiamano "i Greenback di JFK" e nell'Appendice 5 esamineremo in dettaglio questa controversia.

IL MONOPOLIO DEL DENARO

Non c'è dubbio, tuttavia, che JFK - una volta affermatosi alla presidenza - avesse la piena intenzione di opporsi al monopolio monetario della Federal Reserve. Infatti, nel suo incontro privato con DeWest Hooker, descritto in precedenza in queste pagine, il padre di JFK, l'ambasciatore Joseph P. Kennedy, aveva assicurato a Hooker che uno degli obiettivi finali a lungo termine della dinastia Kennedy sarebbe stata la distruzione di quella che i Kennedy avevano descritto come la "Federal Reserve dominata dai Rothschild".

Questo fatto, da solo, avrebbe potuto garantire l'allontanamento di JFK dalla Casa Bianca. Tuttavia, c'erano altri conflitti più immediati e fondamentalmente più pericolosi all'opera tra le forze la cui influenza JFK aveva cercato di smantellare e la formidabile nuova amministrazione Kennedy.

VARIE ENTITÀ

Andiamo avanti ed esaminiamo le strane e strette connessioni tra tutti questi nemici di Kennedy e le dinamiche in atto tra loro. In ogni caso, come vedremo, è il filo conduttore di Israele e del suo Mossad a collegare tutte queste entità.

Per iniziare il processo di svelamento della cospirazione nascosta, dobbiamo prima rivedere la storia a lungo nascosta della guerra segreta di Israele con John F. Kennedy.

CAPITOLO 5

Genesila guerra segreta di JFK con Israele

I libri di storia ci hanno raccontato le epiche lotte di John F. Kennedy con Fidel Castro e i sovietici nella disfatta della Baia dei Porci e nella crisi dei missili di Cuba.

Ma è solo negli ultimi anni che abbiamo iniziato a saperne di più sulla guerra segreta di Kennedy con Israele. Gran parte del conflitto derivava dalla determinazione di Israele a costruire una bomba nucleare. È una storia segreta che aiuta a spiegare alcune delle forze dinamiche che portarono all'assassinio di Kennedy.

A metà del 1963, il Primo Ministro israeliano David Ben Gurion nutriva un'antipatia viscerale nei confronti di Kennedy. In effetti, vedeva JFK come una minaccia alla sopravvivenza stessa dello Stato ebraico.

Una delle prime nomine presidenziali di John F. Kennedy fu quella di affidare a Myer (Mike) Feldman, suo ex aiutante nella campagna elettorale, la responsabilità degli affari ebraici e israeliani - una posizione importante dato il rapporto particolarmente fragile di JFK con Israele e la sua lobby americana.

Secondo l'autore Seymour Hersh, "il Presidente vedeva Feldman, il cui forte sostegno a Israele era ampiamente noto, come un male necessario, la cui posizione di rilievo alla Casa Bianca era un debito politico che doveva essere pagato".[79]

Tuttavia, secondo Hersh, l'amministrazione era determinata a garantire che nessuno - compreso Feldman - potesse aggirare la politica del governo in Medio Oriente.

"I consiglieri più anziani del Presidente, in particolare McGeorge Bundy, il consigliere per la sicurezza nazionale, cercavano disperatamente di escludere Feldman dalla circolazione dei documenti riguardanti il Medio Oriente".[80] Hersh cita un altro consigliere presidenziale che afferma: "Era difficile distinguere tra ciò che diceva Feldman e ciò che diceva l'ambasciatore israeliano".[81]

"SIONISTI NELLA SALA RIUNIONI DEL GABINETTO"

Secondo Charles Bartlett, amico intimo del Presidente (al quale Kennedy nel 1960 aveva espresso preoccupazioni sull'influenza israeliana, come riportato nel capitolo 4), lo stesso Presidente Kennedy aveva dei sospetti su Feldman,

---

[79] Seymour Hersh. *L'opzione Samson: l'arsenale nucleare di Israele e la politica estera americana* (New York: Random House, 1991), p. 98.
[80] *Ibidem*, p. 99.
[81] *Ibidem*.

Bartlett ricorda una visita a casa del nuovo Presidente a Hyannis Port, nel Massachusetts, un sabato (il sabato ebraico). La conversazione verteva sul ruolo di Feldman nella burocrazia della Casa Bianca. Secondo Bartlett, "immagino che Mike tenga una riunione sionista nella sala del Gabinetto", disse il Presidente.[82]

Il fratello del Presidente, Robert Kennedy, ha dichiarato che il fratello ammirava il lavoro di Feldman, ma ha aggiunto: "Il suo interesse principale era Israele piuttosto che gli Stati Uniti".[83]

Tuttavia, mentre Myer Feldman era impegnato a promuovere gli interessi di Israele alla Casa Bianca, il Presidente stava inviando un messaggio al resto dell'establishment della politica estera di Washington.

Kennedy spiegò che voleva chiaramente trovare un percorso di pace in Medio Oriente e che stava cercando, in particolare, un modo per risolvere il problema della ricerca di case per i rifugiati palestinesi che erano stati sfollati da Israele nel 1948.

LE BUONE INTENZIONI DI KENNEDY

Secondo Hersh, "i filo-arabi del Dipartimento di Stato furono piacevolmente sorpresi all'inizio del 1961 nell'apprendere dalla Casa Bianca, secondo [una fonte], che 'solo perché il 90% del voto ebraico andò a Kennedy, non significava che fosse al loro soldo'.[84]

In *A Changing Image: American Perceptions of the Arab-Israeli Dispute*, Richard H. Curtiss, ex diplomatico statunitense di alto livello, analizza l'atteggiamento di Kennedy nei confronti della controversia mediorientale. In un capitolo giustamente intitolato "Le buone intenzioni del presidente Kennedy sono arrivate troppo tardi", Curtiss commenta:

"È sorprendente rendersi conto, con il senno di poi, che dal momento in cui Kennedy entrò in carica come candidato eletto di stretta misura di un partito fortemente dipendente dal sostegno ebraico, aveva intenzione di dare un nuovo sguardo alla politica statunitense in Medio Oriente.

"Non poteva, ovviamente, riportare indietro l'orologio e annullare il lavoro del suo predecessore democratico, il Presidente Truman, nel rendere possibile la creazione di Israele. Probabilmente non avrebbe nemmeno voluto farlo.

"Kennedy era tuttavia determinato a sviluppare nuove buone relazioni con i vari leader arabi, compresi quelli con cui le relazioni della precedente amministrazione si erano deteriorate.

"Di conseguenza, diversi leader di Paesi di recente indipendenza furono sorpresi di trovare lettere personalizzate del giovane presidente americano in risposta ai loro messaggi proforma di congratulazioni per l'insediamento di Kennedy".[85]

---

[82] *Ibidem*.
[83] *Ibidem*, p. 100.
[84] *Ibidem*, p. 113.
[85] Richard Curtiss, *A Changing Image* (Washington, D.C.: American Educational Trust, 1986), p. 65.

IL GESTO DI PACE DI NASSER

Il principale leader arabo dell'epoca era l'egiziano Gamal Abdel Nasser, voce del panarabismo. Kennedy era particolarmente incuriosito dalla possibilità di aprire relazioni con Nasser.

Secondo il collaboratore di Kennedy, Theodore Sorensen, "a Nasser piaceva l'ambasciatore di Kennedy, John Badeau, e gli piaceva il metodo di corrispondenza personale di Kennedy. Tuttavia, Kennedy cancellò l'invito a visitare Nasser fino a quando il miglioramento delle relazioni non gli permise di rispondere agli attacchi politici secondo i quali una visita del genere avrebbe portato elettori più favorevoli a Israele".[86]

(Purtroppo, come ha osservato Richard Curtiss, "come la maggior parte delle buone intenzioni che arrivano troppo tardi, l'invito a Nasser di incontrare Kennedy di persona non fu mai fatto").[87]

Durante il suo mandato, Kennedy cercò di contattare i capi di Stato arabi per capire come gli Stati Uniti potessero aiutare ciascun Paese nelle sue dispute con Israele.

IN LINEA CON LA TRADIZIONE

Tuttavia, Kennedy voleva che una cosa in particolare fosse compresa da tutte le parti coinvolte nel conflitto: il nuovo Presidente degli Stati Uniti voleva "rendere assolutamente chiaro che gli Stati Uniti intendevano ciò che era stato detto nella Dichiarazione tripartita del 1950 - che avremmo agito rapidamente e con decisione contro qualsiasi nazione del Medio Oriente che avesse attaccato il suo vicino".[88] Questa politica non era rivolta solo agli arabi, ma anche a Israele. Kennedy faceva davvero sul serio.

LA LOBBY DI ISRAELE REAGISCE

Poco dopo l'insediamento di Kennedy, Israele e la sua lobby americana cominciarono a capire l'importanza della posizione di Kennedy sul conflitto arabo-israeliano. Israele non era molto contento - per usare un eufemismo - e cominciò a fare pressione sulla Casa Bianca attraverso i suoi sostenitori al Congresso, molti dei quali contavano sul sostegno della lobby israeliana per i contributi alla campagna elettorale e l'influenza politica.

Secondo il più famoso critico ebreo di Israele, il dottor Alfred Lilienthal: "Mentre il Presidente, il più delle volte attraverso il vicepresidente Lyndon Johnson, prestava molta attenzione alle aspirazioni israeliane, la sua amministrazione continuò a resistere alle pressioni, tra cui una petizione firmata da 226 membri del Congresso di entrambi i partiti (aiutata da un'importante pubblicità *del New York Times* il 28 maggio 1962) per avviare negoziati diretti tra arabi e israeliani. Kennedy

---

[86] *Ibidem*, p. 67.
[87] *Ibidem*.
[88] Rivista New Outlook, gennaio 1964, p. 5.

aveva deciso di mettere da parte il suo impegno nei confronti del forum democratico per riunire i leader israeliani e arabi attorno a un tavolo negoziale per risolvere la questione della Palestina".[89]

ALGERIA, DI NUOVO

A metà della sua presidenza, Kennedy ebbe la soddisfazione di vedere il presidente francese Charles De Gaulle concedere l'indipendenza all'Algeria - naturalmente, come abbiamo visto nel capitolo 4, questo non fu visto di buon occhio da Israele e dalla sua lobby americana.

Cinque anni e un giorno dopo il discorso di Kennedy al Senato che chiedeva l'indipendenza dell'Algeria, quest'ultima divenne uno Stato sovrano il 3 luglio 1962. Secondo l'ex diplomatico Richard Curtiss, "i leader [rivoluzionari] algerini non avevano dimenticato il senatore americano che aveva sostenuto la loro causa e salutato pubblicamente la sua elezione".[90]

"Kennedy inviò a sua volta William Porter, un funzionario degli esteri americano che gli aveva illustrato la causa algerina, come primo ambasciatore statunitense in Algeria. [Il leader algerino Ahmad Ben Bella visitò Washington lo stesso anno. Da allora, secondo le parole dell'ambasciatore Porter, Ben Bella attribuì a Kennedy tutto ciò che riteneva buono negli Stati Uniti".[91]

Sebbene i propagandisti filo-israeliani e alcuni conservatori americani strettamente legati alla lobby israeliana abbiano dichiarato che l'Algeria indipendente sarebbe stata un avamposto "comunista" in Medio Oriente, il 29 novembre 1962 il Primo Ministro algerino Ahmed Ben Bella mise al bando il Partito Comunista d'Algeria.[92] In realtà, l'Algeria era uno Stato islamico e fu proprio questo a suscitare tanta preoccupazione in Israele.

IL VOLTAFACCIA DI DE GAULLE IN MEDIO ORIENTE

Comunque sia, il dibattito sull'indipendenza dell'Algeria provocò una grave crisi in Francia e l'Organizzazione segreta dell'esercito francese (OAS), che aveva combattuto per la libertà dell'Algeria, vide in John F. Kennedy un secondo nemico dopo Charles De Gaulle.

(Nei capitoli successivi vedremo più dettagliatamente come i nemici di JFK nella CIA stessero in realtà collaborando con i nemici di De Gaulle nell'OAS e con i traditori all'interno del suo regime, oltre che con il Mossad israeliano).

Vent'anni dopo l'indipendenza dell'Algeria, il *Washington Post* ha commentato l'effetto della libertà algerina sulla politica mediorientale di De Gaulle e, viceversa, su Israele:

---

[89] Alfred Lilienthal. *The Zionist Connection II* (New Brunswick, New Jersey: North American, 1982), p. 545.
[90] Curtiss, pag. 66.
[91] *Ibidem*, pag. 66
[92] *Washington Post*, 20 novembre 1962.

"Dal punto di vista diplomatico, la Francia, privata dell'Algeria, è tornata sotto il presidente Charles De Gaulle alla sua tradizionale politica di amicizia con gli arabi, con grande disappunto di Israele e dei 200.000 ebrei algerini che avevano vissuto pacificamente accanto ai loro vicini arabi fino all'emigrazione in Francia.[93]

Lo storico israeliano Benjamin Beit-Hallahmi osserva che "quando l'Algeria, finalmente indipendente, entrò nelle Nazioni Unite, solo Israele votò contro la sua ammissione".[94] In realtà, come vedremo, la questione algerina ebbe un ruolo importante negli eventi che portarono all'assassinio di JFK.

Allo stesso tempo, JFK stava definendo una politica mediorientale che lo metteva in contrasto con Israele. Tuttavia, consapevole dell'influenza politica di Israele negli Stati Uniti, JFK fece delle avances a Israele e organizzò un incontro a Palm Beach nel dicembre 1962 con il Ministro degli Esteri israeliano Golda Meir.

"DOPPIO SENSO

Durante questo incontro Kennedy si spinse a sottolineare il sostegno americano a Israele, probabilmente come nessun presidente americano aveva fatto dalla creazione di Israele.

Tuttavia, il Presidente ha temperato questo impegno con la speranza che Israele riconosca che anche gli Stati Uniti hanno interessi in Medio Oriente.

Secondo il Presidente Kennedy, riferendosi alle relazioni israelo-americane, "il nostro rapporto è una strada a doppio senso".[95]

NESSUN "AMICO ESCLUSIVO"

Phillips Talbot, Assistente Segretario di Stato per gli Affari del Vicino Oriente, che partecipò alla conferenza Kennedy-Meir, preparò un memorandum per il Dipartimento di Stato che riassumeva l'incontro. Secondo il memorandum, riassunto da Stephen Green nel suo monumentale studio *Taking Sides: America's Secret Relations With a Militant Israel*:

Gli Stati Uniti", ha detto il Presidente, "hanno un rapporto speciale con Israele in Medio Oriente, paragonabile solo a quello con la Gran Bretagna su una vasta gamma di questioni mondiali. Ma per svolgere adeguatamente il ruolo che siamo chiamati a svolgere, non possiamo permetterci il lusso di identificare Israele, o il Pakistan, o alcuni altri Paesi, come nostri amici esclusivi".[96]

Secondo Green, il messaggio di Kennedy a Israele fu: "Il modo migliore per gli Stati Uniti di servire efficacemente gli interessi di sicurezza nazionale di Israele", disse Kennedy, "era quello di mantenere e sviluppare la cooperazione americana con altri Paesi della regione. L'influenza dell'America poteva quindi essere

---

[93] *Washington Post*, 20 marzo 1982.
[94] Benjamin Beit-Hallahmi. *The Israeli Connection-Who Israel Arms and Why* (New York: Pantheon Books, 1987), p. 45.
[95] Stephen Green. *Taking Sides: America's Secret Relations With a Militant Israel* (New York: William Morrow & Company, 1984), pag. 182.
[96] *Ibidem*, p. 181.

esercitata, se necessario, in alcuni conflitti per garantire che gli interessi fondamentali di Israele non fossero compromessi".[97]

"Se ci ritirassimo dal Medio Oriente arabo e mantenessimo i nostri legami solo con Israele, non sarebbe nell'interesse di Israele", ha dichiarato Kennedy".[98]

QUATTRO PROBLEMI CON ISRAELE

Il Presidente degli Stati Uniti ha citato quattro aree che causano tensione nelle relazioni tra Stati Uniti e Israele: 1) la deviazione da parte di Israele delle acque del fiume Giordano dagli Stati arabi; 2) gli attacchi di rappresaglia di Israele contro le forze arabe nelle zone di confine; 3) il ruolo centrale di Israele nel problema dei rifugiati palestinesi; 4) l'insistenza con cui Israele chiede agli Stati Uniti di vendergli sofisticati missili Hawk.[99]

Il Presidente presentò alla signora Meir quella che divenne nota come Dottrina Kennedy. Kennedy disse a Meir che gli interessi degli Stati Uniti e quelli di Israele non erano sempre gli stessi. Il memorandum di Talbot descrive la posizione diretta di Kennedy:

"Sappiamo" [ha detto Kennedy] "che Israele deve affrontare enormi problemi di sicurezza, ma lo sappiamo anche noi. Siamo stati vicini a un confronto diretto con l'Unione Sovietica la scorsa primavera e di nuovo di recente a Cuba.... Poiché ci siamo assunti grandi responsabilità in materia di sicurezza, abbiamo sempre la possibilità di essere coinvolti in una grave crisi che non dipende da noi...".

I BISOGNI DELL'AMERICA SONO NOTEVOLI

"Quindi i nostri problemi di sicurezza sono importanti quanto quelli di Israele. Dobbiamo guardare al Medio Oriente nel suo complesso. Dobbiamo guardare al Medio Oriente nel suo complesso. Vorremmo che Israele riconoscesse che la partnership che abbiamo con loro produce tensioni per gli Stati Uniti in Medio Oriente... quando Israele intraprende azioni simili a quella della scorsa primavera [quando Israele ha lanciato un'incursione in Siria, provocando la condanna del Consiglio di Sicurezza delle Nazioni Unite]. Che siano buone o cattive, queste azioni coinvolgono non solo Israele ma anche gli Stati Uniti".[100]

PRIMA L'AMERICA, NON ISRAELE

Stephen Green ritiene che la posizione di Kennedy su Israele sia stata importante: "È stato uno scambio notevole e l'ultima volta per molti, molti anni che un presidente americano ha distinto accuratamente le differenze tra gli interessi di sicurezza nazionale americani e israeliani nel governo di Israele.[101]

---

[97] *Ibidem*.
[98] *Ibidem*.
[99] *Ibidem*, pp. 181-182.
[100] *Ibidem*, p. 182.
[101] *Ibidem*, pp. 182-183.

In questo modo John F. Kennedy comunicò a Israele, senza mezzi termini, la sua intenzione di porre, innanzitutto, gli interessi dell'America - e non quelli di Israele - al centro della politica statunitense in Medio Oriente.

ESPANSIONE NUCLEARE

Ciò ha posto le basi per una nuova tensione tra Stati Uniti e Israele su una questione ancora più esplosiva: la determinazione di Israele a costruire una bomba nucleare. Israele ha lavorato allo sviluppo nucleare negli ultimi dieci anni, ma ha continuato a ribadire che i suoi programmi nucleari erano strettamente pacifici. Tuttavia, i fatti dimostrano il contrario.

Per approfondire il conflitto tra Kennedy e Israele sulle intenzioni nucleari dello Stato sionista, rimandiamo ancora una volta al libro di Stephen Green *Taking Sides: America's Secret Relations With a Militant Israel*, un tesoro di informazioni poco conosciute sulle relazioni tra Stati Uniti e Israele dal 1948 al 1967. Green scrive della scoperta di JFK che Israele stava lavorando per sviluppare armi nucleari.

Quando Kennedy entrò in carica durante il periodo di transizione, nel dicembre 1960, l'amministrazione Eisenhower informò Kennedy dello sviluppo segreto di armi nucleari da parte di Israele nel deserto, in un sito chiamato Dimona. Israele propose diverse storie di copertura per spiegare le sue attività a Dimona.

UNA SITUAZIONE "MOLTO DIFFICILE

Israele aveva mantenuto il programma di armi nucleari il più segreto possibile, ma i servizi segreti americani scoprirono il progetto. Kennedy descrisse la situazione come "molto angosciante".[102] Dopo aver assunto l'incarico, Kennedy decise che avrebbe lavorato per ostacolare lo sviluppo di armi nucleari da parte di Israele. La proliferazione nucleare sarebbe stata una delle principali preoccupazioni di Kennedy.

Il previsto ingresso di Israele nell'arena nucleare era quindi una prospettiva spaventosa nella mente di JFK, soprattutto alla luce dei conflitti in corso in Medio Oriente.

Fin dall'inizio della sua presidenza, John F. Kennedy si trovò in totale disaccordo con il governo israeliano. Un conflitto che non si sarebbe mai veramente risolto fino a dopo la morte di JFK a Dallas. Non fu un inizio promettente per la Nuova Frontiera.

A KENNEDY "NON PIACEVA" E DE GAULLE ERA "SCONVOLTO".

Secondo Stephen Green: "L'anno successivo, il 1961, sarebbe stato un anno importante nel processo di nuclearizzazione del Medio Oriente. A gennaio, (il primo ministro israeliano) David Ben-Gurion informò l'assemblea israeliana (la Knesset)

---

[102] *Ibidem*, p. 154.

e il resto del mondo che il reattore di Dimona non era in realtà né una fabbrica tessile né una stazione di pompaggio, ma "un istituto scientifico per la ricerca sui problemi delle zone aride e sulla flora e la fauna del deserto". Il nuovo presidente americano, John Kennedy, non gradì".[103]

A Parigi, la reazione di Charles De Gaulle rispecchiò quella di Kennedy. Il suo governo aveva fornito assistenza a Israele in materia di tecnologia nucleare, ma con l'assicurazione di Ben-Gurion che lo sviluppo nucleare era di natura pacifica.

Secondo gli storici israeliani Dan Raviv e Yossi Melman: "C'era anche la pressione del presidente De Gaulle a Parigi. L'atteggiamento della Francia nei confronti del Medio Oriente iniziò a cambiare subito dopo il suo insediamento nel 1958. Sospettava che il reattore di Dimona fosse destinato a un uso militare e questo indispettì molto il presidente francese.[104] (La successiva decisione di De Gaulle, già menzionata, di concedere l'indipendenza dell'Algeria non aveva fatto altro che esacerbare le già crescenti tensioni con Israele).

A Washington, JFK era deciso a risolvere la questione una volta per tutte. Stephen Green racconta la mossa successiva di Kennedy: "A maggio, Kennedy e Ben-Gurion si incontrarono a New York all'Hotel Waldorf-Astoria. Kennedy aveva già scritto a Ben-Gurion esprimendo la sua estrema preoccupazione per il progetto Dimona e suggerendo ispezioni regolari da parte dell'Agenzia Internazionale per l'Energia Atomica. A New York, Ben-Gurion accettò il compromesso di ispezioni (approssimativamente) annuali da parte di scienziati americani, in tempi e condizioni stabiliti dal Ministero della Difesa israeliano.

"In seguito, Myer Feldman, assistente di Kennedy per gli affari del Medio Oriente, avrebbe rivelato che in cambio di ispezioni periodiche da parte degli Stati Uniti, Ben-Gurion aveva chiesto sofisticati missili Ground-Air Hawk.

"Non c'è motivo di dubitare della serietà di Kennedy nel voler rintracciare la ricerca nucleare israeliana e prevenire lo sviluppo di armi, ma è discutibile se le ispezioni annuali nelle condizioni indicate abbiano raggiunto questo risultato [come si sono svolti gli eventi]".[105]

Ed è così che John F. Kennedy è entrato involontariamente in conflitto con Israele.

LA GUERRA SEGRETA

Le raccomandazioni di Kennedy di buona condotta agli Stati arabi erano solo un aspetto pubblico di quella che alla fine si era trasformata in un'aspra "guerra segreta" tra Kennedy e Israele.

Secondo Seymour Hersh: "La bomba di Israele, e ciò che era necessario fare al riguardo, era diventata una fissazione della Casa Bianca, parte dell'obiettivo segreto presidenziale che sarebbe rimasto nascosto per i successivi trent'anni".[106]

---

[103] *Ibidem*, p. 159-160.
[104] Dan Raviv e Yossi Melman. *Every Spy a Prince* (Boston: Houghton Mifflin Co., 1990), pp. 71-72.
[105] *Ibidem*, pp. 159-160.
[106] Hersh, p. 100.

Come sottolinea Hersh, a posteriori vediamo che questa guerra segreta con Israele non è mai stata menzionata da nessuno dei biografi di Kennedy.[107] Se lo fosse stata, come vedremo, il mistero dell'assassinio di JFK sarebbe stato risolto da tempo.

IL PROGRAMMA NUCLEARE DI ISRAELE

C'era un ulteriore aspetto. Sebbene Israele e la CIA avessero da tempo stabilito un rapporto di lavoro stretto e duraturo, la CIA stava monitorando lo sviluppo di armi nucleari da parte di Israele.

Nel marzo 1963, Sherman Kent, presidente del National Data Council della CIA, scrisse un lungo memorandum al direttore della CIA sul tema altamente controverso delle "Conseguenze dell'acquisizione di capacità nucleari da parte di Israele".

Secondo Stephen Green, ai fini di questa nota interna, Kent definì "acquisizione" da parte di Israele sia (a) l'accensione di un dispositivo nucleare con o senza il possesso di armi nucleari effettive, sia (b) l'annuncio da parte di Israele di possedere armi nucleari, anche senza test. La conclusione principale di Kent era che una bomba israeliana avrebbe causato "danni considerevoli alla posizione americana e occidentale nel mondo arabo".[108]

[109]Secondo la precisa valutazione di Green, "il memorandum era molto forte e decisamente negativo nelle sue conclusioni", che erano le seguenti:

"Sebbene Israele goda già di una chiara superiorità militare rispetto ai suoi avversari arabi, presi singolarmente o insieme, l'acquisizione di una capacità nucleare aumenterebbe notevolmente il senso di sicurezza di Israele. In questo caso, alcuni israeliani potrebbero essere inclini ad adottare una posizione moderata e conciliante.

"Riteniamo molto più probabile, tuttavia, che la politica di Israele nei confronti dei suoi vicini non potrà che inasprirsi. [Israele cercherà di sfruttare i vantaggi psicologici della sua capacità nucleare per intimidire gli arabi e impedire loro di creare problemi ai suoi confini.[110]

Per quanto riguarda gli Stati Uniti, l'analista della CIA riteneva che un Israele nucleare "avrebbe sfruttato al meglio la tendenza quasi inevitabile degli arabi a rivolgersi al blocco sovietico per ottenere aiuto contro la nuova minaccia di Israele, sostenendo che in termini di forza e affidabilità Israele era chiaramente l'unico amico valido degli Stati Uniti nella regione".

"Israele", secondo l'analisi di Kent, "userebbe ogni mezzo d'azione per convincere gli Stati Uniti ad acconsentire e persino a sostenere il possesso di una capacità nucleare".[111]

---

[107] *Ibidem.*
[108] Green, p. 164.
[109] *Ibidem.*
[110] *Ibidem.*
[111] *Ibidem*, pp. 164-165.

In breve, Israele userebbe il suo immenso potere politico - in particolare attraverso la sua lobby a Washington - per costringere gli Stati Uniti ad aderire alle intenzioni nucleari di Israele.

Tuttavia, la CIA non aveva espresso preoccupazioni sulla determinazione di Israele a produrre una bomba nucleare. Secondo Green, "è forse significativo che il memorandum non sia stato redatto come una National Intelligence Estimate (NIE) ufficiale, che avrebbe comportato la sua distribuzione a diverse altre agenzie governative. Fino al 1968 la CIA non ha pubblicato alcuna NIE ufficiale sul programma di armi nucleari di Israele".[112]

Non sorprende che la CIA - o almeno i suoi membri - desiderino proteggere gli interessi di Israele. Come vedremo nel capitolo 8, Israele e la CIA avevano legami molto stretti, forse troppo stretti sotto molti aspetti.

KENNEDY E BEN-GOURION

Nel frattempo, il presidente Kennedy era ben consapevole che il progetto nucleare israeliano di Dimona avrebbe permesso a Israele di produrre almeno una bomba all'anno, sufficiente a scatenare una guerra mondiale.

Sebbene il programma nucleare israeliano fosse apparentemente di natura "pacifica", il fatto è che il progetto era interamente controllato dal Ministero della Difesa israeliano. Questo fatto ha reso il progetto controverso, anche in Israele. Per questo motivo, per il Primo Ministro israeliano David Ben-Gurion era essenziale neutralizzare l'opposizione di JFK.

L'opposizione nazionale al programma era tale che il rifiuto categorico di Kennedy di sostenere lo sviluppo nucleare israeliano avrebbe potuto porre fine al progetto.

Nei primi mesi della sua amministrazione, Kennedy mantenne contatti regolari con Ben-Gurion con l'obiettivo di fermare lo sviluppo nucleare. I due leader intrattenevano una costante corrispondenza privata sulla questione.

RELAZIONI VELENOSE

Secondo Seymour Hersh, "il programma di bombe di Israele, e il continuo scambio di lettere al riguardo, complicarono, e successivamente avvelenarono, i rapporti tra Kennedy e David Ben-Gurion".[113]

Ben-Gurion cercò un incontro privato con Kennedy - nell'ambito di una visita ufficiale di Stato a Washington - ma il Presidente rifiutò di formulare un invito formale.

Nel maggio 1961, Ben-Gurion, che aveva conoscenze alla Casa Bianca, organizzò un incontro con Kennedy grazie all'intervento del finanziere newyorkese Abe Feinberg.

Fu Feinberg, come abbiamo visto nel capitolo 4, che inizialmente appianò i rapporti tra Kennedy e la comunità ebraica americana durante la campagna

---

[112] *Ibidem*, p. 164.
[113] Hersh, p. 101.

presidenziale del 1960 e organizzò una massiccia iniezione di denaro ebraico nella campagna di JFK.

(Come abbiamo già detto, fu questa esperienza a contaminare in modo significativo l'atteggiamento di Kennedy nei confronti di Israele e della sua potente lobby).

Feinberg organizzò l'incontro tra il presidente americano e il leader israeliano durante la visita non ufficiale di Ben-Gurion negli Stati Uniti, durante la quale sarebbe stato onorato in occasione di una convocazione alla Brandeis University, un centro di studi ebraico vicino a Boston.

Dopo l'affare Brandeis, Ben-Gurion si recò a New York dove incontrò Kennedy al Waldorf Astoria Hotel. Secondo Hersh, "l'incontro con Kennedy fu una grande delusione per il primo ministro israeliano e non solo per la questione nucleare".[114] "Mi sembrava un ragazzo di venticinque anni", disse Ben-Gurion al suo biografo. "Mi chiesi: 'Come può un uomo così giovane essere eletto presidente? "All'inizio non lo presi sul serio".[115]

OSPITALITÀ

Dopo l'incontro, Ben-Gourion si lamentò con Feinberg del suo sfortunato primo incontro con JFK. Non fu un inizio promettente e, come vedremo, mise in moto una dinamica. Secondo Feinberg, "non c'era modo di descrivere il rapporto tra Jack Kennedy e Ben-Gurion perché non c'era alcuna intenzione da parte di B.G. di trattare JFK come un suo pari, almeno per quanto riguardava B.G.. Non rispettava [Kennedy] come giovane uomo.[116]

Inoltre, il Primo Ministro israeliano aveva un altro motivo per sospettare delle motivazioni del giovane americano. Secondo Feinberg, "B.G. poteva essere crudele e odiava il vecchio".[117] Il "vecchio" in questo caso era il padre del Presidente, l'ex ambasciatore Joseph P. Kennedy, da tempo considerato non solo "antisemita" ma anche sostenitore di Hitler.

Il disprezzo di Ben-Gurion per il giovane Kennedy si intensificò visibilmente, quasi in modo patologico. Secondo Hersh, "in seguito il Primo Ministro israeliano, nelle comunicazioni private alla Casa Bianca, cominciò a riferirsi al Presidente come a un "giovane uomo". Kennedy aveva chiarito agli assistenti di B.G. che aveva trovato le lettere offensive".[118]

Kennedy aveva detto al suo amico intimo, Charles Bartlett, di essere stanco dei "figli di puttana israeliani che mi mentono continuamente sulla loro capacità nucleare".[119]

Ovviamente, a dir poco, non c'era amore tra i due leader. Le relazioni tra Stati Uniti e Israele erano in costante evoluzione e in una situazione di stallo disastroso,

---

[114] *Ibidem*, p. 102.
[115] *Ibidem*.
[116] *Ibidem*, p. 103.
[117] *Ibidem*.
[118] *Ibidem*, p. 105.
[119] *Ibidem*, p. 118.

ma praticamente nulla di tutto ciò era noto all'opinione pubblica americana dell'epoca.

UN PERICOLO PIÙ GRAVE

Gli sforzi del Presidente Kennedy per risolvere il problema dei rifugiati palestinesi incontrarono anche la feroce e aspra resistenza di Ben-Gurion. Il leader israeliano rifiutò di accettare la proposta di Kennedy di permettere ai palestinesi di tornare alle loro case in Israele o di essere risarciti da Israele e reinsediati nei Paesi arabi o altrove.

L'ex sottosegretario di Stato George Ball cita nel suo libro, *The Passionate Attachment*, che "nell'autunno del 1962, Ben-Gurion trasmise il proprio punto di vista in una lettera all'ambasciatore israeliano a Washington, destinata a essere distribuita ai leader ebraici americani, in cui affermava: "Israele considererà questo piano come un pericolo più grande per la sua esistenza di tutte le minacce dei dittatori e dei re arabi, di tutti gli eserciti arabi, di tutti i missili di Nasser e dei suoi MIG sovietici". Israele combatterà questa attuazione fino all'ultimo uomo".[120]

È chiaro che, a quel tempo, Ben-Gurion percepiva la politica del Presidente americano come una minaccia molto grande persino per la sopravvivenza di Israele. Ben-Gurion giurò di combattere, come abbiamo visto, "fino all'ultimo uomo".

IL GESTO DI KENNEDY

Nonostante ciò, il Presidente americano rimase determinato a trovare una soluzione alla potenziale crisi rappresentata dall'ostinazione di Ben-Gurion.

Kennedy si offrì di vendere i missili israeliani Hawk a scopo difensivo - come richiesto da Israele - ma continuò a tergiversare sulla vendita. Il Presidente rifiutò di essere spinto troppo oltre da Israele.

Kennedy alla fine cedette e approvò la vendita, ma solo dopo le pressioni di Israele e dei suoi alleati nel Congresso degli Stati Uniti. A quel punto, però, era probabilmente troppo tardi. La situazione era losca.

LO SPIETATO ISRAELE

Nemmeno la vendita di armi aveva placato Israele e la sua lobby. Secondo Alfred Lilienthal: "Il Congresso ha continuato a fare pressione sulla Casa Bianca. Al Senato, il blocco "Israel First" ha attaccato l'amministrazione per non aver concluso un patto di difesa per proteggere Israele e per aver imposto un embargo su tutte le forniture di armi al Medio Oriente.

"I legislatori fecero eco alle polemiche di Ben-Gurion, secondo cui Israele era rimasto indietro nella corsa agli armamenti. Nasser, hanno detto, era pronto per una

---

[120] George Ball e Douglas Ball. *L'attaccamento passionale*. [New York: W. W. Norton & Company, 1992), p. 51.

guerra a pressione. Israele [era] facile da individuare e da distruggere e [non poteva] fare una rappresaglia contro quattro o cinque Stati arabi contemporaneamente".[121]

A quel tempo - in via non ufficiale - Kennedy aveva ordinato una sorveglianza continua degli israeliani e del loro attivismo a favore della bomba nucleare. Si trattava, a detta di tutti, di una priorità assoluta per Kennedy. Tuttavia, per garantire che l'accesso di Israele all'intelligence sulle operazioni di spionaggio degli Stati Uniti contro Israele fosse limitato, la sorveglianza fu condotta direttamente dall'ufficio di John McCone, allora direttore della CIA.[122]

(Questo, ovviamente, non garantiva ancora che gli amici di Israele nella CIA [che studieremo nel capitolo 8] non avessero avvertito gli israeliani delle operazioni ostili in corso).

Tuttavia, Kennedy era ancora disposto a cercare di risolvere la questione e aveva chiesto a Israele di permettere agli ispettori americani di recarsi a Dimona per verificare che, come sosteneva Israele, il programma fosse di natura pacifica. Si trattava dell'ultimo tentativo del Presidente, apparentemente, di pacificare Israele e, allo stesso tempo, di scoprire esattamente cosa stesse accadendo a Dimona. Ma Israele non permise l'ispezione.

A questo punto, ai più alti livelli dell'amministrazione Kennedy c'era un accordo generale sul fatto che c'era un grosso problema da risolvere. Le persone vicine al Presidente cominciarono a rendersi conto che Israele considerava il rifiuto di Kennedy di piegarsi alle richieste israeliane come una seria minaccia alla sopravvivenza di Israele.

Secondo Robert McNamara, allora Segretario alla Difesa, parlando in seguito, "posso capire perché Israele volesse una bomba nucleare. C'è un problema fondamentale. L'esistenza di Israele è stata un punto interrogativo nella storia, e questa è la questione essenziale".[123]

Gli israeliani, e Ben-Gurion in particolare, sarebbero senza dubbio d'accordo. A loro avviso, John F. Kennedy stesso era una minaccia per l'esistenza stessa di Israele:

JFK semplicemente non avrebbe approvato un Israele nucleare e i leader israeliani credevano che un Israele nucleare avrebbe garantito la sopravvivenza dello Stato ebraico.

MINACCE CONTRO JFK

Il Presidente americano continuò a chiedere che Israele permettesse l'ispezione americana degli impianti nucleari israeliani. In risposta, Israele ha fatto appello alla sua lobby americana per esercitare pressioni su Kennedy dietro le quinte.

Uno dei chiamati in causa fu Abe Feinberg, l'uomo d'affari di New York che aveva contribuito a raccogliere fondi cruciali per Kennedy durante la sua campagna presidenziale. Ma anche Feinberg fallì.[124] Tuttavia, Feinberg inviò un messaggio al Presidente in cui affermava che le continue richieste di ispezione dell'impianto

---

[121] Lilienthal, p. 547.
[122] Hersh, p. 107.
[123] *Ibidem*, p. 109.
[124] *Ibidem*, p. 108.

avrebbero potuto "far diminuire il sostegno [della lobby di Israele] nella campagna presidenziale del 1964".[125]

Secondo Hersh, "alla fine Feinberg e Ben-Gurion non riuscirono a superare le continue pressioni presidenziali per ispezionare Dimona". La categorica smentita pubblica di Ben-Gurion di qualsiasi intenzione di armamento a Dimona aveva lasciato al governo israeliano poche opzioni: negare l'accesso avrebbe ridotto la credibilità del governo e dato credito alla nascente nuova comunità antinucleare in Israele.[126]

L'IMPOSTURA DEL DESERTO

Così Ben-Gurion accettò finalmente di permettere agli esperti nucleari americani di recarsi a Dimona. Tuttavia, Ben-Gurion aveva un ingegnoso asso nella manica. Il Primo Ministro israeliano ordinò frettolosamente la costruzione di una finta centrale nucleare, che non prevedeva la costruzione di una bomba nucleare. Vennero allestite delle finte sale di controllo e vennero affisse delle operazioni fittizie.

Tutto è stato orchestrato con grande attenzione. Anche le guide israeliane che hanno portato gli americani all'impianto erano accompagnate da traduttori che avevano fornito agli americani false traduzioni delle osservazioni fatte dagli ingegneri israeliani all'impianto.

Secondo Hersh, "Ben-Gurion non aveva corso alcun rischio: gli ispettori americani - la maggior parte dei quali esperti di riprocessamento nucleare - avrebbero avuto a disposizione un trompe-l'oeil senza saperlo".[127]

L'inganno di Ben-Gurion, per quanto riuscito, non aveva ancora convinto JFK che Israele fosse davvero pienamente impegnato nello sviluppo nucleare pacifico. Kennedy, ovviamente, lo sapeva bene.

Una situazione di stallo tra Kennedy e Israele era già in atto e non lasciava presagire nulla di buono per il futuro.

L'"ULTIMO PRESIDENTE AMERICANO

John Hadden, ex capo dell'ufficio della CIA di Tel Aviv all'epoca, ritiene che John F. Kennedy sia stato l'ultimo presidente americano che ha davvero cercato di fermare l'avvento della bomba atomica israeliana. "Kennedy voleva davvero fermarla", dice Hadden, "e offrì loro armi convenzionali [ad esempio, missili Hawk] come tangente.

---

[125] *Ibidem*.
[126] *Ibidem*, p. 109.
[127] *Ibidem*, p. 111.

"Ma gli israeliani erano molto più avanti di noi. Hanno capito che se gli avessimo offerto armi per andarci piano con la bomba, una volta che l'avessero avuta, gliene avremmo mandate molte di più, per paura che la usassero".[128]

"L'ANNO TURBOLENTO

Nel fatidico 1963, John F. Kennedy e Israele erano decisamente su posizioni opposte, e non solo nell'ambito della segreta - e critica - controversia nucleare.

In realtà, la questione era molto più profonda. La politica generale dell'amministrazione Kennedy in Medio Oriente aveva lasciato Israele e la sua lobby americana molto insoddisfatti. Nelle sue memorie, I.L. Kenan dell'American Israel Public Affairs Committee, una lobby registrata a favore di Israele, descrive il 1963 come "l'anno turbolento" tra John F. Kennedy e Israele. In un capitolo di questo libro di memorie, intitolato "Una moltitudine di promesse" - presumibilmente Kennedy era l'artefice delle promesse -, Kenan ha descritto le politiche di Kennedy in Medio Oriente:

"La strategia neutralista di Kennedy, la sua speranza di accontentare entrambe le parti in ogni area problematica, lo fece precipitare in una moltitudine di impasse durante il turbolento anno 1963. La sua ricerca di trattare gli ex nemici come amici allarmò i nostri alleati, i cui timori egli cercava costantemente di placare con impegni solidi ma discreti".[129]

I "nemici" a cui Kenan si riferiva erano i leader arabi - Nasser d'Egitto in particolare - a cui JFK stava offrendo la pace. Questi "alleati" - almeno nel contesto di Kenan - significavano in realtà un solo Paese: Israele, il principale mandatario di Kenan.

Gli impegni "solidi ma discreti" di Kennedy, tuttavia, non erano apparentemente sufficienti, poiché le relazioni tra Israele e gli Stati arabi erano tese. La guerra sembrava imminente, almeno agli occhi dei leader israeliani.

Alla fine dell'aprile 1963, David Ben-Gurion riteneva che gli arabi avrebbero attaccato lo Stato ebraico, ma John F. Kennedy non condivideva questa visione pessimistica.

Kennedy sperava ancora nella pace nella regione e continuò a impegnarsi per ottenerla.[130]

IL PROBLEMA ALGERINO

Sebbene il discorso del 1957 del senatore John F. Kennedy che chiedeva l'indipendenza dell'Algeria francese abbia contribuito a spianare la strada a questo risultato finale, il prezzo da pagare per la libertà appena conquistata dall'Algeria fu molto alto. Israele cercò attivamente di sabotare il nuovo regime.

---

[128] Andrew Cockburn e Leslie Cockburn. *Dangerous Liaison: The Inside Story of the U.S.-Israeli Covert Relationship* (New York: Harper Collins Publishers, 1991), p. 91.
[129] I. L. Kenan. *Israel's Defense Line: Her Friends and Foes in Washington* (Buffalo: Prometheus Books, 1981), p. 166.
[130] *Ibidem*, pp. 166-167.

Il 14 agosto 1963 il governo del primo ministro algerino Ben Bella accusò Israele di complottare per rovesciare il nuovo regime arabo. Le autorità algerine catturarono 20 algerini e 10 stranieri coinvolti in una cospirazione per rovesciare il governo.

"Questi stranieri sono quasi tutti israeliti", ha dichiarato il ministro dell'Informazione algerino. Siamo portati a credere di trovarci di fronte a un complotto dalle ramificazioni più vaste e che dietro a tutto questo ci sia la presa di Israele, che sta cercando di opporsi alla marcia della nostra rivoluzione".

"Ben Bella ha indicato chiaramente la posizione algerina sull'enclave dell'imperialismo chiamata Israele, ma che in realtà era la Palestina. Non è strano che cerchino di interferire nei nostri affari interni".[131]

Israele e i suoi alleati dell'Organizzazione dell'Esercito Segreto (OAS) - oggi ufficialmente sciolta, ma ancora attiva - erano determinati a ribaltare le sorti della storia.

Tuttavia, non è l'ultima volta che troveremo in queste pagine il pugno di ferro di Israele e dell'OSA che interferisce nella vita e nelle attività di John F. Kennedy.

L'ULTIMA CONFERENZA STAMPA

Gli sforzi di Kennedy per perseguire una politica americana equilibrata in Medio Oriente furono vanificati in ogni occasione. L'amarezza era evidente, da entrambe le parti. Come risultato della manipolazione del Congresso da parte di Israele, alla fine del 1963 la Camera dei Rappresentanti e il Senato votarono per porre fine agli aiuti all'Egitto, un Paese al centro della spinta pacificatrice di Kennedy.

Questo, in effetti, ridusse temporaneamente - almeno - gli sforzi di JFK per la pace al minimo. La mano tesa al mondo arabo e ai suoi leader, a Nasser d'Egitto in particolare, era stata tagliata - alla spalla.

Il capo lobbista (ufficiale) di Israele a Washington - I. L. Kenan - ha descritto l'ultima conferenza stampa di John F. Kennedy a Washington.

"Il 14 novembre 1963, in una conferenza stampa, Kennedy ispezionò il relitto della sua politica su Nasser. Era molto critico. L'emendamento del Senato gli imponeva di "trarre una conclusione estremamente complicata", e non pensava che il linguaggio avrebbe rafforzato la nostra posizione o la nostra flessibilità nel trattare con l'URA (l'Unione delle Repubbliche Arabe).

"[Kennedy] ha continuato: "In realtà, avrebbe l'effetto opposto. Penso che sia un mondo molto pericoloso e disordinato, ma dovremo conviverci; e credo che uno dei modi per conviverci sia quello di permetterci di svolgere i nostri compiti".

Se l'amministrazione non funzionasse, gli elettori la rimuoverebbero". Kennedy chiese al Congresso di non impedirgli di svolgere le sue funzioni con "vincoli legislativi e bilanci inappropriati".

"Queste parole", osserva Kenan, "sono state pronunciate durante la sua ultima conferenza stampa alla Casa Bianca".[132]

---

[131] *Washington Post*, 13 agosto 1963.
[132] *Ibidem*, p. 187.

Per molti versi, la politica mediorientale di JFK irritò gli israeliani, compresa - o meglio, soprattutto - la sua determinazione a risolvere il problema dei rifugiati palestinesi.

LA "BUONA FEDE" DI JFK MESSA IN DISCUSSIONE

Il 20 novembre 1963, la delegazione di Kennedy alle Nazioni Unite chiese di continuare ad applicare la risoluzione ONU del 1948 che prevedeva il diritto degli arabi palestinesi sfollati di tornare alle loro case (in Israele) e di risarcire coloro che avevano scelto di non tornare.

Il *London Jewish Chronicle* riporta la reazione israeliana: "Il Primo Ministro Levi Eshkol ha convocato l'ambasciatore statunitense... e gli ha detto che Israele era 'scioccato' dall'atteggiamento filo-arabo adottato dalla delegazione americana". Golda Meir, secondo il *Chronicle*, "ha espresso lo stupore e la rabbia di Israele per l'atteggiamento degli Stati Uniti".[133]

Da parte sua, il *Chronicle* ha osservato editorialmente che "Israele, che non è stato consultato né informato dell'intenzione americana, curiosamente non mette in dubbio la buona fede degli Stati Uniti".[134]

È improbabile che JFK abbia mai avuto l'opportunità di leggere i commenti diffamatori sulla sua politica in Medio Oriente pubblicati dal *London Jewish Chronicle*. Furono stampati il 22 novembre 1963.

Così, mentre John F. Kennedy si preparava a lasciare Washington per il suo ultimo viaggio da Presidente, fu assillato dal problema di Israele e della sua potente influenza a Washington.

Infine, fu durante il viaggio di Kennedy a Dallas che venne preparato a suo nome un memorandum finale sulla delicata questione dello sviluppo globale delle armi nucleari.

Sebbene JFK si opponesse fermamente alla produzione di armi nucleari da parte della Francia - così come si opponeva a quella di Israele - il Presidente americano aveva comunque iniziato a riconsiderare la sua posizione nei confronti dei francesi.

Così, mentre John F. Kennedy girava trionfalmente per il centro di Dallas, un memorandum "Top Secret, Top Secret" veniva preparato dal consigliere di JFK, McGeorge Bundy, per delineare la nuova politica di Kennedy, forse più indulgente, nei confronti della Francia, che, come abbiamo visto, aveva svolto un ruolo importante nello sviluppo nucleare di Israele e, inconsapevolmente (per non dispiacere al presidente francese De Gaulle), nella ricerca di armi atomiche. Il memorandum sulla nuova politica nei confronti della Francia è datato 22 novembre 1963.[135]

A quel punto, però, il destino di John F. Kennedy era segnato. Aveva spinto Israele e i suoi leader sull'orlo del baratro.

---

[133] *London Jewish Chronicle*, 22 novembre 1963.
[134] *Ibidem*.
[135] Hersh, pp. 125-126.

BEN-GOURION: "SEGNI DI PARANOIA"

La goccia che fece traboccare il vaso era avvenuta in realtà circa sei mesi prima. Nella primavera del 1963, Kennedy e Ben-Gurion erano ai ferri corti come mai prima. Inoltre, Ben-Gurion soffriva di una profonda crisi personale (che derivava in parte, come vediamo ora, dalla sua infelice relazione con John F. Kennedy).

Secondo il biografo del primo ministro israeliano, Dan Kurzman: "Solo e depresso, Ben-Gurion si sentiva stranamente impotente. La guida di Israele stava scivolando dalle sue mani sbiadite... Ben-Gurion cominciò a mostrare segni di paranoia. I nemici si stavano avvicinando a lui da ogni parte. Una semplice dichiarazione dell'Egitto, della Siria e dell'Iraq, nell'aprile 1963, che si sarebbero uniti per abbattere la "minaccia sionista", lo aveva gettato quasi nel panico".[136]

CORRISPONDENZA SEGRETA "SEMPRE PIÙ AMAREGGIATA"

Tutto questo, ovviamente, contribuì enormemente ai problemi tra Kennedy e Ben-Gurion. Seymour Hersh scrive: "I rapporti tra Kennedy e Ben-Gurion rimasero ad un punto morto su Dimona, e la corrispondenza tra i due divenne sempre più aspra. Nessuna di queste lettere è stata resa pubblica".[137]

KENNEDY È UN TIRANNO

(Come molti dei file segreti del governo sull'assassinio di JFK, anche gli scambi di Kennedy con Ben-Gurion erano stati nascosti, nemmeno ai funzionari statunitensi con piena autorizzazione di sicurezza che avevano tentato di scrivere storie classificate dell'epoca).[138]

"Non fu uno scambio amichevole", secondo lo scrittore del Ben-Gurion Yuval Neeman. "Kennedy scriveva come un tiranno. Era duro".[139] Anche la risposta di Ben-Gurion non fu passiva.

Tutto ciò esacerbava le tensioni - fortissime - tra il Presidente americano e il leader israeliano. L'impazienza di Kennedy stava crescendo. Le relazioni tra Stati Uniti e Israele erano diverse da come erano state in precedenza. [140]Secondo Hersh, "il Presidente fece in modo che il Primo Ministro israeliano pagasse per la sua impudenza". Quando Ben-Gurion cercò di nuovo l'opportunità di una visita ufficiale di Stato a Washington, Kennedy rifiutò.

---

[136] Dan Kurzman. *Ben-Gurion: Prophet of Fire* (New York: Simon & Schuster, 1983), pp. 440-441.
[137] Hersh, pp. 120-121.
[138] *Ibidem*, p. 120.
[139] *Ibidem*, p. 121.
[140] *Ibidem*.

L'ESISTENZA DI ISRAELE "È IN PERICOLO".

Fu allora che Ben-Gurion chiarì le sue idee. Era convinto che l'intransigenza di Kennedy fosse una minaccia totale alla sopravvivenza dello Stato ebraico. JFK era visto come un nemico degli ebrei.

In una delle sue ultime comunicazioni con Kennedy, Ben-Gurion scrisse: "Signor Presidente, il mio popolo ha il diritto di esistere... e questa esistenza è in pericolo".[141] (A questo punto Ben-Gurion chiese a Kennedy di firmare un trattato di sicurezza con Israele. Kennedy rifiutò.

Il 16 giugno 1963 Ben-Gurion si dimette bruscamente da Primo Ministro e da Ministro della Difesa. In questo modo, il "profeta armato" pose fine ai suoi quindici anni di carriera come Gran Signore d'Israele. All'epoca, la stampa israeliana - e anche quella mondiale - disse al mondo che le improvvise dimissioni di Ben-Gurion erano il risultato della sua insoddisfazione per gli scandali politici interni e i disordini in Israele.[142]

UN VICOLO CIECO DAL SAPORE AMARO

Tuttavia, la ragione principale dell'allontanamento di Ben-Gurion fu l'incapacità del leader israeliano di fare pressione su JFK affinché accettasse le richieste di Israele. Secondo Hersh: "Non c'era modo per l'opinione pubblica israeliana... di sospettare che ci fosse un altro fattore nella scomparsa di Ben-Gurion: lo stallo sempre più aspro con Kennedy su un Israele dotato di armi nucleari".[143] Ben-Gurion aveva fallito. La battaglia era stata persa, ma la guerra tra i due uomini era ancora da vincere.

UN MODERNO HAMAN?

A cosa pensava Ben-Gurion quando ha consegnato le redini del governo al suo successore? Quale fu l'ultimo atto di David Ben-Gurion come Primo Ministro dello Stato ebraico? Alla luce dell'esplicito commento di Ben-Gurion a John F. Kennedy, secondo cui "il mio popolo ha il diritto di esistere... e questa esistenza è in pericolo", possiamo certamente fare una buona supposizione.

Agli occhi di Ben-Gurion, John F. Kennedy era chiaramente un moderno Haman, un nemico del popolo ebraico. Nel folklore ebraico, Haman era un discendente degli Amaleciti che servì come primo ministro del re Assuero di Persia. Fu Haman a cercare di convincere il re che tutti gli ebrei del suo impero dovevano essere sterminati per sempre.

Tuttavia, secondo la leggenda, una bella tentatrice ebrea di nome Ester usò le sue astuzie femminili su Assuero e, alla fine, fu Haman a essere messo a morte. L'importante festa ebraica di Purim celebra la liberazione degli ebrei dall'olocausto pianificato da Haman.

---

[141] *Ibidem*.
[142] *Ibidem*, pp. 121-122.
[143] *Ibidem*, p. 124.

Nella Bibbia - Deut 25,19, Sam 1 15,8 - si chiede agli antichi ebrei di "cancellare la memoria degli Amaleciti" da cui discende Haman.

In Israele - nel 1963 - David Ben-Gurion guardava certamente a John F. Kennedy come a un moderno Haman, un figlio degli Amaleciti. Mentre rifletteva sul violento conflitto con JFK, Ben-Gurion ricordava senza dubbio la meditazione che veniva letta a Purim:

"L'uomo malvagio, l'arrogante discendente del seme di Amalek, si è levato contro di noi. Insolente nella sua ricchezza, si è scavato una fossa e la sua stessa grandezza gli ha teso una trappola. Nella sua mente pensava di intrappolare, ma è stato lui stesso intrappolato; ha cercato di distruggere, ma è stato subito distrutto... ha fatto preparare il patibolo e vi è stato impiccato".

L'ORDINE FINALE?

Il leader israeliano non poteva fare a meno di pensare a come liberare il suo popolo da quella che vedeva come una distruzione certa. Ben Gurion aveva dedicato la sua vita a creare uno Stato ebraico e a guidarlo nell'arena globale. Agli occhi di Ben-Gurion, John F. Kennedy era un nemico del popolo ebraico e del suo amato Stato di Israele.

Andrew e Leslie Cockburn hanno riassunto bene il concetto: "Ben-Gurion è il padre di Israele. Ha realmente condotto lo Stato all'indipendenza, ha guidato il suo popolo all'indipendenza, ha scritto la dichiarazione di indipendenza israeliana, è stato Primo Ministro fino al 1963, con un breve intervallo. L'Israele che vedete oggi è veramente la creazione di David Ben-Gurion". L'Israele che vedete oggi è davvero la creazione di David Ben-Gurion.[144]

Possiamo quindi capire perché Ben-Gurion fosse frustrato per non essere riuscito a rovesciare John F. Kennedy. Era un periodo di crisi e di azione.

La tesi di questo libro è che Ben-Gurion, nei suoi ultimi giorni da Primo Ministro, ordinò al Mossad di partecipare al complotto per assassinare JFK. Sulla base delle prove che descriveremo in *Giudizio finale*, riteniamo che il Mossad abbia eseguito l'ordine di Ben-Gurion.

Il 22 novembre 1963, la vita del presidente americano che Ben-Gurion considerava una minaccia per la sopravvivenza stessa di Israele si concluse in modo inglorioso nella Dealey Plaza di Dallas.

Che Israele e i suoi leader abbiano creduto che potessero essere necessarie misure draconiane per influenzare il corso della storia e garantire la sopravvivenza di Israele è innegabile.

Isser Harrel, che fu a capo del Mossad fino alla metà del 1963, è stato citato per aver detto: "Il governo di Israele deve agire per sradicare il male del razzismo e il mostro dell'antisemitismo" e se questo non poteva essere fatto diplomaticamente, doveva essere fatto in altro modo, in particolare, secondo Harel, "attraverso i servizi segreti, come avveniva ai miei tempi".[145] In breve, con l'omicidio, se necessario.

---

[144] Intervista sulle note di C-SPAN, 1° settembre 1991.
[145] Citazione di Yossi Melman nel *Los Angeles Times*, 28 novembre 1993.

L'ex sottosegretario di Stato George Ball riassume in modo sintetico, anche se un po' enigmatico, l'impatto dell'assassinio di John F. Kennedy sulle relazioni tra Stati Uniti e Israele: "Qualunque sia stato il successo di Kennedy nel trattare con Israele rimane una delle tante domande intriganti per le quali il suo assassinio non lascia risposta".[146]

I CECCHINI DEL MOSSAD

Sappiamo con precisione chi avrebbe coordinato il coinvolgimento del Mossad nell'assassinio di John F. Kennedy, lavorando di concerto con gli alleati di Israele nella CIA e nella criminalità organizzata (di cui parleremo in queste pagine).

Il 3 luglio 1992, *Ha'aretz, il* principale quotidiano israeliano, riportò che era stato l'ex terrorista clandestino ebreo diventato agente del Mossad Yitzhak Shamir (ex Primo Ministro israeliano) a guidare un commando durante il suo servizio con il Mossad.

Il giornale israeliano ha riferito che Shamir ha diretto l'unità di assassinio dal 1955 al 1964, l'anno successivo all'assassinio di JFK. [147]Secondo un articolo del giornale, "l'unità eseguiva attacchi contro presunti nemici nazisti e criminali di guerra".

"Nel febbraio 1963 Shamir inviò delle unità in due tentativi falliti di assassinare Hans Kleinwachter, uno scienziato tedesco sospettato di aiutare l'Egitto a sviluppare missili. Un altro scienziato tedesco che lavorava per gli egiziani, Heinz Krug, scomparve misteriosamente nel settembre 1962".[148] Gli agenti di Shamir erano sospettati di essere i responsabili.

Secondo il giornale israeliano, Shamir aveva reclutato i membri del suo commando del Mossad tra gli ex membri della Banda Stern, il gruppo terroristico clandestino che Shamir guidò durante la lotta per l'indipendenza di Israele. La Banda Stern fu responsabile dell'omicidio di Lord Moyne, ministro britannico residente in Medio Oriente, nel 1944, e del massacro del mediatore ONU Conte Folke Bernadotte, nel 1948.[149]

Abbiamo già visto che Kennedy - come Moyne e Bernadotte - era un "sospetto nemico" di Israele e del suo amareggiato Primo Ministro, David Ben-Gurion. E ora conosciamo la squadra di sicari del Mossad che ha svolto un ruolo importante nella cospirazione che ha portato alla morte di John F. Kennedy. Nel capitolo 16 scopriremo esattamente come è nata questa cospirazione orchestrata dal Mossad.

I NEMICI SI UNISCONO

Grazie agli stretti legami di Israele non solo con la CIA, ma anche con il sindacato del crimine organizzato di Meyer Lansky - che esamineremo in dettaglio - il Primo Ministro israeliano e i suoi agenti del Mossad avevano creato una rete di

---

[146] Ball, pp. 51-52.
[147] *Washington Times*, 4 luglio 1992.
[148] *Ibidem*.
[149] *Ibidem*.

alleati con cui collaborare facilmente per orchestrare l'assassinio di John F. Kennedy.

Ognuna di queste potenti forze aveva buoni motivi per intraprendere un'azione radicale per porre fine alla minaccia rappresentata da JFK. In questo libro descriveremo come esse si siano indubbiamente riunite in una cospirazione comune.

LA VENUTA DEL MESSIA

Con John F. Kennedy che riposa in una tomba nel cimitero nazionale di Arlington, Israele era al sicuro, almeno per il momento. L'erede moderno dell'eredità di Haman era stato distrutto. Il fatto che Lyndon Johnson - l'uomo che era sempre stato fedele a Israele e alla sua lobby americana - fosse pronto ad assumere la presidenza americana non passò inosservato. Il messia di Israele era arrivato.

CAPITOLO 6

La venuta del Messia
Lyndon Johnson viene in soccorso di Israele;
La politica americana in Medio Oriente viene ribaltata

Nelle settimane successive all'assassinio di John F. Kennedy, Israele è stato senza dubbio il principale beneficiario immediato della morte di Kennedy, anche se questo non è stato detto dai media controllati dallo Stato al popolo americano.

Il beneficiario più immediato della morte di JFK fu, ovviamente, Lyndon Johnson, che era il favorito politico di Israele e dei suoi alleati del sindacato del crimine organizzato di Meyer Lansky.

Fu Johnson a ribaltare rapidamente la politica mediorientale di Kennedy e a stabilire, a tutti gli effetti, secondo uno storico, Israele come 51° Stato americano.

Non c'è dubbio che l'assassinio di John F. Kennedy abbia avuto effetti molto specifici sulle relazioni tra America e Israele:

1) Questo ha eliminato un Presidente della Casa Bianca - John F. Kennedy - che era entrato in un'aspra situazione di stallo con Israele a causa della sua ferma determinazione a mettere insieme un arsenale nucleare;

2) Questo ha portato nello Studio Ovale un Presidente - Lyndon Johnson - che ha completamente ribaltato la politica statunitense da tempo consolidata in Medio Oriente e ha messo gli Stati Uniti saldamente dalla parte di Israele - con una vendetta.

3) Questo ha permesso a Lyndon Johnson di invertire la politica di JFK in Vietnam e di iniziare a intensificare il coinvolgimento degli Stati Uniti nel Sud-Est asiatico. Ha permesso a Israele di avanzare la propria posizione geopolitica in Medio Oriente.

4) Questo ha permesso agli alleati di Israele nella CIA e nel sindacato del crimine organizzato di Meyer Lansky di bloccare il traffico di droga nel Sud-Est asiatico, un risultato immediato del coinvolgimento degli Stati Uniti nella regione.

Israele è stato chiaramente e senza dubbio il principale beneficiario internazionale della presidenza di Lyndon Johnson, resa possibile solo dall'assassinio di John F. Kennedy.

LA SOPRAVVIVENZA DI ISRAELE

Se proteggere i propri interessi di sicurezza nazionale e la propria sopravvivenza può essere considerato un movente - e sicuramente lo è - allora Israele, forse soprattutto, aveva chiaramente un interesse e una motivazione importanti - nel contribuire a orchestrare l'assassinio del Presidente Kennedy. In effetti, la sopravvivenza stessa di Israele è stata la pietra angolare della sua politica estera fin dai primi giorni come nazione.

Quindi l'eliminazione di un presunto nemico della sopravvivenza di Israele - cioè John F. Kennedy - sarebbe solo una logica linea d'azione.

Soprattutto, ovviamente, alla luce del fatto che l'uomo che succedette a Kennedy - Lyndon Johnson - aveva dimostrato a lungo e spesso in passato un'affinità personale con Israele e i suoi interessi internazionali.

IL LEGAME TRA JOHNSON E LANSKY

Anche Johnson aveva una lunga e sordida storia di coinvolgimento in attività criminali - incluso l'omicidio - che alla fine era riemersa. Il caso è troppo complesso per essere esaminato in questa sede e la documentazione sull'argomento è piuttosto ampia.

Tuttavia, è certamente interessante notare che uno dei principali difensori di Johnson era Carlos Marcello, scagnozzo di Lansky in Louisiana. Secondo John W. Davis, Marcello, l'uomo di Lansky, aveva pagato almeno 50.000 dollari all'anno in tangenti al senatore texano Lyndon Johnson, che a sua volta aveva contribuito a far decadere in commissione qualsiasi legge sul traffico di droga che avrebbe potuto danneggiare il sindacato del crimine organizzato di Lansky.[150]

Ci sono indicazioni, tuttavia, che i legami di Johnson con Lansky e i suoi associati vadano anche oltre. Quando Lansky viveva in Israele, uno dei suoi colleghi americani, Benjamin Sigelbaum, venne a fargli visita.[151]

Sigelbaum (da non confondere con Benjamin "Bugsy" Siegel, di cui Lansky aveva ordinato la fucilazione nel 1947) era coinvolto con Bobby Baker, un ex confidente di Johnson, in due importanti transazioni: l'acquisto di una banca a Tulsa, Oklahoma, e la controversa società Serv-U ATM di Baker.[152]

Edward Levinson era un altro dei soci d'affari di Baker, che gestiva il Fremont Casino di Las Vegas come candidato per il vecchio amico e socio di Lansky, Joseph (Doc) Stacher (che alla fine morì in esilio in Israele).[153]

Inoltre, l'autore Robert Morrow, ex agente della CIA, aveva rivelato che uno dei più stretti collaboratori di Baker, con cui era "inseparabile", era un corriere mafioso di nome Mickey Weiner che era "un perfetto utilizzatore dell'ufficio [di Baker] e di tutte le infrastrutture [di Baker] a [Capitol] Hill". [154]Inutile dire che l'ufficio di Baker

---

[150] John Davis. *Mafia Kingfish: Carlos Marcello and the Assassination of John F. Kennedy* (New York: McGraw-Hill Publishing Company, 1989), pag. 159.
[151] Robert Lacey. *Little Man: Meyer Lansky e la vita da gangster.* (Boston: Little, Brown & Company, 1991), pp. 332-333.
[152] Ed Reid e Ovidio Demaris. *The Green Felt Jungle* (New York: edizione Pocket Books, 1964), pp. 217-219.
[153] *Ibidem.*
[154] Robert Morrow. *The Senator Must Die* (Santa Monica, California: Roundtable Publishing, Inc., 1988), pag. 126.

e le sue "infrastrutture" erano la stessa cosa di quelle di Lyndon B. Johnson. Johnson.

Si tratta dello stesso Mickey Weiner che, come vedremo nel Capitolo 7, era uno dei principali corrieri di Meyer Lansky tra le sue operazioni bancarie di Miami e il suo centro europeo di riciclaggio del denaro sporco presso la Banque de Crédit International (BCI) di Ginevra, in Svizzera.

(La BCI, come vedremo in dettaglio nei capitoli 7, 12 e 15, era gestita da un banchiere israeliano, un certo Tibor Rosenbaum, ex direttore delle finanze e degli appalti del Mossad di Israele).

Baker, che ha scontato una pena in una prigione federale per le sue attività criminali quando era il pupillo di Johnson (e come suo noto finanziatore), era l'unica persona che avrebbe potuto mandare in prigione Lyndon Johnson se avesse rivelato tutto.

In effetti, fu proprio il coinvolgimento di Johnson con Bobby Baker a indurre John F. Kennedy a gettare le basi per la rimozione di Johnson alle elezioni del 1964. Ma anche dopo la morte di Kennedy, la puzza di corruzione che circondava Baker, legato a Lansky, minacciava ancora Johnson.

JOHNSON RISCHIA LA PRIGIONE?

Il lobbista di Washington Robert N. Winter-Berger ricorda una visita dell'allora presidente Johnson all'ufficio del presidente della Camera John McCormack, mentre Winter-Berger era lì. Johnson esplose inaspettatamente. Ignorando la presenza di Winter-Berger, Johnson iniziò a urlare e a condannare il suo vecchio amico e protetto Bobby Baker. "John, quel figlio di puttana mi rovinerà. Se quel succhiacazzi parla, vado in prigione", ha urlato Johnson. "Ho praticamente cresciuto quel figlio di puttana e ora mi farà diventare il primo Presidente degli Stati Uniti a passare gli ultimi giorni della sua vita dietro le sbarre".[155]

Secondo Winter-Berger, Johnson si accorse improvvisamente della sua presenza. McCormack assicurò al presidente che Winter-Berger era "affidabile" e che Winter-Berger era vicino a uno degli altri soci di Baker, Nat Voloshen.

Johnson chiese a Winter-Berger di riferire questo messaggio a Baker. "Dite a Nat di dire a Bobby che gli darò un milione di dollari se indosserà il cappello. Bobby non deve parlare".[156] Baker non parlò. Baker andò in prigione. Johnson no.

È chiaro che il legame tra Johnson e Lansky è molto più complesso di quanto si possa determinare, ma l'interazione tra Johnson e le persone a lui vicine e quelle del sindacato di Lansky è a dir poco indiscutibile.

IMPROVVISI CAMBIAMENTI DI POLITICA

Inutile dire che quando Lyndon Johnson divenne presidente, la guerra di Kennedy contro la criminalità organizzata subì un brusco arresto. Ci furono altre

---

[155] Robert N. Winter-Berger. *The Washington Pay-Off* (New York: Lyle Stuart, Inc., 1972), pp. 65-66.
[156] *Ibidem*, p. 66.

importanti inversioni di rotta, tra cui, naturalmente, il cambiamento di politica in Vietnam (su cui torneremo in dettaglio in questo capitolo e nel capitolo 9).

Tuttavia, l'aspetto più significativo della conquista dello Studio Ovale da parte di Lyndon Johnson è che i cambiamenti profondi e immediati nella politica degli Stati Uniti nei confronti di Israele e del mondo arabo sono avvenuti rapidamente dopo l'improvvisa successione di LBJ alla presidenza.

BUONE NOTIZIE" DA DALLAS

La prima prova che Israele e la sua lobby americana erano incantati dall'ascesa di Lyndon alla presidenza è contenuta in una nota che I.L. Kenan, direttore dell'American Israel Public Affairs Committee (AIPAC), aveva inviato ad alti esponenti dell'AIPAC e ad altri membri della lobby israeliana a Washington.[157]

Elogiando la "principale posizione pro-Israele" di Johnson durante la sua carriera al Senato, il memo era datato 26 novembre 1963, appena un giorno dopo che John F. Kennedy era stato deposto nel cimitero nazionale di Arlington. Il memo, inoltre, specificava formalmente "Non destinato alla pubblicazione o alla circolazione".[158]

Chiaramente, gli israeliani non volevano che la loro apparente gioia e l'improvvisa fortuna di Johnson fossero rese pubbliche.

Interessanti sono anche le memorie di Kenan sui suoi anni di servizio come uno dei capi della lobby israeliana a Washington. Le memorie contengono, come abbiamo visto, un capitolo su John F. Kennedy misteriosamente - se non gravemente - intitolato "Una moltitudine di promesse", nonché la strana e accurata menzione del 1963 come "anno turbolento" (per le relazioni USA-Israele).[159]

Il capitolo successivo, dedicato a Lyndon Johnson, è caldamente intitolato "L'amico texano di Israele". Johnson - che era, secondo le parole di Kenan, "l'uomo nuovo alla Casa Bianca" - era un amico molto leale di Israele.

Seymour Hersh sottolinea che uno dei primi atti simbolici di Johnson come Presidente fu quello di dedicare una sinagoga ad Austin, in Texas, meno di sei settimane dopo essere diventato Presidente. In effetti, osserva Hersh, Johnson fu il primo presidente americano della storia a dedicare una sinagoga. Si trattò, come vedremo, di un atto altamente simbolico.[160]

La signora Bird Johnson, nuova moglie del Presidente, ha poi cercato di spiegare perché suo marito fosse così appassionato di Israele e dei suoi amici della lobby americana pro-Israele. Gli ebrei sono stati parte integrante della sua vita", ha detto.[161]

---

[157] Stephen Green. *Taking Sides: America's Secret Relations With a Militant Israel*. (New York: William Morrow & Company, 1984), p. 186.
[158] *Ibidem*.
[159] I. L. Kenan. *Israel's Defense Line: Her Friends and Foes in Washington* (Buffalo: Prometheus Books, 1981), pag. 173.
[160] Seymour Hersh. *The Samson Option: Israel's Nuclear Arsenal and American Foreign Policy* (New York: Random House, 1991), p. 127.
[161] *Ibidem*, p. 128.

GLI INTERESSI DI ISRAELE PRIMA DI TUTTO

In Israele, la presidenza di Johnson fu accolta con piacere. Il quotidiano israeliano *Yedio Ahoronot* dichiarò che in una presidenza Johnson la questione degli "interessi americani" non sarebbe stata un problema importante nelle relazioni tra Stati Uniti e Israele come lo era stato sotto Kennedy.[162] In altre parole, Johnson - a differenza di Kennedy - sarebbe stato disposto a mettere da parte gli interessi americani a favore di Israele. Il giornale israeliano ha aggiunto: "Non c'è dubbio che, con l'avvento di Lyndon Johnson, avremo più opportunità di rivolgerci direttamente al Presidente se riteniamo che la politica americana sia contraria ai nostri interessi vitali".[163]

IL LUTTO NEL MONDO ISLAMICO

Nel mondo arabo, tuttavia, la reazione è stata molto diversa. Secondo l'ex diplomatico Richard Curtiss, che ha trascorso molto tempo nella regione, "il lutto si è diffuso in tutto il mondo arabo, dove ancora oggi sbiadite fotografie su umili pareti ritraggono il giovane eroe".[164]

In Algeria, la nuova repubblica araba che aveva ottenuto l'indipendenza con l'aiuto di John F. Kennedy, il primo ministro Ahmad Ben Bella telefonò all'ambasciatore statunitense per dire: "Credetemi, avrei preferito che fosse successo a me piuttosto che a lui".[165] I gesti amichevoli di Kennedy per la pace sono stati ricordati.

In Egitto, il presidente Nasser si rese conto che la morte di John F. Kennedy avrebbe avuto un profondo impatto sul mondo arabo. Con Kennedy fuori dai giochi, Nasser dichiarò in seguito che "il presidente francese Charles De Gaulle è l'unico capo di Stato occidentale di cui gli arabi possono assicurarsi l'amicizia".[166]

Tuttavia, secondo il biografo di De Gaulle Jean Lacouture, De Gaulle non era "amico né degli arabi né di Israele, ma solo della Francia".[167] Si potrebbe dire che le stesse parole potrebbero essere applicate a John F. Kennedy: "un amico né degli arabi né di Israele, ma solo dell'America". E Israele non considerava certo JFK un amico.

DEUIL A PARIGI

A Parigi, De Gaulle - che aveva concesso l'indipendenza dell'Algeria e che aveva subito numerosi attentati per rappresaglia - rimase profondamente scioccato dall'omicidio del presidente americano. Interruppe una riunione di governo per

---

[162] Green, p. 185.
[163] *Ibidem*, p. 186.
[164] Richard Curtiss. *A Changing Image* (Washington, D.C.: American Educational Trust, 1986), pag. 68.
[165] *Ibidem*.
[166] Jean Lacouture. *De Gaulle: The Ruler* (New York: W. W. Norton & Company, 1993), p. 446.
[167] *Ibidem*.

annunciare: "John Fitzgerald Kennedy è stato assassinato. Era uno di quei rari leader che possono essere chiamati statisti. Aveva coraggio e amava il suo Paese".[168] Secondo il biografo di De Gaulle, "fu un tributo senza precedenti che non si era mai ripetuto".[169]

Infatti, come vedremo, le stesse persone che avevano cospirato contro la vita di De Gaulle erano in realtà le stesse che avevano portato all'assassinio di John F. Kennedy. E se De Gaulle non lo sapeva allora, lo avrebbe scoperto alla fine.

SOSPETTI

Ci furono altre conseguenze nel mondo arabo dopo l'assassinio di Kennedy. [170]Secondo Curtiss, il fatto che il presunto assassino di Kennedy, Lee Harvey Oswald, sia stato rapidamente assassinato da Jack Ruby, "un ebreo americano legato ai gangster" - secondo le parole di Curtiss - ha sollevato il sospetto che Israele fosse complice del crimine.

Secondo Curtiss: "Le circostanze hanno dato adito a molte teorie cospirative, tra cui quella secondo cui quasi tutti gli arabi ritengono che l'assassinio sia avvenuto per impedire un imminente cambiamento politico degli Stati Uniti in Medio Oriente".[171]

Il commento successivo di Curtiss, tuttavia, si è rivelato falso alla luce di ciò che esploreremo nelle pagine del *Giudizio Finale*: "D'altra parte, non è mai stato scoperto alcun tipo di collegamento con il Medio Oriente".[172]

Curtiss osserva che "invece, ironia della sorte, l'assassinio da parte di un arabo-americano, cinque anni dopo in California, del fratello minore del presidente Kennedy, un dichiarato sostenitore di Israele, fece di Robert Kennedy la prima vittima americana del conflitto palestinese-israeliano ad essere assassinata sul suolo americano".[173] (Tuttavia, come vedremo nel capitolo 18, come nel caso dell'assassinio di John F. Kennedy, le apparenze ingannano).

Tuttavia, come ha scritto Alfred Lilienthal, ex critico della politica statunitense in Medio Oriente, "non c'è dubbio che Kennedy intendesse agire con decisione nel suo secondo mandato". L'assassinio del Presidente Kennedy a Dallas, il 22 novembre 1963, distrusse la possibilità che il suo secondo mandato avrebbe potuto vedere Washington liberarsi dal pesante fardello della collaborazione americana nel conflitto arabo-israeliano e dall'incessante clamore politico per i voti nazionali".[174]

MUOVERSI VELOCEMENTE

---

[168] *Ibidem*, p. 378.
[169] *Ibidem*.
[170] Curtiss, *Ibid*.
[171] *Ibidem*.
[172] *Ibidem*.
[173] *Ibidem*.
[174] Alfred Lilienthal. *The Zionist Connection II* (New Brunswick, New Jersey: North American, 1982), p. 549.

Le speranze arabe di pace erano state deluse e un nuovo presidente americano a Washington era nel frattempo impegnato a ingraziarsi i rappresentanti israeliani nella capitale americana.

"Avete perso un grande amico, ma ne avete trovato uno migliore", ha detto il nuovo presidente a un funzionario israeliano.[175] Sebbene la frase di Johnson sia stata ripetuta molte volte, non è del tutto chiaro chi fosse il funzionario. In effetti, la citazione potrebbe essere apocrifa - un'altra leggenda nell'eredità di Lyndon Johnson.

Tuttavia, la maggior parte delle fonti ritiene che il commento di Johnson sia stato probabilmente fatto a Ephraim Evron, il numero due dell'ambasciata israeliana a Washington. Evron divenne poi un amico intimo di Lyndon Johnson.

All'epoca dell'assassinio di Kennedy, curiosamente, Evron era a Washington a capo delle operazioni di intelligence israeliane, lavorando a stretto contatto con James Jesus Angleton, l'uomo di Israele alla CIA. Sembra quindi probabile che qualsiasi cosa Angleton sapesse dell'assassinio di JFK, Evron probabilmente lo sapeva - e viceversa. E forse, potremmo ipotizzare, lo sapeva anche Johnson (nel capitolo 8 e nel capitolo 16 esamineremo più dettagliatamente lo strano ruolo di Angleton nel complotto per l'assassinio di JFK).

Secondo l'assistente di Johnson, Harry McPherson: "Credo che [Evron] sentisse quello che ho sempre sentito io, cioè che nel sangue di Lyndon Johnson c'erano molti corpuscoli ebrei".[176]

Il suddetto McPherson, parlando in una registrazione per il LBJ Library Oral History Project, si è curiosamente descritto come lo "staffista antisemita" di Johnson alla Casa Bianca.[177] McPherson ha spiegato che ciò significava che doveva mantenere "un rapporto permanente con B'nai B'rith, l'Anti-Defamation League, in qualche misura l'organizzazione sionista, e tutti coloro che vogliono cose diverse", un compito probabilmente difficile.[178] Di conseguenza, McPherson era particolarmente attento alle relazioni di Johnson con Israele e la sua lobby a Washington.

In realtà, come dimostra la registrazione, Johnson aveva una lunga e stretta relazione con Israele e i suoi sostenitori. Israele sapeva di avere un fedele seguace dei suoi interessi alla Casa Bianca, ora che John F. Kennedy era fuori dai giochi.

UN FAVORITO DI LUNGA DATA DI ISRAELE

Israele, ovviamente, teneva d'occhio Lyndon Johnson da molto tempo. Evron, l'uomo dell'intelligence israeliana, ha detto questo su Johnson: "L'impressione di Johnson su Israele è nata presto, durante la crisi [di Suez] nel 1957, quando era leader della maggioranza [al Senato]. Quando il Presidente Eisenhower e il Segretario di Stato Dulles volevano costringerci a ritirarci dal Sinai, ci minacciarono di sanzioni economiche. Johnson convinse il senatore californiano William

---

[175] Kenan, p. 173.
[176] Curtiss, pag. 75.
[177] Green, p. 246.
[178] *Ibidem.*

Knowland, allora leader dell'opposizione, a recarsi con lui alla Casa Bianca e a dire al Presidente che ciò non sarebbe stato fatto".[179]

Anche gli Stati arabi osservavano attentamente Johnson, soprattutto dopo che era diventato presidente. In particolare Gamal Abdel Nasser, il presidente egiziano con cui JFK sperava di costruire dei ponti. Infatti, come abbiamo visto, fu durante la sua ultima conferenza stampa alla Casa Bianca che JFK deplorò gli sforzi di Israele e dei suoi sostenitori per sabotare le sue iniziative di pace in Medio Oriente, in particolare per quanto riguarda le relazioni con Nasser.

INIZIA IL CAMBIAMENTO DI POLITICA

Secondo l'autore Stephen Green, il 5 marzo 1964 Nasser disse all'Assistente Segretario di Stato americano Phillips Talbot che "gli Stati Uniti avevano spostato la loro politica verso un sostegno più attivo a Israele".[180]

Erano passati poco più di tre mesi dall'assassinio di John F. Kennedy e dalla catapultata alla presidenza di Lyndon B. Johnson. Johnson era stato catapultato alla presidenza.

L'obiettivo era il record di Nasser. Secondo lo storico dell'intelligence Richard Deacon, la nuova politica di Johnson era in linea non solo con le richieste di Israele, ma anche con quelle degli amici di Israele nella CIA:

"Il presidente Johnson si era già allontanato dalla provvisoria posizione filo-araba dell'amministrazione Kennedy, che era sempre stata disapprovata dalla CIA"".[181]

Deacon riferisce che Walt Rostow, consigliere del Presidente per la sicurezza nazionale, riteneva che la politica statunitense nei confronti di Israele sarebbe servita a controllare efficacemente il sostegno sovietico ai Paesi arabi. "Secondo Deacon, "Rostow rifletteva quasi totalmente le opinioni della gerarchia della CIA".[182]

Lo stesso Johnson aveva legami di lunga data con gli amici di Israele nella CIA durante i suoi anni al Senato.

In qualità di leader della maggioranza del Senato, Johnson lavorò regolarmente a stretto contatto con la CIA ed era considerato un "amico della CIA" al Congresso.

Indubbiamente, però, Lyndon Johnson ha avviato un importante cambiamento nella gestione della politica statunitense in Medio Oriente, in linea con la sua comune dedizione non solo agli interessi della CIA, ma anche a quelli di Israele.

Questo, ovviamente, ha avuto un grande impatto sul corso della politica estera americana e ha rappresentato un'inversione immediata e totale della politica perseguita dal defunto presidente Kennedy.

LA BOMBA NUCLEARE

---

[179] Curtiss, pag. 75.
[180] Green, p. 186.
[181] Richard Deacon. *I servizi segreti israeliani.* (New York: Taplinger Publishing Co., Inc., 1978), p. 179.
[182] *Ibidem.*

È interessante notare che il primo grande beneficio che Israele ha ottenuto dalla morte di JFK è stato, di fatto, l'allontanamento dalla Casa Bianca di un presidente che si era opposto con veemenza allo sviluppo di armi nucleari da parte di Israele.

Secondo lo storico Stephen Green: "Ma forse lo sviluppo più significativo del programma di armi nucleari di Israele nel 1963 ebbe luogo il 22 novembre su un volo da Dallas a Washington D.C., quando Lyndon Baines Johnson prestò giuramento come trentaseiesimo Presidente degli Stati Uniti, dopo l'assassinio di John F. Kennedy.

"Durante i primi anni dell'amministrazione Johnson, il programma israeliano di armi nucleari fu descritto come un "argomento sensibile" a Washington. La Casa Bianca di Lyndon Johnson non vide Dimona, non sentì Dimona e non parlò di Dimona quando il reattore divenne critico all'inizio del 1964".[183]

Il punto critico di conflitto tra John F. Kennedy e il governo israeliano dominato dal Mossad non era quindi più un problema. Il nuovo presidente americano - da tempo sostenitore di Israele - permise che lo sviluppo nucleare continuasse. Questo fu solo l'inizio.

HUBERT HUMPHREY E IL SINDACATO LANSKY

Johnson consolidò anche i suoi legami di lunga data con il sindacato del crimine organizzato di Meyer Lansky. Nel 1964 - puntando al suo primo mandato completo alla Casa Bianca - Johnson scelse il senatore Hubert H. Humphrey del Minnesota come vicepresidente.

Come ha scritto il *Washington Observer*: "Humphrey fu catapultato per la prima volta in una carica pubblica come sindaco di Minneapolis nel 1945 grazie alle macchinazioni e ai fondi neri della campagna elettorale raccolti dal famigerato Kid Cann, re della malavita di Minneapolis.

"Cann, il cui vero nome era Isadore Blumenfeld, e i suoi fratelli (conosciuti con gli pseudonimi di Harry e Yiddy Bloom) erano associati a Meyer Lansky nella proprietà di numerosi hotel di lusso a Miami, insieme al principale consigliere di Humphrey, Max Kampelman, una delle figure più importanti della lobby di Israele a Washington".

"Blumenfeld e Lansky erano soci del sindacato che possedeva gli hotel Sand e Fremont, stabilimenti di gioco d'azzardo a Las Vegas, fino a quando non vendettero le loro quote del Sand a Howard Hughes. Quando Humphrey e i suoi principali collaboratori si trovano a Miami", riporta l'Observer, "alloggiano gratuitamente nei lussuosi hotel del sindacato".[184]

(Alan H. Ryskind, nella sua biografia critica di Humphrey, ha dimostrato come Humphrey, all'epoca sindaco di Minneapolis, riuscì a chiudere un occhio quando Blumenfeld si trovò in una serie di difficoltà ben pubblicizzate - uno dei favori di S.A.R. per il sindacato del crimine di Meyer Lansky.[185]

Così, alle elezioni presidenziali del 1964 - che Johnson avrebbe perso - Lansky e i suoi associati in Israele si assicurarono un'elezione da sogno per il novembre

---

[183] Green, pp. 165-166.
[184] *Washington Observer*, 15 settembre 1968.
[185] Alan H. Ryskind. (*New York: Arlington House*, 1968), pp. 79-84.

successivo. Johnson e il suo vicepresidente erano stati ingaggiati e pagati per questo. Lansky e Israele si erano assicurati che non ci sarebbero stati problemi con gli indipendenti multimilionari irlandesi di seconda generazione come John F. Kennedy, che non era solo il figlio di un noto antisemita, ma anche un tenace difensore degli interessi americani.

Così, dopo essere stato eletto Presidente, Lyndon Johnson si trovò nella posizione di concedere molti favori a Israele.

AIUTI ESTERI SOVVENZIONATI DALLO STATO

Forse i suoi sforzi più draconiani al servizio di Israele riguardarono un massiccio aumento delle donazioni di aiuti esteri finanziati dai contribuenti statunitensi. Sebbene lo stesso John F. Kennedy fosse stato generoso con Israele in questo senso, Johnson aveva fatto di Kennedy un taccagno.

L'ex sottosegretario di Stato George Ball ha commentato sugli aiuti esteri: "Gli israeliani avevano ragione a ritenere che Johnson sarebbe stato più comprensivo di Kennedy.[186]

Secondo l'autore Stephen Green, che cita i dati dell'Agenzia statunitense per lo sviluppo internazionale: "Negli anni successivi - i primi tre anni dell'amministrazione Johnson - il [livello di] sostegno [agli aiuti esteri a Israele] sarebbe cambiato sia qualitativamente che quantitativamente. Gli aiuti governativi a Israele nell'anno fiscale 1964, l'ultimo anno di bilancio dell'amministrazione Kennedy, ammontavano a 40 milioni di dollari. Questa cifra era stata notevolmente ridotta rispetto ai livelli di assistenza degli anni precedenti. Nell'anno fiscale 1965, questa cifra è salita a 71 milioni di dollari e nell'anno fiscale 1966 a 130 milioni di dollari".[187]

ARMARE LA MACCHINA DA GUERRA DI ISRAELE

Green nota anche che, sotto Lyndon Johnson, gli aiuti militari statunitensi a Israele sono aumentati considerevolmente:

"L'aspetto più significativo, tuttavia, è stato il cambiamento nella composizione degli aiuti. Nell'anno fiscale 1964 [di JFK], praticamente nessun aiuto ufficiale degli Stati Uniti a Israele era di natura militare; era suddiviso quasi equamente tra prestiti per lo sviluppo e aiuti alimentari nell'ambito del programma PL 480. Nell'anno fiscale 1965 [di LBJ], invece, il 20% degli aiuti statunitensi era di natura militare e nell'anno fiscale 1966 ben il 71% degli aiuti ufficiali a Israele era sotto forma di crediti per l'acquisto di attrezzature militari.

"Inoltre, la natura dei sistemi d'arma che fornivamo era cambiata. Nel 1963, l'amministrazione Kennedy accettò di vendere cinque batterie di missili Hawk per un valore di 21,5 milioni di dollari. Si trattava però di un sistema di difesa aerea. L'amministrazione Johnson, durante l'anno fiscale 1965-1966, ha fornito a Israele 250 carri armati moderni (M-48 modificati), 48 aerei da attacco al suolo A-1

---

[186] Ball, pag. 52.
[187] Green, pp. 186-187.

Skyhawk, apparecchiature di comunicazione ed elettroniche, artiglieria e fucili senza rinculo.

Data la configurazione delle [Forze di Difesa Israeliane], si trattava di armi tutt'altro che difensive.[188]

"I 92 milioni di dollari di aiuti militari forniti nel 1966 sono stati più del totale di tutti gli aiuti militari ufficiali dati a Israele in tutti gli anni dalla fondazione della nazione nel 1948". Green riassume la portata massiccia dei doni di Johnson: "Il 70% degli aiuti ufficiali americani a Israele sono stati militari. L'America ha dato a Israele più di 17 miliardi di dollari in aiuti militari dal 1946, quasi tutti - più del 99% - dal 1965".[189]

GLI INTERESSI DI ISRAELE PRIMA DI TUTTO

Fu chiaramente Lyndon B. Johnson a creare il precedente degli aiuti illimitati a Israele. A conti fatti, tuttavia, la morte di John F. Kennedy e l'ascesa di Lyndon Johnson allo Studio Ovale hanno segnato un importante cambiamento nella politica generale degli Stati Uniti.

Come scrive Stephen Green in modo molto dettagliato in *Taking Sides: America's Secret Relations With A Militant Israel*:

"Dal 1948 al 1963, l'America è stata percepita da tutti i governi mediorientali come una grande potenza che agiva sulla base di un proprio interesse nazionale chiaramente definito. Inoltre, la politica americana in Medio Oriente era solo politica mediorientale, non era una politica israeliana in cui i Paesi arabi erano attori subordinati.

"Dal 1948 al 1963, i Presidenti Truman, Eisenhower e Kennedy hanno garantito con fermezza la sicurezza nazionale e l'integrità territoriale di Israele, ma anche quella della Giordania, del Libano e degli altri Paesi della regione. Questo era l'obiettivo della Dichiarazione tripartita del 1950.

"Per i governi israeliani che si sono succeduti in questo periodo, la linea di demarcazione tra gli interessi americani e quelli israeliani in materia di sicurezza nazionale è stata tracciata di frequente, e di solito in modo decisivo. Le politiche di Truman sulle esportazioni di armi in Medio Oriente, le posizioni di Eisenhower sullo sviluppo idrico regionale e sull'integrità territoriale durante la crisi di Suez e il candore di Kennedy con la signora Meir sono stati tutti segni di questa linea.

Ciononostante, durante questo periodo, il sostegno finanziario degli Stati Uniti a Israele ha superato di gran lunga quello dato a qualsiasi altra nazione del mondo su base pro capite. E il sostegno diplomatico degli Stati Uniti a Israele presso le Nazioni Unite e altrove non è stato meno generoso.

"Ma i limiti del sostegno americano a Israele sono stati generalmente compresi da tutti i paesi della regione, e sono stati proprio questi limiti a mantenere la capacità dell'America di prendere in considerazione le varie questioni che compongono la disputa arabo-israeliana...

---

[188] *Ibidem*.
[189] *Ibidem*, p. 251.

"Poi, durante i primi anni dell'amministrazione Johnson, dal 1964 al 1967, la politica statunitense sulle questioni mediorientali cambiò bruscamente. Forse sarebbe più corretto dire che si disintegrò. L'America aveva una politica pubblica sulla non proliferazione delle armi nucleari, ma improvvisamente aveva una politica segreta di incoraggiamento del programma di armi nucleari di Israele. Avevamo una politica pubblica sull'equilibrio degli armamenti nella regione, ma abbiamo segretamente accettato, entro la fine del 1967, di diventare il principale fornitore di armi di Israele.

"Ufficialmente, gli Stati Uniti "erano fermamente impegnati a sostenere l'indipendenza politica e l'integrità territoriale di tutte le nazioni [del Medio Oriente]", mentre consapevolmente, in segreto, la "squadra per il Medio Oriente" di Johnson era impegnata a consentire a Israele di ridefinire a proprio vantaggio praticamente tutti i confini con gli Stati arabi vicini.

"Si trattava, ovviamente, di una politica senza principi e senza integrità. Ma è stata anche inefficace, in quanto Israele ha continuato ad agire in modi che ignoravano gli interessi di sicurezza nazionale degli Stati Uniti".[190]

ISRAELE APPROFITTA DEL VIETNAM

Questi fatti incredibili sull'improvvisa inversione di tendenza nella politica americana tradizionale sono stati troppo a lungo ignorati quando si è trattato di stabilire chi avesse tratto i maggiori vantaggi dall'assassinio di John F. Kennedy. Israele è stato chiaramente il più avvantaggiato e ne ha beneficiato.

Tutto ciò è ancora più ironico se si considera il fatto che Israele si rifiutò ripetutamente e assolutamente di sostenere la politica di Johnson in Vietnam, con grande disappunto dell'"amico texano di Israele". "Diavolo", si era lamentato Johnson con Harry McPherson il suo "impiegato antisemita", "vogliono che io protegga Israele, ma non vogliono che io faccia nulla in Vietnam"".[191]

Chiaramente, gli alleati di Israele nella CIA avevano ora mano libera per condurre la loro guerra privata in Vietnam: un vantaggio per la CIA derivante dalla rimozione di Kennedy dalla presidenza. (Nel capitolo 9, esamineremo più dettagliatamente la guerra di Kennedy con la CIA).

Il rovesciamento da parte di Johnson della decisione di JFK di iniziare a ritirare le forze statunitensi (e il personale della CIA) dal Sud-Est asiatico fu, nel senso proprio del termine, un colpo di stato della CIA. La CIA estese il suo potere anche durante il conflitto in Vietnam.

Così come i molti amici di Johnson nell'industria della difesa, sia in Texas che altrove. Gli appaltatori della difesa raccolsero miliardi e miliardi di dollari dalla piccola e sporca guerra di Johnson nel Sud-Est asiatico, una guerra che probabilmente segnò la fine delle possibilità di Johnson di ottenere un secondo mandato.

---

[190] *Ibidem*, pp. 243-244.
[191] *Ibidem*, p. 249.

VIETNAM - IL PICCOLO SPORCO SEGRETO DI ISRAELE

Ciò che è stato tristemente ignorato, tuttavia, è il fatto che Israele aveva molto da guadagnare dal coinvolgimento degli Stati Uniti in Vietnam.

Come sottolinea Stephen Green, un risultato diretto e immediato dell'avventurismo militare americano nel Sud-Est asiatico è stata la capacità di Israele di far progredire la propria forza militare e la propria influenza politica in Medio Oriente.

Dopo tutto, Israele potrebbe ora sostenere, con gli Stati Uniti bloccati nel Sud-Est asiatico, che lo zio Sam aveva bisogno di un alleato vicino, affidabile e democratico in Medio Oriente per curare gli interessi degli Stati Uniti nella regione.

Secondo Green: "In un periodo in cui la Casa Bianca di Johnson era sempre più ossessionata dalla guerra in Vietnam, i leader militari israeliani proponevano di imporre la stabilità ai popoli e ai Paesi del Medio Oriente - una 'Pax Hebraica'.

"C'era, ovviamente, un costo per l'America. Gli Stati Uniti avrebbero dovuto fare i primi passi per diventare ciò che tre precedenti presidenti avevano detto che non saremmo mai stati: il principale fornitore di armi di Israele. Avremmo perso, almeno temporaneamente, il nostro ruolo di mediatore primario nel multiforme conflitto arabo-israeliano.

"Il nuovo accordo ci imporrebbe di dimenticare il nostro vecchio trattato di non proliferazione nucleare, nonostante il trattato del 1968.

"E, cosa forse più importante, gli interessi di sicurezza nazionale degli Stati Uniti nella regione si fonderebbero con Israele in una misura che sarebbe, ed è tuttora, unica nella storia delle relazioni estere americane"".[192]

Soprattutto, Israele avrebbe tratto notevoli vantaggi dal coinvolgimento degli Stati Uniti in Vietnam, che non sarebbe avvenuto se JFK fosse sopravvissuto.

C'è un'altra ironia nel rapporto tra Stati Uniti e Israele in relazione al conflitto in Vietnam che è molto interessante da notare.

Dopo lo scoppio della guerra in Vietnam, che ha trascinato Lyndon Johnson sempre più a fondo nel caos del malcontento pubblico, Israele ha iniziato ad affrontare le proprie difficoltà, mentre le sue forze in Medio Oriente diminuivano.

Sebbene l'ingresso dell'America nel Sud-Est asiatico abbia dato a Israele mano libera nella propria area geografica di influenza, il piccolo Stato ebraico si è trovato ad avere bisogno degli Stati Uniti, forse più che mai. L'aggressione israeliana contro i suoi vicini arabi aveva radunato il mondo arabo contro Israele.

Con gli Stati Uniti che si sono avventurati troppo nel Sud-Est asiatico, Israele e la sua lobby americana hanno notato che le energie statunitensi erano concentrate nella direzione sbagliata. Così, molte delle voci che esortavano gli Stati Uniti a ritirarsi dall'arena del Vietnam erano quelle che chiedevano a gran voce che gli Stati Uniti rientrassero nella polveriera del Medio Oriente.

---

[192] *Ibidem*, p. 180.

DOVE DOVREBBE COMBATTERE L'AMERICA?

Fu alla vigilia della guerra del 1967 - una guerra che avrebbe potuto essere la fine per Israele - che il *Washington Star* (nel suo editoriale di apertura del 4 giugno) evidenziò lo strano paradosso.

"Molti di coloro che, sia in patria che all'estero, condannano duramente la presenza americana in Vietnam sono i primi a sostenere un coinvolgimento totale degli americani in Medio Oriente.

"E dopo aver fatto il salto dall'isolamento all'intervento, hanno continuato a sostenere che il nostro impegno in Medio Oriente è un'ulteriore giustificazione per il disimpegno in Asia. Secondo questo ragionamento, la nazione non può permettersi di impegnarsi in entrambe le aree.

"Bisogna fare una scelta.[193] E il Medio Oriente è il luogo logico per l'intervento degli Stati Uniti", secondo la valutazione della *Star* dell'atteggiamento dei sostenitori filo-israeliani del ritiro dal Vietnam che hanno chiesto l'intervento degli Stati Uniti in Medio Oriente.

Fu allora che Israele, che inizialmente aveva raccolto i benefici del coinvolgimento americano nel Sud-Est asiatico, iniziò finalmente a battere il tamburo per il ritiro dell'America - ma solo molto tempo dopo che il danno della guerra del Vietnam era già stato fatto. Israele ha messo al primo posto i propri interessi, non quelli dell'America.

LANSKY, LA CIA E IL VIETNAM

Va inoltre notato che anche gli amici di Israele nel sindacato del crimine organizzato di Meyer Lansky hanno tratto profitto dal conflitto in Vietnam. Il capitolo 12 analizza in dettaglio la collaborazione poco conosciuta tra il sindacato di Lansky, i suoi riciclatori di denaro legati al Mossad e la CIA nel traffico di droga nel Sud-Est asiatico.

L'impero criminale di Lansky iniziò a sfruttare il massiccio commercio globale di droga, in gran parte sotto la copertura della CIA, in tutto il Sud-Est asiatico durante la guerra del Vietnam, un periodo in cui il problema della droga iniziò a peggiorare in modo significativo negli Stati Uniti e altrove.

Oggi, a distanza di molti anni, il ruolo della CIA nel mercato globale della droga sta venendo a galla solo ora. Lo scandalo Iran-Contra, ad esempio, ha fatto luce su questo aspetto poco conosciuto del lato oscuro degli affari mondiali. Così, la combinazione Israele-Lansky-CIA ha condiviso un importante vantaggio del coinvolgimento americano in Vietnam. Dobbiamo ringraziare Lyndon Johnson per questo.

---

[193] *Washington Star*, 4 giugno 1967.

UN ATTACCAMENTO APPASSIONATO

Israele e i suoi alleati segreti avevano un messia in Lyndon Baines Johnson. Nel suo libro *The Passionate Attachment*, l'ex sottosegretario di Stato George Ball ha riassunto i risultati delle politiche di Johnson in Medio Oriente: "In primo luogo, l'amministrazione ha posto l'America nella posizione di essere il principale fornitore di armi di Israele e il suo incondizionato e unico sostenitore.

"In secondo luogo, assicurando agli israeliani che gli Stati Uniti avrebbero sempre fornito loro un vantaggio militare sugli arabi, Johnson garantì l'escalation di una corsa agli armamenti... In terzo luogo, rifiutando di seguire il consiglio dei suoi assistenti secondo cui l'America avrebbe subordinato la consegna degli F-4 Phantom a capacità nucleare alla firma da parte di Israele del Trattato di non proliferazione nucleare, Johnson diede agli israeliani l'impressione che l'America non avesse obiezioni fondamentali al programma nucleare di Israele.

"In quarto luogo, consentendo l'insabbiamento dell'attacco israeliano alla libertà [vedi capitolo 2], il presidente Johnson disse agli israeliani che nulla di ciò che avrebbero fatto avrebbe indotto i politici americani a rifiutare la loro offerta. Da quel momento, gli israeliani cominciarono a comportarsi come se avessero un diritto inalienabile all'aiuto e al sostegno americano".[194]

Come conclude Stephen Green nella sua analisi degli incredibili cambiamenti nella politica statunitense verso Israele avvenuti durante l'era Johnson:

"Nel giugno 1967, per una serie di ragioni che ovviamente includevano "considerazioni di politica interna", Lyndon Johnson e il suo team di consiglieri di politica estera avevano completamente rivisto le relazioni tra Stati Uniti e Israele. In ogni caso, Israele era diventato il 51° Stato".[195]

---

[194] Ball, pp. 65-66.
[195] Green, p. 250.

CAPITOLO 7

Il padrino di Israele: L'intermediario Meyer Lansky, la CIA, l'FBI e il Mossad israeliano

Se non fosse stato per il boss del crimine internazionale Meyer Lansky, forse oggi non esisterebbe lo Stato di Israele. Israele preferirebbe che dimenticassimo questo punto.

Israele è stato creato come Stato in gran parte grazie al sostegno politico, finanziario e morale di Meyer Lansky e dei suoi associati e scagnozzi della criminalità organizzata. Gli interessi di Lansky e quelli di Israele erano quasi incestuosi. Infatti, la principale banca europea di Lansky per il riciclaggio di denaro era un'operazione gestita sotto la direzione di un alto funzionario del Mossad israeliano.

Gli stretti legami di Lansky non solo con i servizi segreti statunitensi (tra cui la CIA e l'FBI) hanno reso il mafioso ebreo il leader "intoccabile" della criminalità organizzata mondiale.

Durante la breve presidenza di John F. Kennedy, egli non fu solo in contrasto con Israele e la sua potente lobby americana. Kennedy, come abbiamo visto nel capitolo 4, tradì anche i suoi alleati segreti della mafia che lo avevano aiutato a raggiungere la presidenza. Il fratello del Presidente, il Procuratore Generale Robert F. Kennedy, stava conducendo una guerra senza quartiere contro la criminalità organizzata.

Negli anni che precedettero l'ascesa di Kennedy alla presidenza, una figura mafiosa poco conosciuta ma immensamente potente, di nome Meyer Lansky, si era fatta strada ai vertici del sindacato criminale.

Questo sindacato non era solo nazionale, era internazionale, e il re del crimine non ancora incoronato era Meyer Lansky, il cosiddetto "presidente del consiglio di amministrazione" di questo incredibile impero criminale che si estendeva ai quattro angoli del mondo.

Fu Meyer Lansky, all'inizio della sua carriera criminale, ad emergere come uno dei principali sponsor dello Stato di Israele e i cui più intimi collaboratori furono tra i principali patrocinatori finanziari dell'influente lobby israeliana in America.

Inoltre, come vedremo, Lansky aveva stretto legami con gli alleati israeliani all'interno della CIA, agenzia che a sua volta era entrata in guerra con John F. Kennedy.

Così, quando JFK si scontrò non solo con Israele e i suoi alleati nell'impero del crimine organizzato di Lansky, ma anche con la CIA, il presidente americano aveva inconsapevolmente stretto un'alleanza mortale tra i suoi nemici più accaniti.

È il legame con Meyer Lansky che spiega come il Mossad israeliano sia stato in grado di utilizzare e manipolare, tra gli altri, la comunità cubana anticastrista - che a sua volta lavorava non solo con la CIA, ma anche con il Sindacato del crimine organizzato di Lansky - nel complotto per l'assassinio di John F. Kennedy.

Per iniziare la nostra indagine nei crepacci oscuri della malavita in cui il Mossad israeliano, il crimine organizzato e la CIA si sono riuniti intorno all'omicidio Kennedy, è meglio iniziare con Lansky.

Sono Lansky (individualmente) e il suo Sindacato del Crimine a collegare tutti questi vari componenti, indicando il ruolo finora non rivelato di Israele nell'assassinio di JFK.

Come disse una volta un portavoce della Commissione d'inchiesta delle Bahamas, che stava indagando sulla criminalità organizzata nelle isole: "A un certo punto, abbiamo cominciato a chiederci se il nome di Meyer Lansky non fosse una grande finzione giornalistica, una figura fantastica e mitica".[196] Ma è esistito.

Meyer Lansky, infatti, è stato uno dei principali protagonisti della cospirazione internazionale che ha portato all'assassinio di John F. Kennedy, nonostante tutta la documentazione che propaga la teoria secondo cui "la mafia ha ucciso JFK".

CHI ERA MEYER LANSKY?

Il riassunto più conciso delle origini e dell'ascesa al potere di Meyer Lansky era contenuto in un lungo ritratto di Lansky apparso sulla prima pagina del ***Wall Street Journal*** nel 1969. Un estratto rilevante recitava come segue:

"Nato Maier Suchowjansky a Grodno, in Russia, Lansky giunse negli Stati Uniti all'età di nove anni. La sua famiglia si stabilì nei bassifondi immigrati di New York. All'età di 27 anni, il giovane Maier aveva già cinque arresti sulla sua fedina penale, con accuse che andavano dalla condotta disordinata al sospetto omicidio, ma non fu mai condannato. Aveva iniziato la sua meticolosa ascesa nel mondo della malavita.

"Fu negli anni '20 che Lansky divenne amico e socio di Bugsy Siegel. I due uomini divennero un duo formidabile, prima come scagnozzi di Legs Diamond e poi come leader della loro banda, nota come 'Bugs and Meyer Gang'.

UN MEMBRO DEL CONSIGLIO DI AMMINISTRAZIONE

"La loro specialità era proteggere il liquore in transito dai dirottatori alle bande della East Coast. Erano bravi e quando si formò un'alleanza chiamata Eastern Syndicate per coordinare il contrabbando di alcolici, Lansky e Siegel furono nominati nel consiglio di amministrazione. Lansky era responsabile della gestione delle finanze del sindacato.

"All'inizio degli anni '30, il Syndicat de l'Est iniziò a stringere un'alleanza con altre bande della regione. Così nacque l'unione nazionale. Ogni banda mantenne la propria identità e perseguì le proprie attività, mentre la federazione si riuniva occasionalmente per discutere questioni di interesse comune.

---

[196] Marvin Miller. *La rottura di un presidente: la connessione con Nixon*. (Covina, California: Classic Publications, 1975), p. 336.

Le decisioni finali spettavano ai capi banda, uno dei quali era il presidente della federazione. Il primo presidente fu Lucky Luciano, capo della mafia dell'Est.

COLLEGAMENTI CON I SERVIZI SEGRETI AMERICANI

"Durante la Seconda Guerra Mondiale, Lansky ebbe un ruolo in un'alleanza inimmaginabile tra la malavita e la Marina degli Stati Uniti. A quanto pare, la Marina decise che i porti della costa orientale potevano essere protetti dal sabotaggio solo con l'aiuto della mafia.

"Lucky Luciano era [all'epoca] in prigione, ma deteneva ancora il potere e la lealtà dei membri della mafia. L'avvocato di Luciano e Meyer Lansky furono reclutati per convincere Luciano a dare la sua benedizione all'accordo. Dopo diversi mesi di visite in prigione, Luciano accettò. Dopo la guerra, Lucky fu rilasciato sulla parola e rispedito in Italia, promettendo di non tornare mai più negli Stati Uniti.

IL PRESIDENTE DEL CONSIGLIO DI AMMINISTRAZIONE

"Con la scomparsa di Luciano, il trio Lansky, Joe Adonis e Frank Costello assunse la guida del sindacato. Alla fine degli anni '50, Costello era stato estromesso dal potere dai suoi colleghi e Adonis era stato espulso. Lansky sedeva da solo al vertice".[197]

Nel frattempo, Lansky aveva già consolidato i suoi legami con la classe dirigente di Washington. In effetti, si trattava di una collaborazione di lunga data.

LANSKY E CUBA

(Nel capitolo 10 parleremo del ruolo chiave di Lansky nella vittoria del presidente Franklin Delano Roosevelt alla nomination democratica del 1932).

Lo stesso Roosevelt inviò Lansky come suo emissario personale a Cuba per incontrare l'uomo forte cubano Fulgencio Batista. FDR riteneva che il regime autoritario di Batista stesse generando un malcontento popolare che poteva essere sfruttato da un movimento comunista in crescita a Cuba. Attraverso Lansky, FDR sperava di influenzare Batista a intraprendere riforme volte a sedare la minaccia comunista. Fu in questo periodo che Lansky iniziò a stabilire il suo lucroso impero del gioco d'azzardo nel paradiso tropicale e una lunga e proficua relazione d'affari con Batista e altri leader cubani, che intascarono milioni di tangenti dalle attività dei casinò di Lansky.

(Tra i beneficiari dei profitti di Lansky c'era Carlos Prio Soccaras, che, come vedremo nel capitolo 14, alla fine divenne socio nel commercio di armi con Jack Ruby, il gestore del nightclub di Dallas e del sindacato di Lansky).[198]

---

[197] *The Wall Street Journal*, 19 novembre 1969, pag. 1.
[198] Miller, p. 327.

(Nel capitolo 11 esaminiamo le attività di gioco d'azzardo di Lansky a Cuba e le sue operazioni di riciclaggio di denaro europeo legate al Mossad israeliano. Nel Capitolo 12 esaminiamo in dettaglio il traffico internazionale di droga di Lansky e i suoi legami con la CIA).

Sebbene Batista entrasse e uscisse di scena più volte nei due decenni successivi, l'uomo forte di Cuba rimase il sovrano de facto dell'isola attraverso successivi regimi fantoccio fino all'avvento di Fidel Castro il giorno di Capodanno del 1960.

Tuttavia, Lansky aveva anche importanti contatti molto più lontani. Lansky - come vedremo qui - fu determinante per la creazione dello Stato di Israele.

ALLEANZA E RIVALITÀ

Tuttavia, per comprendere la posizione preminente di Lansky come leader della criminalità organizzata, dobbiamo prima esaminare la strana e complessa alleanza - e rivalità - tra membri italiani ed ebrei del mondo della criminalità organizzata.

Il resoconto del *Wall Street Journal* sull'ascesa al potere di Lansky accenna a queste contraddizioni, ma non le esplora nel modo giusto. Vanno citate due cose interessanti che non compaiono nel riassunto della carriera di Lansky fatto dal Journal.

È noto che Lansky avviò la sua carriera criminale in collaborazione con il noto mafioso Charles Luciano "Lucky". La loro alleanza è citata nell'articolo del *Journal* e un recente film hollywoodiano intitolato *Mobsters* ha messo in luce le imprese giovanili di Lansky, Luciano, Benjamin Siegel e Frank Costello.

LUCIANO FRAMMATO

Tuttavia, è possibile che sia stato Lansky, attraverso i suoi contatti politici, a organizzare la condanna e la successiva incarcerazione di Luciano. Fu l'incarcerazione di Luciano - e l'eventuale deportazione - a facilitare l'ascesa di Lansky nella criminalità organizzata.

Nelle sue memorie Luciano fornisce un resoconto dettagliato di come fu effettivamente incastrato per le accuse di schiavitù bianca e prostituzione che lo portarono in carcere. Luciano non accusa in alcun modo Lansky, anche se, come vedremo, potrebbe aver avuto dei sospetti.

Luciano non chiede al lettore di credere che lui (Luciano) non si sia impegnato in una vasta attività criminale. Egli dimostra in modo convincente di non essere colpevole dei reati per i quali è stato condannato. In effetti, Luciano non è mai stato processato per nessuno dei crimini in cui era coinvolto con Lansky.

Comunque sia, è del tutto possibile che Lansky abbia avuto un ruolo nell'incastrare Luciano con l'accusa di prostituzione. La guerra di Tom Dewey contro Lucky Luciano, l'incarcerazione del boss mafioso e la sua successiva espulsione facilitarono l'ascesa di Lansky al vertice.

Fu dopo l'espulsione di Luciano che quest'ultimo nominò Lansky suo portavoce ufficiale. Secondo Luciano, "organizzai tutto con Lansky, e fu allora che Meyer divenne il vero tesoriere dell'Organizzazione. Lo incaricai di occuparsi dei miei soldi e in seguito iniziò a occuparsi delle finanze di alcuni ragazzi".[199]

Nonostante le sue origini ebraiche, Lansky era il *capo di tutti i capi* in assenza di Luciano. Teoricamente, Lansky non avrebbe mai potuto essere un "membro" della Mafia, ma certamente era più in alto di tutti coloro che erano stati resi membri e inseriti nella cosiddetta "società onoraria".

LANSKY, DEWEY E LA CIA

Sia Dewey che Lansky, ovviamente, beneficiarono dell'incarcerazione di Luciano. Il caso di Dewey e del suo legame con Lansky è molto interessante.

In seguito all'accusa di Luciano, Dewey ottenne una vasta fama politica e nel 1938 si candidò, senza successo, a governatore di New York. A quel tempo, Lansky avrebbe donato un totale di 250.000 dollari (in dollari del 1938) alla campagna di Dewey.

Dewey non vinse quella gara, ma durante il resto del suo mandato come procuratore "anti traffico" di New York si assicurò la condanna di uno dei rivali ebrei di Lansky nel crimine organizzato, Louis "Lepke" Buchalter, che alla fine morì sulla sedia elettrica.

Poi, nel 1942, quando Dewey cercò di nuovo - questa volta con successo - il governatorato, Lansky fornì ulteriore sostegno finanziario e forza politica. Dewey, in qualità di governatore, commutò la pena di Luciano. In cambio della libertà, Luciano accettò l'esilio nella sua Italia. In assenza di Luciano, l'influenza di Lansky crebbe all'estero.

Tuttavia, questa non sarebbe stata la fine del rapporto tra Dewey e Lansky. Più tardi, alla fine degli anni '50, Dewey divenne uno dei principali azionisti della Mary Carter Paint Company.

Secondo l'ex agente della CIA Robert Morrow, "la Carter Paint era originariamente una società di comodo creata da Thomas Dewey [e dal direttore della CIA] Allen Dulles per fornire una copertura alla CIA. Nel 1958, Dewey e alcuni amici avevano acquistato una partecipazione di controllo nella Crosby Miller Corporation, con due milioni di dollari dalla CIA e con l'autorizzazione di Allen Dulles. Poi, nel 1959, la Crosby Miller Corporation si fuse con l'azienda di vernici di proprietà della CIA. Come esempio di una delle sue prime attività, fornì denaro riciclato della CIA all'esercito della Baia dei Porci. Nel 1963, dopo uno scandalo fondiario in Florida, la Mary Carter Paint creò la sua divisione vernici e divenne Resorts International".[200]

Resorts International, Inc. controllava praticamente tutti gli hotel delle Bahamas e dei Caraibi, dove Lansky aveva riorganizzato le sue operazioni di gioco d'azzardo dopo essere stato espulso da Cuba nel 1960.

---

[199] Martin Gosch & Richard Hammer. *The Last Testament of Lucky Luciano* (Boston: Little Brown & Company, 1974), p. 229.
[200] Robert D. Morrow. *The Senator Must Die: The Murder of Robert F. Kennedy* (Santa Monica, California: Roundtable Publishing, Inc., 1988), p. 238.

Resorts International ha infine creato una filiale nota come International Intelligence, Inc (Intertel), che avrebbe dovuto ridurre il coinvolgimento della criminalità organizzata nell'industria dei casinò. Ma in realtà si trattava di un mito.

Alcuni sospettano che Intertel - come Resorts International e Mary Carter Paint in precedenza - non fosse una semplice operazione della CIA, ma un'operazione congiunta tra la CIA e Lansky - una rete di intelligence che interagisce con il Mossad israeliano.[201]

Forse non sorprende che l'ammirato biografo di Dewey, Richard Norton Smith, non menzioni mai la Mary Carter Paint Company di Dewey, né il sostegno di Lansky agli sforzi politici di Dewey in *Thomas E. Dewey and His Times*. Un altro legame non dichiarato con Lansky. Tutto ciò illustra la profondità dell'influenza politica di Lansky e la sua vasta gamma di connessioni.

FRANK COSTELLO "VA IN PENSIONE"

C'è anche da chiedersi se Lansky possa essere stato coinvolto nel fallito attentato all'altro suo amico d'infanzia, il già citato Frank Costello, spesso definito "il primo ministro della mafia". In ogni caso, il tentativo di assassinio di Costello costrinse il "primo ministro" al pensionamento anticipato e diede a Lansky una maggiore influenza nel crimine organizzato.

LUCIANO RIMEMBRI....

"Lucky" Luciano, che per primo aveva facilitato la scalata al vertice di Meyer Lansky, in seguito rimpianse il giorno in cui aveva riposto la sua fiducia nell'ex socio della banda. Nel 1961, molto tempo dopo che la sua influenza sul sindacato internazionale del crimine aveva cominciato a scemare, Luciano rifletté sul suo rapporto con Lansky. "Nel Giulio Cesare [di Shakespeare], vi ricordate di un tizio chiamato Cassio? Era un rompiscatole. Sembra che tutti abbiano un Cassio nella loro vita".

Secondo Luciano, il suo socio mafioso Vito Genovese era il suo Cassio personale. Tuttavia, dopo averci pensato un po', ha aggiunto: "A pensarci bene, ho avuto anche due Cassio nella mia vita, l'altro era un tizio chiamato Meyer Lansky. Ma è da un po' che non lo contatto".[202]

Nei suoi ultimi giorni di vita, Luciano prese in considerazione le offerte di produttori hollywoodiani per girare la sua biografia. Tuttavia, Luciano - in esilio in Italia - ricevette un messaggio da casa che gli "ordinava" di non prendere parte a tale impresa. Fu allora che Luciano vide il quadro completo: tutta la verità su ciò che la mafia era realmente diventata.

---

[201] *The Spotlight*, 25 settembre 1978.
[202] Gosch & Hammer, pag. 381.

"IL CAPO DI TUTTO"

"Quando ho capito che Meyer Lansky era coinvolto in tutto questo, ho capito che ci teneva in pugno. Perché a Lansky, in quanto ebreo, doveva fregare qualcosa se in un film c'erano nomi italiani? Perché lui tirava i fili e tutti quelli che stavano dall'altra parte gli obbedivano come un branco di burattini.

"Lansky teneva anche i cordoni della borsa, era il tesoriere e cercava davvero di essere il capo di tutto. Era così affamato di potere che, dietro le quinte, avrebbe leccato il culo a chiunque e fatto qualsiasi cosa per cui, alla fine, lui - Meyer Lansky, il mio vecchio socio ebreo - finì per essere il vero capo di tutti i capi di tutti gli italiani e di tutti gli ebrei - e senza un cazzo di voto del consiglio di amministrazione [del sindacato del crimine organizzato].

"Non ho mai saputo bene cosa significasse quando eravamo bambini e lo chiamavo il Genio. Ma a sessantaquattro anni sono finalmente diventato intelligente".[203]

AIUTO BENEVOLO

Fu così che Meyer Lansky - pur non essendo italiano - divenne, come veniva soprannominato, "Presidente del Consiglio" del Sindacato del Crimine Organizzato, ancora più potente della stessa Mafia.

Se, come alcuni sostengono, "la mafia ha ucciso JFK", non avrebbe potuto farlo senza la preventiva conoscenza e il benevolo aiuto di Meyer Lansky.

E come vedremo in questo capitolo - e più avanti nelle pagine di quest'opera - i legami di Lansky con Israele e il suo Mossad (nonché con gli alleati israeliani della CIA), dimostrano che il lealista israeliano Meyer Lansky è stato un attore fondamentale che ha collegato i vari attori che si sono riuniti nel complotto per assassinare JFK.

NASCONDERSI DIETRO "LA MAFIA"

In *Little Man, la* sua recente e simpatica biografia di Meyer Lansky, Robert Lacey ha smentito le voci sul ruolo di Lansky nell'assassinio di JFK quando ha scritto: "Meyer è stato menzionato più spesso nel più meraviglioso di tutti i terreni di caccia per i teorici della cospirazione, l'assassinio del presidente John F. Kennedy".[204]

Questo è l'unico riferimento nel libro di Lacey al legame più tenue tra Lansky e l'omicidio JFK. Tuttavia, come vedremo, le connessioni sono davvero molto profonde. Tuttavia, contrariamente a quanto sostiene Lacey, il nome di Lansky compare raramente in modo significativo nella maggior parte dei resoconti mainstream che affermano il ruolo del crimine organizzato nell'assassinio.

Il fatto è che il nome di Lansky è stato definitivamente e convenientemente sepolto dietro una serie di figure del crimine organizzato italiano ("la mafia"). Nei

---

[203] *Ibidem*, p. 431.
[204] Robert Lacey. *Piccolo uomo: Meyer Lansky e la vita da gangster.* (Boston: Little, Brown & Company, 1991), p. 386.

capitoli 10 e 11, esaminiamo in dettaglio i legami di Lansky con i più noti, anzi famigerati, personaggi della malavita di origine italiana legati all'assassinio di Kennedy.

Come vedremo, infatti, gli individui in questione erano praticamente tutti sottoposti di Lansky. Tuttavia, il nome di Lansky è poco citato nei resoconti classici che suggeriscono che il crimine organizzato - in particolare la "mafia" - abbia avuto un ruolo nell'omicidio del Presidente.

"I VERI BOSS DEL CRIMINE"

Hank Messick, biografo ufficiale di Lansky e scrittore sul crimine organizzato, sottolinea la tendenza dei media - e delle forze di polizia - a ignorare l'ampia e penetrante portata del Sindacato del Crimine Organizzato di Meyer Lansky, concentrandosi invece sul clamore della "Mafia", il ramo italiano della malavita.

Messick afferma: "I veri responsabili del crimine sono rimasti nascosti mentre la polizia ha inseguito dei piccoli criminali. E chi pensa che sia un caso è un ingenuo. Uno studio rivela che i boss della criminalità non mafiosa si sono nascosti per decenni dietro l'organizzazione guidata dalla vendetta [la mafia italiana]. Ci sono stati tentativi di addossarmi la colpa, e sono stato bollato come antisemita da un capo all'altro del Paese da delinquenti che hanno usato la religione come pretesto".[205]

Nelle sue memorie, l'amico di Lansky Charles "Lucky" Luciano ha rivelato un fatto piuttosto interessante. Secondo Luciano, fu lo stesso Lansky a suggerire che la neonata associazione criminale nazionale si chiamasse "Unione Siciliana", un soprannome che dava alla malavita un'immagine decisamente "siciliana".[206]

"NASCONDERE NOSTRA"

Secondo Peter Dale Scott, un ricercatore veterano dell'assassinio di JFK, "è rilevante che Robert. F. Kennedy, [allora consulente della commissione traffico del Senato] non usò la parola 'mafia' nel suo libro del 1960 *The Enemy Within*, presentando il suo modello di criminalità organizzata come un sindacato endemico, multietnico e parzialmente istituzionalizzato".[207]

Secondo Scott: "Quello che Robert Kennedy intendeva con "sindacato" era molto diverso da quello che [gli esperti di mafia intendevano con il termine] Cosa Nostra".[208] Secondo Scott, "chiunque parli di criminalità organizzata... lo fa in condizioni di grande restrizione politica".[209]

---

[205] Hank Messick. Lansky (New York: Berkley Medallion Books, 1971), pp. 8-10.
[206] Gosch & Hammer, pag. 146.
[207] Peter Dale Scott. *Deep Politics and the Death of JFK* (Berkeley, California: University of California Press, 1993), pag. 192.
[208] Peter Dale Scott. *Deep Politics and the Death of JFK* (Berkeley, California: University of California Press, 1993), p. 187.
[209] *Ibidem*.

Per dirla senza mezzi termini: il termine "mafia" ignora il ruolo essenziale - e di fatto predominante - di Meyer Lansky e dei suoi associati ebrei nel sindacato criminale nazionale.

A causa di vincoli politici e del timore di essere accusati di antisemitismo, molti hanno temuto di evidenziare il ruolo importante dei criminali ebrei nel mondo del crimine.

Mickey Cohen, gangster ebreo e scagnozzo di Lansky sulla West Coast, ha affrontato nelle sue memorie il conflitto italo-ebraico nella criminalità organizzata. Raccontava apertamente: "Vedete, non voglio ingannare nessuno perché sto scrivendo una vera autobiografia, ok? E non voglio usare mezzi termini, ma non considero la mafia, o qualcosa del genere, l'unica forza [del crimine organizzato]".[210]

Cohen distingueva tra i membri italiani della criminalità organizzata, comunemente noti come "la Mafia" e "la Cosa Nostra", e le forze ebraiche talvolta satiricamente chiamate "la Casher Costra".

"È un'organizzazione. È più quello che definirei un sindacato. Quindi era un'organizzazione, ma non era la mafia. Essendo ebrei, Benny, io e persino Meyer non potevamo essere parte integrante della mafia".[211]

(Il "Benny" a cui Cohen si riferisce era il già citato Benjamin "Bugsy" Siegel, amico e complice di lunga data di Lansky. Fu Lansky a ordinare l'assassinio di Siegel.

(Scopriremo molto di più sul legame tra Lansky, Siegel e Cohen nel capitolo 13, quando scopriremo il ruolo centrale di Cohen nella cospirazione per l'assassinio di JFK).

Solo nel 1957, in occasione del famoso Conclave della mafia degli Appalachi a New York, i media iniziarono a ritrarre la mafia come una forza importante del crimine organizzato.

Gli americani conoscevano da tempo l'esistenza di mafiosi leggendari come Al Capone e Lucky Luciano, ma la consapevolezza collettiva dell'esistenza comprovata di un'associazione criminale nazionale non era comune.

Dopo un'irruzione della polizia nella riunione degli Appalachi - a cui partecipavano esclusivamente personaggi di spicco della mafia italiana provenienti da tutto il Paese - l'attenzione dell'opinione pubblica cominciò a concentrarsi sulla "mafia", grazie ai media.

LA MAFIA NEL CAOS / LANSKY AL VERTICE

La storia ufficiale è sempre stata che un poliziotto locale si imbatté nel conclave mafioso nella casa del mafioso Joseph Barbara. Chiamò i rinforzi e si verificò una grande "retata". Tuttavia, secondo Hank Messick, la polizia era stata informata da un socio di Lansky che la riunione stava per avere luogo. Messick descrive le conseguenze del raid sugli Appalachi:

"I partecipanti si dispersero prima che si potesse concludere qualsiasi alleanza. E la pubblicità provocò il più grande fervore dagli anni Trenta. Non si rivolgeva solo agli uomini che avevano partecipato alla riunione, ma alla mafia nel suo

---

[210] Mickey Cohen e John Peer Nugent. *Mickey Cohen: In My Own Words* (Englewood Cliffs, New Jersey: Prentice-Hall, Inc., 1975), pag. 35.
[211] *Ibidem*.

complesso. Inoltre, continuò per oltre un anno, mentre i funzionari statali e federali cercavano di trovare accuse contro i partecipanti che avevano catturato o identificato.

"I leader mafiosi non solo erano immobilizzati dalla continua pubblicità, ma erano anche demoralizzati. Quasi istintivamente, si rivolsero a Lansky e ad altri leader sindacali non mafiosi per ottenere consigli e aiuto".[212]

Probabilmente non è una coincidenza che uno dei giovani avvocati che giocarono un ruolo chiave nel raid degli Appalachi fosse un certo Justin Finger. Finger divenne in seguito il capo della "divisione per i diritti civili" della Anti-Defamation League di B'nai B'rith, il principale braccio di intelligence e propaganda del Mossad di Israele negli Stati Uniti.[213] Nei capitoli successivi, in particolare nel capitolo 17, esamineremo più dettagliatamente il ruolo dell'ADL nell'insabbiamento dell'assassinio di JFK.

Chiaramente, il raid degli Appalachi fu un evento cruciale nell'ascesa al potere di Lansky. Rafforzò la presa di Lansky sul sindacato del crimine.

Michael Milan, una figura di basso livello della criminalità organizzata ebraica cresciuta nella sfera d'influenza di Lansky, sostiene di essere stato introdotto ritualmente nella mafia - da Lansky stesso. Fu a Lansky che Milan giurò fedeltà. Nelle sue memorie, Milan ricorda l'evento con emozione: "'Omertà' sussurrò Meyer Lansky, credendo solo a metà nel rituale stesso, ma non volendo mostrare il minimo segno di mancanza di rispetto... per le tradizioni [mafiose]".[214]

In ogni caso, come abbiamo visto, il ruolo predominante di Meyer Lansky nella malavita era già ben consolidato.

IL LEGAME TRA HOOVER E LANSKY

Il ruolo di Lansky nell'Office of Strategic Services (OSS) e nelle Naval Intelligence Operations durante la Seconda Guerra Mondiale e il suo lavoro per conto di Franklin Delano Roosevelt nella gestione di Batista possono spiegare perché Lansky sia stato raramente perseguito dalle autorità federali.

In *Secret File*, Hank Messick commenta: "Lansky è stato premiato? Non è possibile dare una risposta definitiva, ma è stato stranamente immune da azioni penali a livello federale. Per due volte la Divisione di Intelligence dell'IRS ha raccomandato di perseguirlo, e per due volte il Dipartimento di Giustizia ha rifiutato. Lansky rimane l'unico uomo di alto rango del sindacato criminale nazionale a uscirne indenne. Grazie alla sua intelligenza e alle difficoltà dei suoi colleghi, è l'indiscusso presidente del consiglio di amministrazione".[215]

Lo stesso Lansky riconosce il suo ruolo nella cosiddetta "Operazione Underworld". "Naturalmente, sono la persona che ha fatto incontrare l'intelligence navale e Lucky", ha detto al suo amico israeliano, il giornalista Uri Dan. Le

---

[212] Messick, p. 215.
[213] *Executive Intelligence Review*. Dope, Inc (New York: New Benjamin Franklin House, 1986), pag. 587.
[214] Michael Milan. *The Squad: The U.S. Government's Secret Alliance With Organized Crime* (New York: Shapolsky Publishers, 1989), pag. 194.
[215] Hank Messick. *Fascicolo segreto.* (New York: G. P. Putnam's Sons, 1969), p. 185.

motivazioni di Lansky erano interessanti: "La ragione per cui ho collaborato era dovuta a forti sentimenti personali. Volevo che i nazisti fossero sconfitti. Ero un ebreo e sentivo la sofferenza degli ebrei d'Europa. Erano miei fratelli.[216]

L'ex socio di Lansky (e agente dell'FBI sotto copertura) Michael Milan indica anche un'altra connessione che potrebbe spiegare la sua immunità dalle molestie federali.

"Sapevo anche che [J. Edgar Hoover] e Meyer Lansky avevano talvolta spezzato il pane insieme. M.L. non veniva mai inseguito, raramente riceveva mandati di comparizione federali ed era generalmente tranquillo nel condurre i suoi affari. Mr. L., d'altra parte, non sparava a tutto ciò che si muoveva come i membri di altre famiglie [mafiose] e non rendeva la vita difficile ai poliziotti e ai federali.

"In questo modo, tutti andavano d'accordo. Il signor H. poteva preoccuparsi della sua quinta colonna [i comunisti]. Il signor Costello poteva preoccuparsi di mantenere la pace tra le varie famiglie e guardare alla pensione, e il signor L. poteva preoccuparsi del flusso di cassa dei suoi casinò di Las Vegas".[217]

I legami di J. Edgar Hoover con il sindacato del crimine Lansky e la lobby pro-Israele sono stati oggetto di voci e controversie per molti anni.

È stata la Lega Antidiffamazione (ADL) pro-Israele del B'nai B'rith a essere in gran parte responsabile della creazione della Fondazione J. Edgar Hoover nel 1947 (i principali collaboratori di Lansky sono stati a lungo generosi sostenitori finanziari dell'ADL). Il primo presidente della Fondazione Hoover fu il rabbino Paul Richman, direttore dell'ADL a Washington.

Louis B. Nichols, vicedirettore dell'FBI responsabile della Divisione Registri e Comunicazioni del Bureau, fu il principale contatto dell'FBI con l'ADL quando questa contribuì a orchestrare processi per sedizione di massa contro i principali critici della politica estera del presidente Franklin D. Roosevelt.

Nichols continuò a ricoprire la carica di presidente della Fondazione J. Edgar Hoover, ma solo dopo aver lasciato l'FBI. Quando si ritirò dal Bureau, assunse la carica di vicepresidente esecutivo della Schenley Industries, un'importante azienda di liquori gestita dall'ex trafficante e socio di Lansky Lewis R. Rosenstiel.[218] Rosenstiel era un amico molto stretto del direttore dell'FBI nonostante, o forse proprio a causa, dei suoi legami con Lansky.

L'ADL E LA CRIMINALITÀ ORGANIZZATA

L'industria degli alcolici, in gran parte controllata da famiglie ebraiche come la famiglia Bronfman e altre, è stata la principale finanziatrice dell'ADL, finanziando gran parte del suo bilancio nel corso degli anni.[219] Come abbiamo visto, questi stessi commercianti di liquori erano in contatto con Lansky fin dai suoi primi anni di contrabbando.

---

[216] Intervista a Ma'ariv, 5 luglio 1971.
[217] Milano, p. 206.
[218] *Washington Observer*, 15 maggio 1969.
[219] *Twin Circle*, 29 settembre 1968.

Le origini dell'ADL, sponsor di Hoover, sono molto interessanti. Non fu tanto il desiderio di difendere i membri della fede ebraica a dare lo slancio iniziale all'organizzazione, ma soprattutto i mafiosi ebrei.

All'inizio del secolo, il commissario di polizia di New York Thomas Bingham avviò un'indagine sulla criminalità organizzata nella sua città. Nel 1908, fu accusato di essere "antisemita" per aver sottolineato il ruolo di alcuni gangster ebrei nella criminalità organizzata.

Alla fine Bingham fu costretto a dimettersi e il crimine organizzato prese il controllo di New York. Uno dei beneficiari immediati della partenza di Bingham fu il mafioso Arnold Rothstein, mentore di Lansky e leader indiscusso della malavita ebraica prima dell'ascesa al potere del giovane Lansky.

La fonte degli attacchi a Bingham era un comitato di pubbliche relazioni formato da un avvocato aziendale di nome Sigmund Livingston. Nel 1913, il comitato di Livingston si era formalmente costituito come Lega Antidiffamazione del B'nai B'rith.[220]

E fu così che lo "smantellatore del crimine" J. Edgar Hoover fu egli stesso un beneficiario della generosità dell'ADL (gran parte della quale, come abbiamo visto, proveniva dalle casse di Lansky e del suo sindacato criminale).

CHIUDERE GLI OCCHI

Curt Gentry, biografo di J. Edgar Hoover, osserva che l'FBI di Hoover non si era mai preoccupata molto delle attività di Lansky. Secondo Gentry, "gli uffici locali [dell'FBI] di Dallas e Miami avevano zone d'ombra. Di conseguenza, non ci furono intercettazioni o cimici per [il protetto di Lansky, il boss della mafia di New Orleans Carlos] Marcello, [il sottoposto di Lansky a Tampa Santo] Trafficante e, tranne che per un breve periodo, Meyer Lansky.[221]

(Nei capitoli 10, 11 e 12 esploreremo i rapporti di Lansky con Marcello, Trafficante e altre figure mafiose).

Gentry ha aggiunto: "C'era una voce, spesso sentita nella malavita, che Meyer Lansky aveva un suo uomo molto in alto nell'FBI. William Sullivan aveva un suo sospettato, uno stretto collaboratore del Direttore [Clyde, amico intimo di Hoover e suo secondo in comando] e Tolson, che aveva la reputazione di vivere molto al di sopra delle sue possibilità. L'FBI non risolse mai il caso.[222]

Lo stesso Sullivan si rivelò essere il terzo uomo dell'FBI dopo Hoover e Tolson. A capo della segretissima Divisione Cinque del Bureau, Sullivan era responsabile del controspionaggio nazionale.[223] Responsabile anche del coinvolgimento dell'FBI nelle indagini della Commissione Warren, Sullivan non era solo un amico intimo di James Angleton, capo dell'ufficio Mossad della CIA, ma - per quanto possa sembrare incredibile - un intermediario della CIA all'interno dell'FBI stessa

---

[220] *Executive Intelligence Review*. (Dope, Inc.), pagg. 578-579.
[221] Curt Gentry. *J. Edgar Hoover: L'uomo e i segreti*. (New York: W. W. Norton & Company, 1991), p. 530.
[222] *Ibidem*, p. 531.
[223] Tom Mangold. *Cold Warrior* (New York: Simon & Schuster, 1991), p. 235.

(analizzeremo più dettagliatamente il ruolo di Angleton nell'assassinio di JFK nel Capitolo 8 e nel Capitolo 16).

In qualità di capo dell'intelligence nazionale dell'FBI, Sullivan era responsabile delle famigerate operazioni COINTELPRO contro, tra gli altri, il dottor Martin Luther King Jr. e una pletora di gruppi di sinistra (e di destra).[224] Il COINTELPRO si basava pesantemente sulla Anti-Defamation League della lobby israeliana per ottenere rapporti di intelligence continui e costanti almeno da prima della Seconda Guerra Mondiale.

UN TESTIMONE MORTO

Sullivan, l'uomo che evidentemente sapeva troppo, fu ucciso in uno strano incidente di caccia il 9 novembre 1977, poco prima di dover testimoniare all'inchiesta per omicidio.

Sullivan, che si era dimesso dall'FBI dopo aver rotto con Hoover, aveva raccontato agli investigatori di essere rimasto deluso quando Hoover gli aveva detto personalmente: "La mia principale preoccupazione è avere qualcosa da pubblicare in modo da convincere il pubblico che Lee Harvey Oswald è il vero assassino".[225]

Tutto ciò che Sullivan sapeva di Hoover - e forse anche del rapporto tra Hoover e Meyer Lansky - non si saprà mai.

L'ACCORDO HOOVER

Secondo Sam e Chuck Giancana, nella loro biografia del boss della mafia di Chicago Sam Giancana, "Hoover stesso era sotto la protezione [della criminalità organizzata] da anni".[226]

I Giancana affermano che Hoover aveva stretto un accordo con l'amico d'infanzia e socio di Lansky, Frank Costello. Il mafioso newyorkese diede consigli sulle scommesse sulle corse dei cavalli all'editorialista Walter Winchell, uno stretto collaboratore di Hoover. Winchell, a sua volta, passò a Hoover informazioni sulle corse truccate. Hoover organizzava le sue scommesse reali attraverso i suoi associati, mentre faceva piccole puntate sul proprio biglietto alle corse dei cavalli. Secondo i Giancana, "Hoover vinceva sempre".[227]

Non c'è dubbio che Hoover fosse a conoscenza delle attività illegali di Lansky. Le sue fonti di intelligence erano leggendarie.

---

[224] Peter Dale Scott. *Deep Politics and the Death of JFK* (Berkeley, California: University of California Press, 1993), p. 64.
[225] Morrow, p. 98.
[226] Sam Giancana e Chuck Giancana. *Double Cross: The Explosive Inside Story of the Mobster Who Controlled America* (New York: Warner Books, 1992), pag. 255.
[227] *Ibidem*, p. 256.

COSA SAPEVA HOOVER

Gentry lo riassume bene, notando che Hoover, nonostante fosse un giocatore incallito, sapeva tutto quello che succedeva nei casinò di Las Vegas di Lansky, anche se lui, Hoover, evitava Las Vegas come la peste::

"Hoover] sapeva chi si appropriava indebitamente del casinò e quanto prendeva. Sapeva dove andava il denaro e come finiva nelle tasche dei grandi capi.

"Sapeva anche che alcune persone che avevano accesso al luogo erano molto scontente dei Kennedy, John e Robert, scontente al punto di parlare di ucciderli".

"L'FBI scoprì in seguito che la maggior parte del bottino 'sottratto' andava a Meyer Lansky a Miami. In un mese tipico del 1963, l'appropriazione indebita da un casinò ammontava a 123.500 dollari, di cui Lansky ne teneva 71.000 per sé, passando poi il resto al mafioso Gerald Catena nel New Jersey. Catena distribuì nel nord e Lansky in Florida. A ogni beneficiario fu detratta una piccola percentuale della sua quota, che andò ai dipendenti del casinò che rimasero in silenzio sull'operazione. C'erano anche i corrieri, 300.000 dollari a una banca svizzera e 100.000 dollari alle Bahamas.[228]

(Più avanti in questo capitolo e nei capitoli 11, 12 e 15 parleremo dei legami di Lansky con le banche svizzere. Questi sono al centro dell'operazione Lansky-CIA-Mossad che ha portato all'assassinio di John F. Kennedy).

Anche alla fine degli anni '60, secondo Gentry, "Hoover aveva ancora una zona grigia per quanto riguardava [Lansky]".[229]

IL LEGAME CON ANGLETON

Tuttavia, nel 1993, Anthony Summers ha fornito quello che potrebbe essere il pezzo mancante del puzzle. Summers fece scalpore sui media quando, nella sua nuova biografia di Hoover, *Offical and Confidential*, e nella serie della PBS Frontline, affermò che Lansky aveva ricattato Hoover con presunte fotografie di Hoover impegnato in atti omosessuali. Sebbene tali voci su Hoover fossero comuni da anni, nessun autore noto aveva firmato l'accusa.

Citando numerose fonti - alcune sospette e praticamente tutte dubbie - Summers ha affermato che non solo Lansky, ma molti altri avevano accesso a foto simili (che Summers non è apparentemente in grado di presentare). Summers riferisce che anche l'ex uomo dell'OSS e poi capo del controspionaggio della CIA James J. Angleton aveva accesso alle foto di Hoover, così come l'ex capo dell'OSS William Donovan.

La questione, tuttavia, è se Angleton, Donovan e compagnia avessero dato le foto a Lansky - o viceversa - essendo entrambe le opzioni possibili, data la lunga collaborazione di Lansky con l'intelligence statunitense.[230]

---

[228] Gentry, p. 495.
[229] *Ibidem*, p. 628.
[230] Antony Summers. *Official and Confidential: The Secret Life of J. Edgar Hoover*, (New York: G. P. Putnam's Sons, 1993), pp. 244-245.

Il fatto che Lansky e Angleton fossero in possesso di tali prove è piuttosto interessante alla luce del loro comune interesse per il benessere dello Stato di Israele, un argomento che esamineremo a breve. Angleton, come vedremo nel Capitolo 8 e nel Capitolo 12, era direttamente coinvolto nel sindacato del crimine di Lansky attraverso i rapporti della CIA con gli alleati di Lansky nel traffico di droga della mafia corsa e siciliana. Era anche il principale boss della CIA in Israele.

LO SPONSOR

È chiaro che Meyer Lansky era un "padrino" del crimine organizzato, molto più influente del più potente boss mafioso di qualsiasi città americana. Tutto ciò spiega il ruolo di primo piano di Lansky nella malavita. È per questo motivo, quindi, che quando si parla di "Sindacato del crimine organizzato di Meyer Lansky", non si parla solo di "mafia", ma anche dei potenti interessi ebraici ad essa collegati. È stato il sindacato di Lansky a svolgere un ruolo centrale nella creazione di Israele. Lansky è stato il moderno "padrino" di Israele. Lansky è stato dalla parte di Israele fin dall'inizio.

TRAFFICO DI ARMI PER ISRAELE

Secondo Hank Messick, "ovviamente i gangster ebrei hanno sostenuto a lungo e apertamente le cause ebraiche e lo Stato di Israele. La notte in cui l'ex socio di Lansky, Bugsy Siegel, fu giustiziato, il Flamingo era stato preso in gestione da Moe Sedway [uno degli scagnozzi di Lansky]. Quando gli fu chiesto come mai si trovasse a Las Vegas, [Sedway] spiegò che era lì per organizzare una raccolta di fondi per lo United Jewish Appeal".[231]

Robert Lacey sottolinea nella sua biografia di Lansky che gli agenti israeliani erano stati presentati a Lansky nell'estate del 1948, l'anno in cui Israele divenne uno Stato. Lansky permise a Joseph Baum, il fondatore dell'Haganah (resistenza terroristica ebraica) di vincere 10.000 dollari nella casa da gioco di Lansky, il Colonial Inn. Egli stesso fece una donazione. Lansky disse loro: "Sono al vostro servizio".[232] (Come abbiamo notato nel capitolo 4, uno dei piccoli azionisti del Colonial Inn - almeno un tempo - era il gestore di un locale di Dallas, Jack Ruby).

Lansky fornì anche altra "assistenza tecnica" alle operazioni di contrabbando di armi israeliane negli Stati Uniti. In un caso, il carico di armi di un trafficante di Pittsburgh, destinato agli arabi che combattevano gli ebrei in Palestina, fu gettato in mare dopo che Lansky aveva parlato con i suoi amici al porto di New York. In altre occasioni, le armi destinate agli arabi furono invece dirottate dagli scagnozzi di Lansky e spedite in Israele.

Lansky non esitava nemmeno a fare pressione sui suoi amici trafficanti - ebrei e non - affinché acquistassero obbligazioni da Israele. "Ehi, è un ottimo investimento", diceva.[233] In effetti, secondo il giornalista Robert Friedman, Lansky

---

[231] Messick, p. 276.
[232] Lacey, p. 163.
[233] *Ibidem*, p. 164.

fu in seguito uno dei principali donatori del rabbino radicale neozelandese Meir Kahane, che fondò la Lega di Difesa Ebraica. Kahane, che alla fine è stato assassinato, a un certo punto ha fatto parte del parlamento israeliano.[234] E, come vedremo nel capitolo 8, Kahane stesso aveva legami non comuni con i servizi segreti statunitensi che chiudono il cerchio del suo legame con Lansky.

OPERAZIONE MALAVITA

Fu il legame di Lansky con il caso dell'Office of Strategic Naval Intelligence (OSS-NI) noto come "Operazione Underworld" a portarlo in una bizzarra rete globale che alla fine spianò la strada alla creazione dello Stato di Israele. L'Operazione Underworld aveva sede al Rockefeller Center di New York ed era guidata da un ufficiale dei servizi segreti britannici di nome William Stephenson (che si dice sia stato l'ispiratore del personaggio immaginario di Ian Fleming, James Bond). Stephenson lavorò a stretto contatto con la Anti-Defamation League (ADL) di B'nai B'rith e con l'FBI per coordinare le operazioni di intelligence antinazista negli Stati Uniti.[235]

(Negli ultimi anni, dopo la creazione di Israele, l'ADL, finanziata dal sindacato del crimine organizzato di Lansky, è emersa come agente straniero non registrato per Israele, gestendo operazioni di intelligence e propaganda per lo Stato ebraico in collaborazione con l'FBI e la CIA). Nel capitolo 17 esamineremo il ruolo dell'ADL in modo più dettagliato, in particolare per quanto riguarda la sua manipolazione dei media).

In ogni caso, come vedremo nel capitolo 15, fu William Stephenson dell'Operazione Underworld ad avere un ruolo chiave nella creazione del Mossad israeliano. Il principale assistente di Stephenson era Louis Bloomfield, in seguito avvocato della famiglia Bronfman legata alle operazioni di contrabbando di Lansky e protagonista della cospirazione per l'assassinio di John F. Kennedy (esamineremo Bloomfield in dettaglio nel capitolo 15).

Non c'è dubbio che Stephenson e Bloomfield fossero in stretto contatto con Lansky e i suoi scagnozzi durante questo periodo. Lo stesso Lansky, come abbiamo visto, riconobbe il proprio ruolo nell'Operazione Underworld.[236] Dopo la Seconda guerra mondiale, le attività dell'Operazione Underworld e di molti dei suoi protagonisti si spostarono su un nuovo fronte: la creazione di Israele.

Stephenson e Bloomfield erano parte integrante delle operazioni di contrabbando per conto della resistenza terroristica ebraica che in seguito si affermò come governo del nuovo Stato ebraico nel 1948.

Nel 1947, Rudolph Sonneborn (marito dell'editrice newyorkese Dorothy Schiff) creò una filiale nota come Sonneborn Institute. Fu questo istituto a rifornire di armi e denaro l'Haganah ebraico e successivamente l'Irgun in Palestina. Il coordinatore dell'Istituto per il contrabbando di armi per la resistenza ebraica era Louis

---

[234] Robert I. Friedman. *The False Prophet: Rabbi Meir Kahane: From FBI Informant to Knesset Member* (New York: Lawrence Hill Books, 1990), p. 144.
[235] Intelligence Review. *Moscow's Secret Weapon: Ariel Sharon and the Israeli Mafia* (Washington, D.C.: Executive Intelligence Review, marzo 1986), pag. 14.
[236] *Ibidem.*

Bloomfield. Con Bloomfield lavoravano Samuel Bronfman, il barone dei liquori, un certo Hank Greenspun (di cui scopriremo molto di più nel capitolo 17) e lo stesso Lansky.[237]

Nel periodo 1947-1948 Teddy Kollek, poi sindaco di Gerusalemme, era responsabile dell'ufficio dell'Haganah nella base operativa di Lansky a New York. Era il presunto collegamento ufficiale con il crimine organizzato americano.[238] Kollek lavorò con il sindacato di Lansky e alla fine entrò in contatto con un altro personaggio chiave della nostra storia, un certo James Jesus Angleton - una figura davvero controversa.[239]

Angleton, membro dell'OSS, divenne in seguito un'alta figura della CIA e il principale contatto di Israele - alcuni direbbero agente cooptato e lealista - all'interno della CIA. Angleton lavorò a stretto contatto con la resistenza ebraica a Londra e in Italia e fu determinante per la collaborazione dei servizi segreti statunitensi con la mafia corsa e siciliana in operazioni segrete durante quegli stessi anni e anche in seguito.

(Nel Capitolo 8 e nel Capitolo 16 esamineremo in dettaglio le attività di d'Angleton all'interno della CIA, la sua stretta collaborazione con Israele e il suo ruolo centrale nell'assassinio di JFK e nell'insabbiamento del complotto).

Chiaramente, durante il periodo della creazione di Israele, Meyer Lansky era direttamente e intimamente coinvolto con tutti i principali attori. Molte delle stesse persone sarebbero poi state coinvolte con Lansky in quello che alcuni chiamano "il crimine del secolo". L'immigrato ebreo di origine russa aveva fatto molta strada dai bassifondi di Brooklyn fino a ricoprire un ruolo singolare e preminente nel potere politico globale. In effetti, Lansky stava emergendo come il "padrino" di una nazione appena nata: Israele.

ISRAELE: UNA BASE OPERATIVA

La vera chiave del legame di Lansky con Israele era il denaro. Il neonato Stato di Israele non solo aveva bisogno di denaro per esistere, ma l'organizzazione di un nuovo governo era l'occasione ideale per Lansky e i suoi confederati di creare la propria rete finanziaria e criminale globale. Nei primi anni, Israele era "intoccabile". La memoria emotiva delle esperienze vissute dal popolo ebraico durante la Seconda guerra mondiale - e nel corso della storia - erano le fondamenta su cui Israele era stato creato. Le critiche a Israele erano tabù. Il nuovo Stato ebraico era una copertura ideale sotto la quale Lansky e il suo sindacato criminale potevano operare senza ostacoli.

---

[237] *Ibidem*, pp. 14-15.
[238] *Ibidem*.
[239] Andrew Cockburn e Leslie Cockburn. *Dangerous Liaison: The Inside Story of the U.S.-Israeli Covert Relationship* (New York: Harper Collins Publishers, 1991), pp. 41-42.

RICICLAGGIO DI DENARO

Lo status di Lansky come principale finanziatore della criminalità organizzata e mago del riciclaggio di denaro lo pone in una posizione particolarmente centrale. Lo scrittore di criminalità organizzata Edinder Reid descrive con precisione il ruolo di Lansky: "Insieme a suo fratello Jake, [Lansky] governa il gioco del sindacato criminale e può essere il collegamento diretto tra i ricchi magnati sconosciuti che nascondono i dollari della mafia nelle banche straniere e i caveau del cartello criminale americano".[240]

È il suo legame con le banche straniere che spinge Lansky fino alla rete di macchinazioni internazionali di Israele.

RABBINO TIBOR ROSENBAUM

Il principale collegamento di Lansky con i servizi segreti e le operazioni finanziarie israeliane fu stabilito attraverso la Banque de Credit International di Ginevra, in Svizzera. Questa banca divenne la principale operazione di riciclaggio di Lansky in Europa.[241] La banca era un'idea di un certo Tibor Rosenbaum...

Rosenbaum, rabbino ortodosso, è stato per un certo periodo vicepresidente internazionale del Congresso ebraico mondiale (di cui era presidente Edgar Bronfman, membro della famiglia Bronfman legata a Lansky). Rosenbaum è stato anche cofondatore del Congresso Sionista Mondiale e direttore dell'Agenzia Ebraica di Ginevra, in Svizzera.[242]

Tuttavia, cosa ancora più importante, Rosenbaum era stato Direttore Generale delle Finanze e degli Approvvigionamenti dell'agenzia dei servizi segreti israeliani, il Mossad. Rosenbaum era chiaramente una figura chiave nella cospirazione internazionale di Israele e un personaggio chiave nel mondo del boss del crimine organizzato Meyer Lansky.

Rosenbauma faceva anche parte del consiglio di amministrazione della Banca commerciale svizzero-israeliana, istituita da Pinchas Sapir, ministro delle Finanze israeliano e agente del Mossad.[243] Mentre era membro della Trade Bank, Rosenbaum creò la Banque de Crédit International (BCI).

LA BANCA DI CREDITO INTERNAZIONALE

La BCI - la banca europea dove Lansky riciclava il denaro - era un'operazione del governo israeliano e del Mossad, essenziale per la sopravvivenza dello Stato ebraico.

---

[240] Ed Reid. *The Grim Reapers: The Anatomy of Organized Crime in America, City by City* (New York: edizione Pocket Books, 1964), p. 293.
[241] Messick, pp. 248-249.
[242] *Executive Intelligence Review* (Mosca), pag. 17
[243] *Ibidem*, p. 16.

[244]Uno dei membri del consiglio di amministrazione della BCI era Zwi Recheter, direttore della Bank Hapoalim, una delle maggiori banche israeliane e una filiale interamente controllata dall'Histadrut Israel, il sindacato dei lavoratori israeliani.

Inoltre, la BCI deteneva la maggior parte dei fondi per il Congresso ebraico mondiale e l'Agenzia ebraica, senza possibilità di depositi minori.

La BCI sarebbe diventata la principale banca di Meyer Lansky per il riciclaggio di denaro all'estero, condividendo i servizi di riciclaggio che la banca forniva con il Mossad di Israele. In effetti, durante il suo periodo di massimo splendore, la BCI includeva nel suo consiglio di amministrazione due vecchi soci di Lansky, Edward Levinson e John Pullman.[245]

Come abbiamo notato nel capitolo 6, Levinson era uno dei gestori del casinò Fremont di Las Vegas, prestato per conto del caro amico di Lansky Joseph "Doc" Stacher, socio abituale di Bobby Baker e presunto "raccoglitore di fondi" di Lyndon Johnson. Stacher, collaboratore abituale di Bobby Baker, ritenuto "raccoglitore di fondi" di Lyndon Johnson. John Pullman, di cui si parla più avanti in questo capitolo e nei capitoli 12 e 15, era il principale gestore di denaro internazionale di Lansky.

La portata dei legami israeliani di Lansky - attraverso la BCI di Rosenbaum - è diventata di dominio pubblico per la prima volta nel 1970 durante il processo ad Alvin Malnik, uno dei luogotenenti di Lansky.

Le testimonianze del processo hanno rivelato che uno dei principali veicoli per il riciclaggio del denaro sporco del sindacato criminale di Lansky, proveniente da droga, dissolutezza e gioco d'azzardo negli Stati Uniti, era la BCI di Tibor Rosenbaum. La banca di Rosenbaum riceveva il denaro dal sindacato criminale principalmente attraverso la Bank of World Commerce di Nassau, Bahamas, dominata da Lansky.

L'intermediario era un cittadino svizzero, Sylvain Ferdmann, un corriere di Lansky. Ferdmann era un funzionario della banca di Rosenbaum, un socio della Bank of World Commerce (controllata dal vecchio amico di Lansky John Pullman) e uno scagnozzo della Investors Overseas Services (IOS), la roccaforte del finanziere Bernard Cornfeld.

Cornfeld, infatti, fu sponsorizzato da Rosenbaum e divenne uno dei principali riciclatori di denaro proveniente dal traffico globale di droga di Lansky. Milioni di dollari in banconote di piccolo taglio venivano trasferiti dai casinò di Lansky, spesso mascherati da vendite di obbligazioni israeliane e contributi a enti filantropici ebraici.[246] Si trattava, ovviamente, di un tradimento oltraggioso nei confronti degli onesti sostenitori della causa sionista.

(Nel capitolo 12 esamineremo in dettaglio come, a causa del coinvolgimento attivo degli Stati Uniti nella regione, il Sindacato Lansky abbia usato la copertura delle attività segrete della CIA nel Sud-Est asiatico per portare avanti operazioni di traffico di droga multimiliardarie). Il giornalista investigativo Jim Hougan si è concentrato sulla connessione Lansky-Rosenbaum e sul suo legame centrale con le operazioni internazionali di Israele, in particolare quelle del Mossad:

---

[244] *Ibidem*, p. 18.
[245] *Life*, 16 settembre 1967.
[246] Messick, *Ibid.*

"Durante la Seconda guerra mondiale [Rosenbaum divenne] un eroe della Resistenza grazie alle sue attività clandestine a favore degli ebrei.

"Dopo la guerra, divenne delegato al Congresso sionista mondiale di Basilea, dove pianificò la creazione di Israele e lavorò in varie capitali europee per l'Ufficio per la liberazione della Palestina (precursore dell'Agenzia ebraica). Questo avveniva al culmine degli attacchi terroristici sionisti in Palestina. Rosenbaum, in quanto eccellente operatore clandestino, avrebbe contribuito a fornire armi all'Haganah e alla Banda Stern. Questo spiegherebbe perché la Banca di Credito Internazionale [cioè la Banque de Credit International o BCI], la "creatura" di Rosenbaum, divenne l'intermediario numero uno nel gioco dello Zar Meyer Lansky all'estero.

"Tuttavia, Rosenbaum era più che un amico degli ebrei. Quando la sua banca fu scossa dallo scandalo dopo il fallimento della IOS di Bernard Cornfeld, il quotidiano Ha'aretz dichiarò solennemente: "Tibor Rosenbaum è Israele". E il giornale non era lontano dalla verità. Se da un lato la banca di Rosenbaum facilitava i piani di fuga di capitali ideati dall'IOS, dall'altro fungeva da fonte di fondi segreti per il Mossad, il servizio di intelligence israeliano, ed era uno dei principali intermediari di armi del Paese. A un certo punto, fino al 90% del bilancio esterno del Ministero della Difesa israeliano passava attraverso... la banca di Rosenbaum in Rue du Conseil Général.

"Dal punto di vista economico, fu altrettanto importante, fondando la Israel Society con l'aiuto del barone Edmond de Rothschild, un aristocratico francese impegnato nella causa sionista. La ragion d'essere della Israel Society era quella di raccogliere fondi dagli ebrei di tutto il mondo, denaro da investire in una serie di imprese pubbliche e semipubbliche israeliane.

Trovando denaro all'estero per finanziare progetti di sviluppo nel "Paese", Rosenbaum e Rothschild liberarono le tasse israeliane destinate alle esigenze militari essenziali del Paese. Di conseguenza, [Rosenbaum] divenne il "Signor Aggiustatutto" della finanza israeliana, cementando amicizie con i più importanti leader politici e militari del Paese.

"Il mix di fondi della mafia, del Mossad, dell'IOS e dei Rothschild era inebriante e il denominatore comune sembra essere stato l'amore per Israele. Certamente Rosenbaum e Cornfeld condividevano questo affetto con Lansky e il barone francese".[247]

SOCIETÀ ISRAELICA

C'è un altro interessante legame tra Lansky, la BCI e Israele nella già citata Israel Corporation. È stata la BCI di Rosenbaum a detenere i fondi per la Israel Corporation da 200 milioni di dollari. I fondatori della Israel Corporation includevano una serie di figure di alto livello nella sfera di influenza di Lansky.

Tra questi, Sam Rothberg delle National Distilleries ebbe un ruolo di primo piano. Rothberg, infatti, fu uno dei primi investitori nel primo casinò di Las Vegas di Lansky, creato da Benjamin Siegel, il Flamingo Hotel. Rothberg era uno dei protagonisti della comunità ebraica americana e direttore delle vendite di

---

[247] Jim Hougan. *Spooks: The Haunting of America - L'uso privato degli agenti segreti.* (New York: William Morrow & Co., Inc., 1985), p. 172.

obbligazioni israeliane negli Stati Uniti. In seguito Rothberg venne in aiuto di Lansky e si batté contro il suo ritorno forzato negli Stati Uniti per affrontare le accuse penali in seguito alla fuga di Lansky in Israele (maggiori informazioni in questo capitolo).

Tra gli altri, due personaggi interessanti:
- Shaul Eisenberg, il più ricco industriale israeliano e agente del Mossad di lunga data, una figura chiave nel progetto di bomba nucleare israeliano; e
- Philip M. Klutznick, figura di spicco della Lega Antidiffamazione (ADL) del B'nai B'rith.[248]

Il collegamento con l'ADL è interessante perché risale al legame di Lansky con la BCI e Rosenbaum. Klutznick, che era stato associato alle operazioni di contrabbando dell'Istituto Sonneborn legato a Lansky e coordinato da Louis M. Bloomfield (menzionato in precedenza), era diventato presidente del consiglio di amministrazione della American Bank & Trust Company.

L'American Bank & Trust era una filiale della Trade Bank svizzero-israeliana, una struttura finanziaria del Mossad di cui Rosenbaum e il suo socio di lunga data Shaul Eisenberg erano direttori. Per coincidenza, o forse no, la Trade Bank assunse la gestione dell'American Bank & Trust in un giorno memorabile: il 22 novembre 1963.[249]

L'uomo d'affari newyorkese Abe Feinberg fu nominato uno dei nuovi direttori della società. Feinberg, che abbiamo incontrato per la prima volta nel capitolo 4, contribuì a organizzare il fondamentale sostegno finanziario degli ebrei americani alla campagna presidenziale del 1960 dell'allora senatore John F. Kennedy.

L'American Bank & Trust ha fatto una brutta fine. La società fu saccheggiata nel 1975-76 dal finanziere David Gravier, che in seguito sarebbe morto in un incidente aereo in Messico. La BCI di Tibor Rosenbaum fece una fine simile. La banca è crollata nel 1974, provocando uno scandalo che ha scosso Israele. Nel suo libro "*Gli ebrei e il denaro: i miti e la realtà*", l'autore Gerald Krefetz descrive nei dettagli il crollo della struttura bancaria di Lansky e del Mossad.

LE BANCHE ADL

La Bank of Miami Beach e la City National Bank of Miami erano le principali banche di Lansky per il riciclaggio di denaro negli Stati Uniti ed entrambe includevano diversi associati di Lansky come direttori, tra cui Max Orovitz. Nel 1963, Lansky iniziò a pianificare la creazione dei suoi casinò alle Bahamas nell'ufficio di Orovitz. Infine, quando Lansky si stabilì finalmente in Israele, prese alloggio al Dan Hotel di Tel Aviv, di proprietà di Orovitz, il suo amico banchiere di Miami.

Le banche di Lansky a Miami erano al centro delle sue attività di gioco d'azzardo nei Caraibi. Secondo l'ex agente della CIA Robert Morrow, la Bank of Miami Beach "fu originariamente creata per servire i casinò cubani gestiti dalla criminalità organizzata e continuò a fornire servizi di riciclaggio di denaro fino agli anni '60 -

---

[248] *Executive Intelligence Review* (Mosca), pag. 13.
[249] *Ibidem*, p. 16.

ed era ancora considerata collegata alla malavita. Negli anni '60 era considerata una banca gemella della National Bank of Miami, condividendo molti degli stessi direttori e svolgendo molti degli stessi servizi".[250]

Queste banche di Miami hanno anche stretti legami con la Anti-Defamation League of B'nai B'rith, il braccio di intelligence e propaganda di Israele in questo Paese. Leonard Abess, ad esempio, è stato presidente e fondatore della City National Bank di Miami. La sua banca gestiva i fondi della Fondazione ADL e lo stesso Abess ricopriva la carica di vicepresidente nazionale dell'ADL.[251]

Il presidente della City National dal 1982 in poi era Donald Beazley, ex direttore della misteriosa banca australiana Nugan Hand Bank.[252] La Nugan Hand Bank, oggetto di un interessante studio di Jonathan Kwitny intitolato *The Crimes of Patriots*, è stata ripetutamente collegata al traffico internazionale di droga nel Sud-Est asiatico, condotto attraverso le operazioni della CIA nella regione.

(Come vedremo nel Capitolo 12, Lansky usava le attività della CIA nel Sud-Est asiatico come copertura per le sue operazioni di traffico di droga, che erano di fatto condotte in collaborazione con la CIA. Nel Capitolo 15, tuttavia, vediamo nuovamente il legame tra Lansky e Rosenbaum in modo più dettagliato. Il loro legame è fondamentale per riconoscere l'importante ruolo svolto da Israele nel complotto per l'assassinio di JFK.

LO SPONSOR TORNA A CASA

Infine, nel 1970, Meyer Lansky fece i bagagli e si trasferì in Israele. In base alla "Legge del ritorno", unica nel suo genere, qualsiasi ebreo di qualsiasi parte del mondo poteva chiedere la cittadinanza israeliana. Questo è ciò che fece Lansky.

In patria, negli Stati Uniti, Lansky era sotto inchiesta penale. L'esilio in Israele sembrava il modo più appropriato per sfuggire ai problemi. Israele era il luogo ideale per Lansky per trasferire le sue operazioni e prepararsi a creare lo Stato ebraico come nuova sede ufficiale del suo sindacato criminale globale. Come ha detto Hank Messick, "come presidente del consiglio di amministrazione del Sindacato Internazionale, [Lansky] poteva operare con la stessa facilità, forse più facilmente, da Tel Aviv che da Miami Beach".[253] Il socio di lunga data di Lansky, Joseph (Doc) Stacher, si era già trasferito in Israele. Così come una vasta gamma di altri mafiosi ebrei americani, tra cui il buon amico di Lansky Phil "The Stick" Kovolick.

Il governo israeliano, dominato dal Mossad, sembrava accogliere questi criminali come nuovi compatrioti. Israele, secondo *Newsweek*, "sembrava motivato dall'interesse personale". Ogni anno, Lansky e i suoi soci malavitosi contribuiscono con ingenti somme alle obbligazioni e alle filantropie israeliane.

---

[250] Morrow, p. 152.
[251] *Executive Intelligence Review. Project Democracy: The 'Parallel Government' behind the Iran-Contra Affair* (Washington, D.C.: *Executive Intelligence Review*, aprile 1987), pp. 271-272.
[252] *Ibidem*, p. 272.
[253] Hank Messick e Burt Goldblatt. *The Mobs and the Mafia* (New York: Ballantine Books, 1972), p. 204.

DENARO PEGRE IN ISRAELE

"Secondo il quotidiano *Ha'aretz*, il governo sembrava temere di perdere i milioni di dollari di denaro illecito prima "riciclati" in stabilimenti controllati dalla malavita e poi investiti in imprese e industrie israeliane".[254]

L'ingresso iniziale di Lansky in Israele fu discretamente orchestrato. Si diffuse la notizia che un ricco "filantropo di Miami" si era stabilito nello Stato ebraico. Tuttavia, circostanze al di fuori del controllo di Lansky complicarono la vita del grande mago della malavita.

Durante il suo soggiorno in Israele, due gran giurie americane (nel marzo 1971 e nel giugno 1972) incriminarono Lansky e diversi suoi associati. Il primo capo d'imputazione accusava, ovviamente in modo corretto, Lansky di aver sottratto milioni dal Flamingo Hotel and Casino di Las Vegas. Il secondo capo d'imputazione accusava Lansky di frode fiscale.

C'era ancora un certo numero di israeliani onesti e rispettosi della legge che si opponevano al fatto che il "presidente del consiglio" si giocasse il suo futuro in Israele, e la pressione politica era tale che si chiedeva la sua espulsione. Non ha aiutato il fatto che la biografia di Lansky di Hank Messick, l'intrepido giornalista specializzato in affari criminali, sia apparsa nello stesso periodo e che una parte di essa sia stata pubblicata dalla stampa israeliana. Lansky stesso, tuttavia, ha chiarito la sua lealtà. In una serie di interviste amichevoli con *Ma'ariv*, un quotidiano israeliano, Lansky ha dichiarato: "Non mi interessa quello che hanno scritto e scrivono su di me in America. Mi interessa quello che pensano di me in Israele".[255]

Tra le proteste dell'opinione pubblica israeliana e le pressioni delle autorità americane, il governo israeliano cedette e accettò di espellere Lansky. Tuttavia, il "boss di tutti i boss" si appellò alla Corte Suprema israeliana contro la sua espulsione. La questione emotiva di un ebreo che aveva fatto "aliyah" e si era stabilito in Israele in base alla Legge del Ritorno - e che poi era stato espulso per affrontare la possibile condanna di un tribunale penale in un altro Paese - ha giocato fortemente a favore di Lansky. Tuttavia, nonostante i migliori sforzi di Lansky - compresa un'offerta di 10.000.000 di dollari se gli fosse stato permesso di rimanere - fu costretto a tornare negli Stati Uniti.

LANSKY IN DECLINO

A quel punto, Lansky era in cattive condizioni di salute e si era persino sottoposto a un'operazione a cuore aperto. Tuttavia, come ha osservato il *Wall Street Journal*: "Ogni volta che il terreno [era] caldo - un'inchiesta pubblica, un'indagine del gran giurì, una nuova task force di federali che combattevano il crimine sulle sue tracce - improvvisamente abbondavano le storie che Meyer Lansky stava morendo di cancro o di qualche altra malattia incurabile. Negli archivi della Polizia di Stato di New York, c'è un rapporto scritto negli anni '20: "Meyer Lansky è un cattivo

---

[254] *Newsweek*, 29 novembre 1971.
[255] Lacey, p. 333.

ragazzo, d'accordo, ma non c'è da preoccuparsi perché è un uomo malato, malaticcio, che non durerà l'anno".[256]

Ma i consueti poteri magici di Lansky sul sistema giudiziario americano erano ancora con lui. Innanzitutto, una giuria nella sua casa di Miami lo assolse dalle accuse di frode fiscale. Poi, nel Nevada controllato dalla mafia, le accuse penali contro Lansky sono state dichiarate inammissibili dal tribunale con la motivazione che Lansky era in cattive condizioni di salute. A Washington, il procuratore generale degli Stati Uniti, Robert Bork, decise che perseguire Lansky, il capo della criminalità organizzata internazionale, non era nell'interesse nazionale. Bork decise che il Dipartimento di Giustizia non aveva alcuna possibilità di ricorso contro Lansky. Il caso fu archiviato.[257] Lansky vinse di nuovo, senza sorpresa.

(In seguito Bork subì un ignominioso rifiuto da parte del Senato quando fu nominato per la Corte Suprema. Tuttavia, non fu l'accondiscendenza di Bork nei confronti di Lansky a pesare su di lui - anche se probabilmente avrebbe dovuto farlo).

Gli ultimi anni di Lansky furono tranquilli, trascorsi al fianco della moglie, del cane e di un gruppo di truffatori anziani. Mantenne ancora un certo grado di supervisione sui suoi affari, ma i crescenti problemi di salute continuarono ad affliggerlo. La mente dell'organizzazione criminale mondiale morì il 15 gennaio 1983.

Negli ultimi anni della sua vita - e postumi - Lansky (con l'aiuto volontario di Hollywood e del resto della stampa) divenne una sorta di eroe popolare. Il gangsterismo era di gran moda, mentre i giorni di gloria di John F. Kennedy e di Camelot venivano cestinati dagli stessi media. La vita di Lansky e Benjamin Siegel fu glamourzzata in film come *The Gangster Chronicles*, *The Neon Empire* e *Mobsters*, dove una schiera di idoli dei teenager interpretarono i ruoli di Lansky, Siegel, Costello e Luciano nei loro primi anni di vita.

L'autore Robert Lacey - che in precedenza aveva scritto un brillante ritratto della famiglia reale britannica - ha rivolto la sua attenzione alla famiglia reale del sindacato criminale internazionale e ha prodotto - con l'aiuto della famiglia Lansky - una biografia di Lansky, *Little Man: Meyer Lansky and The Gangster Life*. L'epopea di Lacey dice molto, ma ignora altrettanto. Ci lascia credere che Lansky fosse, più di ogni altra cosa, un devoto padre di famiglia, non lo spietato delinquente che era in realtà. Proprio mentre la biografia di Lacey Lansky arrivava nelle librerie, un'altra produzione hollywoodiana portava Lansky sullo schermo. Il film *Bugsy*, interpretato da Warren Beatty nel ruolo di Benjamin Siegel, lanciò il talentuoso Ben Kingsley (che aveva anche interpretato il Mahatma Gandhi) nel ruolo del saggio e colto Meyer Lansky.

Tuttavia, le versioni hollywoodiane della vita e dell'epoca di Meyer Lansky erano ben lontane dalla verità, a prescindere dalla storia colorita del genio del male che raccontavano.

Così, anche nella morte, Meyer Lansky prevalse. Il ruolo centrale di Lansky come vero intermediario tra le principali forze che hanno cospirato per assassinare

---

[256] *Wall Street Journal, Ibidem.*
[257] Lacey, pp. 383-384.

John F. Kennedy è stato abilmente e volentieri insabbiato. Il "Padrino di Israele" fu visto come uno statista incompreso, ma Meyer Lansky non lo era.

Lansky era invece un assassino cinico e a sangue freddo che aveva ordinato la morte del suo più caro amico, Benjamin Siegel, e che non si era certo fatto scrupoli ad aiutare a organizzare l'assassinio di un presidente americano che minacciava non solo la sua sopravvivenza, ma anche quella del suo amato Stato di Israele.

CAPITOLO 8

Gli inseparabili: Le relazioni pericolose James Jesus Angleton e la Profana Alleanza tra Israele, la CIA e il sindacato del crimine di Meyer Lansky

Nel 1963 John F. Kennedy non era solo in guerra con Israele e il sindacato del crimine organizzato di Meyer Lansky, ma anche con il loro stretto alleato nell'intelligence internazionale: la CIA. Era una combinazione letale.

Nel decennio precedente, la CIA e Israele avevano stretto un'alleanza strategica. Le loro imprese comuni in tutto il mondo legavano indissolubilmente la CIA e Israele. Gli interessi di Israele - e quelli della CIA - spesso coincidevano, forse troppo spesso. Lo stesso vale per la rete criminale di Meyer Lansky.

Inoltre, il principale contatto di Israele con la CIA a Washington, James Jones Angleton, ha svolto un ruolo centrale nell'insabbiamento del complotto per l'assassinio di JFK. Angleton aveva anche stretti legami con le stesse forze del sindacato Lansky.

Nel quartier generale della Central Intelligence Agency a Langley, in Virginia, c'era un uomo che forse conosceva meglio di ogni altro americano le intenzioni e gli atteggiamenti di Israele nei confronti del presidente John F. Kennedy. Si trattava dell'enigmatico James Jesus Angleton. Angleton era così vicino agli israeliani durante il suo incarico alla CIA che, dopo la sua morte nel 1987, il suo governo in Israele ha inaugurato un monumento in suo onore. Si tratta di uno dei pochi monumenti pubblici al mondo dedicati a un funzionario americano della CIA, ma anche di uno dei tanti monumenti commemorativi di Angleton in Israele.

Secondo Andrew e Leslie Cockburn, coautori di Dangerous *Liaison: The Inside Story of the US-Israeli Covert Relationship*, Angleton era "un uomo che, per quasi un quarto di secolo, è stato una delle figure più potenti e misteriose della CIA".[258]

Secondo Cockburns, "Angleton è stato coinvolto in molti affari strani e segreti con il mondo dell'intelligence, ma agli israeliani piace parlare di lui come se fosse stato particolarmente vicino a loro, ed è per questo che hanno pagato un tributo pubblico alla sua memoria".[259]

Reclutato dall'Office of Strategic Services (OSS) mentre frequentava l'Università di Yale, Angleton era un astro nascente nel mondo delle attività

---

[258] Andrew Cockburn e Leslie Cockburn. *Dangerous Liaison: The Inside Story of the U.S.-Israeli Covert Relationship* (New York: Harper Collins Publishers, 1991), pag. 16.
[259] *Ibidem*.

clandestine e, dopo la soppressione dell'OSS al termine della Seconda guerra mondiale, si unì alla CIA dopo la sua creazione nel 1947.

Nel 1954, Angleton assunse il delicatissimo incarico di capo del controspionaggio della CIA.

Inoltre, l'influenza di Angleton all'interno della stessa CIA era molto più grande di quanto ci si aspettasse. Angleton era un uomo molto potente e riservato.

CAPI POTENTI

Secondo il biografo di Angleton, Tom Mangold, Allen Dulles, direttore della CIA, e il suo vice Richard Helms, che in seguito divenne direttore della CIA sotto Lyndon Johnson, furono i mentori di Angleton. Tuttavia, dice Mangold, Helms era il "grande capo" di Angleton.[260] Dulles, naturalmente, fu poi licenziato da JFK come direttore della CIA e, per uno scherzo del destino - o per il disegno di qualcun altro - fece parte della Commissione Warren, che alla fine indagò sull'omicidio di JFK. E sarebbe stato Helms, insieme ad Angleton, ad essere coinvolto in una strana serie di eventi - esaminati in dettaglio nel capitolo 16 - che avrebbero infine e apparentemente inconsapevolmente rivelato il coinvolgimento della CIA nell'assassinio di JFK.

UNA POTENZA A SÉ STANTE

Secondo il biografo del capo dell'intelligence della CIA, "l'amicizia di lunga data di Angleton con Dulles e Helms sarebbe diventata il fattore più importante che gli avrebbe dato libertà di movimento all'interno della CIA. I superiori di Angleton riponevano così tanta fiducia in lui che spesso mancava un controllo esecutivo sulle sue attività. Il risultato era che le sue azioni successive venivano eseguite senza interferenze burocratiche. Il fatto è che se Angleton voleva che una cosa fosse fatta, veniva fatta. Aveva l'esperienza, il sostegno e l'influenza necessari.

"Negli anni '60, ad esempio, il controspionaggio aveva i suoi fondi neri segreti, che Angleton controllava strettamente. Questi fondi gli davano facile accesso a una grande quantità di denaro che non veniva mai controllata (come altri fondi simili). Angleton sosteneva di doversi fidare di lui, senza doverne rendere conto, perché sarebbe stato difficile permettere a semplici impiegati di esaminare i suoi conti, se non altro perché le fonti avrebbero dovuto essere rivelate. I [direttori della Central Intelligence Agency] (compreso Helms) approvarono questo accordo insolito, che dava ad Angleton la sola autorità di portare avanti le sue piccole operazioni senza troppa supervisione".[261]

---

[260] Tom Mangold. *Cold Warrier-James Jesus Angleton: The CIA's Master Spy Hunter* (New York: Simon & Schuster, 1991), p. 307.
[261] *Ibidem*, p. 52.

²⁶²In breve, secondo Peter Dale Scott, Angleton "controllava 'una seconda CIA' all'interno della CIA" e, come vedremo, collaborava comodamente e strettamente con il Mossad di Israele.

IL CAPO DELL'INTELLIGENCE INTERNAZIONALE

Tuttavia, l'influenza di Angleton andava oltre. ²⁶³Angleton, infatti, era il contatto della CIA per tutte le agenzie di intelligence straniere alleate", tra cui, in particolare, il Mossad. Grazie a queste connessioni, Angleton poteva manovrare le attività di intelligence in tutto il mondo. Un amico di Angleton ricorda: "Era un lavoro molto delicato e non ne parlavamo. Mentre era in contatto con tutti, li convinceva a fare favori alla CIA - per cose che la CIA non voleva fare direttamente; come il fatto che non hanno mai ucciso nessuno, vero? - oppure per i propri scopi.

"Anche da un punto di vista più banale, poteva usare i suoi contatti con l'intelligence israeliana, che teneva per sé, come autorità per qualsiasi linea cercasse di promuovere all'interno della CIA. Sai, "le mie fonti israeliane mi dicono questo o quello" e nessuno lo avrebbe contraddetto, perché nessun altro era autorizzato a parlare con l'intelligence israeliana.

"Ho sempre avuto l'impressione che avesse usato gli israeliani in questo modo, facendo dire loro che i russi non avevano davvero rotto con i cinesi o altro. Sarebbero stati perfettamente felici di fargli questo favore. E per finire, sentiva di sfruttare le reti e le connessioni israeliane in tutto il mondo, non solo nel blocco comunista".²⁶⁴

Un amico di Angleton (che non condivideva necessariamente l'infatuazione del capo del controspionaggio per Israele) ha commentato: "Dovete capire che l'ossessione dominante di Jim era il comunismo, per lui era l'essenza del male assoluto e profondo. Non gli importava nient'altro, e avrebbe usato chiunque e qualsiasi cosa per combatterlo. Naturalmente amava gli israeliani... ma non era un 'agente israeliano cooptato', come alcuni a Washington lo chiamavano".²⁶⁵

L'UOMO DI BEN-GURION A WASHINGTON

La cosa più importante per Angleton, tuttavia, era il suo rapporto con il Mossad. Di fatto, era l'uomo della CIA da lungo tempo autoproclamato nell'ufficio israeliano dell'agenzia. Il biografo di Angleton, Tom Mangold, sottolinea che "le leggende che circondano i suoi vent'anni al timone dell'ufficio israeliano riempirebbero un altro libro, così come la verità in realtà".²⁶⁶

E sebbene il resoconto di Mangold sulla carriera di Angleton non presti molta attenzione agli stretti legami di Angleton con Israele e il suo Mossad, Mangold

---

²⁶² Peter Dale Scott. *Deep Politics and the Death of JFK* (Berkeley, California: University of California Press, 1993), p. 54.
²⁶³ Cockburn, p. 42.
²⁶⁴ *Ibidem*, pp. 42-43.
²⁶⁵ *Ibidem*, p. 43.
²⁶⁶ Mangold, p. 362.

afferma apertamente: "Dovrei sottolineare, tuttavia, che i più stretti amici professionali di Angleton all'estero, all'epoca e in seguito, erano nel Mossad e che egli era tenuto nella più alta stima dai suoi colleghi israeliani e dallo Stato di Israele, che gli ha reso un grandissimo tributo dopo la sua morte".[267]

In realtà, Angleton aveva da tempo legami diretti con il Primo Ministro israeliano David Ben-Gurion, trattando con il leader israeliano su base intima. Se c'era qualcuno nella CIA che sapeva dell'avversione di Ben-Gurion per JFK, quello era Angleton. In quanto amico devoto di Israele e principale ufficiale di collegamento del Mossad, Angleton doveva essere pienamente consapevole del conflitto in atto tra il Primo Ministro israeliano e il Presidente americano che si rifiutava di piegarsi alle richieste di Israele.

Considerando gli sforzi del Presidente Kennedy per costruire ponti con l'Unione Sovietica e i suoi tentativi di rallentare la Guerra Fredda, sappiamo senza dubbio che la posizione muscolare di Angleton - pur essendo un fanatico anticomunista - fu quella di considerare le aperture di Kennedy con sdegno e disgusto. Tutto questo per non parlare dei conflitti di Kennedy con la CIA, che esamineremo nel Capitolo 9.

KENNEDY UNA MINACCIA

È chiaro che John F. Kennedy non era solo una minaccia per Israele, la CIA e i loro alleati del sindacato del crimine organizzato di Meyer Lansky, ma anche per lo stesso James Jesus Angleton. La guerra di Kennedy con la CIA poteva potenzialmente porre fine alla carriera di Angleton e all'impero globale dell'intelligence che lo strano e calcolatore capo del controspionaggio aveva costruito.[268] I legami tra la CIA di Angleton e il Mossad erano tali, secondo lo storico Steven Stewart, da "garantire che praticamente ogni uomo della CIA in Medio Oriente lavorasse indirettamente anche per gli israeliani... mentre la politica della CIA cambiava da un giorno all'altro, con uno straordinario voltafaccia, passando da un atteggiamento ampiamente favorevole agli arabi a uno quasi del tutto favorevole agli israeliani" - si trattava di una relazione davvero stretta.

LA CIA E ISRAELE: I PRIMI TEMPI

Il rapporto della CIA con Israele è il più significativo in termini di cospirazione globale dell'agenzia e, naturalmente, per il ruolo comprovato della CIA nell'assassinio di John F. Kennedy (che analizzeremo più dettagliatamente nei capitoli successivi). E, come abbiamo visto, è stato Angleton il principale istigatore dello stretto rapporto di lavoro tra la CIA e il Mossad, fin dal suo inizio.

Il defunto Wilbur Crane Eveland, ex consigliere della CIA ed ex addetto alla pianificazione politica della Casa Bianca e del Pentagono, ha scritto molto sulle relazioni tra Stati Uniti e Israele. Nel suo libro, *Ropes of Sand*, Eveland esamina gli

---

[267] *Ibidem.*
[268] Steven Stewart. *I maestri di spionaggio di Israele.* (New York: Ballantine Books, 1980, p. 119).

inizi di quello che Andrew e Leslie Cockburn chiamano il "collegamento pericoloso" - la relazione segreta tra America e Israele.

Questa relazione segreta fu condotta principalmente sotto l'egida dell'ufficio israeliano di Angleton presso la CIA. Scrive Eveland sulle sue origini: "Le operazioni della CIA erano iniziate prima che Allen Dulles diventasse direttore, con implicazioni a lungo termine da cui sarebbe stato difficile per gli Stati Uniti disimpegnarsi. Come risultato del suo legame all'OSS con i gruppi di resistenza ebraica con sede a Londra durante la guerra, James Angleton aveva un accordo di scambio di informazioni operative con il Mossad israeliano, da cui la CIA dipendeva per molte delle sue informazioni sugli Stati arabi".[269]

Tuttavia, all'inizio questo rapporto non era necessariamente basato sulla fiducia reciproca. Secondo Wolf Blitzer, corrispondente di lunga data da Washington per il *Jerusalem Post*, il rapporto tra la CIA e il Mossad è iniziato sulla base di una reciproca diffidenza. Blitzer osserva che, dopo che i militanti iraniani si impadronirono dell'ambasciata statunitense a Teheran (scatenando la crisi degli ostaggi in Iran del 1979-1981), i militanti si impadronirono di documenti della CIA che poi pubblicarono.

"I documenti", ha dichiarato Blitzer, "dimostrano che le agenzie di intelligence israeliane, soprattutto negli anni '50, hanno ricattato, intercettato e offerto tangenti a funzionari governativi statunitensi nel tentativo di ottenere informazioni tecniche e di intelligence riservate".[270]

Anche gli Stati Uniti sembravano spiare Israele, sebbene questo non fosse menzionato nel rapporto. Tuttavia, quando fu il momento per la CIA e il Mossad di giungere a un accordo comune, fu James Jones Angleton a intervenire e, secondo Blitzer, "sarebbe stato ampiamente responsabile dell'accordo".[271]

COMPLOTTI DI ASSASSINIO

La CIA e il Mossad hanno avuto diverse iniziative congiunte nel corso degli anni, tutte condotte sotto l'occhio vigile di Angleton. Alcune di queste iniziative, naturalmente, includevano complotti per l'assassinio.[272] Infatti, dopo che il Presidente Eisenhower aveva dichiarato di sperare che "il problema Nasser potesse essere eliminato" (riferendosi a quella che considerava l'intransigenza dell'Egitto), il Direttore della CIA Allen Dulles e Angleton lanciarono un piano per uccidere Nasser. Tuttavia, il Segretario di Stato John Foster Dulles (fratello del direttore della CIA) intervenne e calmò le acque chiamando i cani della CIA.

La CIA era anche impegnata in azioni segrete contro i nemici di Israele in Siria. Nel 1958, uno dei complotti della CIA per rovesciare il governo nazionalista della Siria - che i fanatici anticomunisti come Angleton consideravano "di sinistra" - fallì quando gli scagnozzi pagati dalla CIA, cittadini siriani (che erano ovviamente

---

[269] Wilbur Crane Eveland. *Ropes of Sand: America's Failure in the Middle East* (New York: W. W. Norton & Company, 1980), p. 95.
[270] Wolf Blitzer. *Tra Washington e Gerusalemme* (New York: Oxford University Press, 1985), pag. 96.
[271] *Ibidem*.
[272] Cockburn, p. 69.

patrioti), si arresero e rivelarono il complotto della CIA al governo siriano. All'epoca, il direttore della CIA Dulles commentò: "Credo che l'intelligence israeliana sia l'unica su cui possiamo contare, non è vero?".[273]

LA SQUADRA DI TIRO A SEGNO DI ANGLETON

Il più famoso complotto di assassinio della CIA è la collaborazione dell'agenzia con la criminalità organizzata in un complotto per uccidere il leader cubano Fidel Castro (lo analizzeremo in dettaglio nel capitolo 11). È interessante notare, tuttavia, che in questa fase, come parte del complotto contro Castro, la CIA mise insieme la sua ormai famigerata squadra ZR/Fucile, che comprendeva una vasta gamma di assassini e mercenari stranieri - uomini abili e pericolosi addestrati all'omicidio. La squadra ZR/Fucile, infatti, era uno dei progetti interni alla CIA preferiti da Angleton, che gestiva insieme al suo collega William Harvey.[274] A lungo andare, come vedremo nel capitolo 16, Angleton e i suoi alleati israeliani ebbero accesso ai "talenti" necessari per portare a termine con successo l'operazione alla Dealey Plaza di Dallas, in Texas, il 22 novembre 1963.

UN'ALLEANZA SOLIDA

Secondo lo storico dell'intelligence Richard Deacon, i rapporti tra Israele e la CIA (e Angleton, in particolare) erano strettamente consolidati: "Da parte americana, gli israeliani avevano ottenuto un certo sostegno non ufficiale dalla CIA, anche durante l'era Eisenhower. La CIA era stata abbastanza realista da rendersi conto che la politica di appeasement di Eisenhower nei confronti del mondo arabo sarebbe stata alla fine disastrosa per qualsiasi interesse americano, militare o economico.

"Per questo motivo, avevano mantenuto una politica che consentiva che tutte le operazioni di intelligence in Israele fossero condotte interamente dal Mossad. In breve, ciò significava che la CIA non aveva un ufficio o una postazione a Tel Aviv, ma che alcuni agenti sul posto, presso l'ambasciata statunitense, collaboravano con il Mossad. In teoria, ciò implicava uno scambio di informazioni tra le due parti e, in pratica, funzionava meglio di quanto ci si potesse aspettare.

"Le figure chiave di questo accordo erano inizialmente [il capo del Mossad] Isser Harel, Ephraim Evron, che in seguito divenne vice ambasciatore di Israele a Washington, e James Angleton, capo del controspionaggio della CIA".[275] (Evron, come abbiamo visto nel capitolo 6, divenne anche particolarmente vicino al successore di John F. Kennedy, Lyndon Johnson, che invertì la politica statunitense

---

[273] *Ibidem*.
[274] Peter Dale Scott. *Deep Politics and the Death of JFK* (Berkeley: University of California Press, 1993), p. 173. Citando David Martin. *Wilderness of Mirrors* (New York: Harper & Row, 1980), cfr. in particolare le pp. 120-124.
[275] Richard Deacon. *I servizi segreti israeliani.* (New York: Taplinger Publishing Co., Inc., 1978), pagg. 170-171.

a favore di Israele e le politiche interventiste della CIA nel Sud-Est asiatico subito dopo il suo insediamento).

Secondo lo storico dell'intelligence Deacon, Angleton sfruttò la nuova stretta relazione tra la CIA e il Mossad a livello internazionale: "Angleton, avendo visto la follia della politica estera americana durante l'abortita operazione di Suez, decise di contrastare l'orientamento del Dipartimento di Stato verso gli arabi cooperando strettamente con Israele. Fu lui a vedere per primo la necessità di una nuova politica per il Medio Oriente e di misure per proteggersi dalla crescente influenza della Russia.

UN'INVERSIONE DI POLITICA

"Lui ed Evron lavorarono bene insieme e, di conseguenza, la CIA aiutò Israele con l'assistenza tecnica nel campo nucleare. Evron era ansioso di cogliere questa opportunità perché fu uno dei principali istigatori dell'ambiziosa sfida di [John F. Kennedy] alla politica di amicizia di Nasser [e] aprì la strada a un'inversione della politica filoaraba che per un certo periodo dominò il pensiero americano, non solo sotto Eisenhower, ma anche sotto l'amministrazione di Kennedy".[276] Secondo Deacon, Evron era la figura più potente di Israele a Washington, più riconosciuta dell'ambasciatore israeliano, e fu accolto da Angleton come collegamento del Mossad con la CIA.[277]

ANGLETON E LA BOMBA NUCLEARE DI ISRAELE

Esistono infatti prove del fatto che Angleton stesse aiutando segretamente il programma israeliano per la costruzione di bombe nucleari che, ovviamente, fu la principale fonte di conflitto tra JFK e il Primo Ministro israeliano David Ben-Gurion.

Tad Szulc, il noto corrispondente estero, "ha citato fonti vicine ad Angleton per dire che egli aveva effettivamente aiutato segretamente Israele con informazioni tecniche nucleari alla fine degli anni '50".[278] Inoltre, Seymour Hersh ha sottolineato che il rapporto di Szulc "concorda con quanto [Hersh] aveva appreso da un alto funzionario della CIA, ossia che Angleton aveva fornito agli israeliani informazioni tecniche simili a metà degli anni '60".[279]

Sappiamo che uno dei "colleghi più stretti" di Angleton durante i suoi giorni all'OSS in Italia era un ex leader della resistenza ebraica, Meir Deshalit, fratello maggiore di Amos Deshalit, un fisico che fu uno dei leader dello sforzo di Israele per costruire una bomba nucleare.[280]

---

[276] *Ibidem*, p. 171.
[277] *Ibidem*.
[278] Wolf Blitzer. *Between Washington and Jerusalem* (New York: Oxford University Press, 1985), p. 89.
[279] *Ibidem*.
[280] Seymour Hersh. *L'opzione Samson: l'arsenale nucleare israeliano e la politica estera americana* (New York: Random House, 1991), p. 144.

Le prove suggeriscono anche che Angleton ha svolto un ruolo chiave nei tentativi della CIA di nascondere lo sviluppo segreto di armi nucleari da parte di Israele.

John Hadden, che era a capo dell'ufficio della CIA a Tel Aviv prima del suo pensionamento nel 1960, fu chiaramente l'agente della CIA che per primo riferì (forse erroneamente) che una società di Apollo, in Pennsylvania, la Nuclear Materials & Equipment Corporation (NUMEC), forniva illegalmente uranio per lo sviluppo di armi nucleari in Israele.

TEODORO SHACKLEY

Tuttavia, Hadden dovette affrontare una grande opposizione all'interno della CIA. Un individuo in particolare, l'assistente del vicedirettore per le operazioni segrete, attaccò costantemente Hadden, denigrando le sue affermazioni. Si trattava dell'onnipresente Theodore Shackley, soprannominato "il fantasma biondo".

Shackley, come vedremo nel capitolo 11, è stato un attore chiave nei complotti della CIA e del sindacato Lansky contro Fidel Castro. Inoltre, come vedremo nel Capitolo 12, Shackley è stato un attore chiave della CIA nel Sud-Est asiatico durante le operazioni congiunte CIA-Lansky per il traffico di droga nella regione.

In seguito, dopo essersi ritirato dalla CIA, Shackley fu coinvolto nel lucroso commercio internazionale di armi con Shaul Eisenberg, un agente chiave del Mossad e una figura importante nel programma di sviluppo nucleare di Israele. Più avanti in queste pagine scopriremo molto di più sui legami tra Shackley e il suo futuro partner Eisenberg. Qui, tuttavia, vediamo Shackley impegnato in una copertura delle operazioni di sviluppo nucleare israeliano - con Angleton.

[281]Secondo Hadden, Angleton "non aveva alcun interesse a porre fine" al NUMEC e non lo fece. Hadden commenta: "Perché una persona la cui intera vita è stata dedicata alla lotta contro il comunismo dovrebbe avere interesse a impedire a una nazione fermamente anticomunista di ottenere i mezzi per difendersi?".[282] Tuttavia, come vedremo nell'Appendice 26, la storia del NUMEC è più complessa di quanto sembri.

IL MEMORANDUM SEGRETO

Come abbiamo notato nel capitolo 5, un memorandum interno della CIA pubblicato durante la presidenza di John F. Kennedy aveva gettato una luce negativa sul programma di sviluppo nucleare di Israele. Tuttavia, secondo lo storico Stephen Green, "è forse significativo che il memorandum non sia stato redatto come una formale National Intelligence Estimate (NIE), che avrebbe comportato la distribuzione a diverse altre agenzie governative". La CIA non pubblicò alcuna NIE sul programma di armi nucleari di Israele fino al 1968".[283]

---

[281] Cockburn, p. 80.
[282] *Ibidem.*
[283] Stephen Green. *Taking Sides: America's Secret Relations With a Militant Israel.* (New York: William Morrow & Company, 1984), p. 164.

Non c'è dubbio, visti gli stretti legami di Angleton con Israele e il suo Mossad, che Angleton (e forse il già citato Shackley) siano stati determinanti nell'insabbiare questo memorandum.

Le operazioni congiunte CIA-Mossad relative allo sviluppo nucleare israeliano continuarono per una generazione. Molti anni dopo, la CIA e Israele organizzarono congiuntamente il rapimento di Mordechai Vanunu, un tecnico nucleare che aveva spifferato tutto sullo sviluppo di armi nucleari in Israele. La donna usata per attirare Vanunu nel piano di rapimento era un'agente segreta della CIA che aveva anche lavorato occasionalmente per il Mossad.

IL POTERE DI ANGLETON SI RAFFORZA

Con l'avvento dell'amministrazione di Lyndon Johnson e la sorprendente inversione di rotta della politica statunitense nei confronti di Israele, descritta in dettaglio nel capitolo 6, e con la stretta relazione tra il legame di Angleton con il Mossad, Evron e Lyndon Johnson, l'influenza di Angleton nella definizione della politica mediorientale divenne ancora maggiore.

Secondo Andrew e Leslie Cockburn: "Un funzionario di lungo corso della vecchia rivale della CIA, l'agenzia per la sicurezza nazionale che si occupa di decifrare i codici, afferma categoricamente che "Jim Angleton e gli israeliani hanno trascorso un anno a preparare la guerra del 1967. Era un'operazione della CIA, progettata per cacciare Nasser [dall'Egitto]". Un tale verdetto, proveniente da una fonte di un'agenzia che aveva l'inclinazione e i mezzi per monitorare sia la CIA che gli israeliani, deve avere un certo peso".[284]

Oggi tutto ciò è particolarmente rilevante se si considera il ruolo di primo piano di Angleton nell'alleanza tra la CIA e il Mossad. Tuttavia, sono emerse molte nuove informazioni che collegano ulteriormente Angleton alla rete internazionale di cospirazione che ha portato all'assassinio di John F. Kennedy.

ANGLETON, LANSKY E L'OSS

Angleton, infatti, aveva stretti legami con le attività della criminalità organizzata di Meyer Lansky in Europa, grazie al suo servizio presso l'OSS in Inghilterra (in collaborazione con l'intelligence britannica) e in Italia. Ed è in questo stesso periodo che Meyer Lansky fu coinvolto in operazioni congiunte con l'OSS, come descritto nel Capitolo 7. È anche molto probabile che, in questo periodo, Angleton sia entrato in contatto con un giovane ufficiale americano distaccato presso l'OSS, Clay Shaw. Come vedremo nel Capitolo 15, Shaw è il principale punto di contatto nella cospirazione per l'assassinio di JFK non solo tra la CIA e i membri minori della comunità dei servizi segreti, di cui faceva parte Lee Harvey Oswald, ma anche tra l'operazione di riciclaggio di denaro di Lansky con sede presso la Banca di Credito Internazionale del Mossad di Tibor Rosenbaum (di cui si è parlato nel Capitolo 7).

---

[284] Cockburn, p. 147.

RESISTENZA EBRAICA

All'età di 27 anni, Angleton, allora di stanza a Roma, era il più giovane capo della sezione di controspionaggio di tutto l'OSS e l'unico non britannico in Italia autorizzato a condividere i segreti di intelligence del programma Top Secret che decifrava i codici nazisti. L'Italia, infatti, divenne un punto di contatto centrale per Angleton e le sue connessioni internazionali di intelligence, e in particolare per il suo lavoro per conto dello Stato di Israele.

[285]Nel 1951, Angleton era coinvolto nella "rete clandestina ebraica che scendeva dall'Europa orientale attraverso l'Italia fino ai porti dove venivano imbarcati i carichi di immigrati per la Palestina". Secondo Richard Deacon, in *The Israeli Secret Service*, la storia del Mossad, fu questa rete di rifugiati a "spianare la strada alla rete di intelligence definitiva per il futuro Stato di Israele".[286]

Uno dei contatti israeliani di Angleton nella resistenza ebraica in Europa era Teddy Kollek (che in seguito divenne sindaco di Gerusalemme). Kollek, infatti, divenne "un caro amico".[287] Kollek, come abbiamo visto nel capitolo 7, era a capo dell'ufficio dell'Haganah a New York nel periodo 1947-1948, coinvolto nel contrabbando di armi in Palestina in collaborazione con Meyer Lansky e il maggiore Louis M. Bloomfield - che, come vedremo nel capitolo 15, era associato non solo al già citato Clay Shaw, ma anche alla International Credit Bank di Tibor Rosenbaum.

ANCORA TIBOR ROSENBAUM

Ma c'è un contatto ancora più cruciale tra Angleton, il maggiore Bloomfield, Shaw e Lansky: lo stesso Tibor Rosenbaum. Nel capitolo 7 ci è stato presentato il rabbino Tibor Rosenbaum della Banca Internazionale di Credito. Proprio Rosenbaum, che era il Direttore Generale delle Finanze e degli Approvvigionamenti del Mossad, era una delle principali forze trainanti della rete di rifugiati e di intelligence con cui Angleton lavorava così strettamente.

In questo periodo il terrorista Menachem Begin (poi Primo Ministro di Israele) coordinava le operazioni dell'Irgun in Europa. Nel capitolo 13 scopriamo che Begin operò anche negli Stati Uniti in collaborazione con una figura chiave del sindacato criminale di Lansky, nell'ambito di uno sforzo congiunto per conto di Israele e contro John F. Kennedy.

IL LEGAME CON LA MAFIA CORSARA

I legami di Angleton con le attività di Lansky, tuttavia, vanno ancora oltre. Fu attraverso un agente della CIA sotto copertura, un certo Jay Lovestone, che

---

[285] Cockburn, pp. 42-43.
[286] Diacono, p. 35.
[287] Cockburn, p. 42.

Angleton manovrò quello che il suo biografo definì "uno strano piccolo affare che Angleton aveva tranquillamente gestito per conto suo dal 1955".[288]

Attraverso un assistente, Stephen Millet, che era l'ufficiale del controspionaggio che gestiva l'ufficio israeliano di Angleton, il capo della rete di spionaggio della CIA aveva stretti legami con la malavita in Italia e in Francia.

Per maggiori dettagli sulle attività di Angleton e dei suoi associati legati alla criminalità organizzata di Lansky, ci rivolgiamo al lavoro di Robert I. Friedman. Nella sua biografia dell'attivista newyorkese Rabbi Meyer Kahane (in seguito membro del Parlamento israeliano), apprendiamo che fu il già citato Lovestone a fornire a Kahane e al suo più stretto collaboratore e rabbino, il dottor Joseph Churba, finanziamenti e sostegno. (Lo stesso Lansky, come abbiamo visto nel capitolo 7, contribuì alle successive attività pro-Israele di Kahane). Negli anni '60, Churba e Kahane lavorarono come agenti della CIA per assicurarsi il sostegno degli ebrei alla guerra in Vietnam, un'impresa che, come abbiamo visto, si rivelò fruttuosa non solo per la CIA, ma anche per i suoi alleati in Israele e per i loro alleati nel Sindacato Lansky.

I COLPEVOLI DELLA CIA

Secondo Friedman, "Churba e Kahane godevano anche dell'appoggio dei leggendari guerrieri del freddo Jay Lovestone e Irving Brown, che erano stati alti funzionari del Partito Comunista Americano negli anni '20 prima di convertirsi alla "via di Damasco" e che poi, sotto la tutela della CIA, andarono a dirigere il potente dipartimento degli affari internazionali dell'AFL-CIO. Fu sotto la direzione della CIA che Lovestone e Brown, avvalendosi di mafiosi corsi e italiani, crearono squadroni della morte di destra a Marsiglia e in altre città europee dopo la Seconda guerra mondiale, per distruggere il fiorente movimento operaio di sinistra. Grazie a Brown, nel 1953 Pierre Ferri-Pisain, il suo contatto chiave nella malavita marsigliese, ottenne il controllo del porto della città, dove costruì un impero internazionale del traffico di eroina.

"Non era la prima volta che l'intelligence americana acquistava i servizi della mafia. Prima dell'invasione alleata della Sicilia nella Seconda guerra mondiale, l'OSS aveva stabilito contatti con la mafia siciliana attraverso lo stesso Lucky Luciano che aveva permesso [alla resistenza ebraica] di contrabbandare armi da Hoboken all'Irgun in Palestina. La mafia siciliana forniva informazioni sui tedeschi e, dopo la guerra, uccise centinaia di attivisti politici italiani di sinistra".[289]

Secondo lo storico Alfred McCoy, "dopo che la CIA ha cessato la sua presenza attiva", i marsigliesi hanno ottenuto la protezione politica del servizio di intelligence francese, lo SDECE, che ha permesso ai loro laboratori di eroina di operare indisturbati per quasi 20 anni. In collaborazione con le associazioni mafiose italiane,

---

[288] Mangold, pagg. 314-315.
[289] Robert I. Friedman. *The False Prophet: Rabbi Meir Kahane-From FBI Informant to Knesset Member* (New York: Lawrence Hill Books, 1990), pp. 34-35.

i Corsi contrabbandavano oppio grezzo dalla Turchia e lo raffinavano in eroina n. 4 per l'esportazione. Il loro principale cliente erano gli Stati Uniti.[290]

(Nel capitolo 7 abbiamo esaminato il ruolo centrale di Lansky nell'organizzazione dell'accordo tra l'OSS e la mafia siciliana nella famigerata "Operazione malavita". Nel Capitolo 12 esaminiamo la manipolazione da parte di Lansky e della CIA di corsi e siciliani, membri criminalità organizzata nel traffico di droga. Nei capitoli 12, 15 e 16 si esamina anche il ruolo dei banditi corso-francesi e degli agenti dei servizi segreti francesi nell'assassinio di JFK, collegando Angleton agli eventi di Dallas del 22 novembre 1963.

Qui, ora, vediamo che era l'alleato israeliano del Mossad James J. Angleton a essere, di fatto, il principale istigatore delle operazioni della CIA, utilizzando membri della criminalità organizzata corsa e siciliana nei progetti "anticomunisti" di Angleton. Il fatto che tutto questo fosse diretto dall'ufficio israeliano della CIA di Angleton è quantomeno interessante. Questo, ovviamente, collega ancora di più Angleton, la CIA e i suoi collaboratori del Mossad alla rete di Lansky e alla complessa rete di cospirazione che ha portato all'omicidio di John F. Kennedy.

ANGLETON, LA CIA E LA CONNESSIONE FRANCESE

Tuttavia, la cospirazione francese di Angleton andava oltre i suoi legami con il sindacato criminale corso. Lui e la CIA erano coinvolti anche nella politica interna francese, interferendo con gli obiettivi politici del leader francese Charles De Gaulle e della sua alleanza politica. La CIA, infatti, sosteneva il Partito Socialista.

Lo storico Alfred McCoy sottolinea: "In superficie, può sembrare sorprendente che la CIA sostenesse la sinistra come partito socialista. Ma in Francia esistevano solo tre grandi partiti politici: socialista, comunista e gollista, e per un semplice processo di eliminazione, la CIA finì per allearsi con i socialisti.

"Mentre il generale De Gaulle era troppo indipendente per i gusti americani, i leader socialisti stavano rapidamente perdendo terreno politico a favore dei comunisti ed erano quindi pronti a collaborare con la CIA"".[291]

Il fatto che Angleton e la CIA stessero lavorando attivamente contro De Gaulle è intrigante, soprattutto alla luce di altre prove che esamineremo nel Capitolo 12, nel Capitolo 15 e nel Capitolo 16 che collegano la CIA e i suoi alleati in Israele alle operazioni congiunte contro De Gaulle. È da questo stesso ambito di cospirazione, come vedremo, che è stato architettato l'assassinio di JFK.

LA MANIPOLAZIONE DELLA COMMISSIONE WARREN

Dopo la morte di John F. Kennedy, Angleton divenne il "supervisore" della CIA nell'indagine della Commissione Warren sull'assassinio di Kennedy. In realtà, come vedremo, Angleton si era posto in questa posizione. Peter Dale Scott,

---

[290] Alfred W. McCoy. *La politica dell'eroina*. (Brooklyn, New York: Lawrence Hill Books, 1991), p. 25.
[291] Alfred W. McCoy. *La politica dell'eroina*. (Brooklyn, New York: Lawrence Hill Books, 1991), p. 58.

ricercatore sull'assassinio di JFK, ha scritto di quella che ha definito "la presenza ricorrente di Angleton sullo sfondo dell'indagine della Commissione Warren".[292]

Nel 1996, nuove informazioni sul ruolo particolare di Angleton sono emerse quando la Commissione governativa per la revisione dei documenti sull'assassinio di JFK ha pubblicato 192 pagine di testimonianze precedentemente secretate rese alla Commissione per gli assassinii della Camera nel 1978 da un testimone che era il "capo di un ramo della CIA responsabile delle operazioni in Messico e in America centrale".[293]

La vera identità del testimone era considerata talmente riservata che la CIA insistette per non rivelare il suo vero nome, per cui egli testimoniò con lo pseudonimo di "John Scelso".

Secondo il racconto di Scelso, fu lui, "Scelso", ad essere inizialmente incaricato di concludere l'indagine della CIA sull'assassinio, ma, secondo Scelso - Angleton, si attivò immediatamente per fare tutte le ricerche".[294] (Questo fa capire che Angleton era intenzionato a controllare tutte le prove che sarebbero emerse).

La testimonianza di Scelso ha fatto emergere anche alcune interessanti rivelazioni sui legami di Angleton con la criminalità organizzata. [295]A un certo punto della sua testimonianza, Michael Goldsmith, un avvocato della commissione, ha posto a Scelso la domanda pertinente: "Ha motivo di credere che Angleton possa aver avuto legami con la criminalità organizzata?", alla quale Scelso ha risposto affermativamente.

Scelso ha poi spiegato che in passato il Dipartimento di Giustizia aveva chiesto alla CIA di determinare i veri nomi delle persone che detenevano conti bancari cifrati a Panama, perché la mafia vi nascondeva denaro "deviato" da Las Vegas. Scelso ha commentato che "eravamo in una posizione eccellente per farlo e glielo abbiamo detto - al che Angleton ha posto il veto e ha detto: "Sono affari [dell'FBI]".[296]

Quando Scelso ne parlò con un altro agente della CIA, l'altro agente "sorrise perfidamente e disse: "Beh, questa è la scusa di Angleton. Il vero motivo è che Angleton ha legami con la mafia e non vorrebbe tradirli".[297]

In effetti, Angleton, il contatto di Israele con la CIA, si trovava nella posizione ideale per contribuire a coprire la vera verità sul ruolo di Israele - così come quello della CIA e del sindacato di Lansky - e alla fine lo fece.

IL CASO NOSENKO: L'ACCUSA

Fu Angleton che, nel corso delle indagini della Commissione Warren, emerse come il principale critico della CIA nei confronti del disertore sovietico russo Yuri Nosenko. Nosenko, che aveva lasciato il suo Paese per gli Stati Uniti nel 1964,

---

[292] Peter Dale Scott. *Deep Politics and the Death of JFK* (Berkeley, California: University of California Press, 1993), p. 196.
[293] *Rapporto Newsday* pubblicato sul *Baltimore Sun*, 6 ottobre 1996.
[294] *Ibidem.*
[295] *Ibidem.*
[296] *Ibidem.*
[297] *Ibidem.*

sosteneva di essere stato l'agente del KGB responsabile di aver preso in carico Lee Harvey Oswald durante il suo soggiorno in Russia (presumibilmente come disertore).

L'affermazione più provocatoria di Nosenko era che, contrariamente a certi sospetti e accuse, il KGB sovietico non aveva assolutamente nulla a che fare con l'assassinio di John F. Kennedy. Di conseguenza, coloro che, come Angleton, l'uomo di Israele alla CIA, volevano incolpare il KGB per l'omicidio del Presidente, si trovarono tra le mani quello che sembrava essere un disertore sovietico in buona fede, le cui affermazioni erano contrarie alla linea propagandistica che cercavano di promuovere. Angleton fu quello che accusò Nosenko con più forza e veemenza, deciso a dimostrare che Nosenko era un bugiardo. Angleton sottopose Nosenko a 1.277 giorni di torture, interrogatori e privazioni, ma Nosenko rimase fedele alla sua storia. Angleton era chiaramente determinato a confutare l'unico uomo chiaramente ben informato sul KGB sovietico per sfidare l'affermazione che i sovietici fossero dietro l'assassinio di JFK. Sconfessare i sovietici come sospetti avrebbe ovviamente attirato i sospetti altrove. Per coloro che avevano non solo i mezzi e l'opportunità, ma anche il movente per uccidere John F. Kennedy, guardare altrove avrebbe naturalmente indirizzato l'attenzione verso la CIA di Angleton e i suoi alleati del Mossad israeliano. Nel capitolo 16 vedremo come Angleton abbia effettivamente svolto un ruolo chiave nell'insabbiamento dell'assassinio di JFK.

La rivelazione di un ruolo della CIA o di Israele nell'omicidio di JFK avrebbe inevitabilmente distrutto non solo le relazioni dell'America con Israele, ma avrebbe fatto crollare la sede internazionale delle cospirazioni congiunte del sindacato criminale Lansky, della CIA e del Mossad. E James Jesus Angleton, in quanto stretto contatto della CIA con Israele, sarebbe stato distrutto nel processo. Lo stesso vale per i suoi capi della CIA, Allen Dulles e Richard Helms.

(Nel capitolo 16 analizzeremo più dettagliatamente le attività di Angleton e Richard Helms, in particolare in relazione all'insabbiamento del complotto per l'assassinio di JFK). Nel Capitolo 18 vedremo come lo stretto rapporto di Helms con la polizia segreta iraniana SAVAK - creata congiuntamente dalla CIA e dal Mossad - colleghi ulteriormente Helms alla cospirazione nella continua copertura dell'assassinio di JFK).

Richard Helms, il "grande capo" di Angleton, lasciò la CIA nel 1973. Questo fu l'inizio della fine dei suoi giorni alla CIA. Angleton fu licenziato da William Colby, il nuovo direttore della CIA, il 20 dicembre 1974. E, come vedremo nell'Appendice 6, il licenziamento di Angleton non solo era chiaramente legato alla sua affiliazione particolarmente stretta con Israele, ma alla fine potrebbe aver avuto un ruolo nella strana morte - anni dopo - di William Colby.

FANTASY IN FORMA DI LIBRO

Negli ultimi anni della sua vita, Angleton si incontrò spesso con i giornalisti di Washington, fornendo loro dettagli succosi, accarezzandoli con informazioni, convincendoli di avere "il retro della storia", in particolare in relazione all'assassinio di JFK.

L'ultima parata di disinformazione di Angleton sull'assassinio di Kennedy appare nel libro di Edward Jay Epstein *Legend: The Secret World of Lee Harvey Oswald* (pubblicato nel 1978). Epstein, un "critico" della Commissione Warren, è diventato famoso come autore di *Inquest*, un lungo studio sulla Commissione, scritto originariamente come tesi di master all'Università di Yale, da tempo terreno di reclutamento per la CIA. Pochi anni dopo, tuttavia, Epstein pubblicò *Legend*. Tuttavia, come ha sottolineato Carl Oglesby, ricercatore sull'assassinio, fu Angleton "la fonte principale di Epstein per la storia che si svolse" in *Legend*.[298]

Il libro di Epstein presentava la tesi che Oswald fosse stato reclutato dal KGB sovietico mentre prestava servizio in Marina. In seguito, Oswald agente del KGB uccise JFK, ma non necessariamente su ordine del Cremlino. Ovviamente, siamo portati a supporre che Oswald abbia perso il controllo. Il legame di Oswald con il KGB, secondo Epstein, fu poi coperto da una talpa sovietica all'interno della CIA e il leggendario cacciatore di comunisti dell'FBI, J. Edgar Hoover, contribuì all'insabbiamento per motivi personali - una storia davvero molto fantasiosa. Comunque sia, per Epstein, Angleton fu la fonte più importante di informazioni "riservate" per tessere questa particolare "leggenda". È interessante notare che i media controllati dallo Stato, che avevano deriso le accuse di cospirazione del JFK, hanno risposto con tanto favore a questa "nuova" storia di cospirazione.

Come notò Carl Oglesby all'epoca della pubblicazione di *Legend*: "Il *Times* definì Epstein un "ricercatore scientifico e approfondito" e disse che la sua testimonianza che Oswald era una spia sovietica era "solida". Il *New York Times Review of Books* lo definì "affascinante, allarmante e forse enormemente significativo" e ne lodò le "qualità esplosive". Wilfred Sheed, di solito casto, ha ingoiato le sciocchezze di Angleton e ha continuato a dire che "Cuba sembra il cospiratore più probabile" con Oswald. "Questa", ha concluso, "è una meraviglia".[299]

(E come vedremo nel capitolo 17, i numerosi legami dei media controllati dallo Stato con Israele e le sue lobby in America, in particolare la Anti-Defamation League finanziata dal Lansky Syndicate [ADL] di B'nai B'rith, riflettono la volontà dei media di cercare di attribuire l'assassinio di JFK ad altri, piuttosto che alla CIA di Angleton e ai suoi alleati in Israele).

INGANNATI DA UN FALSO BANNER

È interessante notare che molti conservatori americani (che non erano certo degli ammiratori dell'amministrazione Kennedy) si sono innamorati della fantasia di Angleton secondo cui dietro l'assassinio di JFK ci sarebbe il KGB.

Volevano, forse più di ogni altra cosa, credere che un comunista avesse ucciso JFK. Era del tutto coerente con la loro visione del mondo anticomunista e fatto su misura per coloro che volevano sventolare la famosa "bandiera rossa". (Quella bandiera rossa, come vedremo in queste pagine, era in realtà un altro falso vessillo israeliano).

Notando la protesta dei conservatori secondo cui "un comunista ha ucciso JFK", Peter Dale Scott scrive della "rumorosa e irresponsabile campagna dell'American Security Council, la più grande lobby di pubbliche relazioni del

---

[298] Carl Oglesby. *L'assassinio di JFK: i fatti e le teorie*. (New York: Signet Books, 1992), p. 145.
[299] *Ibidem*, 149.

complesso militare-industriale, per sostenere l'affermazione dell'intelligence e dei federali secondo cui un assassino del KGB era stato addestrato in una scuola per assassini nell'URSS per essere poi assegnato al continente nordamericano".[300]

Dopo la pubblicazione della seconda edizione di *Giudizio finale*, un ex pubblicista del Consiglio di sicurezza americano. William J. Gill, ha confessato all'autore la sua sincera convinzione (all'epoca) che ci fosse stato un coinvolgimento dei comunisti nell'assassinio di JFK. Ammise che, per ragioni politiche, aveva effettivamente preso parte allo sforzo di attribuire l'assassinio *ai sovietici*.

Tuttavia, dopo aver letto *Giudizio Finale*, Gill ha concluso, come ha detto lui stesso, "Penso che tu abbia colto nel segno". In altre parole, oggi crede che il Mossad israeliano sia effettivamente il mandante dell'assassinio di JFK. "È una prospettiva che non avevo mai considerato possibile, fino ad ora", afferma. Gill descrive *Giudizio Finale* come "il libro più importante del XX secolo".

Non c'è dubbio che i conservatori abbiano enfatizzato la prospettiva "comunista" nell'assassinio di JFK dopo l'uccisione del Presidente - per ovvie ragioni politiche.

Un importante giornalista di destra dell'epoca, Revilo P. Oliver, all'epoca figura chiave della John Birch Society, fu effettivamente chiamato davanti alla Commissione Warren per sviluppare la sua controversa e ampiamente pubblicata teoria secondo la quale i sovietici avrebbero giustiziato JFK perché egli [JFK] non stava facendo abbastanza per promuovere il comunismo internazionale. Tuttavia, poco prima di morire nel 1994, Oliver disse ai suoi collaboratori che, se non fosse stato così malato, avrebbe colto l'occasione per scrivere una recensione favorevole di *Giudizio finale*, che era stato pubblicato all'inizio di quell'anno. Oliver stesso si rese ovviamente conto di essere stato ingannato dal mito ispirato da Angleton. Inutile dire che il mito del coinvolgimento dei sovietici nell'assassinio di JFK era una copertura ideale e che James J. Angleton ne era il principale istigatore.

"UNA CASA CON MOLTE STANZE"

L'intera storia è interessante e illustra fino a che punto Angleton era disposto a spingersi per inventare una storia che incolpasse i suoi nemici e scagionasse i suoi amici. Tuttavia, la dichiarazione più provocatoria e famosa di Angleton, spesso vista come un riferimento all'assassinio di JFK, avvenne quando fu citato dal *New York Times*, due giorni dopo essere stato licenziato dalla CIA dal direttore William Colby. Il commento criptico di Angleton fu: "Una villa ha molte stanze. Non so chi abbia colpito John".[301] Angleton, tuttavia, insistette che il riferimento non aveva nulla a che fare con l'assassinio di JFK.

L'11 maggio 1987 Angleton morì da uomo distrutto, estromesso dalla CIA a cui aveva dedicato la sua vita. Angleton aveva ragione: "Una casa ha molte stanze". C'era un'altra stanza segreta, per così dire, un'oscura operazione dei servizi segreti che lavorava a stretto contatto con la criminalità organizzata e la CIA in un'ampia

---

[300] Peter Dale Scott. *Deep Politics and the Death of JFK* (Berkeley, California: University of California Press, 1993), p. 55.
[301] *New York Times*, 24 dicembre 1974.

varietà di imprese sia negli Stati Uniti che nel resto del mondo: gli amati alleati di James Jesus Angleton nel Mossad di Israele.

NOTA FINALE: Dalla prima pubblicazione di *Final Judgment*, che è stato il primo libro sull'assassinio di JFK a concentrarsi seriamente su James Angleton (sulla base degli indizi forniti da *Plausible Denial* di Mark Lane) - la ricercatrice di JFK Lisa Pease (che ha ricevuto una copia di *Final Judgment* dall'autore) ha scritto due eccellenti articoli che esaminano il ruolo cruciale di Angleton nel caso JFK. Essi appaiono nel libro *The Assassinations (Los Angeles, Feral House Press, 2003)* curato dalla signorina Pease e da James Di Eugenio. Sfortunatamente, sebbene la signorina Pease abbia fatto fugaci riferimenti al *Giudizio Finale* in versioni precedenti dei suoi saggi (quando sono stati pubblicati per la prima volta su Internet), ha poi rimosso tali riferimenti, forse per paura di essere associata al sottoscritto. In ogni caso, la signorina Pease si affretta ad assicurare ai suoi lettori di non aver trovato alcuna prova a sostegno della teoria che Angleton fosse "controllato" dal Mossad, anche se ha lasciato intendere che altri scrittori anonimi hanno detto altrettanto. In realtà, come i lettori di *Giudizio finale* sapranno bene, in quel libro non viene fatta alcuna affermazione del genere. Al contrario, Angleton era un fedele del Mossad. Non era necessario alcun "controllo".

CAPITOLO 9

Un piccolo inconveniente
La guerra di JFK con gli alleati di Israele
alleati all'interno della CIA

La battaglia di JFK con la CIA per la disfatta della Baia dei Porci era solo l'inizio. Nel novembre 1963, JFK non solo combatteva contro gli alleati israeliani della CIA per la bomba nucleare, ma si opponeva anche agli sforzi della CIA per coinvolgere maggiormente gli Stati Uniti nel Sud-Est asiatico. In effetti, JFK progettava di smantellare completamente la CIA: una mossa che avrebbe messo a rischio la base di potere di Israele a Washington.

Allo stesso tempo, la CIA e il Mossad stavano lavorando duramente per minare il Presidente francese Charles De Gaulle. Alla fine, il complotto contro De Gaulle si rivelò un ruolo poco conosciuto ma cruciale nel complotto per l'assassinio di JFK.

Nel 1972, la newsletter del *Washington Observer* pubblicò quelle che furono forse le prime allusioni - sulla stampa - al fatto che la stessa famiglia Kennedy sospettasse il coinvolgimento della CIA nell'assassinio di John F. Kennedy.

Secondo l'*Observer*, "nel 1963, poco dopo l'assassinio del Presidente Kennedy, Robert F. Kennedy, all'epoca Procuratore Generale, condusse una propria indagine privata, che si svolse parallelamente all'inchiesta ufficiale sull'assassinio da parte della Commissione Warren. L'indagine di Kennedy includeva i movimenti dell'ispettore Hamilton, ex ispettore capo di Scotland Yard. Hamilton, un vecchio amico di Joseph P. Kennedy, era stato incaricato dal Procuratore Generale di aiutare a svelare la verità sull'omicidio di JFK.

"Dopo aver parlato a lungo con i membri della famiglia Kennedy e aver fatto delle indagini discrete con i propri contatti, Hamilton si concentrò sul fatto che l'assassinio di John Kennedy era avvenuto poco dopo che suo fratello Bobby aveva fatto dei passi preliminari verso il controllo diretto e personale della CIA, a cui attribuì il fiasco della Baia dei Porci.

"Hamilton, seguendo il ragionamento del *cui Bono* ("a chi giova?"), giunse alla conclusione che la decisione di Bobby di prendere il controllo della CIA avesse a che fare con l'omicidio del fratello maggiore".[302]

LA BAIA DEI MAIALI

Il fatto che la disfatta della Baia dei Porci sia stata un importante pomo della discordia tra i fratelli Kennedy e la CIA fa ormai parte della storia. L'amarezza che

---

[302] *Washington Observer*, 15 aprile 1972.

si sviluppò tra JFK e la CIA per il fallito tentativo di invadere la Cuba di Castro fu un grave conflitto tra il Presidente e l'agenzia di intelligence. La Baia dei Porci e le sue conseguenze furono un punto dolente tra Kennedy e la CIA, ma non l'ultimo. Tuttavia, ha innescato gli eventi che hanno portato alla resa dei conti finale tra JFK e la CIA, che alla fine ha portato all'assassinio del Presidente americano.

I biografi della famiglia del boss della mafia di Chicago Sam Giancana, coinvolti nei sinistri complotti della criminalità organizzata e della CIA contro Fidel Castro (che analizzeremo più dettagliatamente nel capitolo 11), riferiscono che Giancana era perfettamente consapevole che la CIA non era soddisfatta dei Kennedy. "All'interno della CIA, lo sgomento per essere stati traditi dal Presidente e dal Procuratore Generale, così come l'aperta promessa del Presidente di smantellare il potere dell'agenzia di intelligence, si trasformarono rapidamente in odio, creando un effetto a catena che oscurò l'umore degli uomini con cui [Giancana] trattava nelle sue operazioni segrete. Questi uomini espressero il loro sdegno per l'operazione della Baia dei Porci e il loro timore che Kennedy fosse ora una minaccia molto concreta alla continua autonomia della CIA, forse persino alla sua esistenza"".[303]

LE MISURE DI KENNEDY CONTRO LA CIA

Nel suo bestseller *Plausible Denial*, in cui identifica il ruolo della CIA nel complotto per l'assassinio di JFK, Mark Lane, ex investigatore dell'assassinio di JFK, ha commentato l'azione della CIA contro il presidente:

"Se gli agenti, gli ufficiali e gli ex ufficiali della CIA ritenevano che la difesa della loro agenzia e della loro nazione richiedesse l'eliminazione del Presidente Kennedy perché stava per smantellare la loro organizzazione, era comprensibile, pur non accettando né approvando il loro punto di vista, che il concetto di autodifesa li obbligasse a usare la forza letale. La cosa più rilevante, quindi, non è ciò che Kennedy stava o non stava per fare in relazione alla CIA, ma ciò che i leader dell'Agenzia credevano potesse fare.

"John F. Kennedy disse chiaramente che intendeva distruggere la CIA. Il *New York Times* riportò il 25 aprile 1966, nel sottotitolo "L'amarezza di Kennedy", che "quando l'enormità del disastro della Baia dei Porci lo raggiunse, [Kennedy] disse a uno dei più alti funzionari della sua amministrazione che voleva 'far saltare in aria la CIA e spargerla al vento'.

"Ovviamente non stava proponendo una modesta proposta legislativa o un ordine esecutivo per cambiare o riformare l'organizzazione. Il suo obiettivo evidente era la distruzione totale dell'Agenzia".[304]

---

[303] Sam Giancana e Chuck Giancana. *Double Cross: The Explosive Inside Story of the Mobster Who Controlled America* (New York: Warner Books, 1992), p. 301.
[304] Mark Lane. *Plausible Denial* (New York: Thunder's Mouth Press, 1992), p.93.

CONTROLLO DELLA CIA

Lane sottolinea che le azioni preliminari di Kennedy contro la CIA erano già state avviate e che il Presidente si stava chiaramente muovendo verso lo sventramento definitivo dell'agenzia.

"Kennedy] si occupò della CIA attuando un programma di emergenza in tre punti, volto a riportare l'agenzia sotto controllo. Licenziò i dirigenti più colpevoli e potenti, nominò un comitato di alto livello, il Cuban Study Group, per indagare sulle malefatte dell'organizzazione in modo da determinare quali ulteriori restrizioni a breve termine fossero necessarie e, nel frattempo, ridusse drasticamente i poteri e la giurisdizione dell'agenzia e fissò limiti severi alle sue azioni future attraverso i National Security Action memoranda".

"Kennedy cercò quindi di controllare l'agenzia riducendo significativamente la sua capacità di agire in futuro attraverso i National Security Action Memoranda NSAM 55, 56 e 57. Questi documenti, in teoria, eliminarono la capacità della CIA di dichiarare guerra. Questi documenti, in teoria, eliminarono la capacità della CIA di dichiarare guerra. Alla CIA non sarebbe stato permesso di lanciare alcuna operazione che richiedesse una potenza di fuoco superiore a quella generata dalle pistole".[305]

Non c'è dubbio che tutte queste azioni abbiano disturbato la CIA e i suoi alleati. Uno degli uomini presenti in quel momento era il colonnello L. Fletcher Prouty, che aveva agito come contatto tra il Ministero della Difesa e la CIA durante il periodo in questione.

Secondo Prouty, "nulla di ciò che ho fatto in tutta la mia carriera è stato uno shock". L'NSAM 55 ha privato la CIA del suo prezioso ruolo nelle operazioni segrete, ad eccezione di piccole azioni. Era un documento esplosivo. Il complesso militare-industriale non era contento".[306]

LA CIA E IL VIETNAM

Tuttavia, il conflitto di Kennedy con la CIA andò ben oltre la questione di Cuba. Il crescente problema del coinvolgimento degli Stati Uniti nel Sud-Est asiatico mise il Presidente ancora più in contrasto con la CIA.

Verso la fine del 1963, il conflitto tra JFK e la CIA giunse al culmine e, sebbene non fosse oggetto di un vivace dibattito pubblico, tutti sapevano, attraverso i canali ufficiali e non, che stava accadendo qualcosa di molto grave.

Il 3 ottobre 1963, il decano degli editorialisti americani, Arthur Krock, scrisse senza mezzi termini sul *New York Times* della guerra di Kennedy contro la CIA, una guerra che si stava intensificando a causa della questione del Vietnam. L'articolo di Krock in prima pagina si intitolava "La guerra intra-amministrativa in Vietnam".

---

[305] *Ibidem*, pp. 99-100.
[306] *Ibidem*, p. 100.

L'INTERMEDIARIO DI FIDUCIA DI KENNEDY

Ma ciò che è così sorprendente in questo articolo è che Krock ha citato una fonte dell'amministrazione senior che ha suggerito che se mai ci fosse stato un colpo di Stato negli Stati Uniti, la CIA avrebbe potuto essere responsabile - questo solo poche settimane prima dell'assassinio di JFK.

Il significato di questo sorprendente articolo è che è stato Arthur Krock a firmare questa dichiarazione esplosiva: Krock era un amico intimo e un confidente di lunga data della famiglia Kennedy e aveva anche scritto diverse opere pubblicate per conto del padre del Presidente, l'ambasciatore Joseph P. Kennedy.

L'editorialista era un collegamento essenziale per Kennedy nella comunità dei giornalisti e sarebbe stato la prima scelta del Presidente Kennedy se JFK avesse voluto usare la stampa per evidenziare il suo conflitto con la CIA sulla scena pubblica. Come ha detto giustamente Mark Lane:

"Era John F. Kennedy che stava inviando un messaggio al popolo americano attraverso il suo fidato intermediario Arthur Krock".[307]

Questo articolo fu dimenticato dopo l'assassinio del Presidente, ma nel 1992 Lane resuscitò l'avvertimento profetico e cominciò a portarlo all'attenzione del pubblico americano, che ora ha un rinnovato interesse per l'assassinio di Kennedy.

FUORI CONTROLLO

Lane descrive l'articolo: "Krock sottolineò che John F. Kennedy era entrato in guerra con la CIA. Concludeva che Kennedy non poteva più controllare la CIA.

L'editorialista affermava che il Presidente Kennedy aveva inviato a Henry Cabot Lodge, suo ambasciatore in Vietnam, ordini per la CIA in due occasioni e, in entrambe le occasioni, la CIA aveva ignorato tali ordini, sostenendo che erano diversi da ciò che l'agenzia pensava dovesse essere fatto. In altre parole, la CIA aveva deciso che non era il Presidente a decidere come doveva essere condotta la politica estera americana.[308]

Lane ha sottolineato che una delle fonti della rubrica di Krock era un rapporto prodotto per i giornali *Scripps* e *Howard* dal corrispondente estero Richard Starnes, che aveva intervistato diversi alti funzionari dell'amministrazione e altri che avevano espresso preoccupazione per l'intransigenza della CIA.

UN COLPO DI STATO SPONSORIZZATO DALLA CIA?

Secondo l'articolo di Krock: "Tra le opinioni attribuite ai rappresentanti del governo statunitense presenti, uno dei quali è stato descritto come un 'funzionario statunitense molto anziano'... che ha trascorso gran parte della sua vita al servizio della democrazia... c'erano le seguenti:

---

[307] *The Spotlight*, 17 febbraio 1992.
[308] *Ibidem*.

La crescita della CIA è stata "paragonata a un cancro" che il "funzionario molto anziano non era sicuro che nemmeno la Casa Bianca potesse controllare... più".

"Se gli Stati Uniti dovessero mai sperimentare [un tentativo di colpo di Stato per rovesciare il governo], questo proverrebbe dalla CIA, non dal Pentagono". L'agenzia "rappresenta un enorme potere e una totale irresponsabilità nei confronti di chiunque".

"Qualunque cosa rivelino questi passaggi, essi stabiliscono certamente che i membri di altri organi esecutivi hanno esteso la loro guerra contro la CIA dai consigli governativi interni al popolo americano attraverso la stampa.

E, pubblicati contemporaneamente, i dettagli sulle operazioni dell'agenzia in Vietnam non possono che provenire dalle stesse principali fonti ufficiali. È un governo disordinato. E più il Presidente lo tollera - il periodo è già considerevole - più aumenta la guerra reale contro i Vietcong e l'impressione di un'amministrazione molto indecisa a Washington.

"La CIA potrebbe essere colpevole. Poiché non può, o comunque non vuole, difendere apertamente il suo caso sul Vietnam, o difenderlo con gli stessi "briefing" riservati alla stampa dei suoi critici, il pubblico non è in grado di giudicare. E non lo è nemmeno questo dipartimento, che non è riuscito nemmeno a ottenere le linee generali del caso dell'agenzia per confutarlo.

"Ma il signor Kennedy dovrà giudicare se lo spettacolo della guerra nel ramo esecutivo debba essere interrotto e se l'efficiente funzionamento della CIA debba essere preservato. E quando esprimerà questo giudizio, spero che lo renderà pubblico, insieme alle indagini sulla cattiva condotta su cui si basa".

"Il Segretario alla Difesa McNamara e il Generale Taylor, di ritorno dalla loro spedizione di accertamento dei fatti nella giungla ufficiale di Saigon, hanno oggi formulato raccomandazioni al di là di ogni dubbio su quale debba essere il suo giudizio".[309]

È ironico che l'articolo di Krock si concluda con un riferimento al viaggio di McNamara e Taylor nel Sud-Est asiatico.

Perché, come sottolinea il colonnello Fletcher Prouty, al loro ritorno "riferirono al Presidente che, dopo la loro visita a Saigon, sembrava che la situazione potesse essere riportata sotto controllo e che saremmo stati in grado di ritirare tutte le truppe [dal Vietnam] entro la fine del 1965".

"Oggi possiamo capire perché hanno scelto quella data", commenta Prouty. "Era la data che il Presidente aveva menzionato nelle discussioni con i suoi più stretti consiglieri. Sapevano tutti che aveva pianificato di annunciare il ritiro una volta rieletto".[310]

Poco dopo, tuttavia, John F. Kennedy uscì di scena e i piani di ritiro dal Vietnam, accuratamente predisposti dal Presidente, furono ribaltati dal nuovo Presidente.

---

[309] *Ibidem*.
[310] L. Fletcher Prouty. *The Secret Team: The CIA and its Allies in Control of the United States and the World* (Costa Mesa, Calif.: Institute for Historical Review, 1990), p. 416.

LA CIA VINCE

Nel suo libro *Plausible Denial*, Mark Lane riassume gli eventi che si verificarono: "Appena quattro giorni dopo la morte del presidente Kennedy, Lyndon Johnson firmò la NSAM 273, che iniziava a invertire la politica di ritiro dal Vietnam e segnava l'inizio dell'escalation del conflitto. La CIA aveva vinto. L'azione nel Sud-Est asiatico era destinata a diventare una massiccia guerra di terra".

"Nel marzo 1964, Johnson firmò la NSAM 288, che ripudiava il piano di Kennedy di porre fine alla partecipazione militare degli Stati Uniti alla guerra in quell'anno. Nei mesi successivi, Johnson aumentò l'impegno militare da meno di 20.000 uomini a circa un quarto di milione".[311]

"Anni dopo... dopo la morte di oltre 50.000 americani e di più di un milione di vietnamiti, laotiani e cambogiani, la guerra si concluse con una sconfitta militare per gli Stati Uniti".[312]

Tuttavia, come abbiamo visto nel capitolo 6, la guerra del Vietnam fu una manna per gli alleati della CIA in Israele, consentendo allo Stato mediorientale di dispiegare le proprie forze nella regione.

E nel capitolo 12 vedremo che il progetto congiunto della CIA e del sindacato criminale Meyer Lansky, che prevedeva il traffico internazionale di droga dal Sud-Est asiatico, si è rivelato altamente redditizio, condotto sotto copertura militare nel bel mezzo del coinvolgimento degli Stati Uniti in Vietnam.

LA CIA E L'ASSASSINIO DI JFK

Solo dopo la pubblicazione di *Plausible Denial* è stata rivelata la portata del coinvolgimento della CIA nell'assassinio di JFK. Il sospetto di complicità della CIA era diffuso da anni, ma il libro di Lane lo dimostra una volta per tutte. Inoltre, il suo libro era una sintesi di un processo per diffamazione svoltosi a Miami qualche anno prima, in cui la giuria aveva concluso che la CIA era effettivamente coinvolta nella cospirazione e nell'insabbiamento dell'assassinio di JFK.

Le circostanze in cui si svolse il processo sono interessanti. Nel 1978, un settimanale di Washington, *The Spotlight*, pubblicò un articolo scritto da Victor Marchetti, un ex alto funzionario della CIA, in cui si affermava che la CIA stava pianificando di incastrare l'ex agente E. Howard Hunt per il coinvolgimento nell'assassinio di Kennedy.

Hunt è stato chiaramente il principale contatto politico della CIA con la comunità cubana anticastrista nel periodo precedente l'assassinio di JFK e in seguito è stato nominato come sospetto nella cospirazione dell'assassinio.

(Hunt aveva coordinato, per conto della CIA, diversi gruppi cubani anti-catastrofe, tra cui il Fronte Rivoluzionario Democratico (RDF). Antonio de Varona, l'effettivo contatto di Hunt nel RDF, riceveva personalmente fondi per il RDF da Meyer Lansky).[313]

---

[311] Lane, pp. 107-108.
[312] *Ibidem*.
[313] Anthony Summers. *Conspiracy* (New York: McGraw-Hill Book Company, 1980), pag. 193.

L'articolo di Marchetti suggerisce che all'epoca il sospetto che la CIA fosse coinvolta nell'assassinio di JFK era talmente forte che la CIA decise di sacrificare Hunt e di indicare che Hunt era un traditore coinvolto nell'assassinio del Presidente.

CACCIARE UN AGENTE INDIPENDENTE?

Tuttavia, secondo Marchetti, la CIA intendeva affermare che Hunt e i suoi cospiratori avevano operato in modo autonomo, ovvero che la CIA come istituzione non aveva preso parte alla cospirazione.

Sebbene i redattori di *Spotlight* ritenessero che l'articolo di Marchetti servisse a Hunt come una sorta di avvertimento anticipato su ciò che i suoi ex datori di lavoro avevano in mente, l'ex agente della CIA decise di far loro causa, anche se alla fine ammise sotto giuramento che la storia di *Spotlight* gli sembrava plausibile. Quando alla fine il caso si è svolto in un tribunale federale di Miami, il giornale ha subito una sconfitta devastante. La giuria diede ragione a Hunt e condannò *Spotlight* a pagare 650.000 dollari di danni.

Fortunatamente - per *Spotlight* - un errore nelle istruzioni del giudice alla giuria ha fornito al settimanale populista un motivo per ricorrere in appello. Quando il caso è stato appellato con successo ed è stato ordinato un nuovo processo, l'avvocato Mark Lane è intervenuto per conto della difesa.

Tra i grandi nomi deposti nell'affare Hunt: l'ex direttore della CIA Richard Helms; l'ex direttore della CIA Stansfield Turner; l'ex capo dell'emisfero occidentale della CIA David Phillips; e l'ex membro della CIA e dell'FBI (e celebrità del Watergate) G. Gordon Liddy.

La prova più schiacciante contro Hunt è arrivata, tuttavia, quando l'avvocato Lane ha presentato la deposizione dell'ex agente della CIA Marita Lorenz.

HUNT, STURGIS E RUBY A DALLAS

La signorina Lorenz ha testimoniato che un giorno prima dell'assassinio del Presidente arrivò a Dallas (da un "rifugio" della CIA a Miami) in un convoglio di due auto. Diversi agenti della CIA, guidati da Frank Sturgis, il "supervisore" della signorina Lorenz, armati di fucili a canne mozze, accompagnarono la signorina Lorenz in quella che lei descrisse come una missione segreta. Secondo la signorina Lorenz, non era stata informata dello scopo della missione.

Quando arrivarono a Dallas, secondo la signorina Lorenz, incontrarono non solo E. Howard Hunt, che lavorava come tesoriere per gli agenti della CIA, ma anche il gestore di un locale notturno Jack Ruby, che in seguito giustiziò il presunto assassino del presidente, Lee Harvey Oswald.

Quando Hunt salì sul banco dei testimoni, l'avvocato Lane, interrogandolo, evidenziò molte incongruenze nella sua testimonianza. Nel corso degli anni Hunt aveva raccontato diverse storie su dove si trovasse il giorno dell'assassinio del Presidente.

Tuttavia, fu la testimonianza della signorina Lorenz a convincere la giuria che la CIA era coinvolta nell'assassinio di Kennedy. La giuria si pronunciò a favore di *Spotlight* e respinse la denuncia di Hunt.

Leslie Armstrong, residente a Miami e presidente della giuria nel caso, ha rilasciato una dichiarazione in concomitanza con l'articolo di Lane sul processo:
"Il signor Lane ci stava chiedendo [alla giuria] di fare qualcosa di molto difficile. Ci chiedeva di credere che John Kennedy fosse stato ucciso dal nostro stesso governo. Tuttavia, quando abbiamo esaminato a fondo le prove, siamo stati costretti a concludere che la CIA aveva effettivamente ucciso il Presidente Kennedy".[314]

Nel suo bestseller *Plausible Denial* Lane ha raccontato questo avvincente processo e ha presentato ulteriori prove che dimostravano il coinvolgimento della CIA nell'assassinio del Presidente. Ma nel capitolo 16 di *Giudizio finale*, diamo uno sguardo più da vicino alle attività di E. Howard Hunt e Frank Sturgis, oltre a esaminare le notevoli prove che indicano il coinvolgimento del Mossad - insieme alla CIA - nel complotto per l'assassinio di JFK.

I FRATELLI NOVO

Ma nel frattempo ci sono altri collegamenti interessanti che vale la pena esplorare. Lane descrive come la signorina Lorenz si sia spinta oltre nella sua testimonianza, facendo i nomi di altri agenti della CIA che facevano parte del convoglio di due auto organizzato da Frank Sturgis in cui Lorenz viaggiò da Miami a Dallas. Secondo Lane, "prima che la signorina Lorenz testimoniasse, le chiesi: Può darmi i nomi delle persone che hanno viaggiato con lei in quel convoglio di due auto?".

"Ha detto che non avrebbe fatto nomi. Potrebbe farmi uccidere", ha detto. "Non farmi questa domanda. Voglio che mi promettiate che non mi farete questa domanda". Tuttavia, secondo Lane, "l'avvocato del signor Hunt le fece quella domanda e lei rispose, con mia grande sorpresa. Ha detto che sono stati i fratelli Novo.

Secondo Lane, "i fratelli Novo - Guillermo e Ignacio - sono personaggi molto interessanti. Ho fatto delle ricerche su di loro. Posso assicurarvi", ha detto Lane, "che la prima volta che ho sentito i loro nomi collegati all'assassinio di Kennedy è stato quando la signorina Lorenz ha fatto i loro nomi all'avvocato di Hunt. Prima di allora non mi aveva detto nulla.

"Dopo la sua testimonianza all'avvocato di Hunt, ho chiesto alla signorina Lorenz: "Perché l'ha detto a loro?". "Mi ha risposto - riferendosi a Hunt, alla CIA e ai suoi avvocati - che se sono così stupidi da farmi questa domanda, non è colpa mia se do loro la risposta. È colpa loro", dice la signorina Lorenz. Se l'aveste chiesto a me, la storia sarebbe stata completamente diversa. Tuttavia, se la CIA - attraverso Hunt e i suoi avvocati - ha fatto quella domanda, è ufficiale ed è colpa loro, non mia".

---

[314] *The Spotlight*, 28 ottobre 1991.

IL COLLEGAMENTO HUNT - BUCKLEY

"I fratelli Novo citati dalla signorina Lorenz erano coinvolti in una serie di crimini legati all'intelligence. Furono coinvolti nell'omicidio a Washington nel 1976 dell'ex leader del governo cileno Orlando Letelier e di Ronnie Moffit, una donna che era con lui. Un uomo di nome Michael Townley, che aveva legami con la polizia segreta cilena, era coinvolto nella pianificazione dell'omicidio di Letelier insieme ai fratelli Novo. Quando Townley fu accusato, testimoniò contro i Novo.

"Townley è stato interrogato dall'FBI che gli ha chiesto di mostrare il luogo di New York in cui aveva avuto il primo incontro con i Novo. Townley indicò un edificio al 500 di 5th Avenue e mostrò all'FBI l'ufficio al 41° piano dove si era svolto il primo incontro".[315]

Secondo Lane, le ricerche indicano che l'incontro si tenne nell'ufficio dell'allora senatore James Buckley (C-N.Y.). Oggi giudice federale presso la Corte d'Appello degli Stati Uniti per il Distretto di Columbia, Buckley è il fratello di William F. Buckley Jr, ex agente della CIA e fondatore del quindicinale conservatore *National Review*.

(E. Howard Hunt era il diretto superiore di William F. Buckley nella CIA, dove hanno prestato servizio insieme in Messico per nove mesi dal 1951 al 1952).

Secondo Lane, "la prova di Townley si riferiva a un William Sampol che lavorava nell'ufficio di James Buckley. Sampol era un cugino dei fratelli Novo".[316]

Lane sottolinea che l'omicidio di Letelier è avvenuto quando George Bush era direttore della CIA: "Ci sono prove che Bush abbia ricevuto informazioni che indicavano il governo cileno come responsabile dell'omicidio di Letelier.

Tuttavia, Bush informò alcuni amici selezionati dai media che Letelier era stato ucciso dai suoi stessi sostenitori che volevano farne un martire.

Secondo Lane, "fu William F. Buckley Jr. a prendere questa storia di Bush e a portarla avanti. I media seguirono l'esempio di Buckley, ma la storia si rivelò falsa (nel capitolo 20, come vedremo, fu George Bush che, per molti versi, aveva stretti legami con una serie di attori chiave nello strano mondo dell'intelligence internazionale legato all'assassinio di JFK).

Come dice Lane: "I Novo furono entrambi condannati per l'omicidio di Letelier e condannati al carcere. Erano i fratelli che Marita Lorenz aveva identificato come facenti parte del convoglio di due auto di killer che viaggiavano da Miami a Dallas per assassinare il presidente Kennedy".[317]

LE MOLTE CONNESSIONI DEL MOSSAD

Le prove ottenute dall'ex agente del Mossad Victor Ostrovsky, ora disponibili, suggeriscono che il Mossad israeliano era in realtà indirettamente collegato all'assassinio di Letelier, per il quale i fratelli Novo (coinvolti nell'assassinio di JFK) furono poi condannati.

---

[315] *The Spotlight*, 17 febbraio 1992.
[316] *Ibidem*.
[317] *Ibidem*.

(Nel capitolo 2 scopriamo che è stato Ostrovsky, per una straordinaria coincidenza, a smascherare un complotto del Mossad per assassinare l'ex direttore della CIA George Bush, dopo che Bush, da presidente degli Stati Uniti, aveva litigato con Israele).

Secondo Ostrovsky, commentando l'omicidio di Letelier: "Nessuno ha puntato il dito contro il Mossad. E sebbene il Mossad non abbia avuto un coinvolgimento diretto nell'attacco ordinato da Manuel Contreras Sepulveda, capo della DINA [la polizia segreta], ha svolto un ruolo indiretto significativo nell'esecuzione di questo crimine, concludendo un accordo segreto con Contreras per l'acquisto di un missile di superficie Exocet di fabbricazione francese dal Cile.

"Gli squadroni della morte non hanno usato personale del Mossad per uccidere Letelier, ma hanno certamente usato il know-how del Mossad, che era stato loro insegnato come parte dell'accordo che Contreras aveva stipulato per fornire il missile".[318] Sono stati i fratelli Novo, tuttavia, a pagare il prezzo e a scontare una pena detentiva. Nessun agente del Mossad, invece, è stato accusato del crimine.

Vale la pena notare, tuttavia, che lo stesso Michael Townley aveva altri legami molto interessanti con Israele. Sua moglie Ines, pur essendo cristiana cilena, aveva trascorso un periodo in un kibbutz israeliano con il primo marito e aveva un "attaccamento alla causa di Israele" di lunga data.[319]

Parte dell'accordo raggiunto tra Townley e i procuratori federali nel caso dei fratelli Novo è stato un patteggiamento in base al quale alla moglie è stata concessa l'immunità dall'accusa, nonostante fosse stata coinvolta in varie imprese terroristiche insieme al marito.[320]

Tuttavia, l'altro legame di Townley con Israele è molto più significativo, soprattutto nel contesto del dibattito sui suoi legami con i cubano-americani coinvolti nell'assassinio di JFK. Durante la sua lunga carriera di avventuriero internazionale, Townley ha lavorato - a quanto pare dal 1961 al 1966 - come venditore di fondi comuni di investimento per la Investors Overseas Service (IOS) del finanziere Bernard Cornfeld.[321]

Ci siamo imbattuti per la prima volta nell'IOS nel Capitolo 7, quando abbiamo analizzato la relazione tra il sindacato del crimine organizzato di Meyer Lansky e la Banque De Credit International (BCI), collegata al Mossad israeliano.

IL PROTETTO DI TIBOR ROSENBAUM

Nel 1970, durante il processo penale a carico di Alvin Malnik, uno dei luogotenenti di Lansky in Florida, fu rivelato pubblicamente che uno dei principali canali per il riciclaggio dei proventi illegali dello spaccio di droga, della dissolutezza e del gioco d'azzardo di Lansky era la BCI, creata da Tibor Rosenbaum, l'ex direttore generale delle finanze e degli appalti del Mossad israeliano.

---

[318] Victor Ostrovsky e Claire Hoy. *By Way of Deception: The Making and Unmaking of a Mossad Officer* (New York: St. Martin's press, 1990), pagg. 217-218.
[319] John Dinges e Saul Landau. *Assassination on Embassy Row* (New York: Pantheon Books, 1980), pagg. 98-99.
[320] *Ibidem*, p. 396.
[321] *Ibidem*, pp. 96-97.

La BCI di Rosenbaum riceveva i contanti dal sindacato criminale di Lansky principalmente attraverso la World Trade Bank controllata da Lansky a Nassau, Bahamas. L'intermediario era un giovane svizzero, Sylvain Ferdmann, uno dei corrieri di Lansky.

Ferdmann non solo era un funzionario della banca di Rosenbaum e un socio della Bank of World (controllata da John Pullman, rivale di lunga data di Lansky), ma, come lo stesso Michael Townley, era anche l'uomo dietro la Investors Overseas Services (IOS).

Cornfeld, il datore di lavoro di Townley, era in realtà originariamente sponsorizzato da Rosenbaum, che era emerso come uno dei principali riciclatori di denaro nel traffico globale di droga di Lansky. Milioni di dollari in banconote di piccolo taglio venivano trasferiti dai casinò di Lansky, spesso mascherati da vendite di obbligazioni israeliane e contributi a enti filantropici ebraici attraverso il BCI e lo IOS.

È quindi quantomeno interessante che Michael Townley, con i suoi legami con il Mossad israeliano non solo durante l'assassinio di JFK ma anche durante il suo coinvolgimento nell'omicidio di Letelier, sia associato ai fratelli Novo, a loro volta coinvolti in entrambi i crimini.

È interessante anche il fatto che l'ex ufficio del senatore James Buckley a New York sia stato, forse per coincidenza, il luogo di incontro per la pianificazione dell'omicidio di Letelier. Come già accennato, E. Howard Hunt (anch'egli coinvolto nell'assassinio di JFK) e il fratello di Buckley, William F. Buckley Jr, editore (ed ex collaboratore di Hunt) erano amici di lunga data dai tempi in cui lavoravano nella CIA.

Naturalmente si è parlato molto della lunga collaborazione di Hunt con la comunità cubano-americana nelle attività anticastriste, in quanto principale referente della CIA con i cubani.

IL LEGAME DI BUCKLEY CON ISRAELE

Ciò che non è noto a tutti, tuttavia, è che la famiglia Buckley - compresi i fratelli James e William - aveva legami fondamentali con Israele attraverso le varie imprese petrolifere di famiglia. Nel 1971, la newsletter del *Washington Observer* fece luce sulle concessioni petrolifere della famiglia Buckley in Israele, stabilite dal padre dei Buckley.

Buckley Sr. formò la Pan-Israel Oil Co (con sede a Gerusalemme) con Buckley Sr. come presidente. Tra i direttori della società vi erano diversi israeliani. Allo stesso tempo, la Israel-Mediterranean Petroleum, Inc. fu costituita secondo le leggi di Panama. Gli uffici principali della società erano a Gerusalemme, allo stesso indirizzo della Pan-Israel Oil Co. James L. Buckley era uno dei vicepresidenti. Tutte le azioni con diritto di voto di entrambe le società erano detenute nel trust con diritto di voto. Tuttavia, nessun membro della famiglia Buckley ha votato. I direttori con diritto di voto avevano nomi ebraici.

Pan-Israel e Israel-Mediterranean detenevano congiuntamente otto licenze petrolifere, tutte situate in Israele. Le due società possedevano anche Mana Oil Distributors e Tri-Continent Drilling Co, una filiale della Pantepec Oil Company (poi assorbita dalla Pantepec International Petroleum, Ltd.).

Il presidente di PIP, Ltd. era John W. Buckley che, insieme al fratello James L. Buckley, faceva parte del Consiglio di Amministrazione. Insieme, queste società operavano su scala globale con proprietà petrolifere in Australia, Sud America, Canada, Libia, Sahara spagnolo, Filippine e Israele.[322]

Il fatto che la famiglia Buckley, legata a Hunt e alla CIA, sia anche strettamente connessa ai fratelli Novo, coinvolti nell'assassinio di JFK e Orlando Letelier, è particolarmente interessante.

Tanto più che il partner dei fratelli Novo nell'omicidio di Letelier era strettamente legato al sindacato del crimine organizzato di Meyer Lansky e a un'operazione di riciclaggio di denaro sponsorizzata dal Mossad.

Per quanto possa sembrare incredibile, tuttavia, esiste anche un bizzarro legame tra la famiglia Buckley e un personaggio chiave nello strano mondo del presunto assassino di JFK, Lee Harvey Oswald, e della cospirazione per l'assassinio di JFK.

IL COLLEGAMENTO BUCKLEY - De Mohrenschildt

Questo legame si presentò nella persona di George De Mohrenschildt, un nobile originario della Russia, che fece amicizia con Oswald all'epoca del ritorno del giovane americano dall'esilio (alcuni direbbero dal "servizio della CIA") in Unione Sovietica. De Mohrenschildt, che si dice abbia lavorato per diverse agenzie di intelligence internazionali, aveva un rapporto di lunga data con la CIA, che risaliva al suo predecessore, l'Office of Strategic Services (OSS), dove, tra l'altro, aveva prestato servizio lo stesso E. Howard Hunt.[323]

Ma il nobile europeo viaggiò per il mondo soprattutto in qualità di ingegnere petrolifero. È in questa veste che entrò in contatto con la famiglia Buckley. Dal 1945 in poi, De Mohrenschildt lavorò direttamente sotto la direzione di Warren Smith, all'epoca presidente della Pantepec Oil Co, la compagnia petrolifera messicana della famiglia Buckley fondata nel 1914. De Mohrenschildt e Smith formarono infine la Cuban-Venezuelan Oil Trust Co. Curiosamente, a quel punto la Pantepec della famiglia Buckley aveva già spostato la sua attenzione sul Venezuela.[324]

Nonostante la debolezza di tutti i collegamenti con Buckley, esiste tuttavia una prova concreta di un legame tra i Buckley e De Mohrenschildt. Si scopre che nella rubrica di De Mohrenschildt c'è un certo "Buckley, W.F.".[325]

---

[322] *Washington Observer*, 1° novembre 1971.
[323] Jim Marrs. *Crossfire: The Plot That Killed Kennedy* (New York: Carroll & Graf Publishers, Inc., 1989), pag. 200.
[324] Michael Canfield e Alan J. Weberman. *Coup d'État in America: The CIA and the Assassination of John F. Kennedy* (New York: The Third Press, 1975), pag. 29.
[325] John Loftus e Mark Aarons. *La guerra segreta contro gli ebrei* (New York: St. Martin's Press, 1994), p. 599.

DE MOHRENSCHILDT E HUNT

La carriera di De Mohrenschildt sembra essersi incrociata regolarmente con quella di E. Howard Hunt, amico di William F. Buckley Jr. e mentore della CIA. Hunt e De Mohrenschildt avevano entrambi lavorato per l'Agenzia per lo sviluppo internazionale (AID); Hunt per l'Amministrazione per la cooperazione economica (ECA), una filiale dell'AID, e De Mohrenschildt, alla fine degli anni Cinquanta, per l'Amministrazione per la cooperazione internazionale (ICA), la filiale dell'AID succeduta all'ECA.

Hunt e De Mohrenschildt si recarono anche a Cuba nel 1956, durante il periodo turbolento che precedette l'espulsione dell'organizzazione criminale di Meyer Lansky da parte di Fidel Castro. Mentre De Mohrenschildt affermò in seguito di essere lì per affari petroliferi, Hunt partecipò a una riunione dei capi della CIA delle regioni dei Caraibi e dell'America centrale.

Nel 1960, Hunt e De Mohrenschildt si presentarono anche in Guatemala, durante l'addestramento delle truppe per quella che sarebbe diventata la disfatta della Baia dei Porci, inizialmente finalizzata a rovesciare Castro. De Mohrenschildt affermò che lui e sua moglie stavano visitando l'America centrale. Hunt, in ogni caso, era il contatto della CIA con i gruppi cubani anticastristi.[326]

Nel 1963, tuttavia, De Mohrenschildt si era trasferito a Dallas e aveva fatto amicizia con Lee Harvey Oswald che, a quel punto, si mescolava facilmente con i cubani anticastristi che erano direttamente sotto la direzione del principale collegamento della CIA con queste forze: E. Howard Hunt. Howard Hunt.

Probabilmente non sapremo mai quale ruolo ebbe De Mohrenschildt nel complotto per l'assassinio di JFK. Alla fine, il nobile giramondo morì (apparentemente per mano sua) la mattina del 29 marzo 1977, poco prima di incontrare un investigatore della Commissione speciale per gli assassinii. La moglie di De Mohrenschildt credeva che il suicidio del marito fosse stato indotto.

In ogni caso, c'è un'altra bizzarra coincidenza: De Mohrenschildt aveva appena incontrato, prima della sua morte, lo scrittore Edward Jay Epstein. Nel capitolo 8 abbiamo visto che Epstein era il principale autore della teoria secondo cui Lee Harvey Oswald era sotto l'influenza sovietica quando assassinò John F. Kennedy. La fonte principale della teoria di Epstein era James Jesus Angleton, alleato di Israele nella CIA.

LA CIA E L'OAS

Proprio in concomitanza con la guerra tra JFK e la CIA, quest'ultima fu attivamente coinvolta nel tentativo di rovesciare il Presidente francese Charles De Gaulle, fornendo assistenza e sostegno all'Esercito Segreto Francese (OAS), sostenuto da Israele, che si opponeva alla decisione di De Gaulle di concedere l'indipendenza all'Algeria.

---

[326] *Ibidem*, pp. 29-30.

³²⁷Sebbene le audizioni della Commissione Church del Senato sulle attività clandestine della CIA abbiano successivamente concluso che non vi è stato alcun coinvolgimento della CIA con l'OAS, vi sono prove molto forti del contrario.

Il generale Maurice Challe, ex comandante in capo delle forze francesi in Algeria e leader della rivolta militare contro De Gaulle dell'aprile 1961, divenne una figura chiave dell'OSA. Sebbene Challe abbia insistito sul fatto che "non aveva alcun contatto personale con l'estero" e che in realtà aveva deliberatamente evitato ogni contatto di questo tipo per non incorrere nella minima accusa di essere stato condotto lì da baionette straniere.

"Tuttavia", secondo lo storico Alistair Horne, "alcuni [dei subordinati di Challe] sembrano aver effettuato sondaggi informali, e molto approssimativi, presso i rappresentanti di vari Paesi che potevano essere considerati simpatici, tra cui Portogallo, Spagna, Israele e Sudafrica".³²⁸

"Le voci di un coinvolgimento clandestino degli Stati Uniti erano molto forti in Francia. Innegabilmente, durante il suo soggiorno al quartier generale della NATO, il popolare Challe fece amicizia con molti generali americani che non fecero mistero della loro avversione per De Gaulle alla NATO, arrivando a esprimere, sotto una profusione di scotch, un certo entusiasmo per chiunque potesse liberare la Francia dal suo turbolento presidente, o almeno costringerlo a cambiare idea".³²⁹

"Si diceva anche che la CIA avesse promesso a Challe il riconoscimento degli Stati Uniti se fosse riuscito a tenere i comunisti fuori dal Nordafrica. Ogni speranza, tuttavia, che ciò avrebbe potuto suscitare all'interno del complotto, fu rapidamente infranta quando l'ambasciatore di [John F. Kennedy] a Parigi, il generale James M. Gavin, assicurò fermamente a De Gaulle che se i ribelli avessero tentato di atterrare nelle basi francesi dove c'erano truppe americane, avrebbero aperto immediatamente il fuoco".³³⁰

Esistono ulteriori prove del coinvolgimento della CIA in cospirazioni con l'OAS. Secondo lo storico Alexander Harrison, "all'inizio di dicembre del 1961, un certo 'colonnello Brown' dell'ufficio della CIA in Francia, chiese un incontro con Salan, [il generale Raoul leader dell'OAS], e offrì a Salan armi sufficienti per equipaggiare un esercito di 50.000 uomini".³³¹

Sebbene alcuni abbiano ipotizzato che i cosiddetti agenti della CIA non facessero effettivamente parte della CIA, lo stesso generale Salan ha dichiarato: "Ero sicuro che facessero sul serio, perché conoscevano tutte le persone giuste e le loro referenze erano perfette. In effetti, alla fine, alcune armi sono state consegnate.³³² Non c'è quindi alcun dubbio che la CIA sostenesse segretamente l'OSA nella sua guerra contro De Gaulle.

---

³²⁷ Alistair Horne. *Una selvaggia guerra di pace*. (Middlesex, Inghilterra: Penguin Books, 1977), p. 498.
³²⁸ *Ibidem*, p. 445.
³²⁹ *Ibidem*, pp. 445-446.
³³⁰ *Ibidem*, p. 447.
³³¹ Alexander Harrison. *Challenging De Gaulle: The OAS and the Counterrevolution in Algeria* (New York: Praeger Publishers, 1989), p. 70.
³³² Alistair Horne. *Una selvaggia guerra di pace*. (Middlesex, Inghilterra: Penguin Books, 1977), p. 498.

Sappiamo che nello stesso periodo la CIA aveva almeno un contatto con l'OSA. Si tratta di E. Howard Hunt, responsabile politico dell'agenzia per gli esuli cubani anticastristi.

Nei capitoli 15 e 16 si analizzano più dettagliatamente i legami di Hunt con l'OAS, in particolare in relazione ai personaggi chiave coinvolti nel complotto per l'assassinio di JFK.

OAS E AMICI DI ISRAELE IN FRANCIA

Uno dei pochi conservatori americani a riconoscere la strana dinamica tra De Gaulle e la CIA fu Dan Smoot, che già nel 1958 dichiarò in modo perspicace: "Nell'attuale calunnia liberale e globalista di De Gaulle, gli esponenti della sinistra insistono sul fatto che De Gaulle è antiamericano, ma non dicono mai perché".[333] Ha sottolineato che De Gaulle era arrabbiato per il sostegno della CIA alla sinistra anti-De Gaulle in Francia e ha osservato che De Gaulle era piuttosto "anti-CIA, che è un'altra storia".[334] E ha aggiunto: "Il *New York Times* era quasi isterico quando De Gaulle è salito al potere. Si può capire perché".[335]

Secondo lo storico israeliano Benjamin Beit-Hallahmin, infatti, all'epoca del complotto della CIA contro De Gaulle, è importante notare che i leader dell'OAS sopra citati - Salan e Challe - tra molti altri "erano conosciuti come amici di Israele in Francia".[336]

Alla fine, Israele ricompensò Challe per i suoi sforzi.[337] Dopo la sua uscita di prigione nel 1967, dopo essere stato condannato per il coinvolgimento nel tentativo di rovesciare De Gaulle, Challe fu assunto dalla Zim, la compagnia di navigazione israeliana, che faceva parte dell'impero internazionale di uno dei beni più preziosi del Mossad, il miliardario Shaul Eisenberg, le cui aziende erano parte integrante dell'economia dello stesso Stato di Israele.

Incontriamo Eisenberg per la prima volta nel capitolo 7, dove apprendiamo della sua collaborazione con l'ufficiale del Mossad Tibor Rosenbaum presso la Banca commerciale Svizzera-Israele. Ma scopriremo molto di più su Eisenberg e sulle sue imprese a favore della creazione di un arsenale nucleare da parte di Israele più avanti in queste pagine. Soprattutto, vedremo come le attività di Eisenberg siano direttamente collegate all'assassinio di JFK - una storia mai raccontata prima.

È piuttosto significativo che Israele e i suoi alleati della CIA cospirassero contro Charles De Gaulle nello stesso periodo in cui cospiravano anche contro John F. Kennedy, come vedremo.

---

[333] Dan Smoot. *"De Gaulle e la CIA"*. *The American Mercury*. Ottobre 1958.
[334] *Ibidem*.
[335] *Ibidem*.
[336] Benjamin Beit-Hallahmi. *The Israeli Connection-Who Israel Arms and Why* (New York: Pantheon Books, 1987), p. 220.
[337] *Ibidem*.

TRE FORZE POTENTI

Tutti questi collegamenti illustrano il circolo vizioso che lega continuamente gli attori chiave della cospirazione internazionale che comprende non solo la CIA e il Mossad israeliano, ma anche il sindacato criminale di Meyer Lansky, tre potenti forze che volevano tutte John F. Kennedy fuori dalla Casa Bianca.

CAPITOLO 10

Il tirapiedi del tirapiedi
Meyer Lansky e Carlos Marcello -
La mafia ha ucciso JFK?

Carlos Marcello, pseudonimo di Meyer Lansky in Louisiana, è diventato il bersaglio preferito dei ricercatori sull'assassinio di JFK, che amano dire che "la mafia ha ucciso JFK".

Il fatto è che il più formidabile accusatore di Marcello, G. Robert Blakey, direttore del personale della Commissione d'inchiesta sulla Casa degli Assassini, era sul libro paga di una figura chiave del sindacato del crimine organizzato di Meyer Lansky.

Marcello era solo un ingranaggio del sindacato di Lansky. Il suo ruolo chiave nella scena di New Orleans - teatro di gran parte della pianificazione precedente all'assassinio - lo rendeva il capro espiatorio perfetto. Marcello aveva anche legami con gli alleati di Israele nella CIA. La storia di Marcello non finisce qui.

È stato immortalato il patetico grido di Lee Harvard Oswald: "Sono solo un capro espiatorio". Ironia della sorte, però, una delle presunte menti dell'assassinio di JFK - il tanto pubblicizzato "boss del crimine" di New Orleans - potrebbe fare la stessa affermazione. Stiamo parlando, ovviamente, del truculento Carlos Marcello, soprannominato "il piccolo uomo", un soprannome che condivideva con Meyer Lansky.

ACCUSARE MARCELLO

Il libro di John W. Davis, *Mafia Kingfish: Carlos Marcello and the Assassination of John F. Kennedy*, indica Marcello come la probabile mente dell'omicidio di JFK. Da sola, senza altre prove oltre a quelle che abbiamo citato nelle pagine di *Giudizio Finale*, in questo capitolo e altrove, l'argomentazione di Davis sembra ragionevole. Ma, come abbiamo detto, le sue conclusioni non si basano sulla totalità delle prove a disposizione di chi è interessato al quadro generale.

DISTORCERE LA VERITÀ

In *Contract on America: The Mafia Murder of President John F. Kennedy*, David Scheim incolpa anche "la mafia" per l'assassinio di JFK e punta il dito in particolare contro Carlos Marcello. Per qualche motivo, tuttavia, Scheim minimizza (o addirittura ignora) il ruolo critico di Meyer Lansky nella mafia.

Agli occhi di Scheim, Lansky non era altro che un attore minore, il che è in diretta contraddizione con la storia stessa della criminalità organizzata che, a causa della realtà, è costretta a riconoscere la particolare influenza di Lansky.

Scheim, infatti, si sforza di suggerire che Lansky ebbe un'importanza minima nel corso generale degli eventi. Scrive: "Meyer Lansky, l'ultimo finanziatore del sindacato, non poteva intraprendere alcuna azione senza l'approvazione dei superiori della mafia".[338] Questo non è vero in nessun senso. Il fatto che Scheim possa fare un'affermazione del genere indica che è determinato a ignorare l'intero quadro.

Scheim osserva, a torto, che i presunti "superiori mafiosi" di Lansky lo tenevano sotto costante sorveglianza attraverso un certo Jimmy "Occhi Blu" Alo, che Scheim descrive come un "caporegime" della famiglia mafiosa genovese di New York.[339] Alo era effettivamente strettamente legato a Lansky, ma non era solo un amico intimo, era anche un socio in affari. Non era, contrariamente alla strana concezione di Scheim, un leader della mafia di Meyer Lansky.

CLAY SHAW E LA CIA

È interessante anche la determinazione di Scheim a ignorare il ruolo della comunità dei servizi segreti nella cospirazione per l'assassinio di JFK, in particolare quello della CIA. Nel suo libro, Scheim fa di tutto per ritrarre il procuratore distrettuale di New Orleans Jim Garrison come uno strumento della mafia e un socio di Carlos Marcello. Attacca anche le indagini di Garrison sull'uomo d'affari internazionale Clay Shaw.

Secondo Scheim, "l'accusa di Garrison a Clay Shaw, che divenne il suo principale colpevole, fu altrettanto bizzarra. Direttore in pensione dell'International Trade Mart di New Orleans, Shaw era un liberale dalla voce dolce che passava la maggior parte del suo tempo a restaurare case nel vecchio quartiere francese".[340]

Quello che Scheim omette di notare - e che non può non aver notato, visto che si è autoproclamato ricercatore di lunga data sull'assassinio di JFK - è che Shaw era effettivamente coinvolto con la CIA. - è che Shaw era di fatto coinvolto con la CIA.

IGNORARE I FATTI

Questo era un fatto ben noto ai ricercatori dell'assassinio JFK al momento della stampa del libro di Scheim. Non ci sono scuse razionali per la deliberata soppressione di questo fatto essenziale da parte di Scheim.

Tuttavia, nel capitolo 15 esamineremo il ruolo centrale di Shaw nel complotto, che coinvolgeva non solo la CIA, la mafia e il sindacato del crimine organizzato di Meyer Lansky, ma anche il Mossad di Israele.

---

[338] David E. Scheim. *Contract on America: The Mafia Murder of President John F. Kennedy* (New York: Shapolsky Publishers, Inc., 1988), p. 120.
[339] *Ibidem*.
[340] *Ibidem*, p. 48.

Chiaramente, per perpetuare il mito che "la mafia ha ucciso JFK", Scheim è obbligato a evitare i fatti che minano la sua tesi. Ed è proprio quello che ha fatto.

Il libro di Scheim (e l'opera di John W. Davis citata sopra) si basano entrambi pesantemente su un'opera precedentemente pubblicata, *The Plot to Kill the President: Organized Crime Assassinated JFK* di G. Robert Blakey e Richard N. Billings.

(Il libro di Scheim, infatti, è poco più di una riscrittura di molti degli stessi dati, e poco più di una storia di mafia, disponibile in molte fonti classiche. Nel complesso, il libro di Scheim fallisce miseramente nel suo tentativo di scaricare le colpe.

(E alla luce dei fatti che scopriamo nelle pagine di *Giudizio Finale*, vale forse la pena di notare che l'editore di Scheim, la Shapolsky Publishers, è affiliato a una società israeliana - un fatto che potrebbe forse avere a che fare con la decisione di promuovere un libro che attribuisce l'assassinio di JFK alla "mafia".

È deplorevole che Scheim e Davis si siano basati sul lavoro di Blakey e Billings, soprattutto perché questo libro proviene da una fonte che si può solo definire sospetta.

Blakey, ovviamente, era a capo della House Select Committee on Assassinations, che concluse che probabilmente c'era stata una cospirazione dietro l'assassinio del Presidente e che, molto probabilmente, erano stati coinvolti membri della "mafia".

IL SABOTAGGIO DELLA GUARNIGIONE

Richard Billings, che lavorò a fianco di Blakey nell'indagine della Commissione della Camera, non era estraneo al complotto per l'assassinio di JFK. Infatti, Billings era stato l'editore della rivista *Life*, che aveva guidato una squadra della sua rivista a New Orleans per lavorare con l'allora procuratore distrettuale Jim Harrison nella sua indagine sull'omicidio di JFK.

Garrison nota, tuttavia, che *Life*, invece, fece esattamente il contrario. *Life* pubblicò diversi articoli importanti che collegavano Garrison alla criminalità organizzata, alla mafia e in particolare a Carlos Marcello, screditando così Garrison agli occhi di coloro che credevano alle bugie.[341]

Così, quando Blakey e Billings si unirono per scrivere il libro basato sulle loro esperienze con la House Select Committee on Assassinations, riservarono aspre critiche a Garrison e suggerirono che avesse falsamente puntato il dito contro la comunità dei servizi segreti che copriva il coinvolgimento di Marcello nel crimine.

Billings era anche il cognato di C.D. Jackson, il direttore della rivista *Life* che il giornalista investigativo Carl Bernstein ha descritto come "l'emissario personale di Henry Luce presso la CIA".[342] Billings - presumibilmente - ebbe anche un ruolo

---

[341] Jim Garrison. *Sulle tracce degli assassini* (New York: Sheridan Square Press, 1988), pagg. 163-164.
[342] Peter Dale Scott. *Deep Politics and the Death of JFK* (Berkeley, California: University of California Press, 1993), p. 55.

ricorrente nella copertura da parte di *Life* delle incursioni degli esuli cubani nella Cuba di Castro, sostenute dalla CIA.

L'ESPERTO DI CRIMINALITÀ ORGANIZZATA

Il lavoro di Blakey e Billings ha quindi dato grande risalto a Marcello come una delle forze trainanti del complotto. Tuttavia, le affermazioni di Blakey sul ruolo della "mafia" non possono essere definite altro che sospette. *Come vedremo, la storia è lunga.*

Professore di diritto e direttore dell'Istituto sulla criminalità organizzata dell'Università di Notre Dame, Blakey è spesso indicato dai media come una delle principali autorità del Paese in materia di "mafia".

Già procuratore speciale presso il Dipartimento di Giustizia sotto l'allora Procuratore Generale Robert Kennedy, Blakey è l'autore della famosa legge RICO (Racketeer Influenced and Corrupt Organizations), che è diventata uno strumento fondamentale nei procedimenti federali contro la criminalità organizzata.

Di conseguenza, le scoperte di Blakey sul ruolo della "mafia" (e più specificamente sul ruolo di Carlos Marcello) nella cospirazione per l'assassinio del JFK ottennero ampio riconoscimento e credibilità. Tuttavia, solo due anni prima di essere nominato direttore della House Select Committee on Assassinations, Blakey aveva avuto un rapporto diverso con la criminalità organizzata: **era stato assunto da una delle figure di spicco del sindacato di Lansky.**

IL LEGAME BLAKEY - LANSKY

Dopo che la rivista *Penthouse* pubblicò un articolo in cui si affermava che il Country Club La Costa di Carlsbad, California, era collegato alla malavita, alcuni fondatori del La Costa portarono *Penthouse* in tribunale. Uno dei querelanti nel caso La Costa era Morris "Moe" Dalitz, un ex spacciatore di Detroit e Cleveland diventato proprietario di un casinò di Las Vegas, che aveva da tempo uno stretto rapporto d'affari con Meyer Lansky.

Robert Blakey faceva parte del team legale di Dalitz. Si trattava certamente di una posizione speciale per un sedicente "combattente del crimine" come Blakey. Il grande combattente del crimine, infatti, fornì una dichiarazione giurata per conto di Dalitz contro *Penthouse*.[343]

Il datore di lavoro di Blakey, Dalitz, era infatti parte integrante del sindacato di Lansky. Nel capitolo 4 abbiamo appreso che la famigerata Purple Gang di Detroit aveva messo sotto contratto la vita dell'ambasciatore Joseph P. Kennedy, padre del futuro presidente, per aver interferito nel loro "territorio" durante il proibizionismo. Kennedy, come abbiamo visto, contattò il capo della mafia di Chicago, Sam Giancana, che intervenne a favore di Kennedy, convincendo la Purple Gang ad annullare il progetto di "omicidio". All'epoca, uno dei principali leader della Purple Gang era Moe Dalitz, una figura promettente della malavita.

---

[343] Mark Lane. *Plausible Denial* (New York: Thunder's Mouth Press, 1991), pag. 34.

DALITZ, SIEGEL E LANSKY

Secondo William Roemer, specialista dell'FBI in criminalità organizzata, "Moe Dalitz iniziò la sua carriera criminale durante l'epoca del proibizionismo. Era uno degli ammiragli della "Piccola Marina Ebraica" di Detroit quando, in qualità di corriere del rum, attraversò il fiume Detroit in traghetto attraverso il Canada per dissetare i numerosi cittadini della Motor City desiderosi di assaggiare il whisky, il vino e la birra vietati dal "Nobile Esperimento".[344] Questo fu l'inizio di un lungo e stretto rapporto di lavoro tra Lansky, "il presidente del Consiglio del Crimine Organizzato" e Morris Dalitz.

Secondo Roemer, infatti, fu Dalitz il principale istigatore dell'azione del sindacato contro Benjamin "Bugsy" Siegel, amico d'infanzia e collega di Lansky, ucciso nel 1947.

Secondo Roemer, fu Lansky a inviare Dalitz a Las Vegas per indagare sulle attività di Ben Siegel. Dalitz, riferisce Roemer, "fu il principale contributo alla crescente opinione che nulla fosse legale. Il suo rapporto fu il motivo principale per cui Lansky, [Frank] Costello e tutti gli altri, avevano fatto rapporto all'assemblea del [crimine organizzato] a L'Avana nel dicembre 1946 e poi a giugno, quando fu finalmente deciso di sparare a Bugsy".[345]

Nel capitolo 13 esaminiamo più dettagliatamente il legame Lansky-Siegel ed esaminiamo il ruolo bizzarro che l'inimitabile Mickey Cohen, successore di Siegel come scagnozzo di Lansky sulla West Coast, giocò nelle macchinazioni di Israele contro JFK e nella cospirazione per assassinare JFK.

Infatti, come diretta conseguenza dell'assassinio di Seigel, Dalitz divenne il contatto ufficiale di Lansky a Las Vegas, diventando il "Padrino di Las Vegas". Tuttavia, solo trent'anni dopo Robert Blakey, il principale sostenitore della teoria secondo cui "la mafia ha ucciso JFK", sarebbe finito nella squadra di Morris Dalitz, che avrebbe proclamato Dalitz innocente di qualsiasi legame con la malavita e avrebbe distolto l'attenzione da qualsiasi legame diretto di Lansky con la cospirazione per l'assassinio di JFK.

Sfortunatamente per Blakey, Dalitz e La Costa, *Penthouse* ha vinto la causa per diffamazione e ha di fatto ripudiato il certificato di personalità di Blakey a nome di Dalitz e dei suoi associati.

Così il principale sostenitore della teoria secondo cui "la mafia ha ucciso JFK" si è schierato in difesa di uno dei più stretti collaboratori di Meyer Lansky, il leggendario personaggio della malavita Moe Dalitz.[346]

Circa sette mesi dopo che Blakey e la House Select Committee on Assassinations pubblicarono il loro rapporto secondo cui "La mafia ha ucciso JFK" - un rapporto che ignorava accuratamente e studiosamente l'influenza di Lansky sulla "mafia" - il *Wall Street Journal* riportò nel settembre 1979 che Dalitz era stato da tempo identificato dalle autorità federali come un consulente senior permanente del crimine organizzato. Questa volta Dalitz non fece causa per diffamazione.

---

[344] William Roemer. *War of the Godfathers.* (NewYork:DonaldI.Fine, Inc., 1990), p. 53.
[345] *Ibidem*, p. 55.
[346] Wm. Pepper. *Ordini di uccidere.* (New York: Carroll & Graf, 1995), p. 63.

ISRAELE ONORA DALITZ

L'immagine pubblica di Dalitz, tuttavia, non risentì della vittoria di *Penthouse* nella causa per diffamazione o del servizio del *Wall Street* Journal. Al contrario, nel 1983, il vecchio personaggio della malavita di Las Vegas e "filantropo" fu premiato dalla Anti-Defamation League (ADL) del B'nai B'rith con il prestigioso "Torch of Liberty Award".

Evidentemente, l'ADL non ha avuto problemi a conferire la sua massima onorificenza a uno dei più grandi leader della criminalità organizzata. Il servizio reso da Dalitz alla causa di Israele è stato apparentemente considerato più importante delle sue attività nella malavita. E Dalitz era effettivamente un fervente sostenitore della causa di Israele.

In effetti, Dalitz era il contatto chiave nel Midwest per l'Istituto Sonneborn - la società israeliana di contrabbando di armi - che abbiamo incontrato nel capitolo 7, dove abbiamo esaminato i legami di lunga data del Sindacato Lansky con Israele. Possiamo quindi comprendere perché l'ADL fosse così desiderosa di ricompensare Dalitz per i suoi servizi.

Nel capitolo 17 esaminiamo l'immensa influenza dell'ADL sui media americani. Vedremo anche un esempio di come un vecchio collaboratore dell'ADL abbia lanciato una "nuova" teoria sull'assassinio di JFK - una messinscena che sembra essere stata orchestrata dagli amici di Israele nella CIA.

Da parte sua, il difensore di Dalitz, Robert Blakey, preferisce chiaramente guardare in direzione dei membri italiani della malavita, ma non oltre. Come abbiamo visto nel capitolo 7 (e discuteremo più avanti in questo capitolo e in altri) le differenze tra la "mafia" e la criminalità organizzata nel suo complesso sono molto più profonde di quanto Blakey voglia farci credere.

BLAKEY E LA CIA

Blakey si è anche rifiutato di riconoscere il ruolo dell'intelligence statunitense, in particolare della CIA, nell'assassinio di JFK. Non sorprende che importanti ricercatori sull'assassinio di JFK come Mark Lane, in *Plausible Denial*, e Jim Marrs, in *Crossfire*, abbiano criticato la stretta relazione di Blakey con la CIA. Nel suo libro *Conspiracy*, Anthony Summers dimostra in dettaglio il sovvertimento dell'indagine della Camera da parte della CIA che, a quanto pare, è stato sostenuto e incoraggiato dallo stesso Blakey.

Blakey non ha fugato i sospetti dei suoi detrattori facendo controllare il suo libro dalla CIA. Il paragrafo finale del libro di Blakey - che, secondo un commento caustico di Carl Oglesby, un altro ricercatore sull'assassinio di JFK, avrebbe dovuto apparire nelle prime pagine piuttosto che essere sepolto alla fine del libro - recitava come segue:

"In conformità all'accordo con la House Select Committee on Assassinations, la Central Intelligence Agency (CIA) e il Federal Bureau of Investigation (FBI) hanno esaminato questo libro in forma di manoscritto per determinare se le informazioni classificate in esso contenute sono state divulgate correttamente e se non sono stati identificati informatori. Né la CIA né l'FBI garantiscono la documentazione fattuale o approvano le opinioni espresse".[347]

Così, mentre Blakey era impegnato a puntare il dito contro Carlos Marcello e a tenerlo lontano dalla CIA e dai suoi alleati del Mossad, i fatti sulla relazione tra Lansky e Marcello contraddicono l'affermazione di Blakey secondo cui "la mafia" sarebbe stata la forza trainante della cospirazione per l'assassinio di JFK.

IL FRONTMAN DELLA LOUISIANA

Resta il fatto che, qualunque sia il ruolo di Carlos Marcello o di uno dei suoi subalterni nell'assassinio di JFK o nell'insabbiamento, Marcello era solo una copertura per il "capo di tutti i capi": il capo di lunga data di Israele, Meyer Lansky in persona. Marcello era, in effetti, il piccolo uomo del piccolo uomo. In effetti, Lansky era molto più importante in termini di potere e influenza di quanto Carlos Marcello sarebbe mai stato, nonostante la sua fama e reputazione.

Per comprendere i principali difetti delle teorie di Davis, Scheim, Blakey e Billings - e per sottolineare la tesi del *Giudizio Finale* - è essenziale ricordare questo fatto importantissimo.

Curiosamente, Davis sottolinea che Marcello era, in realtà, un protetto di Lansky. Tuttavia, l'autore non sottolinea la superiorità di Lansky rispetto a Marcello che deve essere fatta nella presentazione di qualsiasi teoria secondo cui "la mafia ha ucciso JFK".

Per la storia completa del rapporto tra Lansky e Marcello siamo in debito con Hank Messick, il coraggioso giornalista investigativo specializzato nella copertura del crimine organizzato. Nella sua biografia di Meyer Lansky, egli descrive come Lansky scelse di far uscire Marcello dall'oscurità e di mettere in affari il presunto "capo mafia" della Louisiana. Messick racconta come Lansky (tramite il suo vecchio partner e socio Frank Costello) si sia trasferito per la prima volta in Louisiana.

Su pressione del sindaco riformista di New York Fiorello La Guardia, Lansky e Costello decisero che New Orleans era il luogo ideale per trasferire le loro operazioni con le slot machine. Costello si incontrò a New York con Huey Long, il governatore della Louisiana, che accettò di aprire il suo Stato alla criminalità organizzata.

Il socio di Lansky e Costello, "Dandy Phil" Kastel, fu inviato a prendere il comando. Tuttavia, fu lo stesso Lansky a recarsi a New Orleans per concludere l'accordo con Long. I due si incontrarono all'Hotel Roosevelt, che apparteneva a un amico comune, Seymour Weiss.[348]

(Non era comunque il primo incontro tra Lansky e Long. I due si erano incontrati per la prima volta alla Convention democratica di Chicago del 1932, durante la quale Franklin Delano Roosevelt, allora governatore di New York, era stato nominato presidente. Fu durante questa convention che le tangenti di Lansky, con il sostegno di Long, permisero a FDR di ottenere la nomination del suo partito. Il vecchio socio di Lansky e principale collegamento con la malavita italiana, Charles

---

[347] G. Robert Blakey e Richard N. Billings. *The Plot to Kill the President: Organized Crime Assassinated JFK-The Definitive Story* (New York: Times Books, 1981), pag. 401.
[348] Hank Messick, Lansky (New York: Berkley Medallion Books, 1971), pp. 82-83.

"Lucky" Luciano, descrive questo memorabile incontro nelle sue memorie pubblicate postume).[349]

IL MERCATO TRA LONG E LANSKY

Fu durante il loro secondo incontro decisivo che Long e Lansky strinsero un accordo che segnò irrevocabilmente i loro destini e che alla fine portò all'inaspettato assassinio di Long. L'accordo era il seguente: in cambio del permesso al sindacato di Lansky di operare in Louisiana, Long accettò una tangente mensile di 20.000 dollari. Le slot machine di Lansky furono installate da una società "senza scopo di lucro". Tuttavia, dei primi 800.000 dollari generati da Lansky e dai suoi compari di New Orleans, le vedove e gli orfani ricevettero esattamente 600 dollari.[350]

Questo accordo tra il sindacato del crimine organizzato di Lansky e la potente macchina politica di Huey Long della Louisiana portò all'ascesa di Carlos Marcello. Il biografo di Lansky, Messick, descrive le origini e la natura del rapporto tra Lansky e Marcello come segue: "Lansky era abbastanza intelligente, tuttavia, da riconoscere che anche l'innovazione delle slot machine, che facevano un sacco di soldi, non sarebbe mai stata sufficiente. Jake [il fratello di Lansky] era a capo della Louisana Mint Company, il nuovo gruppo che controllava le slot machine, ma mancava qualcosa.

"Trovò Carlos Marcello che attraversava il Mississippi nel quartiere di Algeri a New Orleans. Nato a Tunisi, era arrivato a New Orleans nel 1910 e si era guadagnato da vivere in vari modi, senza successo. Non si era nemmeno preoccupato di diventare cittadino americano.

"Lansky diede a Marcello un franchising per l'area di Algeri, permettendogli di tenere due terzi dei profitti delle slot machine. Nel 1940 aveva 250 macchine in funzione e si stava dimostrando un uomo d'affari efficiente. In seguito, ricevette una parte del sontuoso Beverly Club, la più grande associazione di tappeti (un casinò di genere bon chic) della zona e all'epoca seconda solo al Beverly Hills Club fuori Newport, nel Kentucky".[351]

MARCELLO INDOSSA IL CAPPELLO

Le osservazioni conclusive di Messick sul rapporto tra Lansky e Marcello sono probabilmente le più significative: "Come prestanome, Marcello si adattava molto bene. Negli anni successivi, fu considerato il boss della mafia in Louisiana - nonostante fosse nato a Tunisi - e resistette a tutti i tentativi di deportarlo o imprigionarlo.

---

[349] Martin A. Gosch & Richard Hammer. *The Last Testament of Lucky Luciano* (Boston: Little Brown & Company, 1974), pp. 156-157.
[350] Messick, *Ibid.*
[351] *Ibidem*, pp. 86-87.

"Con tutti i riflettori puntati su Marcello, il ruolo di Lansky fu quasi dimenticato, proprio come voleva Meyer. Finalmente Lansky poteva trasferire Kastel a Las Vegas e lasciare che Marcello e Weiss gestissero New Orleans".[352]

"Meyer Lansky una volta spiegò perché aveva lasciato la gestione di New Orleans a Marcello e ad altri. 'C'era un sacco di roba da fare altrove', disse".[353]

Messick si spinse oltre, se non altro per ribadire il concetto: anche il famoso Beverly Club di Marcello non era, in realtà, il suo feudo personale. Secondo Messick, "Costello e Kastel erano soci, Marcello aveva una piccola quota, ma Lansky era il vero capo".[354]

Aaron Cohn, che era direttore della Commissione criminale di New Orleans, dà credito all'analisi di Messick su questo rapporto. Secondo Cohn, "la Commissione aveva da tempo diffidato della natura monumentale dei beni di Marcello, che erano troppo grandi per essere controllati da un solo Don, anche se potente come Marcello".[355] Marcello, in breve, agiva come mandatario di Meyer Lansky.

Tutto questo, ovviamente, nel suo insieme, getta ulteriore luce sulla verità del legame tra Lansky e Carlos Marcello.

LANSKY, MARCELLO E LA CIA

Ci sono anche prove che Marcello lavorava direttamente con la CIA in almeno un'altra sfera di influenza che collega anche Lansky, i cui legami con l'intelligence statunitense abbiamo esaminato nel capitolo 7 e che esamineremo ulteriormente nei capitoli 11, 12 e 14.

Secondo Sam e Chuck Giancana, nella loro biografia del boss della mafia di Chicago Sam Giancana, "Marcello era un complice della CIA nel traffico di armi e un forte sostenitore degli esuli anticastristi. Si trattava di un accordo, ha detto [Giancana] in più di un'occasione, per riportare Cuba alla sua gloria pre-castrista - i suoi lucrosi casinò e la prostituzione".[356]

Ma c'era un altro settore in cui Lansky, la CIA e Marcello avevano uno stretto rapporto di collaborazione: il traffico illecito di droga. Il rapporto della Commissione per le Operazioni Governative del Senato all'88° Congresso su "Criminalità organizzata e traffico illecito di droga" ha rilevato che New Orleans era allora il principale punto di distribuzione della droga che entrava negli Stati Uniti.

La maggior parte degli osservatori ritiene che una delle attività "legittime" di Marcello, un'attività di pesca di gamberi, fosse in realtà parte della rete di traffico di droga e armi.

(Nel capitolo 12 vedremo che Lansky fu il principale istigatore di questa rete di droga, lavorando in collaborazione con la CIA).

---

[352] *Ibidem*, p. 87.
[353] *Ibidem*.
[354] *Ibidem*, p. 129.
[355] Robert D. Morrow. *The Senator Must Die: The Murder of Robert F. Kennedy* (Santa Monica: CA: Roundtable Publishing, Inc., 1988), pag. 16.
[356] Sam Giancana e Chuck Giancana. *Double Cross: The Explosive Inside Story of the Mobster Who Controlled America* (New York: Warner Books, 1992), p. 298.

Inutile dire che la posizione centrale di Marcello a New Orleans rendeva inevitabile che il boss mafioso avesse una buona idea di come si stava sviluppando la cospirazione per l'assassinio di JFK - almeno a New Orleans.

MARCELLO, FERRIE, BANISTER & LA CIA

Dopotutto, il pilota personale di Marcello era l'agente della CIA David Ferrie (oggi molto conosciuto grazie alla sua interpretazione nella serie hollywoodiana *JFK* di Oliver Stone). Il ruolo non ancora determinato di Ferrie nel complotto per l'assassinio di JFK e la sua apparente associazione con il presunto assassino, Lee Harvey Oswald, è solo un altro tassello del puzzle.

Si trattava di Guy Banister, socio di Ferrie, la cui agenzia investigativa privata di New Orleans (un canale per le armi della CIA agli esuli cubani anticastristi) impiegava diversi altri amici di Marcello. Banister, che aveva lavorato nell'Office of Naval Intelligence e in seguito era stato agente speciale responsabile dell'ufficio di Chicago dell'FBI, si era trasferito a New Orleans.[357]

Secondo i Giancana, Banister era da tempo vicino alla mafia di Chicago e furono i loro buoni uffici a portare Banister nella sfera d'influenza di Marcello quando l'ex uomo dell'FBI andò a New Orleans, lavorando inizialmente per il dipartimento di polizia della città.[358]

(Nell'estate del 1963, anche il Consiglio rivoluzionario cubano, una creazione di E. Howard Hunt, il principale contatto della CIA con i gruppi cubani anticastristi, aveva uffici nello stesso edificio di Banister.[359] Incontriamo Hunt per la prima volta nel capitolo 9, dove veniamo a conoscenza di una causa per diffamazione in cui Hunt e la CIA erano direttamente implicati nell'assassinio di JFK).

Banister era chiaramente l'intermediario tra la CIA e le operazioni di Lansky e Marcello a New Orleans. Ed è attraverso il suo ufficio che Lee Harvey Oswald fu incastrato come capro espiatorio. (Esamineremo ulteriormente questo aspetto del complotto per l'assassinio di JFK nei capitoli 11, 14, 15 e 16).

New Orleans e il feudo di Marcello erano, senza ombra di dubbio, parte integrante del sindacato del crimine organizzato di Lansky. Ma suggerire che Marcello fosse la forza trainante del complotto per l'assassinio di JFK significa ignorare il quadro generale.

LANSKY E L'ASSASSINIO DI LONG

Per una nota storica di passaggio, si dovrebbe probabilmente fare riferimento alla scomparsa di Huey Long e al ruolo che Lansky e i suoi associati hanno giocato in questo importante evento politico.

Nel 1935 Long era stato eletto al Senato e si era guadagnato la ribalta nazionale. In effetti, nel complesso Long era visto come una minaccia importante per le possibilità di rielezione di Franklin Delano Roosevelt nel 1936. Long aveva chiarito

---

[357] Morrow p. 30.
[358] Giancana, p. 255.
[359] Anthony Summers. *Conspiracy* (New York: McGraw-Hill Book Company, 1980), p. 316.

che se non si fosse candidato come candidato democratico - o come terzo partito - nel 1936, aveva certamente intenzione di giocare un ruolo importante in quelle elezioni, e non dalla parte di FDR.

Di conseguenza, fu avviata un'indagine del Dipartimento di Giustizia su Long e le sue finanze. Tale indagine portò in superficie l'intricata rete di accordi finanziari di Long e minacciò di far fallire la macchina altamente redditizia che Long aveva costruito. Più di un personaggio politico della Louisiana e più di un collaboratore di Long temevano la loro imminente fine accanto a Long e ciò che i procuratori federali avevano in serbo per loro.

Come nota Messick - e questo è ironico - fu in una stanza d'albergo a Dallas, in Texas, che le autorità federali presero la decisione di accusare Long. Il truculento senatore della Louisiana fu ucciso lo stesso giorno da un "assassino solitario" che fu a sua volta rapidamente ucciso dalle guardie del corpo di Long.

Ancora oggi esistono una miriade di teorie cospirative sull'omicidio di Long. C'è chi sostiene che il presunto assassino non abbia mai sparato un colpo, ma che abbia invece sferrato un pugno a Long e che l'"arma del delitto" sia stata piazzata dalle guardie del corpo che volevano coprire il fatto che uno di loro avesse accidentalmente sparato a Long mentre sparava al suo aggressore. C'è però chi sostiene che Long sia stato colpito deliberatamente da una delle sue guardie del corpo.

Nella loro biografia del boss della mafia di Chicago, la famiglia Giancana afferma che Sam Giancana in seguito sostenne che "alcuni dei nostri amici di New York lo fecero ammazzare - lo organizzarono con un boss [della mafia] di New Orleans. L'hanno organizzato in modo tale che sembrasse il gesto di un pazzo".[360]

Probabilmente non sapremo mai la verità. In ogni caso, Long morì in ospedale poche ore dopo la sparatoria. Quello che sappiamo è che la morte di Long eliminò dalla scena una grande minaccia non solo per l'amministrazione Roosevelt, ma anche per la macchina di Long, che si appoggiava pesantemente al sindacato del crimine organizzato di Lansky. Con Long fuori dai giochi, le autorità federali persero interesse per la Louisiana e la sua oscura malavita politica.

Le prove suggeriscono che la morte di Long poteva essere evitata. Hank Messick racconta la storia: in una riunione a Hot Springs, Arkansas, all'Arlington Hotel, poco dopo la morte di Long, Frank Costello informò Lansky della verità sulla partenza di Long. Avremmo potuto salvarlo", disse Costello a Lansky, "ma non ne vedevo l'utilità. I medici avevano l'ordine di lasciarlo morire".[361]

A quanto pare, questo fu il primo coinvolgimento importante di Meyer Lansky nell'assassinio di un personaggio politico americano con cui la criminalità organizzata aveva collaborato. Ma non sarebbe stata l'ultima volta.

Non c'è dubbio che Carlos Marcello, luogotenente di Lansky, avesse le sue ragioni per volere John F. Kennedy fuori dai piedi. Il Dipartimento di Giustizia sotto Robert F. Kennedy aveva preso di mira Marcello in diverse occasioni.

L'interessante biografia di Marcello di John Davis fornisce un'analisi dettagliata della campagna di Kennedy contro Marcello. Non c'è da stupirsi che Marcello abbia pronunciato la sua famosa esclamazione: "Livarsi na petra di la scarpa" ("Togliti il

---

[360] Giancana, p. 63.
[361] Messick, p. 84.

sassolino dalla scarpa") Tuttavia, un tale sfogo emotivo non lo rende un ordine di assassinio.

In realtà, non c'è alcuna prova che Marcello abbia intrapreso un'altra azione positiva - se così si può chiamare - per far eseguire il suo ordine.

RINTRACCIARE LANSKY VIA MARCELLO

Va notato che l'inseguimento e le molestie sistematiche di Robert Kennedy nei confronti di Marcello furono solo il primo passo logico nel processo del Dipartimento di Giustizia contro Meyer Lansky.

Si tratta, ovviamente, di una procedura classica in tutti i procedimenti giudiziari simili contro il crimine organizzato: prima si prendono di mira i subalterni, poi il capo. In questo caso, ovviamente, si trattava del cosiddetto "presidente del consiglio", Meyer Lansky.

Seth Kantor, conoscente di Jack Ruby e anche lui biografo, lo riassume bene: "Come procuratore generale, [Robert F. Kennedy] ha incriminato più membri dell'industria criminale statunitense di qualsiasi altro procuratore precedente, perseguendoli senza sosta.

"Meyer Lansky, ad esempio, non era più al sicuro dietro le porte chiuse della suite esecutiva dell'industria. Il Procuratore Generale riunì quella che fu riconosciuta dal Dipartimento di Giustizia come Divisione Criminalità Organizzata (OCD) e rintracciò le operazioni segrete di Lansky alle Bahamas e a Las Vegas".[362]

L'assassinio di John F. Kennedy e il fallimento della campagna di Robert Kennedy contro il crimine organizzato hanno impedito che ciò accadesse. La fine della guerra di Kennedy contro il crimine organizzato fu la principale conseguenza - una grande vittoria - per la roccaforte del crimine organizzato di Meyer Lansky.

Naturalmente, come abbiamo detto, anche se l'omicidio di JFK fosse stato un'operazione puramente mafiosa - senza tentacoli che portassero altrove - era stato Lansky a ordinarlo fin dall'inizio.

Meyer Lansky era il diretto superiore di Carlos Marcello nel mondo del crimine organizzato, non il contrario. Non è possibile eludere la posizione cruciale di Lansky al centro della vasta cospirazione. Quello che dimostriamo qui è che la cospirazione va ben oltre la "mafia". Ed è questo il cuore della nostra tesi.

"KOSHER NOSTRA" DI LANSKY

Curiosamente, il biografo di Ruby, Seth Kantor, distingueva tra quella che definiva la "Casher Nostra" di Lansky e quella che chiamava separatamente "la Cosa Nostra siciliana dal sangue caldo".[363] Certo, Carlos Marcello tirò un sospiro di soddisfazione quando John F. Kennedy morì a Dallas. Ma Meyer Lansky fu senza dubbio il beneficiario finale.

Qualsiasi operazione importante come l'assassinio di un presidente - anche se proposta unicamente da Marcello - doveva essere approvata prima dal capo, Meyer

---

[362] Seth Kantor. *Chi era Jack Ruby?* (New York: Everest House, 1978), p. 28.
[363] *Ibid.*

Lansky. Quindi deve essere stato Lansky stesso a dare il via libera, anche se il complotto per l'assassinio di Kennedy proveniva dal solo Marcello.

Le prove, tuttavia, suggeriscono che Marcello e i suoi soci di New Orleans erano semplicemente pedine di una cospirazione più profonda che aveva origine altrove. Tuttavia, la loro vicinanza a Oswald e a New Orleans li ha resi un facile bersaglio per coloro che cercano di trovare una cospirazione "mafiosa" dietro l'omicidio.

PAROLE NELL'ARIA

Come già notato, le stesse fonti che puntano il dito contro Marcello come mente dell'omicidio JFK hanno scelto di ignorare il ruolo secondario di Marcello rispetto a Meyer Lansky nella gerarchia del sindacato. Tuttavia, la Commissione d'inchiesta della Camera sugli omicidi di Robert Blakey, che era legata a Lansky, ha cautamente evitato la questione. Nel suo rapporto finale, la Commissione ha concluso che:

"In considerazione delle gravi conseguenze che avrebbe potuto avere un complotto per l'assassinio da parte della Commissione [cioè la Commissione Nazionale per il Crimine Organizzato], la Commissione ha concluso che un tale complotto sarebbe stato oggetto di serie discussioni da parte dei membri della Commissione e che, anche se tali discussioni avessero potuto essere protette, alcune tracce di esse sarebbero emerse dalla copertura di sorveglianza [delle autorità federali]".

"Era quindi possibile concludere che era improbabile che il Sindacato Nazionale del Crimine, agendo sotto la direzione della Commissione, fosse coinvolto nell'assassinio del Presidente Kennedy.

"Sebbene la Commissione abbia ritenuto improbabile che l'associazione criminale fosse coinvolta nell'assassinio, ha riconosciuto che un boss della criminalità organizzata o una piccola combinazione di boss che agiscono unilateralmente avrebbero potuto formulare un piano di assassinio senza il consenso della Commissione".[364]

Ovviamente si tratta solo di chiacchiere. Tuttavia, si potrebbe anche dedurre dalla presunzione della Commissione che, se la criminalità organizzata ha effettivamente svolto un ruolo importante nel complotto per l'assassinio, non si trattava di un complotto che proveniva dalla "mafia", per esempio. Quindi forse la cospirazione proveniva da altre parti. Questa è, ovviamente, la conclusione presentata nella *Sentenza finale*.

In questo modo, l'inchiesta della Camera dei Comuni ci ha fornito una base ancora più solida per le conclusioni tratte in questa sede.

LANSKY NON È MENZIONATO

Il rapporto della House Select Committee non aveva nulla da dire sul legame tra Lansky e Marcello. Niente di più normale nei rapporti standard sull'assassinio di JFK che promuovono la teoria che "la mafia ha ucciso JFK". Ciò che è

---

[364] Commissione della Camera. *The Final Assassination Report* (New York: Bantam Books, 1979), pag. 204.

particolarmente interessante è che *Little Man*, la biografia di Robert Lacey, non menziona mai la sponsorizzazione di Marcello da parte di Lansky, e il nome di Marcello non compare mai nel libro. Il legame con New Orleans è appena accennato, e solo a intermittenza. Marcello - che, secondo l'FBI, era a capo della "prima famiglia" della mafia - non era importante?

Forse perché il nome di Marcello è stato associato così spesso all'assassinio di JFK che Lacey - un biografo molto simpatico che ha lavorato a stretto contatto con la famiglia di Lansky - ha ritenuto che menzionare il nome abusato di Marcello avrebbe reso evidente il legame di Lansky con l'assassinio di JFK?

È possibile che Marcello e i suoi associati, come David Ferrie, siano stati intenzionalmente coinvolti nella periferia del complotto per l'assassinio, al fine di creare deliberatamente la possibilità che la responsabilità dell'assassinio ricada su Marcello e sulla mafia, nel caso in cui l'immagine di Lee Harvey Oswald come "agitatore pro-Castro" non funzionasse?

Si tratta di una possibilità, che sarebbe decisamente in linea con la vecchia politica del Mossad israeliano di utilizzare "falsi vessilli" nei suoi progetti criminali.

È chiaro che siamo ancora lontani dal conoscere la realtà del rapporto tra Meyer Lansky e i principali "sospettati" dell'assassinio di JFK. Tutto questo, ancora una volta, sottolinea il ruolo centrale di Lansky nella cospirazione internazionale che stiamo documentando.

CAPITOLO 11

Serenata cubana
Meyer Lansky, la mafia, la CIA,
Mossad e i complotti per assassinare Castro

Tre importanti figure mafiose - Sam Giancana, Johnny Rosselli di Chicago e Santo Trafficante Jr. di Tampa - sono state figure chiave nei complotti della CIA e della malavita contro Fidel Castro e sono state spesso collegate all'assassinio di JFK.

Sebbene i tre gangster italo-americani fossero attori importanti della mafia, le prove dimostrano che erano anche - come Carlos Marcello - subordinati a Meyer Lansky.

Nuove sorprendenti prove dimostrano che Giancana e Rosselli collaboravano attivamente con il Mossad, agendo essenzialmente come semplici "prestanome" per il poco conosciuto Hyman Larner, complice di Meyer Lansky a Chicago, collegato al Mossad e vero "boss" della malavita della Città del Vento.

Carlos Marcello non è l'unica figura di spicco della mafia i cui legami con Meyer Lansky, il boss del crimine organizzato, sono stati ignorati da Robert Lacey, il gentile biografo di Lansky. Anche il leggendario Johnny Rosselli non viene mai menzionato. Marcello e Rosselli non erano degni di nota?

Erano davvero così insignificanti? Non secondo i racconti tradizionali della storia della criminalità organizzata. Sia Marcello che Rosselli occupano un posto speciale negli annali del folklore criminale, in particolare in relazione all'assassinio di Kennedy.

È piuttosto significativo che Lacey abbia scelto di eliminare Rosselli dal suo racconto della vita di Lansky:

- Rosselli era una figura di spicco della criminalità organizzata di Los Angeles, dove Ben Siegel, vecchio socio di Ben Lansky, e Mickey Cohen, successore di Siegel come agente della Costa Ovest di Lansky, rappresentavano gli interessi di quest'ultimo.

- Rosselli era una figura di spicco della criminalità organizzata di Las Vegas, dove Lansky gestiva importanti operazioni di gioco d'azzardo. Era il principale rappresentante locale di Sam Giancana, boss della mafia di Chicago;

- Rosselli era una figura di spicco del crimine organizzato all'Avana, rappresentando gli interessi della mafia di Chicago, dove Lansky dominava anche le operazioni di gioco.

Secondo le testimonianze tradizionali, Rosselli è stato una figura chiave della mafia moderna come la conosciamo.

In breve, mentre le attività di Marcello erano quasi interamente basate nel suo feudo della Costa del Golfo (e si estendevano fino al Texas), Rosselli operava come ambasciatore itinerante per il ramo italiano della criminalità organizzata (popolarmente noto come "mafia"), principalmente per il ramo di Chicago.

Eppure i legami di Rosselli con Lansky sono stati ignorati da Robert Lacey, il biografo di Lansky. Perché? La biografia di Lacey (per altro molto dettagliata) suggerirebbe - ignorando sia Marcello che Rosselli - che Lansky non avesse alcun legame con nessuno dei due, o che i suoi legami fossero così insignificanti da non valere nemmeno la pena di essere menzionati.

Anche il nome di Rosselli, come quello di Marcello, è stato strettamente associato all'omicidio di Kennedy.

Non si può fare a meno di chiedersi perché il biografo di Lansky non abbia evidenziato questi importanti collegamenti. Persino Tiger (descritto nell'indice come "il cane di Lansky") viene menzionato, non una, ma due volte (Carlos Marcello non viene menzionato affatto).

Rosselli era anche particolarmente vicino a Santo Trafficante Jr, luogotenente di Lansky in Florida e all'Avana, che è praticamente una "non persona" nel resoconto di Lacey sulle imprese di Lansky. E come vedremo, è del tutto possibile che sia stato Trafficante a organizzare l'assassinio finale di Rosselli per conto della CIA.

Come Rosselli, anche Trafficante era una figura importante negli annali del crimine e, ancor più di Rosselli, era uno stretto collaboratore di Lansky. Infatti, come vedremo in modo molto più dettagliato nel capitolo 12, Trafficante, pur essendo un "mafioso" di primo piano, era l'immediato subordinato di Lansky nel settore del gioco d'azzardo e della droga.

Anche nella biografia di Lansky di Lacey, Trafficante viene liquidato senza molta considerazione. In effetti, viene a malapena menzionato, se non in passaggi secondari - solo otto volte. In realtà, ci sono meno riferimenti a Trafficante che a Bruzzer, un altro dei cani di Lansky, che conta 13 riferimenti, tra cui un esame dettagliato dei tristi ultimi giorni del cane.

Nel folklore dell'assassinio di Kennedy, questo è particolarmente rilevante, dato che ci viene ripetutamente detto che Trafficante una volta disse a José Aleman Jr, un ricco esule cubano, che JFK doveva essere ucciso. È interessante notare, tuttavia, che il resto della storia non viene raccontato. Secondo il biografo di J. Edgar Hoover, Curt Gentry, l'impressione di Aleman era che, sebbene Trafficante fosse a conoscenza di un complotto per l'assassinio di Kennedy, Trafficante stesso "non era l'architetto principale".[365] Allora chi era?

L'ALLEANZA TRA LANSKY E LA CIA

Tutto ciò che riguarda Rosselli e Trafficante è interessante, soprattutto nel contesto del loro coinvolgimento centrale nei complotti della CIA e della criminalità

---

[365] Curt Gentry. *J. Edgar Hoover: L'uomo e i segreti.* (New York: W. W. Norton & Company, 1991), p. 496.

organizzata contro Fidel Castro, che aveva preso il controllo delle operazioni di gioco d'azzardo di Lansky all'Avana.

Il legame di Rosselli e Trafficante con Meyer Lansky deve essere approfondito, in quanto esso allude a un'altra area: i legami stretti e di lunga data di Lansky con gli alleati di Israele nella CIA. Infatti, come vedremo nel capitolo 12, il legame di Lansky con la CIA andava ben oltre Cuba e i Caraibi. Si estendeva persino al Sud-Est asiatico.

Come abbiamo visto nel capitolo 7 (e come è stato instancabilmente documentato da centinaia di scrittori), il crimine organizzato - Meyer Lansky in particolare - aveva molto da perdere quando il rivoluzionario comunista Fidel Castro salì al potere a Cuba.

Prima dell'avvento di Castro, Cuba era la principale base operativa del lucroso sindacato del gioco d'azzardo gestito da Meyer Lansky e dai suoi luogotenenti mafiosi. Anthony Summers lo riassume bene:

"Il predecessore di Castro, il dittatore Batista, era stato a lungo un burattino dei servizi segreti statunitensi e della malavita". Nel 1944, quando gli Stati Uniti temevano problemi da parte della sinistra cubana, si dice che Lansky abbia convinto Batista a farsi da parte per un po'. Tornò nel 1952, dopo che l'attuale presidente, Carlos Prio Socarras, era stato convinto a dimettersi, una partenza apparentemente facilitata da una tangente di un quarto di milione di dollari e da una grossa partecipazione nel business dei casinò.

"A quel punto, il gioco d'azzardo clandestino già avviato a Cuba si trasformò in una miniera d'oro per la mafia... Quando il regime di Batista cominciò a crollare di fronte al malcontento popolare nel bel mezzo della rivoluzione, la malavita coprì le sue scommesse politiche corteggiando Fidel Castro.

"La maggior parte delle armi che lo aiutarono a prendere il potere nel 1959 erano state fornite gratuitamente dai trafficanti d'armi della mafia, una politica che non diede frutti. Lansky vide i segnali di allarme e se ne andò dall'Avana il giorno in cui Castro sbarcò".[366]

Il giornalista investigativo Jim Hougan ha descritto il rapporto tra il sindacato del crimine organizzato di Meyer Lansky e i cubani - sia Castro che i suoi nemici. "Il rapporto della mafia con il regime arrivista di Castro era burrascoso: da un lato, alcuni dei suoi membri avevano partecipato attivamente alla rivoluzione, trasportando armi ai guerriglieri di Castro. Dall'altro lato, il nuovo primo ministro cubano sembrava determinato a sradicare i mali sociali che la malavita trovava così redditizi: droga, prostituzione e gioco d'azzardo. Castro imprigionò Trafficante e il fratello di Meyer Lansky, Jake, il giorno dopo la sua marcia trionfale su L'Avana.[367]

Tuttavia, il sostegno iniziale della malavita a Castro si deteriorò quando Castro si dimostrò un pericolo per le lucrose attività del sindacato di Lansky a Cuba. Fu a questo punto che la malavita fece dietrofront e iniziò a lavorare contro Castro.

Sebbene molti membri del sindacato sperassero ancora di riprendere le loro attività a Cuba dopo la rimozione di Castro, Lansky era più realista e pratico.

---

[366] Anthony Summers. *Conspiracy* (New York: McGraw-Hill Book Company, 1980), pagg. 266-267.
[367] Jim Hougan. *Spooks: The Haunting of America-L'uso privato degli agenti segreti*. (New York: William Morrow & Company, Inc., 1988), pp. 335-226.

Cominciò a considerare le Bahamas come la sua prossima base per le attività di gioco d'azzardo clandestino nei Caraibi.

Nonostante ciò, Lansky mantenne i legami con i cubani anticastristi. In quel periodo la CIA si stava preparando ad agire contro Castro. Lansky svolse un ruolo chiave in questo senso.

Per un motivo ancora più oscuro, che spesso è passato inosservato e probabilmente non è stato detto, Lansky aveva un altro motivo per essere disilluso da Fidel Castro e per sostenere i cubani anticastristi. Il fatto è che molti dei cubani anticastristi che si stabilirono a Miami e altrove dopo l'ascesa al potere di Castro erano ebrei cubani.

IL "LEGAME EBRAICO" CUBANO

Paul D. Bethel, un propagandista anticastrista finanziato dalla CIA, nel numero del 15 dicembre 1965 di *Latin America Report* (sottotitolato "Free Cuba News") ci fornisce alcuni dati interessanti sullo stato degli ebrei a Cuba prima e dopo l'ascesa al potere di Castro. Bethel ha osservato che degli 11.000 ebrei presenti a Cuba al momento della presa del potere da parte di Castro, solo 1.900 erano rimasti. Gli altri si erano già uniti alle colonie cubane anticastriste, che erano in gran parte emigrate nelle aree di Miami e New Orleans. [368]Di quelli rimasti, altri 1.300 stavano partendo al momento del rapporto di Bethel.

La ricca comunità ebraica cubana era infatti un'importante fazione all'interno della comunità cubana anticastrista. Questo, unito alle perdite finanziarie di Lansky a Cuba, lo rendeva ancora più incline a vendicarsi di Castro in collaborazione con la CIA.

LANSKY E GLI ATTENTATI

Sebbene il già citato libro di Anthony Summers sulla cospirazione JFK, giustamente intitolato *Conspiracy*, presti pochissima attenzione al ruolo centrale di Meyer Lansky nel crimine organizzato, fa riferimento a un'operazione anticastrista della CIA finanziata da Lansky.

L'agente della CIA E. Howard Hunt creò il Fronte Democratico Rivoluzionario, una coalizione di cubani anticastristi guidata da Manuel Antonio de Varona, ex presidente del Senato cubano. [369]In realtà, come racconta Summers, de Varona si incontrò con Lansky per ottenere sostegno finanziario e ricevette anche fondi dallo studio di Washington DC Edward K. Moss and Associates, che rappresentava gli interessi di Dino ed Eddie Cellini, agenti di Lansky (abbiamo incontrato per la prima volta il già citato agente della CIA E. Howard Hunt, e abbiamo appreso in una poco pubblicizzata causa per diffamazione come fosse coinvolto nella cospirazione JFK. Nel capitolo 16 scopriremo molto di più sulle circostanze che hanno portato a questo processo).

---

[368] Free Cuba News, 15 dicembre 1965.
[369] Summers, p. 193.

Oggi, sebbene i famigerati complotti della CIA e della mafia contro Castro siano stati riportati più volte, i principali attori della criminalità organizzata in questa storia sono ancora i seguenti: Santo Trafficante, Jr, Johnny Rosselli e Sam Giancana di Chicago.

I biografi di Rosselli ricordano che fu l'agente della CIA Robert Maheu, conoscente di lunga data di Rosselli, a stabilire il rapporto della CIA con la criminalità organizzata nelle trame anticastriste.[370]

(Si tratta dello stesso Maheu, ex agente dell'FBI, che aveva lavorato direttamente sotto Guy Banister, ex agente speciale dell'ufficio FBI di Chicago. Come abbiamo visto nel capitolo 10, Banister era il collegamento diretto tra il traffico di armi di Lansky, Marcello e la CIA per conto della rete anticastrista cubana).[371]

Maheu, che era diventato amico di Rosselli durante i viaggi d'affari a Las Vegas, era stato contattato dalla CIA per aprire una trattativa con la mafia per questa operazione speciale e reciprocamente vantaggiosa. E così fu ordita la trama iniziale. Tuttavia, ci furono degli sviluppi:

"Una volta gettate le basi, Rosselli decise di introdurre due nuovi attori nel quadro: uno era il boss di Rosselli, Sam Giancana, e l'altro era Santo Trafficante, collega di Meyer Lansky nei casinò dell'Avana. Le connessioni di Trafficante potevano rivelarsi utili per portare avanti le trame, e la tradizione mafiosa richiedeva che il don locale fosse informato di ogni attività che si svolgeva nella sua zona".[372]

Non c'è dubbio che Trafficante, Rosselli e Giancana abbiano contribuito a coordinare i complotti per l'assassinio di Castro con funzionari della CIA (come abbiamo detto, ciò è stato documentato in molte occasioni). Discuterne in questa sede significherebbe dilungarsi sull'argomento).

Tuttavia, come ha sintetizzato uno scrittore: "Lansky era il principale leader del complotto CIA-mafia contro Castro, ma l'unico giornalista abbastanza coraggioso da riferirlo è stato [l'editorialista] Victor Riesel".[373] Il ricercatore Peter Dale Scott riconosce che Lansky era effettivamente coinvolto nei complotti della CIA contro Castro, ma il suo ruolo è stato oscurato, ignorato o almeno non menzionato.[374]

In realtà, come vedremo nel capitolo 12, quando esamineremo più dettagliatamente i rapporti tra Lansky e Trafficante, Trafficante era un subordinato di Lansky. Tutte le operazioni anticastriste di Trafficante, in collaborazione con la CIA, furono condotte con l'approvazione e la supervisione di Lansky.

La fase finale delle operazioni anticastriste della CIA era nota come Operazione Mangusta. Il quartier generale dell'operazione, noto come JM / Wave, si trovava nella città di Miami e aveva sede nel campus dell'Università di Miami. Parte della campagna della CIA contro Castro comprendeva il progetto della squadra ZR/Fucile. Assassini qualificati, reclutati in tutto il mondo (e spesso da mercenari professionisti e dalla criminalità organizzata), dovevano essere utilizzati nella

---

[370] Charles Rappleye e Ed Becker. *All American Mafioso: The Johnny Rosselli Story* (New York: Doubleday, 1991), p. 189.

[371] Robert Morrow. *The Senator Must Die: The Murder of Robert F. Kennedy* (Santa Monica, CA: Roundtable Publishing, Inc., 1988), p. 59.

[372] Rappleye e Becker, *Ibid*.

[373] Yipster Times (nessuna data disponibile)

[374] Peter Dale Scott. *Deep Politics and the Death of JFK* (Berkeley, California: University of California Press, 1993), p. 180.

"squadra di assassini" o nell'esercito terroristico della CIA, a seconda dei casi. Uno dei principali supervisori interni del progetto ZR / Rifle Team è stato il capo del controspionaggio della CIA, stretto alleato di Israele, James J. Angleton.

ROSSELLI E L'ASSASSINIO DI JFK

Sembra certo che Rosselli, ad esempio, fosse coinvolto in qualche aspetto del complotto per l'assassinio di JFK. Le prove suggeriscono che Rosselli era sicuramente impegnato in attività durante l'estate e l'autunno del 1963 che lo collegavano direttamente a diverse figure chiave del complotto per l'assassinio.

Gli stessi biografi di Rosselli hanno suggerito che Rosselli fosse effettivamente coinvolto nell'assassinio. Secondo Rappleye e Becker: "L'indicazione più forte che John Rosselli abbia contribuito alla pianificazione anticipata dell'assassinio è il rapporto di un contatto diretto tra Rosselli e Jack Ruby all'inizio di ottobre del 1963. Due incontri hanno avuto luogo in piccoli motel vicino a Miami e sono stati osservati dall'FBI. Tredici anni dopo, uno degli investigatori federali che indagava sull'omicidio di Rosselli scoprì un rapporto dell'FBI sugli incontri e ne trasmise il contenuto, in via confidenziale, al giornalista di Washington D.C. William Scott Malone.

"Da consumato investigatore, Malone ha chiarito in un'intervista di essere convinto dell'integrità della sua fonte e ha dichiarato che l'FBI aveva determinato il luogo effettivo degli incontri di Miami".[375]

Secondo Rappleye e Becker, Rosselli si recò nell'ufficio di Guy Banister al 544 di Camp Street a New Orleans. Si trattava dello stesso controverso edificio in cui aveva sede il Consiglio Rivoluzionario Cubano (CRC). Il CRC, come abbiamo visto nel capitolo 9, era un'idea del principale collegamento della CIA con gli esuli cubani anticastristi, E. Howard Hunt, anch'egli coinvolto nell'assassinio di JFK).

I biografi di Rosselli si spingono oltre, ponendo la domanda: "Rosselli era davvero a Dallas? La sorveglianza dell'FBI ne ha perso le tracce sulla West Coast tra il 19 novembre e il 27 novembre".[376]

Secondo i Giancana, il Presidente è stato deliberatamente attirato a Dallas dove l'operazione poteva essere eseguita secondo le specifiche del piano. "I politici e la CIA hanno reso tutto molto semplice", ha spiegato Sam Giancana. "Ognuno di noi forniva gli uomini per il lavoro. Io avrei supervisionato il lato mafioso delle cose, avrei incorporato Jack Ruby e qualche altro rinforzo, mentre la CIA avrebbe messo i propri uomini sul lavoro per occuparsi del resto".[377]

È così che Johnny Rosselli e Sam Giancana, insieme a Santo Trafficante, Jr. furono coinvolti nella cospirazione per l'assassinio di JFK.

La storia completa del ruolo di Sam Giancana in molti di questi casi, in particolare nell'assassinio di JFK, non è mai stata conosciuta fino a quando suo nipote e suo fratello non sono diventati famosi con il loro libro *Double Cross* nel 1992.

---

[375] Rappleye e Becker, p. 245.
[376] *Ibidem*, p. 256.
[377] Giancana, p. 334.

Tuttavia, ora sappiamo che c'era davvero una significativa influenza del Mossad negli affari di Sam Giancana.

IL LEGAME DEL MOSSAD CON SAM GIANCANA...

Double Deal, un nuovo libro edificante, rivela nuovi fatti sulla storia segreta della famigerata "mafia" di Chicago, rivelando alcuni dettagli significativi mai visti prima che confermano la probabilità di un coinvolgimento del Mossad nell'assassinio di JFK.

L'autore del nuovo libro, l'ex capo della polizia della periferia di Chicago Michael Corbitt, si è unito allo scrittore Sam Giancana, nipote del leggendario personaggio della mafia di Chicago, per produrre una sorprendente esposizione che rivela per la prima volta la sorprendente identità del poco conosciuto "uomo misterioso" che era la vera "éminence grise" della criminalità organizzata di Chicago e la cui influenza si estendeva fino a Israele, Panama, Iran, Las Vegas e Washington DC.

Nonostante il suo famoso nome "mafioso", il coautore di Corbitt, Giancana, non è mai stato coinvolto negli affari di famiglia e prima ha scritto il resoconto della vita e dei crimini di suo zio, assassinato nel 1975. Oggi Giancana racconta "il resto della storia"".

Giancana e Corbitt osano raccontare qualcosa che non è mai stato pubblicato prima: un gangster ebreo collegato al Mossad, Hyman "Hal" Larner, è stato la vera forza dietro le quinte, guidando la malavita di Chicago per oltre trent'anni.

Nonostante il "valzer" mediatico dei boss della mafia italo-americana come Giancana e di coloro che furono a loro volta imprigionati o "uccisi", Larner era ancora al comando. Oltre a ciò, gli autori rivelano che gran parte delle attività criminali di Larner erano svolte non solo di concerto con la CIA ma anche, in particolare, con il Mossad.

Larner non era solo una figura di spicco della criminalità di Chicago, ma anche della scena internazionale. Era anche un vecchio socio di Meyer Lansky, il boss del crimine ebraico, e di fatto il successore di Lansky alla sua morte nel 1983.

Secondo Corbitt, egli venne a conoscenza dell'esistenza di Larner fin dai primi anni della sua vita mafiosa, anche se l'altissima presenza di Larner nella malavita non preoccupava né gli investigatori governativi né i media (che erano affascinati dalla malavita). Corbitt scrive:

"Tutti gli altri membri della banda erano sui giornali ogni giorno, con le loro foto in prima pagina. Ma quando il nome di Hy Larner veniva menzionato dai giornali, veniva descritto solo come un 'associato' o un 'protetto' o semplicemente un bandito e nulla più. Nessuno sapeva quanto i suoi contatti fossero di lungo corso o di alto livello. I giornalisti lo soprannominarono "enigma" e "uomo del mistero".[378]

Mentre Corbitt si muoveva negli ambienti della criminalità organizzata sotto la sponsorizzazione di Giancana, uomo di Larner, Corbitt iniziò finalmente a scoprire il segreto di come e perché la mafia di Chicago potesse operare così liberamente. È

---

[378] Michael Corbitt e Sam Giancana. *Doppio affare.* (New York: William Morrow), p. 31.

stata la collaborazione con il Mossad, che importava illegalmente armi in Israele, a dare alla mafia di Chicago la carta "esci gratis di prigione" per i simpatizzanti israeliani di alto livello. Corbitt scrive:

"Su insistenza di Meyer Lansky, [Giancana] e i suoi amici iniziarono a lavorare con il Mossad israeliano, contrabbandando armi in Medio Oriente. Tutto entrava e usciva da Panama, il che significava che tutto era gestito da Hy Larner. Larner era senza dubbio il più fidato consigliere finanziario di Sam Giancana. Tutti a Panama, dai banchieri ai generali, mangiavano dalla sua mano. Una volta iniziata l'importazione di armi in Israele, Larner aveva a disposizione anche l'esercito statunitense e le sue piste d'atterraggio".[379]

E, contrariamente alla leggenda popolare, confermano ciò che *Giudizio Finale* aveva già riportato nelle edizioni precedenti: non furono Giancana o Johnny Roselli, un altro noto gangster di Chicago, a consolidare gli ormai famigerati complotti CIA-Mafia per uccidere Castro, ma Meyer Lansky e Larner.

Inoltre, Corbitt e Giancana rivelano che Larner era anche intimamente coinvolto con due dei principali luogotenenti di Lansky, Carlos Marcello a New Orleans e Santo Trafficante a Tampa. I due boss della mafia meridionale erano coinvolti con Larner in lucrosi traffici di armi e droga nei Caraibi, per non parlare del gioco d'azzardo.

Larner e Lansky erano particolarmente legati. Corbitt e Giancana affermano che i due grandi criminali erano "sionisti - appassionati sostenitori del diritto divino degli ebrei di occupare la Terra Santa di Gerusalemme...". Ma Hy Larner e Meyer Lansky non erano solo sionisti, erano anche mafiosi che credevano che il fine giustificasse i mezzi". Mettete a loro disposizione il crimine organizzato e il governo americano e avrete una forza molto potente...[380]

Lamer e Giancana erano anche coinvolti in affari di gioco d'azzardo con casinò con sede in Iran, allora roccaforte dello Scià dell'Iran, la cui famigerata polizia segreta, il SAVAK, era una creazione congiunta della CIA e del Mossad - un importante punto di contesa quando i fondamentalisti islamici rovesciarono lo Scià e lo costrinsero all'esilio.

Corbitt rivela anche l'incredibile storia di come Giancana (con l'aiuto di Larner) si sia finalmente liberato del Dipartimento di Giustizia degli Stati Uniti. Si scoprì che, sebbene il presidente Lyndon Johnson e i suoi consiglieri sionisti volessero muovere guerra all'Egitto e agli altri Stati arabi per conto di Israele, il coinvolgimento degli Stati Uniti nel Vietnam rendeva impossibile l'azione di Johnson. Tuttavia, non solo Giancana raccolse una somma considerevole per aiutare Israele ad armare la sua guerra del 1967 contro gli Stati arabi, ma Larner e Giancana organizzarono anche spedizioni di armi rubate a Israele da uno dei loro avamposti a Panama, un'operazione condotta in collaborazione con Michael Harari, agente del Mossad panamense. In cambio di questo servizio per conto di Israele, il presidente Johnson ordinò al Dipartimento di Giustizia di abbandonare la lotta contro Giancana.

Alla fine, l'accordo tra Giancana e Larner finì. Sembra che Larner fosse molto probabilmente dietro l'omicidio di Giancana nel 1975. In ogni caso, Larner

---

[379] *Ibidem*, pp. 108-109.
[380] *Ibidem*, p. 109.

continuò a prosperare, mentre una serie di successori di Giancana affrontarono una serie di procedimenti federali, ampiamente salutati dai media come "la fine della mafia a Chicago".

GIANCANA E ROSSELLI ESEGUITI

Giancana fu assassinato nella sua casa di Chicago il 19 giugno 1975. I media della classe dirigente esagerarono il fatto come un'altra "strage mafiosa". La famiglia Giancana non crede che sia andata così. Si dà il caso che Giancana sia stato ucciso lo stesso giorno in cui gli investigatori del Congresso si recarono a Chicago per interrogare il leader mafioso sui complotti della CIA contro Castro.

Sam e Chuck Giancana chiariscono nel loro libro che potrebbe essere stato Johnny Rosselli a organizzare l'omicidio di Giancana. Secondo i Giancana, la CIA subappaltò l'omicidio di Giancana e passò attraverso Trafficante.

I Giancana ritengono che Trafficante, a sua volta, abbia fatto in modo che Rosselli sparasse a Sam Giancana a Chicago. Riassumono le cose come segue: "Gli amici della banda [di Giancana] sapevano che non avrebbe mai divulgato informazioni dannose, mentre la CIA, infestata da spie, controspie e tradimenti di ogni tipo, potrebbe non essere stata così sicura della sua lealtà".[381]

In ogni caso, Johnny Rosselli non visse per raccontare la vera storia del sindacato criminale della CIA e delle operazioni di Meyer Lansky nei Caraibi - e a Dallas. Il 28 luglio 1976, Rosselli scomparve a Miami. Il 7 agosto, il cadavere mutilato del fiammeggiante gangster fu ritrovato in un barile in fondo all'oceano.

Charles Rappleye e Ed Becker notano che ci sono dubbi sul fatto che sia stato Trafficante a far sparare ancora una volta a Rosselli. Tuttavia, sottolineano che ci sono molti nella mafia che non credono che sia stato necessariamente così.

Secondo i biografi di Rosselli: "La CIA aveva certamente i contatti a Miami con i cubani per portare a termine l'esecuzione di Rosselli e, come aveva dimostrato reclutandolo in primo luogo, era loro volontà. Anche le prove contro Trafficante non avevano escluso la collaborazione dell'agenzia di spionaggio".[382]

Come sottolineano gli autori, Trafficante aveva effettivamente legami molto stretti con la CIA, legami che andavano oltre i suoi rapporti con l'agenzia di spionaggio nelle operazioni anticastriste. Nel capitolo 12 vedremo che Trafficante, in qualità di luogotenente di Lansky nel traffico di droga nel Sud-Est asiatico, sviluppò legami ancora più stretti e intimi con la CIA dopo l'assassinio di JFK.

Solo Santo Trafficante Jr, subordinato di Meyer Lansky, rimase in vita e, come nota la famiglia Giancana, "continuò a fare i suoi affari senza il minimo problema legale".[383]

I Giancana aggiungono: "Basta leggere i giornali per capire che l'obiettivo dei cacciatori di mafiosi non era la città di Tampa, in Florida, ma le sue cugine ben visibili New York e Chicago, a nord".[384]

---

[381] Giancana, *Doppia croce*, p. 354.
[382] Rappleye e Becker, p. 327.
[383] Giancana, *Doppia croce*, p. 355.
[384] *Ibidem*, pp. 354-355.

A questo punto, a metà degli anni '70, Lansky era malato e quasi paralizzato. Trafficante morì per insufficienza renale nel 1987, solo quattro anni dopo Lansky.

LA MAFIA E IL MOSSAD

In poche parole: chi cerca di vedere l'assassinio di JFK come un "colpo della mafia" commette un grosso errore, non tenendo conto del ruolo di Meyer Lansky, del suo socio di Chicago Hyman Larner e dei loro alleati nel Mossad di Israele, per non parlare della stessa CIA.

Quindi, ancora una volta, il legame con il Mossad è molto presente, anche se pochi esperti dell'assassinio di JFK sono disposti ad ammetterlo. Ma c'è di più.

CAPITOLO 12

L'oppio dei popoli
Il commercio di droga nel sud-est asiatico di Lansky, della CIA e del collegamento con il Mossad

Il boss mafioso Santo Trafficante Jr. di Tampa, Florida, è stato spesso indicato come la possibile mente dell'assassinio di John F. Kennedy. I media hanno anche dipinto Trafficante come il principale responsabile del traffico internazionale di eroina dal Sud-Est asiatico. In realtà, era Meyer Lansky il principale artefice del traffico globale di droga. Trafficante era il suo diretto subordinato.

Il traffico di eroina di Lansky era gestito dalla mafia corsa francese di Marsiglia, sostenuta dalla CIA, e utilizzava le attività segrete della CIA nel Sud-Est asiatico durante la guerra del Vietnam come copertura per le sue operazioni. In realtà, tutte le prove suggeriscono che il traffico di droga era una joint venture tra il sindacato criminale e la CIA. Inoltre, la principale banca di Lansky per il riciclaggio del denaro in Svizzera era un'impresa del Mossad. Quindi, i legami tra il sindacato criminale di Lansky e la mafia e gli alleati di Israele nella CIA sono ancora più profondi e stretti di quanto si sia portati a credere.

Peter Dale Scott, ricercatore di alto livello sull'assassinio di JFK, ha suggerito che "[l']inondazione di droghe in questo Paese a partire dalla Seconda Guerra Mondiale è stato uno dei principali segreti 'inconfessabili' che hanno portato all'insabbiamento dell'assassinio di Kennedy".[385] Scott ha ragione, perché qualsiasi esame attento e approfondito del commercio globale di droga dimostra in modo inequivocabile che gli alleati di Israele nel sindacato criminale di Lansky e la CIA sono parte integrante del commercio internazionale di droga.

Gli studenti del commercio globale di droga sono in debito con il professor Alfred McCoy della prestigiosa Università del Wisconsin a Madison per la sua innovativa esposizione delle vere origini della tossicodipendenza moderna. Pubblicato per la prima volta nel 1972, nonostante i più vigorosi sforzi della CIA per bloccarne la pubblicazione, il classico di McCoy *"The Politics of Heroin in Southeast Asia"* ha superato la prova del tempo.

Nel 1992, McCoy ha ripubblicato l'opera con il titolo *The Politics of Heroin: CIA Complicity in the Global Drug Trade*. La nuova edizione è un'opera altrettanto notevole, che include non solo ulteriori scoperte dei 20 anni successivi, ma anche una preziosa

---

[385] Scott, p. 71.

prefazione in cui McCoy descrive le operazioni della CIA contro le sue ricerche e la pubblicazione del libro.

IL BOSS DELLE DROGHE

Sebbene i media della classe dirigente abbiano ripetutamente identificato il boss della mafia di Tampa Santo Trafficante Jr. come la mente dietro il traffico di droga nel Sud-Est asiatico, McCoy chiarisce che Trafficante agiva semplicemente come sottoposto di Lansky. McCoy descrive le origini del rapporto tra Lansky e Trafficante:

"Durante gli anni '30, Meyer Lansky "scoprì" i Caraibi per i boss del sindacato del Nord-Est e investì i loro profitti illegali in un assortimento di lucrose imprese di gioco d'azzardo. Nel 1933 Lansky si trasferì nell'area di Miami Beach e si occupò della maggior parte del gioco d'azzardo illegale, nonché di una selezione di hotel e casinò. Si dice anche che sia stato responsabile della decisione della criminalità organizzata di dichiarare Miami una "città libera" (cioè non soggetta alle consuete regole di monopolio territoriale).

Dopo il successo a Miami, Lansky si trasferì all'Avana per tre anni e, all'inizio della Seconda Guerra Mondiale, possedeva il casinò Hotel Nacional e affittò l'ippodromo municipale da una nota banca di New York.

"Stupito dalla vastità delle sue proprietà, Lansky dovette delegare gran parte della gestione quotidiana a gangster locali. Uno dei primi collaboratori di Lansky in Florida fu Santo Trafficante Sr, un mafioso di Tampa di origine siciliana. Trafficante si era guadagnato la reputazione di efficace organizzatore del racket del gioco d'azzardo di Tampa ed era già una figura di una certa levatura quando Lansky arrivò in Florida. Quando Lansky tornò a New York nel 1940, Trafficante aveva assunto la responsabilità degli interessi di Lansky all'Avana e a Miami.

TRAFFICANTE L'UOMO DI PAGLIA

"All'inizio degli anni '50 Trafficante era diventato una figura così importante da delegare le sue concessioni all'Avana a Santo Trafficante Jr, il più talentuoso dei suoi sei figli. La posizione ufficiale del giovane Santo all'Avana era quella di direttore del Casinò Sans Souci, ma era molto più importante di quanto il suo titolo suggerisse.

"Come rappresentante finanziario del padre e, in ultima analisi, di Meyer Lansky, Santo Jr. controllava gran parte dell'industria turistica dell'Avana e divenne molto vicino al dittatore pre-castrista Fulgencio Batista. Inoltre, sarebbe stato responsabile della ricezione di massicce spedizioni di eroina dall'Europa e del loro trasporto attraverso la Florida fino a New York e ad altri grandi centri urbani, dove la distribuzione era assistita dai boss della mafia locale".[386]

---

[386] Alfred McCoy. *La politica dell'eroina: la complicità della CIA nel commercio globale di droga*. (Chicago: Lawrence Hill Books, 1991), pp. 40-41.

LANSKY AVANZA IN CIMA ALLA CLASSIFICA

Il biografo di Lansky, Hank Messick, chiarisce che fu Trafficante Jr. a svolgere un ruolo chiave nel dominio di Lansky sui giochi del sindacato a Cuba. Fu Trafficante che contribuì a orchestrare l'assassinio del rivale di Lansky nel 1957, il mafioso newyorkese Albert Anastasia, il più esplicito critico della mafia italiana nei confronti della crescente influenza di Lansky nel commercio del gioco d'azzardo a Cuba. Eliminare Anastasia dalla scena era vitale per il dominio assoluto di Lansky.

Messick osserva che Trafficante si trovò tra Albert Anastasia e Lansky per il gioco d'azzardo all'Avana. Non solo Trafficante scelse di abbandonare il suo amico, una figura della mafia italiana, ma Trafficante fece anche un giuramento di sangue alla mafia, assicurando a Lansky il suo sostegno.

"Finché il sangue scorre nel mio corpo", intonò solennemente, "io, Santo Trafficante, giuro fedeltà alla volontà di Meyer Lansky e dell'organizzazione che rappresenta: se non rispetterò questo giuramento, brucerò all'inferno per sempre".[387]

Firmò il suo nome con il proprio sangue. Poco dopo, il 25 ottobre 1957, Anastasia fu ucciso a colpi di pistola dopo quello che pensava fosse un incontro amichevole con Trafficante a New York. Anastasia avrebbe dovuto sapere cosa sarebbe successo. Dopo tutto, secondo Messick, non molto tempo prima aveva detto ai suoi compagni mafiosi quello che pensava di loro: "Voi bastardi vi siete venduti agli ebrei".[388]

(È interessante notare che il simpatico protagonista della biografia di Lansky, Robert Lacey, non menziona mai lo scontro tra Lansky e Anastasia che portò all'omicidio del rivale di Lansky).

Dan Moldea, un'autorità in materia di criminalità organizzata, ha riassunto in modo più conciso il rapporto tra Lansky e Trafficante: "Trafficante era profondamente devoto a Lansky.[389]

LA MAFIA SOTTO PRESSIONE

Poco dopo l'omicidio di Albert Anastasia, l'attenzione dell'opinione pubblica iniziò a concentrarsi sulla criminalità organizzata grazie alla pubblicità dei media. Solo dopo il famoso Conclave della mafia degli Appalachi, tenutosi a New York nel 1957, i media iniziarono a identificare la "mafia" come una delle principali forze del crimine organizzato.

Gli americani conoscevano da tempo mafiosi leggendari come Al Capone e Lucky Luciano, ma la consapevolezza generale dell'esistenza di un'organizzazione criminale non era diffusa.

In seguito a un'irruzione della polizia alla conferenza sugli Appalachi - alla quale parteciparono esclusivamente personaggi mafiosi di tutto il Paese, tra cui

---

[387] Hank Messick. *Lansky* (New York: Berkley Medallion Books, 1971), pp. 210-211.
[388] *Ibidem*.
[389] Dan Moldea. *The Hoffa Wars: Teamsters, Rebels, Politicians and the Mob*, (New York: Paddington Press Ltd., 1978), p. 123.

Trafficante - l'attenzione dell'opinione pubblica cominciò a concentrarsi sulla "mafia", grazie ai media.

La storia ufficiale è sempre stata che un poliziotto locale si imbatté nel conclave nella casa del mafioso Joseph Barbara. L'agente chiamò i rinforzi e si verificò una grande "retata", seguita da un frenetico inseguimento dei mafiosi tra le eriche e i rovi della campagna rurale.

Tuttavia, secondo Hank Messick, la polizia era stata avvertita da un socio di Lansky che l'incontro stava per avere luogo. Messick descrive le conseguenze dell'Appalachian Roundup:

"I partecipanti si dispersero prima che si potesse concludere qualsiasi alleanza. E la pubblicità provocò il più grande fervore dagli anni Trenta.

Non si concentrò solo sugli uomini che avevano partecipato alla sessione, ma sull'intera mafia. Inoltre, durò per oltre un anno, mentre i funzionari statali e federali cercavano di trovare accuse da muovere contro i partecipanti che avevano catturato o identificato. I leader mafiosi non solo erano immobilizzati dalla costante pubblicità, ma erano anche demoralizzati. Quasi istintivamente, si strinsero attorno a Lansky e ad altri leader sindacali non mafiosi per ottenere consigli e aiuto".[390]

(Presumibilmente, uno degli avvocati che ha svolto un ruolo chiave nell'indagine sugli Appalachi è un certo Justin Finger. Finger è diventato in seguito capo della "divisione per i diritti civili" della Anti-Defamation League of B'nai B'rith, finanziata da Lansky, il principale braccio di intelligence e propaganda del Mossad di Israele negli Stati Uniti).

Nonostante tutto questo, come nota Messick, Trafficante ne approfittò. Secondo Messick: "Trafficante era un po' infastidito dalla pubblicità che stava ricevendo - dopo essere stato preso insieme agli altri - ma si calmò rapidamente quando scoprì che ora veniva acclamato dalla stampa come il boss della Florida. Per i mafiosi la fama era importante quanto il bottino".[391]

È evidente che tra Lansky e Trafficante si era consolidata una stretta collaborazione. Questa si protrasse per molti anni, fino all'anno critico del 1963. Nel 1970, tuttavia, Lansky, preparandosi a rifugiarsi in Israele, cedette la maggior parte delle sue responsabilità al suo subordinato, Santo Trafficante Jr. Era pronto a ritirarsi.

Nel 1968, appena due anni prima, Trafficante si era recato a Saigon, Hong Kong e Singapore. È lì, nell'esotico Oriente, che aveva consolidato la lunga relazione di Lansky con la CIA nel traffico internazionale di droga.

CHI È IL CAPO?

Ci rivolgiamo di nuovo al professor Alfred McCoy per chiarire i legami di Lansky con la CIA nel traffico di droga nel Sud-Est asiatico e il ruolo segreto che ha svolto nel coinvolgimento della CIA nel conflitto in Vietnam. McCoy scrive:

"Dopo che il barone della mafia "Lucky" Charles Luciano fu espulso dagli Stati Uniti nel 1946, mise il suo vecchio socio Meyer Lansky a capo del suo impero

---

[390] Messick, p. 215.
[391] *Ibidem.*

finanziario. Lansky svolse un ruolo chiave nell'organizzazione del sindacato dell'eroina di Luciano, supervisionando le operazioni di contrabbando, negoziando con i produttori di eroina della Corsica e gestendo la raccolta e l'occultamento degli enormi profitti.

"Il controllo di Lansky sui Caraibi e la sua relazione con la famiglia Trafficante, con sede in Florida, erano di particolare importanza, dato che la maggior parte delle spedizioni di eroina passava attraverso Cuba o la Florida per raggiungere i mercati urbani degli Stati Uniti. Per quasi vent'anni, il sodalizio tra Luciano, Lansky e Trafficante rimase una delle caratteristiche principali del traffico internazionale di eroina".[392]

McCoy ha aggiunto: "C'è ragione di credere che il tour europeo di Meyer Lansky tra il 1949 e il 1950 abbia contribuito a promuovere l'industria dell'eroina di Marsiglia.

Dopo aver attraversato l'Atlantico su un transatlantico di lusso, Lansky fece visita a [Lucky] Luciano a Roma, dove discussero del traffico di droga. Poi si recò a Zurigo e contattò importanti banchieri svizzeri tramite John Pullman, un vecchio amico del traffico di rum.

"Questi negoziati hanno stabilito il labirinto finanziario che il crimine organizzato ha usato per decenni per spostare i suoi enormi profitti del gioco d'azzardo e dell'eroina fuori dal Paese in conti bancari svizzeri numerati senza attirare l'attenzione delle autorità fiscali statunitensi".

"Pullman era responsabile della parte europea dell'operazione finanziaria di Lansky: il deposito, il trasferimento e l'investimento del denaro che arrivava in Svizzera".[393]

IL LEGAME TRA DROGA E MOSSAD

Come abbiamo notato nel capitolo 7, lo stesso biografo di Lansky, Hank Messick, ha sottolineato che, in ultima analisi, il principale depositario svizzero di Pullman per i soldi della droga di Lansky era la International Credit Bank (ICB), istituita nel 1959. Questa banca, come abbiamo visto, era un'idea dell'ufficiale israeliano del Mossad Tibor Rosenbaum. Nel capitolo 15 esamineremo in dettaglio il legame tra Lansky, Rosenbaum e la ICB e l'assassinio di JFK.

Secondo Messick, "una volta depositati al sicuro in conti numerati presso BCI e altre banche], potevano essere investiti nel mercato azionario o ripagati sotto forma di prestiti a individui e società controllate dal Sindacato del Crimine".[394] (Pullman, che si era trasferito dalla base di Lansky a Miami Beach a Montreal, era il luogotenente di Lansky responsabile di questa fase dell'operazione di traffico internazionale di droga).

---

[392] McCoy, pag. 40.
[393] *Ibidem*, pp. 44-45.
[394] Messick, p. 199.

LA MAFIA CORSICA

McCoy descrive poi il viaggio europeo di Lansky: "Dopo aver preso accordi finanziari con Pullman in Svizzera, Lansky si recò in Francia, dove incontrò i principali leader sindacali corsi in Costa Azzurra e a Parigi. Dopo lunghe discussioni, Lansky e i corsi pare abbiano raggiunto un accordo sul traffico internazionale di eroina.

"Poco dopo il ritorno di Lansky negli Stati Uniti, a Marsiglia cominciarono ad apparire laboratori di eroina. Negli anni successivi, gli esperti americani di narcotici stimarono che la maggior parte dell'eroina americana fosse prodotta a Marsiglia".[395]

McCoy osserva che la fase europea delle attività di traffico di droga di Lansky cominciò gradualmente a passare dalle mani degli associati di Lansky nella mafia siciliana a quelle della regione francese di Marsiglia, sotto il dominio della mafia corsa.[396]

Tutto questo avveniva nello stesso periodo in cui James Angleton, amico di Israele nell'OSS americano (e in seguito nella CIA), aiutava l'emigrazione degli ebrei europei in Palestina.

(Nel capitolo 8 abbiamo analizzato più in dettaglio il ruolo di Angleton in questi affari, compresi i suoi legami con la mafia corsa e con Tibor Rosenbaum, il fondatore della BCI).

LANSKY, LA CIA E LA MAFIA CORSARA

McCoy spiega come la CIA abbia sviluppato legami con i partner di Lansky nella mafia corsa: "La CIA... aveva inviato agenti e una squadra di guerra psicologica a Marsiglia, dove trattava direttamente con i leader sindacali corsi attraverso i fratelli Guerini [Antoine e Barthelemy, leader della mafia corsa]".[397]

Gli agenti della CIA fornirono armi e denaro alle bande corse per gli assalti ai picchetti comunisti e le molestie a importanti funzionari sindacali. I comunisti avevano guadagnato molto peso politico nella regione e la CIA usò la mafia corsa per spezzare la forza dei comunisti.

"I Guerini avevano acquisito potere e status sufficienti per interrompere lo sciopero del 1947. Mentre la CIA contribuì a ripristinare l'influenza politica della malavita corsa, fu solo nel 1950 che i Guerini acquisirono abbastanza potere da prendere il controllo del lungomare di Marsiglia.

"La combinazione di influenza politica e controllo dei porti creò l'ambiente ideale per la crescita dei laboratori di eroina di Marsiglia - casualmente, nello stesso momento in cui Lucky Luciano, il boss della mafia, stava cercando una fonte alternativa di approvvigionamento di eroina".[398]

---

[395] McCoy, *Ibid.*
[396] *Ibidem*, pp. 64-65.
[397] *Ibidem*, pp. 60-61.
[398] *Ibidem.*

IL LEGAME TRA IL VIETNAM E LA DROGA

Come McCoy sottolinea in seguito, la CIA aveva iniziato a estendere il suo raggio d'azione anche nel sud-est asiatico, dove era nato il traffico di droga. McCoy descrive il rapporto della CIA con i trafficanti indigeni:
"In Laos], dal 1960 al 1975, la CIA creò un esercito segreto di 30.000 Hmong per combattere i comunisti laotiani vicino al confine con il Vietnam del Nord. Poiché la principale coltura di denaro degli Hmong era l'oppio, la CIA adottò un atteggiamento di complicità nei confronti del commercio, permettendo al generale Vang Po, il comandante degli Hmong, di usare l'Air America della CIA per raccogliere l'oppio dai suoi villaggi sparsi sugli altopiani.
"Alla fine del 1969, diversi clienti della CIA che si occupavano di azioni segrete aprirono una rete di laboratori di eroina nel Triangolo d'Oro. Durante i primi anni di attività, questi laboratori esportarono eroina n. 4 di alta qualità alle truppe americane che combattevano in Vietnam. Dopo il loro ritiro, i laboratori del Triangolo d'Oro esportavano direttamente negli Stati Uniti, conquistando un terzo del mercato americano dell'eroina".[399]

Il sindacato del crimine organizzato di Meyer Lansky sviluppò uno stretto rapporto di lavoro con la CIA.

I biografi della famiglia di Sam Giancana hanno dichiarato categoricamente che Giancana pretendeva che, in cambio dei servizi della malavita organizzata, "la CIA chiudesse un occhio - permettendo che oltre 100 milioni di dollari all'anno di droghe illegali fluissero dall'Avana agli Stati Uniti".

Era un accordo simile a tutti gli altri che avevano fatto", racconta. La CIA riceveva il 10% della vendita della droga, che utilizzava per i suoi fondi neri segreti. Questi fondi guadagnati illegalmente erano nascosti dalla CIA in conti svizzeri, italiani, bahamiani e panamensi".[400]

Inoltre, secondo i Giancana, quando Sam Giancana era coinvolto in una serie di attività di traffico, divideva regolarmente i suoi profitti con altri boss della criminalità organizzata a seconda della regione o dell'attività in questione. "Gli affari internazionali di Giancana coinvolgevano Lansky e chiunque altro fosse necessario in quel momento".[401]

Curiosamente, i due principali membri della CIA nel Sud-Est asiatico all'epoca della collaborazione di Lansky con la CIA sul traffico di droga erano Theodore Shackley e Thomas Clines. Shackley era a capo dell'ufficio della CIA in Laos. Clines era il diretto vice di Shackley.[402]

Come abbiamo visto nel capitolo 11, erano stati Shackley e Clines a supervisionare l'Operazione Mangusta della CIA, che era il nome in codice dei complotti per l'assassinio di Castro da parte del sindacato criminale e della CIA, che si svolgevano in un quartier generale nel campus dell'Università di Miami. Questa operazione divenne nota come JM / Wave.

---

[399] *Ibid.* p. 19.
[400] Sam Giancana e Chuck Giancana. *Double Cross: The Explosive Inside Story of the Mobster Who Controlled America* (New York: Warner Books, 1992), p. 259.
[401] *Ibidem*, p. 258.
[402] McCoy, p. 462.

Si scopre che l'Operazione Mangusta era sotto la direzione del generale Edward Lansdale che, come ha osservato in seguito il ricercatore Bernard Fensterwald, "avrebbe avuto una stretta relazione con la mafia corsa durante il suo controverso servizio in Vietnam".[403]

È interessante notare che Shackley e Clines si sono "ritirati" dalla CIA per creare un'agenzia di trasporto di armi, la Egyptian Transport Service Company.[404] "Questa società lavorava a stretto contatto con l'azienda di servizi e commercio aereo del Mossad Shaul Eisenberg".[405] Eisenberg era infatti uno dei principali attori del programma di sviluppo delle armi nucleari di Israele - proprio l'operazione che creò la crisi tra John F. Kennedy e Israele. È chiaro che la storia ha chiuso il cerchio.

Il ruolo di Lansky in tutte queste attività, tuttavia, è stato accuratamente ignorato, anche da quegli scrittori - con la notevole eccezione di Alfred McCoy - che hanno denunciato il ruolo della CIA nel traffico globale di droga.

MASCHERARE IL LEGAME CON LANSKY

In *Endless Enemies: The Making of an Unfriendly* World, il giornalista Jonathan Kwitny dedica diverse pagine alla descrizione delle reti di narcotraffico sostenute dalla CIA che operano nel Sud-Est asiatico e che utilizzano le famiglie criminali corse alleate della CIA come fonte centrale di distribuzione.

Kwitny sottolinea il ruolo svolto da Charles "Lucky" Luciano nella creazione delle prime reti, che utilizzavano anche famiglie criminali siciliane nel Mediterraneo. Kwitny riconosce addirittura il lavoro di Alfred McCoy come "la migliore informazione pubblicata su questo argomento".[406]

Tuttavia, Kwitny non menziona nemmeno una volta il ruolo centrale di Meyer Lansky nella creazione ufficiale della rete globale di droga lanciata da Luciano, nonostante citi McCoy come "la migliore informazione" nella storia della rete di droga. Né fa riferimento a Santo Trafficante Jr, il principale luogotenente di Lansky e il suo principale erede nel traffico globale di droga.

Tutto ciò è particolarmente interessante se si pensa che, durante il recente scandalo relativo al complotto per l'assassinio di JFK (dovuto all'uscita del film *JFK* di Oliver Stone), lo stesso Kwitny è stato uno dei principali sostenitori della teoria secondo cui "La mafia ha ucciso JFK". Secondo Kwitny, il principale artefice del crimine era, a suo avviso, molto probabilmente Carlos Marcello, il boss della mafia di New Orleans, che, come abbiamo visto, era uno dei prestanome di Lansky.[407] Chiaramente Kwitny - come coloro che sostengono che "la mafia ha ucciso JFK" - non vuole riconoscere che Meyer Lansky sia mai esistito.

---

[403] Bernard Fensterwald and the Commission of Inquiry into the Assassinations *Coincidence or Conspiracy?* (New York: Zebra Books, 1977), p. 187.
[404] McCoy, pag. 477.
[405] Executive Intelligence Review. *Project Democracy: The 'Parallel Government' behind the Iran-Contra Affair* (Washington, D.C.: EIR News Service, 1987), pag. 287.
[406] Jonathan Kwitny. *Endless Enemies: The Making of an Unfriendly World* (New York: Penguin Books, 1986), p. 331.
[407] *Wall Street Journal,* 19 dicembre 1991.

Vale anche la pena di ricordare che l'amico biografo di Lansky, Robert Lacey, nella sua biografia di Lansky del 1991, si prodiga per suggerire che Lansky non aveva avuto alcun ruolo nel traffico internazionale di droga. Come abbiamo visto, l'atteggiamento di Lacey nei confronti di Lansky era del tutto naturale.

Tuttavia, Rachel Ehrenfeld, una delle maggiori esperte mondiali di droghe e dei loro legami con il terrorismo globale, scrive nel suo libro *Evil Money* che "esistono prove affidabili del contrario".[408]

Cita un'intervista condotta con un ex investigatore speciale del Congresso per il crimine organizzato. Riferisce di essere stata "rassicurata sul fatto che le prove degli affari illegali di Lansky erano abbondanti e che Lacey doveva essere vittima dei suoi stretti rapporti con gli ex associati e la famiglia di Lansky".[409]

ASSASSINI FRANCESI?

Considerando l'alleanza della CIA con gli alleati di Lansky nella mafia corsa, è interessante notare che c'è chi ritiene che la mafia corsa o altri membri francesi possano aver avuto un ruolo nell'assassinio di John F. Kennedy. Ci sono infatti prove che almeno un mercenario francese si sia presentato a Dallas il giorno dell'uccisione di JFK.

In *Reasonable Doubt*, Henry Hurt esplora in dettaglio un aspetto della cosiddetta "connessione francese". Descrive il possibile ruolo di un terrorista francese dell'OAS nell'assassinio.

Come abbiamo visto nei capitoli 6 e 9, l'OSA era composta da forze francesi sostenute dalla CIA che si opponevano alla concessione dell'indipendenza algerina. Questo li portò a scontrarsi direttamente con il Presidente francese Charles De Gaulle, che concesse l'indipendenza dell'Algeria.

Come membro del Senato, come abbiamo visto nel capitolo 4, John F. Kennedy aveva chiesto l'indipendenza dell'Algeria, in opposizione all'OSA. Israele aveva interesse a che la Francia continuasse a governare in Algeria, in quanto l'occupazione francese dell'Algeria costituiva un ostacolo diretto al nazionalismo arabo (nel capitolo 15 esamineremo i legami segreti di Israele con l'OSA).

Hurt cita un documento della CIA scoperto nel 1977 dalla ricercatrice di Dallas Mary Ferrell: "Questo documento, datato 1 aprile 1964, affermava che i servizi segreti francesi avevano bisogno di aiuto per localizzare un certo Jean Souetre, un terrorista francese considerato una minaccia per la sicurezza del Presidente francese Charles De Gaulle.

Il documento afferma che Jean Souetre si trovava a Fort Worth, in Texas, il 22 novembre 1963. Quella mattina, anche il presidente Kennedy si trovava a Fort Worth. Poche ore dopo, John F. Kennedy era a Dallas, dove fu assassinato alle 12.30. Anche Jean Souetre si trovava a Dallas quel pomeriggio.

"Entro quarantotto ore dalla morte di Kennedy, come richiesto dai francesi, Jean Souetre fu arrestato dalle autorità americane in Texas e immediatamente

---

[408] Rachel Ehrenfeld. *Evil Money: Encounters Along the Money Trail* (New York: Harper Collins Publishers, 1992), p. 259.
[409] *Ibidem.*

espulso dagli Stati Uniti. I servizi segreti francesi volevano sapere se fosse stato deportato in Canada o in Messico.

"I francesi volevano anche sapere perché le autorità americane avevano espulso Souetre, con il semplice scopo di garantire la sicurezza del presidente De Gaulle durante il suo viaggio in Messico".[410]

Hurt sottolinea che il documento originale riportava anche che Souetre utilizzava i nomi di Michel Roux e Michel Mertz. Roux si trovava a Fort Worth il 22 novembre, dopo essere entrato nel Paese il 19 novembre ed essere partito per Laredo, in Texas, il 6 dicembre. Non è stato espulso. Souetre, interrogato in seguito, ha detto che Mertz era un vecchio nemico che usava spesso il suo nome e che forse stava cercando di coinvolgerlo in illeciti.

IL COLLEGAMENTO CON LA CACCIA

È interessante notare che fu E. Howard Hunt, CIA, (che abbiamo incontrato per la prima volta nel capitolo 9), che era uno degli uomini più fidati della CIA nel trattare con Souetre e i servizi segreti dell'OAS.[411] Il fatto che i due potessero trovarsi a Dallas - forse addirittura insieme - durante l'assassinio di JFK è quantomeno intrigante; è un altro dei dettagli che, nel loro insieme, dimostrano la continuità degli stretti legami tra persone e istituzioni che (altrove) sono state ripetutamente collegate alla cospirazione per l'assassinio di JFK.

Nei capitoli 15 e 6 vedremo che persone legate al Mossad e a Lansky, a New Orleans e altrove, hanno pagato denaro all'OAS per un attentato a Charles De Gaulle nel 1962 e che queste stesse persone sono direttamente collegate all'assassinio di JFK.

DUE FACCE DELLA STESSA MEDAGLIA

Il professor Alfred McCoy riassume i legami segreti tra la CIA e la criminalità organizzata di tutto il mondo:

"Da quando i narcotici sono stati vietati negli anni '20, le alleanze tra i broker della droga e le agenzie di intelligence hanno protetto il traffico globale di droga.

Data la frequenza di queste alleanze, sembra esserci un'attrazione naturale tra le agenzie di intelligence e le organizzazioni criminali... Entrambi sono professionisti in quelle che un ufficiale della CIA in pensione ha definito "arti dello spionaggio", ovvero l'abilità necessaria per operare al di fuori dei normali canali della società civile. Di tutte le istituzioni della società moderna, le agenzie di intelligence e i sindacati criminali sono i soli a mantenere vaste organizzazioni in grado di condurre operazioni segrete senza timore di essere scoperti".[412]

---

[410] Henry Hurt. *Ragionevoli dubbi: An Investigation into the Assassination of John F. Kennedy* (New York: Holt, Rinehart & Winston, 1985), pp. 417-419.
[411] Dick Russell. *The Man Who Knew Too Much* (New York: Carroll & Graf Publishers, Inc., 1992), p. 563.
[412] McCoy, pag. 14

I biografi della famiglia del boss della mafia di Chicago Sam Giancana hanno messo per iscritto la descrizione dettagliata del rapporto di Giancana. Raccontano che Giancana mostrò al fratello un'antica moneta romana e disse: "Guarda, questa è una delle divinità romane, questa ha due facce... due facce, ecco cosa siamo, il Clan e la CIA - due facce della stessa medaglia".[413]

ISRAELE, LA CIA E IL CARTELLO DELLA DROGA

Tutte le prove che abbiamo discusso qui suggeriscono che la CIA e il sindacato del crimine organizzato di Meyer Lansky erano effettivamente partner in molte aree di interesse comune, non solo a Cuba e nel traffico di droga nel sud-est asiatico, ma anche nell'assassinio di John F. Kennedy.

E come abbiamo visto nel capitolo 6, gli alleati di Lansky in Israele hanno tratto grandi vantaggi dal coinvolgimento americano nel Sud-Est asiatico.

Mentre Israele utilizzava l'impegno e la preoccupazione dell'America per il conflitto in Vietnam come mezzo per dispiegare le sue forze in Medio Oriente, la rete di narcotrafficanti di Lansky utilizzava la sua collaborazione con la CIA durante la guerra del Vietnam per coprire il suo traffico di droga.

E come abbiamo visto nel capitolo 8, la CIA e Israele avevano una lunga e stretta relazione, incestuosa quanto quella tra il sindacato del crimine organizzato di Lansky e Israele. Abbiamo già visto che Israele aveva i suoi problemi con John F. Kennedy. Lo stesso vale per la mafia e il sindacato di Lansky. Nel capitolo 9 abbiamo esaminato i problemi della CIA con John F. Kennedy. È chiaro che questa alleanza di forze contro JFK era tale che John F. Kennedy non sarebbe mai stato in grado di completare il suo primo mandato alla Casa Bianca.

---

[413] Giancana, p. 215.

CAPITOLO 13

I legami della California con Israele Mickey Cohen e la cospirazione per assassinare JFK

Il ruolo di Mickey Cohen, fedele israeliano di lunga data e scagnozzo di Meyer Lansky sulla West Coast, nel complotto per l'assassinio di JFK, è una delle storie poco conosciute della storia. Cohen - che era uno degli idoli di Jack Ruby - pare abbia contribuito direttamente alle prime fasi delle macchinazioni israeliane contro John F. Kennedy. Le prove suggeriscono anche che la morte dell'attrice cinematografica Marilyn Monroe era in realtà legata al collegamento israeliano nel complotto per assassinare JFK.

Quando il nome di Mickey Cohen è apparso nei numerosi libri e monografie sull'omicidio JFK, è stato solo di sfuggita. A quanto pare, Cohen è degno di nota, se non altro per il suo coinvolgimento nella criminalità organizzata, che occupa un posto di rilievo nelle teorie cospirative su JFK.

Tuttavia, il coinvolgimento personale di Cohen con Israele e la sua mistura internazionale, così come la sua dedizione a promuovere gli interessi di Israele - anche a spese delle sue lucrose attività criminali - necessitano di un ulteriore esame.

Le prove che esamineremo qui suggeriscono che anche la morte dell'attrice cinematografica Marilyn Monroe è in realtà legata all'assassinio di John F. Kennedy in modi inimmaginabili.

Cohen, come vedremo, ha usato la signorina Monroe, una delle relazioni illecite di John F. Kennedy, come mezzo per scoprire le intenzioni di Kennedy nei confronti di Israele. La relazione tra Marilyn Monroe e JFK va ben oltre quanto raccontato dai tabloid.

MEMORIE DI COHEN

La fonte principale su Mickey Cohen sono le colorite memorie del gangster della malavita di Los Angeles. La biografia di Cohen - *Mickey Cohen: In My Own Words* - è uno dei resoconti più affascinanti della vita nella criminalità organizzata. Le sue memorie sono particolarmente interessanti per tre motivi specifici:

(a) È uno dei pochi racconti autobiografici della vita nella criminalità organizzata scritti da un non italiano. Praticamente tutti i resoconti popolari della vita nella malavita provengono da ex membri o associati della "mafia". Cohen - ad eccezione di Michael Milan, che incontriamo per la prima volta nel capitolo 7 - è forse l'unico altro boss della criminalità organizzata non italiano e non mafioso a mettere per iscritto le proprie esperienze.

(b) Cohen, in qualità di responsabile dei traffici di Hollywood, era un attore centrale di quel mondo sotterraneo unico che collega l'industria dello spettacolo alla criminalità organizzata. Amico e socio di persone importanti, ricche e potenti, Cohen sapeva dove erano sepolti i cadaveri di Hollywood, in molti modi.

(c) John Peer Nugent - l'uomo che ha raccolto le divagazioni a volte ineleganti di Cohen e le ha pubblicate - era il "ghostwriter" di Cohen.

IL LEGAME CON LA CIA

Ex corrispondente di *Newsweek*, Nugent fu arrestato una volta in Africa perché sospettato di essere un agente della CIA. Fu rilasciato grazie all'intervento personale dell'allora Segretario di Stato, Dean Rusk. Tuttavia, secondo l'esperto di criminalità organizzata Art Kunkin, Nugent aveva legami con la CIA.[414]

È interessante notare che una volta Nugent ha partecipato a un dibattito con A. J. Weberman, co-autore di *Coup d'État in America*, in cui lui - Nugent - ha cercato di confutare la complicità della CIA nell'assassinio di JFK.

In questo contesto, non possiamo fare a meno di chiederci se le memorie di Cohen non siano un whitewash in stile CIA.

Anche ciò che appare nelle memorie di Cohen - e ciò che non appare - è intrigante. Le memorie di Cohen sono una miniera d'oro di informazioni spesso affascinanti, in particolare sui primi legami della mafia hollywoodiana con Israele e sulla sua lotta per emergere.

IL SUCCESSORE DI SIEGEL

Cohen fu il successore di Benjamin Siegel, amico d'infanzia di Meyer Lansky, un importante boss della criminalità organizzata della West Coast fino al suo sanguinoso assassinio, avvenuto il 20 giugno 1947. Meglio conosciuto come "l'uomo che ha inventato Las Vegas", l'affascinante Siegel fu ucciso a Beverly Hills nella casa della sua seconda moglie, l'affascinante, ricca e oziosa Virginia Hill, una spogliarellista della mafia.

Lansky e Siegel erano amici di lunga data e primi partner a Brooklyn durante la loro prima ascesa ai vertici del crimine organizzato. Le storie spesso raccontate sulla "banda Bug e Meyer" di New York sono leggendarie negli annali della criminalità organizzata. "Bug e Meyer" erano pericolosi assassini in quegli anni. Non c'è motivo di credere che Lansky si sia ammorbidito con l'età.

Siegel, considerato dalla Commissione per il Crimine Organizzato un saccheggiatore di fondi destinati alla rete di casinò che stava creando a Las Vegas per conto del sindacato, fu ucciso come rappresaglia per il suo tradimento. Per l'amico Lansky fu una grave perdita personale.

---

[414] Scritti di A. J. Weberman in *The Yipster Times* (data non disponibile)

LANSKY ORDINA L'OMICIDIO

Tuttavia, Lansky apparentemente accettò la decisione di giustiziare Siegel. Accettò persino di prendere accordi se necessario.
Chiaramente, lo fece. "Non avevo scelta", spiegò Lansky in seguito, riflettendo sul tradimento dell'amico e sulle sue conseguenze.[415]
(I migliori resoconti del ruolo di Siegel nella creazione del fronte di Las Vegas per il sindacato criminale di Lansky sono contenuti in *The Green Felt Jungle* di Ed Reid e Ovid Demaris e *We Only Kill Each Other*, una biografia di Siegel di Dean Jennings).

HOOVER INVIA LE SUE CONDOGLIANZE

Nel capitolo 7 abbiamo esplorato l'apparente incapacità del direttore dell'FBI J. Edgar Hoover di riconoscere l'esistenza del Sindacato del crimine organizzato di Lansky e i legami di Hoover con l'Anti-Defamation League of B'nai B'rith (ADL), l'agenzia di propaganda e intelligence israeliana con sede negli Stati Uniti finanziata dal Sindacato di Lansky (parleremo dell'ADL in modo più dettagliato nel capitolo 17).

Michael Milan (che incontriamo per la prima volta nel Capitolo 7 come collaboratore di Hoover e Lansky) spiega che quando fu ordinato di sparare a Ben Siegel, "persino [J. Edgar Hoover] dovette acconsentire e dire a tutti di stare alla larga. Tuttavia, inviò le sue personali condoglianze a Meyer Lansky perché Benny gli era piaciuto e lo aveva fatto divertire ogni volta che era venuto sulla costa".[416]

In ogni caso, fu Mickey Cohen a prendere il posto di Siegel come rappresentante di Lansky nella West Coast dopo l'assassinio di Siegel.

"GLI OCCHI E LE ORECCHIE DI LANSKY"

Secondo il biografo di Lansky Hank Messick, era Cohen il vero "occhio e orecchio" di Lansky nella California meridionale, non il suo buon amico Siegel. Una delle principali responsabilità di Cohen era quella di tenere d'occhio l'indipendente e spericolato Siegel per conto di Lansky.

Quando Siegel fu eliminato dalla scena, fu Cohen a intervenire e a rilevare gli affari di Lansky sulla West Coast: circostanze piuttosto fortuite per il delinquente dall'aspetto scimmiesco che non avrebbe mai potuto competere con Siegel in un concorso di bellezza. Non c'è da stupirsi, quindi, che Cohen abbia ricordato nelle sue memorie: "Ho un grande amore e rispetto per Meyer Lansky".[417]

---

[415] Hank Messick. *Lansky* (New York: Berkley Medallion Books, 1971), pag. 153.
[416] Michael Milan. *The Squad: The U.S. Government's Secret Alliance With Organized Crime* (New York: Shapolsky Publishers, Inc., 1989), p. 195.
[417] Mickey Cohen e John Peer Nugent. *Mickey Cohen: In My Own Words* (Englewood Cliffs, New Jersey: Prentice-Hall, Inc., 1975), p. 82.

COHEN E ISRAELE

Tuttavia, a parte i suoi legami diretti con Lansky e le sue macchinazioni malavitose, Mickey Cohen è stato dalla parte dello Stato di Israele fin dall'inizio della sua esistenza - anche prima. Per sua stessa ammissione, Cohen era coinvolto nel contrabbando di armi e nella raccolta di fondi per Israele anche prima che Israele diventasse uno Stato.

Nelle sue memorie, Cohen ricorda il suo primo incontro con un agente delle operazioni internazionali di raccolta fondi e di contrabbando di armi di Israele e come si sia identificato con la causa israeliana.

A proposito dell'amico Mike Howard, Cohen racconta del giorno in cui Howard gli presentò un agente israeliano (nel suo libro di memorie, Cohen non fa i nomi). (Nel suo libro di memorie, Cohen non fa il nome dell'israeliano in questione). Howard, dice, "sapeva che avrei fatto qualsiasi cosa per una causa giusta, e in particolare per le cause ebraiche"".[418]

All'inizio", racconta Cohen, "era riluttante a farsi coinvolgere. Tuttavia, ha cambiato idea. "Così tornano", ricorda Cohen, "e ci sediamo a parlare. Il ragazzo mi racconta la storia dell'Haganah, che era coordinata dall'uomo di David Ben-Gurion, e mi parla soprattutto dell'Irgun e del tipo di guerra che conducevano contro gli inglesi, del tipo di persone che erano e di tutto il resto.

"Ma si sa che quando si è viziosi [cioè si hanno tendenze criminali] la mente funziona in modo vizioso. Ho sempre pensato che fosse una questione di traffico. Così ho detto al tizio chiamato Tookit: "Non so nulla di queste cose. Non sapevo nemmeno che ci fosse una guerra in Israele, fammici pensare".[419]

Alla fine Cohen non prese alcuna decisione, ma dopo la visita dello sceneggiatore, giornalista e drammaturgo hollywoodiano Ben Hecht, ardente sostenitore della causa sionista, Cohen cominciò a svegliarsi. Hecht si presentò al quartier generale di Cohen accompagnato da un rappresentante della banda terroristica Irgun. L'individuo che Cohen, ancora una volta, non nominò. [420]"Ho capito che avevo a che fare con un uomo vero, non con un truffatore", ha ricordato Cohen.

MENACHEM BEGIN ARRIVA IN CITTÀ

Nel suo libro di memorie Jimmy ("The Weasel") Fratianno, uno dei migliori informatori governativi della mafia della West Coast, ci dà un indizio sull'identità dell'amico dell'Irgun di Cohen. Fratianno descrive una serata di beneficenza per Israele in un'elegante villa di Bel Air:

"Dopo il discorso di Cohen, iniziamo a muoverci per la stanza e il rabbino di Mickey ci presenta un uomo chiamato Menachem Begin, che è il capo dell'Irgun, un gruppo clandestino in Palestina. Questo tizio indossa una fascia nera al braccio

---

[418] *Ibidem*, p. 90.
[419] *Ibidem*.
[420] *Ibidem*, p. 91.

e ci dice che laggiù è ricercato per l'attentato a un hotel che ha ucciso quasi cento persone. È un fuggitivo in fuga.

"Comunque, lui fece un discorso, e dopo di lui, praticamente tutti fecero un discorso. E la cosa continuava... Poi gli altri ragazzi dell'Haganah, un altro gruppo clandestino, iniziarono a discutere con Begin su chi avrebbe gestito i soldi. Così Mickey viene coinvolto e concordano che il suo rabbino avrebbe gestito il denaro e Mickey avrebbe comprato armi e munizioni e le avrebbe spedite laggiù".[421]

[Come vedremo, tuttavia, questa non sarebbe stata l'ultima volta che Menachem Begin sarebbe stato visto in compagnia di Mickey Cohen].

Fratianno dubitava francamente della sincerità di Cohen e sospettava che sostenesse "la causa" per fare soldi. Tuttavia, nelle sue memorie, Cohen ha insistito sulla sua devozione a Israele e ha parlato a lungo della sua lealtà.

"Vedete, ero affascinato da questa causa sanguinosa. Grazie alle mie conoscenze, ho convinto tutti in tutto il Paese - italiani, ebrei, irlandesi - a creare posti di lavoro utili alla causa israeliana".[422]

DEDICATO A ISRAELE

La dedizione di Cohen era inestimabile. Era così devoto a Israele che mise da parte le sue attività criminali. Cohen racconta:

"Ormai sono talmente occupato da Israele che ho messo da parte gran parte delle mie attività e non ho fatto altro che occuparmi della posta in gioco in questa guerra dell'Irgun. È nella mia natura, vedete. O sono tutto o niente. Sono stato coinvolto nella fottuta guerra di Israele per tre anni. Ho iniziato ad avere rapporti con i membri dell'Irgun in Israele. Loro hanno imparato a capirmi meglio e io ho imparato a capire meglio loro.

"Beh, avevo raccolto molti soldi in tutto il Paese, non io in particolare, ma il mio intermediario. Ci furono cene a Boston, Philadelphia, Miami. Furono raccolte molte armi e attrezzature che non si possono immaginare.

"È stato solo per volontà di Dio che Harry Truman è stato presidente. Non poteva permettere che si sapesse apertamente che era d'accordo con la spedizione di roba laggiù o con il furto dalle navi che tornavano dalla Seconda Guerra Mondiale.

"Ma è stato solo con Truman che ha chiuso un occhio, o con il suo favore, che questo è stato realizzato. Per me Harry Truman è stato il più grande uomo del mondo, per quello che ha fatto per Israele e per averci permesso di farlo.

"Siamo riusciti a salire su navi che erano state messe al sicuro. Avevo accesso a tutto questo materiale sui moli. Alcune delle cose e delle attrezzature, come le mitragliatrici che portammo in Israele, non avevano mai avuto la possibilità di essere usate nella Seconda Guerra Mondiale. Non erano nemmeno state assemblate.

---

[421] Ovidio Demaris. *The Last Mafioso* (New York: Bantam Books, 1981), p. 32.
[422] Cohen, *Ibid.*

Erano ancora nelle casse, nella paglia, nell'olio e tutto il resto. Li abbiamo spediti subito.[423]

JACK RUBY ARRIVA IN CITTÀ

In quel periodo Cohen incontrò anche un altro truffatore, Jack Rubinstein, che cambiò il suo cognome in Ruby.

Gary Wean, il cui compito era quello di tenere d'occhio le attività di Cohen, raccontò in seguito le sue affascinanti esperienze in un libro di memorie informali intitolato *There's a Fish in the Courthouse*.

I contributi di Wean alla ricerca sull'assassinio di Kennedy, tuttavia, non hanno ricevuto il riconoscimento diffuso che meritano.

Wean, che era un sergente detective del Dipartimento di Polizia di Los Angeles, conosceva bene Mickey Cohen. Inoltre, in qualità di investigatore di intelligence criminale per il Los Angeles District Attorney's Bureau of Investigation, Wean era a conoscenza di una grande quantità di informazioni "segrete" su Cohen e sulle sue attività a Hollywood. In seguito, Wean è stato investigatore capo dell'Ufficio del Difensore Pubblico della Contea di Ventura fino al 1970. Ora è in pensione.

Nelle sue memorie, Wean racconta di aver visto Ruby due volte a Hollywood nel 1946 e nel 1947. La prima volta Ruby era con Cohen nella grande limousine nera di Cohen, anche se in quell'occasione non furono presentati.[424] La seconda volta che incontrò Ruby fu un anno dopo. Secondo Wean, lui e il suo partner andarono in un club chiamato Harry's Place. Ruby era lì, Wean si presentò e informò Ruby che era un poliziotto.

Ruby si è presentato a sua volta. "Mi chiamo Jack Ruby. Sono appena arrivato da Chicago per stare al fianco di Harry. Poiché la guerra sulla costa occidentale è finita e anche Chicago, stiamo spostando 'tutto' a New Orleans e Miami. È li che d'ora in poi si svolgerà tutta l'azione tra gli Stati Uniti e Cuba", dice.[425]

(Un sostituto procuratore generale di New Orleans ha confermato l'affermazione di Ruby secondo cui la Crescent City è diventata un centro di finanziamento e di attività del sindacato. Secondo il procuratore, "ci sono troppi soldi qui. Pensiamo che provenga da altre organizzazioni di Cosa Nostra [mafia] in altre parti del Paese per essere investito dalle gang locali. Questo potrebbe essere il loro centro finanziario, con molti buoni rifugi sicuri dove i contributi alle campagne elettorali e la corruzione vera e propria li hanno protetti abbastanza bene dalla legge").[426]

In ogni caso, come vedremo, questo fu solo l'inizio della relazione di Jack Ruby con Mickey Cohen e i soci di Cohen della West Coast. Tuttavia, la relazione si concluse solo nel 1963, come vedremo nel Capitolo 14.

---

[423] *Ibidem*, pp. 91-92.
[424] Gary L. Wean. *There's a Fish in the Courthouse* (Oak View, California: Casitas Books, 1987), p. 681.
[425] *Ibidem*.
[426] Robert Morrow. *The Senator Must Die: The Murder of Robert F. Kennedy* (Santa Monica, California: Roundtable Publishing, Inc., 1988), pag. 16.

COHEN, MARILYN MONROE E JFK

Nel 1960, Cohen era una potenza consolidata nelle attività del sindacato di Meyer Lansky sulla costa occidentale. Era anche una figura chiave di Hollywood, che coltivava le sue relazioni con la colonia cinematografica hollywoodiana per i propri perfidi scopi. Come sottolinea lo scrittore John Davis: "Uno dei mestieri di Cohen era quello di compromettere sessualmente le star di Hollywood per ricattarle. Fu Cohen a organizzare la torrida relazione tra il suo complice, Johnny Stompanato, e Lana Turner, nella speranza di farli fotografare a letto insieme".[427] [La figlia della Turner uccise Stompanato durante un evento che divenne un grande scandalo a Hollywood. Ma le attività di Cohen andavano ben oltre. Cohen manipolò anche Marilyn Monroe, una bellissima star del cinema, per un altro scopo, che ebbe implicazioni internazionali. Oggi, secondo la leggenda, sarebbe stato il legame con Frank Sinatra a far conoscere Marilyn Monroe a John F. Kennedy.

Tuttavia, secondo Gary Wean, è stato proprio il legame con Mickey Cohen a far incontrare il bel senatore del Massachusetts e il *sex symbol* di Hollywood.

Wean rivela che l'amico intimo di Cohen, l'intrattenitore Joey Bishop - che era anche un membro della famigerata cricca di Sinatra nota come "The Rat Pack" - fu colui che organizzò le circostanze che portarono alla relazione iniziale tra JFK e Miss Monroe durante la campagna presidenziale del 1960.

"Fu Joey Bishop a proporre "l'idea di una festa folle" in onore di Kennedy. Aveva preso in confidenza [Peter] Lawford [cognato di JFK]".[428] Secondo Wean, c'era una ragione per questo, oltre a soddisfare il noto appetito di JFK per le belle donne: "Bishop sapeva che Kennedy sarebbe stato conquistato dal sex appeal della Monroe. Bishop era ebreo e molto vicino a Cohen.

"A quel tempo, i rabbini li spingevano a fare tutto il possibile per estorcere denaro a Hollywood per Israele. [Begin passava più tempo con Cohen a Hollywood che in Israele. Begin voleva disperatamente sapere quale fosse il piano di Kennedy per Israele se fosse diventato presidente.

"Cohen pensava che se fossero riusciti a far entrare Marilyn in casa di Kennedy, [il protettore di Cohen, Georgie] Piscitelli avrebbe potuto manipolarla e raccontare tutto ciò che Kennedy gli aveva rivelato. Avrebbero anche ricattato JFK se fosse diventata una storia d'amore. Cohen aveva anche un problema con Jack Ruby. La sua ragazza, una spogliarellista di nome Candy Barr, faceva molti viaggi tra Ruby a Dallas e Cohen a Hollywood".[429]

Secondo Wean, anche il protettore di Cohen andava a letto con la signorina Monroe. Wean lo apprese da una giovane donna di nome Mary Mercandante che era gelosa della relazione di Piscitelli con la signorina Monroe. La signorina Mercandante era una prostituta e Piscitelli era il suo protettore.

---

[427] John Davis. *Mafia Kingfish: Carlos Marcello and the Assassination of John F. Kennedy* (New York: McGraw-Hill Publishing Co., 1989), p. 239.
[428] Wean, pp. 678-679.
[429] *Ibidem*, p. 679.

LE OPINIONI DI JFK SU ISRAELE?

È dalla signorina Mercandante che Wean ha imparato qualcosa che descrive come "le cose davvero strane".[430]

La signorina Mercandante ha spiegato a Wean che il compito di Piscitelli era quello di estorcere alla signorina Monroe informazioni sulle posizioni di JFK nei confronti di Israele (come abbiamo visto nei capitoli 4 e 5, Israele e la sua lobby americana erano a dir poco preoccupati per Kennedy). Tuttavia, secondo Wean, Piscitelli disse alla signorina Mercandante che Marilyn si arrabbiò quando lui iniziò a farle pressione, dicendo che lei non sapeva nulla di politica. Wean riferisce che la signorina Mercandante ha aggiunto: "Cohen si arrabbiò e disse a Georgie di stare con Marilyn, di versarle da bere o di farle prendere delle pillole, qualsiasi cosa, e di scoprire cosa John Kennedy avesse intenzione di fare riguardo ai finanziamenti a Israele".[431]

Secondo la fonte di Wean: "Cohen e Begin erano contrariati dai piani di Kennedy di dare miliardi di dollari ai Corpi di Pace, al Sud America e all'Africa".[432]

La signorina Mercandante iniziò a minacciare di rivelare tutto ciò che sapeva sulla manipolazione dell'attrice cinematografica da parte di Cohen e sulla relazione con Kennedy. Wean, tuttavia, aveva già riferito le sue scoperte ai suoi superiori.

DUE OMICIDI?

La signorina Mercandante fu in seguito assassinata. Sembra essere un'altra delle tante vittime di quella che alla fine divenne una cospirazione e un insabbiamento dell'assassinio di JFK.

Sebbene si sospetti da tempo che anche Marilyn Monroe sia stata assassinata, i tabloid vorrebbero farci credere che Marilyn Monroe sia stata uccisa dalla famiglia Kennedy per tacere della sua relazione con il Presidente e suo fratello, il procuratore generale Robert Kennedy.

Tuttavia, le prove che abbiamo visto qui suggeriscono che se la signorina Monroe è stata uccisa, è stato per mantenere il silenzio, ma per un motivo completamente diverso.

Se la signorina Monroe avesse rivelato che Mickey Cohen l'aveva usata per scoprire la posizione di Kennedy su Israele, avrebbe aperto un vaso di Pandora che avrebbe potuto rivelare i difficili rapporti di Israele con JFK - Israele e la sua lobby americana non potevano permetterselo.

L'aspetto interessante è che nelle sue memorie, piene di nomi e racconti di amicizie con una serie di personaggi di Hollywood, Cohen non cita mai Marilyn Monroe. Né menziona Jack Ruby, se è per questo.

Ovviamente ci sono cose che Cohen e il suo coautore non hanno ritenuto opportuno menzionare. È più che interessante notare, almeno di sfuggita, che lo

---

[430] *Ibidem*, p. 677.
[431] *Ibidem*.
[432] *Ibidem*.

stesso Meyer Lansky aveva delle "soffiate" sulle relazioni extraconiugali del procuratore generale Robert Kennedy.

Secondo il biografo di J. Edgar Hoover, Curt Gentry, il 1° agosto 1962 Lansky fu sentito in un'intercettazione federale mentre diceva alla moglie Teddy che Robert Kennedy aveva una relazione con una donna di El Paso, in Texas.[433]

COSA STAVANO FACENDO?

Comunque sia, le strane attività di Mickey Cohen continuarono a essere di particolare interesse per Gary Wean. Egli descrive nelle sue memorie come scoprì la stretta collaborazione tra Cohen e Menachem Begin, il terrorista israeliano diventato diplomatico (e poi primo ministro), le cui attività hollywoodiane abbiamo esaminato in precedenza in questo capitolo:

"Io e il mio socio] avevamo osservato Mickey Cohen da lontano. Sapevamo che stava combinando qualcosa di incongruo. Passava molto tempo con uno strano omino al bancone del ristorante e nella farmacia del Beverly Wilshire Hotel.

"Quello che ci ha incuriosito è che Mickey sembrava prendere ordini dall'estero. Abbiamo delle foto scattate con il nostro telescopio di Cohen e del suo amico. L'ufficio ha controllato. Abbiamo saputo il suo nome: è Menachem Begin".[434]

Per saperne di più sulle attività di Cohen e Begin, Wean assunse una spia che parlava yiddish per ascoltare Cohen e Begin. Wean ha riferito: "Ha riferito che i due hanno avuto una discussione profonda e molto agitata. Si è parlato molto di Cuba, di operazioni militari e dei Kennedy".[435] Secondo l'agente di Wean: "C'è sicuramente qualcosa sotto. Mickey sembrava un politico. Parlavano di guerra e di stanziamenti di miliardi di dollari, maledicendo JFK per i suoi ridicoli Peace Corps e per lo spreco di denaro".[436]

MELVIN BELLI

Secondo Wean, dopo questo incontro, Cohen e Begin se ne andarono. Wean e il suo socio seguirono Cohen in una casa elegante di Los Angeles. Lì, secondo Wean, Cohen e Begin incontrarono Melvin Belli, un avvocato di alto livello che era stato a lungo amico e avvocato di Cohen.[437]

Come vedremo nel capitolo 14, Belli finì per svolgere un ruolo importante nell'intricata rete di cospirazioni che circondava l'assassinio di Kennedy. Belli era l'avvocato di Jack Ruby.

È interessante notare che, secondo Wean, Cohen, Ruby e Menachem Begin avevano un'altra cosa in comune: Cohen condivideva la sua ragazza, la

---

[433] Curt Gentry, J. *Edgar Hoover: The Man and the Secrets*. (New York: W. W. Norton & Company, 1991), p. 493.
[434] Wean, pp. 687-688.
[435] *Ibidem*, p. 688.
[436] *Ibidem*, p. 689.
[437] *Ibidem*.

spogliarellista Candy Barr, non solo con Ruby (che allora lavorava a Dallas), ma anche con Begin, uomo di Israele a Hollywood.[438]

Ma Mickey Cohen aveva in mente molto di più delle sue attività criminali e sessuali. Cohen era interessato alla sopravvivenza di Israele, la nazione che aveva contribuito a creare.

LA MISSIONE DI COHEN

Il particolare interesse di Cohen per la politica mediorientale di JFK, unito alla sua deplorevole manipolazione di Marilyn Monroe e alla sua lunga devozione alla causa sionista, lo pone al centro del ruolo centrale svolto dal sindacato del crimine organizzato di Lansky nel complotto per l'assassinio di JFK.

Il delinquente di Los Angeles, dall'aspetto scimmiesco, era ben consapevole delle circostanze di quanto realmente accaduto nell'assassinio di JFK. Ciò che Cohen poteva sapere, tuttavia, è andato perduto per sempre quando l'assistente di Lansky è morto improvvisamente per un attacco di cuore. Non aveva precedenti di problemi cardiaci. Nel capitolo 14 esamineremo più dettagliatamente il legame di Cohen con Jack Ruby.

Anni dopo aver incontrato Cohen e Begin, Gary Wean ricevette quella che descrisse come "una strana telefonata". Era uno scrittore di nome Ed Tivnan che diceva di stare indagando sulla presunta associazione di Begin con i gangster americani.

COPRIRE LE SPALLE A ISRAELE

"Il mio libro intende negare, dissipare e mettere a tacere le accuse di associazione criminale nei loro confronti", ha dichiarato Tivnan. Tivnan non era interessato al resoconto di Wean sulla reale associazione di Begin con il sindacato del crimine organizzato di Lansky. Era qualcosa che Israele non voleva rendere pubblico.[439]

C'è un altro aspetto interessante in tutto questo. Quando l'autore Anthony Summers stava preparando il suo libro *Goddess*, sulla vita di Marilyn Monroe, contattò Wean per avere informazioni e Wean fornì a Summers tutti i dettagli che abbiamo esaminato in queste pagine.

Tuttavia, quando la biografia di Marilyn Monroe scritta da Summers è finalmente apparsa nelle librerie, l'autore non ha fatto alcun riferimento al legame di Cohen con Israele. Al contrario, il libro suggeriva che la morte della signorina Monroe fosse una conseguenza immediata della sua relazione con i fratelli Kennedy.

In effetti, il libro portava il lettore a credere che fossero i Kennedy, in un modo o nell'altro, i responsabili diretti o indiretti della tragica morte della giovane donna. Non è stato fatto alcun riferimento al legame di Mickey Cohen con Israele.

C'è un'altra cosa interessante. Si tratta dello stesso Anthony Summers che scrisse uno studio esaustivo sull'assassinio di JFK intitolato *Conspiracy* (prima di conoscere Wean). ***Tuttavia, quando Summers pubblicò un'edizione***

---

[438] *Ibidem.*
[439] *Ibidem*, p. 739.

*aggiornata del suo libro nel 1992, non riportò mai le informazioni che **Wean gli aveva dato sulla connessione con Israele**.* Probabilmente, in tutta onestà, Summers non capì il significato di ciò che aveva appreso. Tuttavia, da tutto ciò che abbiamo già esaminato in queste pagine - e da ciò che stiamo per esaminare - risulta evidente che la scoperta di Wean è stata una chiave per comprendere ciò che è realmente accaduto il 22 novembre 1963.

LA CONNESSIONE COHEN

Oggi, come abbiamo visto, c'è chi continua a citare i legami di Jack Ruby con la criminalità organizzata come prova che "la mafia ha ucciso JFK". Alcuni hanno persino sottolineato che una delle prime telefonate di Ruby subito dopo l'assassinio di JFK (subito dopo l'arresto di Lee Harvey Oswald) fu ad Al Gruber, un socio di Hollywood di Mickey Cohen.

Si scopre anche - non a caso - che Gruber era associato a "Happy" Meltzer, il contatto del sindacato nel traffico di droga a Città del Messico, con il quale, come vedremo nel capitolo 14, Ruby aveva una relazione.[440]

In effetti, Gruber era andato a trovare Ruby a Dallas nel novembre 1963, poco prima dell'assassinio, anche se non si erano visti per circa dieci anni.

A parte questo, il legame di Cohen con Ruby è poco sfruttato - forse proprio perché non punta in direzione della mafia, ma piuttosto direttamente verso Israele e il Sindacato del Crimine Organizzato di Meyer Lansky.

Allo stato attuale delle cose, paradossalmente, Mickey Cohen era già incarcerato in una prigione federale al momento dell'assassinio di JFK. Il luogotenente di Lansky sulla West Coast era uno dei tanti "grandi nomi" coinvolti nella guerra di Kennedy contro il sindacato criminale di Lansky. È chiaro che non c'era chimica tra Mickey Cohen e i fratelli Kennedy.

Sembra probabile - e Gary Wean ne è convinto, come ha raccontato a questo autore - che Gruber, l'aiutante di Cohen, fosse l'intermediario del sindacato di Lansky sulla delicata questione di come mettere a tacere Oswald, il capro espiatorio che era in qualche modo sfuggito alla morte e si trovava allora sotto la custodia della polizia di Dallas.

Mickey Cohen e Menachem Begin erano chiaramente coinvolti nelle prime fasi di quello che alla fine si è trasformato in un complotto per l'assassinio di JFK proprio a causa dell'aspra lotta di Kennedy con Israele sulla politica estera, che ha innescato il complotto contro il presidente americano.

Forse questo spiegherebbe perché Jack Ruby - nei suoi ultimi giorni di vita - potrebbe aver temuto che, se fosse emersa la verità sull'assassinio di John F. Kennedy, come disse Ruby, "gli ebrei" sarebbero stati incolpati del crimine.[441]

Nel prossimo capitolo analizzeremo più dettagliatamente il ruolo di Jack Ruby ed esamineremo i suoi legami con il sindacato di Lansky e con Israele.

---

[440] Peter Dale Scott. *Deep Politics and the Death of JFK* (Berkeley, California: University of California Press, 1993), p. 143.
[441] *Ramparts* (nessuna data disponibile).

CAPITOLO 14

Il corriere: Jack Ruby era più Mossad" che "Mafia"

I legami di Jack Ruby con la mafia sono ben dimostrati. Tuttavia, ciò che viene quasi sempre ignorato è il continuo legame di Ruby con il sindacato criminale di Meyer Lansky, non con la "mafia". E mentre ci sono occasionali riferimenti ai legami di Ruby con la CIA, i suoi legami altrettanto stretti con l'intelligence israeliana sono rigorosamente ignorati.

Un esame completo del vero Jack Ruby, e non del Ruby della leggenda, rivela maggiori probabilità di coinvolgimento del Mossad nell'assassinio del Presidente Kennedy.

Lo storico del crimine organizzato Stephen Fox ha definito il gestore del nightclub di Dallas Jack Ruby "la pistola fumante, il nucleo, il naso in mezzo alla faccia" nel complotto per l'assassinio di JFK.[442]

Ironia della sorte, Ruby non solo mise a tacere Oswald e contribuì a perpetuare la cospirazione e l'insabbiamento dell'assassinio di JFK, ma contribuì anche ad alimentare il fuoco della speculazione. Se Lee Harvey Oswald fosse morto per un attacco di cuore nella prigione di Dallas, piuttosto che per mano di un criminale legato alla mafia di nome Jack Ruby, il sospetto di una cospirazione non si sarebbe sviluppato così rapidamente. Tuttavia, quando Jack Ruby è salito alla ribalta eliminando Oswald, l'attenzione si è concentrata sullo strano passato del mafioso di Chicago che aveva ucciso il presunto assassino.

Il massacro di Ruby è leggendario. Ma Jack Ruby non era, ripeto, non faceva parte della mafia. Ed era più di un semplice "associato alla mafia".

Ruby, infatti, faceva parte del sindacato del crimine di Meyer Lansky e, inoltre, nonostante le conclusioni della Commissione Warren, lavorava anche per i collaboratori di lunga data di Lansky nella CIA e con il Mossad israeliano (documentato in dettaglio nel capitolo 8).

Il defunto Bernard Fensterwald, uno dei principali investigatori dell'assassinio di JFK, ha registrato il legame di Ruby con Lansky nella sua opera enciclopedica *Coincidenza o cospirazione*:

"Il 7 giugno 1964 Ruby disse alla Commissione Warren di aver visitato [Lewis] McWillie all'Avana nel 1959, e disse anche di conoscere i boss McWillie. È interessante notare che all'epoca i boss di McWillie erano Meyer e Jake Lansky. Ruby parlò misteriosamente dell'incontro con due fratelli proprietari del Casinò Tropicana, gestito da McWillie. Ruby disse di non essere sicuro del loro cognome, ma pensò che fosse Fox. È noto da tempo che Meyer e Jake Lansky erano in realtà

---

[442] Stephen Fox, *Blood and Power* (New York: William Morrow & Company, 1989), p. 307.

i due proprietari chiave del Tropicana. Il Tropicana era una pietra miliare delle loro proprietà cubane.

"Ruby ha anche descritto i 'fratelli Fox' come 'i principali espulsi da Cuba' e ha detto che all'epoca vivevano a Miami. Meyer e Jake Lansky erano noti al governo di Castro come i più importanti espulsi dal sindacato e all'epoca vivevano a Miami. Ruby disse di aver pensato che uno dei nomi di battesimo dei fratelli Fox potesse essere Martin.

Ruby testimoniò in seguito che uno dei "fratelli Fox" le aveva fatto visita a Dallas, accompagnato da Lewis McWillie. Ruby disse che avevano cenato insieme all'aeroporto di Dallas. Ha anche testimoniato che Fox e McWillie si erano fermati nel suo nightclub, dove avevano posato per delle foto con lui. Ruby portò poi con sé le foto quando andò a trovare McWillie a Cuba:

"A quanto pare i Fox erano in esilio all'epoca, perché quando andai a trovare McWillie.... Hanno guardato nel mio bagaglio e hanno visto una fotografia del signor Fox e di sua moglie.

"Non mi hanno interrogato, ma hanno perquisito tutto e mi hanno trattenuto per ore.... Ovviamente, nella mia ignoranza, non mi sono reso conto che stavo portando una foto [di qualcuno] che sapevano essere un nemico giurato".[443]

È discutibile, tuttavia, se i "fratelli Fox" fossero effettivamente i fratelli Lansky. Il biografo di Ruby, Seth Kantor, osserva che c'erano dei fratelli di nome Martin e Pedro Fox, di nazionalità cubana, che erano coinvolti nel Tropicana (in ogni caso, il Tropicana era di proprietà dei fratelli Lansky).

Scrive Kantor: "Il significato di tutto questo clamore sui fratelli Fox è che Ruby era un uomo razionale al momento dell'intervista alla Commissione Warren il 7 giugno 1964. Stava dicendo la verità e implorava di essere portato fuori dal Texas per dire di più. [444]Ma nessuno lo ascoltò, uno dei giorni più dolorosi nella storia della Commissione Warren".

È interessante notare che all'epoca dell'assassinio di JFK il buon amico di Ruby, McWillie, lavorava al Thunderbird Hotel di Las Vegas, in parte di proprietà di Meyer Lansky e di suo fratello Jake. Come ha sintetizzato Peter Dale Scott: "In altre parole, McWillie lavorava per i Lansky quando Ruby gli telefonò sette volte nel 1963.[445] Queste telefonate facevano parte della serie di telefonate a personaggi del crimine organizzato che gli autori David Scheim, John W. Davis e G. Robert Blakey hanno utilizzato per promuovere la teoria del "crimine organizzato". Robert Blakey hanno utilizzato per promuovere la teoria secondo cui "la mafia ha ucciso JFK".

Ruby chiamò effettivamente sette o otto persone legate alla malavita nel periodo precedente l'assassinio di JFK, ma, secondo Peter Dale Scott, "solo uno di loro era italiano".[446] "Eppure, come sottolinea Scott, la Commissione d'inchiesta sugli omicidi di Blakey ha preferito, come sottolinea il professor Scott, lanciare Ruby come una figura "mafiosa" e ignorare il suo ruolo nella sfera di Lansky". "Una tale

---

[443] Bernard Fensterwald e la Commissione d'inchiesta sugli assassinii. *Coincidenza o cospirazione?* (New York: Zebra Books, 1977) pp. 371-372.
[444] Seth Kantor. *Chi era Jack Ruby?* (New York: Everest House, 1978), pp. 13-14.
[445] Peter Dale Scott. *Deep Politics and the Death of JFK* (Berkeley, California: University of California Press, 1993), p. 180.
[446] *Ibidem*, 184.

logica poteva provenire solo da funzionari pubblici, osserva Scott con ironia".[447] Più in generale, Scott descrive questa come una forma di "pregiudizio consapevole, o quello che si potrebbe chiamare pregiudizio artificiale, il cui scopo è quello di ingannare gli altri".[448]

Tuttavia, a prescindere dal legame diretto tra Lansky e Ruby, il ricercatore dell'assassinio di JFK Jim Marrs afferma categoricamente che Ruby condivideva una casa da gioco ad Hallandale, in Florida, con Meyer e Jake Lansky, tra gli altri, all'inizio degli anni Cinquanta.[449]

Non c'è dubbio che il mondo degli intrighi di Ruby e quello di Lansky si siano intersecati in diverse aree, come vedremo, indipendentemente dal fatto che si conoscessero personalmente o meno.

RUBY E IL TRAFFICO DI DROGA DI LANSKY

Peter Dale Scott ha notato l'abissale fallimento della Commissione d'inchiesta sull'assassinio di G. Robert Blakey nell'esplorare e smascherare i legami di Ruby con Lansky, che sono davvero molto forti. Scott, che ha studiato il background criminale di Jack Ruby, ha sottolineato il ruolo cruciale di Ruby nel sindacato di Lansky.

Secondo Scott: "Non c'è dubbio che Ruby sia stata indagata [a metà degli anni '40] per il suo ruolo in un sindacato internazionale della droga, che prevedeva la corruzione di funzionari governativi a Città del Messico".[450] Il massimo funzionario del sindacato a Città del Messico era Harold "Happy" Meltzer, ma in realtà era Meyer Lansky "la figura chiave del sindacato di Meltzer".[451]

Secondo Scott, "dopo la seconda guerra mondiale, era probabilmente il più grande giro di traffico di droga negli Stati Uniti".[452]

Secondo Scott, la Commissione d'inchiesta sugli omicidi non ha notato che "Ruby era una figura importante"[453] nel collegamento tra la criminalità organizzata e l'ambiente politico di Dallas, e anche "a livello federale".[454] In breve, Ruby non era semplicemente un capro espiatorio della mafia, come alcuni hanno cercato di suggerire, e non faceva parte della mafia, come hanno suggerito G. Robert Blakey e altri.

---

[447] *Ibidem*, p. 183.
[448] *Ibidem*, p. 182.
[449] Jim Marrs, *Crossfire: The Plot That Killed Kennedy* (New York: Carroll & Graf Publishers, Inc., 1989), p. 392.
[450] Scott, p. 141.
[451] *Ibidem*, p. 144.
[452] *Ibidem*, p. 141.
[453] *Ibidem*, p. 71.
[454] *Ibidem*, p. 71.

RUBY NON FACEVA PARTE DELLA MAFIA

Secondo Scott, l'indagine della Commissione su Ruby e i suoi soci malavitosi ha scelto di concentrarsi su quello che Scott descrive come un "modello etnico di criminalità organizzata: Cosa Nostra" - cioè su quella che Scott chiama la "Mafia", il soprannome popolare dei media per i membri italiani della criminalità organizzata, piuttosto che gli ebrei predominanti incarnati da Meyer Lansky e da quelli nella sua sfera di influenza.[455]

Secondo Scott, queste descrizioni della criminalità organizzata furono "distorte a livello burocratico fino alla falsità".... "[e] questa distorsione comportava un sistematico travisamento dei fatti, non solo su Ruby, ma anche su altri aspetti dell'assassinio di Kennedy".[456] Per quanto riguarda Jack Ruby, secondo Scott, l'indagine del Comitato ristretto della Camera sugli omicidi non ha fatto alcun riferimento a ciò che egli descrive delicatamente come "la continua connessione tra malavita e intelligence alimentata dalla droga" - ciò che noi nelle pagine di *Giudizio Finale* chiamiamo più giustamente e accuratamente il sindacato del crimine organizzato di Lansky.[457]

Come conclude Scott (e a ragione): "La cosiddetta Cosa Nostra fu sistematicamente travisata dagli investigatori e dai procuratori delle forze dell'ordine. E questa vivida distorsione ha sfigurato le due indagini ufficiali sull'assassinio di Kennedy, non marginalmente, ma in modi che hanno oscurato verità centrali sull'assassinio che erano imbarazzanti per coloro che conducevano le indagini".

"In fin dei conti, dobbiamo riconoscere che la storia del crimine organizzato e la storia delle indagini e dei procedimenti giudiziari contro il crimine organizzato sono processi strettamente intrecciati che si influenzano a vicenda. Sono processi, va aggiunto, che minano reciprocamente la verità e nascondono le sedi del potere politico in questo Paese".[458]

"In breve: le indagini ufficiali sull'assassinio di Kennedy sono fallite, non perché il caso sia intrinsecamente intrattabile, ma perché il caso e le indagini sono state governate da processi politici più profondi, che non sono ancora stati individuati".[459]

In breve, Jack Ruby non era un mercenario "mafioso", ma piuttosto un contatto chiave del sindacato criminale di Dallas di Meyer Lansky e, in definitiva, come ha detto Stephen Fox, "la pistola fumante, la stele di Rosetta, il naso in mezzo alla faccia" nella cospirazione dell'assassinio di JFK. I processi politici più profondi, che Peter Dale Scott ha definito "ancora da scoprire", vengono ora messi a nudo per la prima volta nelle pagine di *Giudizio finale*.

---

[455] *Ibidem*, p. 70.
[456] *Ibidem*, p. 151.
[457] *Ibidem*, p. 193.
[458] *Ibidem*, p. 19.
[459] *Ibidem*, p. 21.

I LEGAMI ISRAELIANI DI RUBY

Sebbene Jack Ruby sia stato a lungo considerato orgoglioso della sua eredità ebraica, ciò che oggi è poco noto è che Ruby era vicino a qualcuno con stretti legami con la comunità dei servizi segreti e la lobby pro-Israele negli Stati Uniti.[460] Si tratta di Luis Kutner di Chicago, "socio di lunga data ed ex avvocato" di Ruby, che aveva rappresentato Ruby quando nel 1950 fu chiamato davanti allo staff della Commissione antiracket del Senato di Kefauver per discutere delle attività malavitose nella sua ex base di Chicago. Secondo Kutner, l'offerta di Ruby era subordinata alla condizione che il Comitato Kefauver si astenesse dall'indagare sulla criminalità organizzata a Dallas, dove Ruby era allora ben radicato. Peter Dale Scott osserva che "l'esito della commissione Kefauver sembra corroborare l'affermazione di Kutner, poiché la commissione diede a Dallas un certificato di buona salute".[461]

Sebbene fosse un "avvocato della mafia", sembra che Kutner avesse altri legami interessanti. Secondo Scott, "Kutner, secondo il suo stesso racconto, conosceva Ruby dal 1936, quando aveva usato Ruby per "fare commissioni" nella sua sfortunata campagna congressuale del 1936. In seguito, Kutner era stato coinvolto in quelle che possono essere descritte solo come operazioni di intelligence internazionale, dai colpi di stato in America Latina alla difesa del deposto leader congolese Moise Tshombe".[462]

Ma Kutner era anche attivamente coinvolto negli sforzi per promuovere gli interessi di Israele. Era tra le tante persone che hanno formato il Center for Global Security Inc, di cui era "consigliere onorario". Il generale Julius Klein era "presidente onorario" di questo gruppo di pressione pro-Israele, un militare americano che non solo ha svolto un ruolo importante nella fornitura di armi all'Haganah israeliano prima della creazione di Israele, ma ha anche contribuito a fondare e addestrare il Mossad israeliano. Chiaramente Kutner, amico e avvocato di Jack Ruby, era un uomo con importanti legami con Israele e le sue reti di potere globali. Quindi, ciò che Peter Dale Scott dice a proposito dell'associazione di Ruby con Kutner non è un'esagerazione: "[L'impegno di Kutner] nei confronti di Ruby conferma che Ruby dovrebbe essere visto non solo come un uomo con "influenza locale nella forza di polizia di Dallas, ma come un giocatore in una profonda politica internazionale"".[463]

Eppure, quando G. Robert Blakey e la House Committee on Assassinations esaminarono le connessioni di Ruby, e quando Blakey scrisse in seguito le sue scoperte, non menzionò mai Kutner - un collegamento importante con Ruby, soprattutto alla luce di quanto abbiamo già descritto - e che esamineremo più dettagliatamente nelle pagine del *Giudizio Finale*.[464]

RUBY E IL COMMERCIO DI ARMI ISRAELIANO

---

[460] *Ibidem*, p. 181.
[461] *Ibidem*, p. 151.
[462] *Ibidem*, p. 201.
[463] *Ibidem*, p. 201.
[464] *Ibidem*, p. 349.

Il ricercatore A. J. Weberman ha rivelato il fatto poco noto che Ruby aveva visitato Israele nel 1955 e che, mentre si trovava a San Francisco quell'anno, Ruby disse a un amico: "Dopo la partenza, andrò in Florida a comprare un carico di contrabbando da inviare in Israele". Il taccuino di Ruby conteneva anche il numero di telefono di New York di una certa signorina Snyman che aveva detto all'FBI di avere l'immunità diplomatica e di dover essere contattata dall'ambasciatore sudafricano alle Nazioni Unite. Weberman sollevò la questione se Ruby potesse essere coinvolto in un traffico di armi tra Israele e Sudafrica, ma notò che l'FBI aveva poi deciso che il numero era JE-8-7475 piuttosto che TE-8-7475. Non si è mai saputo di chi fosse il numero.[465]

Inoltre, citando documenti dell'FBI, Weberman nota che Lawrence Meyers, un amico di lunga data di Ruby che aveva incontrato al Cabana Motel la notte prima dell'assassinio di JFK, era un venditore della Ero Manufacturing. L'FBI stabilì che dalla Ero erano state fatte telefonate a una società indagata per spedizioni illegali di armi a Israele.[466]

Esistono infatti prove di altri legami di Ruby con Israele all'epoca dell'assassinio di JFK. È risaputo che mentre Ruby era con la polizia di Dallas dopo l'assassinio, fece finta di tradurre per i "giornalisti" israeliani che si trovavano sulla scena.

È interessante, naturalmente, perché sembra improbabile che i corrispondenti israeliani negli Stati Uniti avessero una conoscenza così scarsa dell'inglese da aver bisogno dei servizi di un gestore di strip club di Dallas.

Sebbene l'associazione di Ruby con questi giornalisti israeliani possa essere stata del tutto innocente, ciò che è interessante è che né la Commissione Warren né i ricercatori che lavoravano al caso JFK (molti dei quali guardavano con sospetto *al Giudizio Finale*) hanno mai rintracciato questi giornalisti. *Perché non l'hanno fatto?*

A una conferenza di ricercatori sull'assassinio di JFK, un partecipante ha fatto scalpore chiedendo se qualcuno avesse mai determinato con precisione per quali giornali israeliani Jack Ruby traducesse e se qualcuno avesse mai intervistato quei giornalisti per scoprire cosa Ruby avesse detto loro durante quelle ore cruciali in cui Ruby era sulle tracce di Oswald.

La risposta del ricercatore Walt Brown, maestro di cerimonia, è stata a suo modo rivelatrice. Brown ha detto: "Questa è probabilmente la domanda più importante posta in questa conferenza.[467]

L'aspetto forse più rivelatore dei legami di Ruby con il Mossad è emerso nel 2003, quando William F. Pepper, l'avvocato di lunga data del presunto assassino di Martin Luther King, James Earl Ray, ha pubblicato il libro *An Act of State*.

Nel libro, Pepper sostiene che nel 1963 Ruby era coinvolta in un'operazione di contrabbando internazionale di armi basata in parte in Texas - che coinvolgeva "un agente senior del Mossad che lavorava in Sud America e che fungeva da contatto per l'esercito americano e la CIA".[468]

---

[465] A. J. Weberman sito web: www.weberman.com(Nodulo27).
[466] A. J. Weberman sito web: www.weberman.com(Nodulo27).
[467] Intervista a Steve Frogue, che pone la domanda a Walt Brown.
[468] William Pepper. *An Act of State* (New York: Verso Books, 2003), p. 77.

Forse non sorprende che Pepper non abbia fornito alcun dettaglio sul collegamento con il Mossad. Tuttavia, il riferimento circospetto di Pepper è stato un ritorno di fiamma per chiunque avesse già letto *Giudizio Finale*.

L'affermazione di Pepper di un legame del Mossad con l'affare delle armi che coinvolgeva Ruby si basa sulle dichiarazioni rilasciate a uno degli investigatori di Pepper dall'ex colonnello John Downie del 902° Gruppo di Intelligence Militare, un'unità del Ministero della Difesa.

Secondo Downie, "Raul", la figura misteriosa - che James Earl Ray, il presunto assassino di King, aveva contribuito a incastrare per l'omicidio di King - faceva parte di un'operazione di contrabbando internazionale di armi con base negli Stati Uniti che Pepper aveva già stabilito - tramite altre fonti - coinvolgere Jack Ruby. Il legame tra "Raul" e Ruby era tutt'altro che tenue: secondo le fonti di Pepper, "Raul" e Ruby si erano incontrati in diverse occasioni prima dell'assassinio di JFK, cinque anni prima dell'omicidio di King.[469]

L'operazione di contrabbando utilizzava armi rubate dalle basi e dalle armerie dell'esercito statunitense, che venivano consegnate all'organizzazione criminale di Carlos Marcello con sede a New Orleans, la quale a sua volta consegnava le armi in America centrale e meridionale e altrove. I proventi della vendita di armi sarebbero stati divisi equamente con il 902th Military Intelligence Group, che ha usato la sua parte per finanziare operazioni segrete ed extra-bilancio.

Sembra che la precedente pubblicazione di *Final Judgement* avesse quasi certamente già identificato l'identità dell'individuo descritto dalla fonte di Pepper. Nella sezione fotografica di *Giudizio Finale*, viene sottolineato che il famigerato "uomo ombrello" fotografato nella Dealey Plaza di Dallas il 22 novembre 1963 aveva una notevole somiglianza con Michael Harari, l'ormai famoso (ma allora misterioso) ex personaggio del Mossad.

Nel 1963, Harari era sul campo come specialista di omicidi del Mossad e sarebbe stato certamente presente a Dallas se il Mossad fosse stato uno dei principali attori della cospirazione di JFK.

Inoltre, i documenti pubblicati dimostrano che, per tutta la sua carriera, Harari è stato pesantemente coinvolto nelle operazioni di intelligence israeliane in Messico, Sudamerica e Caraibi, culminando nel ruolo, ampiamente pubblicizzato, di consulente senior del dittatore Manuel Noriega, che alla fine guidò l'invasione statunitense. Era quindi Harari l'"agente senior del Mossad che lavorava in Sud America" citato dalla fonte militare statunitense di Pepper? In caso contrario, si trattava certamente di qualcuno con cui Harari lavorava.

Il fatto che Jack Ruby, che faceva parte dell'operazione di contrabbando legata al Mossad scoperta da Pepper, avesse molteplici connessioni con il Mossad e Israele non è una sorpresa per chi ha già letto *Giudizio Finale* (più avanti, nella sezione Domande e Risposte *di Giudizio Finale*, esploreremo altre strane connessioni israeliane al caso Martin Luther King - dettagli che sono stati deliberatamente taciuti).

---

[469] *Ibidem*, pp. 100-102.

RUBY E LA FAMIGLIA BRONFMAN

Le attività segrete di Jack Ruby erano chiaramente ben note. Ma il ricercatore indipendente Brian Downing Quig ha scoperto un legame con Ruby che non era mai stato rivelato prima. Esplorando il mondo corrotto di Kemper Marley, il boss politico dell'Arizona e il finanziatore della malavita legato al famigerato omicidio del giornalista investigativo Don Bolles nel 1976, Quig ha appreso dal pubblicista di lunga data di Marley, Al Lizanetz, che non solo la famiglia Bronfman, legata a Lansky, aveva sponsorizzato Marley, ma che anche Jack Ruby era sul libro paga della famiglia Bronfman.[470]

Quindi, considerando la stretta relazione della famiglia Bronfman con Permindex (che, come vedremo nel capitolo 15, ha chiaramente svolto un ruolo centrale nella cospirazione JFK), il legame tra Ruby e la famiglia Bronfman è davvero interessante e tende verso un collegamento israeliano.

RUBINO E LA CIA

Tutte le prove del traffico d'armi di Ruby, sia verso lo stesso Castro che, in ultima analisi, verso gli esuli cubani anticastristi, sono state esaminate senza sosta e in dettaglio dagli investigatori incaricati dell'assassinio di JFK. Ma il suo legame con Lansky è stato ripetutamente ignorato. L'ex agente della CIA Robert Morrow riferisce che l'affare delle armi pro-Castro di Ruby era in collaborazione con l'ex presidente cubano Carlos Prio Socarras (anche Prio aveva una lunga storia di stretta collaborazione con Meyer Lansky, come abbiamo visto nei capitoli 7 e 11, avendo ricevuto tangenti da Lansky).

Secondo Morrow: "Con la benedizione del sindacato e la direzione della CIA, Prio strinse un accordo con Castro in base al quale la mafia (che sosteneva anche Batista) avrebbe fornito le armi e le finanze necessarie al successo della rivoluzione castrista, a condizione che Fidel lo avrebbe reintegrato come presidente una volta rovesciato Batista. Castro accettò e Prio divenne un importante trafficante di armi. Jack Ruby era uno dei suoi soci di Dallas, Texas, allora noto come Jack Rubinstein. Ciò è confermato da un informatore dell'FBI di Miami, Blaney Mack Johnson, che ha affermato che Ruby aveva fornito armi a Castro attraverso Prio, che aveva visto Ruby in un aeroporto privato e che sapeva che Ruby portava armi in barca. Altri confermano che Ruby era nel giro delle armi in Florida alla fine degli anni Cinquanta. Uno di loro era Eladio del Valle, ex deputato cubano e buon amico di Mario Kohly".[471]

Kohly era uno dei principali leader degli esuli cubani che si erano rivoltati contro Castro dopo che il dittatore cubano aveva rovesciato le carte in tavola contro i suoi ex alleati del sindacato criminale Lansky, che aveva aiutato Castro a prendere il potere (si veda il Capitolo 7). Lo stesso Kohly si rivolse in seguito a Meyer Lansky per offrirgli il suo sostegno e si offrì di restituirgli i diritti del casinò se lui, Kohly,

---

[470] *"La morte in Arizona della macchina Kemper Marley"*, di Brian Downing Quig, su Internet.
[471] Robert Morrow. *The Senator Must Die: The Murder of Robert F. Kennedy* (Santa Monica: CA: Roundtable Publishing, Inc., 1988), p. 19.

fosse riuscito a prendere il potere a Cuba dopo la partenza di Castro. [472]Jack Ruby era quindi un importante corriere nelle bizzarre relazioni pro e contro Castro della CIA e del sindacato del crimine organizzato di Meyer Lansky. Tuttavia, è chiaro che la storia di Jack Ruby è ancora tutta da esplorare.

RUBY, OSWALD E LA CIA

Il defunto John Henshaw, un importante giornalista investigativo di Washington D.C., fece le sue ricerche sul passato di Ruby. Henshaw, che aveva lavorato come investigatore per l'editorialista Drew Pearson (di cui si parla più dettagliatamente nel capitolo 17), scoprì un legame tra Ruby e Lee Harvey Oswald che li collegava alla CIA. Secondo Henshaw, i funzionari di polizia di Dallas stavano infatti indagando su Ruby e Oswald per il tentato omicidio del generale in pensione Edwin Walker, alcuni mesi prima dell'assassinio di JFK.

Un proiettile era stato sparato attraverso la finestra di Walker, ma il generale, un devoto anticomunista e critico di Castro, non era stato ferito. Tuttavia, tra gli studiosi dell'assassinio di JFK è in corso un dibattito sul ruolo, se mai ce ne fosse stato uno, di Oswald nell'uccisione di Walker. Questa è un'altra delle tante domande senza risposta che circondano il mistero JFK.

In ogni caso, secondo il racconto di Henshaw, un'indagine segreta della polizia sulla sparatoria collegò Oswald e Ruby all'incidente. Poi, secondo Henshaw, un alto funzionario del Dipartimento di Giustizia chiese a un alto funzionario dell'FBI di intervenire e fermare l'imminente arresto dei due agenti di Dallas. Henshaw ha affermato che fu la stessa CIA a chiedere all'FBI di intervenire. Secondo Henshaw, la CIA stava usando Ruby per reclutare uomini di Dallas nel movimento anticastrista. Tuttavia, il funzionario dell'FBI si rifiutò di intervenire, dicendo che avrebbe ostacolato la giustizia.

Il funzionario dell'FBI ha dichiarato, tuttavia, che avrebbe fatto questa richiesta solo se avesse ricevuto un'istruzione ufficiale in tal senso attraverso una notifica scritta firmata dal rappresentante del Dipartimento di Giustizia. Poco dopo, secondo il racconto di Henshaw, il funzionario dell'FBI ricevette una direttiva firmata. Contattò la polizia di Dallas e le chiese di non arrestare Oswald e Ruby.

Ma anche la polizia di Dallas voleva un ordine formale firmato. Il Dipartimento di Giustizia inviò quindi un avviso al capo Curry della polizia di Dallas, chiedendo che Oswald e Ruby fossero lasciati completamente soli.

Il Dipartimento di Giustizia spiegò che non voleva che Oswald e Ruby venissero arrestati per "motivi di Stato" e che stava facendo la richiesta per conto della CIA.[473] Il resoconto di Henshaw è un altro importante resoconto che dimostra che Ruby e Oswald svolgevano insieme attività segrete non rivelate, sotto la direzione della CIA.

Henshaw scrisse anche che il procuratore generale del Texas Waggoner Carr era tenuto d'occhio dall'FBI perché in possesso di prove non rivelate: "Le prove includono una copia del filmato mancante girato pochi istanti prima che Jack Ruby

---

[472] *Ibidem*, p. 49.
[473] John Henshaw, *The National Enquirer*, 17 maggio 1964.

uccidesse Lee Harvey Oswald. Il filmato segue i progressi di Ruby attraverso gli schermi dell'FBI e della polizia che sorvegliavano l'ingresso del quartier generale della polizia di Dallas. Due cameraman erano stati incaricati da una stazione televisiva di Dallas di coprire l'ingresso, ma gli agenti federali avevano ordinato di sopprimere le riprese dei due schermi di sicurezza che mostravano un alto funzionario del Dipartimento di Giustizia che scortava [Ruby]".[474] Secondo Henshaw, le intense pressioni federali misero fine all'indagine di Carr dopo che si venne a sapere che egli possedeva una copia integrale del film. Secondo quanto riferito, egli ne tenne una copia per sé.

Esistono prove di altri possibili contatti tra Ruby e Oswald, anche a New Orleans. A conoscenza dell'autore, queste prove non sono mai state pubblicate.

L'autore ha avuto accesso a una lettera privata scritta il 20 febbraio 1967 durante la controversia sull'indagine sull'assassinio da parte del procuratore Jim Garrison. L'autore della lettera descrive i timori di sua zia, una donna di New Orleans che era vicina di casa di Lee Harvey Oswald durante il suo soggiorno nella Crescent City. "È terrorizzata al punto di non voler collaborare", ha detto. Ha detto che la sua paura si basa sulla possibilità che "Garrison la catturi per aver nascosto delle prove" e sulla possibilità che "qualcuno le spari alle spalle".

"(1) Ha osservato che Oswald ha ricevuto tre visite (a) due uomini "dall'aspetto cubano" gli hanno fatto visita due volte e (b) un uomo e una donna sono venuti a prendere Oswald un fine settimana. Quest'uomo aveva lo stesso profilo delle foto di Ruby", dice. Ogni volta che vedo una foto di Ruby, mi viene in mente questo visitatore di Oswald, ma ho paura di parlarne. Non potrei giurare che fosse Ruby, ma non potrei giurare che non fosse Ruby".[475] Pare che Ruby si sia recato a New Orleans nel periodo in cui Oswald era lì, apparentemente per trovare una spogliarellista per il suo club. È possibile che la donna vista con l'uomo che assomigliava a Ruby fosse una di quelle spogliarelliste?

Oggi non ci sono dubbi sul fatto che Jack Ruby avesse effettivamente legami con il sindacato di Lansky e con la CIA che coinvolgeva Cuba. Tuttavia, durante il periodo delle indagini della Commissione Warren, l'"inchiesta" ufficiale del governo preferì chiudere un occhio. Secondo il biografo di Ruby, Seth Kantor:

"Dopo la fine del processo a Ruby, Leon Hubert e Burt Griffin, i due esperti di Ruby della Commissione Warren, cercarono di convincere i membri della Commissione in memorandum datati 19 marzo e 1 aprile 1964 che c'erano "prove sostanziali" che Jack Ruby aveva mantenuto inspiegabili associazioni cubane.

Ma gli sforzi di Hubert e Griffin sono stati bloccati dalla CIA e scoraggiati da altro personale della Commissione".[476]

Kantor suggerisce che "Ruby e Oswald probabilmente non si conoscevano, ma entrambi potrebbero essere stati utilizzati come parti separate di una cospirazione per commettere un omicidio a Dallas nel fine settimana del 22-24 novembre 1963. Oswald il venerdì. Ruby la domenica. Due uomini manipolati separatamente dallo stesso potere. Dopo essere stati arrestati e imprigionati, entrambi gli uomini

---

[474] *Ibidem*.
[475] Corrispondenza privata dagli archivi dell'autore.
[476] Kantor, p. 127.

affermarono di essere stati manipolati. "Sono una vittima", disse Oswald. "Sono stato usato per uno scopo", ha detto Ruby.[477]

Nonostante le osservazioni contrarie di Kantor, abbiamo notato le prove (ad esempio nel capitolo 11) che Ruby conosceva quasi certamente Lee Harvey Oswald e che Ruby era effettivamente coinvolto in questioni relative all'assassinio. Se Ruby - e Oswald - fossero a conoscenza della pianificazione dell'assassinio di Kennedy è un'altra storia.

UNA COSPIRAZIONE CONTRO CONNALLY?

Michael Milan, che ha scritto del suo ruolo come parte di una squadra segreta del governo degli Stati Uniti che lavorava con il sindacato di Lansky, afferma che c'erano almeno diverse persone che operavano a Dallas e che credevano di non essere coinvolte in una cospirazione per uccidere John F. Kennedy, ma, invece, in una cospirazione per uccidere il governatore del Texas John B. Connally. Secondo Milan, egli (Milan) ha avuto un ruolo nell'insabbiamento dell'assassinio di JFK. Milan sostiene che dopo l'assassinio fu inviato a Dallas da J. Edgar Hoover in persona. La missione di Milan era di uccidere un tassista di nome Brinkman. Milan incontrò Brinkman e iniziò a interrogarlo.

Quando Milan chiese chi avesse organizzato l'omicidio, Brinkman rispose: "Non avevo mai visto questo tizio prima che una ragazza del Carousel Club [di Jack Ruby] ci presentasse. E non ho sparato a nessuno. Eravamo io e altri due ragazzi. Non cercavamo nemmeno il Presidente. Dovevamo sparare al governatore, ma è successo troppo in fretta. Se ne sono andati prima che qualcuno potesse fare qualcosa. Credo che ci fossero altri due ragazzi che facevano quello che dovevo fare io. Ma non so chi fossero o dove fossero quando è iniziata la sparatoria. Dovevamo sparare al governatore mentre passava e andarcene da lì. Questo è tutto ciò che dovevamo fare. Ma non è successo nulla. Voglio dire, è successo di tutto e sono uscito di lì in fretta".[478]

Milan portò a termine la sua missione e uccise Brinkman. Quando tornò a Washington, fu accolto all'aeroporto da Hoover, che gli disse: "Lei sa già troppo. Quindi mi limiterò a dire: Johnson. Certo. Manteniamo le distanze. Capito?".[479]

È possibile che Jack Ruby non fosse consapevolmente coinvolto in un complotto per uccidere John F. Kennedy, ma piuttosto, secondo lui, per uccidere John B. Connally? Si può dire lo stesso di Oswald? È possibile che entrambi gli uomini siano stati manipolati come parte di una cospirazione ancora più grande di cui non sapevano nulla? Sono tutte speculazioni, ma vale la pena prenderle in considerazione.

Il legame di Lansky con il ruolo di Ruby nel complotto e nell'insabbiamento dell'assassinio di JFK va ben oltre quanto abbiamo esplorato finora.

---

[477] *Ibidem*, p. 209.
[478] Mike Milan. *The Squad: The U.S. Government's Secret Alliance With Organized Crime* (New York: Shapolsky Publishers, 1989), pagg. 232-234.
[479] *Ibidem*.

IL MESSAGGERO DI LANSKY A DALLAS

Un giorno prima dell'assassinio di JFK, Jim Braden, uno dei corrieri personali di Meyer Lansky di lunga data, era in visita a Dallas. Anche lui era presente sulla scena del crimine a Dealey Plaza quando JFK fu assassinato, arrestato dalla polizia di Dallas e successivamente rilasciato. I resoconti convenzionali sul ruolo del crimine organizzato nella cospirazione per l'assassinio di JFK hanno spesso evidenziato gli strani affari di Braden a Dallas. Ciò che è stato ignorato, tuttavia, è il suo stretto rapporto con Meyer Lansky.

David Scheim, in *Contract on America*, fornisce ai suoi lettori una lunga discussione su Braden, ma non menziona mai il suo legame con Lansky. Scheim preferisce lasciare al lettore l'impressione che Braden fosse un corriere "mafioso", non un corriere di Lansky.[480]

Anche G. Robert Blakey e Richard Billings (la fonte principale di Scheim) riconoscono nel loro libro che Braden era apparentemente un "corriere personale" di Lansky. Blakey e Billings diranno che "alla fine non siamo riusciti a determinare con certezza se Braden fosse collegato alla mafia o se le sue attività a Dallas fossero connesse all'assassinio".[481]

Ciò che Blakey non dice, tuttavia, è che Braden era una figura chiave del Sindacato del Crimine Organizzato di Lansky, che era un membro fondatore del La Costa Country Club, finanziato da Lansky. Nel capitolo 10, come abbiamo visto, Blakey faceva parte dello staff di Morris Dalitzone, uno dei fondatori del La Costa e socio di Lansky, dopo che Dalitz e i suoi soci avevano fatto causa alla *rivista Penthouse* per aver pubblicato dei collegamenti con l'hotel mafioso di Carlsbad, in California. Blakey, infatti, fungeva da bussola morale per il sindacato di Lansky che difendeva l'hotel dalle accuse - Blakey, per ovvie ragioni, non sarebbe incline a vantarsi di questo quando si proclama un combattente del crimine.

BRADEN, RUBY E FERRIE

Il compianto Bernard Fensterwald ci fornisce alcuni interessanti dettagli sulle attività del corriere di Lansky: "Braden aveva anche altri sorprendenti collegamenti che non furono mai scoperti dalla Commissione Warren. Jim Braden si era recato nello stesso ufficio di Dallas della H. L. Hunt Oil Company dove Jack era stato ucciso. L. Hunt Oil Company dove Jack Ruby si era recato il 21 novembre 1963 - il pomeriggio prima dell'assassinio - e più o meno alla stessa ora.

"Braden soggiornò anche al Cabana Motel di Dallas, un "ritrovo della malavita" frequentato da Jack Ruby e dai suoi vari soci. Ruby si recò al Cabana Motel intorno alla mezzanotte della vigilia dell'assassinio, il 21 novembre 1963, mentre Jim Braden vi era ospite. Braden ha anche un possibile legame con il defunto David Ferrie. Secondo le informazioni registrate da Peter Noyes, Braden lavorava in una suite burocratica - la stanza 1701 - nell'edificio Padre Marquette al New Orleans

---

[480] David Scheim. *Contract on America* (New York: Shapolsky Publishers, Inc., 1988), pp. 45-47.
[481] G. Robert Blakey e Richard N. Billings. *The Plot to Kill the President* (New York: Times Books, 1981), p. 396.

nell'autunno del 1963, nelle settimane immediatamente precedenti l'assassinio. Nello stesso periodo, alla fine del 1963, David Ferrie lavorava per il boss mafioso Carlos Marcello allo stesso piano... nello stesso edificio... proprio in fondo al corridoio di Braden, nella stanza 1707.[482]

[Fensterwald aggiunge che Noyes ha trovato ulteriori prove che Braden in passato aveva indicato la stanza 1706 come suo indirizzo - proprio accanto a Ferrie! Nel capitolo 11 abbiamo analizzato in dettaglio il ruolo dell'agente della CIA David Ferrie e il suo legame con il complotto per l'assassinio di JFK. Le prove citate da Fensterwald non fanno che stringere la rete).

Il fatto che uno dei principali corrieri di Meyer Lansky si trovasse a Dallas e si muovesse intorno al campo d'azione di Ruby è la prova che la presa di Meyer Lansky era su Dallas e, molto probabilmente, il collegamento diretto tra Lansky e Ruby.

Secondo Mickey Cohen, scagnozzo di Lansky sulla West Coast (modello di Ruby), i corrieri come Braden erano molto importanti per il sindacato di Lansky: "I messaggi importanti non arrivavano mai per telefono. Qualsiasi cosa avesse a che fare con un colpo, un'operazione di gioco d'azzardo, l'andare da qualche parte o l'incontrare qualcuno, avveniva tramite corriere. Trent'anni fa eravamo preoccupati per le intercettazioni, capisce? Anche il denaro veniva negoziato solo da persona a persona.[483] Se qualcuno aveva soldi in arrivo o in partenza, si metteva un uomo su un aereo".

Anche Michael Milan, un altro socio di Lansky, ha scritto dell'importanza dei corrieri mafiosi e della necessità di riservatezza. "Ogni volta che si presentava a un incontro, il signor Lansky faceva sempre calcolare in anticipo la sua parte.[484] Inoltre, teneva tutto a mente".

Ci sono prove, tuttavia, che Ruby e Braden avevano effettivamente un legame molto stretto.[485] Jim Braden, il corriere di Lansky, era anche un "amico" del rappresentante di Lansky a Città del Messico, "Happy Meltzer", che abbiamo incontrato in precedenza in questo capitolo come capo di un'operazione di traffico di droga in cui Ruby era ovviamente coinvolto.

A quanto pare, Jim Braden potrebbe aver trasmesso un messaggio di Lansky a Ruby. Ma qualunque sia il suo ruolo a Dallas, non c'è dubbio che fosse lì per un motivo. Non era una coincidenza, era una cospirazione. Tutti questi punti, presi insieme, suggeriscono, come abbiamo detto, che il legame tra Lansky e Ruby è molto più stretto di quanto si possa pensare, e molto più vicino di quanto alcuni "risolutori di crimini" vorrebbero farci credere. Particolarmente interessante è anche un altro collegamento tra Lansky e Ruby, emerso dopo l'assassinio di JFK e dopo l'omicidio di Lee Harvey Oswald.

---

[482] Fensterwald, p. 288.
[483] Mickey Cohen e John Peer Nugent. *Mickey Cohen: In My Own Words* (Englewood Cliffs, N.J.: Prentice-Hall, Inc., 1975), pag. 129.
[484] Milano, p. 10.
[485] Peter Dale Scott. *Deep Politics and the Death of JFK* (Berkeley, California: University of California Press, 1993), p. 143.

MELVIN BELLI ARRIVA IN CITTÀ

Nel capitolo 13 abbiamo discusso lo strano e poco conosciuto ruolo di Mickey Cohen, scagnozzo di Meyer Lansky sulla West Coast, nel complotto per l'assassinio di JFK. Cohen - egli stesso collaboratore di lunga data di Ruby e modello di riferimento per il gangster di Dallas - era chiaramente una figura chiave nella rete cospirativa. Fu Melvin Belli, vecchio amico e avvocato di Cohen, a farsi avanti come avvocato difensore di Jack Ruby.

Belli e Cohen si conoscevano da anni. Infatti, Belli era un frequentatore abituale del nightclub Le Rondelli di Los Angeles, di cui Cohen era il proprietario segreto. E, come abbiamo notato, era anche l'avvocato di Cohen.[486]

I due erano così intimi che una volta Belli presentò Cohen come "il professor O'Brien di Harvard, che avrebbe tenuto una conferenza sul diritto tributario", durante una riunione dell'American Bar Association a Miami.

Secondo Cohen, nelle sue memorie, il mafioso di Los Angeles è salito sul podio e ha iniziato a blaterare per un po', sostanzialmente senza dire nulla. Poi conclude: "Consiglio a tutti voi di pagare le tasse alla lettera".[487]

Blakey e Billings, in *The Plot to Kill the President*, hanno esaminato le circostanze in cui l'avvocato dello scagnozzo di Lansky arrivò a rappresentare Jack Ruby:

"Il modo in cui Melvin Belli, un avvocato di fama nazionale, si occupò della difesa di Ruby fu oggetto di controversie. Abbiamo saputo che Seymour Ellison, un avvocato associato a Belli, ricevette una telefonata da un "avvocato di Las Vegas" che disse: "Sy, uno dei nostri ha appena sparato al figlio di puttana che ha sparato al presidente. Non possiamo occuparcene, ma c'è un milione di dollari per Mel se accetta di occuparsene".

"Ellison ci ha confermato di aver ricevuto la telefonata, ma ha detto di non ricordare il nome dell'avvocato di Las Vegas e che la telefonata non ha rivelato nulla. Belli ci ha raccontato un'altra storia. Disse che Earl Ruby era venuto in California tre giorni dopo l'arresto del fratello; aveva visto Belli chiudere una difesa per omicidio in un'aula di tribunale di Los Angeles e gli aveva chiesto di accettare il caso.

Belli disse che all'inizio aveva rifiutato. Aveva saputo che il suo onorario sarebbe stato pagato dalla vendita della storia di Ruby ai giornali, e non voleva essere coinvolto in quel tipo di abuso. Tuttavia, Earl Ruby lo convinse, racconta Belli, ed egli accettò il caso con cinque obiettivi in mente: salvare Jack Ruby, rafforzare la legge, dimostrare che gli attuali criteri legali per l'infermità mentale erano inadeguati, combinare la legge moderna con la scienza moderna e aiutare Dallas a "risolvere il suo problema".[488]

È interessante notare che Blakey e Billings riferiscono che il fratello di Ruby, Earl, aveva raccontato una versione diversa della storia "ufficiale". Fanno anche un accenno alla relazione di Ruby con Cohen.

Notando che "Ruby amava dire ai suoi amici che conosceva Mickey Cohen", concludono: "Non possiamo essere sicuri di quanto Ruby conoscesse bene Cohen,

---

[486] Cohen, p. 200.
[487] *Ibidem*.
[488] Blakey & Billings, p.325

anche lui cresciuto a Chicago, ma lo ammirava e cercava di emularlo".[489] Riguardo alla decisione di Belli di difendere Ruby, Blakey e Billings affermano: "Abbiamo trovato difficile credere che Belli non abbia ricevuto una sostanziosa somma di denaro per la difesa di Ruby".[490] Entrambi hanno anche osservato che "abbiamo considerato la possibilità che Belli si sia recato in Messico per recuperare una somma per la difesa di Ruby, ma non abbiamo trovato alcuna prova che lo abbia fatto".[491]

In ogni caso, la difesa di Ruby da parte di Belli fallì. Ruby fu dichiarata colpevole e condannata a morte. La famiglia di Ruby ha ufficialmente licenziato Belli. Ma la morte di Ruby fu annunciata poco prima che egli venisse nuovamente processato per l'omicidio del presunto assassino. Di conseguenza, qualsiasi delineazione definitiva del ruolo di Ruby nello scenario dell'assassinio di JFK divenne un altro di una serie di misteri senza fine. Jack Ruby non ha mai potuto dire quello che sapeva.

Ma il ruolo di Melvin Belli nella controversia JFK non finì lì. Come ha notato l'investigatore Mark Lane nel suo secondo libro sull'assassinio, *A Citizen's Dissent*, Belli è emerso come uno dei principali difensori della versione ufficiale della Commissione Warren sull'assassinio.

Secondo Lane, la ABC-TV The Crane voleva organizzare un dibattito tra Lane e Belli. "Ero meno ottimista perché, pur essendo fiducioso nella mia conoscenza dei fatti, le quasi leggendarie imprese oratorie di Belli lo avevano preceduto sulla East Coast".[492]

Lane riferisce di aver ricevuto in seguito una telefonata dal produttore che gli comunicava che il dibattito era stato cancellato. Secondo il produttore: "È colpa della ABC. Hanno semplicemente detto di no. Fine della storia. Dicono che avete i fatti e le dichiarazioni giurate e che confonderebbe solo il pubblico".[493] Ma lo spettacolo in sé non è stato cancellato, solo il dibattito tra Lane il Saggio e Belli.

"È solo che non possiamo tenerti", è stato detto a Lane. Ci sarà comunque un dibattito. Prenderemo la madre di Oswald".[494] Lane riassunse la situazione in questo modo: "E così accadde che il primo programma che presentava entrambe le parti della controversia mostrò lo splendido Melvin Belli, vincitore di mille giurie, opposto a una vedova non istruita. Le reazioni viscerali della signora Oswald erano lodevoli, ma la sua mancanza di comprensione dei fatti e le tattiche di prepotenza di Belli ridussero il programma al basso livello di intrattenimento a cui il canale apparentemente mirava".[495]

Dopo qualche trattativa, Belli accettò finalmente di dibattere sul palco a una condizione: che entrambi indossassero la giacca da sera. I dibattiti sarebbero stati tre. Fu durante il primo dibattito, a San Francisco, che Belli salì sul palco, indossando un mantello sopra la giacca da sera, e nelle sue osservazioni conclusive diede il suo giudizio finale sulla cospirazione dell'assassinio di JFK. Dichiarò: "Se

---

[489] *Ibidem*, pag. 327
[490] *Ibidem*.
[491] *Ibidem*.
[492] Mark Lane. *A Citizens Dissent* (New York: Holt, Rinehart & Winston, 1968), pp. 30-31.
[493] *Ibidem*.
[494] *Ibidem*.
[495] *Ibidem*.

non possiamo fidarci dell'FBI, della CIA e di Earl Warren, allora Dio abbia pietà di noi".[496]

Tuttavia, i media della classe dominante non hanno ritenuto opportuno pubblicizzare le circostanze di questo dibattito, nonostante il fatto che, come sottolinea Lane, Belli stesso sia una sorta di celebrità. Come ha osservato Lane: "A San Francisco, se l'ufficio di Belli viene scassinato o se egli accetta di ritrarre una ballerina in topless, è una notizia da prima pagina e può essere vista ripetutamente sugli schermi televisivi". Quello riunito quella sera era probabilmente il pubblico più numeroso ad assistere a un dibattito da molti anni a questa parte a San Francisco. Eppure il giorno dopo non una parola sul dibattito è apparsa su nessuno dei tre quotidiani".[497]

L'INSABBIAMENTO DEI MEDIA

Il successivo dibattito tra Lane e Belli a New York fu molto seguito dalla stampa. Tuttavia, secondo Lane, "non un solo giornale a New York, e forse in tutto il Paese, menzionò il fatto che l'evento aveva avuto luogo".[498] Questo nonostante il fatto che all'epoca ci fossero una mezza dozzina di giornali a New York.

Lane ha commentato: "*Il New York Times* si definisce un giornale di riferimento. Ciò che non è nelle sue pagine non è apparentemente accaduto. È per questo motivo che l'incontro di Belli a New York è noto ad alcuni come il dibattito mai avvenuto".[499]

Il fatto che un importante avvocato, che aveva rappresentato Mickey Cohen, una figura chiave nelle operazioni criminali internazionali di Meyer Lansky (e anche un importante ingranaggio nelle truffe globali di Israele), sia poi arrivato a rappresentare Jack Ruby è chiaramente significativo.

UN CORRIERE BEN PIAZZATO

Anche se il vero ruolo di Jack Ruby nella pianificazione della cospirazione per l'assassinio di JFK probabilmente non sarà mai del tutto noto, non c'è dubbio che Ruby sia diventato un fattore essenziale nell'insabbiamento. L'omicidio di Lee Harvey Oswald ha messo a tacere l'unico uomo che poteva senza dubbio riempire almeno alcuni dei pezzi mancanti del puzzle. Jack Ruby era un corriere ben piazzato, non solo per Meyer Lansky e il suo sindacato criminale globale, ma anche, sembra, per il ramo segreto della CIA. Ruby ha fatto il suo lavoro e lo ha fatto bene.

Sebbene Ruby volesse parlare liberamente, la Commissione Warren rifiutò di permetterle di venire a Washington per raccontare la sua storia. La storia del giudice capo Earl Warren che rifiutò di dare a Ruby l'opportunità di lasciare Dallas e raccontare la sua storia è una parte famosa del folklore dell'assassinio di JFK. Di conseguenza, Ruby non ebbe mai la possibilità di raccontare la sua versione dei fatti.

---

[496] *Ibidem*, p. 34.
[497] *Ibidem*.
[498] *Ibidem*, p. 36.
[499] *Ibidem*.

Jack Ruby era davvero "la pistola fumante, la stele di Rosetta, il naso in mezzo alla faccia". Potrebbe anche essere stato, come proclamò lo stesso Lee Harvey Oswald, una "patacca". Semplice attore, anche se in definitiva importante, Ruby ha giocato un ruolo di primo piano in un dramma orchestrato ben oltre il suo sordido locale, il Carousel di Dallas. Ruby era un corriere in un'operazione ad alto rischio - l'assassinio di un presidente americano - intrapresa dall'alleanza tra il sindacato del crimine di Meyer Lansky, la CIA e il Mossad israeliano.

UNA STRANA STORIA

Mentre questo libro era in fase di ultimazione, è stata portata all'attenzione dell'autore una storia molto strana su Jack Ruby che merita di essere ripetuta, se non altro perché dovrebbe far parte dell'archivio, soprattutto in considerazione della nostra affermazione che Israele era effettivamente coinvolto nell'assassinio di John F. Kennedy.

Prima di raccontare la storia in sé, è necessario spendere qualche parola sulla credibilità della fonte.

La fonte originale è una donna dell'Idaho, Grace Pratt, ora deceduta, che ha raccontato la storia a un amico (ora residente in Oregon) che deve rimanere anonimo. L'autore ha parlato con l'uomo dell'Oregon, un anziano pensionato, e ha concluso che credeva fermamente nell'affidabilità della signora Pratt. Egli ha fornito all'autore un riassunto scritto di ciò che la signora Pratt gli ha detto sul suo legame con Jack Ruby. La nota - nella parte rilevante - recita come segue:

"Negli anni '60, in Idaho, conobbi George e Grace Pratt, che si erano trasferiti a Nampa dalla California dopo essere andati in pensione. I Pratt divennero molto amici. George aveva lavorato nel Navy Yard e Grace aveva cucinato per molti anni in alcuni dei migliori ristoranti di San Francisco.

"Lavorava da Tiny's da molto tempo". Il Tiny's aveva un ristorante e un bar affiancati da una porta che si apriva nell'anticamera tra la sala da pranzo e la cucina. Il bar era gestito da Jack Ruby. Si occupava anche delle signore nel seminterrato. Il bar era un luogo di incontro per la "malavita". Dopo la cena, Grace preparava un piatto per sé e un piatto per Jack Ruby e mangiavano nell'anticamera.

"Un giorno sentì un trambusto e alzò lo sguardo giusto in tempo per sentire il fischio di una pistola silenziata. Un uomo si era precipitato alla porta ed era caduto a terra morto. Un uomo grande e grosso tornò indietro, la afferrò per un braccio fino a farle credere che stesse per schiacciarla e le disse: "Non hai visto niente, vero? Non ha sentito nulla, vero? Lei rispose: "No, ero in cucina. Non ho visto nulla. Non ho sentito nulla". Da quel momento in poi ebbe la loro fiducia. Jack condivise con lei molto di ciò che accadde nel bar. Chiunque conoscesse Jack Ruby così bene poteva sempre riconoscerlo mentre andava e veniva.

LEGATO A ISRAELE?

"Sei giorni dopo l'annuncio del funerale di Jack Ruby da parte della stampa, Grace mi chiamò molto eccitata e mi disse: 'Stavo guardando il telegiornale. Avevano la telecamera su una passerella di un aereo che partiva da New York per

Israele, e chi pensi che fosse sulla passerella? Ho gridato a George nell'altra stanza, chiamandolo e dicendogli: "Vieni subito! Jack Ruby sta salendo su quell'aereo!

"In cima alla passerella si è fermato, si è girato e, guardando dritto nella telecamera, ha sollevato il cappello ed è entrato nell'aereo. Ha detto che pensava che stesse trasmettendo a qualcuno il messaggio che ce l'aveva fatta e che stava arrivando. I Pratt erano sciocchi. Lei disse che c'erano già stati diversi testimoni dell'assassinio di JFK che erano morti misteriosamente. Due anni dopo averlo visto salire sull'aereo per Israele, venne a sapere che Ruby era andato in Brasile.

"Mi fece promettere di non dire a nessuno quello che mi aveva detto fino a quando non fosse morta. Grace è morta circa dieci anni fa. Conoscendo Grace e la sua credibilità, credo a ogni parola.

Se qualcuno avesse il potere di controllare la tomba per far riesumare il 'corpo', potrebbe essere molto rivelatore".[500]

Così si conclude la strana nota ricevuta dall'autore. Le parole parlano da sole.

La fonte che ha fornito all'autore questa insolita nota è fermamente convinta che la signora Pratt conoscesse bene Jack Ruby e che la stessa signora Pratt fosse convinta di aver visto Ruby salire sull'aereo per Israele.

Un'altra persona che conosceva la signora Pratt ha detto all'autore che era una persona molto credibile che non raccontava storie e che aveva effettivamente parlato della sua relazione con Ruby (anche se non gli aveva raccontato la storia della sua partenza per Israele).

Questa storia è frutto dell'immaginazione di una donna? La signora Pratt ha visto ciò che credeva di aver visto? È possibile che la signora Pratt ci abbia fornito un'altra chiave che collega Israele ai livelli più profondi della cospirazione per l'assassinio di JFK?

Non va dimenticato che, anche mentre si scrivono queste parole, molti leader in Israele e della lobby israeliana negli Stati Uniti stanno lavorando senza sosta per ottenere la grazia per la spia israeliana di origine americana Jonathan Jay Pollard, condannato all'ergastolo per aver trasmesso a Israele segreti della difesa statunitense. È forse possibile che un accordo segreto simile sia stato fatto per Jack Ruby? È possibile che, per motivi "umanitari", Ruby sia stato tranquillamente rilasciato dal carcere e autorizzato a recarsi in Israele (dopo tutto, si potrebbe sostenere che è stato Ruby a diventare un eroe uccidendo "l'uomo che ha ucciso il presidente Kennedy"). È possibile che sia stata presa la decisione di espellere Ruby dal Paese in silenzio, in modo che non ci fosse un processo ampiamente pubblicizzato in cui i legami di Ruby sarebbero stati esposti?

QUALCUNO STAVA AIUTANDO RUBY

È interessante notare che il 6 ottobre 1966, all'incirca nel periodo in cui Ruby ottenne un nuovo processo, il *Washington Daily News* pubblicò un articolo in cui si proclamava che "Ruby potrebbe essere libera" dopo un secondo processo. L'articolo citava il suo avvocato dicendo che il caso era così semplice che "se ne

---

[500] Memorandum fornito all'autore e intervista con l'autore sul memo.

sarebbe potuto occupare qualcuno appena uscito dalla scuola di legge".[501] Inoltre, è interessante notare un articolo poco noto di Dorothy Kilgallen, una giornalista di cronaca nera che si interessò molto al caso JFK.

Nell'articolo DALLAS, 21 febbraio, sul processo Ruby, la Kilgallen ha riferito che "uno dei segreti meglio custoditi del processo a Jack Ruby è la misura in cui il governo federale sta collaborando con la difesa. L'alleanza senza precedenti tra gli avvocati di Ruby e il Dipartimento di Giustizia di Washington potrebbe fornire al caso l'unico elemento drammatico che gli manca: il mistero".[502]

La signorina Kilgallen ha rivelato che un accordo tra gli avvocati di Ruby e l'FBI "fornisce alla parte di Ruby tonnellate di informazioni utili che non avrebbero mai potuto ottenere senza gli uomini dell'FBI (G-Men) - a condizione che non chiedano nulla sulla presunta vittima di Ruby, Lee Harvey Oswald.

Sembra che Washington sappia o sospetti qualcosa su Oswald che non vuole che Dallas e il resto del mondo sappiano o sospettino. Perché Oswald viene tenuto nell'ombra, come una figura oscura come sanno fare loro, mentre la difesa cerca di salvare il suo assassino con le informazioni dell'FBI? Chi era Oswald?".[503]

La signorina Kilgallen potrebbe aver trovato la risposta alle domande. Si dice che, poco prima della sua morte "accidentale" per overdose di droga e alcol, abbia detto a diversi amici di essere sul punto di risolvere il caso Kennedy. Il fatto che il percorso di Ruby verso la libertà sia stato facilitato dall'FBI (durante il suo primo processo) solleva delle domande. Se poi si aggiunge la notizia della sua "morte" prima di un secondo processo - soprattutto se si considera la storia raccontata dalla defunta Grace Prat - il mistero si infittisce.

Jack Ruby è morto davvero in prigione o è emigrato segretamente nella patria ebraica di Israele? **La risposta a questa domanda non ha alcuna attinenza diretta con la tesi del Giudizio Finale, ma potrebbe essere un mistero degno di ulteriori indagini.** Forse un ricercatore intraprendente potrebbe rispondere alla domanda: "Che fine ha fatto il corpo di Jack Ruby?

NOTA MEMORABILE: Dopo la pubblicazione della prima edizione di *Giudizio finale*, l'autore si è imbattuto in un oscuro volume intitolato *The Ruby-Oswald Affair*, pubblicato nel 1988. L'autore era il defunto Alan Adelson, che era stato l'avvocato della famiglia di Jack Ruby nel testamento di quest'ultimo. Adelson morì poco prima della pubblicazione del libro. All'inizio del libro descrive la partecipazione al funerale di Ruby con il fratello di Ruby, Earl:

"Il funerale era stato organizzato a bara chiusa. Ho capito subito che la bara chiusa avrebbe sollevato delle domande. Chi sapeva se Jack fosse davvero nella bara? Avevo sentito dire che Kennedy non era morto davvero, ma era nascosto in Sud America. Earl", dissi, "lascia che vedano. So che sembra orribile, ma mettiamo fine a questa storia". Il coperchio della bara era aperto e per la prima volta vidi Jack, l'uomo che stavo conoscendo quasi quanto me stesso".[504] Per quanto ne so, questo è l'unico riferimento a qualcuno che abbia effettivamente visto Jack Ruby nella bara.

---

[501] *Washington Daily News*, 6 ottobre 1966.
[502] *Philadelphia News*, 22 febbraio 1964.
[503] *Ibidem.*
[504] Alan Adelson. *The Ruby-Oswald Affair* (Seattle, Washington: Romar Books, Ltd., 1988), pag. 6.

In questo caso, il riferimento proviene da qualcuno che non conosceva Jack Ruby di persona. Sebbene siano state diffuse fotografie di Lee Harvey Oswald (sia durante l'autopsia che nella bara) e di John F. Kennedy (durante l'autopsia), non esistono fotografie simili di Ruby.

Francamente, non trovo che l'affermazione di Adelson, pubblicata postuma, di aver visto "Jack" (un uomo che non ha mai visto in vita) sia una confutazione della storia di Grace Pratt. Per la cronaca, tuttavia, mi sembra opportuno riportare i commenti attribuiti ad Adelson.

IL MISTERO FINALE - RUBY E L'ADL

Il 27 giugno 1964, Stanley Kaufman, avvocato e amico di lunga data di Ruby, testimoniò davanti alla Commissione Warren e dichiarò quanto segue:

"Riguardo alla Lega Anti-Defamazione, ho detto di averne parlato con gli agenti dell'FBI, ma non nel contesto di una conversazione con Jack". Kaufman ha continuato a divagare e ha concluso: "Voglio che il rapporto sia corretto, perché non credo che Jack Ruby e io abbiamo mai parlato della Lega Anti-Defamazione...".

Chiaramente, Kaufman voleva evitare che l'ADL, un ramo del Mossad israeliano, fosse associato a Jack Ruby. Qual era dunque l'associazione di Ruby con l'ADL? Era forse un informatore dell'ADL? Era un intermediario dell'ADL per la polizia di Dallas? Quale influenza, se esisteva, l'ADL aveva su Ruby? Le risposte a queste domande sarebbero rivelatrici.

NUOVE RIVELAZIONI....

Come i lettori ricorderanno nelle pagine iniziali di *Giudizio finale*, all'inizio del 2005 l'autore ha ricevuto uno strano manoscritto da Dallas. Questo documento conteneva un'ampia gamma di dettagli sugli intrighi che circondavano l'élite ebraica filo-israeliana di Dallas (e del Texas in generale) e metteva fine al mito proposto da molti ingenui "ricercatori" che lavoravano sull'affare JFK e che sostenevano che Dallas fosse gestita da John Birchers, una destra anti-ebraica. Le rivelazioni del documento, unite a quanto già descritto in questo capitolo su Jack Ruby, dovrebbero fornire ai ricercatori diligenti ulteriori piste da seguire.

Ironia della sorte, nonostante sapessi da anni che Sam Bloom, il leader ebraico di Dallas, era incaricato di pianificare il viaggio di JFK a Dallas, ho ignorato questo punto poiché, contrariamente a quanto dicono i miei critici, NON stavo cercando "ebrei sotto ogni pietra". Ora, grazie al manoscritto di Dallas, devo confessare che i miei sforzi per essere "moderato" e non concentrarmi su qualcuno che si dava il caso fosse ebreo mi hanno fatto perdere o ignorare i notevoli collegamenti israeliani a Dallas con la cospirazione di JFK.

Nonostante tutto ciò, i critici maligni che hanno accusato il mio libro e le mie motivazioni di essere "antisemiti fino al midollo" si sono dimostrati sbagliati, molto sbagliati, e per quanto mi riguarda, questo mi scagiona da qualsiasi accusa. Poiché non stavo scrivendo da un punto di vista "antisemita", come mi accusavano i bugiardi, mi sono sfuggiti alcuni punti molto seri che, fortunatamente, sono stati affrontati in questo libro.

E UN ULTIMO PUNTO: Sebbene la storia di Grace Pratt sulla falsa "morte" di Jack Ruby sia controversa, ho recentemente ricevuto un articolo dall'edizione del 6 febbraio 1978 di *The Village Voice*, scritto da Alexander Cockburn e James Ridgeway. L'articolo dà credito alla storia della signora Pratt. In un articolo dedicato alle nuove rivelazioni sui legami di Lee Oswald con la CIA, Cockburn e Ridgeway hanno scritto:

"Sebbene sia già stata liquidata come una voce priva di fondamento, l'affermazione che Jack Ruby sia ancora vivo e che la CIA gli abbia dato una nuova identità non è stata inventata da appassionati di cospirazioni, ma è stata avanzata da un ex dipendente dell'agenzia stessa.

"La storia di Ruby - secondo cui la CIA, in collaborazione con il KGB, avrebbe sponsorizzato l'assassinio di Oswald da parte di Ruby prima che questi potesse divulgare dettagli dannosi sui legami tra i servizi segreti sovietico-americani - è stata presentata privatamente nelle ultime settimane da Frank Snepp, ex membro della CIA. Snepp ha recentemente pubblicato *Decent Interval*, una dura denuncia del comportamento della CIA negli ultimi giorni della guerra del Vietnam".

STROFINACCI MISTI A TOVAGLIOLI

Ecco di cosa si tratta. Abbiamo parlato degli attori. Abbiamo discusso le loro motivazioni. Abbiamo parlato dell'interazione tra il gruppo relativamente ristretto di individui che abbiamo collegato al complotto per l'assassinio di JFK. Andiamo avanti e identifichiamo un punto di contatto essenziale che collega i vari elementi - anche se strettamente correlati - dietro la cospirazione che costò la vita a John F. Kennedy. Questo è essenziale per riconoscere e comprendere il ruolo centrale del Mossad israeliano nel crimine del secolo.

CAPITOLO 15

Il mistero del Permindex
Israele, la CIA, il sindacato criminale Lansky e il complotto per uccidere John F. Kennedy

Per comprendere il legame comune tra il sindacato del crimine organizzato di Lansky, la CIA e il Mossad nel complotto per l'assassinio di John F. Kennedy, è essenziale riconoscere l'importanza di una società con sede a Roma, poco esplorata, nota come Permindex. Clay Shaw, l'uomo d'affari di New Orleans incriminato da Jim Garrison per aver cospirato nell'assassinio di JFK, sedeva nel consiglio di amministrazione della Permindex.

Molti ricercatori hanno sostenuto che Permindex fosse un'operazione segreta di riciclaggio di denaro della CIA. Shaw, ovviamente, aveva legami con la CIA. Altri hanno ipotizzato che Permindex fosse una copertura per un relitto nazista abbandonato della Seconda guerra mondiale. Questa teoria, per quanto eccitante possa sembrare, è decisamente fuori strada.

Tutte le prove concrete indicano che Permindex è una società israeliana - con stretti legami con la CIA - e inestricabilmente legata al sindacato del crimine organizzato di Meyer Lansky.

Svelare il mistero del Permindex mette in luce la rete di intrighi che lega tra loro tutti gli attori chiave della cospirazione. La connessione del Permindex è anche la famosa "connessione francese" all'assassinio di JFK. E come vedremo, la connessione francese è, in realtà, la connessione israeliana.

Nel film *JFK* di Oliver Stone, l'attore Kevin Costner (che interpreta Jim Garrison) si confronta con l'attore Tommy Lee Jones (che interpreta Clay Shaw) e gli presenta articoli di giornale italiani che denunciano le attività di una società con sede a Roma nota come Permindex. Shaw, un dirigente d'azienda internazionale, faceva parte del consiglio di amministrazione della Permindex. Il pubblico ha l'impressione che Permindex fosse un'operazione segreta della CIA, il cui scopo non viene mai definito, almeno nel film.

Tuttavia, come dimostrano le prove, Permindex era un'impresa di commercio di armi e di riciclaggio di denaro del Mossad, gestita in collaborazione con il sindacato del crimine organizzato di Lansky. E Clay Shaw, un contatto di lunga data della CIA che faceva parte del consiglio di amministrazione di Permindex, è stato uno dei protagonisti della fase di New Orleans del complotto per l'assassinio di JFK.

È lì, semplicemente, che si trova la chiave del mistero dietro l'assassinio di JFK. È qui che si spiega perché l'indagine di Jim Garrison su Clay Shaw, direttore della Permindex, dovette essere annullata. Non solo Garrison aveva trovato un legame irrevocabile con la CIA, ma aveva anche scoperto (inavvertitamente) il legame con Israele. Ma all'epoca, Garrison stesso non aveva idea della profondità del legame con Permindex.

Garrison aveva trovato solo la punta dell'iceberg.

IL SEGRETO DI PERMINDEX

Il Mossad israeliano era la forza principale dietro Permindex. [505]Infatti, uno dei principali azionisti della holding Permindex era la Banque De Credit International de Genève, creata da Tibor Rosenbaum, storico direttore delle finanze e degli approvvigionamenti del Mossad israeliano. Come abbiamo visto nei capitoli 7 e 12, la BCI era la principale banca di riciclaggio di Meyer Lansky in Europa. Secondo i biografi israeliani simpatizzanti di Meyer Lansky: "Dopo che Israele divenne uno Stato, quasi il 90% dei suoi acquisti di armi all'estero passò attraverso la banca di Rosenbaum. Molte delle più audaci operazioni segrete di Israele furono finanziate con i fondi della [BCI]".[506] La BCI fungeva anche da custode del conto Permindex.

Il fatto che la BCI di Tibor Rosenbaum sia stata una forza decisiva dietro l'enigmatica società Permindex pone Israele e il suo Mossad al centro della cospirazione dietro l'assassinio di John F. Kennedy.

La posizione di Clay Shaw a New Orleans, sede di un livello operativo della cospirazione, portò al coinvolgimento di Shaw nelle indagini di Jim Garrison. Ma la cospirazione andava ben oltre.

Alla fine, come sappiamo, Garrison giunse a riconoscere che il Mossad israeliano era strettamente coinvolto negli eventi di Dallas del 22 novembre 1963. All'inizio, tuttavia, Garrison non lo sospettava e non aveva alcun motivo per farlo. La guerra segreta di JFK con Israele era un fattore sconosciuto negli eventi geopolitici dell'epoca. L'attenzione era invece concentrata sul coinvolgimento americano nel Sud-Est asiatico.

"CONNESSIONI TRANSNAZIONALI"

Nell'esaminare il complotto dell'assassinio di JFK, secondo il ricercatore Peter Dale Scott, "un primo passo è quello di suggerire che uno degli ingredienti delle complesse trame multicentriche che hanno portato all'assassinio di Kennedy è stato il coinvolgimento di una varietà di legami transnazionali inspiegabili, ognuno dei quali trascendeva i confini della società politica americana, e ognuno con motivazioni distinte per assassinare il presidente....

"Riconoscere oggi una dimensione transnazionale della vicenda significa... riconoscere che il sistema politico americano è necessariamente un sistema aperto, e quindi sempre più vulnerabile alla crescente influenza della penetrazione di denaro e intelligence dall'estero [corsivo aggiunto]...

---

[505] Paris Flammonde. *The Kennedy Conspiracy* (New York: Meredith Press, 1969), p. 219.
[506] Dennis Eisenberg, Uri Dan e Eli Landau. *Meyer Lansky: Mogul of the Mob* (New York: Paddington Press, 1979), p. 276.

"Le relazioni transnazionali sono modalità comuni di interazione tra i servizi di intelligence, spesso in trame di cui i capi di governo sono, nel migliore dei casi, vagamente consapevoli. A volte possono dare origine ad accordi più aperti e strutturati o a organismi come la Lega Mondiale Anticomunista, un organismo finanziato negli anni da Paesi come la Cina nazionalista e l'Arabia Saudita, che hanno legami ricorrenti con il traffico internazionale di droga".[507]

Scott nota anche che "è noto che negli anni '50 e '60 la lobby israeliana e quella taiwanese erano entrambe potenti a Washington e talvolta collaboravano a progetti comuni...". Esisteva anche una lobby nicaraguense, o forse più precisamente una lobby di Somoza, che era trasversale alle lobby israeliana, cinese e cubana.[508]

(Scott fa notare, ad esempio, che un lobbista di Washington vicino al boss mafioso di New Orleans Carlos Marcello è stato anche lobbista registrato per il Nicaragua e per l'industria aerospaziale israeliana.

Dalle prove che esamineremo in queste pagine risulta chiaro che Permindex, che ha avuto un ruolo davvero centrale nel complotto per l'assassinio di JFK, era davvero uno di quei "dispositivi o istanze" transnazionali aperti e strutturati a cui Scott fa riferimento.

CHE COS'È IL PERMINDEX?

Che cos'era esattamente il Permindex? In che modo il Permindex divenne parte della cospirazione internazionale che portò all'assassinio di John F. Kennedy? Il resoconto dell'indagine di Garrison del 1969, *The Kennedy Conspiracy*, contiene informazioni preziose sul Permindex, anche se purtroppo Flammonde non ha approfondito la questione come avrebbe potuto. Se lo avesse fatto, avrebbe portato alla luce il legame tra il Sindacato del crimine organizzato e Israele.

Flammonde cita diversi articoli apparsi sulla stampa estera, in particolare sull'italiano *Paesa Sera* (4 marzo 1967) e sulla pubblicazione canadese *Le Devoir* (16 marzo 1967) come fonte di molte delle informazioni che fornisce ai suoi lettori su Permindex.

Questi articoli sono apparsi poco dopo che il nome di Clay Shaw è venuto alla ribalta grazie all'indagine di Garrison e sono stati evidenziati nel film *JFK* di Oliver Stone. Questi articoli forniscono la storia atipica del Permindex e ne evidenziano le vere origini.

"È stata creata un'organizzazione chiamata Centro Mondiale Commerciale", riporta *Paesa Sera*. [Le sue origini, le sue funzioni, la sua presidenza a rotazione, i suoi movimenti geografici, le sue suddivisioni, le sue denominazioni successive e alternative erano così complesse e labirintiche che era impossibile darne una descrizione completa e comprensibile in un libro di formato contemporaneo".[509]

Il CMC è stato fondato nel 1961 da un certo Giorgio Mantello.[510] Il nome italiano, tuttavia, era una civetteria. Mantello era un ebreo dell'Europa orientale di

---

[507] Peter Dale Scott. *Deep Politics and the Death of JFK* (Berkeley, California: University of California Press, 1993), pagg. 300-301.
[508] *Ibidem*, p. 106.
[509] *Ibidem*, p. 214 (parafrasi da Paesa Sera, 4 marzo 1967).
[510] *Ibidem*, p. 215.

nome Georges Mandel. All'epoca della creazione del CMC, si dichiarò che il CMC avrebbe funzionato come un'organizzazione commerciale internazionale, contribuendo a creare una rete mondiale permanente di esposizioni commerciali e aiutando a risolvere i problemi legati al commercio in generale.

Permindex era una filiale di CMC. Il nome Permindex è un acronimo che sta per PERmanent INDustrial EXpositions.[511] Clay Shaw, ovviamente, è stato il fondatore e direttore dell'International Trade Mart nella città portuale di New Orleans. Il legame di Shaw con una società di commercio internazionale sembra quindi logico.

Ma le cose sono andate ben oltre, come ha rivelato la stampa estera: "In realtà, è apparso presto chiaro che la struttura, apparentemente vasta e potente, non era una roccia di solidarietà, ma un guscio di superficialità; non era costruita su una massiccia promessa cooperativa, ma costituita da circuiti attraverso i quali il denaro entrava e usciva, senza che nessuno ne conoscesse la fonte o la destinazione". riporta Paris Flammonde.[512]

GLI SPONSOR POCO CONOSCIUTI DI CLAY SHAW

E Clay Shaw? Come ha fatto questa socialite di New Orleans a essere coinvolta nello strano mondo della società internazionale nota come Permindex? Chi erano i finanziatori di Clay Shaw?

Quello che nessuno degli studiosi di JFK sembra aver notato, anche quelli che citano gli ormai noti legami di Clay Shaw con la CIA, è un altro dei legami di Shaw che lo integra ancora di più nella rete della CIA: il legame tra il Sindacato del crimine di Lansky e il Mossad.

Ci riferiamo al legame di Shaw con Seymour Weiss che gestiva New Orleans, insieme a Carlos Marcello, per il sindacato di Lansky e che era il contatto di Lansky con il famigerato "Kingfish" della Louisiana, Huey P. Long.[513]

Nel capitolo 10, come abbiamo visto, era stato Lansky a mettere Carlos Marcello a capo della mafia di New Orleans. Weiss, tuttavia, si presentò come finanziatore e dirigente politico del sindacato di Lansky in collaborazione con Marcello.

In effetti, Weiss doveva essere l'obiettivo principale dell'indagine del fisco su Long - riportata nel capitolo 10 - che fu avviata il giorno prima dell'assassinio di Long e, secondo Peter Dale Scott, "alcuni sostengono che l'omicidio di Long nel 1935 fu organizzato per tenere uomini come Weiss fuori di prigione".[514]

[515]Scott ha anche notato che G. Robert Blakey, il direttore della House Committee on Assassinations, ha omesso "qualsiasi riferimento al ruolo di Seymour Weiss" nel suo resoconto dell'ascesa al potere di Carlos Marcello a New Orleans. Questo, ovviamente, come abbiamo notato nel capitolo 10, ci indirizza verso Meyer Lansky.

---

[511] *Ibidem*.
[512] *Ibidem*, p. 216.
[513] *Ibidem*, p. 95.
[514] *Ibidem*, p. 97.
[515] *Ibidem*, p. 333.

SEYMOUR WEISS E LA CIA

Sebbene Weiss abbia poi scontato una pena in carcere per altre accuse di corruzione,[516] ciò non gli ha impedito di sedere nel consiglio di amministrazione della Standard Fruit and Steamship, che manteneva stretti legami con la CIA in relazione alle sue attività in America Latina.[517] In questo contesto è interessante notare che è suggerito che Weiss fosse un contatto chiave della CIA a New Orleans e il suo curriculum indica che sarebbe stato perfettamente in grado di esserlo.

Infatti, Jim Garrison stava indagando su un agente della CIA di New Orleans - l'onnipresente e truculento Gordon Novel - che era noto per aver scritto una lettera a un certo "signor Weiss" in cui Novel discuteva dei pericoli dell'indagine di Garrison. La lettera giunse in un momento in cui l'indagine di Garrison era in pieno svolgimento e Novel stava cercando di evitare di testimoniare.

Molti hanno suggerito che il signor Weiss in questione fosse probabilmente il superiore di Novel alla CIA, anche se altri hanno suggerito che il "signor Weiss" potesse essere un altro Weiss - e non Seymour. In ogni caso, non c'è dubbio che Seymour Weiss - figura di spicco del sindacato di Lansky - fosse strettamente legato alla comunità dei servizi segreti e che indubbiamente lavorasse per conto di questa nel suo ruolo alla Standard Fruit.

Le grandi aziende frutticole, come testimoniano numerosi libri, avevano stretti rapporti con la CIA nella misura in cui i loro interessi diretti nelle cosiddette repubbliche "delle banane" dell'America Latina erano direttamente influenzati dai governi di questi Paesi. Va da sé che la CIA ha svolto un ruolo importante negli affari latinoamericani fin dalla sua nascita.

Qual è dunque il legame tra l'erudito Clay Shaw, un rispettabile dirigente d'azienda, e Seymour Weiss, scagnozzo del sindacato di Lansky e contatto della CIA - un legame molto stretto, in effetti.

GLI UOMINI DIETRO SHAW

All'epoca in cui Weiss era direttore della Standard Fruit, una società legata alla CIA, la potente azienda era gestita da un certo Rudolph Hecht, una figura importante nella piccola ma affiatata e influente comunità ebraica di New Orleans.[518]

Alla sua morte, nel 1956, Hecht era infatti diventato presidente del comitato esecutivo dell'International Trade Mart, di cui Clay Shaw era amministratore delegato. Hecht e i suoi soci, Ted Brent e Herbert O. Schwartz, erano soci accomandanti di Shaw.

In breve, Hecht era il superiore di Shaw. Shaw manteneva una forte presenza pubblica con il Trade Mart che gli aveva fatto guadagnare un posto nella società di New Orleans, mentre Hecht e i suoi associati erano i veri potenti dietro le quinte.

---

[516] *Ibidem*, p. 97.
[517] *Ibidem*, pp 102-106.
[518] *Ibidem*, p. 333.

Tra i membri del consiglio di amministrazione dell'International Trade Mart c'era anche Edgar Stern Jr. un'altra figura influente della comunità ebraica, il cui padre Edgar e la madre Edith erano tra i più importanti finanziatori della lobby di Israele in America. Come vedremo nel Capitolo 17 e nell'Appendice 3, gli Stern - probabilmente gli amici più stretti di Shaw - erano le forze dietro l'impero mediatico WDSU, che giocò un ruolo chiave nel promuovere l'immagine di Lee Harvey Oswald come "agitatore filo-castrista" prima dell'assassinio di JFK, proponendolo come capro espiatorio.

Quindi c'è molto di più su Clay Shaw di quanto ci sia stato detto. Ma è il legame di Shaw con il Permindex che lo colloca nella rete di cospirazioni che coinvolgono il Mossad israeliano e la politica del potere mondiale che i critici di *Giudizio Finale* preferirebbero sicuramente ignorare.

Approfondiamo il collegamento con Permindex. In questo modo, la realtà di ciò che era Permindex - e di come fosse strettamente legato all'assassinio di JFK - diventerà più chiara.

LOUIS BLOOMFIELD - IL LEGAME CON BRONFMAN

È stato soprattutto Major Bloomfield di Montreal, Canada, un fervente e influente sostenitore della causa israeliana e presidente del consiglio di amministrazione di Permindex, a incarnare al meglio il legame di Permindex con Israele e la sua rete di intelligence globale. Bloomfield possedeva la metà delle azioni di Permindex e della sua società madre "per conto di una o più parti sconosciute".[519] In effetti, Permindex ha avuto sede nella base operativa di Bloomfield a Montreal fino al 1961, quando è stata trasferita a Roma.[520]

Non c'è dubbio che Bloomfield, come vedremo, fosse un attore importante nella rete internazionale di Israele. Abbiamo conosciuto Bloomfield per la prima volta nel Capitolo 7. Li abbiamo appreso come Bloomfield abbia avuto un ruolo cruciale nella creazione dello Stato di Israele e del suo Mossad.[521]

Negli anni successivi, Bloomfield ha scalato i ranghi della comunità imprenditoriale canadese, arrivando a controllare la Credit Suisse Bank of Canada, la Heineken's Breweries, la Canscot Realty, la Grimaldi Siosa [compagnia di navigazione] Lines, Ltd - e, curiosamente, la Israel Continental Company. Ma la vera chiave per comprendere il ruolo di Bloomfield è il suo ruolo di socio fondatore dello studio legale Phillips, Vineberg, Bloomfield and Goodman, che rappresenta gli interessi della famiglia Bronfman con sede in Canada.[522] Questo dettaglio piuttosto intrigante suggerisce che gli interessi finanziari di Bloomfield erano, di fatto, quelli della famiglia Bronfman. Bloomfield era essenzialmente una copertura per l'impero Bronfman.

La famiglia Bronfman, che ha costruito la sua fortuna lavorando con il sindacato del crimine organizzato di Lansky nel commercio illegale di liquori, è stata una delle

---

[519] *Ibidem*, p. 218.
[520] Jim Garrison. *On the Trail of the Assassins* (New York: Sheridan Square Press, 1988), p. 87.
[521] Flammonde, p. 218.
[522] *Executive Intelligence Review*, pag. 429.

principali sostenitrici di Israele e dei leader della causa sionista. Edgar Bronfman è stato recentemente presidente del Congresso ebraico mondiale.

Ma c'è un altro intrigante legame tra la famiglia Bronfman e il complotto per l'assassinio di JFK. Quando fu necessario un traduttore russo per Marina, la moglie russa di Lee Harvey Oswald, fu Jack Crichton, un ex ufficiale dei servizi segreti militari del Texas, a prendere accordi. Secondo il ricercatore Peter Dale Scott, fino al 1962 Crichton "era anche vicepresidente della Empire Trust Company, una società i cui principali azionisti, le famiglie imparentate Loeb, Lehman e Bronfman, mantenevano secondo Stephen Birmingham "una sorta di CIA privata... in tutto il mondo" per proteggere i loro investimenti a Cuba, in Guatemala e nella General Dynamics.[523]

Anche un altro membro della famiglia Bronfman occupò una posizione chiave nei giorni successivi all'assassinio di JFK. E nell'Appendice 4, vedremo il legame Bronfman-Empire Trust riapparire, questa volta in relazione a una figura centrale della Commissione Warren che "indaga" sull'assassinio di JFK. Le impronte dei Bronfman su tutto l'assassinio di JFK.

Bloomfield ha mantenuto stretti legami con Israele anche negli affari e negli affari sociali in Canada. Come direttore della Lega marittima Israele-Canada, Bloomfield è stato anche presidente della campagna dell'Histadrut in Canada.[524] L'Histadrut, la federazione nazionale dei lavoratori israeliani, a un certo punto possedeva più di un terzo del prodotto nazionale lordo di Israele e controllava la seconda banca più grande di Israele, la Bank Hapoalim. Questa banca, come vedremo, era coinvolta nel complotto Permindex in Europa, il che ci riporta a New Orleans e al legame con Clay Shaw.

Inoltre, risulta che nell'anno critico 1963, Bloomfield trasferì 7,5 milioni di dollari nelle casse della CIB. Secondo il *New York Times* del 9 aprile 1975, Bloomfield organizzò il deposito presso la CIB da una fondazione di beneficenza che aveva creato per conto di un cliente. A quanto pare, ciò serviva a salvare la banca controllata dal Mossad in seguito a un grosso prestito della BCI che non era stato rimborsato dal governo liberiano, il che avrebbe probabilmente messo in pericolo la banca.[525] Quindi il capo della Permindex e la BCI del rabbino Rosenbaum avevano davvero una relazione seria, qualunque fosse il vero scopo del deposito di 7,5 milioni di dollari sul conto della BCI.

Dato il ruolo cruciale che il capo di Permindex svolgeva negli affari della BCI, vale la pena notare che lo stesso articolo del *New York* Times spiegava esattamente quanto la BCI fosse vitale per gli interessi di Israele. Secondo il *Times*: "[Il BCI] ha fatto molti affari con Israele. Ha contribuito a convogliare in Israele il denaro di ricchi investitori di tutto il mondo e ha fornito una vasta gamma di servizi al Paese. Quando il Ministro della Difesa Shimon Peres e il Direttore Generale del Ministero della Difesa chiamarono Rosenbaum e gli dissero che Israele aveva bisogno di 7 milioni di dollari entro 24 ore per la sua sicurezza nazionale, Rosenbaum trovò il

---

[523] Dick Russell, *The Man Who Knew Too Much* (New York: Carroll & Graf Publishers, 1992), p. 792.
[524] *Ibidem*, p. 430.
[525] *New York Times*, 9 aprile 1975.

denaro in una notte. Non aveva chiesto nulla, ma aveva ricevuto una commissione di 500.000 dollari per i suoi servizi...

"Il Ministero della Difesa teneva un conto presso la banca per acquistare armi in Europa occidentale. Altri conti erano detenuti da Histadrut, la federazione dei lavoratori israeliani, Solel Bonhen (una società di forniture e costruzioni di proprietà di Histadrut), Zim Navigation Co. e Israel Corporation, una società di investimenti".[526] Ciò che è particolarmente interessante è che il *Times* aggiunge: "Ma [la BCI] non era una banca israeliana. Era una banca ebraica, con un buon bilancio...".[527] È chiaro che Permindex e la BCI erano parte integrante degli stessi interessi, soprattutto nel 1963.

BLOOMFIELD E L'INTELLIGENCE AMERICANA

E, come abbiamo già visto, i legami del boss di Permindex Bloomfield con i servizi segreti erano al di sopra di ogni sospetto. Pur essendo di origine canadese, Bloomfield fu assunto da J. Edgar Hoover come agente di reclutamento per la Divisione 5, il dipartimento di controspionaggio dell'FBI. Grazie a questa posizione, Bloomfield divenne socio di William Sullivan, capo della Divisione 5 e amico intimo di James J. Angleton, alleato del Mossad all'interno della CIA. Sullivan era l'uomo di Angleton all'interno dell'FBI.

Bloomfield ricevette anche un incarico da ufficiale nell'esercito americano durante la Seconda guerra mondiale e fu assegnato all'Office of Strategic Services (OSS) - come Clay Shaw, l'americano che alla fine divenne suo collega e direttore di Permindex.

(Un testimone scoperto da Jim Garrison ha affermato di aver assistito a un incontro all'aeroporto di Winnipeg tra Clay Shaw e l'agente della CIA David Ferrie con un'altra persona che potrebbe essere Bloomfield.[528] Si sa che Shaw e Ferrie hanno raggiunto la base di Bloomfield a Montreal nel 1961 o 1962 con l'aereo di Ferrie.[529]

A quanto pare Louis Bloomfield era una figura centrale della rete Permindex, un collegamento vitale tra l'operazione di Clay Shaw a New Orleans e altre forze che operavano tramite Permindex, in particolare in Israele.

SHAW E ANGLETON

È ipotizzabile che non solo Bloomfield abbia incontrato per la prima volta Shaw durante il suo servizio all'OSS nello stesso periodo, ma anche un altro uomo dell'OSS, James Jesus Angleton, che in seguito divenne alleato di Israele nella CIA. Angleton ebbe sicuramente contatti con Shaw in quel periodo, anche se non ci sono prove concrete che lo dimostrino. Tuttavia, c'è un elemento interessante che indica un possibile legame tra Shaw e Angleton in questo periodo.

---

[526] *Ibidem.*
[527] *Ibidem.*
[528] Flammonde, p. 31.
[529] Garrison, p. 118.

Quando Jim Garrison iniziò a indagare su Clay Shaw, lo conosceva solo come "Clay Bertrand". Possiamo suggerire una possibile ispirazione per lo pseudonimo di Shaw. Mentre lavorava nell'intelligence americana durante la Seconda Guerra Mondiale, Shaw fu di stanza per un certo periodo in Francia, dove sicuramente ebbe contatti con i servizi segreti francesi.

All'epoca, uno dei più alti ufficiali dei servizi segreti francesi era Gustave Bertrand, che era di fatto un amico intimo (e un modello di comportamento) per James J. Angleton.[530] Negli anni successivi, Angleton "indicava [Bertrand] come una delle persone da cui aveva imparato più concretamente",[531] che "rimase amico di Angleton fino alla sua morte" e che fu il "grande capo Buddha" di Angleton.[532]

Quando in seguito Shaw adottò lo pseudonimo di "Bertrand", era plausibile che lo usasse in omaggio a un alto funzionario dei servizi segreti con cui aveva avuto i primi contatti in Europa e con cui probabilmente si era mantenuto in contatto negli anni successivi.

Si tratta ovviamente di speculazioni, ma non c'è dubbio, come dimostrano le prove, che Angleton e Shaw si muovevano certamente negli stessi ambienti durante la Seconda guerra mondiale e molto dopo. E come vedremo in questo capitolo e nel capitolo 16, i legami dei servizi segreti francesi con Permindex e la cospirazione per l'assassinio del JFK sono davvero molto forti.

E poiché Shaw è stato in seguito, senza dubbio, un prezioso contatto internazionale per la CIA, riferendo all'agenzia sulle sue attività all'estero, è certo che i rapporti di Shaw sarebbero finiti sulla scrivania di James J. Angleton. Shaw era infatti (indirettamente) uno degli agenti di Angleton.

Tuttavia, è probabile che il loro rapporto iniziale sia stato forgiato durante il loro servizio congiunto con l'OSS durante la Seconda guerra mondiale.

Tuttavia, è stato registrato un legame inconfutabile e molto interessante tra Angleton e Shaw. In seguito, quando Shaw fu arrestato da Jim Garrison, si scoprì che la sua rubrica conteneva il numero di telefono privato della Principessa Marcelle Borghese.[533] La Principessa era una parente del Principe Valerio Borghese, che fu salvato da Angleton durante la Seconda Guerra Mondiale e le cui imprese con l'OSS in Italia come capostazione a Roma gli valsero una decorazione vaticana.[534]

Si ricorderà, naturalmente, che un aspetto della campagna orchestrata dall'OSS contro i nazisti e i fascisti italiani era noto come Operazione Underworld. Come abbiamo visto nel capitolo 7, Meyer Lansky fu l'intermediario tra l'OSS e la criminalità organizzata, aiutando a organizzare il sostegno della mafia siciliana all'invasione alleata dell'Italia. Angleton, ovviamente, era il responsabile del Progetto Europa.

---

[530] Robin W. *Winks. Cloak and Gown* (New Haven, Connecticut: Yale University Press, 1996 (seconda edizione)), pagg. 376-377.
[531] *Ibidem.*
[532] *Ibidem.*
[533] Flammonde, p. 224.
[534] E. Mullins, *L'ordine mondiale (*Ezra Pound Institute, 1992), p. 157.

(Dati i legami di lunga data di Angleton con la città, il fatto che Permindex avesse sede a Roma non è forse una coincidenza: suo padre era addirittura il titolare della franchigia della Banca Nazionale Italiana.[535]

In ogni caso, non c'è dubbio che Clay Shaw e James Angleton - insieme al Maggiore Bloomfield del Permindex - si muovessero da tempo negli stessi circoli, su più fronti.

CONNESSIONI ANCORA PIÙ STRANE

I contatti di Clay Shaw con Permindex avevano una serie di interessi internazionali comuni nel mondo della cospirazione, come dimostrano altre personalità coinvolte. Tra coloro che erano investitori di Permindex o che condividevano i posti nel consiglio di amministrazione di Permindex c'erano diversi personaggi interessanti con connessioni altrettanto affascinanti. Tra questi c'erano:

- Ferenc Nagy. L'ex primo ministro ungherese era un comunista convinto che manteneva stretti legami non solo con gli alleati di Israele nella CIA statunitense, ma anche con la colonia cubana anticastrista di Miami, che era praticamente una filiale operativa congiunta della CIA e del sindacato del crimine organizzato di Lansky (Nagy si trasferì in seguito a Dallas, in Texas, dove risiedeva al momento dell'assassinio di Kennedy).[536]

- Hans Seligman. Membro della famiglia che controllava la Seligman Bank di Basilea e la cui famiglia allargata faceva parte della famosa "Our Crowd" (l'élite ebraica tedesca) a New York durante l'ultima parte del XIX secolo. Seligman era strettamente coinvolto nell'agenzia sionista di orientamento israeliano nota come Jewish Colonisation Association.[537]

- Morris Dalitz. L'ex contrabbandiere di Cleveland è diventato lo zar dei casinò di Las Vegas. Dalitz era un intimo di Lansky da lungo tempo e fu il successore di Benjamin Siegel come contatto di Lansky a Las Vegas.[538]

Come abbiamo visto nel capitolo 10, Dalitz assunse in seguito G. Robert Blakey come avvocato e testimone in un'azione legale per diffamazione in cui Dalitz contestava le accuse che il suo Costa Country Club di Carlsbad, in California, fosse legato alla criminalità organizzata. Poco dopo, Blakey fu incaricato dell'indagine della Commissione per gli assassinii della Camera sull'omicidio di JFK.

Come abbiamo notato nel capitolo 10, Dalitz è stato a lungo un finanziatore della lobby di Israele negli Stati Uniti ed è stato apprezzato dalla Anti-Defamation League (ADL) per i suoi servizi.

- Carlos Prio Socarras. Presidente di Cuba dal 1948 al 1952, Prio Socarras aveva fornito copertura al complice di Meyer Lansky, Fulgencio Batista, uomo forte di Cuba. Fu infatti Lansky, con l'aiuto di una cospicua tangente, a convincere Batista a "farsi da parte" in favore di Prio Socarras.[539] E come abbiamo visto nel capitolo

---

[535] Tom Mangold. *Cold Warrior-James Jesus Angleton: The CIA's Master Spy Hunter* (New York: Simon & Schuster, 1991), pag. 43.
[536] *Executive Intelligence Review*, Dope, Inc, pag. 433.
[537] *Ibidem*, p. 435.
[538] *Executive Intelligence Review*. Dope, Inc (edizione 1978), pag. 354.
[539] *Ibidem*.

14, Prio era coinvolto nel traffico di armi con un socio il cui nome è ormai più che una nota a piè di pagina nella storia: il gestore del nightclub di Dallas Jack Ruby.

Non a caso la rivista italiana *Paesa Sera* ha tenuto a precisare: "È un fatto che il CMC è comunque l'interlocutore di un certo numero di persone che, per certi aspetti, hanno legami un po' equivoci, il cui comune denominatore è un anticomunismo tale da fagocitare tutti coloro che nel mondo si sono battuti per relazioni decenti tra Est e Ovest, Kennedy compreso".[540]

La CMC e il Permindex - potremmo aggiungere in modo ancora più specifico - sono comunque interlocutori di un certo numero di persone che, per certi aspetti, hanno legami un po' equivoci, il cui comune denominatore è la devozione alla causa di Israele.

IL RUOLO DI ISRAELE È CHIUSO

Come abbiamo notato, tuttavia, è il collegamento di Tibor Rosenbaum e del BCI con Permindex che indica chiaramente l'interesse del Mossad israeliano per Permindex. Come abbiamo visto, il BCI era un'entità di Israele e del suo Mossad. Tra i direttori della BCI di Rosenbaum c'era Ernest Israel Japhet, anche presidente del consiglio di amministrazione e presidente della Bank Leumi, la più grande banca di Israele. BCI e Bank Leumi erano coinvolte nel commercio di diamanti e collegate al traffico di droga in Estremo Oriente.[541]

(Abbiamo già discusso, nei capitoli 6 e 12, il ruolo centrale di Lansky nel traffico globale di droga nel Sud-Est asiatico, ruolo reso possibile anche dal coinvolgimento americano nel conflitto in Vietnam, sotto la copertura della CIA.

Altri due direttori della BCI - come abbiamo notato nel Capitolo 7 - erano Ed Levinson, il candidato al Fremont Casino di Las Vegas di Joseph "Doc" Stacher, un amico di Lansky morto in esilio in Israele, e John Pullman, il corriere finanziario internazionale di Lansky.

L'altra operazione di Rosenbaum, la Swiss-Israel Trade Bank, deteneva una partecipazione di un terzo nel Gruppo Paz, che era stato un'azienda della famiglia Rothschild, mantenendo il controllo dell'industria petrolifera e petrolchimica israeliana.[542]

EISENBERG E FEINBERG - DI NUOVO

Come abbiamo notato nel capitolo 7, i soci di Rosenbaum alla Swiss-Israel Trade Bank erano Shaul Eisenberg, una figura chiave nello sviluppo della bomba nucleare israeliana - il punto cruciale del conflitto tra JFK e Israele - e l'uomo d'affari newyorkese Abe Feinberg. Nel capitolo 8 abbiamo appreso che Eisenberg divenne in seguito un collaboratore di Theodore Shackley, un personaggio della CIA. Shackley, come abbiamo scoperto nel capitolo 11, era il responsabile della CIA a Miami durante i complotti della CIA e del sindacato criminale Lansky contro Fidel

---

[540] Flammonde, p. 221.
[541] *Executive Intelligence Review*, pag. 438.
[542] *Ibidem*, p. 439.

Castro. Nel capitolo 12 abbiamo appreso che Shackley era il responsabile della CIA in Laos durante il periodo di stretta collaborazione tra la CIA e il sindacato di Lansky nel traffico globale di droga.

Come abbiamo visto nel capitolo 4, Feinberg era il contatto per la raccolta fondi degli ebrei americani per la campagna elettorale di Kennedy per la presidenza nel 1960. Le tattiche pesanti di Feinberg fecero infuriare Kennedy a tal punto da fargli dire privatamente a un amico intimo che, da Presidente, intendeva imporre cambiamenti nei regolamenti per la raccolta di fondi elettorali che avrebbero impedito a gruppi potenti come la lobby ebraica americana di fare lobbying.

E, naturalmente, Feinberg era vicino al Primo Ministro israeliano David Ben-Gurion e aveva contribuito a organizzare l'aspro incontro tra Kennedy e Ben-Gurion descritto nel capitolo 5.

Il direttore della Swiss-Israel Trade Bank di Rosenbaum e Feinberg era il generale Julius Klein, un ufficiale dell'esercito statunitense che era stato coinvolto nel dirottamento illegale di navi cariche di rifornimenti e attrezzature destinate alla Germania del dopoguerra verso l'Haganah, le forze militari degli ebrei in Palestina. Klein gestiva questa impresa mentre era in servizio come capo del controspionaggio dell'esercito statunitense in Europa alla fine della Seconda guerra mondiale.

(Più avanti, nell'Appendice 4, incontriamo il pupillo di Klein, che aveva una relazione insolitamente stretta con un membro chiave della Commissione Warren, che aveva insabbiato l'assassinio di JFK. Tuttavia, i servizi di Klein per conto dello Stato di Israele furono ancora più estesi. Fu Klein a contribuire alla creazione del Mossad israeliano e alla formazione dei suoi agenti. Klein lavorò a questa impresa insieme a Sir William Stephenson.[543]

Nel capitolo 7 abbiamo appreso dell'alleanza clandestina di Sir William con Meyer Lansky e il suo sindacato criminale nell'ambito dell'Operazione Underworld, un piano diretto contro i servizi segreti dell'Asse durante la Seconda Guerra Mondiale.

Stephenson, ovviamente, era stato il direttore delle operazioni dei servizi segreti britannici negli Stati Uniti negli anni critici precedenti e durante la Seconda guerra mondiale, ed era il superiore operativo del già citato maggiore Louis M. Bloomfield.

Stephenson consolidò i suoi legami con la clandestinità ebraica antinazista durante il periodo trascorso nell'OSS e nell'intelligence navale, e con il sindacato del crimine di Lansky.

Secondo lo storico dell'intelligence Richard Deacon: "Stephenson ricevette una grande quantità di informazioni da scienziati ebrei. Questa particolare operazione, sebbene apparentemente lontana dalla storia della Palestina, aiutò molto l'intelligence israeliana nei primi giorni dello Stato di Israele. Alcuni degli scienziati che divennero amici di Stephenson furono incoraggiati a sviluppare il loro talento nell'intelligence alleata e non solo lavorarono per la Gran Bretagna durante la Seconda guerra mondiale, ma in seguito aiutarono i servizi segreti israeliani".[544]

Stephenson fu anche uno stretto consigliere personale del Primo Ministro britannico Winston Churchill. In questo periodo Stephenson ebbe sicuramente

---

[543] *Ibidem*, pp. 440-441.
[544] Richard Deacon. *I servizi segreti israeliani*. (New York: Taplinger Publishing Co., Inc., 1978), p. 22.

contatti con Clay Shaw, un giovane americano che divenne amico di Churchill e che l'ufficiale dell'esercito americano distaccò all'Office of Strategic Services.

LA COSPIRAZIONE DEL PERMINDEX

Naturalmente, i legami (stretti) tra l'impresa bancaria israeliana del Mossad di Tibor Rosenbaum, la International Credit Bank, e la vasta rete di personalità strettamente associate al sindacato del crimine organizzato di Lansky e persino al membro del consiglio di amministrazione di Permindex, Clay Shaw, chiudono il cerchio della cospirazione. Il fatto che la BCI fosse uno dei principali azionisti di Permindex è una chiara indicazione del ruolo del Mossad nel complotto di Permindex che mise fine alla vita di John F. Kennedy. Tuttavia, come vedremo, c'è molto di più.

IL CORRIERE DI LANSKY A MIAMI E GINEVRA

Le ricerche di Robert Morrow, ex agente della CIA, non solo hanno fatto luce sui legami tra le banche di Miami di Lansky e la BCI di Tibor Rosenbaum, ma hanno anche fornito prove del ruolo di Meyer Lansky nell'assassinio di John F. Kennedy.

Poco dopo la pubblicazione di *Betrayal*, il suo primo libro, in cui Morrow descrive i suoi legami con alcune persone coinvolte nel complotto per l'assassinio di JFK attraverso la CIA, Morrow è stato contattato da un giovane che aveva una storia incredibile da raccontare.

Secondo Morrow, "durante la nostra conversazione iniziale, il giovane disse che suo padre, ex colonnello dell'aeronautica, e altri che lavoravano per la CIA, sapevano già che il presidente Kennedy sarebbe stato assassinato a Dallas il 22 novembre 1963....

"Il figlio dell'agente dei servizi segreti ha poi lanciato un'accusa infondata. Sosteneva che il padre era stato coinvolto nel crimine organizzato e che aveva fatto da collettore di buste per almeno una delle tangenti relative all'assassinio presidenziale, trasportando una grossa somma di denaro ad Haiti nell'estate del 1963 per ottenere una ricompensa".[545]

Questo giovane disse a Morrow che suo padre era associato a un corriere della mafia. Il corriere in questione era Mickey Weiner. Seguendo la storia di Weiner, Morrow apprese da un'altra fonte che erano state scoperte registrazioni audio e che Weiner era stato coinvolto in conversazioni sulle circostanze dell'assassinio di Kennedy.

Secondo la fonte di Morrow, Albert Moakler, "i nastri indicano che la conversazione non era solo chiacchiere. Riguardava sicuramente il New Jersey e Miami... le zone, le persone in quelle aree. Qualcosa che aveva a che fare con l'assassinio".[546]

---

[545] Robert Morrow. *The Senator Must Die: The Murder of Robert F. Kennedy* (Santa Monica, CA: Roundtable Publishing, Inc., 1988), p. 123.
[546] *Ibidem*, p. 133.

(Miami, ovviamente, era la base operativa di Meyer Lansky). Come abbiamo visto nel Capitolo 7, il New Jersey era la base del socio mafioso di Lansky, il gangster Jerry Catena, che era responsabile della distribuzione del denaro "deviato" dalle operazioni di gioco d'azzardo di Lansky a Las Vegas ai suoi associati del crimine organizzato negli Stati del Nord).

Morrow ha anche identificato che Weiner faceva regolarmente commissioni tra la Svizzera e Miami, dove visitava la Banca di Miami Beach.[547] Weiner era chiaramente uno dei corrieri di Lansky che operava tra le sue operazioni bancarie a Miami e quelle di Tibor Rosenbaum del Mossad israeliano e della Banque de Crédit International in Svizzera.

È quindi chiaro che il corriere di Lansky aveva certamente informazioni "segrete" sull'assassinio di JFK. Possiamo anche arrivare a ipotizzare che sia stato il corriere di Lansky a fornire i fondi Permindex ai cospiratori dell'assassinio.

UN ALTRO LEGAME CON ISRAELE

Secondo *Paesa Sera*, il dottor David Biegun, segretario nazionale del Comitato nazionale dei lavoratori israeliani con sede a New York, era "un importante sostenitore finanziario" di Permindex. Questo comitato era il ramo americano dell'Histadrut per il quale Louis M. Bloomfield, il presidente del consiglio di amministrazione della Permindex, era il principale raccoglitore di fondi.[548] Nonostante le sue eccellenti ricerche, il signor Flammonde non è riuscito ad approfondire questo argomento. Si noti anche che Philip Agee, ex-CIA, ha dichiarato che il Comitato dei Lavoratori Israeliani era spesso usato come copertura della CIA.[549] Il ruolo di Biegun in Permindex era esplicitamente importante, persino centrale.[550] Infatti, è stato Biegun a supervisionare la liquidazione della CMC e della Permindex dopo la loro espulsione dalla Svizzera e dall'Italia nel 1962, trasferendo poi la società a Johannesburg, in Sudafrica (il Sudafrica, si noti, è stato a lungo coinvolto in stretti rapporti internazionali con Israele).

Paesa Sera ha ipotizzato che [la CMC e Permindex] "fosse una creazione della CIA... creata per coprire il trasferimento di fondi della CIA... in Italia per attività illegali di spionaggio politico".[551] Il giornale italiano, tuttavia, sembra non aver notato le molteplici connessioni israeliane esplorate in queste pagine.

I COMPLOTTI PER ASSASSINARE CHARLES DE GAULLE

La controversia pubblica sul Permindex, che ha portato alla sua espulsione dalla Svizzera e dall'Italia, si è incentrata sul suo ruolo nei complotti per l'assassinio del

---

[547] *Ibidem*, p. 148.
[548] *Ibidem*, p. 219.
[549] Michael Canfield e Alan J. Weberman. *Coup d'État in America: The CIA and the Assassination of John F. Kennedy* (New York: The Third Press, 1975), p. 40.
[550] Flammonde, *Ibid.*
[551] *Ibidem*, p. 28.

Presidente francese Charles De Gaulle. E come vedremo, è qui che troviamo collegamenti ancora più affascinanti tra il Permindex e l'assassinio di JFK.

Abbiamo visto in precedenza che la ribelle Organisation de l'Armée secrète - nota con l'acronimo OAS - si oppose strenuamente alla decisione di De Gaulle di concedere l'indipendenza all'Algeria (fu John F. Kennedy che, da giovane senatore, come abbiamo notato nel capitolo 4, aveva fatto arrabbiare la lobby israeliana chiedendo l'indipendenza dell'Algeria nel 1957).

L'OAS aveva lanciato una serie di tentativi di assassinio contro De Gaulle, che non andarono a buon fine, ma che in seguito ispirarono il famoso romanzo *Il giorno dello sciacallo* di Frederick Forsythe (che divenne poi un famoso film).

Nel 1962, a seguito di un'indagine su uno degli attentati, i servizi segreti francesi (SDECE) accusarono Permindex di aver riciclato denaro finanziando l'attentato contro De Gaulle attraverso le casse dell'OAS.[552]

Secondo Jean Lacouture, biografo di De Gaulle, "per ragioni morali e politiche, [la dirigenza dell'OSA] ritenne necessario sacrificare il Capo di Stato, fisicamente o politicamente, affinché l'Algeria rimanesse francese".[553]

SOUSTELLE, OAS E IRGOUN

Jacques Soustelle è stato uno dei più duri critici francesi dell'indipendenza algerina, ex governatore generale dell'Algeria ed ebreo di nascita convertito al cristianesimo.[554] Descritto dallo storico israeliano Benjamin Beit-Hallahmi come uno degli "amici di Israele in Francia", Soustelle, ministro francese dell'Energia atomica dal 1958 al 1959, lavorò a stretto contatto con Yuval Ne'eman, il padre del progetto della bomba atomica israeliana, per aiutare Israele a gettare le basi per un arsenale nucleare.[555] Condannando amaramente il rovesciamento dell'Algeria da parte di De Gaulle, Soustelle andò in esilio.[556] Sebbene lo stesso Soustelle negasse qualsiasi contatto con l'OSA, ne fu uno dei principali sostenitori,[557] ottenendo il plauso dei sostenitori dell'OSA che promossero il mito propagandistico condiviso da Israele e dall'OSA secondo cui l'indipendenza algerina avrebbe stabilito una presenza sovietica in Nord Africa. In realtà, i servizi segreti israeliani erano venuti in aiuto di Soustelle quando questi era andato in esilio. Nel 1962, Soustelle si stabilì "a Roma, nascosto in casa di un commerciante di mobili il cui fratello era un rappresentante dell'Irgun [israeliano]".[558] È interessante notare che secondo *Paesa Sera*, il giornale italiano che ha reso pubblico il ruolo di Permindex nei complotti

---

[552] *Executive Intelligence Review*. Dope, Inc (New York: New Benjamin Franklin House, 1986), pag. 434.
[553] Jean Lacouture. *De Gaulle: The Ruler* (New York: W. W. Norton & Company, 1993), p. 278.
[554] Benjamin Beit-Hallahmi. *The Israeli Connection-Who Israel Arms and Why* (New York: Pantheon Books, 1987), p. 220.
[555] *Executive Intelligence Review*. *Moscow's Secret Weapon* (Washington, DC: Executive Intelligence Review, 1986), p. 42.
[556] *Ibidem*, p. 296.
[557] Alistair Home. *Una selvaggia guerra di pace*. (Middlesex, Inghilterra: Penguin Books, 1977), p. 499.
[558] Pierre Demaret e Christian Plume. *Obiettivo De Gaulle*. (New York: Dial Press, 1975), p. 220.

contro De Gaulle,[559] Ferenc Nagy, l'ex primo ministro ungherese e membro del consiglio di amministrazione di Permindex, era un "generoso contribuente" di Jacques Soustelle e dell'OAS.[560]

(Inoltre, ora sappiamo che una delle basi principali del sostegno finanziario del rabbino Tibor Rosenbaum al BCI - la forza principale dietro Permindex e i complotti contro De Gaulle - era costituita dai "depositi di fondi clandestini non dichiarati degli ebrei francesi", per non parlare, naturalmente, dei fondi criminali del sindacato criminale di Lansky).

Il generale Antoine Argoud, uno dei capi militari francesi divenuto leader dell'OAS, aveva dichiarato: "L'eliminazione fisica del capo di Stato non pone alcun problema morale a tutti noi.... Siamo tutti convinti... che De Gaulle meritava cento volte la punizione suprema".[561]

Tuttavia, altri membri dell'OSA erano solidali con i ribelli francesi. Secondo lo storico Alexander Harrison:

"I fattori che sembravano favorire il successo degli sforzi dell'OSA per mantenere l'Algeria francese erano i seguenti:

- La complicità delle "buone vecchie" reti all'interno dei vari servizi di intelligence, in particolare i servizi segreti francesi [lo SDECE] e la Direction de la Surveillance du Territoire [responsabile del controspionaggio interno] che a volte mostravano fedeltà a un ex compagno d'armi... piuttosto che al governo; e
- Possibile aiuto logistico da parte di Paesi [come] gli Stati Uniti, che erano stati ostili a De Gaulle fin dai primi giorni della Resistenza durante la Seconda Guerra Mondiale e vedevano la sua posizione filo-sovietica come una minaccia all'egemonia occidentale nel Mediterraneo".[562]

(Abbiamo appreso in precedenza che la CIA aveva segretamente sostenuto l'OAS, nonostante l'opposizione all'OAS di JFK, che era stato un ardente sostenitore dell'indipendenza algerina, con grande disappunto della lobby israeliana in America).

ISRAELE E L'OAS

Non sorprende, secondo lo storico Harrison, le cui simpatie per l'OAS sono ovvie, che "alcuni dei più ardenti sostenitori dell'OAS in Algeria fossero ebrei".[563] Inoltre, nota Harrison, "fu creato un ramo ebraico dell'OAS".[564]

Anche Paul Henissart, un altro storico, ha notato un legame tra Israele e l'OAS. Secondo Henissart, "[l'OAS] attirava teste calde, compresi gli ebrei che

---

[559] Paris Flammonde. *The Kennedy Conspiracy* (New York: Meredith Press, 1969), p. 223.
[560] Gerald Krefetz. *Jews and Money* (NY: Ticknor & Fields, 1982), pag. 104.
[561] Lacouture, p. 324.
[562] Alexander Harrison. *Challenging De Gaulle: The OAS and the Counterrevolution in Algeria* (New York: Praeger, 1989), p. 67.
[563] *Ibidem*, p. 87.
[564] *Ibidem*, p. 87.

appartenevano all'Irgun Tzvai Leoumi, l'organizzazione militare clandestina israeliana. Essi venivano reclutati dall'OAS come specialisti clandestini.[565]

Egli osserva inoltre che, sebbene esistessero gruppi di difesa ebraici in Algeria, "le delegazioni ufficiali israeliane in Algeria che organizzavano l'emigrazione degli ebrei dalle città costiere non erano riluttanti ad aiutare questi gruppi di autodifesa". Tuttavia, il governo israeliano non ha mai confermato alcun legame con loro".[566]

Tuttavia, come ha sottolineato lo storico israeliano Benjamin Beit-Hallahmi, esistono prove del sostegno ufficiale israeliano all'OAS: "Durante il 1961 e il 1962, ci sono stati numerosi rapporti sul sostegno israeliano al movimento francese dell'OAS in Algeria".[567]

Egli sottolinea che gli israeliani hanno assistito i francesi durante la guerra d'indipendenza algerina tra il 1954 e il 1962. Poi, quando l'Algeria divenne finalmente indipendente e chiese l'ammissione all'ONU, solo Israele votò contro. Beit Hallahmi cita un altro storico, Stewart Steven: "Quando l'OAS fu creata nel 1961, era naturale che Israele, desideroso [di mantenere l'Algeria come colonia francese] quanto l'OAS stessa, si chiudesse in essa".[568]

In questo modo l'intelligence israeliana - e i suoi alleati nella CIA statunitense - strinsero una stretta alleanza con le forze che cercavano di distruggere il presidente francese Charles De Gaulle. Allo stesso tempo, questi stessi elementi utilizzarono il loro legame con Permindex in un altro complotto, quello per togliere la vita a John F. Kennedy.

OAS, PERMINDEX E NEW ORLEANS

C'è un legame interessante con New Orleans. Secondo un rapporto pubblicato successivamente dal servizio segreto di De Gaulle, lo SDECE, la banca israeliana Hapoalim forniva fondi all'OAS attraverso l'ufficio di New Orleans dell'ex agente dell'FBI e della CIA Guy Banister.[569] L'agente di Banister, Maurice Brooks Gatlin, trasportò a sua volta il denaro all'OAS a Parigi (diversi anni dopo, Gatlin morì a Panama cadendo - o venendo spinto - dal balcone di un hotel).[570]

Gatlin, ovviamente, aveva molti affari internazionali interessanti. A una conferenza regionale latinoamericana di una confederazione mondiale anticomunista, organizzata dall'agente della CIA e contatto di Banister E. Howard Hunt, il presidente della conferenza era Antonio Valladares. Lo stesso Valladares, con sede in Guatemala, era anche avvocato del boss mafioso di New Orleans Carlos Marcello, che, come abbiamo visto, contribuiva a finanziare le attività anticomuniste

---

[565] Paul Henissart. *Wolves in the City: The Death of French Algeria* (New York: Simon & Schuster, 1970), p. 346.
[566] *Ibidem*, p. 347.
[567] Benjamin Beit-Hallahmi. *The Israeli Connection-Who Israel Arms and Why* (New York: Pantheon Books, 1987), pagg. 44-45.
[568] *Ibidem*.
[569] *Executive Intelligence Review*, Dope, Inc, pagg. 442-443.
[570] Dick Russell. *L'uomo che sapeva troppo* (New York: Carroll & Graf Publishers, 1993), p. 396.

di Banister.[571] Maurice Brooks Gatlin partecipò alla conferenza, che alla fine si fuse con la Lega Mondiale Anticomunista, suggerendo che il legame di New Orleans con la CIA e altri intrighi globali era molto forte.

La Banca Hapoalim citata in precedenza era la banca creata dall'Histadrut, il gruppo di lavoratori israeliani, per il quale Louis Bloomfield, presidente di Permindex, era il principale raccoglitore di fondi in Canada. Le attività di Guy Banister sono state esplorate in precedenza nei capitoli 10, 11 e 14.

Secondo Gilbert LeCavelier, collaboratore del defunto Bernard Fensterwald (eminente ricercatore dell'assassinio di JFK), l'ufficio di Banister serviva anche come quartier generale a New Orleans per i mercenari collegati all'OAS.

Jean Souetre era uno di questi mercenari dell'OSA che, come abbiamo notato nel capitolo 12, sarebbe stato arrestato a Dallas il 22 novembre 1963 ed espulso dagli Stati Uniti.[572] Nel capitolo 16 approfondiremo le attività di Souetre.

Banister, ex agente dell'FBI e dei servizi segreti navali, supervisionava le operazioni di traffico d'armi anticastrista sostenute dalla CIA da un ufficio al 544 di Camp Street a New Orleans.

Strettamente legata al movimento anticastrista cubano, l'operazione di Banister operava con il sostegno della CIA. L'ex agente della CIA Robert Morrow sostiene nel suo libro *Betrayal* che Clay Shaw, membro del consiglio di amministrazione della Permindex, era in realtà il diretto superiore di Banister nel coordinare le operazioni della CIA fuori da New Orleans.

Così abbiamo l'agente della CIA Clay Shaw nel consiglio di amministrazione di Permindex, che a sua volta collabora con l'ufficio di Banister nel complotto contro Charles De Gaulle. Allo stesso tempo, Banister (e Shaw) erano coinvolti nella manipolazione delle attività di Lee Harvey Oswald a New Orleans, poco prima dell'assassinio di John F. Kennedy.

Tra gli altri, Banister era associato a David Ferrie, ex pilota della CIA e avventuriero anticastrista, una delle figure chiave nel caso di Jim Garrison contro Clay Shaw. Ferrie, come abbiamo visto, era da tempo legato a Lee Harvey Oswald e, a detta di tutti, era un visitatore abituale di New Orleans nell'estate del 1963. E ora sappiamo con certezza che Ferrie e Shaw erano strettamente legati. I legami tra Ferrie, Shaw, Banister e Oswald chiudono il cerchio.

Morrow, l'ex agente della CIA, riferisce anche che durante la sua permanenza nella CIA, insieme a David Ferrie, aveva visitato un magazzino in Europa dove grandi quantità di armi erano destinate alla clandestinità cubana anticastrista. Il magazzino era una società Permindex.[573]

La segretaria di Banister, Delphine Roberts, ha dichiarato che Oswald era un visitatore abituale al 544 di Camp Street, impegnato in una sorta di lavoro di

---

[571] Peter Dale Scott. *Deep Politics and the Death of JFK* (Berkeley, California: University of California Press, 1993), pag. 109.
[572] *Ibidem*, p. 562.
[573] Robert Morrow. *Betrayal: A Reconstruction of Certain Clandestine Events from the Bay of Pigs to the Assassination of John F. Kennedy* (New York: Warner Books, 1976), pag. 84.

"intelligence".574 In realtà, come tutti concordano, sembra che Oswald sia stato creato come capro espiatorio "pro-Castro".

IL LEGAME ISRAELIANO DI BANISTER

È interessante notare, tuttavia, che esiste un'altra connessione israeliana allo scenario di New Orleans che ha incastrato Lee Harvey Oswald come capro espiatorio nel complotto per l'assassinio di JFK. Si scopre che uno dei vecchi amici di Banister e dei suoi compagni anticomunisti era un certo A.I. Botnick.575 Botnick era una figura chiave dell'ufficio regionale di New Orleans della Lega Antidiffamazione (ADL) di B'nai B'rith, oggi nota per i suoi stretti legami con il Mossad israeliano.

Botnick, che si considerava un "super cacciatore di comunisti", era ossessionato dal comunismo e, come Banister, credeva che il comunismo fosse una forza importante nel movimento per i diritti civili.576

(Nel 1993 è stato riferito che l'ADL aveva spiato a lungo il defunto dottor Martin Luther King e aveva poi fornito le sue scoperte a J. Edgar Hoover, ex superiore di Banister all'FBI.577 Nei capitoli 7 e 10, abbiamo notato gli stretti legami tra l'ADL e il Sindacato del Crimine di Lansky, a sua volta legato alla CIA e all'intelligence israeliana, in particolare attraverso il collegamento con Permindex discusso in questo capitolo).

A livello nazionale, e sotto Botnick a New Orleans, l'ADL era solita dislocare agenti nei gruppi di sinistra per spiare le loro attività. Questo, naturalmente, si inserisce esattamente nel profilo delle attività "di sinistra" e "pro-Castro" di Lee Harvey Oswald a New Orleans nell'estate del 1963, che gestiva un "Comitato per il Fair Play per Cuba" dall'operazione di intelligence di Banister al 544 di Camp Street. Ciò che è affascinante è che, secondo Arnold Forster, ex consigliere generale e capo dell'intelligence dell'ADL, gran parte delle "indagini" (cioè lo spionaggio) dell'ADL utilizzavano agenti "impiegati da un'agenzia investigativa esterna che agiva come appaltatore indipendente".578 Pertanto, data la stretta associazione di Botnick con Banister, sembra altamente probabile che Botnick abbia subappaltato il lavoro dell'ADL al suo collega anticomunista.579

Inoltre, secondo Forster, molti degli investigatori dell'ADL erano "investigatori del governo locale o federale in pensione", tra cui, ad esempio, un possibile ex ufficiale dei servizi segreti statunitensi di nome Oswald, che in precedenza aveva svolto attività clandestine in Unione Sovietica.

Ci si può solo chiedere se le attività di sinistra di Lee Harvey Oswald non fossero in realtà finanziate dall'ADL. Oswald si stava infiltrando in gruppi di sinistra per

---

574 Anthony Summers. *Conspiracy* (New York: McGraw-Hill Book Company, 1980), pp. 324-325.
575 575 *Executive Intelligence Review. The Ugly Truth About the ADL* [Washington, D.C.: Executive Intelligence Review, 1992], pag. 73.
576 Jack Nelson. *Terrore nella notte.* [New York: Simon & Schuster, 1993], p. 214.
577 *San Francisco Weekly*, 28 aprile 1993.
578 *A. Forster. Square One* [New York: Donald Fine, Inc., 1988], p. 56.
579 *Ibidem.*

conto di Banister, apparentemente come parte di una missione di accertamento dei fatti dell'ADL, ma che in realtà era un'operazione di intelligence con uno scopo completamente diverso?

Non è quindi così straordinario suggerire che Oswald possa aver avuto "un'identità alternativa" come agitatore "pro-Castro" fabbricata dall'ADL (sotto la copertura dell'"indagine" dell'ADL) e che abbia agito come intermediario per il Mossad e i suoi alleati della CIA. Davvero molto conveniente.

UNA "TERZA FORZA"?

Pur non ritenendo l'ADL una forza dietro le attività di Banister, lo stimato Peter Dale Scott ha sostenuto la possibilità che le operazioni di Banister fossero molto più numerose di quanto sembrasse. Secondo Scott: "C'è disaccordo [...] "su chi pagasse le attività anticomuniste di Banister: i servizi segreti del governo, la mafia di New Orleans o **una terza forza** alleata di entrambi contemporaneamente". [Scott nota che coloro che enfatizzano il punto di vista dell'intelligence sottolineano i legami di Banister con l'FBI, la CIA e l'Office of Naval Intelligence, mentre coloro che enfatizzano il punto di vista della "mafia" sottolineano i legami di Banister, attraverso David Ferrie e altri, con Carlos Marcello, il boss della mafia di New Orleans.

Tuttavia, come sottolinea Scott, "una terza e più probabile possibilità è che sia Oswald che Banister lavorassero per quella che era di fatto una terza forza: un'alleanza oscura di mafia e intelligence, radicata nella profonda economia politica di New Orleans".[580] E come abbiamo visto in questo capitolo e in altri, l'ADL aveva effettivamente forti radici nella profonda economia politica di New Orleans, così come nel legame con Clay Shaw.

"Per quanto riguarda la storia che Oswald fosse un informatore dell'FBI", scrive Scott, "dubito che Oswald sia stato assunto direttamente dall'FBI. Una possibilità più probabile è che lavorasse per un'**agenzia di sicurezza privata** che a sua volta riferiva all'FBI, più o meno nello stesso modo in cui Guy Banister, l'ex agente dell'FBI ed ex ufficiale dell'intelligence navale secondo un documento della CIA, riferiva all'FBI a New Orleans".[581] [enfasi aggiunta]

È risaputo che l'ADL faceva effettivamente rapporto all'FBI, un rapporto di lunga data cementato dallo stesso J. Edgar Hoover, che esamineremo in dettaglio nel capitolo 17.

I file dell'FBI su Dick Gregory, un altro importante attivista nero per i diritti civili negli anni '60, dimostrano in modo inequivocabile che l'ADL monitorava le sue conferenze pubbliche e poi passava le informazioni all'FBI come parte delle sue operazioni COINTELPRO.

E come abbiamo visto nel Capitolo 7, era il COINTELPRO, gestito dalla Divisione 5 dell'FBI, che era sotto il diretto controllo di William Sullivan, che era in realtà una "talpa" della CIA all'interno dell'FBI per James J. Angleton, suo intimo amico e alleato del Mossad all'interno della CIA. (Nel capitolo 17 esploreremo le

---

[580] *Ibidem.*
[581] Peter Dale Scott. *Deep Politics and the Death of JFK* (Berkeley, California: University of California Press, 1993), p. 243.

attività dell'ADL in modo più dettagliato, prestando particolare attenzione all'apparente manipolazione della copertura mediatica della controversia sull'assassinio di JFK da parte dell'ADL e di fonti collegate all'ADL a New Orleans. Inoltre, nell'Appendice 2, esamineremo un legame poco esplorato tra Lee Harvey Oswald e almeno un informatore governativo clandestino che quasi certamente aveva legami con l'ADL. E nell'Appendice 3, scopriremo molto di più sugli strani legami di Guy Banister con la "destra", che di fatto puntano in direzione dell'ADL.

In ogni caso, è evidente che il Mossad e la CIA erano direttamente coinvolti nelle strane attività di Clay Shaw, Guy Banister, David Ferrie e Lee Harvey Oswald a New Orleans nell'estate del 1963.

Il Mossad e la CIA erano strettamente legati ai complotti di Permindex contro il presidente francese Charles De Gaulle e John F. Kennedy. Kennedy e De Gaulle si erano trovati dalla stessa parte nel sanguinoso conflitto per l'indipendenza dell'Algeria e in opposizione al Mossad e ai suoi alleati della CIA.

UNA VISITA AL PERMINDEX

Che Jim Garrison, il procuratore distrettuale di New Orleans, fosse davvero sulla strada giusta è evidenziato da una strana visita che Garrison ricevette all'inizio della sua indagine. Un petroliere di Denver, in seguito identificato dagli investigatori come John King, si era presentato nell'ufficio di Garrison e si era offerto di organizzare la nomina del procuratore a giudice federale se Garrison avesse abbandonato le indagini.

King era chiaramente in possesso di informazioni privilegiate sulla natura dell'indagine di Garrison ed era chiaramente interessato a fermarla prima che andasse oltre. Garrison, tuttavia, non voleva essere corrotto e aveva rapidamente mostrato all'uomo la porta.

Si dà il caso che, proprio nel periodo della misteriosa visita di King a New Orleans, il petroliere di Denver fosse impegnato in lucrosi affari internazionali con Bernie Cornfeld, capo dell'Overseas Investors Service (IOS) di Ginevra. Tra gli altri interessi di King c'erano le trivellazioni petrolifere al largo della penisola del Sinai, territorio arabo conquistato dagli israeliani nel 1967.[582]

Cornfeld, il socio di King, come abbiamo visto nel Capitolo 7 e nel Capitolo 9, era in realtà il protetto e il candidato del rabbino Tibor Rosenbaum, fondatore della Banque De Crédit International (BCI) e figura finanziaria centrale di Permindex.

La visita di King era chiaramente un'offerta amichevole da parte di Permindex. Speravano di mettere a tacere Garrison prima che la sua indagine andasse oltre, prima che facesse il collegamento con Clay Shaw, prima che scoprisse le vere origini del complotto della Permindex che portò all'omicidio di John F. Kennedy. Permindex e i suoi finanziatori erano determinati a porre fine alle indagini. La visita di John King a New Orleans era la prova evidente che il ruolo di Clay Shaw e della Permindex era la chiave del mistero dell'assassinio di JFK.

Una nota interessante: Nel 1967, un elemento chiave della rete Permindex di Tibor Rosenbaum e John King era Myer Feldman: il superavvocato che

---

[582] *Washington Observer*, 15 giugno 1970.

rappresentava gli interessi dello IOS a Washington.[583] Feldman, che abbiamo incontrato per la prima volta nel capitolo 5 come contatto di JFK con la comunità ebraica americana dopo aver lasciato la Casa Bianca, aveva firmato come scagnozzo ben pagato per le stesse persone dietro l'assassinio e l'insabbiamento di JFK. E oggi si scopre che Feldman è l'avvocato della famiglia Kennedy, che gestisce gli affari legali più privati della famiglia del presidente americano assassinato. Il mondo è piccolo, vero?

LO STRANO MONDO DI CLAY SHAW

Coloro che si sono espressi in modo più deciso sull'incriminazione di Clay Shaw da parte di Jim Garrison sono tra coloro che diffondono il mito che "la mafia ha ucciso JFK". Essi suggeriscono che Clay Shaw fosse una figura innocente che stava semplicemente riabilitando dei capannoni nel Quartiere Francese.

Tuttavia, nonostante il legame tra Permindex e il riciclaggio di denaro della Banque De Crédit International del sindacato Lansky, coloro che affermano che "La mafia ha ucciso JFK" non dicono assolutamente nulla sui fortissimi legami di Shaw - tramite Permindex - con questa entità bancaria criminale, strettamente legata alla "mafia" tramite Lansky.

Ignorare il legame tra Israele e il Permindex significa evitare del tutto la verità. Ecco perché coloro che cercano di incolpare la mafia, ad esempio, sono così determinati a difendere Clay Shaw. Guardare nella direzione di Shaw significa guardare nella direzione di Israele - e questo è il motivo per cui era così importante che l'indagine di Garrison venisse stroncata a tutti i costi.

È chiaro che la controversia Permindex è molto più grande di quanto molti vogliano ammettere. Ed è a causa del legame di Permindex con Israele e il suo Mossad che alcuni ricercatori sul caso JFK hanno scelto di ignorare la verità che avevano davanti.

E IL LEGAME CON IL "NAZISMO"?

C'era chi proclamava che il Permindex fosse una sorta di residuo "nazista" sopravvissuto alla Seconda Guerra Mondiale. La principale istigatrice di questa teoria fu Mae Brussell, un'eccentrica ricercatrice che divenne un'icona per molti ossessionati dall'assassinio di JFK, tra cui un certo Dave Emory che insiste ancora oggi che "i nazisti hanno ucciso JFK".

Tuttavia, c'è qualcosa di significativo nel background della signorina Brussell alla luce del ruolo israeliano nell'assassinio di JFK, come qui analizzato. La Brussell era figlia del rabbino Edgar Magnin, il leader spirituale della comunità ebraica di Hollywood, la forza più importante della lobby pro-Israele in America dopo la comunità ebraica di New York. Solo per questo motivo, la signora Brussell non sarebbe stata disposta a seguire il background israeliano di Permindex.

La Brussell e il suo assistente, Dave Emory, hanno sostenuto che ex nazisti di alto rango, come il generale Reinhard Gehlen, che erano entrati a far parte dei servizi

---

[583] Hutchison, Robert, Vesco. (New York: Praeger Publishers, 1974), p. 97.

segreti statunitensi durante la Seconda guerra mondiale, erano in ultima analisi responsabili dell'assassinio di Kennedy attraverso il Permindex.

Tuttavia, il fatto è che i servizi segreti israeliani hanno lavorato a stretto contatto con l'organizzazione di Gehlen nel dopoguerra. John Loftus e Mark Aarons hanno scritto di come gli agenti israeliani, pur trovando ripugnante questa nuova relazione, abbiano effettivamente lavorato con presunti ex criminali di guerra nazisti nelle operazioni di Gehlen.

Inoltre, gli israeliani si erano completamente infiltrati nell'organizzazione di Gehlen. Secondo Loftus e Aarons: "Sapevano esattamente cosa stava facendo il generale Gehlen... Dopo la nascita di Israele, alcuni membri del Mossad arrivarono alla base di Gehlen per ricevere un addestramento speciale... Nemmeno lui aveva idea di quanti dei suoi dipendenti facessero capo a Tel Aviv... Quello che Gehlen aveva visto, lo avevano visto anche gli israeliani".[584]

Quindi, se davvero (come alcuni sostengono) è stato un complotto "nazista" a uccidere JFK, sembra altamente improbabile che il complotto possa provenire da intrepidi israeliani. Ma, come ora sappiamo, non si trattò di un complotto nazista, nonostante le fantasie di Dave Emory e Mae Brussell. Il Permindex era un fronte israeliano, non nazista.

Per la cronaca, vale la pena di notare che la prima pubblicità a livello nazionale della teoria di Brussell secondo cui "i nazisti hanno ucciso JFK" è stata fatta sulle pagine della rivista *The Rebel*, pubblicata dal controverso pornografo Larry Flynt.[585]

Sebbene Flynt avesse effettivamente finanziato una legittima ricerca indipendente sull'assassinio di JFK qualche tempo prima (che secondo alcuni potrebbe aver portato al successivo attacco a Flynt), l'articolo di Brussell non faceva parte dello sforzo passato dell'impero editoriale di Flynt.

È difficile dire con esattezza cosa abbia motivato Flynt, che era davvero un individuo complesso, ma sappiamo una cosa: secondo la rivista *George*, pubblicata da John F. Kennedy, Jr, Flynt era emerso, almeno di recente, come un sostanziale contributore della Anti-Defamation League (ADL) di B'nai B'rith.[586] Quindi, alla luce di ciò che sappiamo dell'ADL e dei suoi molteplici legami con le persone strettamente coinvolte nel complotto per l'assassinio di JFK, questo è interessante.

Nonostante tutte le voci su Mae Brussell, esiste, ironia della sorte, un autentico e bizzarro legame "nazista" con Permindex, che è stato frainteso o deliberatamente oscurato, ma che va oltre la nostra comprensione di Permindex come punto di contatto transnazionale per il Mossad e i suoi alleati della CIA e della criminalità organizzata.

"I FASCISTI GIUDEI"

Il fatto è che non solo Tibor Rosenbaum, esponente del Mossad, ma anche George ed Ernst Mandel, esponenti del Permindex, facevano parte di

---

[584] John Loftus e Mark Aarons. *The Secret War Against the Jews* (New York: St. Martin's Press, 1994), pp. 291-292.
[585] Mae Brussell. *"La connessione nazista con l'assassinio di John F. Kennedy"*. La rivista *Rebel*, 22 novembre 1983.
[586] *Rivista George*, primavera 1997.

un'operazione sionista nata da un'impresa di intelligence a più livelli che aveva posto le basi non solo per la creazione dello Stato di Israele, ma anche per la fuga di ex leader nazisti dall'Europa e dall'organizzazione di Gehlen (e altrove) dopo la fine della Seconda guerra mondiale. Secondo i già citati Loftus e Aarons, in *The Secret War Against the Jews*:

"Durante la Seconda guerra mondiale, i servizi segreti sovietici utilizzarono una rete di cosiddetti "ebrei fascisti", nome in codice Max, per penetrare nei circoli interni del Terzo Reich e distruggere l'esercito tedesco sul fronte orientale. I nazisti credevano che la rete Max fosse la loro fonte segreta di intelligence all'interno del Cremlino, e in effetti forniva "buone" informazioni ai tedeschi, ma era strettamente controllata dai comunisti.

"Gli ebrei della rete Max erano per lo più agenti doppi comunisti, ma erano anche ebrei che si erano allontanati dalla causa sionista verso la fine della guerra e avevano rivelato i rapporti segreti [finanziari e di spionaggio] [prima della guerra e in tempo di guerra] di Allen Dulles [futuro direttore della CIA] con i nazisti.

Secondo Loftus e Aarons, "i sionisti avevano ricattato James Angleton, il protetto di Dulles [all'interno della CIA], affinché istituisse un sistema parallelo di contrabbando per ebrei e nazisti in fuga".[587] È nel capitolo 8 che abbiamo appreso il ruolo di Angleton nella rete di rifugiati ebrei che alla fine è diventata l'attuale Mossad.

Il fatto che gli israeliani abbiano ricattato Angleton, secondo Loftus e Aarons, che sono indubbiamente sostenitori di Israele, spiega molto bene il comportamento di Angleton durante tutta la sua carriera nella CIA e negli eventi che lo coinvolsero nelle circostanze dell'assassinio di JFK, di cui parleremo nel capitolo 16.

UNA DISPOSIZIONE TRANSNAZIONALE

Stando così le cose, ora capiamo perché gli agenti sionisti collaborarono con le cosiddette forze "naziste" nella strana corporazione transnazionale nota come Permindex. Come ha detto Peter Dale Scott, esistevano modelli comuni di interazione tra vari interessi coinvolti in trame complesse e multicentriche in cui questi vari elementi, ciascuno con motivazioni distinte, lavoravano insieme a progetti comuni, ciascuno per i propri fini.

C'è molto di più da dire sul Permindex rispetto a quanto ci hanno detto i ricercatori dell'assassinio JFK, ma la verità è che il Permindex era più che altro un dispositivo transnazionale con i complotti di Israele come forza trainante.

Le connessioni globali di Israele - in particolare con le forze anti-Kennedy all'interno della CIA e con l'impero criminale di Lansky, legato alla CIA, nonché con i ribelli francesi dell'OAS e con i nemici di Charles De Gaulle all'interno del proprio servizio di intelligence - hanno reso possibile la rete attraverso la quale è stato eseguito il piano per uccidere JFK. Permindex era al centro di tutto.

Grazie alla tecnica dei "falsi vessilli" in cui il Mossad è così abile (come abbiamo visto nel capitolo 3), personaggi mafiosi, cubani anticastristi, subalterni della CIA e

---

[587] John Loftus e Mark Aarons. *The Secret War Against the Jews (New York: St. Martin's Press, 1994)*, pag. 134.

altri strani personaggi sono stati coinvolti nella rete Permindex dietro la cospirazione dell'assassinio di JFK.

Ma alla fine fu Clay Shaw, membro del consiglio di amministrazione della Permindex, l'unica persona (oltre allo sfortunato Lee Harvey Oswald) ad essere accusata di aver preso parte alla cospirazione. Probabilmente non si saprà mai se Shaw fosse a conoscenza dell'imminente assassinio. Che Shaw abbia trafficato con personaggi come David Ferrie e Guy Banister - i primi a manipolare Oswald - è ormai assodato. Shaw sapeva che Oswald sarebbe stato il capro espiatorio? Tuttavia, il legame di Clay Shaw con l'assassinio - e con il Permindex - indica direttamente il ruolo del Mossad nella cospirazione.

Il Permindex è la chiave per comprendere la natura del complotto per l'assassinio di JFK. Ignorare il collegamento con il Permindex significa ignorare la realtà delle origini del complotto che ha portato all'assassinio di John F. Kennedy. I tentacoli del Permindex si estendevano ovunque, intrecciando in modo inestricabile il Mossad, la CIA e il sindacato del crimine di Lansky.

Sebbene di recente Max Holland, appassionato della Commissione Warren, abbia scritto un saggio nel numero della primavera 2001 di *The Wilson Quarterly*, sostenendo di "dimostrare" che il KGB sovietico era responsabile dell'effettiva sponsorizzazione della "disinformazione" - in particolare degli articoli di *Paese Sera* che collegavano Clay Shaw a Permindex - l'opera di Holland dimostra semplicemente che Permindex era una questione controversa fin dall'inizio. Ma, soprattutto, il saggio di Holland non risponde alla vera domanda: se Permindex NON era una copertura della CIA, era invece un'operazione israeliana? *Il Giudizio Finale* risponde alla domanda senza ombra di dubbio, ma è improbabile che Hollande risponda.

Nel prossimo capitolo, infine, esamineremo le prove più recenti, sorprendenti e definitive del fatto che fu James Jesus Angleton, alleato di Israele al quartier generale della CIA, a svolgere un ruolo centrale nella cospirazione e nell'insabbiamento dell'assassinio. Inoltre, esamineremo nuove importanti informazioni che suggeriscono che il 22 novembre 1963 a Dallas, in Texas, accadde molto di più di quanto sembri. Scopriremo anche che la cosiddetta "connessione francese" all'assassinio di JFK è, in realtà, la connessione israeliana.

CAPITOLO 16

Tradimento a Dallas
Cosa è successo veramente a Dealey Plaza? James Jesus Angleton, E. Howard Hunt e l'assassinio di JFK. La verità sulla "connessione francese

Nel 1985, in un piccolo processo pubblico per diffamazione a Miami, Mark Lane, investigatore veterano dell'assassinio di Kennedy, dimostrò con soddisfazione della giuria che la CIA aveva avuto un ruolo nell'assassinio di John F. Kennedy. *Plausible Denial*, il primo bestseller di Lane, pubblicato nel 1991, racconta l'intera incredibile storia.

Le prove del processo indicano anche che Israele era collegato all'assassinio attraverso gli uffici di James Jesus Angleton, alleato di Israele nella CIA. È stato Angleton a contribuire a coprire il ruolo centrale del suo Paese straniero preferito, insieme alla CIA, nell'omicidio di JFK.

Ci sono anche nuove strane prove che nella Dealey Plaza di Dallas accadde molto di più di quanto molti di coloro che furono coinvolti negli eventi che circondarono l'assassinio di JFK sapessero realmente.

Plausible Denial di Mark Lane dimostra in modo inequivocabile che la CIA era coinvolta nell'assassinio del Presidente John F. Kennedy.

Come abbiamo visto nel capitolo 9, il libro di Lane racconta la storia di come il processo per diffamazione intentato dal quotidiano di Washington *The Spotlight* contro l'ex agente della CIA E. Howard Hunt abbia portato in un'aula di tribunale della Florida la prima prova concreta che collegava la CIA all'assassinio di Kennedy.

Come riportato in precedenza, Lane aveva accettato di agire come avvocato difensore di The *Spotlight* dopo che Hunt aveva vinto una sentenza per diffamazione di 650.000 dollari contro il settimanale populista. Era stato Lane a difendere con successo *The Spotlight* dopo che il caso era stato nuovamente dibattuto in seguito all'annullamento del verdetto originale.

L'azione per diffamazione deriva da un articolo pubblicato sulle pagine di *The Spotlight* nel 1978.

L'articolo è stato scritto da Victor Marchetti, un ex alto funzionario della CIA che è diventato famoso a livello internazionale dopo aver pubblicato il suo bestseller *The CIA and the Cult of Intelligence*, il primo libro mai censurato prima della pubblicazione dalla CIA.

Dopo aver lasciato la CIA, Marchetti è diventato giornalista, specializzandosi in questioni relative alla CIA e alla comunità dell'intelligence in generale. In quanto tale, era un'autorità riconosciuta nel suo campo e aveva scritto numerosi articoli sull'intelligence per *The Spotlight*, oltre che per molte altre pubblicazioni, sia negli Stati Uniti che all'estero.

Così, quando Marchetti si è rivolto a *The Spotlight* con un articolo piuttosto affascinante che forniva un'interessante nuova prospettiva sull'assassinio di JFK (nel bel mezzo dell'inchiesta della House Committee on Assassinations), i redattori del settimanale si sono interessati.

LA CIA HA INCASTRATO HUNT?

L'articolo di Marchetti suggeriva che alti funzionari della CIA avevano deciso di incastrare E. Howard Hunt per il suo coinvolgimento nell'assassinio di Kennedy. Non perché Hunt fosse coinvolto nel crimine, ma semplicemente perché la CIA aveva deciso di incolparlo. Questa è una distinzione importante.

Nel corso degli anni, diversi appassionati di omicidi hanno sostenuto che le famose fotografie scattate nella Dealey Plaza di tre cosiddetti "barboni" che venivano portati via dalla scena del crimine dagli agenti di polizia avevano rivelato che Hunt era uno di quei barboni. La storia fu ripresa dai tabloid e diffusa ampiamente.

UNA SOCIETÀ TRA LA CIA E IL MOSSAD?

Tuttavia, c'è chi ritiene che la storia di "Tramp Hunt" sia stata in realtà deliberatamente inventata come parte del piano della CIA per incastrare Hunt per il coinvolgimento nell'assassinio. È stato proprio il piano della CIA per coinvolgere Hunt che Victor Marchetti ha svelato ne *I riflettori*.

Il principale sostenitore della teoria secondo cui Hunt era uno dei "vagabondi" di Dallas è A. J. Weberman, che ha legami molto stretti con la Jewish Defence League. J. Weberman, che ha legami molto stretti con la Lega di Difesa Ebraica.

Weberman era anche strettamente legato a Mordechai Levi, un noto agente provocatore della Anti-Defamation League of B'nai B'rith, il braccio di propaganda e di intelligence del Mossad israeliano, che esaminiamo più dettagliatamente nel capitolo 17.

(Levi era anche attivo nella Lega di Difesa Ebraica (JDL), fondata dal rabbino militante Meir Kahane. Nel capitolo 8 abbiamo visto che Kahane era un agente e un protetto di Jay Lovestone, che gestiva i rapporti della CIA con la mafia corsa francese e la mafia siciliana legata a Meyer Lansky. L'operazione di Lovestone era gestita dall'ufficio israeliano di James J. Angleton presso la CIA.

È possibile che la storia della "caccia al vagabondo" raccontata da Weberman sia in realtà un'invenzione della CIA e del Mossad per confondere ulteriormente le acque.

È interessante notare che nel 1975 - proprio quando Weberman stava pubblicando e promuovendo un libro che nominava Hunt come uno dei vagabondi - una strana lettera apparve, anonima, nella cassetta delle lettere di Penn Jones Jr, un altro ricercatore più affidabile.

La lettera era scritta in spagnolo e la busta recava un timbro postale di Città del Messico. La lettera era accompagnata da un'altra lettera che recitava come segue:

"Caro signor Hunt,

Vorrei avere informazioni sulla mia posizione. Sto solo chiedendo informazioni. Suggerisco di discutere la questione in modo approfondito prima di intraprendere qualsiasi azione da parte mia o di chiunque altro.
Grazie mille,
Lee Harvy [sic] Oswald".[588]

Analisi successive suggerirono che la lettera poteva o meno essere stata scritta da Oswald (anche se era noto per aver sbagliato a scrivere il suo secondo nome, come aveva fatto nella lettera). Quando la notizia dell'esistenza della lettera cominciò a circolare, il riferimento a un "signor Hunt" creò immediate speculazioni sul fatto che l'Hunt in questione fosse il petroliere texano H. L. Hunt o, più probabilmente, E. Howard Hunt.

Date le voci che circolavano allora sul presunto ruolo di Hunt nell'affare JFK, insieme ai suoi noti legami con la CIA e, in particolare, con Città del Messico, dove era stato attivo durante la sua carriera nella CIA, i sospetti su E. Howard Hunt erano naturali.

È interessante notare che la lettera è stata inviata da Città del Messico, la precedente base operativa di Hunt. Che la lettera sia autentica o meno, è chiaro che qualcuno voleva gettare ancora più sospetti su E. Howard Hunt - e ci è riuscito.

Il fatto che la storia di Weberman "Hunt the Tramp" e la lettera "Dear Mr Hunt" siano apparse nello stesso periodo è particolarmente interessante se si considera un altro caso che stiamo per esaminare.

La storia di "Tramp Hunt" e la lettera "Dear Mr Hunt" sembrano entrambe far parte di un'oscura operazione di propaganda della CIA gestita da James J. Angleton, l'uomo del Mossad della CIA.

HUNT ERA A DALLAS

Ironicamente, come vedremo, le prove suggeriscono che E. Howard Hunt si trovava effettivamente a Dallas - almeno il 21 novembre 1963 - ed era profondamente coinvolto in strane attività con i protagonisti dello scenario dell'assassinio di JFK.

Secondo Marchetti, il fatto che l'opinione pubblica sospettasse ampiamente il coinvolgimento della CIA nell'assassinio del Presidente, costrinse la CIA a mettere le carte in tavola e ad "ammettere" che, in effetti, uno dei suoi più noti vecchi agenti, Hunt, si trovava a Dallas il giorno in cui Kennedy fu ucciso.

Naturalmente, per Hunt - e per i suoi noti legami con i cubani anticastristi, spesso considerati i principali sospettati dell'assassinio di JFK - sarebbe stato difficile spiegare perché si trovasse a Dallas quel fatidico giorno - se ci fosse stato.

È interessante notare che l'articolo di Marchetti non ha mai detto che Hunt era stato coinvolto nella cospirazione per l'assassinio. L'articolo di Marchetti diceva solo che alti funzionari della CIA avevano deciso di incastrare Hunt per il crimine. Secondo le fonti di Marchetti, Hunt era considerato sacrificabile.

L'articolo di Marchetti riportava che uno strano promemoria interno della CIA - presumibilmente scritto qualche anno prima - era in qualche modo finito nelle

---

[588] Dick Russell. *L'uomo che sapeva troppo*. (New York: Carroll & Graf, 1993), p. 588.

mani degli investigatori della Commissione della Camera e che Hunt, di conseguenza, era stato finalmente costretto a spiegare la sua presenza a Dallas (come descritto nel promemoria) il 22 novembre 1963.

I redattori *di Spotlight* hanno ritenuto che l'articolo di Marchetti servisse, semmai, a mettere in guardia Hunt su ciò che i suoi ex datori di lavoro avevano in mente. I redattori *di Spotlight* non hanno ritenuto che l'articolo coinvolgesse Hunt nell'omicidio del Presidente.

Inspiegabilmente, però, l'ex agente della CIA decise di fare causa, anche se alla fine ammise sotto giuramento che, quando lesse per la prima volta l'articolo di *Spotlight*, le argomentazioni di Marchetti sembravano effettivamente plausibili. In breve, l'articolo affermava che Hunt credeva che i suoi ex colleghi sarebbero stati pronti a gettarlo in pasto ai lupi - per scopi disonesti.

La causa intentata da Hunt contro *The Spotlight* è finita in tribunale. Tuttavia, la direzione di The *Spotlight* non prese sul serio l'azione legale. Non credevano nemmeno che l'articolo danneggiasse la reputazione di Hunt o che gli avvocati di Hunt potessero dimostrare che il giornale aveva pubblicato l'articolo con dolo.

(In realtà, *Spotlight* aveva invitato Hunt presso la redazione del giornale per un'intervista al fine di confutare le affermazioni contenute nell'articolo di Marchetti o addirittura per scrivere un articolo che confutasse l'articolo di Marchetti).

Durante il processo, l'avvocato di *Spotlight* dichiarò inaspettatamente che il giornale non credeva che Hunt fosse stato a Dallas il 22 novembre 1963. Il processo si concluse comunque con una pesante multa di 650.000 dollari per il giornale per diffamazione. *Spotlight* fece appello alla sentenza e la Corte d'Appello concesse un nuovo processo in quanto le istruzioni del giudice alla giuria erano state errate.

LANE PRENDE IL CASO

È stato a questo punto che il famoso investigatore Mark Lane, l'avvocato, ha preso in mano il caso - quasi per caso - dopo essere stato presentato al direttore di *Spotlight* da un conoscente comune poco prima che il caso andasse in appello.

Sulla base di decenni di intense ricerche, Lane era da tempo convinto che la CIA avesse svolto un ruolo chiave nell'organizzazione dell'assassinio di JFK, ma non aveva mai avuto una sede legale per condurre tale indagine.

Il nuovo processo, che si svolse nel 1985 (circa sette anni dopo la pubblicazione del controverso articolo), gli diede questa possibilità. Lane lanciò la difesa *Spotlight* con un approccio molto diverso.

Sostenne che Hunt era stato davvero a Dallas poco prima dell'omicidio del Presidente e che sarebbe stato in grado di dimostrarlo. Gli avvocati di Hunt furono a dir poco sorpresi, ma nonostante i loro sforzi per ostacolare il nuovo approccio di Lane, non riuscirono.

Il testimone centrale del secondo processo per diffamazione (svoltosi a Miami) era Marita Lorenz, un'ex agente della CIA che aveva testimoniato davanti alla Commissione della Camera nel 1978, raccontando le informazioni in suo possesso sull'assassinio del Presidente.

Tuttavia, nonostante la natura incendiaria di ciò che la signorina Lorenz aveva raccontato alla commissione, la sua testimonianza fu respinta dal capo della commissione della Camera, G. Robert Blakey (che, come abbiamo appreso nel capitolo 10, aveva legami con la CIA e con il sindacato del crimine organizzato di Meyer Lansky).

La signorina Lorenz, una bella donna tedesca, era stata di fatto l'unica amante del dittatore cubano Fidel Castro, ma alla fine si era rivoltata contro il leader cubano ed era stata coinvolta in attività anticastriste sotto la tutela della CIA. Tra i suoi principali contatti con la CIA in questo periodo c'erano E. Howard Hunt, il principale referente della CIA con gli agenti cubani anticastristi, e Frank Sturgis, l'agente veterano della CIA che era essenzialmente il suo supervisore. Mark Lane chiese alla signorina Lorenz di testimoniare per la difesa di *Spotlight* nel processo di Hunt, ripetendo sotto giuramento ciò che aveva detto alla Commissione per gli Assassinii della Camera e ciò che aveva detto a Lane stesso anni prima.

HUNT E RUBY A DALLAS

Così, durante il processo per diffamazione di Hunt, la signorina Lorenz testimoniò che, appena un giorno prima dell'assassinio di Kennedy, aveva incontrato Sturgis e diversi esuli cubani anticastristi a Dallas, tra cui E. Howard Hunt, ma anche Jack Ruby, che in seguito assassinò Lee Harvey Oswald, presunto assassino del Presidente. Howard Hunt, ma anche Jack Ruby, che in seguito assassinò Lee Harvey Oswald, il presunto assassino del Presidente.

Secondo la signorina Lorenz, Hunt era il tesoriere della CIA per un'operazione top-secret, di cui non conosceva lo scopo. La signorina Lorenz dice che Sturgis le disse che sarebbe stata usata come "esca".

Tuttavia, sentendosi a disagio, la signorina Lorenz lasciò Dallas il 22 novembre e non partecipò mai all'operazione. In seguito venne a sapere che il Presidente Kennedy era stato assassinato e che, naturalmente, Jack Ruby aveva ucciso Lee Harvey Oswald, il presunto assassino del Presidente.[589]

Per quanto riguarda Hunt, i suoi resoconti contraddittori sui suoi spostamenti alla vigilia dell'assassinio di Kennedy e il giorno stesso dell'assassinio erano sospetti. Lane sfruttò le dichiarazioni giurate di Hunt (durante la deposizione e i due processi, oltre che in diverse altre sedi) per mostrare queste contraddizioni. Queste contraddizioni da sole avrebbero potuto significare la fine del processo di Hunt.

Inoltre, i testimoni chiamati dagli avvocati dell'ex membro della CIA a difesa di Hunt hanno suggerito che Hunt aveva più cose da nascondere di quanto fosse disposto ad ammettere. Molti di questi testimoni erano infatti un assortimento di ex colleghi della CIA di Hunt, molti dei quali rappresentati da avvocati inviati dalla CIA durante le loro deposizioni.

Tuttavia, fu la testimonianza di Marita Lorenz a convincere definitivamente la giuria che *Spotlight* (e lo stesso Lane) avevano una storia molto più plausibile di quella di Hunt. Contribuendo alla clamorosa vittoria di *Spotlight* in tribunale, che ha trionfato sull'azione di diffamazione di Hunt.

Leslie Armstrong, residente a Miami, che presiedeva la giuria del caso, ha rilasciato una dichiarazione in concomitanza con la pubblicazione del resoconto scritto di Lane sul processo:

---

[589] Si veda Mark Lane. *Plausible Denial* (New York: Thunder's Mouth Press, 1991).

"Il signor Lane ci stava chiedendo [alla giuria] di fare qualcosa di molto difficile. Ci chiedeva di credere che John Kennedy fosse stato ucciso dal nostro stesso governo.

Tuttavia, quando abbiamo esaminato attentamente le prove, siamo stati costretti a concludere che la CIA aveva effettivamente ucciso il Presidente Kennedy".[590]

Nonostante questa sorprendente conclusione, i media rimasero in silenzio. I media hanno parlato pochissimo della sconfitta di Hunt, in particolare della sostanza delle sorprendenti accuse della signorina Lorenz. Naturalmente, si trattava di una notizia vera e propria in tutti i sensi, ma i media avevano scelto di ignorare ciò che era accaduto in quell'aula di tribunale di Miami.

È interessante notare, tuttavia, come vedremo, che esisteva un altro articolo (simile a quello contestato di Victor Marchetti) che, come Marchetti, suggeriva che la storia fosse molto più di quanto sembrasse.

IL LEGAME CON ANGLETON

Infatti, la nota interna della CIA che collega Hunt all'assassinio di JFK è stata scritta da James Jesus Angleton, alleato di Israele nella CIA, la cui storia abbiamo esplorato nel capitolo 8 e che abbiamo incontrato molte volte in queste pagine.

Ciò non significa, tuttavia, che Hunt non fosse a Dallas il 21 o 22 novembre 1963.

Al contrario, le prove che stiamo per riferire suggeriscono che la presenza di Hunt a Dallas - per qualsiasi scopo - era in realtà legata in qualche modo alle circostanze della cospirazione per l'assassinio di JFK.

Queste prove suggeriscono, come vedremo, che sia stato Angleton, responsabile anche della diffusione del memo che aveva scritto per collegare Hunt all'assassinio di JFK.

Prima di proseguire nell'esplorazione delle azioni e dei misfatti di Angleton, in particolare in relazione a Hunt, è importante rivedere l'articolo di Victor Marchetti (pubblicato su *Spotlight* il 14 agosto 1978) pubblicato come segue:

> Qualche mese fa, a marzo, si è tenuta una riunione presso il quartier generale della CIA a Langley, in Virginia, la sontuosa sede delle super-spie americane che si affaccia sul fiume Potomac. L'incontro ha riunito diversi agenti segreti di alto livello ed ex alti funzionari dell'agenzia.
>
> Il tema della discussione era: cosa fare in merito alle recenti rivelazioni che collegano il presunto assassino del Presidente Kennedy, Lee Harvey Oswald, al gioco di spionaggio tra USA e URSS? È stata presa una decisione ed è stato elaborato un piano d'azione. Entrambi sono stati deliberatamente calcolati per affascinare e disorientare il pubblico, inscenando un'abile "situazione limitata" nel giorno in cui la House Select Committee on Assassinations (HSCA) ha tenuto le sue udienze pubbliche alla fine del mese.

---

[590] *The Spotlight*, 11 novembre 1991.

Nel gergo spionistico, una "situazione limitata" è uno stratagemma spesso utilizzato dai professionisti della clandestinità.

Quando il loro velo di segretezza viene squarciato e non possono più contare su una falsa copertura per disinformare il pubblico, ricorrono ad ammettere - a volte anche volontariamente - alcune verità riuscendo a nascondere i fatti essenziali e dannosi del caso. In genere, il pubblico è talmente affascinato dalle nuove informazioni che non pensa mai a guardare oltre.

Probabilmente non sapremo mai chi ha organizzato l'assassinio di JFK e perché. Ci sono troppi potenti interessi acquisiti legati alla cospirazione perché la verità possa essere rivelata ancora oggi, 15 anni dopo l'omicidio.

Ma nei prossimi due mesi, secondo fonti sensibili della CIA e dell'HSCA, scopriremo molto di più sul crimine. Le nuove rivelazioni saranno sensazionali, ma solo in apparenza. Alcuni dei piccoli criminali coinvolti nel complotto e nel suo insabbiamento saranno identificati per la prima volta e lasciati a cavarsela da soli in diretta televisiva. La maggior parte di coloro che devono ancora essere nominati sono già morti.

Ma ancora una volta, la brava gente dell'America centrale sarà ingannata dal governo e dai suoi alleati nei media della classe dirigente. In realtà, stiamo assistendo a un altro insabbiamento piuttosto sofisticato, ideato dalla CIA con l'aiuto dell'FBI e la benedizione dell'amministrazione Carter.

Un classico esempio di situazione limitata è il modo in cui la CIA ha gestito e manipolato l'indagine della Commissione Church di due anni fa. La commissione non ha appreso nulla di più sugli assassinii di leader stranieri, sui programmi di droga illecita o sulla penetrazione dei media di quanto la CIA le abbia permesso di scoprire. E questo è esattamente ciò che la CIA sta cercando di ottenere attraverso l'HSCA in relazione all'omicidio di JFK.

Il famoso E. Howard Hunt del Watergate sarà il primo a essere smascherato dalla nuova indagine. La sua fortuna si è esaurita e la CIA ha deciso di sacrificarlo per proteggere i suoi servizi segreti. L'agenzia è furiosa con Hunt per averlo trascinato pubblicamente nel caos di Nixon e per averlo ricattato dopo il suo arresto. Inoltre, Hunt è vulnerabile, un bersaglio facile, come si dice nel mondo delle spie. La sua reputazione e la sua integrità sono state distrutte. La morte della moglie Dorothy, avvenuta in un misterioso incidente aereo a Chicago, continua a turbare molte persone, soprattutto perché da fonti informate si diceva che la donna stesse per lasciarlo e forse addirittura mettersi contro di lui.

Inoltre, è noto che Hunt odiava JFK e lo incolpava del disastro della Baia dei Porci. E ora, negli ultimi mesi, è venuto alla luce il suo alibi per quanto riguarda i suoi spostamenti il giorno della sparatoria.

Durante le udienze pubbliche, la CIA "ammetterà" che Hunt ha partecipato alla cospirazione per uccidere Kennedy. La CIA potrebbe arrivare ad "ammettere" che c'erano tre uomini armati che sparavano a Kennedy. L'FBI, pur sottoscrivendo pubblicamente la conclusione "un uomo solo" della Commissione Warren, ha sempre saputo in privato che c'erano tre uomini armati. Entrambe le agenzie possono ora ammettere che la cospirazione coinvolgeva molte più persone di quelle che spararono a Kennedy.

La CIA voleva puntare il dito contro di lui e collegarlo all'assassinio di JFK. Qualche settimana fa, l'HSCA ha ricevuto inaspettatamente una nota interna della CIA in cui si diceva che l'agenzia era appena incappata nei suoi vecchi file. Era datato 1966 e diceva sostanzialmente: Un giorno dovremo spiegare la presenza di Hunt a Dallas il 22 novembre 1963, giorno dell'uccisione del Presidente Kennedy. Per Hunt sarà difficile spiegare questo memo e altre cose davanti alle telecamere delle udienze dell'HSCA.

La reputazione di Hunt come fanatico anticomunista ha giocato a suo sfavore. Così come la sua lunga e stretta relazione con i cubani anticastristi, così come la sua inclinazione per gli accordi sottobanco e i suoi vari colpi di stato mentre era uno degli idraulici di Nixon. E. Howard Hunt sarà coinvolto nella cospirazione, ma non oserà parlarne: se ne occuperà la CIA.

[Marchetti ha notato a questo punto che l'ex amante di Fidel Castro, Marita Lorenz, ha affermato che Hunt faceva parte di una squadra della CIA che aveva preso di mira il presidente Kennedy].

Resta da vedere chi altro verrà identificato come partecipante alla cospirazione e/o all'insabbiamento. Ma sta già cominciando a emergere uno schema inquietante. Tutti i banditi sono stati disonorati in un modo o nell'altro. Hanno tutti una reputazione di "destra". O lo saranno dopo le udienze.

Il fatto che alcuni di loro possano aver avuto legami con la criminalità organizzata si rivelerà solo incidentale nel lungo periodo. Quelli con legami comprovati con la CIA o l'FBI saranno dipinti come rinnegati che hanno agito per conto proprio senza l'approvazione o la conoscenza dei loro superiori.

Per quanto riguarda l'insabbiamento, la colpa sarà degli ex presidenti, morti o caduti in disgrazia. Carter emergerà come ricercatore della verità e la CIA e l'FBI avranno accuratamente coperto le loro tracce istituzionali.[591]

L'articolo di Marchetti è molto interessante per molti aspetti. In primo luogo, come già accennato, Hunt stesso ha inizialmente ammesso di credere che la storia fosse basata sulla verità - che fosse plausibile, che i suoi ex colleghi della CIA avessero effettivamente preso in considerazione l'idea di accusarlo di coinvolgimento nell'assassinio di JFK.

L'origine del memorandum che collega Hunt all'assassinio di JFK è interessante come viene presentata da Marchetti. Egli lo descrive come un promemoria in cui si dice che "l'agenzia si è imbattuta nei suoi vecchi file". In altre parole, dal riferimento casuale di Marchetti si potrebbe dedurre che la CIA potrebbe aver inventato il

---

[591] *The Spotlight*, 14 agosto 1978.

memo. Il fatto che l'agenzia si sia "imbattuta" nel memo in un momento in cui il sospetto pubblico di un coinvolgimento della CIA nell'assassinio di JFK stava crescendo è, ovviamente, quantomeno interessante. Se Hunt fosse stato davvero a Dallas il giorno dell'uccisione di JFK, o anche il giorno prima, la cosa sarebbe apparsa sospetta. Il fatto che Hunt fosse da tempo coinvolto nella lotta con gli anticastristi sotto l'egida della CIA - avrebbe reso Hunt un probabile sospetto se si fosse scoperto che si trovava a Dallas nel momento critico.

Come sottolinea Marchetti, collegare Hunt all'assassinio di JFK sarebbe una storia di copertura che il pubblico accetterebbe facilmente. La CIA, in quanto istituzione, si sarebbe assolta da ogni responsabilità, avendo gettato Hunt in pasto ai lupi come agente indipendente al di fuori del suo controllo. In effetti, la CIA potrebbe affermare di aver finalmente "risolto" l'assassinio di JFK. Il presunto coinvolgimento di Hunt attirerebbe anche una serie di altri falsi vessilli - non solo cubani anticastristi, ma "di destra" in generale.

Inoltre, dato il coinvolgimento di Hunt nel Watergate (e il fatto che Richard Nixon aveva lasciato la presidenza in disgrazia), Nixon stesso potrebbe essere stato sottoposto a pressioni da parte di un'ampia fetta dell'opinione pubblica che sospettava il peggio: che Nixon potesse aver contribuito a organizzare l'assassinio di JFK.

Non solo Nixon era stato coinvolto nel piano anticastrista di alto livello con Hunt e la CIA fin dall'inizio, ma era stato anche sconfitto da Kennedy nella campagna presidenziale del 1960. Il fatto che uno degli scagnozzi di Nixon al Watergate fosse coinvolto nell'assassinio di JFK non avrebbe fatto bene all'immagine già offuscata di Nixon.

Marchetti ha anche sottolineato che "il fatto che alcuni [dei presunti cospiratori di Hunt] possano aver avuto legami con la criminalità organizzata si rivelerà solo incidentale nel lungo termine".

Questa "situazione limitata" della CIA avrebbe quindi nascosto il ruolo della criminalità organizzata israeliana legata a Meyer Lansky. Approfondire troppo le origini e i legami reali della rete criminale avrebbe portato allo scoperto il legame con Israele - se fosse stato portato avanti fino alla sua logica conclusione.

Ora, ovviamente, lo scenario presentato nell'articolo di Marchetti - la trappola tesa a Hunt dalla CIA - non ha mai avuto luogo. Tuttavia, il fatto che avesse una base di verità - che Hunt fosse considerato un "capro espiatorio" - sembra ovvio.

Ciò è confermato dal fatto che un articolo simile, basato sulla stessa situazione di fatto, è apparso su un altro giornale nello stesso periodo.

Sebbene le affermazioni del secondo articolo siano leggermente diverse da quelle dell'articolo di Marchetti, è chiaro che le somiglianze, in generale, sono quelle più significative.

L'articolo è apparso sul *Sunday News Journal* il 20 agosto 1978 a Wilmington, Delaware. Gli autori erano Joe Trento e Jacquie Powers. L'articolo recita [nella sua parte più rilevante] come segue:

WASHINGTON - Un memo segreto della CIA afferma che E. Howard Hunt si trovava a Dallas il giorno dell'assassinio del presidente John F. Kennedy e che alti funzionari dell'agenzia hanno cospirato per nascondere la presenza di Hunt.

Alcune fonti della CIA ipotizzano che Hunt credesse di essere stato incaricato dai superiori di organizzare l'omicidio di Lee Harvey Oswald.

Secondo alcune fonti, Hunt, condannato nel 1974 per la cospirazione Watergate, era a capo dell'ufficio della CIA a Città del Messico nelle settimane precedenti l'assassinio di Kennedy. Secondo il rapporto ufficiale della Commissione Warren, Oswald si trovava a Città del Messico e incontrò due agenti sovietici del KGB all'ambasciata russa poco prima di partire per Dallas.

Il promemoria segreto del 1966, ora nelle mani della Commissione per gli assassinii della Camera, colloca Hunt a Dallas il 22 novembre 1963.

Richard M. Helms, ex direttore della CIA, e James J. Angleton, ex capo del controspionaggio, hanno siglato il memo, secondo gli investigatori che hanno reso disponibili le informazioni al *Sunday News Journal*.

Secondo fonti vicine alla Commissione speciale sugli omicidi, il documento rivela:

· Tre anni dopo l'omicidio di Kennedy, e poco dopo che Helms e Angleton erano stati promossi alle posizioni più alte della CIA, discussero del fatto che Hunt si trovava a Dallas il giorno dell'assassinio e che la sua presenza doveva essere tenuta segreta.

· Helms e Angleton ritenevano che la notizia della presenza di Hunt a Dallas avrebbe danneggiato l'agenzia se fosse trapelata.

· Helms e Angleton erano del parere che una copertura, che fornisse a Hunt un alibi per essere stato altrove il giorno dell'omicidio, "dovrebbe essere presa in considerazione"...

... Helms ha rifiutato di commentare. Una segretaria ha detto che era fuori città e non sarebbe stato disponibile. Quando Angleton è stato interrogato dallo staff della commissione, è stato "evasivo", secondo una fonte che era presente. Angleton non ha voluto commentare...

Una fonte senior della CIA, a cui è stato chiesto di spiegare perché un complotto di insabbiamento potenzialmente dannoso sarebbe stato messo su carta, ha dichiarato: "Il memo è molto strano. È quasi come se Angleton stesse informando Helms, appena diventato direttore, che c'era uno scheletro nell'armadio di famiglia che doveva essere affrontato, e questa fu la sua risposta".

Secondo una fonte della commissione, il memo "mostra che il coinvolgimento della CIA nell'affare Kennedy potrebbe arrivare fino a . Non vogliamo fare il passo più lungo della gamba, ma questo è sbalorditivo"....

... L'apparizione di Hunt a Dallas e a Città del Messico al momento dell'omicidio rafforza una teoria condivisa da alcuni investigatori interni della CIA. Essi ritengono che Oswald lavorasse per l'intelligence statunitense, che gli fosse stato ordinato di infiltrarsi nel KGB e che questo spieghi la sua vita in Russia. Ritengono inoltre che Oswald si sia dimostrato talmente instabile da essere stato "manipolato" dal KGB per diventare un agente triplo e assegnato alla postazione di Dallas.

Gli stessi investigatori ipotizzano che quel giorno Hunt si trovasse a Dallas su ordine di un alto funzionario della CIA che in realtà era una talpa del KGB. Hunt avrebbe creduto di essere pronto a far assassinare Oswald perché era diventato un traditore. In realtà, fonti della CIA ipotizzano che dovesse uccidere Oswald per evitare che testimoniasse e rivelasse che i russi gli avevano ordinato di uccidere Kennedy.

Gli investigatori della CIA temono che la talpa in questione possa essere Helms o Angleton.

Hunt ha descritto per la prima volta l'esistenza di una piccola squadra di assassini della CIA in un'intervista al *New York Times*, mentre era in prigione nel dicembre 1975 per il suo ruolo nel Watergate. La squadra, presumibilmente guidata dal colonnello Boris Pash, aveva l'ordine di eliminare sospetti agenti doppi e funzionari di basso rango.

Secondo altre fonti della CIA, l'unità di assassinio di Pash era assegnata ad Angleton... Fonti della CIA e della commissione hanno anche appreso che mentre la Commissione Warren indagava sull'assassinio di Kennedy, un membro della Commissione - il defunto Allen Dulles, allora capo della CIA e capo di Angleton - si incontrava regolarmente con lui.

Ogni settimana, Dulles informava Angleton della direzione dell'indagine. Secondo alcune fonti, Angleton informò a sua volta Raymond Rocca, il suo più stretto vice e l'ufficiale di collegamento della CIA con la Commissione.[592]

Questo articolo è interessante per una serie di motivi. In primo luogo, Joseph Trento, uno dei coautori, ha ammesso sotto giuramento al processo per diffamazione di E. Howard Hunt contro *Spotlight* di aver effettivamente visto il controverso memo in questione. Trento ha anche affermato di conoscere James Jesus Angleton della CIA e di averlo talvolta utilizzato come fonte.

Infatti, sappiamo da Hunt contro *Spotlight* che William R. Corson, un giornalista dell'intelligence - una vecchia risorsa mediatica di Angleton - era la fonte immediata delle storie di Marchetti e Trento. Corson stava chiaramente lavorando come "interruttore" di Angleton nel passare le informazioni che sono apparse in entrambe le storie.

(E probabilmente non è una coincidenza che uno dei soci di Corson, negli ultimi anni prima della sua morte, sia stato a lungo impegnato in uno sforzo occulto e determinato per minare la distribuzione di *Giudizio Finale* e per distruggere l'autore personalmente, ma anche per danneggiare Mark Lane, la cui vittoria al processo di Hunt [e in effetti su Angleton e Corson] aveva scosso la comunità dei servizi segreti. Ma questa è un'altra storia per un'altra volta, ma non è comunque insignificante.

Il fatto che Angleton sia stato l'autore del memo a Richard Helms, suo superiore della CIA (e mecenate di lunga data) è altrettanto interessante, vista la stretta collaborazione di Angleton con il Mossad israeliano (documentata nel capitolo 8).

Sebbene la storia di Trento sostenga che il memo della CIA sia stato apparentemente scritto nel 1966, la data effettiva della sua prima apparizione è

---

[592] *Wilmington, Delaware Sunday News Journal*, 20 agosto 1978.

ovviamente opinabile, così come l'effettiva intenzione del memo stesso. L'articolo stesso osserva che una "fonte senior della CIA" aveva considerato il memo "molto strano" in quanto registrava, per iscritto, la presunta presenza a Dallas di un vecchio agente della CIA, Hunt, al momento dell'omicidio di JFK.

Le prove suggeriscono che il motivo per cui il memo di Angleton fu messo su carta - e successivamente pubblicato - era che Angleton voleva che la storia fosse divulgata alla stampa, come parte di un insabbiamento in corso delle vere origini dell'assassinio di JFK. Hunt - l'agente della CIA di basso livello (già macchiato dal Watergate) - fu lasciato libero di agire e i veri cospiratori ai vertici se ne lavarono le mani.

IL MEMO È STATO DELIBERATAMENTE DIVULGATO?

Angleton e Helms erano davvero preoccupati, come suggerisce l'articolo, che l'agenzia sarebbe stata colpita dalle rivelazioni, o hanno piuttosto fatto in modo che il memo fosse divulgato in modo che ci fosse, come suggerisce l'articolo di Victor Marchetti, una "situazione limitata" che avrebbe assolto la CIA da qualsiasi coinvolgimento nel crimine come istituzione?

Joe Trento ha poi rivelato che Angleton aveva effettivamente fatto trapelare il memo alla Commissione per gli assassinii della Camera. Tuttavia, secondo Trento, "tutto fu gestito in modo tale che Angleton non fosse la fonte".[593]

È importante anche il fatto che l'articolo di Trento suggerisce che Hunt era effettivamente a Dallas e che si trovava lì per una missione che coinvolgeva Lee Harvey Oswald.

A HUNT È STATO ORDINATO DI ANDARE A DALLAS?

È possibile che Hunt sia stato manipolato per prendere parte al complotto per l'assassinio di JFK, senza sapere che c'erano cose ben peggiori e più insidiose nello strano mondo di Lee Harvey Oswald?

Hunt era stato inviato a Dallas con un pretesto della CIA, orchestrato da uno dei suoi superiori, James Jesus Angleton, per poi scoprire, a posteriori, che si stava pianificando l'assassinio di John F. Kennedy?

Secondo Trento, Angleton gli aveva detto che Hunt era stato mandato a Dallas da una talpa sovietica di alto livello del KGB che lavorava nella CIA. Tuttavia, dice Trento, "sono poi giunto alla conclusione che l'idea della talpa era, per usare la sua frase, disinformazione; che Angleton stava cercando di proteggere i propri legami con Hunt a Dallas.... Penso che sia stato Angleton stesso a mandare Hunt a Dallas, perché non voleva usare qualcuno di casa".[594]

Tutto ciò è a dir poco interessante e sottolinea il ruolo chiave di Angleton negli eventi che collegano la CIA e Hunt a Dallas. Tuttavia, come vedremo, c'è di più

---

[593] Dick Russell, *The Man Who Knew Too Much* (New York: Carroll & Graf Publishers, Inc., 1992), pag. 475.
[594] *Ibidem.*

nella storia del ruolo svolto da James J. Angleton, l'alleato del Mossad all'interno della CIA, nell'assassinio e nell'insabbiamento di JFK.

In realtà, Angleton ha avuto un ruolo proprio nella parte del complotto dell'assassinio che prevedeva l'arresto di Lee Harvey Oswald come "agitatore filo-castrista" colpevole di associazione con il KGB sovietico.

LA CIA E LO SCENARIO MESSICANO

L'articolo di Trento si basa sulla storia che Lee Harvey Oswald si sia recato a Città del Messico per incontrare i sovietici e i cubani di Castro.

Tuttavia, come ha dimostrato Mark Lane in *Plausible Denial*, la storia secondo cui Oswald si sarebbe recato a Città del Messico per un incontro con i comunisti era una completa messinscena, un'invenzione della stessa CIA.

Lane ha riassunto la situazione come segue: "Prima di tutto, bisogna capire che praticamente tutte le informazioni riguardanti la presunta visita di Oswald in Messico e i suoi contatti con i sovietici e i cubani sono state inventate dalla CIA. Nel suo rapporto, la Commissione [Warren] ha citato la CIA come fonte primaria per lo scenario di Città del Messico, rifiutandosi di cercare conferme indipendenti alla versione della CIA degli eventi.

"Tuttavia, lo scenario di Città del Messico è il pensiero dominante adottato dalla CIA e accettato dalla Commissione Warren. Rimane un articolo di fede per coloro che hanno successivamente approvato il Rapporto Warren, compresi i giornalisti e le commissioni investigative ufficiali.

Uno dei principali fondamenti della teoria dell'assassino solitario è la presenza di Lee Harvey Oswald a Città del Messico.

"Poco dopo la costituzione della commissione, la CIA informò Earl Warren che Oswald aveva visitato il Messico dal 26 settembre al 3 ottobre 1963 e che aveva trascorso la maggior parte del tempo a Città del Messico.

"Secondo la CIA, Oswald aveva visitato l'ambasciata cubana a Città del Messico il 27 settembre e l'ambasciata sovietica il 1° ottobre. La CIA aveva riferito che le prove che Oswald era stato nell'ambasciata cubana erano state fornite dalla signora Silvia Duran, una messicana impiegata presso l'ambasciata cubana. La prova che Oswald fosse stato nell'ambasciata sovietica, secondo la CIA, proveniva dalle osservazioni dei suoi stessi agenti".[595]

OSWALD E IL KGB?

La CIA aveva detto alla Commissione Warren che Oswald aveva incontrato un ufficiale del KGB sovietico di nome Valeriy Kostikov, uno specialista in omicidi e sabotaggi; che Kostikov era responsabile degli omicidi orchestrati dai sovietici negli Stati Uniti. Chiaramente, la CIA dedusse che Oswald si era incontrato con l'ufficiale del KGB per pianificare l'omicidio di JFK.

Tuttavia, anche la Commissione Warren era sospettosa e chiedeva prove delle attività di Oswald in Messico. Passarono circa quattro mesi prima che la CIA fosse

---

[595] Lane, pp. 45-46.

in grado di fornire qualcosa di diverso dalla testimonianza della già citata signorina Duran.

Tuttavia, come dimostrano le prove, la signorina Duran identificò Oswald come visitatore dell'ambasciata cubana solo dopo essere stata arrestata dalla polizia messicana su istruzioni (a lei sconosciute) della CIA. Fu costretta a fare la dichiarazione che la CIA voleva: che Oswald era stato all'ambasciata cubana.

Dopo il suo rilascio, la donna ha parlato della sua esperienza e la CIA ha chiesto alla polizia messicana di arrestarla nuovamente, ma ha avvertito la polizia di assicurarsi che la signorina Duran non sapesse nulla del coinvolgimento della CIA nella sua vicenda.

Alla fine, sotto pressione per fornire ulteriori conferme delle attività di Oswald, la CIA riuscì a produrre le registrazioni di una conversazione telefonica tra qualcuno che si riteneva fosse Lee Harvey Oswald e qualcuno dell'ambasciata sovietica.

Tuttavia, anche l'FBI, dopo aver studiato la registrazione, aveva concluso che i suoi agenti erano del parere che "NON era Lee Harvey Oswald".[596]

Nonostante questa conclusione provocatoria, il rapporto dell'FBI non arrivò mai alla Commissione Warren. Warren e compagnia dovettero basarsi solo sui rapporti della CIA (il rapporto dell'FBI fu reso pubblico solo alcuni anni dopo, quando Mark Lane lo ottenne grazie alla legge sulla libertà di informazione).

Nel 1977, David Atlee Phillips, ex capo della CIA per l'Emisfero occidentale, ammise pubblicamente che Oswald non era stato all'ambasciata sovietica di Città del Messico.

Phillips, più di chiunque altro, avrebbe dovuto saperlo, essendo stato a capo dell'ufficio della CIA di Città del Messico all'epoca della presunta visita di Oswald.

(Tra l'altro, è stato anche affermato che Oswald potrebbe essere stato avvistato a Dallas con un agente della CIA noto come "Maurice Bishop", che molti ritengono essere Phillips.

In un dibattito piuttosto acceso con Mark Lane all'Università della California del Sud, un Phillips un po' affranto ha confessato: "Non sono in grado oggi di parlarvi del funzionamento interno dell'ufficio della CIA a Città del Messico... ma vi dirò questo, quando i documenti verranno fuori, scopriremo che non c'è... uno straccio di prova che Lee Harvey Oswald abbia visitato l'ambasciata sovietica".[597]

WARREN "TENUTO IN OSTAGGIO"

Secondo Mark Lane, la portata della cattiva condotta della CIA può essere compresa appieno solo quando si risale alle origini della sua cospirazione per coprire i fatti. Infatti, la mascherata della CIA, che ovviamente includeva l'impiego di un impostore come Oswald, era iniziata già il 1° ottobre 1963.

"Un mese e ventidue giorni prima dell'assassinio del Presidente Kennedy, la CIA aveva messo in moto una serie di eventi apparentemente progettati per impedire a qualsiasi istituzione americana di osare conoscere la verità sull'assassinio, un assassinio che non era ancora avvenuto.

---

[596] *Ibidem*, p. 64.
[597] *Ibidem*, p. 82.

"Più di sette settimane prima dell'assassinio del Presidente Kennedy, la CIA stabilì in modo drammatico ed erroneo un legame tra Lee Harvey Oswald e un diplomatico sovietico, che la CIA avrebbe in seguito designato come autorità del KGB per gli omicidi negli Stati Uniti.[598]

Di conseguenza, la Commissione Warren, alle prese con la CIA su quello che sembrava essere un possibile coinvolgimento sovietico nell'assassinio di Kennedy, decise di sopprimere quella che riteneva erroneamente "la verità".

Il destino del mondo era nelle mani del giudice capo Earl Warren e dei suoi colleghi commissari. Se l'opinione pubblica avesse saputo che Oswald era una pedina sovietica, sarebbe potuta scoppiare una guerra nucleare.[599] Come ha commentato Mark Lane, Warren era "tenuto in ostaggio" dalla menzogna provocatoria della CIA.

Nel suo dibattito con David Atlee Phillips, Mark Lane aveva esposto tutto questo al pubblico. Quando si confrontò con Oswald e dopo aver confessato di non essere stato all'ambasciata sovietica, Phillips suggerì che non voleva che la CIA o lui stesso fossero ritenuti responsabili per "un uomo della CIA che non avevo mai visto [che] stava facendo qualcosa di cui non avevo mai sentito parlare".[600]

Sebbene Phillips fosse a dir poco disonesto, il fatto è che dietro il copione di Città del Messico c'era qualcuno che conosceva. Si trattava del suo collega della CIA James J. Angleton.

ANGLETON E MESSICO

Il ricercatore Bernard Fensterwald ha riferito nel 1977 che "Angleton si era occupato di diversi casi controversi di assassinio da parte della CIA, come la misteriosa serie di fotografie della CIA scattate a Città del Messico nel settembre e ottobre 1963, in cui un uomo identificato dalla CIA come Lee Harvey Oswald si rivelò non essere affatto Oswald.[601]

Inoltre, come ha sottolineato Peter Dale Scott, un rapporto della House Committee on Assassinations "ha stabilito che alla morte di Win Scott, il capo ufficio di Città del Messico in pensione che aveva inviato il dispaccio su Kostikov, Angleton, il capo del controspionaggio della CIA, si era immediatamente recato a Città del Messico, aveva recuperato una fotografia di 'Oswald' dalla cassaforte e l'aveva distrutta...".[602]

Scott aggiunge una cosa particolarmente interessante, visto tutto quello che abbiamo visto sui legami di Angleton con il Mossad: "Una possibilità è che Angleton abbia intrapreso questa missione per conto dell'agenzia. Un'altra

---

[598] *Ibidem*, p. 64.
[599] *Ibidem*, p. 78.
[600] *Ibidem*, p. 83.
[601] Bernard Fensterwald e l'inchiesta sull'assassinio. *Coincidenza o cospirazione?* (New York: Zebra Books, 1977), p. 184.
[602] Peter Dale Scott. *Deep Politics and the Death of JFK* (Berkeley, California: University of California Press, 1993), p. 44.

possibilità è che l'abbia intrapresa per conto di una cabala all'interno del governo che aveva cospirato per creare la storia di Oswald e Kostikov".[603]

Lo scenario di Città del Messico era chiaramente parte della base della trappola finale tesa a Lee Harvey Oswald per trasformarlo in un simpatizzante comunista - forse addirittura in un agente del KGB - che aveva ucciso il Presidente americano.

E data la misteriosa apparizione della lettera "Dear Mr Hunt" (apparentemente scritta da Lee Harvey Oswald) inviata per posta da Città del Messico, possiamo solo ipotizzare che Angleton stesso possa essere stato la mente dietro la fuga di questo documento finora sconosciuto. Anche la lettera "Dear Mr Hunt" faceva parte della rete di bugie di Angleton?

Fu Angleton ad essere così determinato a seppellire qualsiasi prova che dimostrasse che Oswald non era, in realtà, un agente del KGB (come abbiamo già visto nel capitolo 8).

Fu Angleton ad accusare con più veemenza il disertore sovietico Yuri Nosenko di essere una talpa del KGB. Nosenko era venuto negli Stati Uniti dopo l'assassinio di JFK e aveva insistito sul fatto che Oswald non aveva lavorato per il KGB sovietico, che il KGB aveva posto il veto a qualsiasi idea di cercare di reclutare Oswald dopo che il giovane americano era "emigrato" in URSS (che la "diserzione" di Oswald fosse reale o meno).

La storia di Nosenko confuta completamente la tesi di Angleton, il che forse spiega perché Angleton abbia trattato Nosenko così duramente. È interessante notare che la storia di Trento, che ha fatto trapelare il memo di Angleton su Hunt, incorporerebbe, come minimo, gran parte della teatralità di Angleton sull'affare JFK.

QUAL ERA LA MOTIVAZIONE DI ANGLETON?

L'interessante suggerimento contenuto nella storia di Trento, secondo cui fonti interne alla CIA avevano suggerito che Angleton fosse sospettato da alcuni di essere una talpa del KGB, è che sottolinea la crisi interna alla CIA che di fatto ha portato all'estromissione di Angleton.

Questo, naturalmente, fa parte della grande ironia della complessa vita di Angleton, che fu il principale istigatore delle lunghe indagini interne della CIA su possibili infiltrazioni nell'agenzia ai più alti livelli.

Tuttavia, i critici più accaniti di Angleton, come abbiamo visto, hanno suggerito che Angleton fosse effettivamente una talpa, non per i sovietici ma piuttosto un agente cooptato da Israele a titolo personale.

Nel contesto del ruolo di Angleton all'interno della CIA, che lavora per Israele e il suo Mossad, questo sembra essere il vero motore delle operazioni di Angleton in relazione all'assassinio di JFK.

Tuttavia, il fatto che la storia di Trento sia una prova dell'interesse di Angleton per l'indagine della Commissione Warren racconta solo una parte della storia. Bernard Fensterwald, l'investigatore incaricato dell'assassinio di JFK, aveva spiegato la portata dell'interesse di Angleton per l'assassinio di JFK.

---

[603] *Ibidem.*

"La portata del coinvolgimento di Angleton nel porre fine all'indagine sull'assassinio della CIA fu confermata per la prima volta nel 1974, quando il senatore Howard Baker (R-Tenn.) rivelò le informazioni che aveva inizialmente ottenuto mentre faceva parte della commissione senatoriale sul Watergate.

Il senatore Baker ha rivelato di essersi imbattuto in almeno due "file" della CIA che indicavano un possibile coinvolgimento dell'Agenzia in affari interni. Ha rivelato che uno di questi file della CIA, riguardante il portavoce della Commissione Warren Bernard Fensterwald Jr, conteneva copie di diversi promemoria interni della CIA di alto livello, che indicavano chiaramente che James Angleton era il funzionario di punta della CIA nella gestione delle questioni relative all'assassinio di Kennedy.

"In un promemoria del 13 gennaio 1969 al direttore dell'FBI J. Edgar Hoover, Angleton aveva notato che Fensterwald stava creando un comitato d'indagine sull'assassinio con sede a Washington. In questo promemoria confidenziale, Angleton... aveva poi chiesto a Hoover di effettuare una sorta di controllo di identificazione vagamente definito su Fensterwald e su altri tre critici della Commissione Warren a lui associati. Nel giugno 1976 sono emerse nuove informazioni sul ruolo centrale di Angleton nell'indagine della Commissione Warren."

"La Commissione Intelligence del Senato ha riferito che in un incontro alla fine di dicembre 1963, Angleton aveva chiesto di essere autorizzato ad assumere la responsabilità della CIA per l'indagine della Commissione Warren".[604] La relazione finale della Commissione del Senato ha rilevato che "Angleton suggerì che la sua Divisione di Controspionaggio si occupasse dell'indagine e [Richard] Helms accettò. In seguito, lo staff di Angleton divenne responsabile di tutti i rapporti della CIA con la Commissione".

È così che il principale difensore di Israele della CIA è diventato il principale responsabile dell'agenzia per le indagini sull'assassinio di JFK - alcuni lo chiamerebbero un "insabbiamento" - durante la controversa indagine della Commissione Warren sull'assassinio del Presidente.

Inoltre, l'amico intimo di Angleton (e fonte dell'FBI) William Sullivan, il numero tre dell'FBI, era stato nominato collegamento dell'FBI con la Commissione Warren.

(Nel capitolo 17 scopriremo come un altro grande amico di Israele abbia contribuito a plasmare il punto di vista del presidente della Corte Suprema Earl Warren sull'assassinio di JFK, indicando, come Angleton, il caso comunista).

L'AMANTE ASSASSINATA

Angleton era chiaramente molto interessato agli affari di John F. Kennedy. Ad esempio, il 23 febbraio 1976, il *Washington Post* riportò che, dopo la morte per sparatoria della mondana Mary Pinchot Meyer il 12 ottobre 1964 (in quella che si disse essere una rapina), fu Angleton a procurarsi il diario della signora Meyer e a distruggerlo presso la sede della CIA.

---

[604] *Ibidem.*

La signora Meyer era stata a lungo l'amante del Presidente Kennedy - una delle tante, a quanto pare - e il suo diario conteneva molte informazioni sulla sua relazione con il Presidente. Fu la sorella Toni Bradlee, moglie di Ben Bradlee, direttore del *Post*, a dare ad Angleton il diario della signora Meyer.[605]

Il contenuto del diario è sconosciuto, ma suggerisce che Angleton abbia contribuito a complotti che coinvolgevano il defunto Presidente. Alcuni hanno ipotizzato che il diario potesse contenere segreti su complotti della CIA per assassinare Castro, di cui JFK potrebbe aver parlato alla signora Meyer. Tuttavia, è altrettanto facile ipotizzare che il diario potesse contenere anche i ricordi scritti della signora Meyer sui pensieri del Presidente Kennedy in merito ai suoi rapporti più sgradevoli con lo Stato di Israele.

Il rapporto di Angleton con Hunt è a dir poco misterioso. Sebbene Angleton abbia effettivamente firmato un promemoria nel 1966 che indicava la presenza di Hunt a Dallas, il capo del controspionaggio della CIA sembrava essersi dimenticato di lui nel 1972, all'epoca dell'irruzione nel Watergate.

COSA SAPEVA E QUANDO LO SAPEVA?

Secondo il giornalista investigativo Jim Hougan, il 19 giugno 1972 Angleton negò di aver visto Hunt, in seguito alle rivelazioni che Hunt era stato coinvolto nel furto al Watergate. Hougan cita Angleton che disse: "Non ho mai visto [Hunt] in vita mia".[606]

Ciò suggerisce che Angleton stesse dichiarando di ignorare l'esistenza di Hunt, anche se questo, ovviamente, è altamente improbabile, soprattutto perché ora sappiamo dell'esistenza del memo di Angleton, che è stato ovviamente scritto nel 1966, sei anni prima dell'affare Watergate.

Oppure, logicamente, potremmo anche suggerire che il memorandum stesso non sia stato scritto nel 1966, come ci è stato detto. Piuttosto, potrebbe essere stato scritto molto più tardi e poi annotato in una data precedente.

Inoltre, Angleton era coinvolto fino al collo nella pianificazione dell'invasione della Baia dei Porci ed era inconcepibile che non sapesse di Hunt, il principale contatto politico con gli esuli cubani anticastristi coinvolti nell'operazione.

In ogni caso, ciò suggerisce fortemente che la relazione tra Angleton e Hunt era molto più complessa di quanto si possa pensare.

ANGLETON, HUNT E L'ASSASSINIO DI JFK

Ecco cosa possiamo imparare da tutto ciò che abbiamo considerato finora:
> James Jesus Angleton, alleato di Israele nella CIA, era particolarmente interessato - fin dall'inizio - a supervisionare qualsiasi indagine sui legami della CIA con l'assassinio di JFK.

---

[605] *Ibidem*, pp. 184-185.
[606] Jim Hougan. *Secret Agenda: Watergate, Deep Throat and the CIA* (New York: Random House, 1984), pag. 220.

> L'interesse di Angleton per lo scandalo dell'assassinio di JFK risale a molto tempo fa e continua ben oltre l'indagine della Commissione Warren.

> Hunt era in qualche modo collegato agli eventi che circondavano l'assassinio e si trovava a Dallas, se non il giorno dell'omicidio, almeno un giorno prima.

> Quando l'attenzione dell'opinione pubblica cominciò a concentrarsi sulla presunta complicità della CIA nell'assassinio del Presidente (durante il periodo dell'indagine della House Select Committee on Assassinations), un memo (scritto da Angleton e che collegava Hunt all'omicidio di JFK) fu fatto trapelare da Angleton alla House Select Committee on Assassinations.

> Il rapporto di Angleton con Hunt era, a dir poco, poco chiaro e aperto ai sospetti.

> L'articolo contestato di Victor Marchetti (oggetto della causa per diffamazione di E. Howard Hunt) è stato riconosciuto dallo stesso Hunt come apparentemente verosimile.

> Pur ammettendo che l'articolo di Marchetti poteva avere qualche fondamento di verità, Hunt non scelse di sfidare i suoi ex colleghi della CIA che potevano avere l'intenzione di coinvolgerlo nel complotto dell'assassinio.

> L'articolo analogo di Joe Trento ha gettato una luce non comune sulla cospirazione interna alla CIA che coinvolge Lee Harvey Oswald, E. Howard Hunt e le circostanze dell'assassinio di JFK.

> Hunt ha ribadito di non essere colpevole di complicità nell'omicidio del Presidente e di aver scelto di denunciare *Spotlight* per diffamazione per dimostrare la sua innocenza, per quanto vana.[607]

> Quando Hunt stava preparando il processo contro *Spotlight*, si rivolse alla CIA, che generosamente gli fornì Newton Miler, il vice di Angleton da lungo tempo, generalmente definito "il lealista di Angleton", come principale testimone chiamato in difesa di Hunt.[608]

Quest'ultimo punto è interessante, soprattutto se si considera il sospetto iniziale di Hunt che la CIA volesse incastrarlo, come ha ammesso nella sua testimonianza.

È possibile che Hunt e i suoi colleghi della CIA abbiano stretto un accordo privato dopo la pubblicazione dell'articolo di Victor Marchetti su Spotlight, la cui pubblicazione ha di fatto vanificato il complotto segreto interno della CIA contro Hunt?

È possibile che Hunt e la CIA abbiano deciso che qualsiasi cosa sia realmente accaduta a Dallas e che coinvolga Hunt, Oswald e altre figure della CIA sia meglio seppellirla?

Possiamo solo fare ipotesi sulle motivazioni di Hunt e della CIA a questo proposito. Ciò che sappiamo, tuttavia, è che fu l'amico di Israel nella CIA, l'enigmatico James Jesus Angleton, a istigare il memorandum che sarebbe stato usato per accusare Hunt di coinvolgimento nell'assassinio.

Angleton stava semplicemente cercando di proteggere gli interessi della CIA? O stava anche curando i propri interessi? E se sì, quali erano questi interessi? Cosa sapeva Angleton dell'assassinio di JFK?

---

[607] David Wise. *Molehunt* (New York: Avon Books, 1992), p. 298.
[608] Lane, pp. 304-306.

Angleton inviò E. Howard Hunt a Dallas poco prima dell'assassinio. Qual era l'obiettivo di Angleton nel farlo?

E perché Angleton era coinvolto nello spinoso complotto top-secret della CIA a Città del Messico, avvenuto più di un mese prima dell'assassinio di JFK, che collegava Lee Harvey Oswald ai sovietici e alla Cuba di Castro?

Il legame di Angleton con Israele e il suo Mossad è la chiave per comprendere lo strano comportamento di Angleton che abbiamo descritto.

James J. Angleton, un fedele del Mossad, ha svolto un ruolo centrale nella cospirazione CIA-Mossad per l'assassinio di JFK.

Informazioni inedite che esamineremo più avanti in questo capitolo confermano la nostra affermazione che Angleton fu effettivamente il principale collaboratore senior della CIA nel complotto per l'assassinio di JFK.

Angleton era la figura della CIA coinvolta con il Mossad, se non nella pianificazione dell'assassinio di JFK, certamente negli aspetti chiave dell'insabbiamento che ne seguì. E. Howard Hunt deve essere sempre stato il complice di Angleton.

IL SILENZIO DELLA CACCIA

Che ruolo ha avuto E. Howard Hunt nel pasticcio di Angleton? Lo stesso Hunt ha taciuto sull'argomento. Al contrario, ha scelto di negare qualsiasi responsabilità o coinvolgimento - per una serie di ragioni - e contesta aspramente qualsiasi suggerimento che abbia avuto a che fare con gli eventi di Dallas.

Probabilmente lo fece per diversi motivi. Una ragione potrebbe essere che Hunt, come molti dei suoi colleghi della CIA, non era necessariamente pentito dell'assassinio di JFK. Hunt era amareggiato nei confronti di Kennedy per le azioni del Presidente contro la CIA e probabilmente riteneva, allora come oggi, che Kennedy avesse bisogno di una lezione.

Inoltre - e questa è forse la cosa più importante, secondo Hunt - l'ex agente della CIA non aveva mancato di notare che molti dei testimoni chiave dell'assassinio di JFK, nel corso degli anni, avevano subito morti precoci e violente. E come tutti, Hunt voleva vivere.

In ogni caso, probabilmente non lo sapremo mai, e Hunt intendeva che le cose rimanessero così.

Nell'edizione del 1° febbraio 1992 della sua newsletter, *New American View*, una critica mensile alla lobby israeliana e al suo potere in America, Marchetti aveva recentemente commentato il nuovo scandalo creato dall'assassinio di JFK. Le parole di Marchetti parlano da sole:

"Per quanto riguarda la mia opinione personale sul coinvolgimento della CIA nell'assassinio di JFK, non credo (ripeto) che la CIA abbia avuto a che fare con l'omicidio del giovane presidente.

"Ma era ed è tuttora coinvolta nell'insabbiamento da parte del governo della cospirazione....

"Infine, E. Howard Hunt non ha nulla a che fare con l'assassinio di JFK. Hunt si trovava a Dallas quel giorno per caso. Stava lavorando a un altro caso. Ma la sua presenza era una fonte di imbarazzo per la CIA e una minaccia per l'insabbiamento della cospirazione da parte del governo".[609]

Il controverso articolo di Marchetti su *Spotlight*, come abbiamo sottolineato, non ha mai suggerito che Hunt sia stato effettivamente a Dallas o che abbia avuto un ruolo nell'assassinio.

E, come abbiamo visto, dietro l'imminente operazione contro Hunt c'era James J. Angleton, il contatto della CIA in Israele. Tuttavia, il commento finale di Marchetti sulla possibile apparizione di Hunt a Dallas è interessante, soprattutto alla luce di quanto stiamo per esaminare.

HUNT ERA UN CAPRO ESPIATORIO?

Esistono prove del fatto che Hunt potrebbe essere stato inavvertitamente coinvolto in un complotto che coinvolgeva la cospirazione per l'assassinio di JFK - un complotto al di fuori del suo controllo. È stato suggerito che Hunt potrebbe non essere stato attivamente coinvolto in un vero e proprio complotto per l'assassinio di Kennedy - come suggerisce l'articolo di Trento sopra citato - e che si trovava a Dallas per qualche altro motivo.

Gary Wean, ex membro della squadra di intelligence criminale della polizia di Los Angeles, è la nostra fonte di informazioni poco conosciuta. Abbiamo incontrato Wean nel capitolo 13, dove ci ha spiegato in dettaglio i suoi rapporti e la sorveglianza di Mickey Cohen, lo sceriffo di Meyer Lansky a Hollywood.

(Va ricordato che Wean aveva appreso che Cohen, insieme al suo contatto israeliano Menachem Begin, poi Primo Ministro di Israele, era particolarmente preoccupato per la politica mediorientale di JFK e che in effetti Cohen stava usando l'amante di JFK, l'attrice Marilyn Monroe, per cercare di conoscere le intenzioni del Presidente verso Israele).

IL POLIZIOTTO, LA STAR DEL CINEMA E LO SCERIFFO

È stato poco dopo l'assassinio di JFK che Wean si è imbattuto in informazioni relative all'assassinio del Presidente, informazioni che gettano nuova e interessante luce su come E. Howard Hunt possa essere stato coinvolto nel crimine del secolo. Howard Hunt possa essere stato coinvolto nel crimine del secolo.

Secondo Wean, solo alcune settimane dopo l'assassinio del Presidente ha conosciuto lo sceriffo di Dallas Bill Decker grazie a un amico comune, Audie Murphy, l'ex eroe di guerra diventato star del cinema.

Decker era in visita a Los Angeles e i tre uomini si riunirono con un altro amico di Wean e iniziarono a parlare dell'assassinio di JFK.

(Decker, si noti, sembra essere un funzionario delle forze dell'ordine di Dallas chiaramente implicato nell'assassinio. È stato Decker, infatti, a ordinare ai suoi uomini di indagare sui binari della ferrovia dietro il picchetto sulla "collina" da cui sembravano provenire i colpi sparati contro il corteo del Presidente.[610] Se Decker

---

[609] *New American View*, 1 febbraio 1992.
[610] James Hepburn. *Addio America*. [Liechtenstein: Frontiers Company, 1968], p. 349.

fosse stato un cospiratore, non avrebbe certo assistito alla cattura degli assassini del Presidente).

Decker disse a Wean di essere certo che Lee Harvey Oswald fosse innocente per l'omicidio del Presidente. I tre signori, che avevano tutti familiarità con le armi da fuoco, non credevano che Oswald potesse aver commesso il crimine con l'arma che si presumeva avesse usato.

"UN TERRIBILE TRADIMENTO DA QUALCHE PARTE".

Tuttavia, Wean riferisce che lo sceriffo Decker ha continuato a dire: "Ho un'altra ragione molto più forte per sapere che Oswald non ha mai sparato a JFK. C'è un uomo a Dallas che conosco da molto tempo. Conosce tutta la verità sul coinvolgimento di Oswald.

"È morto per la paura di rivolgersi alla polizia di Dallas o all'FBI. C'è stato un terribile tradimento da qualche parte e tutti hanno paura di tutti. "Non credereste mai ai sospetti e alle accuse insensate che i pazzi di Washington hanno lanciato contro le forze dell'ordine del sud e al caos che hanno creato".

"Non c'è stata nessuna cospirazione nel mio dipartimento per l'assassinio o nella polizia di Dallas. Conosco tutte queste persone da troppo tempo. L'avrei saputo. Mi creda, una cosa così assurda la sentirei nelle mie ossa".[611]

Wean ricordò questa conversazione e in seguito, durante un viaggio a Ruidoso, nel Nuovo Messico, con Audie Murphy, gli fu presentata la fonte di Decker a Dallas che, secondo Wean, si chiamava "John".

Secondo la fonte di Wean, E. Howard Hunt era effettivamente coinvolto con Lee Harvey Oswald, ma non nella pianificazione dell'assassinio del Presidente. Wean riferisce che John gli aveva detto che Hunt aveva in mente qualcos'altro.

In sostanza, secondo la fonte di Wean, Hunt - come altri leader del movimento anticastrista - era stato frustrato dagli sforzi dell'amministrazione Kennedy per ottenere almeno una tregua informale con Castro. Hunt, naturalmente, aveva dedicato molte energie alla lotta contro Castro e ora tutto il suo lavoro era stato distrutto.

Wean cita la sua fonte che descrive l'accaduto: "La frustrazione virulenta di Hunt si sviluppò in quello che divenne il più bizzarro complotto di assassinio politico di tutti i tempi. Il suo piano consisteva nell'infiammare il popolo americano contro Castro e nel portare il patriottismo a un punto di ebollizione mai raggiunto dai tempi di Pearl Harbor. Gli americani infuriati avrebbero chiesto che i nostri militari invadessero Cuba annientando il dittatore da due soldi per il suo barbaro tentativo di "assassinare" il presidente Kennedy".[612]

---

[611] Gary Wean. *C'è un pesce nel palazzo di giustizia* (Oak View, California: Casitas Books, 1987), p. 695.
[612] *Ibidem*, p. 697.

IMPRONTE ALLA PORTA DI CASTRO

Deve esserci stato un attentato al Presidente Kennedy così "realistico" che il suo fallimento sarebbe stato considerato un semplice miracolo. Le impronte portavano direttamente alla porta di Castro, una traccia che anche il più grande dilettante non avrebbe potuto perdere. Sfortunatamente per Oswald, corrispondeva perfettamente all'operazione di Hunt".[613]

"All'inizio Hunt non disse a Oswald esattamente quale fosse la sua missione, se non che era della massima priorità per la sicurezza nazionale.... Solo due mesi prima del "falso assassinio" Hunt consegnò a Oswald il fucile, spiegandogli il suo ruolo nel piano. Oswald avrebbe dovuto sparare tre colpi dal fucile "in aria". Avrebbe dovuto abbandonarlo e svuotare le cartucce sulla scena del crimine e lasciare rapidamente l'edificio per un appuntamento con gli agenti che lo avrebbero trasportato in una destinazione segreta". Sarebbe rimasto in clandestinità fino all'invasione statunitense di Cuba. Una falsa pista che portava a Città del Messico e che terminava all'ambasciata cubana avrebbe indotto gli investigatori a credere che fosse fuggito a Cuba; la convinzione che "Castro avesse pianificato l'assassinio" del presidente Kennedy [che era fallito] e [che] il [presunto] "assassino" fosse ospitato sotto la protezione [di Castro] a Cuba avrebbe scosso gli americani...".[614]

Secondo la fonte di Wean, Hunt disse a Oswald che il Presidente Kennedy non era a conoscenza del piano, ma che erano coinvolti alti funzionari del Gabinetto. Oswald sarebbe stato libero di tornare a vivere da uomo libero dopo aver trattato con Castro.[615]

Wean apprese anche che il famoso "attentato" al generale Edwin Walker, leader anticastrista a Dallas, faceva parte del piano per creare una serie di atti di violenza da parte di un presunto "attivista filocastrista".[616]

Tuttavia, secondo i resoconti di Wean, John gli disse che durante la pianificazione del falso attentato, qualcosa era andato storto: c'era stata un'interferenza dall'esterno, da un potere che andava oltre l'influenza immediata di E. Howard Hunt.

John ha detto: "Naturalmente, tutte le operazioni segrete sono intrinsecamente pericolose e soggette a guasti. Ma Dio, questo non è stato un guasto o una negligenza, e nemmeno una sfortuna. Quello che è successo è incomprensibile".[617]

In breve, secondo la fonte di Dallas, il piano di Hunt era fallito. Erano stati sparati dei colpi di pistola contro il corteo di JFK e il Presidente era stato ucciso. Tuttavia, John non credeva che la colpa fosse della mafia o dei cubani anticastristi. Pensava che fosse intervenuta un'altra forza.

"Non potevano essere stati la mafia o gli esuli cubani", ha osservato John, "non avevano alcun motivo, perché avevano già ricevuto una soffiata all'interno, era in corso un'operazione per riportarli a Cuba. Sarebbe stato del tutto stupido da parte loro intervenire...

---

[613] *Ibidem*.
[614] *Ibidem*, p. 698.
[615] *Ibidem*, p. 699.
[616] *Ibidem*, p. 698.
[617] *Ibidem*, p. 699.

Secondo John: "Solo alcuni degli uomini più fidati di Hunt conoscevano ogni dettaglio dei suoi piani. È impossibile credere che qualcuno di loro fosse un traditore. È chiaro che chiunque abbia sparato a Kennedy doveva conoscere tutti quei piccoli dettagli per farlo nel modo in cui l'ha fatto. Qualcosa di spaventoso e di terribilmente sinistro aveva ostacolato la missione di Hunt".[618]

Wean e Audie Murphy ascoltarono stupiti ciò che era stato loro raccontato e, all'epoca, John diede a Murphy un fascio di quelle che descrisse come prove a sostegno della sua storia. Tuttavia, solo pochi giorni dopo John chiese loro di dimenticare ciò che era stato raccontato.

Secondo Wean, Murphy lo aveva informato di essere stato avvisato da Dallas che "Hunt e i suoi agenti erano usciti dal loro terribile panico ed erano tornati in azione. Le macchinazioni di Hunt e il suo legame con Oswald dovevano essere nascosti a tutti i costi". Secondo Murphy, i servizi segreti militari, l'FBI e la CIA erano tutti nel panico.

"Se i loro segreti venissero rivelati, farebbero parte di una disastrosa esplosione di rabbia nazionale. Nei loro incubi vedono solo un plotone d'esecuzione. In realtà, hanno solennemente stabilito che era in gioco la sicurezza nazionale. Questa era la loro soluzione per giustificare l'insabbiamento".[619]

Per placare i timori di Jean a Dallas, gli assicurò che i documenti che aveva ricevuto da lui erano stati distrutti.

Lo stesso Murphy potrebbe far parte della lunga lista di altre vittime del complotto per l'assassinio di JFK. L'attore morì in un incidente aereo nel 1971. Gary Wean, tuttavia, è sopravvissuto per raccontare ciò che gli era stato detto.

Wean descrive con dovizia di particolari come avrebbero dovuto reagire Hunt e Oswald se la storia che John aveva raccontato a Wean e Murphy fosse stata effettivamente vera.

"UN TRADIMENTO DI PROPORZIONI INCREDIBILI"?

Secondo l'analisi di Wean su ciò che sarebbe potuto accadere in seguito, "Hunt e Oswald, riprendendosi dallo shock paralizzante dell'assassinio di Kennedy, ebbero certamente gli stessi pensieri: 'Sono stato incastrato'.

"Un doppio tradimento di proporzioni incredibili. Le conseguenze erano troppo devastanti e terrificanti per essere comprese. Era la fine per loro. "A prescindere dalla convinzione di Hunt che i suoi uomini più vicini fossero al di sopra di ogni sospetto, uno di loro era una spia, una talpa nascosta".[620]

Spetta a E. Howard Hunt di fornirci i pezzi mancanti del puzzle. Sembra improbabile che lo faccia.

---

[618] *Ibidem*, pp. 699-700.
[619] *Ibidem*, p. 701.
[620] *Ibidem*, pp. 702-703.

L'IDENTITÀ DI JOHN?

Ci sono altri documenti sulle attività di un individuo chiamato "John" che era attivo nell'area di Dallas e a Miami (base operativa di Hunt con gli esuli cubani anticastristi) poco prima e dopo l'assassinio di JFK.

Nel suo libro *Conspiracy*, Anthony Summers descrive un John Martino che era noto per avere legami sia con il luogotenente mafioso di Meyer Lansky, Santo Trafficante Jr, sia con la CIA. In effetti, nel 1975 Martino ammise di essere stato un agente della CIA e di essere a conoscenza delle circostanze dell'assassinio di JFK.

Summers cita Martino: "Gli anticastristi hanno messo Oswald in posizione. Oswald non sapeva per chi stava lavorando, non sapeva chi lo stava realmente incastrando".[621]

Summers fa notare che dopo la morte di Martino, avvenuta nel 1978, la vedova sostenne che "la società" (cioè la CIA) aveva prelevato il suo corpo per determinare la causa del decesso, attribuendolo a un attacco di cuore.[622]

Martino e la star del cinema Audie Murphy avevano indubbiamente almeno un legame, indiretto se vogliamo, che può essere provato.

Murphy era stato impiegato per un certo periodo, a metà degli anni Sessanta, dall'uomo d'affari di New Orleans D'Alton Smith.[623] Smith era uno stretto collaboratore personale di Carlos Marcello, l'uomo d'affari di Meyer Lansky in Louisiana.

La storia raccontata da John Martino sembra molto simile a quella raccontata dal "John" che Gary Wean ha incontrato a Dallas. Tuttavia, poco prima che *Giudizio Finale andasse* in stampa, Wean ha rivelato all'autore l'identità del signore chiamato John che gli ha raccontato ciò che era realmente accaduto a Dallas.

Secondo Wean, quando scrisse il libro che descriveva il suo incontro con John, non rivelò deliberatamente il cognome di John, sebbene sapesse esattamente chi fosse John. Inoltre, secondo Wean, ha leggermente alterato la descrizione fisica di John per proteggere la sua identità.

Al momento della stesura del libro di Wean, John era vivo. Tuttavia, il 5 aprile 1991, John morì, così come Audie Murphy, in una bizzarra esplosione aerea che fece notizia a livello nazionale. Era John Tower che, nel 1961, era stato il primo repubblicano del secolo a conquistare un seggio al Senato del Texas.

Alleato convinto della CIA per tutta la sua carriera, Tower si è portato nella tomba molti dei segreti dello scandalo Iran-Contra, dopo aver diretto la commissione che, secondo i critici, è stata un'operazione di whitewash della CIA, in particolare quelli che implicano il ruolo di Israele nella vicenda.

---

[621] Anthony Summers. *Conspiracy* (New York: McGraw-Hill Book Co., 1980), pag. 451.
[622] *Ibidem*.
[623] Dan Moldea. *The Hoffa Wars: Teamsters, Rebels, Politicians and the Mob* (New York: Paddington Press Ltd, 1978), p. 279.

UNA "TERZA FORZA"?

Lo stesso Dick Russell, ricercatore esperto dell'assassinio di JFK, ha riflettuto sulla possibilità che il rapporto della CIA con Lee Harvey Oswald - qualunque sia stato - "sia stato usurpato da un altro gruppo".[624]

Come sottolinea Russell, "molte persone nella CIA avevano motivi per nascondere i propri rapporti con Oswald, anche se non avevano nulla a che fare con un complotto per l'assassinio. Considerando questa pletora di possibilità... ciò che non si può ignorare è che una "terza forza" era a conoscenza della rete di controspionaggio [che circondava Oswald] e l'ha sfruttata a proprio vantaggio".[625]

Russell ha anche sottolineato che gli esuli cubani anticastristi ora ritengono che dietro le quinte sia successo molto di più di quanto non avessero capito all'epoca.

Secondo Russell, [il leggendario agente della CIA] Gerry Patrick Hemming, che teneva le orecchie a terra nella Little Havana di Miami, sostiene che alcuni degli esuli che pensavano di conoscere le regole nel 1963 erano ora convinti che fossero state usate.

"Furono incitati a un fervore anti-Kennedy dal fatto di essere stati messi al corrente che Kennedy stava seriamente considerando le possibilità di un compromesso con Castro. Fu spiegato loro che il sogno di riprendersi la patria era morto se non si fosse fatto qualcosa di radicalmente diverso. Hanno abboccato all'amo.

"Se si rivelava necessario nel disegno degli organizzatori dietro le quinte, anche gli esuli erano sacrificabili. Coinvolgere alcuni rifugiati cubani nell'assassinio era indesiderabile, ma non sarebbe costato molto, soprattutto se... avevano lavorato attentamente per costruire la loro copertura come agenti di Castro.

"Potevano altrettanto facilmente scomparire. Gli esuli cubani erano quindi solo la base della piramide. Non avevano il potere di avviare l'insabbiamento che ne è seguito. E nemmeno il crimine organizzato.[626]

CHI AVEVA IL POTERE?

Hemming aveva menzionato almeno una fazione di esuli cubani anticastristi che sembrava essere al di fuori del giro convenzionale. Secondo Hemming: "È difficile dire esattamente per chi lavorasse questo piccolo gruppo di esuli cubani. Per un po' hanno fatto rapporto ai ragazzi della CIA di Bill Harvey. Alcuni di loro riferivano a [J. Edgar] Hoover, o alla nuova [agenzia di intelligence della difesa DIA].

"C'era una terza forza - quasi al di fuori delle reti della CIA, al di fuori della nostra operazione privata nella baia [della Florida] - che stava facendo un mucchio di stronzate, e che era stata presente per tutto il 1963".

"Poi, dopo l'assassinio, molti di noi pensarono che il KGB si fosse organizzato con Fidel per fare il colpo a Dallas. Solo in seguito ci siamo resi conto che la maggior

---

[624] Dick Russell. *L'uomo che sapeva troppo* (New York: Carroll & Graf Publishers, 1992), pag. 693.
[625] *Ibidem*, p. 477.
[626] *Ibidem*, pp. 703-704.

parte degli esuli che abbiamo avvicinato erano stati a loro volta incastrati come capri espiatori.
"E non da Castro o dai russi. Era nazionale. Qualcuno come J. Edgar Hoover. Chi altro aveva il potere?".[627]

Osiamo suggerire una risposta alla domanda di Hemming: "Chi altro aveva il potere? La risposta, ovviamente, è: Israele, il suo Mossad e la potente National Israel Lobby statunitense e i suoi contatti a tutti i livelli.

In effetti, ci sono stati diversi libri molto letti sull'assassinio di JFK che hanno suggerito che Oswald, in ogni caso, era stato intrappolato in una sorta di operazione di "assassinio fittizio" che credeva essere dello stesso ordine della fonte di Gary Wean a Dallas.

Executive Action, il libro liberamente basato sull'omonimo film, presenta Oswald come manipolato in questo modo. Lo stesso vale per *Betrayal*, l'opera dell'ex agente della CIA Robert Morrow, in cui Morrow ha attinto alle proprie "dritte" grazie alla frequentazione di personaggi coinvolti nella cospirazione.

Più recentemente, il romanzo *Balance* di Don De Lillo presenta Oswald al centro di un tentativo di "assassinio fittizio" manipolato da altri che va a monte (un personaggio della CIA nel romanzo ha una forte somiglianza con E. Howard Hunt).

Tuttavia, c'è ancora un pezzo del puzzle piuttosto straordinario, che di fatto coinvolge un noto vecchio agente del Mossad direttamente coinvolto negli eventi di Dealey Plaza. Si tratta del chiaro ruolo svolto da Frank Sturgis, un vecchio agente della CIA, nell'assassinio stesso.

UN AGENTE DEL MOSSAD A DEALEY PLAZA

Durante la sua testimonianza nel caso della causa per diffamazione intentata da E. Howard Hunt contro Spotlight, l'agente della CIA Marita Lorenz ha detto che Sturgis le ha detto in seguito: "Abbiamo ucciso il presidente quel giorno.... Tutto fu insabbiato in anticipo. Nessun arresto, nessuna indagine giornalistica. Tutto era coperto, era molto professionale".[628]

Sebbene alcuni ricercatori abbiano espresso dubbi sulla storia della signorina Lorenz, il capo del controspionaggio cubano, il generale Fabian Escalante, ha garantito per lei sulla base del suo studio approfondito dell'assassinio di JFK. Escalante ha dichiarato alla giornalista Claudia Furiati che l'intelligence cubana aveva stabilito che, in effetti, "Sturgis era responsabile delle comunicazioni - ricevendo e trasmettendo informazioni sugli sviluppi in Dealey Plaza e sul corteo di auto dei tiratori e di altri".[629]

Sebbene ci siano tutte le ragioni per credere che Sturgis sia stato coinvolto nella vera e propria meccanica dell'assassinio, le prove storiche suggeriscono che Sturgis potrebbe aver funzionato come complice del Mossad nella cospirazione o, per lo meno, aver lavorato indirettamente per conto del Mossad. Anche se questa affermazione non mancherà di sorprendere anche il lettore più esperto della

---

[627] *Ibid.* p. 539.
[628] Mark Lane. *Plausible Denial (*New York: Thunder's Mouth 1991), p. 303.
[629] Claudia Furiati. *Fucile ZR: il complotto per uccidere Kennedy e Castro*. Melbourne, Australia: Ocean Press, 1994), pp. 163-164.

documentazione sull'assassinio di JFK, è necessario prendere in considerazione il seguente fattore:

Ciò che pochi sanno è che Sturgis aveva legami con il Mossad israeliano quindici anni prima dell'assassinio di JFK.[630] Nel numero di luglio 1975 della rivista *Argosy*, F. Peter Model riferisce che Sturgis era un "mercenario di Hagannah durante la prima guerra arabo-israeliana (1948)" e che Sturgis aveva anche una fidanzata in Europa negli anni '50 che lavorava per i servizi segreti israeliani e con la quale lavorava.

Lo stesso Sturgis è citato dal ricercatore A. J. Weberman ha dichiarato di aver aiutato la sua ragazza come corriere in Europa in diversi progetti per conto del Mossad.[631]

Inoltre, l'ex corrispondente di *Time-Life* Andrew St. George - che conosceva bene Sturgis e aveva trascorso del tempo con lui al fianco di Castro sulle colline cubane durante la rivoluzione cubana - ha riferito che era ben noto tra gli esuli cubani anticastristi che Sturgis aveva lavorato anche per il Mossad e lo aveva fatto per molto tempo.[632]

George ha anche rivelato, all'apice delle operazioni anticastriste della CIA a Miami a cui Sturgis ed E. Howard Hunt erano così strettamente associati, che tra i 12 e i 16 agenti del Mossad lavoravano a Miami sotto il comando del vicedirettore del Mossad Yehuda S. Sipper e che la loro influenza si estendeva a tutta l'America Latina e ai Caraibi. Sipper, e che la loro influenza si estendeva a tutta l'America Latina e ai Caraibi.

Il professor John Newman, che ha indagato sulla conoscenza da parte della CIA delle attività di Lee Harvey Oswald, afferma, citando un memo della CIA del 1976, che Sturgis aveva fondato la Brigata Internazionale Anticomunista e che "coloro che sostenevano il gruppo di Sturgis non sono mai stati pienamente stabiliti".[633]

Warren Hinckle e William Turner, scrittori specializzati nell'affare JFK, hanno affermato che "la maggior parte dei fondi [di Sturgis] provenivano da proprietari di casinò espropriati e venivano convogliati attraverso Norman Roughouse' Rothman, che, secondo l'autore Gus Russo, non solo era"[634] socio di Meyer Lansky", ma anche il primo "intermediario mafioso"[635] tra la CIA e il sindacato di Lansky nei complotti per l'assassinio di Castro. Russo, tuttavia, afferma che il sostegno di Rothman a Sturgis proveniva "da fonti sconosciute", ma cita Hinckle e Turner come sue fonti. Rimane quindi la domanda: chi finanziava veramente Sturgis?[636]

La brigata Sturgis potrebbe aver fatto parte delle operazioni del Mossad a Miami, coinvolte nel complotto di Sturgis, sponsorizzato dalla CIA, nella stessa sfera di influenza nello stesso periodo?

---

[630] *Argosy*. Luglio 1975. Articolo di F. Peter Model.
[631] Si veda il sito web di Weberman www.weberman.com
[632] *The Spotlight*, 22 marzo 1982.
[633] John Newman. *Oswald e la CIA* (New York: Carroll & Graf, 1995), p. 228.
[634] Warren Hinckle e William Turner. *Segreti mortali*. (New York: Thunder's Mouth Press, 1992), p. 54.
[635] Gus Russo. *Live by the Sword* (Baltimora: Bancroft Press, 1998), p. 50.
[636] *Ibidem*.

STURGIS, BANISTER, FERRIE E OSWALD

Come vedremo, questa speculazione potrebbe non essere lontana dalla verità. Newman ha aggiunto che una "sottounità"[637] della brigata Sturgis sarebbe stata la Forza di Penetrazione Intercontinentale dell'agente della CIA Gerry Patrick Hemming (nota come "Interpen"). Citando un promemoria del 1° febbraio 1977 dell'Ufficio di sicurezza della CIA, Newman ha affermato che i campi di addestramento anticastristi cubani intorno al lago Ponchartrain, fuori New Orleans, erano gestiti da Hemming come parte di Interpen e che Sturgis era collegato alle operazioni di Interpen.[638]

Sappiamo che queste attività intorno al lago Ponchartrain coinvolgevano due delle principali persone coinvolte con Lee Harvey Oswald prima dell'assassinio di JFK: gli agenti della CIA Guy Banister e David Ferrie.

In realtà, esiste un legame israeliano con Interpen. [639]Secondo Hemming, il "contatto più importante di Interpen negli Stati Uniti" era il finanziere newyorkese Theodore Racoosin, che Hemming descrive come "uno dei principali fondatori dello Stato di Israele".[640]

Dopo aver letto *Giudizio Finale*, Hemming ha detto francamente all'autore che, pur non avendo visto personalmente alcuna prova che lo convincesse del coinvolgimento diretto del Mossad nell'assassinio di JFK, ha affermato che "sapevo dalla fine degli anni '60 che il Mossad era a conoscenza dell'omicidio di JFK ancor prima che accadesse, e che in seguito hanno svolto un'indagine completa sulla questione e hanno conservato tutti quei documenti da allora".[641] [enfasi aggiunta]

I TENTACOLI DEL MOSSAD CIRCONDANO OSWALD

In ogni caso, *non solo* troviamo l'agente della CIA di New Orleans Clay Shaw legato al Mossad attraverso la sua associazione con Permindex (così come Banister e Ferrie), ma troviamo *anche* altri due attori legati alla CIA nelle operazioni anticastriste fuori da New Orleans (Sturgis e Hemming) che erano nella sfera di influenza del Mossad. *E Lee Harvey Oswald è collegato a tutti gli attori chiave coinvolti.*

Detto questo, non oseremmo avventurarci nel mondo della fantasia per suggerire che l'operazione che coinvolse Sturgis, Marita Lorenz e i cubani anticastristi che si recarono a Dallas il 21 novembre 1963 per incontrare E. Howard Hunt (e successivamente Jack Ruby) fosse in realtà un'operazione del Mossad "a bandiera falsa", che coinvolgeva deliberatamente una cricca di cubani anticastristi.

Poiché, secondo la signorina Lorenz, Sturgis aveva in seguito ammesso che la sua squadra di Dallas era stata effettivamente coinvolta nell'assassinio, è ipotizzabile che Sturgis e il suo gruppo avessero incontrato Hunt a Dallas, ma che Hunt stesso

---

[637] Newman, *Ibid.*
[638] *Ibidem*, p. 319.
[639] E-mail di Hemming ai ricercatori che studiano Interpen.
[640] *Ibidem.*
[641] E-mail di Hemming a Piper del 12 agosto 1999.

non sapesse che la squadra di Sturgis sarebbe stata coinvolta in un vero attentato o che pensasse che fossero coinvolti solo in un attentato "fittizio" - se lo sapeva.

Come abbiamo detto, ciò che Hunt sapeva - o non sapeva - rimane un mistero e la sua effettiva colpevolezza in una cospirazione per l'assassinio in sé non può essere stabilita. Ma le circostanze suggeriscono che Hunt sapeva molto di più di quanto abbia ammesso su quanto accaduto a Dallas.

In ogni caso, non c'è dubbio che, sulla base dei fatti riguardanti Sturgis, ora sappiamo che almeno una persona che avrebbe ammesso di essere effettivamente coinvolta nell'assassinio di JFK - Frank Sturgis - avrebbe avuto molteplici legami con il Mossad per molti anni prima (e dopo) l'assassinio di JFK.

Questa è di per sé una rivelazione importante, del tutto pertinente alla tesi sostenuta nel *Giudizio finale*.

Un personaggio di nome Chauncey Holt, che sostiene di essere stato a Dallas e di essere stato coinvolto nelle circostanze dell'assassinio, riassume abbastanza bene le cose. Secondo Holt:

"Quel giorno Dallas fu invasa da persone che erano finite lì per un motivo o per l'altro. Ho sempre pensato che chiunque fosse l'artefice di quella storia - e nessuno saprà mai chi c'era dietro - stesse manipolando tutte quelle persone. Penso che abbiano inondato quell'area con un sacco di personaggi con una cattiva reputazione perché pensavano: "Beh, se tutte queste persone venissero catturate, confonderebbero così tanto le acque che non arriverebbero mai lì".[642]

Il fatto che a Dallas, il giorno dell'uccisione di JFK, ci fossero persone che forse non sapevano il vero motivo per cui si trovavano lì è supportato anche da altre fonti. Michael Milan, il cui libro *The Squad* descrive il suo ruolo come parte di una squadra segreta del governo degli Stati Uniti che lavorava con il sindacato di Lansky, sostiene che a Dallas operavano almeno diverse persone che credevano di non essere coinvolte in una cospirazione per uccidere John F. Kennedy, ma piuttosto in una cospirazione per uccidere il governatore del Texas John B. Connally (abbiamo parlato per la prima volta delle affermazioni di Milan nel capitolo 14).[643]

Alcune delle persone coinvolte nell'assassinio di JFK potrebbero essere state manipolate per far credere di essere coinvolte in un complotto contro Connally (quando l'obiettivo finale era Kennedy)?

In questo scenario, senza addentrarsi nei dettagli dell'assassinio di JFK che sono stati presi in considerazione molte volte da coloro che sono affascinati dall'argomento, è possibile che uno degli assassini di Dealey Plaza abbia deliberatamente preso di mira Connally, forse ignaro del fatto che, nello stesso momento, altri assassini di cui non era a conoscenza stavano prendendo di mira JFK da un altro luogo. L'assassino di Connally era in realtà un'esca.

Nella sua biografia di Connally, James Reston Jr. suggerisce che Oswald fu reclutato da Jack Ruby come parte di un piano della criminalità organizzata per uccidere Connally, piuttosto che Kennedy. Reston suggerisce che Kennedy fu la vittima, per puro caso.

---

[642] *Newsweek*, 23 dicembre 1991.
[643] *Ibidem*.

L'INSABBIAMENTO DEL MOSSAD...

La strana affermazione che Connally fosse il bersaglio e Kennedy una vittima inconsapevole è molto interessante.

L'ex agente del Mossad Victor Ostrovsky scrive nel suo libro *By Way of Deception* che parte del suo addestramento al Mossad comprendeva un esame approfondito dell'assassinio di JFK, che faceva parte del curriculum richiesto a tutte le nuove reclute del Mossad.

Secondo Ostrovsky: "Un aspetto particolarmente affascinante del corso è stato il film "*Un presidente nel mirino*", uno studio dettagliato dell'assassinio di John F. Kennedy il 22 novembre 1963.

"La teoria del Mossad era che i sicari - mafiosi, non Lee Harvey Oswald - stessero in realtà cercando di assassinare John Connally, allora governatore del Texas, che si trovava nell'auto con JFK ma che rimase solo ferito.

"Oswald era visto come un capro espiatorio nella storia e Connally come il bersaglio di mafiosi che cercavano di farsi strada con la forza nel business del petrolio.

"Il Mossad riteneva che la versione ufficiale dell'assassinio fosse una pura assurdità. Per verificare la loro teoria, fecero una simulazione della parata presidenziale per vedere se cecchini esperti, dotati di un equipaggiamento molto migliore di quello di Oswald, potessero colpire un bersaglio in movimento dalla distanza registrata di 80 metri. Non ci riuscirono. Sarebbe stata una copertura perfetta. Se Connally fosse stato ucciso, tutti avrebbero pensato a un attentato a JFK. Se avessero voluto Kennedy, avrebbero potuto prenderlo ovunque".

Scrive: "Da quello che abbiamo trovato, il fucile era probabilmente puntato alla nuca di Connally, e JFK ha fatto un gesto o si è mosso al momento sbagliato - o forse l'assassino ha esitato.[644]

Ora, ciò che Ostrovsky nota in seguito è di particolare interesse, soprattutto alla luce della teoria presentata in *Giudizio Finale*. Secondo Ostrovsky, il Mossad possiede tutti i filmati dell'assassinio di Dallas, le foto della zona, la topografia, le fotografie aeree - tutto.

È possibile che il motivo per cui il Mossad aveva così tante informazioni su Dealey Plaza fosse perché il Mossad non aveva studiato l'area dopo l'assassinio di Kennedy ma prima dell'assassinio?

Il fatto che il Mossad si sia spinto a calcolare un insabbiamento su larga scala (presentato alle sue stesse reclute) è interessante di per sé e può essere un'ulteriore prova che il Mossad aveva un interesse molto particolare nell'assassinio di JFK.

È chiaro che c'erano molte forze all'opera nella Dealey Plaza, forse al di là della comprensione di ogni singolo cospiratore - compresi Oswald, Ruby o anche Hunt o Sturgis o chiunque altro coinvolto. Alcuni dei cospiratori potrebbero essere stati indotti a credere che si trattasse di un attentato mafioso contro Connally che, in realtà, si rivelò un attentato contro Kennedy.

La storia del Mossad, secondo cui si sarebbe trattato di un'operazione sbagliata che aveva come obiettivo Connally e che avrebbe portato alla morte accidentale di

---

[644] Victor Ostrovsky e Claire Hoy. *By Way of Deception: The Making and Unmaking of a Mossad Officer* (New York: St. Martin's Press, 1990), pagg. 141-143.

Kennedy, non sembra altro che, per riprendere una frase di Ostrovsky, "pura assurdità" da parte del Mossad stesso.

E poi c'è la questione di come Lee Harvey Oswald sia stato inscenato per apparire come un agitatore filo-castrista e filo-sovietico attraverso lo scenario di Città del Messico (orchestrato dalla CIA) e la sua manipolazione a New Orleans da parte del team di Clay Shaw e Guy Banister, che, a loro volta, erano direttamente coinvolti nelle attività dell'agente della CIA e del Mossad Frank Sturgis negli affari del lago Ponchartrain. Oswald credeva forse di agire per conto della CIA, anche in nome dello stesso John F. Kennedy, inscenando un attentato "fasullo" da addebitare a Castro, provocando la furia internazionale del leader cubano? Probabilmente non sapremo mai la verità.

Alla fine, in tutti i momenti critici in cui Oswald è stato capro espiatorio - e dopo l'assassinio - la presa del Mossad di Israele e dei suoi alleati della CIA è evidente.

STRISCIONI FALSI A DEALEY PLAZA?

È possibile che alcuni degli altri cospiratori ai livelli più bassi siano stati indotti a credere che l'intera operazione fosse stata progettata per prendere i due famosi piccioni con una fava: vale a dire.

(1) Eliminare Connally, che si presumeva fosse un ostacolo al modo di operare della malavita, e di conseguenza
(2) Costringendo Kennedy - o piuttosto dandogli una scusa - ad agire finalmente contro Fidel Castro, che aveva bloccato le operazioni della criminalità organizzata a Cuba?

È possibile, ad esempio, che ad alcuni dei cospiratori sia stato detto che il piano era quello di uccidere Connally e far credere che si trattasse di un proiettile sponsorizzato da Castro e destinato al Presidente, che lo mancò, costringendo Kennedy a vendicarsi di Castro?

Possiamo solo immaginare, ad esempio, la sorpresa del pistolero nascosto che sparava a John Connally quando si rese conto che un altro pistolero stava sparando a John F. Kennedy.

Oppure, osiamo suggerire la possibilità più spaventosa di tutte: John F. Kennedy e suo fratello Robert hanno architettato una provocazione anticastrista - o addirittura un "assassinio fittizio" - che alla fine è stato infiltrato e manipolato da forze ostili all'interno della CIA e dei suoi alleati del Mossad?

Si potrebbe passare ore ad architettare una serie di scenari. Ma tutte le prove che abbiamo visto suggeriscono che il complotto per assassinare JFK era a più livelli e multidirezionale.

Tutti questi "personaggi con cattiva reputazione" erano semplicemente "falsi vessilli" usati da quelli che Chauncey Holt ha definito "gli architetti di questa storia"? Questi "sospetti" sono stati portati lì da una forza che voleva "confondere le acque"? Se è così, possiamo solo ricordare il noto uso di falsi striscioni da parte del Mossad nelle sue attività criminali. Si è trattato di un tentativo di "finto omicidio" e, se così fosse, chi - o cosa - era la forza che è intervenuta?

L'investigatore Scott Thompson, che crede nella teoria dell'"assassinio fittizio", si è spinto fino ad accusare la provocazione contro Castro di essere stata condotta con la piena consapevolezza del Procuratore Generale Robert F. Kennedy. Thompson ha affermato che E. Howard Hunt era in realtà responsabile del coordinamento del falso attentato.[645] Thompson osserva, tuttavia, che "rimane poco chiaro chi sia stato coinvolto nel piano di assassinio fittizio e chi lo abbia trasformato in realtà".

L'ex agente della CIA Robert Morrow ha dato credito allo scenario del "tentativo di assassinio fittizio". Morrow ha riferito che gli era stato detto che gli agenti della CIA, lavorando con gli esuli cubani, "avevano fatto una specie di test, un tentativo di assassinio contro Kennedy".[646]

In *Addio America*, sotto lo pseudonimo di "James Hepburn", l'ex agente dei servizi segreti francesi Hervé Lamarr suggerisce: "Oswald probabilmente apprese di essere stato scelto per partecipare a una nuova operazione anticomunista con [David] Ferrie e diversi altri agenti.

"Il piano era di influenzare l'opinione pubblica simulando un attentato al Presidente Kennedy, la cui politica di coesistenza con i comunisti meritava un rimprovero. Un altro attentato, anch'esso progettato per suscitare il sentimento pubblico, era stato simulato il 10 aprile contro il generale [Edwin A.] Walker".[647]

Altre disinformazioni da parte della CIA e del MOSSAD?

Sebbene *Addio America* sia stato un classico "indipendente" spesso citato dai ricercatori sull'assassinio di JFK, le sue origini sono a dir poco oscure. Sebbene il libro contenga molte informazioni affascinanti, esiste una forte possibilità che non sia altro che una classica operazione di disinformazione della CIA/Mossad.

Secondo Hinckle e William Turner, *Addio America* fu preparato sotto la direzione e l'approvazione del Presidente francese Charles De Gaulle, che, come abbiamo notato nel capitolo 15, fu vittima di tentativi di assassinio finanziati dalla Permindex, che ebbe un ruolo centrale nel complotto per assassinare JFK.[648] Tuttavia, secondo lo scrittore Gus Russo, le origini del libro sono un po' più complicate di così.

Russo afferma che poco dopo l'assassinio di JFK - quando Robert Kennedy avviò un'indagine privata sull'omicidio del fratello, avvalendosi di un agente dei servizi segreti britannici, amico di lunga data della famiglia Kennedy (indagine di cui abbiamo parlato all'inizio del Capitolo 9) - l'investigatore britannico assunse due ex agenti dei servizi segreti francesi per condurre l'indagine. Russo dice che uno era André Ducret, ex capo dell'agenzia di intelligence francese, e che l'altro era conosciuto solo come "Philippe", ma si pensa che sia Philippe de Vosjoli, ex capo dell'intelligence francese a Washington.

Gli investigatori francesi trascorsero diversi anni a indagare, fornendo infine a RFK un rapporto che sosteneva, in termini generali, che dietro l'assassinio ci

---

[645] *Revisione dell'intelligence esecutiva. La famiglia Buckley: i fabiani di Wall Street nel movimento conservatore.* (New York: Campaigner Publications), pag. 11.
[646] Russell, p. 506.
[647] Hepburn, pp. 337-338
[648] Warren Hinckle e William Turner. *Segreti mortali.* (New York: Thunder's Mouth Press, 1992), p. 434.

fossero i baroni del petrolio del Texas in combutta con Lyndon Johnson. Sebbene RFK sia stato ucciso poco dopo aver ricevuto il rapporto, l'agente britannico che aveva sponsorizzato l'indagine chiese al fratello sopravvissuto, il senatore Edward M. Kennedy, cosa ne pensasse del rapporto. Kennedy disse che la sua famiglia non era interessata, secondo Russo, e a quel punto il rapporto fu consegnato a Hervé Lamarr, che in seguito lo trasformò nel libro *Addio America*. Sebbene non sia mai stato pubblicato negli Stati Uniti, il libro fu comunque distribuito "clandestinamente" qui.[649]

Tuttavia, mentre il libro (e il rapporto su cui si basava) può contenere granelli di verità, ci sono buone ragioni per credere che si tratti in gran parte di disinformazione da parte della CIA e del Mossad. Ecco perché:[650]

Se Philippe de Vosjoli fu davvero uno di coloro che svolsero le "indagini" per conto dell'amico di Kennedy nei servizi segreti britannici, il fatto è che Vosjoli aveva una "lunga amicizia [e] una relazione speciale" con James J. Angleton, il fedele del Mossad alla CIA, al punto che de Vosjoli non solo rifiutò gli ordini francesi di spiare gli Stati Uniti, ma anche, sembra, aiutò Angleton a svolgere spionaggio contro la Francia.[651]

Considerando questo, possiamo capire perché *Addio America* sia stato così vago e inconcludente, e abbia indirizzato l'accusa lontano dalla CIA e dal Mossad e, per di più, abbia soppresso il poco conosciuto "legame francese" con l'assassinio di JFK che è stato a lungo discusso, ma che, se analizzato come faremo qui, punta direttamente non solo in direzione di Angleton alla CIA, ma anche in direzione di manipolazioni di membri sleali dell'intelligence francese da parte di Angleton e dei suoi alleati del Mossad. È una storia sorprendente che non è mai stata raccontata prima, ma che presenteremo qui per la prima volta.

IL COLLEGAMENTO FRANCESE....

In una comunicazione privata all'autore, dopo aver letto la prima bozza di *Giudizio Finale* - inviatagli nientemeno che dall'ex membro del Congresso degli Stati Uniti Paul Findley (R-III.) - l'ex agente dei servizi segreti francesi Pierre Neuville ha dichiarato (sulla base delle proprie conoscenze interne) che un assassino professionista francese era tra i tiratori della Dealey Plaza, e che aveva commesso il crimine per ordine del Mossad israeliano. (Nel poscritto di questo volume, esaminiamo la straordinaria storia di questo francese e le sue sorprendenti esperienze con il Mossad).

Secondo il giudizio di Neuville: "Il Primo Ministro di Israele non avrebbe mai coinvolto il Mossad, gli ebrei americani o il personale della CIA nella parte esecutiva della cospirazione. Persino la CIA ricorre ai servizi di altri membri della comunità di intelligence (a loro piace lo stile francese) per lavare i panni sporchi. La mano destra non sa cosa ha fatto la sinistra. La squadra di camuffamento non sa chi sta

---

[649] Russo, pp. 574-575.
[650] Tom Mangold. *Cold Warrior* (New York: Simon & Schuster, 1991), pag. 121.
[651] Mangold, pp. 127-129.

eseguendo. E i boia non sono interessati alle conseguenze della loro missione. Non gliene può importare di meno.[652]

Secondo le fonti di Neuville, il capo degli assassini del Mossad dell'epoca, Yitzhak Shamir (poi primo ministro israeliano), organizzò l'assunzione di almeno uno degli assassini attraverso l'intermediazione del vice capo dei servizi segreti francesi (lo SDECE), il colonnello Georges De Lannurien.

"Non è una coincidenza", ha scritto Neuville, "che il giorno stesso dell'esecuzione del Presidente da parte della squadra francese [De Lannurien] fosse a Langley per incontrare James Jesus Angleton, la talpa del Mossad.

Secondo Neuville, "non ci sono coincidenze nei casi sospetti, ma solo insabbiamenti. Il caso dell'infiltrazione comunista nei servizi segreti francesi era un camuffamento appropriato per giustificare la presenza del colonnello De Lannurien a Langley, in Virginia".[653]

Sembra chiaro che Angleton e De Lannurien siano stati riuniti per uno scopo ben preciso: il controllo dei danni, cioè assicurare che la copertura dell'assassinio fosse messa in atto dopo che il crimine era stato commesso.

Lo stesso Angleton aveva dichiarato alla Commissione per gli assassinii della Camera che De Lannurien era venuto nel suo ufficio con uno scopo specifico: chiedere aiuto per scovare le talpe comuniste nello SDECE.[654]

Questa controversia - la presunta infiltrazione del KGB nei servizi segreti francesi - fu una conseguenza diretta delle macchinazioni di Angleton. Fu Angleton (spesso spinto dai suoi alleati del Mossad) a denigrare le presunte infiltrazioni sovietiche nei servizi segreti di altri Paesi, creando un enorme scompiglio, confusione, amarezza e risentimento nei loro ranghi.

Dopo la Seconda guerra mondiale, Angleton aveva prestato servizio come ufficiale di collegamento dell'intelligence americana con lo SDECE e aveva mantenuto stretti rapporti di amicizia con diversi funzionari dell'intelligence francese nel corso della sua carriera. Si trattava indubbiamente di francesi che condividevano l'attaccamento di Angleton a Israele.

Leonard Houneau, un ufficiale di alto rango dello SDECE particolarmente amareggiato, che era rimasto invischiato nella rete di Angleton e alla fine era stato scagionato dalla calunnia di essere una talpa sovietica, in seguito affermò: "Tutta la storia era inventata. Angleton era pazzo e alcolizzato. Stava cercando di metterci l'uno contro l'altro".[655]

IL MERCENARIO OAS

È interessante notare che fu il mercenario dell'OAS Jean Souetre a rivolgersi alla CIA nel giugno 1963 con informazioni su presunti comunisti nel governo De Gaulle e nei servizi segreti francesi, una delle preoccupazioni ampiamente

---

[652] Comunicazione privata dell'autore del 15 agosto 1993.
[653] *Ibidem*.
[654] Russell, p. 785.
[655] Mangold, p. 133.

documentate di Angleton.[656] Si dice che Angleton fosse molto "informato" sulle attività di Souetre (e, anzi, potrebbe aver collaborato attivamente con Souetre).

Nel capitolo 12 abbiamo notato che Souetre era stato arrestato a Dallas il 22 novembre 1963 ed espulso dagli Stati Uniti, e che era anche l'ufficiale di collegamento della CIA di E. Howard Hunt con l'OSA.

Fu Souetre a mantenere un avamposto informale dell'OAS presso l'ufficio di Guy Banister al 544 di Camp Street a New Orleans. Inoltre, Souetre manteneva legami con gli alleati di Meyer Lansky nella mafia corsa. Tutto ciò suggerisce certamente uno schema molto chiaro che evoca più di una coincidenza. Ma la trama si infittisce. Come abbiamo visto nel capitolo 12, ci sono dubbi sul fatto che la persona arrestata a Dallas fosse effettivamente Souetre o qualcuno che usava il suo nome.

Souetre ha suggerito che potrebbe essere stato Michael Mertz, un altro francese, a recarsi a Dallas usando il nome di Souetre. L'aspetto più provocatorio di questa affermazione è che Mertz era un ex ufficiale francese dello SDECE che si era infiltrato nell'OAS anti-De Gaulle e aveva sventato un complotto contro la vita di De Gaulle.[657]

(Esiste una forte evidenza che, in almeno un caso, il Primo Ministro israeliano David Ben-Gurion abbia "sventato" un "complotto" dell'OSA contro De Gaulle, attirando l'attenzione di De Gaulle sul complotto. Di conseguenza, secondo il biografo di Ben-Gourion, "Ben-Gourion aveva ora il riconoscimento di De Gaulle".[658]

(In questo caso particolare, tuttavia, il presunto cospiratore è stato rilasciato perché non c'erano prove sufficienti per tenerlo in custodia.[659] Questo "complotto" era in realtà un'operazione israeliana volta a riportare Israele nelle grazie di De Gaulle? Possiamo solo fare delle ipotesi. Allo stesso modo, possiamo solo ipotizzare che forse anche il salvataggio di De Gaulle da parte di Mertz da un altro "complotto" potrebbe essere stata un'operazione simile orchestrata da Israele).

In ogni caso, le connessioni di Mertz andavano ben oltre. Mertz era anche coinvolto nel traffico illegale di stupefacenti, considerato il contatto parigino per la rete mafiosa di Lansky, Trafficante e della Corsica che abbiamo studiato nel capitolo 12.[660]

Poco dopo l'assassinio di JFK, il dentista Lawrence Alderson fu interrogato dall'FBI. Alderson, che aveva stretto amicizia con il vero Jean Souetre mentre entrambi erano nelle forze armate dei rispettivi Paesi, ha raccontato che gli fu detto: "L'FBI riteneva che Souetre avesse ucciso JFK o sapesse chi era stato".[661] E questo potrebbe includere il già citato Mertz.

L'ex insider della CIA Robert Morrow, che è stato coinvolto in molti degli intrighi che circondano l'operazione di Clay Shaw e Guy Banister a New Orleans, sostiene che fu Mertz a far parte di una delle squadre di assassini che spararono a

---

[656] *Ibid*. p. 558.
[657] *Ibidem*, pp. 559-560
[658] Dan Kurzman. *Ben-Gurion: Prophet of Fire* (New York: Simon & Schuster, 1985), p. 417.
[659] Dan Raviv e Yossi Melman. *Every Spy a Prince* (Boston: Houghton, Mifflin & Company, 1990), p. 73.
[660] *Ibidem*, p. 563.
[661] Henry Hurt. *Reasonable Doubt* (New York: Holt, Rinehart & Winston, 1985), pag. 418.

John F. Kennedy a Dallas.[662] Secondo Morrow, Mertz faceva parte della squadra ZR/Rifle della CIA, composta da mercenari stranieri guidati da Angleton, che comprendeva il misterioso assassino chiamato in codice QJ/WIN. Oltre a Mertz, tra le persone proposte come possibili assassini francesi nei fatti di Dealy Plaza c'erano Robert Blemant, trafficante di droga e intermediario tra la mafia corsa e la CIA, e Joe Attia, finanziatore di eroina e assassino dello SDECE.[663]

Secondo il ricercatore Steve Revele, "documenti top secret recentemente rilasciati dalla CIA indicano che l'assassino QJ/WIN era un contrabbandiere lussemburghese di nome Jose Mankel, mentre l'altro, WI/ROGUE, era un rapinatore di banche di origine sovietica di nome David Dzitzishvili (scritto anche Tzitzishvili; alias David Dato).[664]

Alla fine, tutte le persone citate hanno proprio quel tipo di legami che le collegano non solo alla CIA, ma anche alla macchinazione francese e poi a Israele e al suo Mossad.

I LEGAMI FRANCESI DI ISRAELE

Sebbene lo SDECE fosse il servizio di De Gaulle, l'agenzia non era sotto il controllo diretto di De Gaulle, proprio come la CIA non era sotto il controllo di JFK. Come disse il biografo di De Gaulle a proposito della lotta tra De Gaulle e l'OSA, il conflitto si svolse "all'interno dello Stato stesso".[665] Infatti, uno dei tentativi di assassinio contro De Gaulle da parte del Permindex e dell'OAS sostenuta da Israele fu il risultato diretto di un'intelligence "dall'interno".[666] Inoltre, Louis Betholini, un alto funzionario dello SDECE, si scoprì in seguito essere un "agente segreto" dell'OAS.[667]

E secondo lo storico Paul Henissart, all'interno dello SDECE c'era un'alta percentuale di ufficiali anti-De Gaulle che erano, di fatto, simpatizzanti dell'OAS. Come la sua egocentrica controparte americana, la CIA, "la principale preoccupazione dello SDECE, secondo fonti ben informate, era quella di proteggere il proprio personale e i propri interessi durante il difficile periodo [del conflitto tra De Gaulle e l'OAS].[668]

Lo storico dell'intelligence Richard Deacon ha notato che in Francia, durante questo periodo difficile, c'era "una grande quantità di sostegno non ufficiale a Israele, in particolare all'interno dello [SDECE]", il che evidenzia ulteriormente il

---

[662] Robert Morrow. *Conoscenza di prima mano.* (New York: Shapolski Publications, 1992), p. 191.
[663] Dick Russell. *The Man Who Knew Too Much* (New York: Carroll & Graf Publishers, 1992), pag. 785.
[664] Stephen J. Rivele, *"The CIA, Assassination, and Nixon", pubblicato in Nixon: An Oliver Stone Film,* a cura di Eric Hamburg (New York: Hyperion Books, 1995), pag. 28.
[665] Jean Lacouture. *De Gaulle: The Ruler* (New York: W. W. Norton & Company, 1993), pag. 297.
[666] *Ibidem*, p. 325.
[667] Alexander Harrison. *Sfidare De Gaulle.* (New York: Praeger Publishers, 1989), p. 123.
[668] Paul Henissart. *Wolves in the City: The Death of French Algeria* (New York: Simon & Schuster, 1970), p. 174.

ruolo degli ufficiali dello SDECE nell'organizzazione dell'assassinio di John F. Kennedy per conto dei suoi alleati israeliani del Mossad.[669]

Secondo Stewart Steven, specialista della storia del Mossad, "brillante sotto molti aspetti, lo SDECE aveva una reputazione internazionale come l'elefante corrotto del circo globale dell'intelligence. La CIA lo considerava "un vero e proprio colabrodo", e probabilmente con qualche giustificazione, perché pochi servizi avevano così tanti capi dipartimento costantemente in conflitto tra loro, tutti al servizio di padroni diversi, sia in Francia che all'estero.

"Tuttavia, gli israeliani erano sempre andati molto d'accordo con il servizio francese. Come alleato nel difficile mondo in cui il Mossad era costretto ad operare, lo SDECE si era rivelato estremamente utile, soprattutto perché i suoi ufficiali non si sentivano obbligati ad avere necessariamente un'autorità politica per le proprie operazioni. Questo dava al servizio una qualità di hacking molto simile a quella degli israeliani stessi, ma senza la disciplina e l'ordine israeliani.

"I contatti del Mossad all'interno del servizio", ha affermato Steven, "tendevano ad essere con i membri dell'ex-OAS, quelli che si opponevano a De Gaulle contro ciò che ritenevano fosse la sua vendetta degli interessi francesi nella guerra d'indipendenza algerina".[670]

SCIACALLO O JACL?

A complicare le cose, lo stesso De Gaulle aveva concluso una tregua con l'OAS all'inizio del 1963 e aveva aiutato i suoi membri a trasferirsi.[671] Uno o più degli "ex" nemici di De Gaulle, ora operanti sotto gli auspici del suo stesso servizio di intelligence, o almeno nella sua sfera di influenza, potrebbero essere stati coinvolti nel complotto per l'assassinio di JFK. La probabilità che una fazione israeliana dei servizi segreti di De Gaulle, lo SDECE, abbia reclutato un assassino - in particolare un corso - per l'attentato a JFK è molto alta.

Lo SDECE era diviso in cinque "servizi". Il servizio 5 era noto come "Azione" ed era controllato dai Corsi. Secondo il resoconto di Frederick Forsyth sul conflitto tra De Gaulle e l'OAS (oggetto del suo romanzo *Il giorno dello sciacallo*), questi corsi, "prima di essere arruolati erano stati delinquenti professionisti della malavita, avevano mantenuto i loro vecchi contatti e, in più di un'occasione, avevano cercato l'aiuto dei loro vecchi amici della malavita per fare il lavoro sporco per il governo.

Fu questa attività a far nascere il coinvolgimento di una forza di polizia "parallela" (non ufficiale) in Francia, presumibilmente agli ordini del braccio destro del Presidente De Gaulle, Jacques Foccart.[672] In realtà, non esisteva alcuna forza di polizia "parallela"; le attività ad essa attribuite erano svolte dal Service d'action des forces armées o da capi banda del "Milieu" arruolati temporaneamente" .

Alla luce del famoso "*Sciacallo*" di Forsyth, possiamo notare che all'epoca dei complotti congiunti contro JFK e Charles De Gaulle, un gruppo terroristico ebraico

---

[669] Richard Deacon. *I servizi segreti israeliani.* (New York: Taplinger Publishing Co., Inc., 1977), p. 177.
[670] Stewart Steven. *I maestri di spionaggio di Israele.* (New York: Ballantine Books, 1980), p. 242.
[671] *Ibidem*, p. 561.
[672] Frederick Forsyth. *Il giorno dello sciacallo* (New York: Bantam Books, 1972), p. 17.

attivo in Europa era noto come Lega anticomunista ebraica - o JACL. La JACL collaborava con l'OAS. Sembra quindi che Frederick Forsyth sapesse di cosa stava parlando quando descrisse un fantomatico "*Sciacallo*" sostenuto dall'OAS che cercava di distruggere De Gaulle.

LA COSPIRAZIONE HA CHIUSO IL CERCHIO

Tuttavia, ci sono ancora più prove che suggeriscono che la cosiddetta "connessione francese" all'assassinio di JFK è in realtà, invece, la connessione israeliana fino a Dallas.

Nel 1965 si verificò un bizzarro crimine che evidenziò gli stretti legami tra alcuni membri dell'agenzia di intelligence di De Gaulle, il Mossad israeliano e la mafia francese. E, incredibilmente, questo stesso crimine coinvolse individui i cui nomi sono stati collegati all'assassinio di JFK in seguito a successive rivelazioni. Il crimine in questione fu l'assassinio di una figura politica marocchina, un certo Mehdi Ben-Barka, che era critico nei confronti del regime al potere nel suo paese natale (pur essendo un regime arabo, il governo marocchino mantenne una collaborazione segreta con il Mossad).

Lo storico israeliano Benjamin Beit-Hallahmi ha esaminato i parametri della morte di Ben-Barka come segue: "Il Mossad era coinvolto nel rapimento di Ben-Barka a Parigi. È stato poi assassinato a sangue freddo. Non appena la vicenda si è svolta in territorio francese e ha coinvolto la collaborazione di membri della destra [cioè favorevoli all'OAS] all'interno dello [SDECE], ha portato a una grande crisi politica, a un'epurazione del servizio di De Gaulle".[673]

L'ironia per De Gaulle era immensa. Secondo lo storico Stewart Steven, "come sempre... un ramo dello SDECE non sapeva cosa stesse facendo l'altro. Mentre un dipartimento [dello SDECE] pianificava l'assassinio di Ben Barka, un altro ramo dell'agenzia di intelligence francese si era impegnato a pagare a [Ben Barka] uno stipendio mensile attraverso un centro di ricerca scientifica francese, una delle coperture della vasta operazione dello SDECE in Africa".[674]

Gli storici israeliani Dan Raviv e Yossi Melman hanno commentato la crisi come segue: "De Gaulle, che sospettava che la sua agenzia segreta stesse complottando contro di lui, era assolutamente furioso. Ordinò immediatamente di mettere ordine all'interno dei servizi segreti. Ha anche diretto la sua rabbia contro Israele".[675] Il presidente francese "ordinò che il comando europeo del Mossad fosse rimosso dalla sua sede di Parigi, e ordinò anche la cessazione di ogni cooperazione di intelligence tra le due nazioni".[676]

Secondo lo storico Stewart Steven, "le implicazioni per il Presidente De Gaulle erano che Israele aveva a che fare con l'OAS in Francia, che era ancora attivo,

---

[673] Benjamin Beit-Hallahmi. *The Israeli Connection-Who Israel Arms and Why* (New York: Pantheon Books, 1987), p. 46.
[674] Stewart Steven. *I maestri di spionaggio di Israele.* (New York: Ballantine Books, 1980), p. 242.
[675] Dan Raviv e Yossi Melman. *Every Spy a Prince* (Boston: Houghton Mifflin Co., 1990), pag. 158.
[676] Dan Raviv e Yossi Melman. *Every Spy a Prince* (Boston: Houghton Mifflin Co., 1990), pp. 158-159.

ancora intenzionato a vendicarsi, e che era senza dubbio coinvolto attraverso i suoi sostenitori nello SDECE nell'assassinio di Ben Barka. Questo significava che Israele era coinvolto in attività illegali sul suolo francese, un affronto al nazionalismo francese, e significava che lui stesso, il cui sostegno a Israele non era mai stato messo in discussione, era stato tradito.[677] Secondo Steven, l'espulsione del Mossad da Parigi fu "un duro colpo, forse il più duro che il servizio segreto israeliano abbia mai subito"... De Gaulle non ha mai perdonato Israele".[678]

CRISTIANO DAVID

Si scopre che uno dei principali sospettati dell'omicidio di Ben-Barka era un certo Christian David, un mafioso francese che era un noto complice del già citato Michael Mertz, presumibilmente coinvolto nell'omicidio di JFK.

L'ex ufficiale dei servizi segreti dell'esercito William Spector aveva detto al ricercatore dell'assassinio di JFK Jim Marrs che David faceva parte della squadra ZR/Rifle della CIA che era sotto la supervisione di Angleton e che comprendeva il già citato assassino QJ/WIN.

Ciò che rende tutto questo ancora più sorprendente è che David ha affermato di conoscere una squadra di assassini francese coinvolta nell'omicidio di JFK.[679] David sostiene di aver ricevuto un contratto per uccidere JFK dai fratelli Guerini, legati a Lansky, leader della mafia francese di Marsiglia sostenuta dalla CIA.[680]

Incredibilmente, le connessioni francesi hanno chiuso il cerchio. Fu QJ/WIN della CIA a usare la sua influenza per ottenere il rilascio di un certo Thomas Eli Davis III da una prigione marocchina, dopo che Davis era stato arrestato in Nord Africa per aver fornito armi all'OSA. Ed è stato Jack Ruby (che ha ucciso Lee Harvey Oswald) a raccontare ai suoi avvocati il suo legame con Davis. Ruby aveva detto che lui e Davis avevano trasportato armi e jeep a Cuba.[681]

GLI ANELLI SI INTERSECANO A DALLAS

È chiaro che Charles De Gaulle avrebbe avuto interesse a far luce sull'assassinio di JFK, dato che c'erano molteplici legami francesi con personaggi chiave della cospirazione.

De Gaulle scoprì chiaramente che membri dell'intelligence francese e/o agenti dei suoi nemici giurati, l'OSA, erano stati coinvolti nella cospirazione del Mossad per assassinare JFK.

---

[677] Steven, p. 252.
[678] *Ibid.*
[679] Dick Russell. *The Man Who Knew Too Much* (New York: Carroll & Graf Publishers, 1992), pag. 785.
[680] Jim Marrs. *Crossfire: The Plot That Killed Kennedy* (New York: Carroll & Graf Publishers, Inc., 1989), pp. 202-209.
[681] *Ibidem*, pp. 401-405.

Sembra chiaro che uno o più degli assassini francesi che hanno avuto un ruolo negli eventi di Dallas siano stati reclutati dal Mossad attraverso i suoi alleati nei servizi segreti di De Gaulle.

Inoltre, i membri della fazione legata alla CIA e collegata a New Orleans nel complotto dell'assassinio - quelli che trasformarono Lee Harvey Oswald in un agitatore filocastrista - erano direttamente collegati alla rete OAS e a Permindex, la società del Mossad che aveva cospirato contro De Gaulle.

E al quartier generale della CIA a Langley, in Virginia, James J. Angleton, amico devoto e collaboratore di lunga data del Mossad e membro dello SDECE, aveva preso parte a una macchinazione che dimostra chiaramente il suo coinvolgimento nella cospirazione e nell'insabbiamento che ne è seguito.

Anche E. Howard Hunt della CIA era direttamente collegato alla connessione francese in quanto ufficiale di collegamento della CIA con l'OAS. Infine, la visita palese di Hunt a Dallas poco prima dell'assassinio - ovviamente su ordine di Angleton - dove aveva incontrato Frank Sturgis, un agente del Mossad di lunga data, lo aveva posto al centro del complotto. Il successivo tentativo di collegare pubblicamente Hunt all'assassinio può essere ricondotto direttamente ad Angleton.

Questi dettagli, insieme a tutto ciò che abbiamo discusso nelle pagine del Giudizio Finale, spiegano la cosiddetta "connessione francese" con l'assassinio di JFK, anche se, come abbiamo visto, l'origine della cospirazione per uccidere il Presidente americano non era, in realtà, francese.

È chiaro che c'erano molte persone coinvolte nella periferia del complotto dell'assassinio, che fossero o meno cospiratori attivi. Il Presidente francese De Gaulle aveva tutto l'interesse a sapere come i suoi servizi segreti e/o persone ad essi collegate fossero stati manipolati dal Mossad e aveva tutto l'interesse a coprirli.

DE GAULLE COLPISCE ANCORA

Le indagini di De Gaulle sulle attività dello SDECE nell'anno successivo all'assassinio di JFK ebbero una conseguenza interessante. Le marachelle di James J. Angleton, l'uomo del Mossad della CIA - la sua presunta scoperta di talpe del KGB tra i ranghi dello SDECE - avevano provocato il caos nell'intelligence francese, costringendo il presidente francese ad agire.

Secondo il biografo di Angleton, Tom Mangold: "Nel corso dell'anno, De Gaulle perse definitivamente la pazienza con la CIA. Il presidente francese, in silenzio e senza pubblicità, emanò un ordine che poneva fine a tutte le operazioni congiunte tra lo SDECE e la CIA. Per i tre anni successivi, i due servizi rimasero separati, una rottura senza precedenti tra due Paesi amici".[682]

Questo, naturalmente, ricorda la decisione di De Gaulle di espellere il Mossad dalla Francia nello stesso periodo, come abbiamo già indicato. Alla luce di tutto ciò che abbiamo considerato qui, è probabile che gran parte dell'azione di De Gaulle

---

[682] Tom Mangold. *Cold Warrior* (New York: Simon & Schuster, 1991), pag. 134.

contro gli alleati della CIA e del Mossad di Angleton derivasse direttamente dalla scoperta che i suoi stessi servizi segreti erano stati direttamente compromessi dal coinvolgimento di Georges De Lannurien, l'ufficiale del SDECE che aveva contribuito a facilitare l'assassinio di JFK.

PERMINDEX E LA CONNESSIONE FRANCESE

Come abbiamo visto nel capitolo 15, il collegamento con il Permindex (tramite Clay Shaw a New Orleans) creò di fatto il legame non solo tra la CIA, il Sindacato Lansky e il Mossad, ma anche tra la Francia e la cospirazione per l'assassinio.[683] Purtroppo, sebbene il procuratore di New Orleans Jim Garrison fosse a conoscenza dell'esistenza del Permindex, riteneva - almeno all'epoca del processo a Shaw - secondo Paris Flammonde, che il Permindex "non avesse alcun coinvolgimento diretto" nella cospirazione.

Chiaramente, Garrison vedeva il Permindex come una mera indicazione dei legami di Shaw con l'intelligence e niente di più.[684] Tuttavia, come sottolinea lo studioso dell'assassinio James Di Eugenio in uno dei suoi commenti più acuti: "È discutibile, ma anche così, i legami europei di Shaw avrebbero avuto qualche effetto sull'immagine che si era accuratamente costruito" di una sorta di "liberale wilsoniano-rooseveltiano-kennediano".[685]

Le stesse parole di Garrison suggeriscono che potrebbe aver ricevuto istruzioni dai servizi segreti francesi. A un certo punto, Garrison disse che gli era stato detto che i cospiratori che stavano tramando l'assassinio di JFK erano stati penetrati da un servizio di intelligence straniero, ma questo era "per ragioni totalmente estranee a un'indagine sull'assassinio del Presidente".[686]

In effetti, questo caso "non correlato" potrebbe essere stato (e questa è una speculazione, ovviamente) un'indagine di De Gaulle su Shaw e i cospiratori di New Orleans a causa della loro collaborazione con l'OAS per le truffe contro De Gaulle. Purtroppo, almeno inizialmente, la "connessione francese" (che in realtà è la connessione israeliana) sembra essere passata attraverso Garrison e questo potrebbe aver portato in parte alla sua incapacità di condannare Shaw per il complotto JFK. Sappiamo che alla fine degli anni '70 la House Select Committee on Assassinations stava indagando sulla "connessione francese".

Tuttavia, secondo Dick Russell, uno degli investigatori della commissione, Mike Ewing, aveva dichiarato che la commissione "stava lavorando sulla 'connessione francese' quando ha chiuso i battenti" nel 1978.[687] Di conseguenza, l'"indagine" ufficiale non è mai arrivata fino in fondo e la connessione israeliana - attraverso la cosiddetta "connessione francese" - è rimasta segreta (come certamente volevano i cospiratori).

---

[683] James Di Eugenio. *Destiny Betrayed* (New York: Sheridan Square Press, 1992), p. 373.
[684] *Ibidem*.
[685] *Ibid.* p. 208.
[686] Paris Flammonde. *The Kennedy Conspiracy* (New York: Meredith Press, 1969), p. 281.
[687] Russell, p. 559.

PIÙ ISRAELE

In realtà, esiste un legame tra Israele e le prove che collegano i membri dell'OAS a un complotto contro il Presidente Kennedy. In *L'uomo che sapeva troppo*, Dick Russell descrive la strana storia del soldato Eugene Dinkin, un decodificatore militare in Europa che, poco prima dell'assassinio di JFK, stava monitorando e decodificando il traffico telegrafico dell'OAS francese.

Russell ha detto che Dinkin aveva scoperto (un fatto noto alla CIA e alla Commissione Warren nel 1964) che l'OSA era a conoscenza di un complotto per l'assassinio del Presidente Kennedy che avrebbe avuto luogo in Texas. Sfortunatamente per Dinkin, secondo Russell, "nessuno gli disse a che ora del giorno, tranne l'ambasciatore israeliano in Lussemburgo che... lo aveva consigliato sul modo migliore per presentare il suo caso all'ambasciata americana".[688]

Il povero Dinkin, ovviamente, non aveva idea che gli israeliani (che lui percepiva come alleati americani) stessero in realtà lavorando dietro le quinte con i complici legati all'OAS nella cospirazione per l'assassinio di JFK. Quindi, trasmettendo la sua storia agli israeliani, Dinkin stava effettivamente avvertendo l'OAS (e i cospiratori) di aver trovato i loro legami con l'imminente assassinio del Presidente. Questo è solo un altro di quei dettagli affascinanti - che i ricercatori hanno in qualche modo dimenticato - che confermano il legame con Israele.

LA FORZA MOTRICE

È evidente che il legame comunemente noto come "francese" con l'assassinio del Presidente Kennedy è molto più ampio di quanto non sembri. In *Giudizio finale*, tuttavia, definiamo i parametri della connessione francese in un modo che non è mai stato fatto prima.

Non sarà mai possibile stabilire la verità su ciò che accadde esattamente a Dealey Plaza, ma crediamo che nelle pagine di *Giudizio Finale* ci siamo avvicinati alla verità come mai prima d'ora.

Le informazioni fornite dall'ex ufficiale dei servizi segreti francesi sull'orchestrazione israeliana dell'assassinio del JFK da parte del Mossad attraverso altre reti di intelligence, in particolare la CIA di James J. Angleton e le forze filo-israeliane dello SDECE, sono coerenti con altri fatti raccolti in questo capitolo e in tutte le pagine di questo volume.

Il giudizio finale è ineluttabile...

Israele è stata la forza trainante dell'assassinio del Presidente John F. Kennedy. Il ruolo di Israele è stato l'insospettabile ma onnipresente "anello mancante" nella cospirazione dell'assassinio di JFK.

Andiamo avanti ed esaminiamo come i media hanno manovrato e/o sono stati manipolati dalla CIA e dal Mossad per nascondere la verità sull'assassinio del Presidente. Esamineremo anche l'omicidio del senatore Robert F. Kennedy. La sua morte fu una parte essenziale dell'insabbiamento dell'assassinio del fratello a Dallas.

---

[688] Russell, p. 554.

CAPITOLO 17

Non osano parlare:
Il silenzio dei media - Perché il ruolo di Israele nell'assassinio del JFK non poteva essere rivelato

L'influenza di Israele e della sua lobby sui media statunitensi avrebbe reso difficile la diffusione della notizia a chiunque sospettasse il coinvolgimento di Israele nell'assassinio di JFK. I media hanno promosso le conclusioni della Commissione Warren e hanno attaccato i suoi critici. E i media hanno incolpato Fidel Castro.

Il reportage dell'editorialista Drew Pearson e il sensazionale film *JFK* di Oliver Stone sono casi classici di come le fonti mediatiche legate a Israele abbiano manipolato la percezione pubblica dell'omicidio del presidente Kennedy.

"L'insabbiamento dell'assassinio di Kennedy è sopravvissuto così a lungo solo perché la stampa, messa di fronte alla scelta di credere a ciò che le veniva detto o di esaminare i fatti in modo indipendente, ha scelto la prima. Finché la stampa non rinuncerà a questa scelta, difficilmente sapremo la verità".[689]

Queste sono le parole di Jerry Pollicoff, un ricercatore che ha lavorato per molti anni sul caso JFK, che riassumono l'atteggiamento della classe dirigente dei media nei confronti della copertura del crimine del secolo.

I media si sono accontentati di respingere praticamente tutte le teorie possibili fino a un certo punto, tranne una: che dietro l'assassinio ci fosse Israele, una teoria comunque diffusa nel mondo arabo.

Tuttavia, come abbiamo visto, in particolare nel capitolo 5, si sapeva molto poco della guerra segreta di JFK contro Israele e del grande cambiamento di rotta nella politica estera mediorientale che seguì l'assassinio di JFK.

Quindi anche i critici più duri della presunta "indagine" della Commissione Warren - molti direbbero "insabbiamento" - sulla cospirazione dell'assassinio non avevano motivo di sospettare che potesse esserci un legame israeliano con l'assassinio di JFK. Le conclusioni finali della Commissione Warren non hanno soddisfatto nessuno, tranne gli amici di Israele e della CIA nei media della classe dirigente, che hanno dato il loro appoggio incondizionato alle conclusioni del rapporto.

---

[689] Sid Blumenthal (editore). *Government by Gunplay: Assassination Conspiracy Theories From Dallas to Today* (New York: Signet Books, 1976), p. 231.

IL DISSENSO DI UN CITTADINO

Mark Lane, avvocato newyorkese, ha fatto passi da gigante con la sua dissezione clinica del Rapporto Warren nel suo bestseller *Rush to Judgment*. Seguirono una valanga di altri libri. Il secondo libro di Lane sull'assassinio di JFK, *A Citizen's Dissent*, è tuttavia estremamente rivelatore della reazione della classe dirigente - in particolare dei media - allo scandalo suscitato dalla pubblicazione di *Rush to Judgment*.

Non c'è dubbio - e questo è importante - che i media si siano schierati quasi all'unanimità con il Rapporto Warren, nonostante tutte le prove che si trattava di una farsa. I media non tolleravano il dissenso. Per quanto riguarda i media, la controversia su JFK era finita. Punto e basta.

GARRISON E IL LEGAME TRA LA CIA E IL MOSSAD

I media si sono certamente lasciati trasportare dalla copertura isterica dell'indagine del procuratore di New Orleans Jim Garrison sull'omicidio di JFK dal 1967 al 1969 e dall'accusa dell'uomo d'affari della Crescent City Clay Shaw.

Quando Garrison iniziò a perseguire Shaw, i fatti che oggi conosciamo su Shaw e sui suoi legami con la Permindex di Roma, collegata a Lansky, al Mossad e alla CIA, non erano così chiari.

Solo nel 1975 l'ex funzionario della CIA Victor Marchetti ha riconosciuto pubblicamente che Shaw aveva legami con la CIA e che quest'ultima era molto interessata a sostenere Shaw durante il periodo della sua incriminazione a New Orleans.[690]

Lo stesso ex direttore della CIA Richard Helms ammise in seguito sotto giuramento che Shaw aveva legami con la CIA. Se Jim Garrison avesse avuto queste prove all'epoca del processo a Shaw, il verdetto sarebbe stato diverso.[691]

INTERVENTO DI ANGELTON

Esistono ulteriori prove dei tentativi della CIA di ostacolare le indagini di Garrison. Queste prove coinvolgono direttamente il direttore del controspionaggio della CIA, James J. Angleton, i cui legami unici con il Mossad e il cui ruolo centrale nell'insabbiamento della cospirazione del JFK sono stati analizzati nei capitoli 8, 15 e 16.

Nella sua recente biografia dell'ex direttore dell'FBI J. Edgar Hoover, l'autore Anthony Summers descrive come le presunte foto incriminate di Hoover impegnato in attività omosessuali (descritte nel capitolo 7) siano riuscite a riemergere come parte dell'indagine di Garrison.

Secondo Summers, Gordon Novel, ex agente della CIA, gli disse che James J. Angleton gli aveva mostrato queste foto.

---

[690] Jim Garrison, *On the Trail of the Assassins* (New York: Sheridan Square Press, 1988), p. 251.
[691] *Ibidem*.

Novel, che operava a New Orleans, era apparso nelle indagini di Jim Garrison come possibile sospetto e, come diretta conseguenza, aveva intentato una causa contro Garrison.

Novel disse che i suoi collaboratori della CIA lo avevano esortato a continuare a perseguire il procuratore di New Orleans, ma che Hoover si era opposto. Fu allora che Angleton contattò Novel, esponendo le foto incriminate e suggerendogli di avvisare discretamente Hoover di aver visto le foto che Novel aveva detto di aver visto, cosa che fece, con grande disappunto del direttore dell'FBI.[692]

Chiaramente, Garrison era sulla strada giusta. Quando avviò la sua indagine su Shaw, Garrison pensava di fare il suo dovere patriottico. Stava cercando di perseguire un uomo che riteneva collegato al complotto per l'assassinio di JFK. Garrison stava cercando di assicurare alla giustizia gli assassini del nostro presidente. Tuttavia, il procuratore distrettuale di New Orleans fu accolto da un uragano offensivo da parte dei media, e in particolare da parte di media strettamente legati a membri della lobby pro-Israele.

LA GANG STERN

Le prove indicano, infatti, che la mano magistrale dei propagandisti filo-israeliani era all'opera per orchestrare l'attacco a Garrison. L'assalto al procuratore è stato portato avanti dalla stazione televisiva (e radiofonica) WDSU, affiliata alla NBC di New Orleans.

Il proprietario della WDSU era Edgar Stern, della potente famiglia Stern di New Orleans, che contribuiva non solo all'American Jewish Committee e all'American Jewish Appeal, ma anche alla Anti-Defamation League (ADL) di B'nai B'rith.[693] Inoltre, un'amica intima di Clay Shaw era la moglie di Edgar Stern, Edith Stern, il cui sostegno a Shaw di fronte alla sua incriminazione è stato sottolineato nel resoconto di James Kirkwood del processo di Shaw, *American Grotesque*.[694]

Come vedremo in questo capitolo, l'ADL non solo funziona come un'operazione di intelligence estera per Israele, ma lavora anche a stretto contatto con l'intelligence statunitense. Ma soprattutto, l'ADL usa la sua influenza per giocare un ruolo importante nella copertura mediatica degli Stati Uniti. Questo è stato essenziale per coprire la verità sull'assassinio di JFK.

L'attacco malevolo della WDSU a Garrison, tuttavia, era un progetto molto più grande di quanto sembrasse. Infatti, il telegiornale nazionale della NBC a New York fu il motore principale della campagna di propaganda contro il procuratore.

Il coordinatore del progetto NBC era un ex funzionario del Dipartimento di Giustizia, Walter Sheridan, che in precedenza aveva lavorato per la National Security Agency. Secondo Sheridan, Edgar Stern era "un uomo coraggioso e liberale

---

[692] Anthony Summers, *Official and Confidential: The Secret Life of J. Edgar Hoover* (New York: G. P. Putnam's Sons, 1992), pp. 244-245.
[693] James Kirkwood. *American Grotesque: An Account of the Clay Shaw-Jim Garrison Affair in New Orleans* (New York: Simon & Schuster, 1970), p. 47.
[694] *Washington Observer*, 1° agosto 1970.

che condivideva le nostre opinioni su Garrison e la sua indagine. La WDSU era l'unica voce in Louisiana a parlare contro ciò che Garrison stava facendo.[695]

Tuttavia, ci si interroga sul coraggio e sul carattere liberale della famiglia Stern, alla luce non solo del loro attacco a Garrison, ma anche del loro noto sostegno all'ADL e alle sue attività, in particolare a New Orleans.

Nel 1968, nel bel mezzo della controversia Garrison-Shaw, fu l'ufficio dell'ADL di New Orleans a fornire 36.500 dollari di fondi propri a un'operazione dell'FBI volta a incastrare il membro del Ku Klux Klan Tommy Tarrants e una giovane donna di nome Kathy Ainsworth. La signora Ainsworth fu uccisa in una sparatoria.[696]

È interessante notare che il rappresentante dell'ADL a New Orleans che è stato il primo attore di questa strana cospirazione è stato A. L. (Bee) Botnick. L. (Bee) Botnick.

Nel capitolo 15 abbiamo notato la stretta relazione tra Botnick e Guy Banister, l'ex coordinatore ufficiale dell'FBI che divenne l'ex coordinatore della CIA per le operazioni relative agli esuli cubani anticastristi a New Orleans.

Fu naturalmente dall'ufficio di Banister al 544 di Camp Street che Lee Harvey Oswald svolse operazioni di intelligence su richiesta di Banister e si presentò come un agitatore filocastrista.

SABOTAGGIO

Il coinvolgimento di Walter Sheridan nel caso Garrison andava ben oltre il semplice fatto di essere un giornalista che stava per fare un lavoro di demolizione. Sheridan stava infatti cercando di sabotare l'indagine di Garrison interferendo nel suo stesso svolgimento.

Come ha sottolineato Garrison, Sheridan e i suoi collaboratori "andavano ben oltre i giochi di parole. Stavano conducendo un'indagine ufficiale sull'ufficio del procuratore di una grande città. Stavano cercando di persuadere i testimoni a cambiare la loro testimonianza e persino a trasferire permanentemente i testimoni chiave in un'altra parte del Paese".[697]

ANCORA DI PIÙ DALLA BANDA DI POPPA

È interessante anche il fatto che i media WDSU, gestiti dalla famiglia Stern e legati all'ADL, hanno svolto un ruolo fondamentale nel promuovere l'immagine di Lee Harvey Oswald come attivista "filo-castrista" prima e dopo l'assassinio del Presidente Kennedy.

Il 16 agosto 1963 Oswald e un collega si presentarono fuori dall'International Trade Mart di Clay Shaw distribuendo volantini pro-Castro. Il ricercatore Dick

---

[695] Walter Sheridan. *La caduta e l'ascesa di Jimmy Hoffa*. New York: Saturday Review Press, 1972), p. 418.
[696] *Los Angeles Times*, 13 febbraio 1970.
[697] Jim Garrison. *On the Trail of the Assassins: My Investigation & Prosecution of the Murder of President Kennedy* (New York: Sheridan Square Press, 1988), pag. 168.

Russell sottolinea due fatti interessanti: "Erano lì solo per pochi minuti, eppure la prova è stata filmata dalla WDSU-TV, che per caso era presente". Jessie R. Core III, responsabile delle pubbliche relazioni dell'International Trade Mart, aveva assistito al volantinaggio e subito dopo aveva avvertito l'FBI".[698]

Quindi non solo le telecamere della famiglia Stern erano presenti per immortalare Oswald, l'attivista "filocastrista", ma il membro del consiglio di amministrazione di Permindex Clay Shaw, socio del Trade Mart, si adoperò per segnalare il giovane "comunista" all'FBI, rafforzando l'immagine di sinistra di Oswald.

Tuttavia, il coinvolgimento della WDSU nel promuovere l'immagine pubblica di Oswald come agitatore filocomunista prima dell'assassinio del Presidente Kennedy non si esaurì qui.

Il 17 agosto, William Stuckey della radio WDSU organizzò un'intervista radiofonica con Oswald in cui il giovane proclamava le sue idee di sinistra. WDSU inviò poi una copia del nastro all'FBI.

E c'è di più. Il 19 agosto Stuckey della WDSU contattò nuovamente Oswald e gli organizzò un dibattito con un attivista anticastrista sulla sua stazione radio. Fu a questo punto che Oswald si proclamò marxista. Il giorno successivo, la WDSU consegnò una copia della trascrizione del dibattito all'ufficio dell'FBI di New Orleans.[699]

Poi, in una seconda occasione, il 30 agosto, WDSU Radio mise nuovamente a disposizione dell'FBI la trascrizione del dibattito radiofonico di Oswald.[700] WDSU era una radio molto pubblica.

LA "PUBBLICITÀ GRATUITA" DI OSWALD

La televisione e la radio WDSU, collegate all'ADL, avevano così fornito a "uno svitato solitario" - Lee Harvey Oswald - più pubblicità gratuita di quanto qualsiasi altro piccolo uomo di sinistra della città di New Orleans avrebbe potuto sognare.

Ma la WDSU non aveva finito con Oswald. Subito dopo l'arresto di Oswald a Dallas, il 22 novembre, fu ancora una volta la WDSU a svolgere un ruolo nel presentare Oswald, questa volta a un pubblico televisivo nazionale, come un agitatore filo-castrista.

Secondo Warren Hinckle e William Turner: "La rete NBC ha messo a segno un colpo, grazie alla sua affiliata di New Orleans WDSU. All'inizio della serata, aveva trasmesso un nastro con la voce di Oswald che professava la sua ammirazione per Fidel Castro e dichiarava: "Sono un marxista".[701]

Una nota interessante. Il giovane cameraman della WDSU, Johann Rush, che ha filmato la distribuzione di volantini da parte di Oswald, è emerso circa trent'anni dopo, nel 1993, come un "esperto" il cui "miglioramento" del filmato Zapruder

---

[698] Dick Russell. *L'uomo che sapeva troppo*. (New York: Carroll & Graf Publishers, 1992), p. 400.
[699] *Ibidem*, pp. 401-402.
[700] *Ibidem*, p. 430.
[701] Warren Hinckle e William Turner. *Segreti mortali*. (New York: Thunder's Mouth Press, 1992), p. 252.

sull'assassinio di JFK è stato salutato come la prova finale che Oswald ha agito da solo.

Rush ha collaborato con lo scrittore Gerald Posner alla pubblicazione di un volume intitolato *Caso chiuso*, che è stato ampiamente salutato dai media istituzionali come la confutazione definitiva dei teorici della cospirazione per l'assassinio del JFK.

U. U. S. *News & World Report*, pubblicato dall'appassionato israeliano Mortimer Zuckerman, ha dedicato una versione estesa di un numero speciale che presentava il libro come articolo principale.

Tuttavia, il libro di Posner e Rush è pieno di errori, contraddizioni, imprecisioni e travisamenti. Il libro è piuttosto disonesto nel sostenere che, sebbene la Commissione Warren si sia sbagliata su alcuni punti - che hanno suscitato critiche - la sua tesi di base (che Oswald abbia agito da solo) era corretta.

Gli autori ignorano le prove fondamentali dei legami della CIA e di altri servizi segreti con Oswald e Ruby e suggeriscono che quasi tutti i numerosi testimoni che sono stati in grado di fornire informazioni che indicavano un complotto erano mentalmente instabili, veri e propri bugiardi o entrambe le cose.

Johann Rush, ex membro della cospirazione WDSU che accusava Lee Harvey Oswald di essere un agitatore filo-castrista, è tornato così al centro dell'insabbiamento mediatico di ciò che è realmente accaduto a Dallas il 22 novembre 1963.

IL LEGAME CON SHERIDAN E ISRAELE

In seguito, naturalmente, Walter Sheridan, assunto dalla NBC, giunse a New Orleans e, sostenuto dalla WDSU, lanciò l'iniziativa di danneggiare Jim Garrison in un'udienza trasmessa a livello nazionale; la WDSU aveva già fatto molto per gettare le basi per la rappresentazione di Lee Harvey Oswald come un isolato agitatore comunista.

In seguito, va ricordato che Sheridan si era stabilito - pur non essendo un avvocato - presso lo studio legale di Washington D. C. di Miller, Cassidy, Larroca e Lewin. C. Si trattava dello studio di un ex collega di Sheridan del Dipartimento di Giustizia, Nathan Lewin, che a quel punto era diventato uno dei più importanti scagnozzi della lobby di Israele a Washington.

È dal suo ufficio nella società di Lewin che Sheridan ha gettato le basi per la creazione di una società di sicurezza che forniva servizi esclusivi all'impero alberghiero dei Caraibi noto come Resorts International.[702] Come abbiamo osservato nel capitolo 7, Resorts International è considerato da molti un'operazione di intelligence congiunta tra la CIA e il sindacato del crimine di Meyer Lansky e il Mossad israeliano.

In questo contesto, vale la pena notare che il ricercatore Peter Dale Scott ha sottolineato che il resoconto di Walter Sheridan sul suo lavoro nella lotta al crimine organizzato nel Dipartimento di Giustizia di Kennedy "omette nomi rilevanti come

---

[702] *Executive Intelligence Review. L'arma segreta di Mosca.* (Washington, D.C.: Executive Intelligence Review, 1 marzo 1986), pag. 119.

Meyer Lansky".[703] Questo non è ovviamente sorprendente, dato tutto ciò che abbiamo visto su Sheridan e sulle forze che hanno cercato di distruggere l'indagine di Jim Garrison su Clay Shaw e la cospirazione per l'assassinio di JFK.

PRESIDIO CRITICATO

In ogni caso, è evidente che a guidare l'assalto a Garrison sono state forze strettamente legate alla lobby di Israele. Garrison è stato ripetutamente criticato dalla televisione nazionale. È stato brutalmente attaccato dalla stampa. La sua integrità è stata messa in dubbio e i suoi metodi investigativi sono stati messi in discussione.

Lo stesso valeva per chiunque mettesse in dubbio la versione "ufficiale" dell'assassinio di JFK. La CIA si prese persino la briga di preparare uno studio sul bestseller *Rush to Judgment* di Mark Lane sulle critiche alla Commissione Warren, che era stato distribuito ad amici e agenti della CIA nei media.

Tutto questo era parte integrante della campagna per screditare coloro che stavano per scoprire la vera verità sull'assassinio di JFK, cosa che né Israele né i suoi alleati della CIA potevano permettere.

SABOTAGGIO DALL'INTERNO

Nelle sue memorie, Garrison ricorda come, più volte, lui e i suoi colleghi investigatori dell'Ufficio del Procuratore Distrettuale di New Orleans scoprirono le prove che il loro lavoro veniva sabotato dall'interno. Infiltrati del governo e altre persone non solo spiavano le attività di Garrison, ma cercavano anche di minare l'intera indagine. Con grande sgomento di Garrison, anche alcuni volontari apparentemente impegnati che si erano offerti di aiutare gli investigatori professionisti si rivelarono dei sabotatori.

Uno degli assistenti "volontari" era un giovane descritto da Garrison come "un giovane inglese".[704] Questo giovane inglese, in realtà, era un certo Tom Bethell, che in seguito "ruppe" con Garrison - se davvero aveva lavorato dalla sua stessa parte fin dall'inizio - e divenne una fonte per i critici di Garrison. Forse ora sappiamo qual è stata la ricompensa di Bethell, dopo che il tempo è passato.

L'ex ufficiale della CIA William F. Buckley Jr. assunse il giovane Bethell come redattore della sua rivista *National Review*, promuovendolo come uno dei grandi giovani scrittori conservatori dell'epoca. Grazie al patrocinio di Buckley, la carriera di Bethell come giornalista era andata piuttosto bene.

(Nel capitolo 9 abbiamo esaminato gli stretti e ripetuti legami di Buckley e della sua famiglia con un'ampia gamma di personaggi chiave del complotto per l'assassinio di JFK - in particolare E. Howard Hunt, di cui abbiamo parlato più dettagliatamente nel capitolo 17).

---

[703] Peter Dale Scott. *Deep Politics and the Death of JFK* (Berkeley, California: University of California Press, 1993), p. 187.
[704] *Ibidem*, p. 173.

ANCORA UN INTERVENTO DELLA CIA?

Esistono ulteriori prove di una chiara interferenza della CIA nell'indagine di Garrison. Quando il critico di Garrison, James Kirkwood, pubblicò il suo libro *American Grotesque* nel 1968, aveva denunciato l'iniziativa della comunità dei servizi segreti di denigrare le accuse di Garrison contro Clay Shaw.

Descrivendo come il giornalista James Phelan gli avesse fornito (Kirkwood) il proprio resoconto di come lui (Phelan) stesse cercando di confutare Garrison contro Shaw, Kirkwood ha pubblicato la trascrizione di un'intervista registrata con Phelan.

Phelan ha descritto come aveva organizzato l'incontro con Garrison a Las Vegas (durante una vacanza per il procuratore stanco e logorato). All'epoca, Garrison non sapeva che Phelan fosse ostile. Phelan raccontò a Kirkwood come Garrison gli avesse fornito una serie di documenti chiave, in via confidenziale, che avrebbe dovuto restituirgli il mattino seguente.

Secondo la trascrizione di Kirkwood, Phelan disse: "Quando [Garrison] me li diede [i documenti], non mi mise alcuna restrizione. Sapeva che stavo scrivendo un articolo. Mi disse: "Capirai il mio caso quando lo leggerai". Così mi alzai presto, telefonai a Bob Mayhew al Desert Inn e gli dissi che mi serviva una fotocopia e che mi serviva in fretta. Dovevo far fotocopiare due documenti e non volevo che nessun altro li leggesse o sapesse che erano stati copiati. Hanno fotocopiato le copie per me e ho restituito gli originali a Garrison senza fare commenti. Volevo aspettare il processo".[705]

Ciò che è significativo, soprattutto nel contesto dell'epoca in cui Kirkwood pubblicò per la prima volta questa intervista (1968), è che solo pochi anni dopo si scoprì che era Robert Maheu, un ex agente dell'FBI diventato agente della CIA, il principale intermediario tra la CIA e la criminalità organizzata nel complotto congiunto contro Fidel Castro. Quando Kirkwood aveva rivelato per la prima volta le macchinazioni di Phelan e Maheu, le attività dietro le quinte di Maheu erano ancora un segreto oscuro e profondo.

Fu lo stesso Robert Maheu (erroneamente chiamato "Mayhew" da Kirkwood) ad aiutare Phelan nel tentativo di mandare a monte l'indagine di Garrison - un'indagine che, se fosse stata portata a termine fino in fondo, avrebbe rivelato il complotto della CIA contro Castro, che coinvolgeva anche molte delle persone coinvolte nell'assassinio di JFK.

Nel capitolo 11 abbiamo analizzato in dettaglio il coinvolgimento di Maheu con la CIA e le figure del crimine organizzato di Meyer Lansky, come Johnny Rosselli, Sam Giancana e il tenente Santo Trafficante.

Va inoltre ricordato che il Desert Inn di cui sopra (all'epoca di proprietà del miliardario Howard Hughes) era stato originariamente creato da Morris Dalitz, socio fidato di Meyer Lansky, le cui attività e strane connessioni abbiamo esaminato nei capitoli 10 e 15.

---

[705] Kirkwood, p. 162.

La CIA aveva quindi i suoi collaboratori in posizioni chiave per minare l'indagine di Jim Garrison.

GARRISON E MARCELLO

Alcuni dei nemici più creativi di Garrison nei media avevano trovato un nuovo modo per screditare il procuratore di New Orleans. Invece di cercare davvero la verità sull'omicidio di JFK, sostenevano che Garrison stesse in realtà cercando di insabbiare il caso. Garrison, secondo loro, era uno strumento volontario del boss mafioso Carlos Marcello.

Puntando il dito contro la CIA, i critici di Garrison hanno sostenuto che il procuratore stava cercando di dissipare i sospetti su Carlos Marcello che, a loro dire, era il sospettato più probabile.

Questa affermazione è a dir poco illogica. Se Garrison stava deliberatamente cercando di nascondere qualsiasi legame che Marcello potesse avere - se ne aveva - con il complotto dell'assassinio, lo stava facendo piuttosto male.

(Nel capitolo 10 abbiamo appreso della campagna contro Garrison condotta da Richard Billings della rivista *Life*, che promuoveva lo scenario Garrison-Marcello. È stato Billings, naturalmente, che in seguito è stato consulente senior della House Select Committee on Assassinations che ha incolpato "la mafia" - e Marcello in particolare - per l'assassinio di JFK).

Se Garrison stava cercando di proteggere Marcello, l'ultima persona a cui avrebbe dovuto dare la caccia era David Ferrie, pilota privato occasionale e talvolta avvocato del boss mafioso. Ferrie era accanto a Marcello in un'aula di tribunale federale a New Orleans proprio nel momento in cui JFK fu ucciso.

Esaminando prima le attività di Ferrie, Garrison entra praticamente nell'ufficio di Marcello. Questo fatto da solo nega la critica creativa (ma molto difettosa) di Garrison all'"insabbiamento mafioso", una critica che continua a pesare sulla memoria di Garrison fino ad oggi. Tuttavia, coloro che sostengono la teoria secondo cui "la mafia ha ucciso JFK" ignorano questo fatto.

È chiaro che la popolazione di New Orleans non si è bevuta il pesante attacco della classe dirigente a Garrison. Egli è stato rieletto alla carica di procuratore distrettuale, nonostante - o forse proprio a causa - del fuoco di fila dei media.

Ciò è tanto più notevole se si considera che furono i giornali di New Orleans i più feroci critici di Garrison.

Garrison era chiaramente sulla strada giusta. Stava cercando nei posti giusti. Fu Garrison a collegare Clay Shaw al complotto per l'assassinio di JFK e fu Shaw a sedere nel consiglio di amministrazione della Permindex, l'oscura società israeliana legata al Mossad che ebbe un ruolo centrale nell'assassinio del Presidente americano. Non sapremo mai quanto Shaw sapesse dell'imminente assassinio del Presidente, ma non c'è dubbio che Shaw fosse legato al nucleo della cospirazione.

I FEDERALI CONTRO GARRISON

Non sorprende che l'intero rigore del governo federale si abbatta sulla testa di Garrison. Fu incriminato formalmente per corruzione, ma in seguito fu assolto - e giustamente. Il testimone principale contro di lui, un ex amico di nome Pershing Gervais, ammise in un'intervista alla stampa (con la giornalista Rosemary James, a sua volta critica nei confronti di Garrison) che le accuse contro Garrison erano un'invenzione del Dipartimento di Giustizia. Gervais ha detto: "Volevano mettere a tacere Jim Garrison. Questo era il loro obiettivo principale...". Secondo Gervais, si trattava di "una totale e completa macchinazione politica". Ha dichiarato che "tutto" era una menzogna.[706]

Nonostante l'esonero, il dipartimento delle imposte si è precipitato sulla vicenda e ha sporto denuncia per frode fiscale contro Garrison per non aver pagato le tasse sulle presunte tangenti che era stato assolto dall'aver accettato. Questo, ovviamente, sembra incredibile, ma è assolutamente vero. Garrison non fu condannato, ma i critici della classe dirigente continuarono a sostenere (in un ultimo disperato tentativo di mettere Garrison fuori gioco) che i giurati in questi casi - come nel caso precedente - potevano essere stati corrotti per emettere un verdetto di non colpevolezza.

I MEDIA INFANGANO L'IMMAGINE DI KENNEDY

Inoltre, grazie ai media, l'immagine di John F. Kennedy fu attaccata in diverse occasioni negli anni successivi all'assassinio. È diventata quasi una forma di diffamazione rituale.

La famigerata vita sessuale di Kennedy divenne oggetto non solo dei tabloid, ma anche della stampa della classe dirigente. Ci fu detto che Kennedy non era chi diceva di essere. La sua relazione con Marilyn Monroe divenne argomento di conversazione a tutti i tavoli. (Il bizzarro ruolo di Mickey Cohen, l'uomo di Meyer Lansky a Hollywood, nell'affare Kennedy-Monroe - di cui abbiamo parlato nel capitolo 13 - non fu tuttavia una parte essenziale della continua copertura mediatica.

L'insensatezza del fratello di John Kennedy, Edward, non ha aiutato molto. I media si sono entusiasmati per ogni minimo errore del senatore del Massachusetts e - all'avvicinarsi del trentesimo anniversario dell'assassinio di JFK, nel 1993 - hanno iniziato a lodare diversi libri maligni che attaccavano Ted Kennedy con quello che molti presumevano fosse un mezzo per impedire al fratello minore dei Kennedy di raggiungere la Casa Bianca.

Anche la defunta Jacqueline Kennedy, poi sposata con il miliardario greco Aristotele Onassis, fu ridicolizzata dai media negli ultimi anni. Anche lei non fu esente dal vilipendio mediatico.

LA CONNESSIONE HUNT - CIA ELIMINATA

Nonostante il fascino esercitato dai media sulla famiglia Kennedy, questi ultimi erano rimasti stranamente in silenzio sulle sorprendenti rivelazioni emerse dal processo per diffamazione intentato da E. Howard Hunt contro il quotidiano *The Spotlight* di Miami nel 1985. Fu allora, come abbiamo visto nel capitolo 16, che la giuria concluse che la CIA aveva effettivamente avuto un ruolo nell'assassinio di

---

[706] Garrison, p. 270.

John F. Kennedy. Detto questo, gli amici della CIA al *Washington Post* ebbero poco da dire sulla sorprendente sconfitta di Hunt durante il processo. È stata accidentale o intenzionale? A questo punto, la conclusione è fin troppo ovvia.

LA CIA E I MEDIA

Il fatto che la CIA abbia certamente svolto un ruolo importante nel sovvertire il Primo Emendamento e nell'influenzare i media americani è ormai una verità ampiamente accettata. Secondo un articolo di David Wise in *The American Police State*, che discuteva, in parte, il ruolo della CIA nella manipolazione dei media:
"I contatti della CIA con il mondo dell'editoria non si limitavano ai tentativi di soppressione dei libri. Attraverso l'Agenzia statunitense per l'informazione, la CIA sovvenzionava le principali case editrici per la produzione di libri, alcuni dei quali venivano poi venduti negli Stati Uniti senza alcun contrassegno governativo che mettesse in guardia l'ignaro acquirente.
"Nel 1967, l'editore Frederick A. Praeger ammise di aver pubblicato 15 o 16 libri per la CIA. A metà degli anni '60, il governo aveva speso più di un milione di dollari per il suo programma di sviluppo di libri. La Commissione Intelligence del Senato ha stimato che nel 1967 la CIA aveva prodotto, sponsorizzato o sovvenzionato "ben oltre 1.000 libri" qui e all'estero.[707]
(Uno dei libri di Praeger è interessante nel contesto della "connessione francese" con l'affare JFK. Nel 1989, Praeger pubblicò *Challenging De Gaulle: The OAS and the Counterrevolution in Algeria*. L'ex direttore della CIA William Colby ha scritto l'introduzione al libro di Harrison, che è stato descritto come la prima storia completamente documentata dell'OAS.
Wise ha aggiunto: "La CIA ha anche pubblicato articoli sulla stampa estera, alcuni dei quali sono stati distribuiti al pubblico americano. Colby ha assicurato alla Commissione Intelligence della Camera che la CIA non avrebbe mai manipolato [l'Associated Press], poiché si tratta di un servizio di informazione americano. Inoltre, la CIA gestiva due servizi giornalistici in Europa. Questi 'proprietari', o società di facciata della CIA, servivano giornali americani; uno di essi aveva più di trenta abbonati americani".[708]
C'è un'altra forza importante nella vita americana che gioca un ruolo ancora maggiore nel plasmare i media.

ISRAELE E I MEDIA AMERICANI

La vera chiave per comprendere il ruolo dei media nell'insabbiamento dell'assassinio di JFK è riconoscere l'incredibile influenza della lobby di Israele negli Stati Uniti sui media americani. È un argomento che merita molta più considerazione di quella che possiamo dare in queste pagine.

---

[707] David Wise. *The American Police State: The Government Against the People* (New York: Random House, 1976), pp. 200-201.
[708] Wise, *Ibid.*

Tuttavia, ci sono quattro libri in particolare che offrono al lettore uno sguardo approfondito su come Israele e la sua lobby in questo Paese abbiano avuto un impatto così forte sul modo in cui le notizie su Israele vengono riportate. Ogni libro merita uno studio attento:

Split Vision: The Portrayal of Arabs in the American Media, a cura di Edmund Ghareeb, pubblicato nel 1983 dall'American-Arab Affairs Council;

They Dare to Speak Out: People and Institutions Confront the Israel's Lobby dell'ex parlamentare Paul Findley, pubblicato nel 1985 da Lawrence Hill & Company.

A Changing Image: American Perceptions of the Arab-Israeli Dispute dell'ex diplomatico Richard H. Curtiss, pubblicato nel 1986 dall'American Educational Trust;

Conspiracy Against Freedom, pubblicato nel 1986 da Liberty Lobby, l'istituzione populista con sede a Washington che pubblica *The Spotlight,* il giornale alla base del processo intentato da E. Howard Hunt (descritto nel capitolo 16) che portò la giuria a concludere che la CIA era stata complice del complotto per l'assassinio di JFK.

Questo volume è di particolare interesse in quanto presenta documenti provenienti dagli archivi dell'ADL che dimostrano il ruolo della Lega Antidiffamazione (ADL) pro-israeliana del B'nai B'rith nel tentativo di mettere a tacere i critici di Israele attraverso tecniche di vasta portata come minacce, boicottaggi economici e altre misure dubbie e illegali contrarie alla tradizione americana.

È l'attività dell'ADL, in particolare, che sembra aver giocato un ruolo ricorrente nell'insabbiamento mediatico della cospirazione per l'assassinio di JFK.

I TENTACOLI DEL MOSSAD

Nella sua storia del Mossad israeliano, lo storico dell'intelligence Richard Deacon commenta il ruolo onnipresente della lobby israeliana e il modo in cui ha esercitato la sua influenza:

"Per anni, i tentacoli dei servizi segreti israeliani si sono spinti in tutti gli orizzonti della vita americana, non in modo sinistro, come talvolta sostenevano i suoi nemici, ma in modo discreto e persistente che consisteva nel farsi degli amici e nell'influenzare le persone, nel creare lobby di opinione e nel raccogliere informazioni.

Deacon ha aggiunto: "Questa influenza si è estesa [alla Camera dei Rappresentanti] e al Senato, al Pentagono, alle industrie della difesa e dell'elettronica, ai laboratori di ricerca e alle organizzazioni ebraiche come l'Anti-Defamation League, il Jewish Defence Committee, Bonds for Israel e la Federation of Jewish Philanthropies.

"Alcune di queste agenzie sono servite come fronti per la raccolta di informazioni, e sono poche le grandi commissioni del Congresso che non hanno un solo membro dello staff o un assistente che non sia alimentato dalla rete israeliana.[709]

LA LEGA ANTIDIFFAMAZIONE

È significativo che Deacon abbia fatto specifico riferimento alla Anti-Defamation League (ADL) di B'nai B'rith. Forse più di ogni altra organizzazione, è l'ADL che ha sempre avuto un grande impatto sui media americani. E nel caso della copertura mediatica dell'assassinio di JFK, dell'indagine della Commissione Warren e delle successive critiche alla Commissione, il tocco dell'ADL è, come vedremo, chiaramente visibile.

Che l'ADL, in quanto portavoce di Israele, avesse interesse a soffocare qualsiasi ipotesi di ruolo di Israele - e degli alleati di Israele nella CIA - nell'assassinio di JFK non può essere contestato.

Dopo tutto, l'ADL ha adottato come missione la difesa di Israele e la diffamazione dei suoi critici, reali o percepiti.

L'ADL E IL SINDACATO DI LANSKY

Inoltre, l'ADL ha mantenuto, fino ad oggi, legami molto stretti con i resti del sindacato del crimine organizzato di Meyer Lansky nel corso della sua storia. Molti dei soci di alto livello di Lansky sono stati a lungo i principali sostenitori finanziari dell'ADL.

Secondo uno studio condotto nel 1968 da padre Dan Lyons, un sacerdote gesuita, all'epoca 5.500.000 dollari del budget totale dell'ADL, pari a 6.183.000 dollari, provenivano da contributi dell'industria dell'alcol. L'industria dell'alcol era praticamente la roccaforte di potenti famiglie ebraiche note per la loro devozione a Israele, in particolare la famiglia dell'ex contrabbandiere Samuel Bronfman.[710]

(Come abbiamo visto nei capitoli 7 e 15, la famiglia Bronfman - insieme al barone dei liquori Sam Rothberg, responsabile della campagna statunitense Israel Bonds - è stata uno dei principali finanziatori di Israele e ha stretto legami con il sindacato del crimine organizzato di Lansky.

In effetti, come abbiamo notato nel capitolo 10, l'ADL era così vicina al sindacato di Lansky che nel 1983 Morris Dalitz, vecchio socio di Lansky, fu premiato dall'ADL con il prestigioso "Torch of Liberty Award". (A quanto pare, il servizio reso da Dalitz alla causa di Israele è stato ritenuto più importante delle sue attività nella malavita).

Naturalmente, tutto questo è importante se si considerano le attività dell'ADL nel contesto dell'assalto mediatico a coloro che stavano riflettendo sulla possibilità di una cospirazione dietro l'assassinio di JFK.

---

[709] Richard Deacon. *I servizi segreti israeliani.* (New York: Taplinger Publishing Co, Inc., 1978), p. 171.
[710] *Twin Circle.* 29 settembre 1968.

Tuttavia, l'ADL ha - come vedremo - legami che vanno oltre gli interessi della criminalità organizzata e che hanno beneficiato dell'assassinio di JFK. L'ADL ha da tempo legami con l'intelligence statunitense.

L'ADL E L'INTELLIGENCE AMERICANA

In *American Jewish Organizations and Israel*, Lee O'Brien fornisce uno studio informativo sul metodo operativo dell'ADL:
"Nei primi decenni, l'ADL si rivolgeva a individui o istituzioni considerati antisemiti e cercava privatamente di persuaderli o di farli ragionare affinché ritirassero le dichiarazioni offensive e correggessero il loro comportamento". Negli anni successivi, l'ADL si è rivolta a misure più pubbliche e aggressive, che ha classificato come "educazione", "lavoro di vigilanza" e "legislazione". In realtà, il "lavoro di vigilanza" si è trasformato in una vera e propria sorveglianza di individui e gruppi, i cui risultati sono stati trasmessi sia alla rete di raccolta dei servizi segreti israeliani, attraverso i loro consolati e ambasciate, sia ai servizi segreti statunitensi, attraverso l'FBI. I funzionari dell'ADL avevano ammesso l'uso di tecniche di sorveglianza clandestina".[711]

L'ADL E I MEDIA

Il riassunto di O'Brien del modus operandi dell'ADL è piuttosto interessante, in quanto mette in evidenza l'influenza dell'ADL sui media e nel dibattito pubblico sul ruolo di Israele nella definizione della politica statunitense in Medio Oriente:
"Oggi ADL è molto più attiva di altre organizzazioni di relazioni comunitarie nell'utilizzare i suoi uffici e gruppi regionali per raccogliere e diffondere informazioni.
"La sede centrale di New York fornisce agli uffici regionali schede di analisi, modelli di lettere al direttore da inserire nei media locali, biografie di leader israeliani e di oratori antisionisti e linee guida su come affrontare le questioni attuali.
"Gli uffici regionali, a loro volta, supervisionano tutte le attività relative a Israele o al Medio Oriente nella loro area, come i media, gli oratori e i film. Portando gli eventi locali all'attenzione della sede centrale, svolgono un ruolo centrale nella supervisione generale dell'ADL a livello nazionale".[712]

AZIONE CONTRO I CRITICI DI ISRAELE

O'Brien descrive un tipico esempio delle attività dell'ADL in difesa di Israele: "Un attivista ebreo critico nei confronti delle politiche israeliane scoprì nel 1983 che l'ADL teneva un dossier su di lui dal 1970; comprendeva informazioni sull'argomento raccolte da giornali locali, lezioni al campus, memo

---

[711] Lee O'Brien. *Le organizzazioni ebraiche americane e Israele*. (Washington, D.C.: Institute for Palestine Studies, 1986), p. 99.
[712] *Ibidem*.

interdipartimentali (dell'istituto in cui il soggetto insegnava), riunioni di lavoro, discussioni alla radio e alla televisione, oltre ad articoli di giornale e altri documenti vari.

"Come ha rivelato il dossier, persone specifiche erano state incaricate di monitorare le conferenze di questa persona, sia attraverso registrazioni su nastro e trascrizioni testuali, sia attraverso riassunti dettagliati dell'argomento, del contesto della conferenza, degli altri partecipanti, delle dimensioni del pubblico, delle domande poste dai partecipanti, dell'umore del pubblico, ecc.

"In alcuni casi, questi osservatori erano riusciti a penetrare in riunioni a porte chiuse a cui partecipava il soggetto. L'ADL preparava e trasmetteva un breve riassunto della persona, utilizzando i formati "mito" e "fatto", e lo distribuiva ai suoi agenti perché lo usassero nei discorsi futuri.[713]

Questo, naturalmente, è solo un esempio dell'influenza pervasiva dell'ADL israeliana e dei suoi sforzi clandestini per controllare il dibattito pubblico sulla politica mediorientale degli Stati Uniti su tutti i fronti, in particolare nei media statunitensi.

SCANDALO SPIA

All'inizio del 1993, tuttavia, la storia di spionaggio interno clandestino e illegale dell'ADL divenne finalmente oggetto di un'ampia controversia pubblica.

A San Francisco scoppia uno scandalo di spionaggio che coinvolge l'ADL, uno dei suoi informatori di lunga data e un agente di polizia di San Francisco che vendeva all'ADL informazioni riservate della polizia.

Un'irruzione della polizia negli uffici dell'ADL a San Francisco e a Los Angeles ha rivelato che gli uffici dell'ADL controllavano circa 12.000 americani e le attività di circa 950 organizzazioni sociali e politiche di ogni orientamento politico.

In seguito è stato rivelato che l'ADL stava conducendo operazioni di spionaggio simili in altre grandi città del Paese, utilizzando una rete di informatori per infiltrarsi nelle organizzazioni prese di mira dall'ADL.

(Nel capitolo 15 abbiamo esplorato la possibilità che il capo dei servizi segreti dell'ADL di New Orleans, A. L. (Bee) Botnick, abbia usato i buoni uffici del suo collega estremista anticomunista, l'ex agente dell'FBI, investigatore privato e agente della CIA Guy Banister, per spiare i gruppi di sinistra a New Orleans, sfruttando il talento di un giovane di nome Lee Harvey Oswald.

Ironia della sorte, tra gli obiettivi dello spionaggio dell'ADL c'erano organizzazioni che avevano collaborato con l'ADL nel corso degli anni in una serie di iniziative congiunte, tra cui la National Association for the Advancement of Colored People e l'American Civil Liberties Association.

---

[713] *Ibidem*, p. 100.

SPIARE TUTTI

Contrariamente alla percezione popolare, l'ADL non spiava solo i cosiddetti gruppi "di destra" o "antisemiti". Sembra invece che l'ADL abbia mantenuto una sorveglianza costante su un'ampia gamma di gruppi e individui.

Sebbene l'ADL abbia cercato di rimanere in silenzio sull'indagine in corso, i reportage investigativi più duri e concreti del *San Francisco Examiner* e del *Los Angeles Times*, in particolare, sono stati diffusi a livello nazionale, causando un danno immenso alla posizione di lunga data dell'ADL come organizzazione per i "diritti civili".

IL LEGAME CON ANGLETON

Irwin Suall, che operava dalla sede centrale dell'ADL a Manhattan, era stato a lungo a capo della rete di spionaggio dell'ADL (chiamata eufemisticamente "divisione di accertamento dei fatti"). Un tempo attivo nel movimento sindacale, Suall era un protetto di Jay Lovestone, che abbiamo incontrato per la prima volta nel Capitolo 8.

Il mentore di Suall, va ricordato, era il contatto del capo dell'intelligence alleata del Mossad, James J. Angleton, nei rapporti della CIA con le organizzazioni criminali corse e siciliane legate al Sindacato Lansky.

Questi criminali stranieri (che gestivano gli affari di droga di Lansky in Europa) furono anche utilizzati dalla CIA nella sua campagna postbellica contro i movimenti operai di sinistra nel Mediterraneo.

Dato che James J. Angleton era stato licenziato dal suo incarico alla CIA dopo le rivelazioni del suo coinvolgimento in attività illegali di spionaggio interno da parte di quest'ultima, possiamo solo supporre che, viste le rivelazioni sullo spionaggio dell'ADL, Angleton si sia quasi certamente affidato ai buoni uffici dei suoi amici dell'ADL legati al Mossad per ottenere maggiori informazioni.

(Nel capitolo 15 abbiamo notato che l'FBI aveva utilizzato l'ADL anche come risorsa per lo spionaggio, in particolare per le operazioni di spionaggio dell'ADL contro il leader dei diritti civili Martin Luther King, Jr).

L'ADL E L'ASSASSINIO DI JFK

Il fatto che l'ADL abbia contribuito a plasmare la copertura mediatica dell'assassinio di JFK era inevitabile, soprattutto alla luce delle rivelazioni che abbiamo evidenziato nelle pagine di questo libro.

Infatti, la prima volta che i media della classe dominante avanzarono la teoria che Lee Harvey Oswald potesse far parte di una cospirazione molto più ampia fu in un articolo di due importanti editorialisti che erano molto vicini non solo all'ADL, ma anche a figure chiave del sindacato del crimine di Meyer Lansky. Il caso di studio che stiamo per esaminare è molto importante e illustra molto bene questo punto.

la copertina di pearson e anderson

Il 3 marzo 1967, l'editorialista Drew Pearson e il suo assistente Jack Anderson pubblicarono un articolo che suggeriva che dietro l'omicidio di JFK ci fosse Fidel Castro (l'articolo apparve mentre il procuratore distrettuale di New Orleans Jim Garrison era nelle prime fasi della sua controversa indagine sull'assassinio).

Curiosamente, Pearson e Anderson avevano addirittura incentrato il loro articolo in modo tale da suggerire che in qualche modo Robert Kennedy, l'allora Procuratore Generale - fratello minore del Presidente che era stato eletto al Senato di New York nel 1964 - fosse stato coinvolto nell'organizzazione del presunto complotto per l'assassinio architettato da Castro.

Pearson e Anderson hanno affermato che "il presidente Johnson è seduto su una bomba H politica, una notizia non confermata secondo cui il senatore Robert Kennedy avrebbe approvato un piano di assassinio che avrebbe potuto ritorcersi contro il suo defunto fratello". Il presunto complotto per l'assassinio era uno dei tanti tra la CIA e la mafia.[714]

Secondo quello che Charlson e Anderson possono caritatevolmente definire un resoconto fantasioso, Castro aveva catturato alcuni sicari della CIA e della mafia che gli davano la caccia e li aveva "dirottati"; in breve, i sicari anticastristi avevano poi cambiato idea, erano tornati negli Stati Uniti e avevano ucciso Kennedy.

Alcuni anni dopo Anderson rivelò che il mafioso Johnny Rosselli era in realtà la presunta fonte originale della storia, che secondo Anderson era stata raccontata a Edward P. Morgan, un avvocato di Washington con legami con la CIA.

(Nel capitolo 11 abbiamo parlato del coinvolgimento di Rosselli nei complotti per l'assassinio di Castro, su cui la storia di Pearson e Anderson si basava, in parte, per sostenere la sua teoria).

PERCHÉ LA COPERTURA NON REGGE...

I biografi di Rosselli, Charles Rappleye e Ed Becker, giustamente non credono affatto alla storia di Pearson e Anderson. Scrivono:

"Nell'articolo non è stato menzionato il semplice e potente argomento contro la sponsorizzazione cubana dell'assassinio di Kennedy, ossia il grande rischio per Castro se fosse stato scoperto un complotto contro il presidente americano. Come ha sottolineato la Commissione Church [del Senato degli Stati Uniti] [che indagava sui complotti della CIA], un tale errore avrebbe "esposto Cuba all'invasione e alla distruzione".

In seguito, è stato rivelato che Castro aveva aperto nuovi canali diplomatici all'epoca della sparatoria di Dallas, mostrandosi, nelle parole di un diplomatico, "ansioso di stabilire comunicazioni con gli Stati Uniti". Infine, con il senno di poi, la storia dei cecchini della CIA "dirottati" da Rosselli sembra altamente implausibile, frutto di uno spot di reclutamento della guerra di Corea.

"Anderson non ha nemmeno notato il suo stretto rapporto con la sua fonte; il fatto che Morgan non aveva alcuna prova, al di là delle dichiarazioni di Rosselli, per

---

[714] *Washington Post, 3* marzo 1967.

sostenere la teoria delle rappresaglie di Castro; né che Rosselli stava indubbiamente perseguendo la propria agenda.[715]

Jimmy Fratianno, un ex "pezzo unico" delle famiglie mafiose della California, ha raccontato di un incontro con Rosselli nel 1976, quando Rosselli forniva agli investigatori del Congresso i dettagli dei complotti della CIA e della criminalità organizzata contro Fidel Castro.

Il ricordo di Fratianno suggerisce che Rosselli non è mai stato sincero sugli eventi come si sono effettivamente svolti. Fratianno ricorda le parole di Rosselli come segue:

"Mi portarono al Carroll Arms Hotel... per una seduta segreta e li misi in riga. Tutti eccitati, vedete, su chi ha ucciso Kennedy. A volte vorrei dire loro che è stata la mafia, solo per vedere l'espressione delle loro facce stupide. Dovremmo essere stupidi, no?

"Assumiamo uno psicopatico come Oswald per uccidere il Presidente e troviamo un patetico chiacchierone come Ruby per farlo tacere. Non ci fideremmo di questi idioti per sparare a un cazzo di cane.

"Comunque, cominciano a chiedermi di questa stronzata che ho raccontato a Morgan anni fa. Sapete, Castro si è vendicato di Kennedy perché qualcuno aveva cercato di ucciderlo. Gli ho detto: "Non ricordo di aver ricevuto o trasmesso alcuna informazione del genere".

"Jimmy, non è colpa mia se Morgan ha una fervida immaginazione. Ho anche fatto un salto nell'ufficio di Jack Anderson e stiamo diventando molto amichevoli, abbiamo pranzato e cenato insieme. È un tipo simpatico, ma cerca sempre di darmi informazioni, ma è un tipo a posto".[716]

IL LEGAME CON LA CIA

I biografi di Rosselli ritengono che "la questione di chi abbia realmente sponsorizzato la falsa pista secondo cui Castro avrebbe ucciso Kennedy è più interessante delle motivazioni di Rosselli [per creare la storia raccontata da Pearson e Anderson].[717]

Secondo Rappleye e Becker, "Santo Trafficante sembra essere il partecipante più probabile".[718] Ma si spingono anche oltre. Ritengono che dietro le azioni di Trafficante in questo contesto ci sia la CIA:

"La CIA potrebbe aver proposto la teoria di Castro, ancora una volta per sviare le indagini di [Jim] Garrison [a New Orleans]? Se la CIA fosse davvero coinvolta nell'assassinio di Kennedy, come credono alcuni eminenti ricercatori, lo scenario sarebbe adatto.

"Dato il suo stretto legame con l'Agenzia, Rosselli avrebbe accettato le loro direttive e quelle di Trafficante. Ed Ed Morgan stesso aveva stretti legami con

---

[715] Charles Rappleye e Ed Becker. *All American Mafioso: The Johnny Rosselli Story* (New York: Doubleday, 1991), pag. 471.
[716] Ovidio Demaris. *The Last Mafioso: The Treacherous World of Jimmy Fratianno* (New York: Bantam Books, 1981), p. 389.
[717] Rappleye e Becker, pag. 475.
[718] *Ibidem*.

l'Agenzia, sia attraverso [l'agente della CIA Robert] Maheu che attraverso un precedente lavoro come consulente della Commissione per le Relazioni Estere del Senato.[719]

(Come abbiamo visto, in particolare nel capitolo 12, Trafficante non era il grande boss del crimine che i media della classe dirigente dipingevano come tale. Era piuttosto il vice di Meyer Lansky, collaboratore di lunga data della CIA e fedele a Israele.

PEARSON, JOHNSON E IL SINDACATO LANSKY

Il critico della Commissione Warren Peter Dale Scott nota, inoltre, che lo stesso Pearson era vicino all'allora presidente Lyndon B. Johnson e che Pearson sostenne i piani di Johnson sostenuti dalla CIA per espandere la guerra in Vietnam (la questione su cui JFK e la CIA si erano scontrati, portando allo scontro finale). Johnson e che Pearson appoggiò i piani di Johnson sostenuti dalla CIA per sviluppare la guerra in Vietnam (la questione su cui JFK e la CIA si erano scontrati, portando allo scontro finale).[720]

Inquadrare una storia anticomunista (cioè collegare un dittatore comunista all'assassinio del presidente martire) avrebbe avuto anche l'effetto collaterale di alimentare le fiamme dell'isteria anticomunista che sarebbe stata utile per l'offensiva "anticomunista" in Vietnam che si è rivelata così vantaggiosa, come abbiamo visto, non solo per la CIA, ma anche per il sindacato del crimine di Meyer Lansky e i suoi alleati in Israele.

Il rapporto Pearson-Johnson aveva anche altre implicazioni. Secondo Scott, Pearson aveva usato il suo articolo per far trapelare informazioni governative su un testimone chiave, Don Reynolds, che stava testimoniando contro Bobby Baker, amico di lunga data e presunto scagnozzo di Johnson".[721]

(Baker, come abbiamo visto nel capitolo 6, non era solo un agente indipendente, ma anche un prestanome per varie imprese corrotte della LBJ. Baker aveva condotto non poche transazioni con stretti collaboratori di Meyer Lansky, tra cui Ed Levinson, direttore della International Credit Bank (ICB) di Tibor Rosenbaum, un agente del Mossad.

(Come abbiamo notato nel capitolo 15, la BCI di Rosenbaum era ovviamente uno dei principali azionisti della Permindex, la società oscura che ha svolto un ruolo centrale nella cospirazione CIA/Mossad contro John F. Kennedy).

EARL WARREN VIENE FREGATO

L'interesse di Drew Pearson per la cronaca dell'assassinio di JFK risale a molto tempo prima. Infatti, secondo le ricerche di Scott, fu lo stesso Pearson a dire al giudice capo Earl Warren, all'inizio dell'inchiesta della Commissione Warren, che i

---

[719] *Ibidem*.
[720] Peter Dale Scott. *Crimine e insabbiamento: la CIA, la mafia e la connessione Dallas-Watergate*. (Berkeley, California: Westworks Publishers, 1977), p. 26.
[721] *Ibidem*, p. 25.

complotti della CIA e della criminalità organizzata contro Castro si erano ritorti contro di lui e che Castro si era vendicato ordinando l'assassinio di Kennedy.[722]

Secondo John Henshaw, confidente di lunga data di Pearson, Warren e Pearson si erano recati insieme in URSS poco dopo l'assassinio di JFK. Durante questo viaggio, Pearson fu presentato al leader sovietico Nikita Krusciov. A quanto pare, uno degli argomenti discussi da Pearson e Kruscev fu l'assassinio di John F. Kennedy.[723]

Henshaw aveva notato che un documento classificato "top secret" sepolto negli Archivi Nazionali di Washington (firmato dal direttore della CIA Richard Helms) era stato definito "Discussione tra il presidente Kruscev e il signor Drew Pearson riguardo a Lee Harvey Oswald".[724]

Questo è uno dei documenti che il Presidente della Corte Suprema Warren ha ordinato di sigillare per 75 anni. Le discussioni segrete tra Pearson e il dittatore sovietico non furono mai riportate nel Pearson's Gossip. Sembra che in questo periodo Pearson abbia promosso per la prima volta la teoria della cospirazione castrista che, più tardi, nel 1967, divenne di dominio pubblico.

Tuttavia, all'epoca dell'inchiesta della Commissione Warren, il Presidente della Corte Suprema credeva chiaramente che la storia di Pearson fosse vera e che quindi fosse necessario nascondere la verità per evitare lo scoppio della guerra. A quanto pare, questo fu lo stratagemma necessario per convincere Warren a nascondere quella che erroneamente riteneva essere la sconvolgente verità. Il biografo di Pearson ha descritto caritatevolmente le azioni dell'editorialista: "Lo scopo dell'editorialista - ora diplomatico - era quello di ridurre l'isteria, che avrebbe potuto turbare il delicato equilibrio tra [Stati Uniti e URSS].[725]

In ogni caso, la vicenda Pearson-Anderson sulla presunta cospirazione di Castro contro JFK fece scalpore e confuse le acque in un momento in cui le accuse di un complotto per assassinare JFK stavano guadagnando credibilità. Per quanto la storia sembrasse razionale all'epoca, nella migliore delle ipotesi le prove, come abbiamo visto, erano scarse. Il fatto è che le "rivelazioni" di Pearson e Anderson non erano altro che disinformazione deliberata.

DISTOGLIERE L'ATTENZIONE DALLA CONTROVERSIA

Gli articoli di Pearson e Anderson "scagionavano" la CIA dal suo coinvolgimento nell'omicidio di JFK e puntavano il dito contro Castro.

Allo stesso tempo, gli articoli di Pearson e Anderson avevano distolto l'attenzione dall'indagine di Garrison a New Orleans sul probabile coinvolgimento della CIA, che si era imbattuta nel legame tra Clay Shaw e il Permindex, portando l'indagine direttamente alle porte di Israele.

---

[722] *Ibidem.*
[723] *Washington Observer*, 1° aprile 1967.
[724] *Washington Observer*, 15 giugno 1968.
[725] Oliver Pilat. *Drew Pearson: An Unauthorized Biography* (New York: Harper's Magazine Press, 1973), pag. 241.

Non c'è dubbio che anche Drew Pearson, in particolare, avesse interesse a proteggere qualsiasi coinvolgimento israeliano.

IL GIORNALISTA PREFERITO DI ISRAELE

Di origine ebraica, Pearson era un amico devoto di Israele, fin dall'inizio. Infatti, nel periodo precedente la creazione dello Stato di Israele, Pearson aveva lavorato come sicario per la lobby israeliana negli Stati Uniti, attaccando nella sua rubrica coloro che venivano percepiti come ostili agli interessi israeliani.

Uno dei bersagli preferiti di Pearson era James Forrestal, l'allora Segretario alla Difesa. Secondo il biografo di Pearson, "quando Forrestal convinse [il presidente Harry] Truman a schierarsi con gli arabi contro gli ebrei di Palestina per motivi militari, Pearson colse l'occasione. Trasformò Forrestal in una voce burocratica per le compagnie petrolifere americane con enormi interessi in Medio Oriente. Walter Winchell e altri opinionisti avevano sostenuto la sua posizione".[726]

Si sostiene che l'attacco isterico di Pearson a Forrestal da parte dei media abbia portato all'instabilità mentale del Segretario di Gabinetto e al conseguente suicidio di Forrestal. Tuttavia, molti ritengono che Forrestal sia stato assassinato proprio a causa della sua forte opposizione alla lobby di Israele.

Pearson aveva rafforzato i suoi legami con la lobby israeliana e da diversi decenni era impegnato in modo non ufficiale in una cospirazione con la Anti-Defamation League (ADL) di B'nai B'rith, il braccio di intelligence e propaganda di Israele.

PEARSON E L'ADL

Secondo il biografo di Pearson, "nel corso degli anni, l'ADL aveva aiutato enormemente Pearson. Gli ha fornito informazioni che non poteva ottenere altrove, ha sostenuto i suoi tour di conferenze e ha persino aiutato a distribuire la sua newsletter settimanale".[727]

L'ex suocera di Pearson, l'editrice *del Washington Times-Herald* Cissy Patterson, è stata meno caritatevole nella descrizione di Pearson. In un editoriale infuocato su Pearson, lo ha definito "agente sotto copertura e portavoce della Lega antidiffamazione".[728]

Inoltre, Pearson aveva un accordo di lunga data con l'ADL, in base al quale quest'ultima pagava le spese dei suoi scagnozzi, come John Henshaw, in cambio della propaganda fuorviante dell'ADL nelle colonne di Pearson.[729]

---

[726] *Ibidem*, p. 183.
[727] *Ibidem*, p. 17.
[728] *Ibidem*, p. 169.
[729] Intervista con Alec de Montmorency, 25 gennaio 1992.

IL LEGAME DI PEARSON CON IL MOSSAD

Allo stesso tempo, Pearson aveva acquisito familiarità negli anni con alcuni alti ufficiali dell'intelligence vicini a Israele, in particolare con Sir William Stephenson, un mago dell'intelligence di origine canadese.

Stephenson, come abbiamo visto nei capitoli 7 e 15, non fu solo la forza trainante del Mossad israeliano, ma anche la mente delle operazioni di intelligence alleate durante la Seconda guerra mondiale, che utilizzarono le risorse di Meyer Lansky e della sua rete di criminalità organizzata. Fu anche uno stretto collaboratore e mentore di Louis M. Bloomfield, presidente della società Permindex, sostenuta dal Mossad, che ebbe un ruolo centrale nel complotto per l'assassinio di JFK.

Secondo il biografo di Pearson, "Stephenson aveva fatto la conoscenza di Pearson durante la guerra, quando era un dirigente pubblicitario con il maggior numero di clienti negli Stati Uniti".[730] In almeno un caso, Pearson pubblicò una storia che, secondo il suo biografo, "gli era stata fornita con il cucchiaio" da Stephenson.[731]

Le altre connessioni di Pearson sono altrettanto interessanti e vanno nella direzione del suo interesse a coprire Israele e i suoi alleati nel complotto per l'assassinio di JFK - la CIA e il sindacato del crimine organizzato di Meyer Lansky.

LA LOBBY ISRAELIANA E PEARSON

Secondo John Henshaw, partner di Pearson, quest'ultimo ha messo in atto pratiche commerciali scorrette con l'avvocato Max M. Kampelman, figura chiave della lobby israeliana a Washington ed ex direttore senior dell'Anti-Defamation League (ADL).

Kampelman, avvocato personale del vicepresidente Hubert Humphrey, e Pearson stavano cercando di assumere il controllo dell'emittente televisiva WOOK Channel 14 di Washington, di proprietà di neri.[732]

(Come abbiamo visto nel capitolo 6, Humphrey era il prodotto di un'organizzazione politica del Minnesota finanziata in parte dal famigerato Isadore Blumenfeld, un ingranaggio chiave del sindacato criminale di Lansky.

I legami di Pearson con la lobby israeliana a Washington erano ancora più stretti. Il genero di Pearson (e redattore dei suoi "quaderni"), l'avvocato Tyler Abell, era stato assunto dallo studio legale di David Ginsburg, un agente straniero registrato di Israele.

Ginsburg, insieme a molti altri personaggi noti per il loro interesse a promuovere gli interessi di Israele a Washington, erano tra gli stretti collaboratori di Hubert Humphrey (Ginsburg aveva preso un'aspettativa dal suo studio per lavorare per conto del vicepresidente Hubert H. Humphrey, che aveva fallito nella

---

[730] Pilat, p. 183.
[731] *Ibidem.*
[732] *Washington Observer*, 14 febbraio 1967.

campagna presidenziale del 1968).[733] Nel capitolo 6 abbiamo parlato dei primi successi politici del vicepresidente a Minneapolis, dominata dal sindacato di Lansky.

L'AFFARE MICKEY COHEN

Nel 1968, Pearson aveva lavorato fianco a fianco con Mickey Cohen, lo scagnozzo del tirapiedi della West Coast Meyer Lansky, per distruggere la campagna presidenziale di Richard Nixon a favore del suo avversario democratico, Humphrey (nel capitolo 13 abbiamo esplorato in dettaglio il legame di Cohen con il complotto per l'assassinio di JFK).

Secondo Cohen, nelle sue memorie, il Presidente Johnson fece in modo che Pearson chiamasse Cohen, che all'epoca era in prigione. Pearson voleva scoprire segreti su Nixon, quando l'ex vicepresidente della California, secondo Cohen, aveva fornito sostegno finanziario a Nixon.

Pearson disse a Cohen: "Sosterremo Humprey per la presidenza e ti assicuro che se diventerà il nostro presidente, sarai rilasciato per motivi medici", in cambio di informazioni su Nixon.

Secondo Cohen, "ho acconsentito a tutto ciò che Pearson voleva fare contro Nixon".[734] Tuttavia, Nixon vinse le elezioni e a Cohen non fu mai concessa la libertà vigilata.

Interessante anche il rapporto di Pearson con i redattori *del National Enquirer* (giornale noto per aver denigrato la famiglia Kennedy e che ha pubblicato anche storie strampalate sulla cospirazione per l'assassinio di JFK), soprattutto alla luce dei legami della CIA e della lobby di Israele con l'*Enquirer.*

PEARSON E IL NATIONAL ENQUIRER

Come ha riferito John Henshaw, tirapiedi di Pearson, nella newsletter del numero del 1° luglio 1969 del *Washington Observer*, la società che pubblicava l'*Enquirer*, la World Wide Features, Inc. aveva origini interessanti.

Era di proprietà dei tre fratelli Anthony, Fortune e Generoso Pope. Erano i figli di Generoso Pope Sr, un leader italiano 'organizzazione politica Tammany Hall di New York, a sua volta indissolubilmente legata al sindacato del crimine organizzato di Meyer Lansky.

La famiglia Pope ha da tempo contribuito a cause pro-israeliane attraverso la Generoso Pope Foundation. La fondazione è stata anche ampiamente sospettata di essere un canale segreto per i fondi della CIA.

Generoso Pope Jr. era il proprietario del *National Enquirer*. Pope Jr. aveva lavorato per la CIA durante la guerra di Corea ed era egli stesso buon amico di

---

[733] *Washington Observer*, 1° novembre 1968.
[734] Mickey Cohen e John Peer Nugent. *Mickey Cohen: In My Own Words* (Englewood Cliffs, NJ: Prentice-Hall, Inc., 1975), pagg. 232-233.

Frank Costello, vecchio socio di Lansky. In effetti, Costello aveva contribuito a finanziare l'*Enquirer* fin dai suoi primi giorni.[735]

Pearson aveva pubblicizzato molto favorevolmente Generoso Pope Sr. come il primo "importante italo-americano" ad opporsi a Mussolini. In cambio, Pope aveva prontamente concesso a Pearson un contratto per scrivere una rubrica settimanale sul suo giornale *El Progresso*, il primo quotidiano in lingua italiana del Paese. Il contratto di 150 dollari a settimana era più di quanto qualsiasi altro giornale pagasse per una rubrica settimanale.

A metà degli anni Sessanta, Pearson e Fortune Pope, insieme a Leonard Marks, consigliere di Lyndon Johnson per la TV e la radio, unirono le forze e acquistarono il Bell-McClure Syndicate e la North American Newspaper Alliance. (Marks fu poi nominato da Johnson capo dell'Agenzia di Informazione degli Stati Uniti).[736]

Il biografo di Pearson respinge il fatto che la relazione di Pearson con la controversa famiglia del Papa sia "confusa".[737] La relazione, tuttavia, rafforza i legami di Pearson con la lobby di Israele e con i suoi alleati della CIA.

IL LEGAME CON JOE TRENTO

Vale la pena notare che, per un certo periodo, il capo ufficio di Generoso Pope a Washington è stato il giornalista Joe Trento, che si era affermato come un'autorità in materia di intelligence.

Trento, come abbiamo visto nel capitolo 16, era stato coautore di un articolo controverso che sosteneva che l'ex agente della CIA E. Howard Hunt potesse trovarsi a Dallas il giorno in cui fu sparato a JFK.

Trento, come abbiamo notato, aveva ottimi legami con la CIA, in particolare con James Jesus Angleton, e sappiamo che Angleton usava Trento come intermediario dei media per scopi insidiosi. Ne abbiamo parlato in dettaglio nel capitolo 16, naturalmente.

CONNESSIONI DI JACK ANDERSON

Jack Anderson, partner e protetto di Drew Pearson, aveva legami significativi non solo con la lobby israeliana, ma anche con il sindacato del crimine organizzato di Lansky.[738] Non solo condivideva gli uffici con un lobbista israeliano che era anche vicino al protetto di Lansky Carlos Marcello, ma aveva anche uno stretto rapporto di lavoro con Herman (Hank) Greenspun, un socio di lunga data del sindacato di Lansky e trafficante di armi in Israele.

Greenspun era un protetto dell'amico di Lansky Joseph "Doc" Stacher, un mafioso del New Jersey che fu uno dei principali sostenitori americani della

---

[735] *Uncle Frank: The Biography of Frank Costello* (New York: Drake Publishers, Inc., 1973), pag. 230.
[736] *Washington Observer*, 1° luglio 1969.
[737] Pilat, p. 233.
[738] J. Hougan. *Agenda segreta*. (New York: Random House, 1984), p. 89.

resistenza ebraica in Palestina alla fine degli anni Quaranta.[739] A Stacher fu poi concesso di andare in esilio in Israele dopo la sua condanna negli Stati Uniti per evasione fiscale. Secondo Robert Lacey, biografo e amico di Lansky, la morte di Stacher colpì molto Lansky. I due erano molto amici e collaboratori di lunga data.[740]

Greenspun lavorò anche come addetto alle pubbliche relazioni per Benjamin Siegel, amico d'infanzia di Lansky, che in seguito fu ucciso su ordine di Lansky.

Secondo *The Washington Observer*, "all'inizio della guerra di Palestina, Hank Greenspun fu inviato alle Hawaii dalla resistenza ebraica per acquistare armi ed equipaggiamenti in eccedenza dall'esercito statunitense. Corrompendo le guardie di sicurezza della US Naval Air Station di Oahu, fece irruzione in un deposito di armi e rubò 15 tonnellate di mitragliatrici per aerei calibro 30 e 50. Le mitragliatrici contrabbandate erano imballate in un imballaggio che conteneva una serie di armi di precisione. Le mitragliatrici di contrabbando furono imballate in 58 casse con la dicitura "parti di motore" e spedite a Los Angeles, per poi essere riesportate in Messico e Israele. Greenspun aveva guidato l'embargo britannico su una nave che consegnava armi a Israele. In seguito si dichiarò colpevole di aver violato la legge sulla neutralità degli Stati Uniti e gli fu inflitta una pena detentiva sospesa di tre anni. Non fu mai perseguito per furto di proprietà del governo federale".[741]

Greenspun, che era diventato una figura importante a Las Vegas, creò una catena di giornali in Nevada e Colorado che pubblicava *il Las Vegas Sun*.

Come abbiamo visto nel Capitolo 7, la scena del contrabbando di armi israeliane, di cui Greenspun faceva parte, era una piccola cricca affiatata. E fu Louis Bloomfield (in seguito CEO di Permindex) a essere ovviamente il coordinatore chiave del contrabbando di armi israeliane, in collaborazione con il sindacato di Lansky e con Greenspun, socio di Anderson.

Anderson e Greenspun erano coinvolti in un'altra società legata al sindacato di Lansky. Entrambi, insieme all'avvocato Edward Morgan, legato alla CIA (che avrebbe trasmesso la storia della cospirazione castrista lanciata da Pearson e Anderson), furono intermediari nella vendita a Howard Hughes del Desert Inn, il palazzo da gioco di Morrits Dalitz, socio di Lansky e vincitore della Fiaccola della Libertà.[742]

E UN ULTIMO PUNTO INTERESSANTE: Jack Anderson era anche un "amico intimo" molto pubblico e di lunga data del Mossad e di Frank Sturgis, uno degli agenti della CIA, dal 1960 - tre anni prima che Sturgis, per sua stessa ammissione, giocasse un ruolo negli eventi di Dealey Plaza.[743]

UN CASO DI STUDIO SULLA DISINFORMAZIONE

Il fatto che Drew Pearson e Jack Anderson avessero legami molto stretti con tutti i principali mandanti dell'assassinio di JFK - Israele, la CIA e il sindacato del

---

[739] *Washington Observer*, 1° febbraio 1971.
[740] Robert Lacey. *Piccolo uomo: Meyer Lansky e la vita da gangster*. (Boston: Little, Brown & Company, 1991), p. 417.
[741] *Washington Observer, Ibid.*
[742] *Ibidem*.
[743] Hougan. p. 80.

crimine organizzato di Meyer Lansky - non solo mette in dubbio la storia dell'assassinio di Castro, che i due editorialisti hanno ingigantito, ma indica la vera motivazione dietro la pubblicazione della storia: coprire i veri cospiratori.

Soprattutto, il caso di Pearson e Anderson illustra la natura insidiosa dell'influenza di Israele sui media americani e fornisce un chiaro caso di studio di come i media siano stati manipolati per distorcere la verità sul complotto per assassinare JFK.

Sebbene i media in generale abbiano inizialmente sostenuto l'insabbiamento della Commissione Warren, la divergenza di opinioni sui risultati ha costretto gli amici di Israele nei media a fare il loro gioco. - Grazie soprattutto al lavoro del critico della Commissione Mark Lane e del suo amico Jim Garrison, un procuratore di New Orleans.

Le storie secondo cui "la mafia ha ucciso JFK" e "Castro" ha complottato contro JFK cominciarono improvvisamente a emergere. Pearson e Anderson erano solo due attori di questo continuo insabbiamento. E Pearson (come abbiamo visto) aveva di fatto contribuito a convincere Earl Warren che c'era stata una cospirazione (manipolata da Castro) che rendeva necessario nascondere la verità, per il bene pubblico. In realtà, Pearson e i suoi alleati israeliani e della CIA stavano cercando di nascondere la verità.

ALTRA DISINFORMAZIONE

Una storia piuttosto interessante sull'assassinio di JFK è emersa sotto forma del libro dell'ex agente della CIA Hugh McDonald, scritto insieme al prolifico autore Geoffrey Bocca. Il libro di McDonald-Bocca, *Appuntamento a Dallas,* è stato ampiamente distribuito.

Il libro includeva un'intervista a un sicario internazionale chiamato "Saul" che confessò a McDonald di essere il vero assassino del Presidente Kennedy. Il sicario disse di essere stato ingaggiato da un gruppo privato, non dalla CIA per la quale aveva eseguito dei contratti in passato.

Sebbene molti critici abbiano espresso un forte scetticismo nei confronti del libro, considerandolo una forma di disinformazione (forse da parte della stessa CIA) - pur non mettendo necessariamente in dubbio la sincerità di McDonald - sarebbe stato più istruttivo esaminare il ruolo di Geoffrey Bocca nella stesura del libro. Bocca, infatti, era un propagandista dell'Organizzazione dell'Esercito Segreto Francese (OAS), sostenuta dalla CIA e finanziata da Israele, ed era noto per aver "tradotto alcuni dei suoi volantini in inglese in un momento in cui l'organizzazione stava pensando di chiedere aiuto alle Nazioni Unite".[744] Bocca ha anche scritto un eroico resoconto dell'OAS intitolato *L'esercito segreto*.

Inutile dire che, alla luce della "connessione francese" con il complotto per l'assassinio di JFK, la comparsa di un propagandista dell'OAS come co-autore di un libro che di fatto "scagiona" la CIA dal coinvolgimento nel crimine è quantomeno interessante.

---

[744] Alexander Harrison. *Challenging De Gaulle: The OAS and the Counter revolution in Algeria* (New York: Praeger, 1989), pag. 15.

Una strana nota a piè di pagina: diversi anni dopo la pubblicazione di *Appuntamento a Dallas*, McDonald scrisse un altro libro sull'assassinio di JFK. Il suo coautore, Robin Moore, che aveva forti legami con la CIA, era più noto, curiosamente, per il suo famoso libro *The French Connection (La connessione francese)*, sui servizi segreti francesi e sul contrabbando internazionale di eroina del sindacato Lansky.

Il libro di McDonald e Moore si intitola *LBJ e la cospirazione JFK*.

Quest'opera sviluppa il tema del primo libro di McDonald, spiegando che Saul, il presunto sicario, era stato ingaggiato dall'Unione Sovietica per uccidere il Presidente Kennedy.

La teoria secondo cui dietro l'assassinio ci sarebbero stati i sovietici, ovviamente, è in linea con il piano originale della CIA, attraverso lo scenario di Città del Messico, architettato da James J. Angleton, per attribuire il crimine al KGB. Comunque sia, il secondo libro di McDonald ha ricevuto poco o nessun riconoscimento, anche se ha confuso le acque.

UN "CRITICO" PRO-ISRAELE

La mano rivelatrice dei simpatizzanti di Israele è diventata ora evidente anche tra le fila dei "critici" delle scoperte della Commissione Warren. Il giornalista liberale *Jack Newfield*, convinto sostenitore di Israele, faceva parte di un gruppo di sedicenti "critici" della Commissione Warren che formarono un'organizzazione nota come Assassination Information Bureau.

LA COPERTINA DI "HA UCCISO JFK"

Nel 1992, quando l'interesse del pubblico per il complotto dell'assassinio di JFK era al suo apice a causa dell'uscita simultanea del bestseller di Mark Lane *"Plausible Denial"* e del film di Oliver Stone *"JFK"*, Newfield lanciò un'altra ridicola storia sul complotto dell'assassinio di JFK - una nuova angolazione della teoria secondo cui "La mafia ha ucciso JFK".

"Hoffa ha ucciso JFK" era il titolo della prima pagina dell'edizione del 14 gennaio del sensazionale *New York Post*.

Fu il tabloid newyorkese a "rompere" la storia che Jimmy Hoffa, il capo dei Teamsters, aveva organizzato l'omicidio di JFK attraverso i suoi contatti. Non sorprende quindi che l'autore dell'articolo del *Post* fosse Jack Newfield.

Il *Post*, naturalmente, è stato una delle principali voci pro-israeliane nei media, quasi fino all'ossessione. Qualsiasi complotto che accennasse anche solo a Israele - o ai suoi alleati della CIA - non poteva essere tollerato.

Quasi immediatamente, il resto dei media della classe dominante ha colto l'esclusiva dei tabloid e ha iniziato a esagerarla. L'obiettivo era quello di screditare la cospirazione che era stata finalmente rivelata a milioni di americani.

In risposta all'intruglio di Newfield, persino Dan Rather, sulla CBS, si sentì in dovere di dire al mondo che le prove c'erano: Jimmy Hoffa, per anni leader del sindacato Teamsters, aveva ordinato alla "mafia" di uccidere John F. Kennedy.

Anche il *Washington Post*, da sempre fonte di disinformazione della CIA, ha pubblicato l'articolo. Così come il settimanale conservatore decisamente filo-israeliano *Human Events*, che ha sempre sostenuto che qualsiasi cospirazione nell'assassinio di JFK - in particolare da parte della CIA - fosse la fantasia di un pazzo.

L'articolo di Newfield citava un presunto collaboratore di lunga data del crimine organizzato, l'avvocato Frank Ragano, che affermava che Jimmy Hoffa, il capo dei Teamsters, gli aveva ordinato di dare istruzioni alla "mafia" per assassinare il presidente John F. Kennedy.

Secondo l'inverosimile racconto di Ragano, quest'ultimo aveva passato il messaggio a Carlos Marcello, il boss del traffico di New Orleans, e a Santos Trafficante, il capo della mafia di Tampa, entrambi, come abbiamo già notato, diretti sottoposti di Meyer Lansky.

Nella versione di Ragano, presumibilmente seguirono l'ordine di Hoffa, perché, dopo tutto, Kennedy fu effettivamente ucciso.[745] Tuttavia, come sottolinea Mark Lane, "Hoffa non diede ordini alla mafia. La mafia dava ordini a Hoffa".[746]

PERCHÉ LA STORIA DI HOFFA NON REGGE

La principale "prova" di Ragano del coinvolgimento di Trafficante nell'omicidio di JFK è un commento fatto da Trafficante secondo cui "avremmo dovuto uccidere Bobby", riferendosi all'allora Procuratore Generale Robert F. Kennedy. Non che Trafficante abbia riconosciuto e detto "abbiamo" ucciso JFK - ma piuttosto "avremmo dovuto uccidere Bobby".

Tutto ciò è ancora più curioso se si considera che Ragano - un avvocato penalista di alto rango con agganci in alto loco - dice di essere riuscito a "reprimere" questi ricordi fino a poco tempo fa.

Ragano ha raccontato di essere "colpevole e di vergognarsi" della sua associazione con la criminalità organizzata; ha detto che i suoi sensi di colpa lo hanno portato a reprimere questi ricordi. Detto questo, poteva anche essere interessato ad aggiungere un po' di pepe alle sue memorie pubblicate successivamente.

Inoltre, Ragano, che stava facendo ricorso per la seconda volta contro una condanna per evasione fiscale, potrebbe aver avuto in mente qualcos'altro quando ha raccontato questa storia, che scagiona la CIA e qualsiasi altra agenzia federale che possa essere stata coinvolta nell'assassinio e nel suo insabbiamento.

CHI HA UCCISO HOFFA?

Dan Moldea, biografo di Hoffa, ha fornito alcune interessanti informazioni "dall'interno" riguardo alla verità su Hoffa e sul suo omicidio. Moldea riferisce: "Ironicamente, l'avvocato William Bufalino... potrebbe aver inavvertitamente puntato il dito nella giusta direzione. Stava cercando di suggerire che la mafia non

---

[745] *New York Post*, 14 gennaio 1992.
[746] *The Spotlight*, 17 febbraio 1992.

aveva nulla a che fare con l'omicidio di Hoffa, preferendo incolpare il governo, ma l'ha messa in questo modo:

Dite all'FBI di indagare sulla CIA. E dite alla CIA di indagare sull'FBI. Allora avrete la risposta [al caso Hoffa]". E aggiunse che riteneva che l'omicidio di Hoffa fosse collegato a quelli di [Sam] Giancana e Johnny] Rosselli.[747]

(Nel capitolo 11, naturalmente, abbiamo parlato delle strane morti di Sam Giancana e Johnny Rosselli e abbiamo concluso, contrariamente al mito popolare, che le due figure mafiose non erano, in realtà, vittime di spari "mafiosi", ma erano state freddate, se non dalla CIA stessa, certamente per suo volere).

È interessante notare che anche un altro polemista pro-Israele, lo scrittore *del Washington Times* Max Lerner, si è schierato in difesa della copertura mafiosa di Hoffa.

Secondo Lerner, "la mafia è sempre stata tra i principali scenari possibili per l'omicidio, insieme al KGB e a Fidel Castro di Cuba. Ma solo il racconto di Ragano ha messo insieme tutti i pezzi del puzzle. Marcello gestiva le operazioni mafiose a New Orleans, Trafficante a Tampa e a Cuba. Hanno avuto il tempo di elaborare il loro piano. Avevano un esercito di killer di talento".[748]

Lerner, ovviamente, stava manipolando i fatti. Non era consapevole del ruolo centrale svolto da Meyer Lansky nella manipolazione delle attività di Marcello e Trafficante.

SUN MYUNG MOON, ISRAELE E LA CIA

Non sorprende che il *Washington Times* avesse interesse a promuovere la storia della mafia su Hoffa. Dopo tutto, il *Times* aveva stretti legami con la comunità dei servizi segreti ed era un ardente sostenitore editoriale di Israele.

Il *Washington Times* è stato finanziato dallo strano conglomerato globale del personaggio coreano di culto Sun Myung Moon.

Moon è stato ripetutamente collegato alla CIA coreana, che ovviamente è intimamente legata alla sua controparte americana. Inoltre, Moon aveva stretto una stretta collaborazione con Israele e la sua lobby americana ed era stato un fattore di promozione dell'agenda filo-israeliana rispetto al cosiddetto "movimento conservatore" negli Stati Uniti.

All'epoca, il redattore di Moon al *Washington Times* era Arnaud de Borchgrave, ex corrispondente senior di *Newsweek* (di proprietà della Washington Post Company), legato alla CIA, e noto "ex" ufficiale dei servizi segreti. Inoltre, de Borchgrave era strettamente legato alla famiglia Rothschild per matrimonio. Come abbiamo visto, i Rothschild erano da tempo patrocinatori dello Stato di Israele.

---

[747] Dan Moldea. *The Hoffa Wars: Teamsters, Rebels, Politicians and the Mob* (New York: Paddington Press, 1978), pag. 421.
[748] *Washington Times*, 19 gennaio 1992.

INSABBIAMENTO CONSERVATORE

Altrettanto interessante è la risposta alle accuse di cospirazione del JFK da parte di un'altra fonte "conservatrice". L'organizzazione, chiamata pittorescamente Accuracy In Media, un cosiddetto "cane da guardia dei media" conservatore, si è sentita offesa dal fatto che ci potesse essere una cospirazione dietro l'assassinio del presidente.

All'epoca dell'uscita di *Plausible Denial* di Mark Lane e di *JFK* di Oliver Stone, Reed Irvine, presidente dell'AIM, inspiegabilmente sembra essersi unito al resto dei media nel denunciare le teorie cospirative presentate nel libro e nel film.

Attraverso il settimanale conservatore *Human Events*, Irvine aveva reso omaggio ai media che avevano attaccato le teorie. Secondo Irvine, "i media mainstream, a loro difesa, sono stati quasi unanimi nel denunciare Stone come un ciarlatano bugiardo".[749]

(Anche se, ovviamente, Stone non ha detto tutta la verità).

Irvine ha poi liquidato Lane come "di sinistra" e ha annunciato categoricamente che chiunque credesse che ci fosse una cospirazione nazionale dietro l'omicidio di JFK era stato ingannato dalla propaganda sovietica. La risposta dello IAM è stata interessante, soprattutto se si considerano i precedenti di alcuni dei suoi tenori.

CHI C'È DIETRO IL MAGNETE?

Irvine aveva lavorato per la Federal Reserve come economista. [750]Bernard Yoh, co-fondatore dell'AIM insieme a Irvine, era un subordinato del generale Edward Lansdale, agente della CIA durante il periodo del Vietnam. Come abbiamo visto nel capitolo 11, Lansdale era responsabile delle operazioni anticastriste note come Operazione Mangusta, in collaborazione con il sindacato del crimine di Meyer Lansky.

Durante il suo servizio in Vietnam, come abbiamo notato nel capitolo 12, Lansdale aveva lavorato a stretto contatto con la mafia corsa, parte integrante dell'operazione antidroga di Lansky condotta dalla CIA. Non sorprende che l'ex collaboratore di Lansdale in Vietnam sia fortemente contrario alle teorie cospirative di JFK.

IL LEGAME DI ISRAELE CON L'OBIETTIVO

Yoh è anche affiliato all'International Security Council (ISC), un think tank che si distingue per la sua dedizione alla promozione degli interessi di Israele nella definizione della politica estera statunitense.

Il fondatore dell'ISC era l'onnipresente dottor Joseph Churba, un rabbino ordinato che abbiamo incontrato per la prima volta nel capitolo 8 come protetto di Jay Lovestone, che aveva coordinato i contatti della CIA con le mafie corsa e siciliana per conto di James J. Angleton della CIA.

---

[749] *Human Events*, 4 gennaio 1982.
[750] *Bollettino informativo sull'azione segreta*, estate 1989.

È interessante notare che Churba (ora deceduto) ha svolto un ruolo chiave anche nell'Istituto ebraico per la sicurezza nazionale e in una società nota come Americans for a Safe Israel (ASI), fondata negli Stati Uniti come emanazione del gruppo terroristico clandestino israeliano Irgun.

Tra coloro che collaborarono strettamente con i precursori dell'ASI c'era l'emigrato ebreo rumeno Ernst Mantello, il cui fratello Giorgio, insieme al maggiore Louis M. Bloomfield, fu uno dei fondatori dell'oscura società Permindex di cui si parlerà in dettaglio nel capitolo 15.[751]

UN'ALTRA CONNESSIONE CON LA CIA E LANSKY

Un'altra figura dell'AIM è interessante nel contesto della critica dell'organizzazione alle teorie cospirative sull'assassinio di JFK. Il presidente dell'AIM è Murray Baron, ex funzionario della International Brotherhood of Teamsters, dominata dal sindacato del crimine organizzato di Lansky, ma anche membro del Citizens Committee for a Free Cuba, finanziato dalla CIA, e cofondatore del Citizens Committee for Peace and Freedom in Vietnam.[752]

Possiamo aggiungere, di passaggio, che l'AIM è sempre stato anche un ardente difensore di Israele e dei suoi interessi. Per quanto riguarda l'AIM, accennare a qualsiasi complotto che possa coinvolgere Israele e i suoi alleati all'interno della CIA sarebbe un oltraggio. Alla faccia dell'Accuracy in Media.

PIETRA OLIVER

Che dire di *JFK* di Oliver Stone? Che posto occupa questo film controverso negli annali delle teorie cospirative sull'assassinio di JFK? E la reazione isterica dei media al film (che, tra l'altro, gli ha dato più pubblicità)?

Nel *New York Times* del 20 dicembre 1991, Stone pose una domanda piuttosto semplice: "Quando il leader di un Paese viene assassinato, i media normalmente chiedono: 'Quali forze politiche si oppongono a questo leader e beneficerebbero del suo assassinio?

L'ironia, come vedremo, è che sebbene Oliver Stone stesso sembrasse aver posto questa domanda in modo importante, attraverso l'egida del suo controverso film *JFK* - il fatto è che Stone stesso ha, in un certo senso, dimostrato di essere diventato un fattore importante nel continuo occultamento della vera verità sull'assassinio di John F. Kennedy.

È davvero ironico che, sebbene il film *JFK* di Stone abbia attirato l'attenzione internazionale sul complotto per l'assassinio di JFK, si sia speculato silenziosamente sul fatto che il furore mediatico possa essere stato parte di un piano di alto livello per nascondere ulteriormente la verità sul complotto.

Molti ricercatori sull'assassinio di JFK, in particolare Mark Lane, sono profondamente preoccupati dal fatto che il film di Stone presenti uno strano mix di

---

[751] *L'arma segreta di Mosca*. [Washington, D.C.: Executive Intelligence Review, 1 marzo 1986], pp. 82-84.
[752] *Bollettino informativo sull'azione segreta*, Ibid.

fatti e finzione. I fatti sulla cospirazione dell'assassinio sono abbastanza sensazionali per non aggiungere dettagli di finzione, come lui e altri hanno sottolineato. Lane ha riassunto molto bene la questione: "È stato un bene che Stone abbia attirato l'attenzione di adolescenti e altri sull'omicidio irrisolto. È stato un peccato che l'abbia fatto falsificando il fascicolo".[753]

PUNTARE NELLA DIREZIONE SBAGLIATA

Sebbene il film di Stone faccia riferimento ai legami con la CIA di David Ferrie e Clay Shaw - e menzioni Permindex - il fulcro del film è che il complotto ha avuto origine nel cosiddetto complesso "militare-industriale".

I principali cospiratori sono stati presentati come ufficiali militari di alto rango e i loro alleati tra le aziende della difesa con contratti multimiliardari. Il ruolo della comunità di intelligence è stato a dir poco sottovalutato.

Questo, di per sé, ha portato alcuni critici di Stone a suggerire che l'obiettivo finale del film potrebbe non essere stato quello di identificare i veri responsabili dell'assassinio di JFK, ma di puntare il dito in un'altra direzione. **Le prove di tutto ciò, come vedremo, sono piuttosto convincenti.**

IL LEGAME DI STONE CON LANSKY E ISRAELE

Il fatto che la distribuzione del film di Stone sia stata gestita dalla Warner Brothers è alquanto preoccupante alla luce dei risultati di *Giudizio Finale*. Infatti, la Warner Brothers, una filiale del gigantesco impero mediatico Time-Warner, è nata da una società di produzione cinematografica fondata da Louis Chesler, un canadese di dubbia reputazione, socio storico di Meyer Lansky.

Nel 1956, Chesler, un rappresentante di Lansky, fondò la Seven Arts Productions a Montreal, in Canada. Sebbene apparentemente fosse una società di produzione cinematografica, la Seven Arts veniva utilizzata per riciclare denaro per Lansky e alcuni dei suoi associati.[754]

Nel 1955, Seven Arts si alla con un consorzio bancario di New York e si riempie le tasche in meno di dieci anni.

Nel 1967, la Seven Arts scosse Wall Street e sbalordì Hollywood quando prese il controllo dei famosi studios della Warner Brothers - in altre parole, un'acquisizione Lansky. All'epoca, la mossa era un mistero per molti, che però sapevano poco degli affari dietro le quinte del sindacato di Lansky, il che rendeva facile l'operazione.

La nuova società fu chiamata Warner-Seven Arts Studios e, nel 1968, Warner Communications.[755] Non sorprende che la Investors Overseas Service (JOS) di Bernie Cornfeld "possedesse i principali blocchi di azioni" della Warner-Seven Arts.[756]

---

[753] Mark Lane. *Rush to Judgment*. (New York: Thunder's Mouth Press, 1992), p. XXVII.
[754] *The Spotlight*, 17 luglio 1978.
[755] *Ibidem*.
[756] Connie Bruck. *Master of the Game* (New York: Simon & Schuster, 1994), pag. 52.

Cornfeld dell'IOS, come abbiamo visto nel capitolo 15, era un rappresentante di Tibor Rosenbaum, ex funzionario del Mossad e principale istigatore della società Permindex legata a Lanksy, che era allora al centro del complotto per l'assassinio di JFK.

"LA MAFIA ISRAELIANA"

Nel 1981, un grave scandalo scosse la Warner Communications. Alcuni dei suoi principali protagonisti - Salomon Weiss, Stephen Ross e Jay Emmett - furono coinvolti in accuse di frode fiscale, corruzione e altri traffici illeciti da parte del Dipartimento di Giustizia. Anche i legami della Warner con la criminalità organizzata furono oggetto di indagine.[757]

Tuttavia, l'aspetto particolarmente significativo di questo caso è che gran parte delle prove contro Weiss, che era vice tesoriere senior della Warner Communications, provenivano da documenti raccolti dagli archivi dello United Jewish Appeal e di altre organizzazioni filantropiche pro-Israele che erano stati sequestrati dal Dipartimento di Giustizia.[758]

Inoltre, l'indagine di Warner Communications ha scoperto in diverse occasioni legami con la "mafia israeliana", cioè con membri della criminalità organizzata che vivono e operano in Israele.

E per chiudere il cerchio, l'indagine giudiziaria su Stephen Ross, già citato, nel caso Warner, ha evidenziato gli stretti legami tra il gigante dell'informazione e lo scandalo American Bank and Trust (ABT).[759]

ANCORA TIBOR ROSENBAUM

Nel capitolo 7 abbiamo appreso per la prima volta che la ABT, con sede a New York, era una filiale americana della Swiss-Israel Trade Bank, il cui direttore non era altro che Tibor Rosenbaum del Mossad israeliano, padrino del già citato Bernie Cornfeld dell'IOS.

Come abbiamo visto, è stato piuttosto ironico che la Swiss Israel abbia assunto la gestione dell'American Bank and Trust il 22 novembre 1963. Quest'ultima, tuttavia, finì per fallire dopo essere stata saccheggiata dal finanziere David Graiver, un agente del Mossad di lunga data.

Abraham Feinberg, il finanziere newyorkese macchiato dallo scandalo ABT - e che alla fine è stato collegato all'affare Warner Communications - non solo era stato l'amministratore dell'ABT, ma anche l'uomo che aveva organizzato il primo spiacevole incontro di John F. Kennedy con i principali finanziatori della lobby pro-Israele in America (descritto nel capitolo 4).[760]

La Warner Communications è sopravvissuta alla serie di scandali e alla fine si è fusa con la Time-Life, Inc. l'altro grande colosso dei media che è stato identificato

---

[757] *The Spotlight*, 5 ottobre 1981.
[758] *Ibidem*.
[759] *Ibidem*, 10 agosto 1981.
[760] *Ibidem*.

dagli investigatori dell'assassinio di JFK per essersi prestato all'insabbiamento dell'assassinio di JFK.

LA BANDA DEL TEMPO-VITA

Nel capitolo 10 abbiamo appreso come il corrispondente di *Life* Richard Billings si fosse recato a New Orleans e avesse sabotato l'indagine di Jim Garrison sull'assassinio di JFK. Billings e la sua squadra avevano usato la rivista *Life* come forum per ritrarre Garrison come uno strumento della mafia. Billings e compagnia presentarono Garrison come un portavoce di Carlos Marcello, il boss della mafia di New Orleans, ma, ovviamente, ignorarono il fatto che egli era secondario rispetto al suo padrino Meyer Lansky.

Billings fece poi parte dello staff della House Select Committee on Assassinations, che aveva incolpato "la mafia" dell'omicidio di JFK, e lavorò con il direttore della commissione, G. Robert Blakey, che alcuni anni prima era stato assunto come testimone a favore di Morris Dalitz, vecchio confidente di Lansky, presumibilmente "dimostrando" che Dalitz non era collegato alla mafia.

E così Time-Life e Warner Communications si sono fuse per diventare Time-Warner. E, naturalmente, è stata la Warner Brothers, una delle filiali della Time-Warner, a diventare la società di distribuzione del film *JFK* di Oliver Stone, che incolpava "il complesso militare-industriale" dell'omicidio di JFK, e non il Mossad di Israele, la mafia o la CIA.

(La stessa società, attraverso la sua filiale Time Warner Books, si è occupata anche della distribuzione della biografia del boss della mafia di Chicago Sam Giancana, che implicava una cospirazione CIA-mafia contro JFK, orchestrata quasi esclusivamente dallo stesso Giancana).

DI NUOVO I BRONFMAN

È interessante notare che all'inizio del 1993 la famiglia Bronfman, legata al sindacato Lansky attraverso la sua società Seagram, ha acquisito una sostanziale quota di maggioranza di Time Warner, rafforzando i legami del gigante dei media con i circoli molto chiusi legati alla CIA, al sindacato Lansky e al Mossad israeliano che avevano circondato la società fin dalla sua creazione.

Come abbiamo visto nel capitolo 15, il maggiore Louis M. Bloomfield, amministratore delegato di Permindex, era da tempo l'avvocato personale degli interessi dei Bronfman ed era una figura importante nella lobby israeliana in Canada.

Il fatto che un'azienda che fin dai primi anni di vita è stata strettamente legata non solo agli ambienti interni di Meyer Lansky e del suo sindacato criminale internazionale, ma anche a Israele e al suo Mossad, sia l'ombrello della grande teoria del complotto di Oliver Stone è sufficiente a far riflettere, per non dire altro. Ma c'è di più.

È interessante notare che Stone assunse la potente società di pubbliche relazioni Hill & Knowlton di Washington D.C. per gestire la pubblicità e le controversie sorte intorno all'uscita del film. Dopotutto, era stata la Hill & Knowlton a orchestrare un'importante propaganda a favore del coinvolgimento americano nella Guerra del Golfo Persico contro l'Iraq e a favore di Israele.

IL LEGAME DI STONE CON L'ADL

Inoltre, Frank Mankiewicz, il dirigente della Hill & Knowlton che aveva gestito le azioni della sua azienda per conto di Stone, stava iniziando a lavorare nelle pubbliche relazioni per l'Anti-Defamation League (ADL) pro-Israele del B'nai B'rith di Los Angeles (nel capitolo 18 vedremo che Mankiewicz ebbe un ruolo curioso nelle circostanze di un altro assassinio di Kennedy).

LA PIETRA REAGISCE AL *GIUDIZIO FINALE*...

Il 16 febbraio 1994, a Washington, un collaboratore dell'autore tentò di consegnare a Oliver Stone una copia della prima edizione di *Final Judgment*. Ciò avvenne alcuni mesi dopo che il libro era stato annunciato per la prima volta nel programma del simposio annuale sull'assassinio di JFK promosso dal JFK Assassination Information Center di Dallas, in Texas.

Sebbene Stone non abbia partecipato al simposio, era rappresentato da uno dei suoi collaboratori e non c'è dubbio che Stone fosse a conoscenza della pubblicazione di *Giudizio finale*. Infine, un annuncio a tutta pagina che promuoveva un libro con un'introduzione di Stone è apparso di fronte a un annuncio a tutta pagina per *Giudizio Finale*.

Quando Stone ricevette la sua copia del libro, tuttavia, il suo volto si bloccò alla vista della copertina e si rifiutò di accettare il libro, dichiarando: "Per favore, speditemelo". Stone, il libero pensatore e anticonformista, ha voltato le spalle e si è allontanato, accettando poco dopo un altro pacchetto di documenti che gli era stato presentato da un altro individuo.

Perché Stone era così riluttante ad accettare questo libro? Potremmo avere informazioni che forniscono la risposta. Stone era infatti a conoscenza della cosiddetta "connessione francese" con l'assassinio di JFK, documentata in *Giudizio finale* e citata nella pubblicità del programma del JFK Forum di Dallas.

PIETRA E "LA CONNESSIONE FRANCESE

Poco dopo la pubblicazione di *Giudizio Finale*, Ron Lewis, che era amico di Lee Harvey Oswald a New Orleans e lavorava anche nell'operazione "francese" di Guy Banister, ha rivelato qualcosa di molto interessante su Stone e sulla connessione francese.

Quando Lewis, che lavorava come consulente per Stone durante le riprese di *JFK*, ha assistito Stone nell'allestimento dei set che ricreavano l'ufficio di Banister a New Orleans, Stone ha incorporato una serie di scatole, apparentemente contenenti armi, che erano stampate in spagnolo.

Lewis si oppose allo spagnolo, dicendo: "Le scritte sulle scatole erano in francese", poiché le armi erano collegate alla ribellione dell'OAS, sostenuta da

Israele e da Permindex, contro il Presidente francese Charles De Gaulle. Ma Stone ha risposto a Lewis dicendo: "Lo spagnolo serve meglio al tema del film". Quindi, come ha sottolineato Lewis, "era in spagnolo".[761]

Così Oliver Stone ha ignorato la connessione "francese" - una connessione che, a sua volta, evidenzia il legame tra Israele e l'assassinio di John F. Kennedy. Una mossa saggia per un regista i cui sponsor avevano stretti legami con i colpevoli del crimine che Stone ha portato sullo schermo con tanta crudezza.

IL LEGAME DI STONE CON IL MOSSAD

Tuttavia, c'è un ultimo fatto piuttosto intrigante su Oliver Stone e il suo film che vale la pena menzionare. Sebbene Stone sia stato senza dubbio il genio creativo di innegabile talento responsabile di *JFK*, vale sempre la pena ricordare che nel mondo del cinema è il denaro - puro e semplice - a determinare la realizzazione o meno di un film. È il produttore cinematografico che ha l'importante compito di organizzare i finanziamenti. Se controllate i titoli di coda di *JFK* di Stone, troverete il nome di "Arnon Milchan" nell'elenco dei produttori esecutivi.

Chi è Arnon Milchan? Perché il suo nome è rilevante per l'esame dei fatti sul ruolo di Israele nel complotto per l'assassinio di JFK e su come Oliver Stone ha nascosto questo fattore essenziale?

Secondo il giornalista liberale Alexander Cockburn in *The Nation* del 18 maggio 1992, Milchan, il produttore esecutivo di *JFK*, "è stato identificato in un rapporto israeliano del 1989 come 'probabilmente il più grande trafficante di armi di Israele'. Una società di sua proprietà era già stata sorpresa a contrabbandare dispositivi di accensione di armi nucleari in Iraq. Nell'ambito di un'operazione congiunta del governo israelo-sudafricano - il "Muldergate" - aveva agito come riciclatore di denaro per sopprimere le pubblicazioni liberali che si opponevano all'apartheid".[762]

Lo storico israeliano Benjamin Beit-Hallahmi, che ha studiato il commercio globale di armi di Israele, descrive Milchan come un "uomo del Mossad".[763] Tuttavia, alla luce della battaglia dietro le quinte di JFK con Israele sulla questione dello sviluppo nucleare israeliano, ciò che forse è ancora più affascinante è che, secondo il biografo di Oliver Stone James Riordan: "Milchan è balzato agli onori della cronaca internazionale per aver concluso accordi a favore del programma di armi nucleari di Israele, ma sostiene che la sua motivazione era la difesa del Paese, non il profitto".[764]

Ma non è tutto. [765]Secondo Riordan, si scopre anche che Milchan aveva messo a disposizione quelli che Riordan definisce "soldi francesi" per la produzione del film di Stone.

Così abbiamo una figura del Mossad al centro del programma di sviluppo nucleare di Israele che finanzia, con i suoi partner francesi, un film che non solo 1)

---

[761] Ron Lewis. *Flashback* (Medford, Oregon: Lewcom Productions, 1993), pag. 119.
[762] Alexander Cockburn, *The Nation*, 18 maggio 1992.
[763] Benjamin Beit-Hallahmi. *The Israeli Connection-Who Israel Arms and Why* (New York: Pantheon Books, 1987), p. 155.
[764] James Riordan. *Stone* (Hyperion Books, 1995), p. 364.
[765] *Ibidem*, p. 370.

sopprime la cosiddetta "connessione francese" (descritta anche da uno dei consulenti del film, il già citato Ron Lewis), ma 2) non menziona mai l'aspro conflitto di JFK con Israele, in particolare la lotta intorno allo sforzo di Israele di costruire un arsenale nucleare.

UNA "SITUAZIONE LIMITATA" IN STILE HOLLYWOODIANO?

Tenendo presente tutto ciò, è davvero un grande sforzo di immaginazione suggerire che l'"interpretazione" di Oliver Stone del complotto per l'assassinio di JFK fosse, in realtà, una forma molto sofisticata di propaganda oscura finanziata dal Mossad? Il massiccio clamore mediatico ha fornito al film di Stone una qualche forma di "situazione limitata" per conto di Israele e dei suoi alleati della CIA? L'ampia promozione del film di Stone è stata un modo per cercare finalmente di porre fine alla controversia e dare al pubblico ciò che voleva: una qualche forma di spiegazione di "ciò che è realmente accaduto" a Dallas? Questo, ovviamente, non lo sapremo mai.

Vale la pena notare, inoltre, che da quando *Giudizio Finale* è stato pubblicato, mi è stato detto - ma non sono mai stato in grado di confermarlo - che Oliver Stone ha contribuito generosamente all'Israel Public Affairs Committee, la lobby di Israele. Se questo è vero, allora è solo un altro interessante dettaglio che aiuta a spiegare perché Stone possa aver scelto di ignorare tutte le prove che dimostrano un'irrevocabile connessione israeliana con l'assassinio di John F. Kennedy.

UN INVITO AL DIBATTITO...

Sarei lieto di discutere con Oliver Stone in un forum pubblico. Dopo tutto, siamo (apparentemente) d'accordo sul fatto che Jim Garrison era sulla strada giusta quando ha avviato la sua indagine su Clay Shaw. È un buon punto di partenza. Il punto in cui ci dividiamo è fino a che punto si è spinta la cospirazione. Stone pone il limite al legame di Shaw con Israele. Io no. Sarebbe un dibattito interessante. Se c'è qualche lettore di *Giudizio Finale* che potrebbe organizzare un tale dibattito, per favore fatemelo sapere.

DOVE LA PIETRA FALLISCE....

Come abbiamo notato in precedenza, Stone ha posto questa domanda al *New York Times*: "Quando un leader di qualsiasi Paese viene assassinato, i media normalmente si chiedono: 'Quali forze politiche si opponevano a questo leader e avrebbero beneficiato del suo assassinio?

Come abbiamo visto, una forza politica che si opponeva a John F. Kennedy e che avrebbe tratto vantaggio dal suo assassinio era Israele, ma Stone preferisce ovviamente non nominare questa particolare forza.

Per tutte le critiche che abbiamo rivolto a Stone - e che sono ben meritate - il film di Stone ha comunque aperto la strada a nuove riflessioni sull'ovvio fatto che fu una cospirazione a porre fine alla vita di John F. Kennedy.

Stone non è riuscito a scoprire l'origine di questa cospirazione, ma è proprio quello che abbiamo fatto nelle pagine di *Giudizio Finale*. Peccato che Oliver Stone non sia riuscito a raccontare l'intera storia della cospirazione.

I MEDIA RIFIUTANO IL *GIUDIZIO FINALE*

È chiaro che la copertura mediatica, o il fatto che l'assassinio di JFK non sia stato coperto dai media, ha giocato un ruolo cruciale nel nascondere le vere origini della cospirazione che ha portato all'assassinio del Presidente. *Non c'è dubbio che i media abbiano giocato un ruolo importante nel perpetuare l'insabbiamento e che Israele e la sua lobby abbiano una grande influenza nel plasmare i media americani.*

Sebbene i media abbiano inizialmente sostenuto le conclusioni della Commissione Warren, lo scetticismo dell'opinione pubblica ha costretto i media a pubblicare un'ampia varietà di rapporti e di estratti limitati della verità. Ma il legame con Israele non era mai stato preso in considerazione, fino ad ora.

CAPITOLO 18

Erede al l'assassinio di Robert F. Kennedy
Israele, Iran, Lansky e la CIA

L'assassinio del senatore Robert F. Kennedy, fratello minore del presidente assassinato, è stato essenziale per l'insabbiamento della verità sull'assassinio di JFK.

Se RFK fosse andato alla Casa Bianca, avrebbe finalmente avuto il potere di assicurare alla giustizia gli assassini di suo fratello.

L'assassinio di Robert F. Kennedy collega non solo Israele e i suoi alleati della CIA e del sindacato del crimine organizzato di Meyer Lansky, ma anche il SAVAK, la polizia segreta dello Scià dell'Iran.

A prima vista, la spiegazione "ufficiale" delle circostanze della morte dell'ex procuratore generale Robert F. Kennedy è semplice come il rapporto della Commissione Warren sull'assassinio di John F. Kennedy. In entrambi i casi, secondo la storia, "un pazzo solitario" è stato responsabile del crimine. Non c'è stata alcuna cospirazione.

L'assassinio di Robert F. Kennedy a Los Angeles nel 1968 avvenne subito dopo che RFK (eletto al Senato di New York nel 1964) aveva vinto le primarie democratiche della California. In questo modo il giovane Kennedy si trovò in testa alla nomination presidenziale del suo partito e quindi potenzialmente in linea per entrare alla Casa Bianca dopo le elezioni generali.

RFK tenne il suo discorso di vittoria in California davanti a una folla di sostenitori nella sala da ballo dell'Ambassador Hotel. Dopo aver terminato il suo discorso, Kennedy trionfante cercò di farsi strada tra la folla nella sala da ballo per uscire dall'hotel.

Tuttavia, secondo un volontario della campagna che si trovava sul posto, uno dei supervisori di Kennedy insistette ripetutamente affinché Kennedy uscisse dalla cucina dell'hotel dietro la sala da ballo. L'uomo che insistette tanto affinché RFK uscisse dalla cucina era Frank Mankiewicz, che aveva iniziato la sua carriera nelle pubbliche relazioni presso l'ufficio della B'nai B'rith Anti-Defamation League (ADL) di Los Angeles e che, come abbiamo visto nel capitolo 17, si occupava della pubblicità del film *JFK* di Oliver Stone.[766]

È lì, nella cucina dove Mankiewicz dirigeva il senatore Kennedy, che attendeva un giovane arabo-americano di nome Sirhan Sirhan. Secondo il defunto William Sullivan, a lungo vicedirettore dell'FBI, "non siamo mai riusciti a spiegare la

---

[766] Intervista privata con un ex volontario della campagna di RFK che era presente al momento dell'assassinio di Robert Kennedy.

presenza di Sirhan nella cucina dell'Ambassador Hotel".[767] Tuttavia, ora sappiamo perché Bobby Kennedy uscì dalla cucina dell'hotel, anziché dalla strada che avrebbe voluto percorrere, anche se Mankiewicz ha detto che fu RFK a decidere di passare dalla cucina, contro il volere dell'ex uomo dell'ADL.

IL COLPEVOLE È UN ARABO

Ciò che accadde in quei pochi secondi è ancora oggetto di controversie, anche se la verità è questa: furono sparati dei colpi di pistola contro Robert F. Kennedy. Il candidato alla presidenza fu gravemente ferito. Morì poco dopo. L'aggressore arabo-americano fu gettato a terra, arrestato, condannato e condannato al carcere.

Il pubblico fu tristemente informato che Sirhan era insoddisfatto della posizione filo-israeliana di Kennedy e che questa era una delle motivazioni che lo avevano spinto a commettere il crimine. Così un arabo-americano fu presentato al mondo come l'assassino di un fratello minore martire del Presidente americano, egli stesso un personaggio pubblico popolare.

È ironico che un arabo-americano sia l'assassino del fratello Kennedy, che era percepito dagli "addetti ai lavori", almeno in privato, come un antisemita della stessa pasta del padre.

Non c'è dubbio che Kennedy abbia effettivamente adottato una virulenta posizione pro-Israele durante i suoi anni al Senato degli Stati Uniti. Come senatore dello Stato di New York (che, ovviamente, ha una popolazione prevalentemente ebraica), era una necessità politica per il pragmatico Robert Kennedy.

(Tuttavia, come abbiamo visto nel capitolo 5, RFK riteneva sospetta la lealtà di Myer Feldman, il principale consigliere del fratello per gli affari ebraici. "Il principale interesse di Feldman era Israele piuttosto che gli Stati Uniti", aveva detto RFK)".[768]

Se c'era qualcuno che sapeva della guerra segreta del presidente John F. Kennedy contro Israele (discussa in dettaglio nel capitolo 5), era suo fratello e confidente, Robert F. Kennedy. E così un capro espiatorio arabo si è preso la colpa dell'omicidio di RFK, un crimine che era stato ordito da una cospirazione decisamente non di origine araba.

LA COSPIRAZIONE DELL'RFK

In questo capitolo esploriamo l'origine della cospirazione che ha tenuto Robert Kennedy fuori dall'arena politica e gli ha impedito di avere il potere di indagare sulla cospirazione che ha messo fine alla presidenza di suo fratello.

E, come vedremo, il complotto per l'assassinio di RFK si ricollega a quello per l'uccisione di JFK: le stesse fonti potenti e affiatate erano collegate, ma in modo completamente diverso.

---

[767] G. Robert Blakey e Richard Billings. *The Plot to Kill the President* (New York: Times Books, 1981), p. 395.
[768] Seymour Hersh. *L'opzione Samson: l'arsenale nucleare di Israele e la politica estera americana* (New York: Random House, 1992), pag. 100.

A differenza di Lee Harvey Oswald, che si proclamò un "capro espiatorio", Sirhan Sirhan reagì quasi senza protestare, con una certa passività. Questo, tra l'altro, ha portato alcuni a sospettare che anche Sirhan fosse un capro espiatorio e che fosse stato programmato - forse con droghe o ipnosi, per esempio - per uccidere RFK.

Tuttavia, nelle settimane e nei mesi di indagini - ufficiali e non - che seguirono, divenne presto chiaro che c'erano prove che diverse pistole avevano sparato nella cucina dell'Ambassador Hotel. Tuttavia, senza dubbio proprio a causa dei dubbi persistenti sul primo assassinio di Kennedy, la consapevolezza pubblica delle gravi questioni sollevate dal secondo assassinio di Kennedy non raggiunse lo stesso livello.

Inoltre, gli sconvolgimenti del 1968 erano tali che molte altre cose avevano attirato l'attenzione dell'opinione pubblica: la guerra del Vietnam, la violenza e le rivolte razziali e la campagna presidenziale a tre tra Richard Nixon, Hubert Humphrey e George C. Wallace.

Sebbene molti credessero che l'omicidio di Bobby Kennedy fosse direttamente collegato a quello del fratello avvenuto cinque anni prima, nessuno sembrava in grado di mettere insieme i pezzi.

DEBUTTO DELLA SAVAK

In realtà, come ha dimostrato l'ex agente della CIA Robert Morrow nel suo libro poco noto (ma molto importante), *Il senatore deve morire*, i legami tra i due eventi sono più profondi di quanto si possa immaginare.

In breve, la tesi di Morrow è che l'omicidio di Robert F. Kennedy sia stato un contratto della CIA, realizzato attraverso il vecchio alleato della CIA nella cospirazione internazionale, il SAVAK, la polizia segreta dello Scià dell'Iran - un'agenzia di intelligence creata in parte dal Mossad israeliano e strettamente legata al Mossad.

(E come abbiamo notato nel capitolo 15, le informazioni scoperte da Morrow collegano il Sindacato del crimine organizzato di Meyer Lansky e il suo legame con la cospirazione israeliana con sede in Svizzera al complotto che ha sacrificato la vita di John F. Kennedy).

Secondo l'approfondita indagine di Morrow, nelle ultime settimane della sfortunata campagna presidenziale di Robert F. Kennedy del 1968, un certo Khyber Khan, membro di alto rango del SAVAK dello Scià, si era infiltrato nel quartier generale della campagna di RFK in California.

Khan aveva anche invitato altri agenti del SAVAK a partecipare alla campagna. Questa infiltrazione faceva parte del piano di assassinio. Khan era responsabile del coordinamento dell'omicidio di RFK.

RFK permise a Khan di entrare nella sua cerchia ristretta perché credeva che Khan fosse un avversario dello Scià dell'Iran. Questa conclusione si basava sui suoi precedenti rapporti con Khan.

All'inizio degli anni Sessanta, Khan era rimasto invischiato in una faida con lo scià per un accordo commerciale andato male e, per vendicarsi, si recò a Washington dove fornì all'allora procuratore generale Robert Kennedy le prove dell'appropriazione indebita da parte dello scià degli aiuti esteri statunitensi all'Iran.

Le relazioni tra l'amministrazione Kennedy e lo scià, che non erano mai state stabili, si fecero ancora più tese.

Tuttavia, Khan e lo Scià fecero ammenda e poco dopo si formò un'alleanza. In realtà, Khan aveva avviato le operazioni del SAVAK sulla costa occidentale nel 1963, ovviamente all'insaputa di Robert F. Kennedy.

LA SECONDA ARMA

Come parte del piano di Khan, si decise di far eseguire l'assassinio a Sirhan Sirhan, un giordano-americano e un altro partecipante.

Secondo il racconto di Morrow, Sirhan e l'altro uomo armato erano entrambi sulla scena del crimine quando RFK è stato ucciso. Entrambi hanno sparato. Sirhan stava usando la pistola calibro 22 che gli era stata sottratta dopo l'omicidio. L'altro uomo armato, invece, aveva con sé un'arma calibro 22 fabbricata dalla CIA e camuffata da macchina fotografica.

Dopo che Kennedy tenne il suo discorso finale ed entrò nella cucina dell'Ambassador Hotel, Sirhan ovviamente estrasse la sua pistola e iniziò a sparare in direzione del senatore. Questo portò Sirhan al centro dell'attenzione, anche se un testimone disse alle autorità che Sirhan non si avvicinò mai abbastanza per sparare a bruciapelo.

L'altro uomo armato, nel frattempo, stava sparando con la sua arma e probabilmente ha sparato il colpo fatale. Nel mezzo della mischia, secondo Morrow, il secondo uomo armato è fuggito con la sua "macchina fotografica". Ovviamente, non sarebbe stato saggio, ai fini della cospirazione per l'assassinio, che l'altro uomo armato venisse catturato con un'arma fabbricata dalla CIA.

ALTRI POTENZIALI TIRATORI

Molti teorici del complotto per l'assassinio di RFK hanno puntato il dito contro un personaggio di nome Thane Caesar che si trovava sulla scena al momento dell'assassinio del senatore, assunto all'ultimo minuto dall'Ambassador Hotel per sostituire un'altra guardia di sicurezza. C'è chi suggerisce che Caesar fosse la "seconda pistola". Sebbene Caesar sia stato popolarmente descritto come una "guardia del corpo di Howard Hughes" (il miliardario solitario), le sue reali connessioni sono molto più interessanti. Caesar, ovviamente, aveva legami più forti con il Sindacato del Crimine Organizzato di Meyer Lansky attraverso i suoi legami con Las Vegas. Ma questo non implica Caesar in un modo o nell'altro. Alla fine, la storia di Thane Caesar è solo un'altra di quelle distrazioni che non portano a nulla.

Nel frattempo, nel suo nuovo libro, *The Assassinations* (Los Angeles, Feral House, 2003), Lisa Pease ha fornito le prove che un cittadino britannico di origine ebraica, Michael Wien, che si faceva chiamare "Michael Wayne", si trovava nella sala da ballo dell'Ambassador Hotel prima dell'omicidio di RFK e sembrava essere a conoscenza degli eventi imminenti. Dopo la sparatoria, è stato affermato che Wien (o "Wayne") portava con sé quello che ad alcuni è sembrato essere un tubo di cartone o qualcosa di simile e alcuni hanno pensato che avesse un'arma da fuoco nascosta all'interno. Sebbene la polizia abbia apparentemente rinviato Wien in custodia, Pease suggerisce che ci sono molte altre domande su Wien - e su altre persone sospette che si trovavano lì quel giorno - che rimangono senza risposta. Ma Pease fa parte della comunità di "ricercatori" che non osano dire "Mossad".

L'INDAGINE VIENE ANNULLATA

In ogni caso, come nota Robert Morrow, i successivi tentativi di indagare sul complotto furono vanificati da due agenti della CIA appartenenti all'"Unità Speciale Senatori" del Dipartimento di Polizia di Los Angeles, istituita per "indagare" sull'assassinio. Morrow afferma che i poliziotti erano gli agenti Manny Pena ed Enrique Hernandez, entrambi noti per aver lavorato per la CIA, oltre che per il dipartimento di polizia.

Nel suo libro *The Senator Must Die* Morrow racconta la ricostruzione del complotto per assassinare RFK in modo molto convincente.

Gran parte della ricerca di Morrow è stata supportata da informazioni ottenute da un'intervista con un certo Alexis Goodaryi di Washington D. C.. C. Sebbene in pubblico fosse il popolare presentatore del lussuoso ristorante Rotunda di Capital Hill, Goodaryi era anche il diretto superiore SAVAK di Khyber Khan, l'agente SAVAK della costa occidentale che coordinò l'omicidio di RFK.

Goodaryi fu assassinato all'inizio del 1977, appena un mese dopo aver parlato con Morrow. Tuttavia, sebbene i media descrivessero l'omicidio di Goodaryi come un "colpo della mafia", le fonti di Morrow gli dissero il contrario: si trattava di un'operazione del SAVAK.[769]

IL LEGAME CON LANSKY

Tutto ciò è piuttosto interessante, in particolare per quanto Morrow annota sul fatto che Goodyari gli disse che nel corso della loro collaborazione, lui (Goodyari) aveva presentato Khyber Khan a un certo numero di suoi soci del crimine organizzato a Washington: in particolare, un certo C. H. "Jim" Poller. Secondo Morrow, Poller era "il collegamento con la malavita di Washington per [Meyer] Lansky e Santo Trafficante".[770] Così, ancora una volta, vediamo lo spettro di Meyer Lansky sullo sfondo oscuro dell'assassinio di Kennedy.

Potremmo andare anche oltre. Mentre Sirhan Sirhan veniva addestrato per il suo ruolo nell'assassinio di Robert F. Kennedy, il giovane arabo-americano lavorava nelle scuderie dell'ippodromo di Santa Anita. Santa Anita, infatti, era uno dei principali centri di profitto di Mickey Cohen, scagnozzo di Lansky sulla West Coast e capo del traffico nella California meridionale. Possiamo solo supporre che Cohen e i suoi sottoposti possano essere stati coinvolti in alcuni aspetti dell'assassinio di RFK.

---

[769] Robert Morrow. *The Senator Must Die: The Murder of Robert F. Kennedy* (Santa Monica, California: Roundtable Publishing, Inc., 1988). NOTA: La ricostruzione di Morrow dell'assassinio di RFK è descritta essenzialmente alle pagine 119-227 del libro di Morrow.
[770] *Ibidem*, p. 49.

Tuttavia, non è una speculazione che il SAVAK iraniano (responsabile dell'omicidio di Robert F. Kennedy) fosse strettamente alleato con la CIA statunitense. I fatti sono fin troppo chiari. Il ruolo della CIA nel rovesciamento di un leader nazionalista iraniano, Mohammed Mossadegh, e nella restaurazione dello Scià dell'Iran al suo trono nel 1953 è ben noto e ampiamente documentato.

Ciò che è meno noto, tuttavia, è lo stretto rapporto di lavoro tra il SAVAK iraniano e il Mossad israeliano.

Sebbene l'Iran, nazione persiana, e Israele potessero essere percepiti come ostili l'uno all'altro, non era affatto così.

ISRAELE E IRAN

Nel 1958, il Primo Ministro israeliano Ben-Gurion propose al Presidente degli Stati Uniti Dwight D. Eisenhower un fronte unito contro il leader egiziano Gamal Abdel Nasser. Secondo Ben-Gurion, "per erigere un'alta barriera contro l'onda anomala nasserista-sovietica, abbiamo iniziato a rafforzare i nostri legami con diversi Stati intorno al margine esterno del Medio Oriente. Il nostro obiettivo è quello di organizzare un gruppo di Paesi, non necessariamente un'alleanza formale, che possa resistere all'espansione sovietica indiretta attraverso Nasser".[771]

L'Iran fu uno dei Paesi che Ben-Gurion offrì di far parte di questa nuova alleanza. Ben-Gurion aveva in mente che l'Iran potesse essere usato per tenere sotto controllo i Paesi arabi dell'Iraq e della Siria.[772]

In realtà, Israele cercava attivamente di intervenire negli affari interni dell'Iran già da tempo. Secondo Andrew e Leslie Cockburn in *Dangerous Liaison: The Inside Story of the U. S. - Israeli Covert Relationship*, "gli agenti israeliani hanno incoraggiato le forze alleate in Iran fin dai primi giorni dello Stato".[773]

I risultati sono stati degni di nota: nel giugno 1950, ad esempio, l'Iran ha concesso a Israele il riconoscimento diplomatico "de facto", una designazione che non è ancora un riconoscimento diplomatico completo.

Sebbene, secondo Cockburns, la relazione tra Iran e Israele non fosse facile e implicasse una grande quantità di cospirazioni internazionali, "il legame tra l'Iran dello Scià e Israele poggiava su solide fondamenta. Entrambi i Paesi condividevano una forte diffidenza e avversione per le nazioni arabe ai loro confini. Entrambi avevano stretti legami con gli Stati Uniti, in particolare con la CIA".[774]

L'IRAN E LA LOBBY ISRAELIANA

Inoltre, notano i Cockburn: "Ogni Paese offriva all'altro ciò di cui aveva bisogno. Nel caso dell'Iran, si trattava di petrolio, che iniziò a spedire a Israele nel 1954. Da parte sua, Israele poteva offrire preziose competenze nei settori

---

[771] Andrew Cockburn e Leslie Cockburn. *Dangerous Liaison: The Inside Story of the U.S.-Israeli Covert Relationship* (New York: Harper Collins Publishers, 1991), p. 99.
[772] *Ibidem*, p. 101.
[773] *Ibidem*, p. 102.
[774] *Ibidem*, p. 103.

dell'intelligence e della sicurezza interna. Agli occhi dello Scià, Israele aveva qualcosa di ancora più prezioso da dare ai suoi amici: l'influenza pervasiva degli ebrei negli Stati Uniti e nel mondo.

David Kimche ricorda con divertimento che "se c'era un articolo anti-iraniano su un qualsiasi giornale negli Stati Uniti o anche in Europa, lo Scià ci chiamava e ci diceva: "Perché avete permesso che accadesse? Ci dichiaravamo invano non colpevoli [dice Kimche] "dicendo che non controllavamo tutti i media del mondo [e] che non controllavamo le banche come alcuni pensavano".

"Chaim Herzog [Presidente di Israele], che ha avuto molti rapporti con il monarca iraniano quando era a capo del servizio segreto militare israeliano, ha raccontato in seguito che [lo Scià dell'Iran] vedeva ogni israeliano come un collegamento con Washington.[775]

LE ORIGINI ISRAELIANE DELLA SAVAK

Anche Mansur Rafizadeh, l'ex capo del SAVAK, che in seguito ha rotto con lo Scià, ha fatto ulteriore luce sulla stretta relazione tra il SAVAK, la CIA e il Mossad. Nelle sue memorie, Rafizadeh rivela che il SAVAK fu creato su richiesta congiunta di Israele, Stati Uniti e Gran Bretagna.[776]

I primi contatti tra il SAVAK e il Mossad sembrano essere stati stabiliti nell'autunno del 1957 durante un incontro a Roma tra il generale Taimour Bakhtiar e il capo del Mossad, Isser Harel. I due si accordarono su interessi comuni.[777]

ISRAELE ADDESTRA SAVAK

Le nuove reclute del SAVAK erano state addestrate non solo da Israele, ma anche dalla CIA. L'Accademia Internazionale di Polizia di Washington era responsabile dell'addestramento degli agenti SAVAK da parte della CIA. Questa accademia svolgeva anche un ruolo importante nell'addestramento degli agenti del Mossad israeliano. L'accademia era gestita da un certo Joseph Shimon, un uomo con connessioni interessanti.[778]

Tra gli amici intimi di Shimon c'erano il boss della mafia di Chicago Sam Giancana e Johnny Rosselli, l'ambasciatore della mafia, il cui ruolo nel complotto per l'assassinio di JFK è stato analizzato in dettaglio nel capitolo 11.

Shimon, infatti, nel 1975 dichiarò alla Commissione Intelligence del Senato di aver partecipato a incontri tra Giancana, Rosselli e agenti della CIA a Miami per preparare i complotti della CIA e della criminalità organizzata contro Fidel Castro.[779]

---

[775] *Ibidem.*
[776] Mansur Rafizadeh. *Witness: From the Shah to the Secret Arms Deal-An Insider's Account of U.S. Involvement in Iran* (New York: William Morrow & Company, 1987), pag. 393.
[777] *Ibidem.*
[778] Cockburn, p. 104.
[779] Morrow, p. 10.

A SHAH RAVI

Non c'è dubbio che lo Scià dell'Iran abbia gioito per l'assassinio di John F. Kennedy (e senza dubbio per quello di Robert Kennedy). Secondo l'ex capo del SAVAK Rafizadeh: "L'assassinio del presidente Kennedy il 22 novembre 1963 rese felice lo scià. Kennedy aveva fatto pressione su di lui per ottenere riforme sociali. Ho scoperto in seguito... che lo scià aveva fatto una specie di festa. Quando ricevette la notizia della morte di Kennedy, chiese di bere qualcosa per festeggiare.[780]

"Lo Scià disprezzava Kennedy, che gli consigliava costantemente di ripristinare i diritti umani dei suoi sudditi, insistendo sul fatto che tale linea d'azione era necessaria e inevitabile. Lo Scià considerava questa linea come una ridicola minaccia al suo potere e quindi rifiutava.

"La minaccia rappresentata da Kennedy era ormai scomparsa; le relazioni dello scià con il presidente Johnson erano confortevoli ed egli non temeva più gli Stati Uniti nonostante le grandi manifestazioni organizzate contro di lui a New York, Washington e in tutto il Paese [durante le sue visite ufficiali in America].[781]

(È importante notare che Robert Morrow, nel suo resoconto dell'omicidio di RFK, afferma categoricamente che Rafizadeh era in realtà il capo della SAVAK in Iran che aveva ordinato a Khyber Khan di orchestrare il complotto contro RFK. Morrow sostiene che Rafizadeh fu promosso alla sua posizione di capo del SAVAK come ricompensa per il successo dell'assassinio di RFK.[782]

È quindi a dir poco interessante vedere Rafizadeh commentare la reazione dello scià all'assassinio di JFK.

Nel suo libro, Rafizadeh non parla ovviamente delle circostanze dell'assassinio di RFK da parte del SAVAK, sostenuto dalla CIA e dal Mossad.

PERPETUARE IL CAMUFFAMENTO

L'assassinio di Robert F. Kennedy da parte del SAVAK dello scià fu una riaffermazione dell'ostilità di lunga data tra i fratelli Kennedy e lo scià. L'assassinio di RFK contribuì a perpetuare l'insabbiamento del ruolo che i SAVAK, alleati della CIA e del Mossad, avevano svolto nel precedente assassinio di Kennedy. Si trattava ancora una volta, come nell'assassinio di JFK, di una questione di interessi comuni.

RICHARD HELMS E LO SHAH

C'è un'altra interessante connessione diretta tra lo Scià dell'Iran e la CIA che merita di essere sottolineata.

In effetti, all'inizio degli anni Trenta, Richard Helms (che in seguito diventerà direttore della CIA nel 1966) e lo Scià erano stati migliori amici e compagni di classe crescendo in un collegio in Svizzera.[783] Fu Helms a diventare in seguito il

---

[780] *Ibidem*, p. 33.
[781] Rafizadeh, p. 124.
[782] *Ibidem*, p. 126.
[783] Morrow, p. 178.

coordinatore della CIA del colpo di Stato che insediò lo Scià sul trono nel 1953.[784] Una relazione che durò tutta la vita e che culminò con la nomina di Helms ad ambasciatore degli Stati Uniti in Iran.

In questo modo, grazie ai suoi rapporti con l'Iran e il SAVAK, come nota Robert Morrow, Helms "avrebbe improvvisamente avuto a disposizione una forza d'assalto internazionale e segreta di agenti e assassini professionisti, addestrati e dedicati".[785]

Come abbiamo visto nel capitolo 8, durante il suo incarico alla CIA, Helms divenne il "capo in capo" di James Jesus Angleton, contatto del Mossad della CIA e fervente sostenitore di Israele.

E fu dopo che Helms divenne direttore che lui e Angleton rimasero coinvolti in una controversia poco notata su un memorandum della CIA che apparentemente indicava l'agente della CIA E. Howard Hunt come presente a Dallas il giorno dell'assassinio di John F. Kennedy. Howard Hunt si trovava a Dallas il giorno dell'assassinio di John F. Kennedy (nel capitolo 16 abbiamo analizzato in dettaglio questo memorandum).

ALCUNE OSSERVAZIONI CONCLUSIVE

Il fatto che gli alleati di Israele abbiano avuto un ruolo all'interno della CIA e del SAVAK nell'assassinio di Robert F. Kennedy sembra ovvio dalle informazioni fornite da Robert Morrow, insieme a ciò che sappiamo sulla stretta relazione tra il SAVAK e i suoi sponsor all'interno della CIA e del Mossad. Con l'eliminazione di Robert Kennedy dalla corsa alle presidenziali nel 1968, i responsabili dell'assassinio del fratello non avrebbero temuto rappresaglie nel caso in cui RFK avesse assunto la presidenza.

Se Morrow ha ragione, e cioè che il SAVAK ha coordinato l'assassinio per conto della CIA, allora i ricercatori sull'assassinio JFK dovrebbero iniziare a indagare sulle origini del SAVAK. Ma farlo, ovviamente, significherebbe puntare il dito contro il Mossad, un'area in cui i ricercatori hanno paura di avventurarsi.

Vale la pena notare che *il tabloid The Globe* è stato citato in giudizio per diffamazione dopo che un pakistano americano ha fatto causa al tabloid per aver pubblicato le affermazioni di Robert Morrow che era la "seconda arma" nell'assassinio di Robert Kennedy. Morrow morì (apparentemente per cause naturali) poco dopo la sentenza, che fu confermata dalla Corte Suprema il 17 maggio 1999.[786]

In *The Senator Must Die*, Morrow ha ricostruito una fotografia di quest'uomo, allora studente, con una macchina fotografica al collo, in piedi accanto al senatore Kennedy poco prima che venissero sparati i colpi fatali. Morrow affermò che si trattava del secondo uomo armato, ma ora è chiaro che non lo era.

---

[784] *Ibidem*, p. 11.
[785] *Ibidem*, p. 117.
[786] *Ibidem*.

Il fatto che questa persona sia innocente non significa, tuttavia, che non ci fosse una "seconda arma" o che la teoria di base di Morrow sia sbagliata.

Tuttavia, come ho accennato altrove nelle pagine di *Giudizio Finale*, ho da tempo delle riserve su molte delle affermazioni di Morrow su altre questioni.

Tuttavia, se la mia tesi sul ruolo di Israele nell'assassinio di JFK è corretta (e credo che lo sia), è logico che l'assassinio di RFK sia stato effettivamente orchestrato da forze che rientrano nella sfera di influenza israeliana.

In breve, tendo a credere che, nel complesso, la tesi di Morrow sull'assassinio di RFK sia corretta.

SOMMARIO...

Nella "conclusione" che segue, riuniamo i parametri fondamentali del complotto per l'assassinio di JFK che sono stati delineati nelle pagine di *Giudizio Finale*. Si tratta di una rete complessa, in un certo senso, ma considerando il fatto che il collegamento con Israele è sempre presente, la cospirazione dell'assassinio che è stata delineata è in effetti piuttosto semplice.

Tuttavia, nelle appendici che seguono, vedremo che ci sono molti altri aspetti della cospirazione e dell'insabbiamento che sono stati ignorati, soppressi, fraintesi o dimenticati. In queste appendici, vedremo più volte il legame tra Israele e l'assassinio di JFK, che non è mai stato dimostrato fino alla pubblicazione di *Giudizio finale*.

CONCLUSIONE

Operazione Haman
La teoria che funziona
Il riassunto

"Si riunirono tutti insieme". Neemia 4:8

Lo Stato di Israele aveva legami con tutti i principali gruppi di potere che volevano la rimozione di John F. Kennedy dalla presidenza americana.

La rete globale di Israele aveva il potere di orchestrare non solo l'assassinio di Kennedy, ma anche l'insabbiamento che ne seguì. In effetti, Israele ha svolto un ruolo chiave nel complotto per l'assassinio di JFK e, secondo le prove, è stato uno dei principali istigatori del crimine.

Tutti i cospiratori di Israele - e coloro che avevano interesse a vedere Kennedy morto - avevano buone ragioni per contribuire a insabbiare il tutto. Stavano proteggendo i propri interessi.

Nel 1963, John F. Kennedy si era fatto molti nemici. L'incriminazione da parte del fratello, il procuratore generale Robert Kennedy, della mafia e dei boss della criminalità organizzata, guidati da Meyer Lansky, fece arrabbiare molti membri del sindacato criminale, a dir poco. Le prime fasi del processo a Meyer Lansky erano già iniziate. Carlos Marcello, rappresentante di Lansky a New Orleans, era già stato accusato. Anche Mickey Cohen, scagnozzo di Lansky sulla costa occidentale, era stato preso di mira.

IL SINDACATO DI LANSKY LEGATO AD ISRAELE

Lansky era il bersaglio finale: l'inimicizia tra la famiglia Kennedy e Meyer Lansky risale a decenni fa. Non solo il padre del Presidente, Joseph P. Kennedy, era considerato un nemico del popolo ebraico, ma Lansky credeva anche che il Presidente serbasse rancore nei suoi confronti (Lansky) a causa di un sequestro, orchestrato da Lansky, di uno dei rivenditori di whisky illeciti di Kennedy senior. Data l'alleanza segreta di John F. Kennedy con la mafia durante la campagna elettorale del 1960, la sua guerra contro il sindacato malavitoso di Lansky era un doppio tradimento che non poteva essere tollerato.

LYNDON JOHNSON

Il Presidente aveva anche intenzione di ritirare il suo Vicepresidente, Lyndon Johnson, dalle elezioni del 1964. Era possibile che Johnson, a lungo finanziato politicamente da Lansky e dal suo amico mafioso di New Orleans Carlos Marcello, finisse per passare il resto della sua vita in prigione. I fratelli Kennedy si interessarono agli affari di Johnson attraverso il suo prestatore, Bobby Baker, che in seguito finì in prigione. Evidentemente, Baker aveva condotto molti dei suoi principali affari con soci di Lansky, tra cui Ed Levinson, un direttore della International Credit Bank, legata al Mossad e fondata dall'ex funzionario del Mossad Tibor Rosenbaum.

CUBANI ANTICASTRISTI

Inoltre, Kennedy si stava preparando a un riavvicinamento con la Cuba di Castro, quindi il sindacato di Lansky non sarebbe stato in grado di rivitalizzare i suoi enormi interessi nel settore del gioco d'azzardo. Il cambiamento della politica cubana fu doloroso anche per la comunità cubana anticastrista di Miami, New Orleans e altrove. I cubani anticastristi avevano, ovviamente, collaborato strettamente con il sindacato di Lansky nelle attività anticastriste. Allo stesso tempo, la nuova politica cubana aveva fatto infuriare la CIA, che era il principale promotore delle forze anticastriste. Come abbiamo visto, il Mossad ha svolto un ruolo importante (anche se poco conosciuto) nel complotto che coinvolgeva gli anticastristi cubani attraverso la sua base di Miami.

LA CIA

JFK aveva altri problemi con la CIA. Aveva preso provvedimenti per smantellare la CIA e, dopo aver manifestato l'intenzione di ritirare le forze statunitensi dal Vietnam, si era impegnato in una guerra segreta con l'agenzia. Questo sarebbe stato un duro colpo per il cosiddetto "complesso militare industriale" (di cui la lobby israeliana era una componente importante) che traeva immensi vantaggi dalla permanenza degli Stati Uniti nel Sud-Est asiatico.

HOOVER

In definitiva, Kennedy intendeva fondere tutti i servizi segreti statunitensi - compresa l'FBI - in un'unica entità guidata da suo fratello Robert. Questo piano, ovviamente, non fu accolto con favore dal direttore dell'FBI J. Edgar Hoover, che Kennedy aveva anche pianificato di rimuovere dopo le elezioni del 1964. Come abbiamo visto, Hoover aveva i suoi rapporti segreti con Lansky personalmente e con il crimine organizzato in generale. Hoover aveva anche una fondazione a suo nome finanziata dalle industrie di liquori legate a Lansky e dalla Anti-Defamation League (ADL) di B'nai B'rith, che fungeva di fatto da braccio di propaganda e intelligence americana del Mossad di Israele. Se Hoover non cospirò attivamente contro la vita di John F. Kennedy, certamente si voltò dall'altra parte sapendo che era stata ordita una cospirazione per assassinare JFK.

IL VIETNAM E LE DROGHE

L'intenzione di Kennedy di cambiare la politica del Vietnam - il suo piano di ritirarsi unilateralmente dall'imbroglio - fece infuriare non solo la CIA, ma anche i membri del Pentagono e i loro alleati del complesso militare-industriale.

A quel punto, il sindacato di Lansky aveva già avviato il traffico internazionale di eroina, che andava dal Sud-Est asiatico al Mediterraneo attraverso la mafia corsa legata alla CIA. Le operazioni congiunte di Lansky e della CIA nel traffico internazionale di droga erano un'attività lucrosa che fiorì grazie all'ampio coinvolgimento degli Stati Uniti nel Sud-Est asiatico, che serviva da copertura per le attività di traffico di droga. Oggi sappiamo che il Mossad ha svolto un ruolo importante come "intermediario" in molte di queste attività di contrabbando di droga.

ISRAELE, LA CIA E IL SINDACATO LANSKY

L'aspro conflitto di John F. Kennedy con Israele lo portò a combattere un alleato non solo della CIA, ma anche del sindacato di Lansky, entrambi con stretti legami con i cubani anticastristi. I legami del vicepresidente Lyndon Johnson con Lansky, la mafia e l'industria della difesa, così come le sue strette relazioni con la lobby israeliana, e i suoi vecchi rapporti amichevoli con la CIA e l'FBI di Hoover fecero di Johnson un'alternativa accettabile (tra questi vari interessi acquisiti) alla dinastia dei Kennedy. Come abbiamo visto nel capitolo 4, Kennedy era da tempo sospetto agli occhi di Israele e dei suoi alleati.

Ora sappiamo anche che persino la famigerata "mafia di Chicago" sotto Sam Giancana era fortemente coinvolta in relazioni internazionali di vasta portata con il Mossad israeliano, in gran parte attraverso i buoni uffici del vero boss del sindacato di Chicago, il complice di Meyer Lansky, Hyman Lamer. Pertanto, la teoria secondo cui anche "la mafia di Chicago ha ucciso JFK" ha indubbiamente una "connessione con il Mossad" molto evidente.

MICKEY COHEN

Già nel 1960 (come abbiamo dimostrato nel capitolo 13), Mickey Cohen, scagnozzo di Meyer Lansky sulla costa occidentale, aveva usato l'amante di Kennedy, l'attrice Marilyn Monroe, per cercare di conoscere le intenzioni di Kennedy nei confronti di Israele. Abbiamo appreso che la presentazione di Kennedy alla signorina Monroe da parte di uno dei soci di Cohen aveva proprio questo scopo, e forse anche quello di ricattare JFK.

Sebbene la storia "ufficiale" riconosca la burrascosa relazione del Presidente con la signorina Monroe, le sue vere origini - e lo scopo per cui fu orchestrata - sono state oscurate e dimenticate. ("La storia ufficiale" ci ricorda invece l'altra relazione illecita ampiamente pubblicizzata di Kennedy con Judith Campbell, amante del boss della mafia di Chicago Sam Giancana).

Cohen, da sempre seguace di Israele e uno dei suoi primi sostenitori, aveva un interesse più che passeggero per lo Stato mediorientale. Secondo un resoconto, abbiamo scoperto che Cohen non era molto soddisfatto della posizione di Kennedy su Israele.

BEN-GURION E LA BOMBA NUCLEARE ISRAELIANA

Nell'aprile 1963, le relazioni di Kennedy con il Primo Ministro israeliano David Ben-Gurion e con lo Stato di Israele avevano raggiunto una pericolosa impasse, in particolare per la determinazione di Israele a sviluppare una bomba nucleare.

Nell'ultima conferenza stampa ufficiale di Kennedy, egli deplorò il deliberato sabotaggio da parte della lobby israeliana dei suoi sforzi per costruire ponti con il mondo arabo. JFK non sapeva che i semi della sua stessa distruzione erano stati gettati come risultato dei suoi sforzi per portare la pace in Medio Oriente.

David Ben-Gurion aveva sviluppato un'intensa sfiducia personale - persino odio e disprezzo - per Kennedy. Egli riteneva che la presidenza di Kennedy fosse un pericolo per la sopravvivenza stessa dello Stato di Israele, la nazione che Ben-Gurion aveva contribuito a creare.

Ben-Gurion all'epoca era paranoico. Credeva che Israele potesse essere distrutto. Fu a causa del suo disprezzo per Kennedy e per la posizione del Presidente americano nei confronti di Israele che Ben-Gurion si dimise da Primo Ministro. È probabile che il suo ultimo atto da Primo Ministro sia stato quello di ordinare al Mossad di orchestrare un attentato a John F. Kennedy.

Abbiamo appreso che fu Yitzhak Shamir, allora capo della squadra omicidi del Mossad, a organizzare la cospirazione. Shamir sapeva, ovviamente, che una vasta gamma di interessi - nazionali e internazionali - avrebbe voluto Kennedy fuori dalla Casa Bianca. C'erano diversi attori che potevano essere riuniti per assicurare il successo di una cospirazione per l'assassinio: in particolare il sindacato del crimine organizzato di Meyer Lansky, collegato al Mossad, nonché la CIA e i membri delle loro sfere d'influenza.

C'era un nome in codice per la cospirazione contro il presidente Kennedy? È più che probabile. Ma probabilmente non sapremo mai quale fosse. Il Mossad ha dato un nome in codice all'"Operazione Haman", chiamando la cospirazione per uccidere il Presidente americano come Haman, l'antico cospiratore amalecita che voleva la distruzione del popolo ebraico? Questo nome in codice sarebbe ragionevole, dato l'odio di Ben-Gurion nei confronti di Kennedy, il moderno Haman ai suoi occhi.

LA COSPIRAZIONE È IN CORSO

Sotto l'egida del Mossad, della CIA e di Lansky fu creata una rete per il reclutamento di assassini e la pianificazione di omicidi, con la misteriosa società Permindex al centro dell'operazione. Tutti loro hanno beneficiato della destituzione di John F. Kennedy. Molti alla periferia della cospirazione - anzi, forse anche molti di quelli al centro - non sapevano come o perché fosse stato chiesto loro di intraprendere molte delle azioni che avevano intrapreso per raggiungere l'obiettivo finale di rimuovere JFK dalla Casa Bianca.

ATTORI CHIAVE DELLA CIA - TUTTI LEGATI AL MOSSAD

Le prove suggeriscono che fu James Jesus Angleton, il potente uomo della CIA, capo dell'ufficio di Israele della CIA, a svolgere il ruolo principale nel manipolare il coinvolgimento della CIA nell'assassinio. Nel corso della sua carriera, le attività di Angleton si sono intersecate con quelle del sindacato del crimine organizzato di Lansky, in particolare nei rapporti della CIA con la mafia corsa. Fu l'ufficio israeliano di Angleton alla CIA a coordinare la strana alleanza dell'agenzia con i criminali corsi.

Come abbiamo visto, membri anticastristi della CIA erano coinvolti nella preparazione del capro espiatorio, Lee Harvey Oswald. A New Orleans, i contatti della CIA, tra cui Clay Shaw, membro del consiglio di amministrazione di Permindex, Guy Banister e David Ferrie, entrambi membri della Anti-Defamation League, coordinarono le attività anticastriste degli esuli cubani. Furono essenziali per il complotto: manipolarono Lee Harvey Oswald, facendolo passare per un "agitatore pro-Castro". Banister e Ferrie erano anche coinvolti nelle marachelle di Frank Sturgis, un agente della CIA (e del Mossad) fuori New Orleans, sul lago Ponchartrain. Si dice che Oswald si sia addestrato lì.

La WDSU, l'impero mediatico della famiglia Stern - i principali promotori della Lega antidiffamazione israeliana e amici intimi di Shaw, membro del consiglio di amministrazione della Permindex - aveva contribuito alla cospirazione pubblicizzando le attività di Oswald e mettendole a disposizione dell'FBI, gettando così le basi per l'identificazione di Oswald come agente castrista.

IL LEGAME CON LA FRANCIA

E come abbiamo visto nel capitolo 15, ci sono ulteriori indicazioni che gli agenti della CIA legati all'OAS francese utilizzavano anche il quartier generale di Guy Banister a New Orleans. Molti di questi agenti dell'OAS avevano anche legami con il traffico di droga di Lansky. Erano anche ostili a John F. Kennedy, che aveva sostenuto l'indipendenza dell'Algeria.

Inoltre, è stato E. Howard Hunt, il principale collegamento della CIA con i cubani anticastristi, che era anche il collegamento con uno dei principali agenti dell'OSA, Jean Souetre, la cui presunta presenza a Dallas - come quella di Hunt - è oggetto di alcune controversie.

Come abbiamo notato nel capitolo 16, un ex ufficiale dei servizi segreti francesi sostiene che un assassino francese era coinvolto nei fatti di Dealey Plaza sotto contratto con il Mossad; la sua presenza a Dallas era organizzata da una fazione dei servizi segreti francesi, lo SDECE, sotto la direzione del colonnello Georges De Lannurien.

L'OMICIDIO FITTIZIO

Le prove suggeriscono che E. Howard Hunt della CIA potrebbe aver condotto una propria operazione anticastrista (con la scusa di un attentato al Presidente). Oswald è stato probabilmente utilizzato in qualche modo in questa operazione.

Tuttavia, sembra che questo "attentato simulato" sia stato manipolato e/o infiltrato da elementi che in realtà volevano uccidere il Presidente. Lo stesso Hunt era probabilmente sorpreso come chiunque altro quando furono sparati i colpi fatali a Dallas. Probabilmente Hunt è stato incastrato.

Come abbiamo visto, fu il collaboratore del Mossad James Jesus Angleton a inviare Hunt a Dallas nel novembre 1963. Solo Hunt può dirci cosa stava facendo a Dallas - o cosa pensava di fare. Hunt, come Oswald, era un capro espiatorio?

Lo stesso Hunt ha ammesso, sotto giuramento, di ritenere possibile che i suoi ex colleghi della CIA avessero pensato di incastrarlo per l'assassinio di Kennedy. Tuttavia, Hunt non ha mai spiegato - almeno pubblicamente - cosa stesse facendo a Dallas il 21 novembre 1963, il giorno prima dell'assassinio di John F. Kennedy. Al contrario, Hunt sostiene di non essere stato lì.

Frank Sturgis, l'agente del Mossad di lunga data che era stato anche agente della CIA, aveva incontrato Hunt (e Jack Ruby) a Dallas il giorno prima dell'assassinio. Sturgis disse in seguito a Marita Lorenz di essere stato coinvolto nell'assassinio. Esaminando il solo Sturgis, possiamo quindi affermare senza riserve che un noto agente del Mossad ha confessato di aver avuto un ruolo diretto nell'assassinio del Presidente.

Inoltre, come abbiamo visto, varie fonti hanno suggerito che il 22 novembre nella Dealey Plaza operavano almeno diverse persone che ritenevano di essere lì come parte di una "mafia" che non mirava a Kennedy, ma piuttosto al governatore del Texas John B. Connally.

L'uso di "falsi striscioni" era una tattica classica del Mossad, una pratica comune dell'agenzia di spionaggio israeliana. E come abbiamo visto nel capitolo 16, secondo l'ex agente del Mossad Victor Ostrovsky, lui e i suoi colleghi agenti del Mossad furono informati dai loro superiori che l'assassinio di Kennedy fu in realtà un incidente. Il vero obiettivo, secondo il Mossad, era Connally, che era stato preso di mira dalla "mafia".

JACK RUBY, MICKEY COHEN E IL MOSSAD

Come abbiamo visto nel capitolo 13, Mickey Cohen, luogotenente di Lansky sulla costa occidentale - che aveva stretti legami con il contrabbando di armi israeliane - ebbe uno strano ruolo nel complotto contro JFK. Cohen aveva una relazione di lunga data con Jack Ruby, a sua volta coinvolto nel contrabbando di armi in Israele. In realtà, come abbiamo visto, Ruby (che era anche un trafficante dell'intelligence statunitense) era decisamente "più Mossad che Mafia", contrariamente alle vecchie leggende su Ruby e i suoi presunti "legami mafiosi".

Poco prima dell'assassinio di JFK, Al Gruber, assistente di Mickey Cohen e vecchio amico di Ruby (che non vedeva Ruby da anni), arrivò a Dallas per far visita a Ruby. Un'ora dopo l'arresto di Lee Harvey Oswald, Ruby chiamò Gruber. Presumibilmente Ruby chiamò Gruber per informarlo che il piccione non era stato ucciso prima del suo arresto, come era stato pianificato, e che a Ruby era stato detto che era sua responsabilità finire il lavoro.

Melvin Belli, amico e avvocato di Mickey Cohen, è intervenuto rapidamente come avvocato difensore di Jack Ruby, collegando Ruby alla squadra

Lansky/Cohen associata a Israele, cosa che pochi ricercatori si sono preoccupati di esaminare, preferendo invece concentrarsi sui "mitici legami di Ruby con la mafia".

James Jesus Angleton della CIA aveva cercato di far credere che dietro l'assassinio di Kennedy ci fosse il KGB sovietico. Angleton ha contestato con veemenza l'affidabilità del disertore sovietico Yuri Nosenko, che ha insistito sul fatto di essere stato il responsabile del KGB di Oswald in Unione Sovietica e ha dichiarato che Oswald non era un agente del KGB.

Come abbiamo visto, Angleton era - di sua spontanea volontà - il principale "contatto" della CIA nei rapporti con la Commissione Warren. Inoltre, William Sullivan, il numero 3 dell'FBI, amico intimo di Angleton, era il collegamento dell'FBI con la Commissione.

Forse non è una coincidenza che Angleton (attraverso una strana nota interna della CIA) avesse denunciato il membro della CIA E. Howard Hunt per il suo possibile coinvolgimento nell'assassinio di Kennedy, probabilmente come agente "canaglia", che agiva per conto proprio. Questa montatura avvenne proprio nel momento in cui si discutevano i sospetti dell'opinione pubblica sul coinvolgimento istituzionale della CIA. Nel capitolo 16 abbiamo analizzato in dettaglio questo memorandum.

EARL WARREN

Il Presidente della Corte Suprema Earl Warren, informato dalla CIA di un possibile coinvolgimento dei comunisti sovietici nell'assassinio del Presidente, ricevette pressioni per nascondere ciò che erroneamente credeva essere la verità sull'assassinio. Lo "scenario di Città del Messico" della CIA - gestito dall'ufficio di Angleton presso la CIA e coordinato da David Atlee Phillips, all'epoca capo dell'ufficio di Città del Messico della CIA - fu presentato a Warren come prova del coinvolgimento dei sovietici nell'assassinio del Presidente.

Attribuire l'assassinio a "un pazzo solitario" era il modo in cui Warren proteggeva la sicurezza nazionale americana. Secondo Warren, era stata evitata una guerra con l'Unione Sovietica. Probabilmente Warren non ha mai saputo la verità - o anche solo una parte della verità - su ciò che è realmente accaduto o sull'origine del complotto dell'assassinio.

Qualsiasi iniziativa di Warren per andare oltre sarebbe stata senza dubbio soffocata immediatamente: dopo tutto, uno dei membri della sua commissione era l'ex direttore della CIA Allen Dulles, che, per inciso, era stato licenziato da JFK.

Inoltre, come vedremo nell'Appendice 4, ci furono notevoli e molteplici impatti israeliani (ed ebraici) sullo staff della Commissione Warren - un fattore che non è mai stato preso in considerazione fino alla pubblicazione del *Giudizio Finale*.

Inoltre, Warren era anche sotto l'influenza del suo caro amico, l'editorialista Drew Pearson, un agente e collaboratore di lunga data della Anti-Defamation League of B'nai B'rith, il braccio di propaganda e intelligence israeliano del Paese. Era stato Pearson a far circolare la falsa e palese storia che Fidel Castro fosse stato il principale mandante dell'assassinio di JFK.

TRACCE SBAGLIATE

Falsi indizi sono stati piazzati durante tutta la serie di eventi che hanno portato all'assassinio - e anche dopo - una classica tattica del Mossad. Vennero piazzati "falsi striscioni" per attirare l'attenzione altrove. Persino Lyndon Johnson potrebbe non sapere da dove provenisse l'ordine di uccidere JFK, sebbene ci siano state accuse (mai provate) che Johnson stesso facesse parte dell'organizzazione dell'assassinio. Di certo Johnson non aveva alcun motivo per intervenire o tentare di impedire l'esecuzione dell'assassinio.

ROBERT F. KENNEDY

L'assassinio del senatore Robert F. Kennedy - con un arabo come "falso vessillo" - faceva parte dell'insabbiamento in corso dell'assassinio del presidente Kennedy. Nell'assassinio di RFK, come abbiamo visto, il SAVAK iraniano, una creazione congiunta della CIA e del Mossad israeliano, era responsabile del coordinamento dell'omicidio del senatore. La morte di Robert Kennedy ha impedito al più giovane Kennedy di assicurare alla giustizia gli assassini del fratello.

ISRAELE E I MEDIA

Negli ultimi 28 anni, gli investigatori dell'assassinio di JFK non hanno avuto accesso, fino a poco tempo fa, alle prove della guerra segreta di Kennedy con Israele per la bomba nucleare. Di conseguenza, non si è mai sospettato, come altri sospettati del crimine, che Israele potesse avere un motivo per collaborare a una cospirazione contro John F. Kennedy.

I media controllati dallo Stato, con la loro devozione a Israele, naturalmente non hanno mai seguito questa strada. I media si sono accontentati di promuovere la teoria secondo cui "la mafia ha ucciso JFK", ma ignorano il legame con Lansky. E coloro che si spingono a suggerire che la CIA abbia avuto un ruolo nell'omicidio e nell'insabbiamento vengono dipinti come "pazzi" e "teorici della cospirazione".

Ovviamente, la verità completa - tutti i dettagli più sordidi - non si saprà mai. Dobbiamo quindi basarci sulle informazioni in nostro possesso per dare un giudizio finale.

L'IMPATTO DELL'ASSASSINIO

L'assassinio di John F. Kennedy ebbe un grande impatto politico, molto più profondo della semplice ascesa di Lyndon Johnson alla presidenza. La morte di JFK ebbe diverse conseguenze dirette, sia negli Stati Uniti che all'estero:
- Mantenere l'autonomia della C.I.A.;
- Proteggere l'impero dell'FBI di J. Edgar Hoover;
- Un cambiamento nella politica vietnamita, con conseguente

(a) una guerra redditizia per gli alleati di Lyndon Johnson (e per Israele) nel complesso militare-industriale; e

(b) copertura continua per le operazioni di traffico di droga congiunte della CIA e di Lansky dal Sud-Est asiatico.
- La fine della crescente repressione del sindacato del crimine organizzato di Lansky; e
- Una radicale inversione di rotta nella politica statunitense verso Israele.

Questo è senza dubbio il risultato finale più eclatante e non si discute.
Anche se c'è chi sostiene che John F. Kennedy avrebbe mantenuto l'impegno degli Stati Uniti in Vietnam, *non si può contestare il fatto, ormai ampiamente dimostrato, che JFK era impegnato in una feroce battaglia con Israele e che, alla morte di Kennedy, la politica degli Stati Uniti in Medio Oriente ha subito una svolta di 180 gradi.*

Nelle pagine di *Giudizio Finale* abbiamo esposto, per la prima volta, l'intera cospirazione che ha portato all'assassinio di John F. Kennedy e al successivo insabbiamento. Non pretendiamo di avere tutte le risposte, ma crediamo che l'anello mancante sia stato ora fornito. Mai prima d'ora le prove sono state riunite come in queste pagine.

UNA PICCOLA CERCHIA DI COSPIRATORI

Gli stretti legami che esistono tra una cerchia relativamente ristretta di persone e coloro che si trovano nella loro immediata sfera di influenza non sono una coincidenza. Anche il fatto che tutti loro, in qualche modo, siano stati coinvolti nelle circostanze dell'assassinio di John F. Kennedy non è una coincidenza.

I critici delle teorie cospirative sull'assassinio di JFK sostengono che una simile cospirazione richiederebbe la partecipazione di un gran numero di persone. In realtà, la meccanica che ha messo in moto la cospirazione descritta in *Giudizio finale* ha probabilmente coinvolto non più di 20 persone. La maggior parte delle persone coinvolte nel complotto probabilmente non era nemmeno a conoscenza delle attività delle altre persone coinvolte. In questo caso, nominiamo, a titolo informativo, coloro che riteniamo sapessero in anticipo che John F. Kennedy sarebbe stato ucciso il 22 novembre 1963. Si tratta di:

- Il primo ministro israeliano David Ben-Gurion;
- Il capo delle esecuzioni del Mossad israeliano Yitzhak Shamir;
- Louis M. Bloomfield, amministratore delegato di Permindex;
- Il leader del Mossad e banchiere di Permindex Rabbi Tibor Rosenbaum;
- Il capo del controspionaggio della CIA James J. Angleton;
- Agente dei servizi segreti francesi Georges De Lannurien;
- Il boss del crimine Meyer Lansky;
- I tiratori della Dealey Plaza. Le prove indicano chiaramente il mercenario francese Michael Mertz come uno di questi tiratori. In ogni caso, come abbiamo visto, almeno uno degli assassini era stato ingaggiato dal Mossad tramite membri infedeli dei servizi segreti francesi, anche se è probabile che fossero presenti diverse squadre di assassini.
- L'agente della CIA ed ex agente del Mossad Frank Sturgis ha affermato di aver avuto un ruolo negli eventi di Dealey Plaza. Anche i suoi scagnozzi esuli cubani,

Guillermo e Ignacio Novo, che si trovavano con Sturgis a Dallas, hanno avuto un ruolo, anche se non è ancora stato stabilito se fossero veri e propri tiratori.

Sebbene sia probabile (ma non certo) che i luogotenenti mafiosi di Meyer Lansky - Santo Trafficante Jr. di Tampa e Carlos Marcello di New Orleans - fossero a conoscenza dell'imminente assassinio, non è chiaro se loro o, per esempio, il boss della mafia di Chicago Sam Giancana o l'"ambasciatore in carica" della mafia Johnny Rosselli fossero coinvolti nella pianificazione dell'assassinio. Tuttavia, ora sappiamo che sia Giancana che Rosselli erano sotto il controllo di Hyman Lamer, il boss del crimine legato al Mossad, e questo apre una nuova questione.

Il ruolo delle figure della criminalità organizzata italo-americana nell'assassinio di JFK è più un mito mediatico che una realtà. Nel migliore dei casi, erano attori secondari nel sistema generale.

Nell'Appendice 9 esamineremo anche il probabile ruolo - almeno di intermediario - svolto da Shaul Eisenberg negli eventi che circondano l'assassinio, suggerendo che Eisenberg fosse in effetti a conoscenza dell'imminente assassinio.

QUELLI DELLA PERIFERIA....

Ecco le persone che hanno compiuto azioni che le collegano alla cospirazione dell'assassinio (indipendentemente dal fatto che sapessero o meno che stava per avvenire un vero assassinio):

- Lee Harvey Oswald;
- L'agente segreto della CIA E. Howard Hunt;
- Il capo dell'ufficio della CIA a Città del Messico, David Atlee Phillips;
- Agente della CIA e membro del consiglio di amministrazione di Permindex, Clay Shaw;
- L'agente della CIA Guy Banister;
- L'agente della CIA David Ferrie;
- Maurice Brooks Gatlin; corriere Permindex;
- Agente della CIA Robert Morrow;
- Jack Ruby, socio della malavita di Dallas;
- Il collaboratore della CIA, il senatore degli Stati Uniti John Tower e
- Un assortimento di esuli cubani anticastristi e altri, tra cui l'agente della CIA Marita Lorenz.

Mickey Cohen, scagnozzo di Meyer Lansky sulla costa occidentale, e il diplomatico israeliano (poi Primo Ministro) Menachem Begin, erano stati coinvolti nel complotto dei servizi segreti israeliani contro il Presidente Kennedy, ma non si può affermare con certezza che fossero a conoscenza di un complotto per l'assassinio prima del fatto, anche se è probabile che il socio di Cohen, Al Gruber, abbia dato a Jack Ruby l'ordine di uccidere Lee Harvey Oswald.

Diversi membri della CIA, figure di spicco della mafia e del sindacato di Lansky, il direttore dell'FBI J. Edgar Hoover e alcuni investigatori della Commissione Warren e della Commissione per gli Assassinii della Camera possono aver raccolto informazioni nel corso degli anni su parti di ciò che era accaduto, ma pochi di loro erano a conoscenza dell'intero complotto.

I soggetti periferici sono stati coinvolti in vari aspetti dell'insabbiamento (per motivi propri), così come alcune personalità dei media, in particolare Drew Pearson e Jack Anderson.

C'è stata anche un'ultima persona che ha salvato almeno in parte l'attuazione del complotto: il presidente francese Charles De Gaulle, i cui servizi segreti erano stati compromessi dal Mossad.

IL GIUDIZIO FINALE...

Le prove che abbiamo presentato dimostrano che c'è una base molto solida per la tesi presentata in questo libro. È uno scenario che ha senso, con grande costernazione di coloro che direbbero che le conclusioni del *Giudizio Finale* sono in qualche modo "ridicole", "oltraggiose" o "assurde".

Questa è la nostra sentenza finale: il Mossad israeliano è stato un attore chiave (e decisivo) dietro le quinte della cospirazione che ha messo fine alla vita di John F. Kennedy. Con le sue vaste risorse e i suoi contatti internazionali nella comunità dei servizi segreti e nella criminalità organizzata, Israele aveva i mezzi, l'opportunità e il motivo per giocare un ruolo di primo piano nel crimine del secolo, e lo ha fatto.

Il Primo Ministro israeliano David Ben-Gurion e il Presidente John F. Kennedy (a sinistra) furono coinvolti in un'aspra disputa sulla determinazione di Israele a costruire un arsenale nucleare. Il conflitto portò alle brusche dimissioni di Ben-Gurion nel giugno 1963 e gettò le basi per il ruolo dell'agenzia di intelligence israeliana nell'assassinio di JFK. Le stesse forze legate alla rete di complotti contro JFK erano coinvolte anche in complotti sponsorizzati da Israele contro il presidente francese Charles De Gaulle (a destra con Ben-Gurion), che aveva fatto infuriare Israele concedendo l'indipendenza all'Algeria e facendo marcia indietro sul sostegno francese al programma nucleare di Israele.

Il complotto per l'assassinio di JFK (e i complotti contro De Gaulle) furono orchestrati e finanziati attraverso un'organizzazione internazionale nota come Permindex, una società di comodo che era una copertura per l'agenzia di intelligence israeliana Mossad. Qui sopra una foto della riunione di fondazione di Permindex. La forza trainante di Permindex era la Banque De Credit International (BCI), con sede a Ginevra, fondata dal rabbino Tibor Rosenbaum (in basso a destra), finanziatore e responsabile dell'approvvigionamento di armi per il Mossad. La banca di Rosenbaum è stata utilizzata anche per riciclare denaro per il sindacato criminale del boss della mafia internazionale Meyer Lansky (inserto a sinistra), il cui impero criminale (che comprendeva la mafia) fu preso di mira dall'amministrazione Kennedy quando lanciò un'importante repressione del crimine organizzato.

Quando il procuratore distrettuale di New Orleans Jim Garrison (a sinistra) indagò sull'assassinio di Clay Shaw, una risorsa di lunga data della CIA e direttore del commercio internazionale, e lo accusò di essere coinvolto nel complotto per l'assassinio di JFK, Garrison scoprì che Clay Shaw era un membro del consiglio di amministrazione della Permindex, una società del Mossad. Garrison apparentemente concluse che il Mossad era collegato all'assassinio, ma espresse i suoi sospetti solo in un romanzo non pubblicato. Il presidente della Permindex era l'avvocato di Montreal Louis M. Bloomfield (a destra), figura di spicco della lobby israeliana in Canada e scagnozzo di lunga data del barone dei liquori Sam Bronfman, che era sia un importante mecenate di Israele sia una figura di spicco del sindacato criminale Lansky.

In collaborazione con Clay Shaw della Permindex, gli agenti della CIA di New Orleans Guy Banister (a sinistra) e David Ferrie (a destra) lavorarono con agenti dell'Organisation de l'Armée Secrète (OAS) su complotti contro Charles De Gaulle finanziati attraverso la Permindex, società di facciata del Mossad. Shaw, Banister e Ferrie furono anche responsabili dell'operazione di "travestimento" che ritrasse il presunto assassino di JFK, Lee Harvey Oswald, come un agitatore "pro-Castro". Sebbene molti indichino i legami di Bannister con l'agitatore di "destra" Kent Courtney come prova di un orientamento di "destra" di Banister e dei suoi associati, ciò che questi stessi ricercatori omettono di notare è l'entusiastico sostegno di Courtney a Israele. Nella foto (a destra) un articolo di Courtney del 1970, in cui Courtney saluta Israele come un ostacolo sulla strada dell'espansionismo sovietico.

Le opinioni di Courtney su Israele rispecchiano esattamente quelle di James Angleton, ufficiale di collegamento con il Mossad della CIA.

James Jesus Angleton (a lato), direttore di lungo corso del controspionaggio della CIA, è stato il principale attore di alto livello della CIA nel complotto per l'assassinio di JFK e, in seguito, la forza trainante del ruolo della CIA nel "Watergating" di Richard Nixon. Devoto a Israele, Angleton e il suo ufficio di collegamento con il Mossad presso la CIA hanno svolto un ruolo centrale nelle alleanze di sorveglianza della CIA con il sindacato del crimine di Lansky, un fatto che molti studiosi hanno cercato di ignorare e/o dimenticare. Questo monumento in Israele (sopra) è uno dei tanti che onorano Angleton per i suoi servizi a Israele. La targa del monumento è riportata a destra. La fotografia del monumento è stata scattata esclusivamente per questo libro ed è l'unica fotografia nota mai pubblicata del monumento.

Un ex agente dei servizi segreti francesi ha raccontato a Michael Collins Piper, l'autore di *Giudizio finale*, che Yitzhak Shamir (in alto a sinistra) - il capo degli assassini del Mossad nel 1963 - aveva ingaggiato almeno uno degli assassini coinvolti nell'omicidio di JFK attraverso il colonnello Georges De Lannurien (al centro), un alto alleato del Mossad nell'intelligence francese. Non è una coincidenza che, il giorno dell'assassinio di JFK, De Lannurien fosse riunito nel quartier generale della CIA a Washington con James J. Angleton, un alleato di alto livello del Mossad nella CIA. In realtà, il complotto israeliano contro JFK era iniziato poco dopo la sua elezione, quando Mickey Cohen (a destra), un accolito di Meyer Lansky di Los Angeles e del diplomatico israeliano Menachem Begin (in basso a destra) aveva manipolato l'attrice Marilyn Monroe (in basso al centro) in un'operazione di spionaggio e ricatto sessuale rivolta a JFK. La disinformazione dei media ha promosso il mito che la famiglia Kennedy fosse coinvolta nella morte della Monroe, mentre in realtà le prove suggerivano la responsabilità di Cohen. In gran parte ignorato dai ricercatori, Cohen era amico e modello del mafioso di Dallas Jack Ruby (in basso a sinistra), i cui legami con Lansky e con il commercio di armi israeliane sono stati nascosti da coloro che sostenevano che "la mafia ha ucciso JFK".

In collaborazione con l'ufficio della CIA di Città del Messico, diretto da David Atlee Phillips (a sinistra), l'ufficio israeliano della CIA di James Angleton inventò false "prove" per convincere il presidente della Corte Suprema Earl Warren che Lee Harvey Oswald aveva cospirato con i sovietici per assassinare JFK. Il Rapporto Warren fu quindi redatto per nascondere ciò che Warren (forse) credeva fosse la verità e per evitare una guerra tra Stati Uniti e URSS. Molti ritengono che Phillips - che in seguito lavorò per una società che si occupava di contrabbando di armi per il Mossad - fosse l'agente della CIA (che aveva usato il nome di "Maurice Bishop") visto con Oswald in Texas poco prima dell'assassinio. Questa "impressione d'artista" (al centro) di "Maurice Bishop" è stata pubblicata dalla House Committee on Assassinations. Tuttavia, Michael Collins Piper, autore di *Final Judgement*, ipotizza che "Maurice Bishop" possa essere stato un nome in codice della CIA utilizzato anche da un'altra figura texana della CIA coinvolta negli affari cubani nel 1963: George Bush (a destra).

Nel 1986, il tecnico nucleare israeliano Mordechai Vanunu (a sinistra) denunciò Israele e rivelò al mondo che Israele possedeva effettivamente armi nucleari. Vanunu fu condannato a 18 anni di carcere per il suo atto di coscienza. Poco prima che la quarta edizione di *Giudizio Finale* andasse in stampa, gli attivisti pacifisti americani Nicholas e Mary Eoloff di St. Paul, Minnesota, che avevano adottato Vanunu, pubblicarono una lettera datata 12 ottobre 1997 in cui il loro figlio adottivo affermava che esisteva un legame tra l'assassinio di JFK e la Guerra dei Sei Giorni del 1967 di Israele contro i suoi vicini arabi. Le rivelazioni di Vanunu, soprattutto in considerazione del suo background nel programma nucleare israeliano, indicano chiaramente la conferma di accuse che erano già state fatte nella prima edizione del *Giudizio Finale*, pubblicato nel 1994. Sebbene le affermazioni di Vanunu sul legame con JFK siano state tenute segrete, l'unico articolo di stampa che ne ha parlato ha prevedibilmente affermato che si trattava di una prova della "paranoia" di Vanunu.

L'ex agente della CIA Victor Marchetti (a sinistra) ha affermato in un articolo pubblicato su *The Spotlight* nel 1978 che la CIA intendeva accusare l'agente E. Howard Hunt (al centro) di essere coinvolto nell'omicidio di JFK. Le prove indicavano che l'alleato israeliano della CIA, James Angleton, era dietro il complotto per incastrare Hunt. Il relatore di Angleton, il giornalista Joe Trento (a destra), ritiene che Angleton abbia inviato Hunt a Dallas nel novembre 1963 e che 15 anni dopo abbia fatto trapelare un memo della CIA che colloca Hunt a Dallas al momento dell'assassinio. Hunt ha lavorato con molte delle persone coinvolte nell'assassinio e sa molto più di quanto voglia ammettere. Hunt sembra aver fatto parte di quello che alcuni ritenevano un attentato "fittizio" a JFK, progettato per coinvolgere agenti di Castro, ma che fu cooptato e trasformato in "fatto reale". È probabile che Lee Oswald sia stato manipolato in questo modo, inducendo a credere di essere coinvolto in un complotto per incastrare Castro per un attentato alla vita di JFK, mentre in realtà era stato incastrato per essere il "patsy".

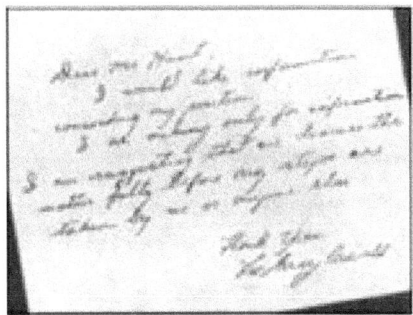 

Sebbene lo scrittore britannico Christopher Andrew, legato alla CIA, sostenga che la famosa lettera "Dear Mr Hunt" (a sinistra) - apparentemente scritta da Lee Oswald due settimane prima dell'attentato a JFK - fosse un falso del KGB, è più probabile che la lettera facesse parte della campagna "situazione limitata" - dipinta dall'ufficio del Mossad di James Angleton presso la CIA per incastrare Hunt e confondere ulteriormente la ricerca di JFK. La lettera è emersa proprio nel 1975, all'incirca nel periodo in cui Mike Canfield e Alan Weberman pubblicarono *Coup d'État in America* (a destra), che promuoveva il mito che Hunt fosse uno dei "barboni" raccolti a Dallas dopo l'assassinio. Non solo Weberman era strettamente legato a Mordechai Levy, un noto agente della Anti-Defamation League legata al Mossad, ma Weberman ha rivelato che l'uomo d'influenza nel Congresso degli Stati Uniti che ha svolto un ruolo di primo piano nel facilitare l'iniziativa di Weberman di diffondere la teoria del "barbone Hunt" era Richard Perle (a destra), un vecchio agente del Mossad che ora è un giocatore chiave nella rete "neo-conservatrice" pro-israeliana. Inoltre, il nigeriano che ha pubblicato il libro di Weberman era anche l'editore degli scritti del leader israeliano David Ben-Gurion. L'autore di *Giudizio finale*, Michael Collins Piper, ipotizza che il libro di Weberman fosse "propaganda tendenziosa" proveniente dall'ufficio israeliano di Angleton presso la CIA. È interessante notare che è stato Weberman a rivelare che il procuratore di New Orleans Jim Garrison stava tranquillamente suggerendo il coinvolgimento del Mossad nell'assassinio di JFK - un punto che persino molti ammiratori di Garrison sono riluttanti a riconoscere.

Dopo che E. Howard Hunt ha (inspiegabilmente) denunciato *The Spotlight* per diffamazione per aver rivelato il complotto della CIA per incriminarlo nell'assassinio di JFK, il famoso investigatore, l'avvocato Mark Lane (a sinistra), ha agito come avvocato difensore di *The Spotlight* e ha sabotato il caso di Hunt. La testimonianza dell'ex agente della CIA Marita Lorenz (a destra) ha rivelato che alla vigilia dell'assassinio di JFK, Hunt si era incontrato a Dallas con Frank Sturgis, un agente della CIA e del Mossad, un gruppo di cubani anticastristi e Jack Ruby, uno scagnozzo di Lansky e Bronfman. Qualche anno dopo, Andrew Allen, un agente del Mossad e della CIA, orchestrò un'altra causa contro *The Spotlight*, che costrinse il giornale alla bancarotta, dando al giudice federale S. Martin Teel l'opportunità di porre fine alla rivista nel 2001. Non è una coincidenza che Teel sia stato coinvolto nello scandalo INSLAW (denunciato per la prima volta da *The Spotlight*), che prevedeva il furto da parte di funzionari del Dipartimento di Giustizia di un software di sorveglianza poi consegnato al Mossad, come rivelato da Gordon Thomas nel suo libro *Robert Maxwell: Israel's Super-Spy*.

William R. Corson (a sinistra), veterano della CIA ed ex giornalista "rompi-circuito" per James Angleton, contatto del Mossad con la CIA, ha diffuso la storia "Hunt è a Dallas" che ha ispirato *The Spotlight* nel processo Hunt. Più tardi, dopo la morte di Corson, uno dei suoi collaboratori continuò il suo lavoro, complottando energicamente dietro le quinte per screditare Mark Lane e Michael Collins Piper e fermare la distribuzione di *Giudizio Finale*. L'"operazione segreta" contro Lane e Piper prevedeva la distribuzione di documenti di disinformazione (forse provenienti da archivi della CIA) che pretendevano di "ammettere" il coinvolgimento della CIA e di Israele nell'affare JFK. I falsi documenti furono pubblicati nella speranza che venissero facilmente screditati, come invece avvenne. Oggi la CIA e gli israeliani proclamano: "La teoria della collaborazione della CIA e/o di Israele nell'assassinio di JFK si basa su documenti fraudolenti, quindi il lavoro di Lane e Piper è screditato". Tuttavia, ciò che i critici omettono di dire è che né Lane né Piper si sono basati su questi documenti palesemente falsificati.

Almeno tre fonti indipendenti confermano che il famigerato agente della CIA Frank Sturgis (a sinistra) lavorò per il Mossad israeliano dal 1948 e che i suoi rapporti con il Mossad continuarono fino agli anni Settanta. Marita Lorenz ha

testimoniato che Sturgis guidò il convoglio di due auto da Miami a Dallas, arrivando a Dallas il 21 novembre 1963, un giorno prima dell'assassinio di JFK, quando Sturgis e la sua squadra di cubani anticastristi incontrarono l'agente della CIA E. Howard Hunt e Jack Ruby. Howard Hunt e Jack Ruby. Secondo la signorina Lorenz, Sturgis le disse in seguito che la sua squadra era stata coinvolta negli eventi di Dealey Plaza. L'intelligence cubana concluse, sulla base delle proprie indagini, che Sturgis era effettivamente coinvolto nell'assassinio di JFK. La posizione unica di Sturgis pone quindi saldamente una risorsa del Mossad nota negli ambienti della CIA al centro dell'intrigo sull'assassinio, fornendo un altro "anello mancante" che indica la collaborazione del Mossad con la CIA nell'assassinio del Presidente Kennedy.

Il leggendario agente della CIA Gerry Patrick Hemming (a destra) è stato associato al personaggio della CIA legato al Mossad Frank Sturgis nell'addestramento di esuli cubani anticastristi fuori New Orleans, un progetto che ha coinvolto David Phillips, Guy Banister, David Ferrie e Clay Shaw - per non parlare di Lee Oswald - nell'assassinio di JFK. Uno dei principali sponsor del complotto anticastrista di Hemming che coinvolgeva Sturgis era Theodore Racoosin, descritto da Hemming come "uno dei principali fondatori dello Stato di Israele". È noto che interessi di gioco d'azzardo ebraici americani legati al Mossad hanno finanziato l'operazione di New Orleans. Hemming ha dichiarato all'autore di *Giudizio Finale*, Michael Collins Piper, che lui (Hemming) sapeva fin dalla fine degli anni '60 che il Mossad era a conoscenza dell'imminente assassinio del Presidente Kennedy, anche se Hemming afferma di non essere a conoscenza di alcuna prova del coinvolgimento diretto del Mossad. Secondo Hemming, il Mossad ha avviato una propria indagine sull'assassinio di JFK e a tutt'oggi conserva i documenti delle sue indagini.

Secondo l'ex agente della CIA Marita Lorenz, Guillermo Novo (a sinistra) e suo fratello Ignacio (al centro) erano tra i cubani di Dallas insieme a E. Howard Hunt e all'agente della CIA/Mossad Frank Sturgis. I Novo furono in seguito condannati insieme all'avventuriero internazionale Michael Townley (a destra) per l'omicidio del diplomatico cileno Orlando Letelier nel 1976. Il legame tra Novo e Townley potrebbe risalire a tempi più remoti. All'epoca dell'assassinio di JFK, Townley era un agente della Investors Overseas Services (IOS). Nominalmente diretto da Bernie Cornfeld (in basso a sinistra), lo IOS era una copertura per il Mossad del rabbino Tibor Rosenbaum, il cui Permindex era al centro del complotto per assassinare JFK.

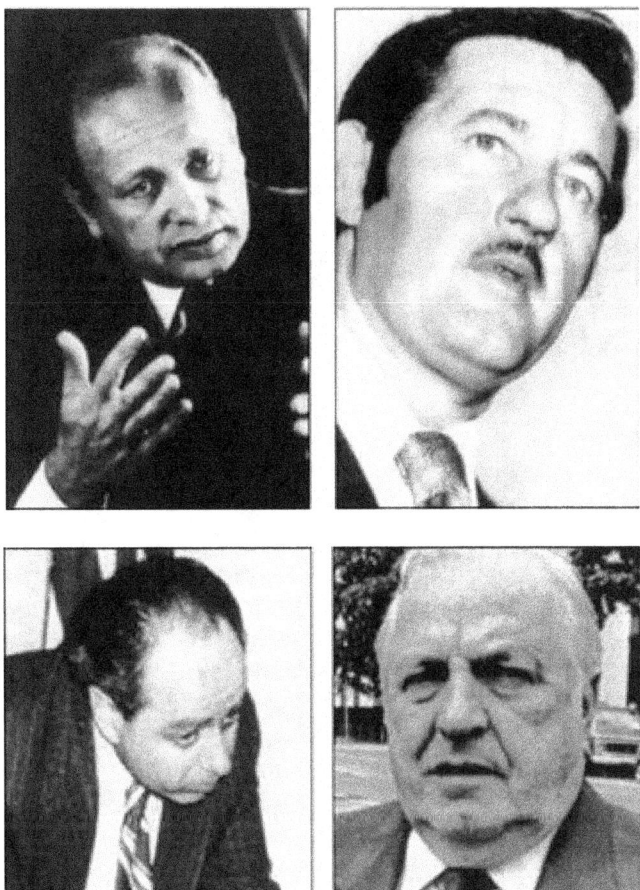

Il direttore della Commissione della Camera Robert Blakey (in alto a sinistra) ha detto che se qualcuno era responsabile dell'organizzazione dell'assassinio di John F. Kennedy, erano i boss mafiosi Carlos Marcello (in alto a destra) e Santo Trafficante Jr. (in basso a destra), entrambi subordinati a Meyer Lansky. Tuttavia Blakey non ha mai puntato il dito contro Lansky e ha cercato di mantenere segreto il legame di Lansky con l'assassinio. In precedenza Blakey era stato assunto da Morris Dalitz (in basso a sinistra), socio di Lansky e investitore di Permindex, il cui luogotenente principale, Ed Levinson, sedeva nel consiglio di amministrazione della Banque De Credit International dell'ufficiale del Mossad Tibor Rosenbaum, che riciclava "denaro sporco" per il sindacato di Lansky ed era collegato alla cospirazione di JFK. Mentre i media tradizionali sostengono la leggenda di Blakey secondo cui "la mafia ha ucciso JFK", l'interazione di vasta portata tra l'intelligence israeliana e il crimine organizzato americano viene sottaciuta. I media ignorano anche il ruolo centrale svolto dai mafiosi ebrei ai più alti livelli della criminalità organizzata, concentrandosi invece sull'immagine del "padrino" della mafia italiana. Sebbene la discussione sull'argomento sia considerata un tabù, quella che potrebbe essere descritta come una "significativa sensibilità alle preoccupazioni degli ebrei" potrebbe essere una delle ragioni per cui i proprietari e gli editori di diverse fonti di notizie dei principali media hanno deciso che non è appropriato fornire informazioni accurate sui legami ebraici e israeliani con la mafia americana.

Nel 1967, l'editorialista Jack Anderson (in alto a sinistra) e il suo capo Drew Pearson (in basso a sinistra), entrambi vicini alla CIA e alla lobby di Israele, misero insieme una storia falsa raccontata dal mafioso di Chicago Johnny Roselli (in alto a destra), che incolpava Fidel Castro dell'assassinio di JFK. Roselli - che in seguito rifiutò la storia - collaborò con terze parti, tra cui il boss della mafia di Chicago Sam Giancana (in basso a sinistra), a complotti della CIA contro Castro con l'approvazione della mafia di Meyer Lansky, il cui ruolo fu soppresso dalle indagini "ufficiali" e dai ricercatori che avevano paura di nominare Lansky. Mentre Anderson strinse una stretta amicizia con l'agente della CIA e del Mossad Frank Sturgis già nel 1960, ora sappiamo, sulla base di nuove rivelazioni del nipote di Giancana, che il vero "boss" della malavita di Chicago era il socio di Lansky, Hyman Larner (in basso a destra) - che era ebreo, non italiano - e le cui principali operazioni erano condotte di concerto con il Mossad e la CIA. Ciò significa che il solo suggerimento che "la mafia di Chicago ha ucciso JFK" dimostra ulteriormente il coinvolgimento del Mossad. *Il legame del Mossad con l'assassinio di JFK - attraverso molte piattaforme e a molti livelli - è semplicemente ineludibile.*

Le impronte digitali del ricco mecenate israeliano, una delle figure del Sindacato di Lansky, il canadese Sam Bronfman (a sinistra), sono ovunque nel complotto per l'assassinio di JFK. Louis Bloomfield, scagnozzo di lunga data di Bronfman, non solo era presidente della società Permindex sponsorizzata dal Mossad, ma nuove prove indicano che il mafioso di Dallas Jack Ruby era un dipendente di Bronfman. Inoltre, mentre un altro socio di Bronfman a Dallas, il petroliere Jack Crichton, serviva come "traduttore" per la vedova di Lee Harvey Oswald dopo l'assassinio di JFK, un altro funzionario di Bronfman - il "superavvocato" John McCloy (al centro) - sedeva nella Commissione Warren. McCloy era direttore e Crichton vicepresidente dell'Empire Trust, un gruppo finanziario in parte controllato dalla famiglia Bronfman. Sebbene Bronfman sia noto soprattutto per il suo impero degli alcolici, Seagrams, ciò che molti ricercatori che puntano il dito contro i "baroni del petrolio del Texas" non notano è che Bronfman stesso era un barone del petrolio texano, avendo acquistato la Texas Pacific Oil nel 1963. Già nel 1949, Allen Dulles (a destra) - poi direttore della CIA licenziato da JFK e membro della Commissione Warren - era l'avvocato d'affari privato della figlia di Bronfman, Phyllis.

Pochi minuti dopo l'assassinio di Lee Harvey Oswald da parte di Jack Ruby, il 24 novembre 1963, Eugene Rostow, allora preside della Yale Law School, iniziò a fare pressioni sul Presidente Johnson per la creazione di quella che divenne nota come Commissione Warren, per insabbiare la verità sull'assassinio di JFK. Il ruolo centrale di Rostow in questa vicenda è rimasto segreto fino al 1993. Figura di spicco della lobby israeliana, Rostow è stato membro del consiglio di amministrazione dell'Istituto ebraico per gli affari di sicurezza nazionale, che è stato descritto come "gestito da persone strettamente legate agli interessi israeliani e può essere visto come un'organizzazione virtuale di lobbying per lo Stato di Israele". Fanatico estremista della Guerra Fredda, Rostow è stato uno dei fondatori della Commissione "neoconservatrice" sul pericolo attuale, che vedeva la sicurezza di Israele come centrale in tutte le preoccupazioni di politica estera degli Stati Uniti.

All'epoca delle indagini della Commissione Warren sull'assassinio di JFK, l'industriale di Detroit Max Fisher (a sinistra) era uno stretto consigliere e un importante sostenitore dell'ex deputato Gerald Ford (a sinistra), uno dei più convinti difensori della Commissione. Fisher non solo aveva legami di lunga data con il sindacato criminale Lansky, ma era anche un socio d'affari dell'ufficiale del Mossad Rabbi Tibor Rosenbaum e del miliardario israeliano Shaul Eisenberg (a destra), che erano i principali promotori della rete Permindex, al centro della cospirazione per l'assassinio di JFK. Eisenberg, ufficiale di collegamento di lunga data del Mossad con la Cina comunista, ha svolto un ruolo chiave nei programmi top-secret di sviluppo di bombe nucleari tra Israele e la Cina Rossa. Il piano del Presidente Kennedy di lanciare un attacco militare contro gli impianti di produzione

di bombe nucleari della Cina comunista fu annullato da Lyndon Johnson entro 30 giorni dall'assassinio di JFK, con il risultato che le attività cinesi continuarono. Le prove indicano che la prima esplosione di un ordigno nucleare da parte della "Cina" fu in realtà una joint venture tra Israele e la Cina Rossa.

Un altro dei complici del Mossad, Tibor Rosenbaum, era il principe Bernhard dei Paesi Bassi (a sinistra), la cui relazione con Rosenbaum fu oggetto di scandalo. Forse non è una coincidenza che, all'epoca dell'indagine della Commissione Warren, Bernhard (fondatore del potente Gruppo Bilderberg) intrattenesse non solo Ford, ma anche un altro membro della Commissione, John McCloy, in uno dei conclavi Bilderberg. Bernhard aveva anche rapporti con il socio di Rosenbaum alla Permindex, Clay Shaw di New Orleans, che risalivano al 1954. Il 20 marzo 1954 il *New Orleans Times e il Picayune* riportarono che Bernhard aveva visitato l'International Trade Mart di Shaw in quella che il consolato olandese definì una visita "rigorosamente in incognito".

Arlen Specter (a sinistra) e Albert Jenner (a destra) erano due membri chiave della Commissione Warren. Come la maggior parte dei membri chiave della Commissione Warren, Specter e Jenner avevano stretti legami con la lobby di Israele. Oggi Specter, ora senatore della Pennsylvania, è uno dei maggiori sostenitori di Israele al Congresso (dove risiede la sorella americana). Prima di far parte della Commissione Warren, Jenner è stato avvocato del miliardario di Chicago Henry

Crown, che non solo era legato al sindacato criminale Lansky, ma il cui vasto impero finanziario ha anche contribuito a finanziare il programma di sviluppo di armi nucleari israeliane che era una spina nel fianco del Presidente Kennedy e la fonte del conflitto segreto di JFK con Israele.

Il nobile russo George De Mohrenschildt (a destra) ha agito come "babysitter della CIA" per Lee Harvey Oswald nella primavera del 1963 e in seguito ha affermato che c'era una truffa dietro l'assassinio e che lui era stato inconsapevolmente usato come parte della cospirazione. Poco prima del suo presunto suicidio, De Mohrenschildt  dichiarò che "gli ebrei" e "la mafia ebraica" gli davano la caccia. Oggi, lo scrittore Gerald Posner, legato alla CIA e autore di *Caso chiuso*, che sostiene che Oswald fosse un "pazzo solitario", si affretta ad affermare che le affermazioni di De Mohrenschildt erano basate sulla paranoia e sulla pazzia del nobile. Sebbene gli studiosi siano stati piuttosto critici nei confronti delle numerose imposture di Posner, nessuno ha osato indagare sul perché De Mohrenschildt pensasse che "gli ebrei" fossero ansiosi di metterlo a tacere.

William Sullivan (a sinistra) - amico intimo di James Angleton, ufficiale di collegamento del Mossad con la CIA - era l'informatore della CIA presso l'FBI. Sullivan coordinava le famigerate operazioni COINTELPRO dell'FBI per l'infiltrazione di organizzazioni dissidenti. È provato che l'ex agente della CIA

David Ferrie (che manipolò Lee Harvey Oswald prima dell'assassinio di JFK) era uno degli agenti COINTELPRO di Sullivan coinvolti nell'incendio di una loggia massonica nera in Louisiana nel 1962. Sullivan morì nel 1977 in uno strano incidente di caccia. Nel frattempo, nuove informazioni indicano che il famigerato Barry Seal (a destra) - un importante trafficante di droga coinvolto nelle operazioni della CIA in Iran - ha iniziato la sua carriera come protetto di Ferrie e che è stato Seal a rappresentare una via d'uscita dall'assassinio di JFK. Seal fu assassinato nel 1986 in quello che le fonti sostengono essere un colpo commissionato dal Mossad, con l'impiego di agenti della CIA e del cartello della droga colombiano legato al Mossad.

L'autorevole teorica della cospirazione Mae Brussell ha sostenuto che l'ex generale nazista Reinhard Gehlen (a destra), che lavorò per i servizi segreti occidentali dopo la Seconda Guerra Mondiale, fu probabilmente un cospiratore nell'assassinio di JFK. In effetti, gli scrittori israeliani Dan Raviv e Yossi Melman notano nel loro libro "*Ogni spia è un principe*" che Gehlen divenne molto vicino all'intelligence israeliana e fu "l'ingegnere della relazione speciale tra lo Stato ebraico e la 'nuova Germania'" e che Gehlen "stabilì una profonda relazione professionale con Israele". Quindi, se Brussell aveva ragione (anche se è improbabile) su un "legame nazista" con l'assassinio, si potrebbe logicamente suggerire che l'orchestra ex-nazista abbia organizzato l'assassinio di JFK per conto dei suoi alleati del Mossad. In effetti, un legame del Mossad con l'affare JFK può essere trovato nel più improbabile dei luoghi.

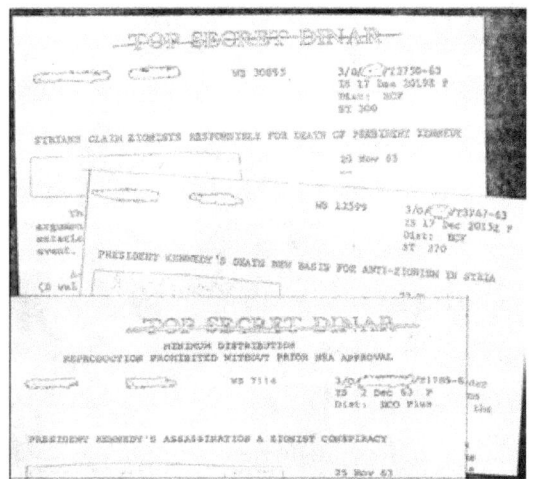

Un mistero poco noto che circonda l'affare JFK è il ruolo svolto da Isaac Don Levine (a destra) nel manipolare la vedova di Lee Harvey Oswald dopo l'assassinio di JFK. Levine mostrò uno strano interesse per la frequentazione di Oswald (mentre si trovava in Russia) con Alexander Ziger, un ebreo russo che potrebbe essere stato coinvolto in trame di intelligence - addirittura lavorando per la CIA e/o il Mossad israeliano - e che potrebbe persino aver diretto Oswald. Un'indagine approfondita dell'affare Levine-Ziger - così come un esame della convincente affermazione di un ricercatore secondo cui potrebbero essere esistiti
"due Oswald" - incluso uno che sembra essere di origine ebraica - sarebbe certamente rivelatrice.

Qui sopra sono riportati rapporti segreti dei servizi segreti statunitensi che rivelano che pochi giorni dopo l'assassinio di JFK, i giornali ufficiali del governo arabo suggerivano apertamente che l'assassinio poteva essere attribuito a Israele e al Mossad. Chiaramente, si trattava di "brutte voci" poco conosciute (e abbastanza ben soppresse) che circolavano all'estero e che la Commissione Warren era determinata a mettere a tacere. Se gli americani avessero sentito queste voci, avrebbero potuto iniziare a indagare sulla politica di JFK nei confronti di Israele e scoprire che il Mossad aveva il movente, i mezzi e l'opportunità di collaborare all'assassinio di JFK. Negli ultimi anni, il ministro della Difesa siriano, Mustafa Tlas, ha dichiarato pubblicamente alla televisione siriana di ritenere che ci sia stato un ruolo del Mossad nell'assassinio di JFK.

Qui sopra una foto scattata a Dealey Plaza subito dopo l'assassinio di JFK. Sulla destra si vede il famoso ed elegante "Uomo Ombrello", che si ritiene abbia avuto un ruolo nell'assassinio. Sebbene un certo Louis Steven Witt abbia in seguito affermato di essere "l'uomo con l'ombrello", molti ricercatori contestano questa affermazione. Sebbene il compagno dell'"uomo con l'ombrello" sia spesso descritto come "latino", un viaggiatore veterano del Medio Oriente ha detto a Michael Collins Piper, autore di *Giudizio finale*, che l'individuo assomigliava più a un tipico ebreo sefardita yemenita. In effetti, l'"uomo con l'ombrello" potrebbe essere il famoso specialista in omicidi del Mossad Michael Harari (vedi sotto), che era sul campo nel 1963. William Pepper, avvocato del presunto assassino di Martin Luther King, James Earl Ray, ha collegato il supervisore di Ray, "Raul", con Jack Ruby, a un'operazione di contrabbando di armi negli Stati Uniti nel 1963, che comprendeva un alto funzionario del Mossad, presumibilmente Harari.

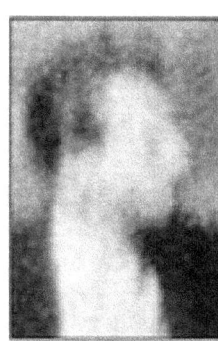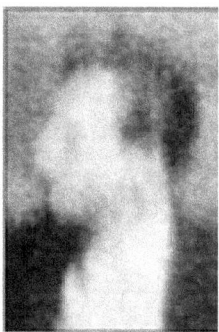

Michael Harari, il giornalista di moda sempre ben vestito e specialista in omicidi del Mossad, è ritratto (al centro) in una rara foto del 1985. La scheda di Harari suggerisce che se il Mossad avesse schierato i propri agenti a Dallas, sarebbe stato Harari. Come mostrano le foto di accompagnamento, Harari assomiglia in modo impressionante (anche se di 22 anni più vecchio) all'"uomo ombrello" di Dealey Plaza mostrato in primo piano (con la foto a destra "capovolta" per illustrare un profilo simile). Si noti (a) la fronte alta di Harari (b) l'acconciatura (c) il naso a falco e (d) la mascella. Confrontate poi i tratti di Harari con quelli de "L'uomo con l'ombrello".

Il SAVAK - una creazione congiunta della CIA e del Mossad - era la polizia segreta dello Scià dell'Iran (in alto a sinistra), acerrimo nemico della famiglia Kennedy. Il SAVAK assassinò il senatore Robert Kennedy nel 1968 per conto della CIA e del Mossad. Richard Helms (in alto a destra), amico intimo dello Scià e capo della CIA di James Angleton, fu coinvolto nel complotto di Angleton per incastrare E. Howard Hunt per il coinvolgimento nell'assassinio di JFK nel 1978. In seguito, nel tentativo di far deragliare lo scandalo Watergate, il presidente Richard Nixon (a sinistra) cercò di ricattare Helms e la CIA sul ruolo di quest'ultima nell'assassinio di JFK. Basato in parte sulle rivelazioni del libro *Katharine la Grande* (di Debra Davis), *Giudizio* Finale dimostra che l'affare Watergate fu orchestrato dal poco conosciuto ufficio di Angleton alla Casa Bianca per costringere Nixon a lasciare il suo incarico. Nuove prove indicano che Nixon aveva intenzione di attaccare pubblicamente la lobby israeliana per bloccarla.

Quando Oliver Stone (a sinistra) girò il suo film di successo, JFK, sull'indagine di Jim Garrison su Clay Shaw, che era legato al Mossad, Stone soppresse le prove della cosiddetta "connessione francese" (che era, in realtà, il legame con Israele), forse perché il suo principale finanziatore era un veterano del Mossad, Arnon Milchan (a destra), il più grande trafficante d'armi di Israele e una figura di spicco dell'esercito israeliano. Dopo la morte di Garrison, la famiglia di quest'ultimo intraprese un'azione legale contro le società di Milchan perché non aveva ricevuto tutti i guadagni promessi al padre quando Stone aveva acquistato i diritti delle memorie di Garrison.

Sebbene *Destiny Betrayed* di James Di Eugenio (a sinistra) sia un esame fattuale dell'indagine di Jim Garrison su Clay Shaw - Di Eugenio (che ha pubblicamente deriso il *Giudizio Finale*) si è guardato bene dall'esplorare i molteplici legami del Mossad con la Permindex di cui Shaw faceva parte. Il libro di Di Eugenio è stato pubblicato dalla Sheridan Square Press, i cui fondatori hanno ricevuto finanziamenti dalla famiglia Stern di New Orleans, che ha anche contribuito alla Anti-Defamation League (ADL), il braccio di intelligence del Mossad, amico intimo di Clay Shaw; gli Stern possedevano l'impero mediatico WDSU, che ha svolto un ruolo centrale nel "travestimento" di Shaw di Lee Oswald come "agitatore pro-Castro" prima dell'assassinio di JFK. Anche se ora sappiamo che Garrison aveva riconosciuto il coinvolgimento del Mossad nell'affare JFK, aveva espresso i suoi sospetti (forse saggiamente) solo in un romanzo non pubblicato - un fatto che molti hanno scelto di ignorare.

Abe Foxman (a sinistra), direttore nazionale della Anti-Defamation League (ADL) del B'nai B'rith, un intermediario del Mossad israeliano, ha denunciato istericamente *Giudizio Finale* al momento della sua pubblicazione e ha dichiarato inaccettabile e off-limits qualsiasi teoria cospirativa sull'assassinio di JFK. Foxman ha affermato assurdamente che chi credeva che il "complesso militare-industriale" fosse coinvolto nell'assassinio avrebbe potuto anche credere che l'Olocausto fosse una bufala. Marcia Milchiker (a destra), un'amministratrice universitaria affiliata all'ADL nella Contea di Orange, in California, ha poi giocato un ruolo chiave negli sforzi dell'ADL per impedire a Michael Collins Piper, autore di *Giudizio finale*, di parlare del suo libro a un seminario universitario. Si è scatenato un putiferio e i giornali di tutto il Paese hanno riportato la polemica (sotto).

Anche se alcuni preferiscono ignorarlo, il presunto assassino di Martin Luther King, James Earl Ray (a destra), ha lasciato intendere nel suo libro, in dichiarazioni pubbliche e in documenti legali che sospetta un legame con il Mossad nell'omicidio del dottor King. Henry Schwarzschild, ex funzionario dell'ufficio di New York dell'Anti-Defamation League (ADL), un ramo del Mossad, ha rivelato nel 1993 che l'ADL aveva spiato King prima del suo assassinio e aveva consegnato le sue scoperte all'FBI. L'ADL considerava King un "pericolo pubblico". Fonti vicine alla famiglia di King hanno dichiarato che King si stava in realtà muovendo verso il sostegno pubblico alla causa palestinese, contrariamente alle frequenti affermazioni dell'ADL secondo cui King era un "convinto sostenitore di Israele".

Noto soprattutto per aver scritto un libro in cui afferma che i neri sono inferiori ai bianchi, Jared Taylor (a sinistra) una volta ha cercato di sabotare una conferenza dell'autore di *Giudizio Finale* Michael Collins Piper perché Taylor si era sentito offeso dalle critiche di Piper alla CIA e al Mossad. Gli scritti di Taylor sono stati oggetto di articoli sulla *National Review* di William F. Buckley Jr, membro della CIA, e sono stati elogiati da *Commentary*, curato da Norman Podhoretz dell'American Jewish Committee. L'opposizione di Taylor alla *Sentenza Finale* non sorprende, poiché Taylor aveva già contatti dietro le quinte con il defunto Irwin Suall (a destra), l'investigatore capo di lunga data dell'ADL, che condivideva l'opposizione di Taylor sia all'azione affermativa che alla *Sentenza Finale*. Carroll & Graf, l'editore newyorkese del libro di Taylor sulla razza, ha anche promosso una serie di libri bizzarri di un certo Harrison Livingstone che assolve attivamente la CIA da qualsiasi coinvolgimento nell'assassinio di JFK e incolpa del crimine Lyndon Johnson, sua moglie Lady Bird e i baroni del petrolio del Texas.

Robert Welch (a sinistra), fondatore della John Birch Society pro-Israele, ha avuto un ruolo fondamentale nel distrarre i conservatori dal possibile ruolo della CIA nell'assassinio di JFK, in direzione del KGB, favorendo la linea propagandistica di James J. Angleton, ufficiale di collegamento del Mossad della CIA. Morris Bealle, un conservatore americano, capì molto presto il gioco di Welch. Nell'edizione del 19 giugno 1965 del suo *Capsule News*, Bealle riferì che Welch aveva detto che il libro di Bealle, *The Guns of the Regressive Right (Le armi della destra regressiva)* - che puntava il dito contro la CIA - era "tutto sbagliato" e disse ai membri del Birch che non era la CIA, ma Lyndon Johnson a essere dietro l'assassinio di JFK. Secondo Bealle, "abbiamo esaminato a fondo tutti i suoi comunicati del 1964... [che] erano pieni di attacchi a Earl Warren e di strane espressioni di una cordiale intesa con lui sul mito che 'un comunista (cioè l'esca Oswald) abbia ucciso Kennedy'". Il 21 novembre 1988, la rivista *New* American della Birch Society ha elogiato il rapporto della Commissione Warren, sostenendo che "le prove dimostrano senza ombra di dubbio" che Lee Harvey Oswald - un pazzo comunista solitario - ha ucciso JFK.

Diversi scrittori su JFK hanno notato che l'impero mediatico di S. I. Newhouse (a sinistra), una delle principali potenze della lobby israeliana, ha giocato un ruolo chiave nel sopprimere le prove del complotto nel caso JFK. Probabilmente non è una coincidenza che l'amico di sempre di Newhouse, l'avvocato mafioso Roy Cohn (a destra) - che usava la sua influenza per influenzare le pubblicazioni di Newhouse - fosse un nemico della famiglia Kennedy e fosse legato alla società del Mossad

Permindex, che giocò un ruolo fondamentale nella cospirazione contro JFK. Un settimanale della cittadina di Newhouse pubblicò un articolo sul *Giudizio Finale*, ma il redattore eliminò i dati che si riferivano alla tesi del libro, sostituendoli goffamente con una pomposa dicitura secondo cui il libro "evocava accuse relative all'assassinio di JFK". Michael Collins Piper osserva: "Questa potrebbe essere la prima volta nella storia che un articolo su un libro sull'assassinio di JFK non menziona nemmeno la tesi del libro".

Nel 1997, dopo che una serie di notizie nazionali avevano riportato le accuse fatte in *Giudizio Finale* sul coinvolgimento di Israele nell'assassinio di JFK, il tabloid *Weekly News*, altamente sensazionale (ma ampiamente diffuso), pubblicò una bizzarra (ma tempestiva) storia di copertina annunciando che Fidel Castro aveva "confessato" di essere il principale mandante dell'assassinio - una storia del tutto coerente con il piano originale della CIA e del Mossad, pubblicò una bizzarra (ma tempestiva) storia di copertina in cui annunciava che Fidel Castro aveva "confessato" di essere il principale mandante dell'assassinio - una storia del tutto coerente con il piano originale dei cospiratori della CIA e del Mossad che avevano lavorato per collegare Lee Harvey Oswald a Castro e al KGB sovietico.

Il 14 gennaio 1992, il *New York Post*, pubblicato da Rupert Murdoch, uno dei principali sostenitori di Israele, pubblicò una storia mitica (a sinistra) secondo la quale Jimmy Hoffa, il capo dei Teamsters, sarebbe stato il responsabile ultimo dell'assassinio di JFK. La storia è stata scritta da Jack Newfield, un editorialista noto per la sua simpatia per Israele. Come la storia "Castro ha ucciso JFK" mostrata sopra, tutto ciò fa parte di uno sforzo da parte delle fazioni pro-Israele nei media per nascondere la verità sull'assassinio del Presidente Kennedy e confondere il pubblico con teorie estremamente contrastanti e diverse. I lettori affermano che

Giudizio finale è il primo libro che mette insieme la maggior parte delle teorie convenzionali in modo definitivo e sensato.

Dopo che l'autore di *Final Judgment* Michael Collins Piper ha inviato una prima bozza del suo libro a Paul Findley (a sinistra), lo stimato ex deputato liberale dell'Illinois, Findley ha scritto a Piper e ha rivelato che per quattro anni lui (Findley) ha intrattenuto una lunga corrispondenza con un ex diplomatico e ufficiale dei servizi segreti europei che aveva sofferto per mano del Mossad. Durante questo periodo, Findley ha fatto notare che il diplomatico aveva esortato Findley a scrivere un libro sul ruolo del Mossad nell'assassinio di JFK. Findley si offrì anche di inoltrare il manoscritto di Piper al diplomatico per una revisione. Dopo aver ricevuto il manoscritto, il diplomatico contattò Piper e gli fornì informazioni interne su quella che definì la "connessione francese" - che il diplomatico sosteneva essere, in realtà, un collegamento chiave del Mossad - all'assassinio di JFK. I dettagli confermarono le conclusioni iniziali di Piper e, sulla base dei contributi del diplomatico, Piper continuò la sua ricerca e migliorò sostanzialmente il suo manoscritto sulla connessione "francese" prima della pubblicazione.

Il 16 novembre 2003, pochi giorni prima del 40° anniversario dell'assassinio di JFK, l'organizzazione sionista americana di "destra" e guerrafondaia - una delle principali organizzazioni pro-Israele - ha assegnato il premio "Outstanding Journalism" a Joseph Farah (a destra), editore di *WorldNetDaily*, un quotidiano disponibile su Internet. Il premio è arrivato subito dopo che Farah ha iniziato a promuovere un nuovo libro intitolato *Triangle of Death: The Shocking Truth About the Role of South Vietnam and the French Mafia in the Assassination of JFK*. Sebbene per alcuni aspetti gli autori abbiano ripreso le ricerche di Michael Collins Piper sulla "connessione francese" alla cospirazione JFK, gli autori di Farah hanno accuratamente evitato di menzionare i molteplici collegamenti con il Mossad che possono essere trovati attraverso la "connessione francese". Quella che gli autori chiamano "nuova" prova - un documento della CIA relativo a un mercenario francese - era già stata notata da Piper e da decine di autori che si sono occupati del caso JFK prima di lui. Poiché Farah è noto sia per il suo fervente sostegno a Israele - nonostante le sue origini arabe - sia per i suoi legami con il miliardario

Richard Scaife (da tempo coinvolto in truffe della CIA), Piper sospetta che il libro di Farah sia "propaganda tendenziosa", progettata per distorcere l'immagine e sopprimere la vera verità sulla "connessione francese".

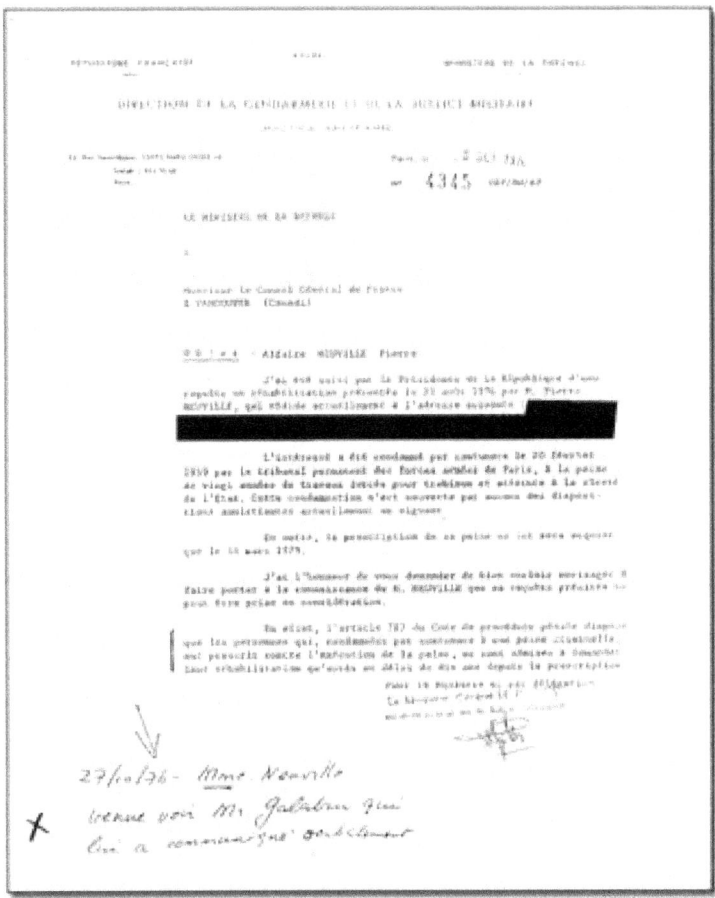

Qui sopra è riprodotto un documento (un tempo) segreto datato 6 ottobre 1976 e proveniente dall'ufficio della Divisione di Giustizia Militare del Ministero della Difesa. Questo documento inedito annuncia il rifiuto del governo francese di concedere la clemenza a Pierre Neuville, un ex diplomatico e agente dei servizi segreti francesi condannato in contumacia a vent'anni di lavori forzati per "tradimento" e "minaccia alla sicurezza dello Stato" per aver rivelato un complotto congiunto dei servizi segreti francesi e del Mossad per uccidere il presidente egiziano Nasser nel 1956. Pierre - che fuggì dalla Francia e andò in esilio - fornì in seguito a Michael Collins Piper informazioni essenziali per la stesura di *Giudizio finale*. Questo documento finora segreto (inavvertitamente trapelato a Pierre nel 1976, che poi lo consegnò a Piper) conferma che Pierre era coinvolto in una cospirazione di alto livello per conto dei servizi segreti francesi (nonostante l'affermazione ufficiale del governo francese che oggi sostiene il contrario). Pierre ritiene che Bernard Ledun (il funzionario del governo francese che pubblicò il documento contro il volere dei suoi superiori) sia stato ucciso per rappresaglia a Parigi il 1° febbraio 1994, quando il Mossad si rese conto che Pierre era una fonte per Piper nella stesura di *Giudizio finale*. L'indirizzo di Pierre è stato rimosso per proteggere la sua privacy.

Margaret Truman, figlia del Presidente Harry Truman (a sinistra), in una biografia del padre del 1973, ha affermato che agenti israeliani avevano già tentato di assassinare suo padre. Nel 1992, l'ex ufficiale del Mossad Victor Ostrovsky (a destra) rivelò che una fazione del Mossad aveva complottato per assassinare il presidente George H. W. Bush dopo che Bush era fuggito da Israele. Sebbene i sostenitori di Israele siano arrabbiati per le accuse di coinvolgimento del Mossad nell'assassinio di JFK, è opinione diffusa in Israele che l'intelligence israeliana abbia avuto un ruolo nell'assassinio del Primo Ministro israeliano Yitzhak Rabin nel 1995 (in basso a sinistra). John F. Kennedy Jr (in basso a destra) fece arrabbiare la lobby israeliana quando pubblicò sulla sua rivista *George* le accuse di collaborazione dei servizi segreti israeliani nell'omicidio di Rabin. Poco prima della morte di JFK Jr, l'autore di *Giudizio finale* Michael Collins Piper ricevette una lettera dattiloscritta anonima che elogiava Piper per il suo "coraggio" e diceva che l'autore della lettera "sapeva" che la tesi di Piper era corretta. Piper scoprì in seguito che l'indirizzo dattiloscritto sulla busta era quello dell'ufficio della rivista di JFK Jr. Inoltre, amici intimi di una figura di spicco della cerchia ristretta della Casa Bianca di JFK sostennero privatamente la tesi di Piper del coinvolgimento del Mossad nell'omicidio di JFK.

Quando Jack Ruby era di guardia al quartier generale della polizia di Dallas dopo l'assassinio di JFK (a destra), Ruby affermò che stava lavorando come "traduttore" per i "giornalisti" israeliani presenti sulla scena del crimine, ancora oggi non identificati. Il giorno dell'assassinio c'erano effettivamente degli israeliani a Dallas, tra cui una figura del Mossad e il futuro Primo Ministro israeliano Yitzhak Rabin, all'epoca ufficiale militare di alto grado, presumibilmente in "tour informativo militare", secondo la vedova di Rabin. Due settimane dopo, Rabin fu promosso Capo di Stato Maggiore delle Forze di Difesa israeliane. Questo non prova nulla, ma è un dettaglio per la cronaca. Perché nessun ricercatore abbia mai cercato di identificare gli israeliani che erano con Ruby rimane un mistero.

Lo scrittore C. David Heymann (a destra), cittadino israelo-americano ed ex agente del Mossad, è apparso all'indomani della tragedia che è costata la vita a John F. Kennedy Jr. e ha raccontato quella che ora sembra essere una storia completamente fraudolenta, anche se ampiamente promossa (sopra), che avrebbe dovuto "spiegare" perché l'incidente aereo di JFK Jr. è stato un incidente e nulla più. La domanda è se Heymann fosse in missione per il Mossad quando ha raccontato questa storia - e se sì, perché?

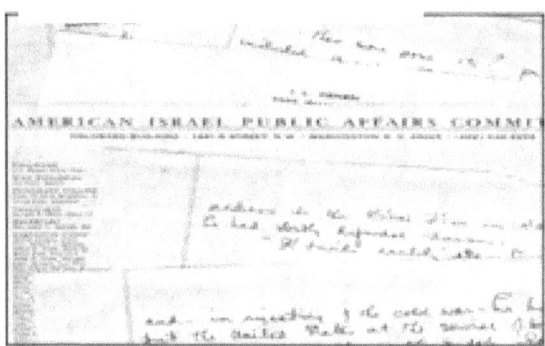 

Poco prima che la quinta edizione di *Giudizio Finale* andasse in stampa, una fonte anonima ha lasciato un fascio di documenti rivelatori fuori dall'ufficio dell'autore (a sinistra). I documenti, risalenti al 1976, includevano aspri attacchi scritti a mano contro JFK e la sua politica nei confronti di Israele da parte di nientemeno che I. L. Kenan, fondatore dell'American Israel Public Affairs Committee (AIPAC), la lobby di Israele. Gli attacchi di Kenan a JFK dimostrano senza ombra di dubbio che JFK non era un "grande amico di Israele" come la lobby israeliana (e alcuni studiosi) avevano suggerito per contrastare la tesi fondante del *Giudizio Finale*. Il libro del 2003, *Support Any Friend* (a destra) di Warren Bass, la prima panoramica sulla politica mediorientale di JFK, è stato finanziato da fondazioni pro-Israele e fa chiaramente parte dell'operazione per disinnescare la crescente consapevolezza delle affermazioni contenute in *Giudizio Finale*. Il libro, sponsorizzato da Israele, avanza l'argomentazione contorta e chiaramente fuorviante che il conflitto di JFK con Israele abbia rafforzato le relazioni tra Stati Uniti e Israele e sostiene che il fatto che JFK abbia fornito a Israele armi convenzionali (subendo in realtà un'estorsione nella speranza di impedire a Israele di costruire armi nucleari) sia in qualche modo "la prova" che JFK sia stato il padre spirituale della "relazione speciale" tra Stati Uniti e Israele. Non sorprende che i media statunitensi, in particolare i giornali ebraici, abbiano dato ampio spazio al libro. I critici del *Giudizio Finale* citano il libro di Bass come un'efficace confutazione del *Giudizio Finale*. Non lo è.

La pubblicazione ufficiale del governo degli Stati Uniti riportata qui sopra (pubblicata nel 1994) ha pubblicato per la prima volta documenti diplomatici statunitensi a lungo classificati che dimostrano l'esistenza di un'aspra disputa tra JFK e Israele sulla determinazione di Israele a costruire un arsenale nucleare. I documenti mostrano anche che altri aspetti della politica di JFK erano molto controversi per quanto riguarda Israele. Anche il libro più recente, *Israel and the bomb*, dello storico israeliano Avner Cohen, getta nuova luce sul conflitto a lungo segreto tra JFK e Israele, sebbene lo stesso Cohen abbia denunciato il *Giudizio Finale*. Le due pagine seguenti contengono estratti rivelatori di alcuni dei documenti americani più rilevanti...

> "Nell'ambito di una politica attentamente ponderata, rimaniamo contrari all'acquisizione di armi nucleari da parte di Israele".

Estratto da: Memorandum dell'Acting Assistant Secretary of State for Near Eastern and South Asian Affairs (Meyer) all'Assistant Under Secretary of State for Political

> Abbiamo ripetutamente indicato ad Israele, al più alto livello, la nostra opposizione alla proliferazione di capacità di armi nucleari... Non esiteremo a riaffermare con fermezza a Israele la nostra convinzione che non è nell'interesse di Israele o di questo Paese che Israele si impegni in programmi finalizzati alla produzione di armi nucleari... Sono fiducioso che l'attenzione costante che stiamo dedicando a questo problema impedirà a Israele di sviluppare una capacità di armamento nucleare".

Affairs (Johnson), 19 ottobre 1961.

Estratto da: Lettera del Segretario di Stato Rusk al Sottosegretario di Stato alla Difesa (Gilpatric), 30 agosto 1961.

> Sono stati aggiunti argomenti di politica estera degli Stati Uniti a favore di uno speciale accordo di sicurezza nazionale con Israele e a favore della fornitura del missile Hawk. *Queste argomentazioni sono poche e poco diffuse.* [enfasi aggiunta da Michael Collins Piper].

Estratto da: Lettera del Segretario di Stato Rusk al Sottosegretario di Stato alla Difesa (Gilpatric), 30 agosto 1961.

Argomenti a favore e contro un accordo speciale di sicurezza nazionale con Israele.

a. Per

i. Dal punto di vista della politica estera, *non c'è alcun vantaggio* [enfasi aggiunta da Michael Collins Piper].
ii. Da un punto di vista nazionale, i sostenitori americani di Israele sarebbero felici e meno critici nei confronti della nostra politica.

b. *Contrario*

i. Ciò rappresenterebbe una sfida diretta degli Stati Uniti agli arabi, distruggendo la crescente fiducia degli arabi nella nostra imparzialità e rimuovendo la copertura protettiva dell'ONU dietro la quale trattiamo la maggior parte delle questioni palestinesi.
ii. Questo non poteva essere bilanciato dalla creazione di un rapporto equivalente con gli arabi.
iii. Questo renderebbe gli Stati Uniti responsabili agli occhi degli arabi per ogni impresa militare israeliana.
iv. Incoraggerebbe gli arabi più fanatici a cercare relazioni simili con l'Unione Sovietica e darebbe ai sovietici un'arma di propaganda molto utile.
v. Questo sarebbe l'unico accordo di sicurezza americano con un altro Paese che non sarebbe diretto contro il blocco sino-sovietico e ci causerebbe ulteriori problemi con il Pakistan, rifiutando di prendere le parti del Pakistan nella disputa sul Kashmir.
vi. Questo porterebbe a un aumento della domanda israeliana di armi sofisticate. Ciò eserciterebbe una maggiore pressione sui leader arabi che sono ben disposti nei confronti degli Stati Uniti.
vii. Questo non sarebbe necessario per mantenere la sicurezza di Israele.
viii. Ciò comporterebbe problemi di sicurezza per la Difesa.

Crediamo che sia importante non cedere alle pressioni israeliane e nazionali per un rapporto speciale di sicurezza nazionale. Intraprendere un'alleanza militare con Israele distruggerebbe il delicato equilibrio che cerchiamo di mantenere nelle nostre relazioni in Medio Oriente [sottolineatura di Michael Collins Piper].

Estratto da: Nota dell'Assistente Segretario di Stato per gli Affari del Vicino Oriente e dell'Asia Meridionale (Talbot) al Segretario di Stato Rusk, 7 giugno 1962.

CINQUE OPINIONI SUI LEGAMI DEL MOSSAD CON LA COSPIRAZIONE PER L'ASSASSINIO DI JFK

Di seguito e nelle tre pagine successive sono riportati cinque diversi grafici, ognuno dei quali (a suo modo) dimostra la continuità del legame del Mossad con tutti gli elementi di contatto coinvolti in un modo o nell'altro nel complotto per l'assassinio di JFK. Questi grafici sono stati progettati dall'autore di *Giudizio Finale* Michael Collins Piper.

	La mafia	
I francesi in Corsica	L'OAS francese	Il complesso militare-industriale
L'insabbiamento dei media	CIA corrotta	Cubani anticastristi

Questo primo modello mostra una scatola (che Michael Collins Piper chiama "la scatola del Mossad") in cui una serie di scatole più piccole si inseriscono in un quadrato perfetto. L'area ombreggiata rappresenta l'articolazione del Mossad che è in contatto con tutti gli altri "sospetti" comunemente accettati legati all'assassinio e all'insabbiamento del JFK. Secondo Piper, questo modello dimostra che tutte le principali teorie ampiamente accettate sull'assassinio di JFK si adattano abbastanza facilmente alla "scatola del Mossad", se si raccolgono tutte le prove (come indicato nel *Giudizio Finale*). Piper aggiunge che anche i "baroni del petrolio" e gli "estremisti di destra" e la stessa FBI potrebbero essere aggiunti alla lista, come dimostra *Giudizio Finale*.

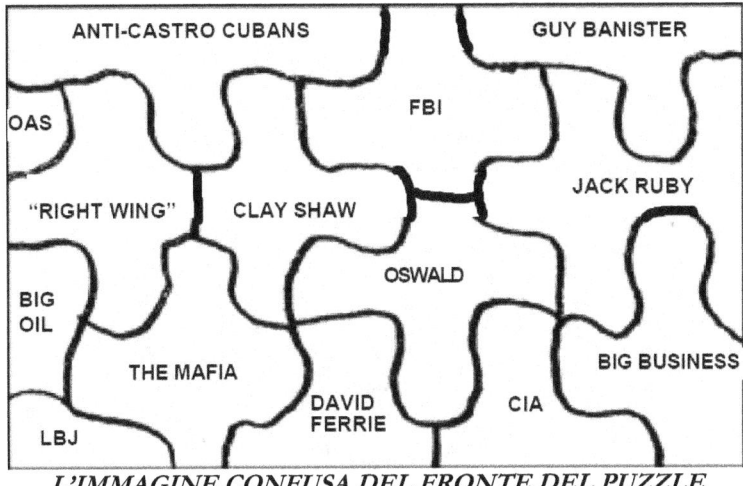

L'IMMAGINE CONFUSA DEL FRONTE DEL PUZZLE

Questo secondo modello mostra un puzzle, contenente molti pezzi apparentemente disparati (sopra) che presentano una visione di una cospirazione apparentemente complessa. Tutti i pezzi sulla parte anteriore del puzzle sono, nel gergo dei servizi segreti, "falsi vessilli", usati con eccellente abilità per confondere coloro che cercano di scoprire chi ha veramente ucciso John F. Kennedy - e perché. Tuttavia, se si guarda all'"altro lato del puzzle" (sotto), si vede che tutti i pezzi messi insieme illustrano un quadro sorprendentemente chiaro della bandiera israeliana.

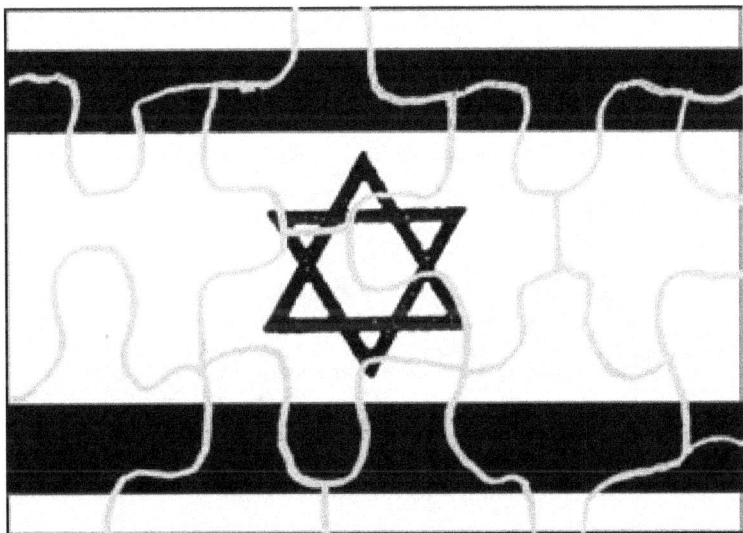

L'ALTRO LATO DEL PUZZLE....

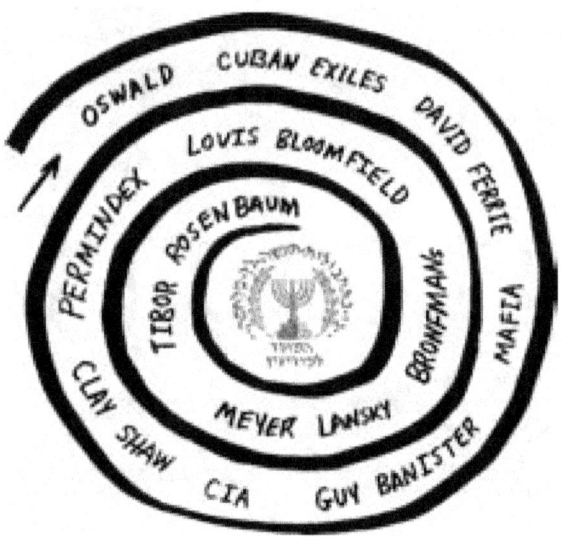

Questo terzo modello di "tunnel" circolare (mostrato sopra) illustra come, andando dietro le quinte dell'indagine sui personaggi chiave legati al complotto per l'assassinio di JFK, si arrivi infine al cuore della cospirazione: il Mossad israeliano, che in questo modello è rappresentato dal logo del Mossad al centro.

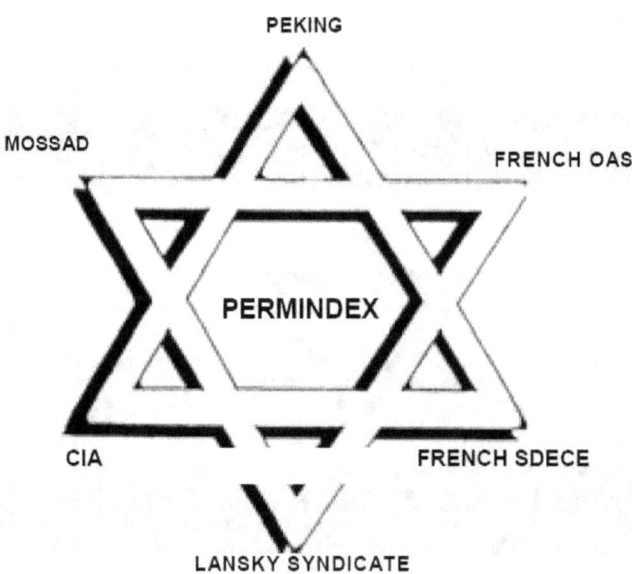

Questo quarto modello - che Piper chiama "la stella del Permindex" - dimostra anche la centralità della connessione del Mossad con tutti gli attori chiave coinvolti in un modo o nell'altro nella cospirazione e nell'insabbiamento dell'assassinio di JFK. Questo modello include la connessione "Pechino", che si riferisce al programma segreto di produzione di bombe nucleari congiunto tra Israele e la Cina rossa, forgiato da Shaul Eisenberg del Mossad, un giocatore chiave della rete Permindex.

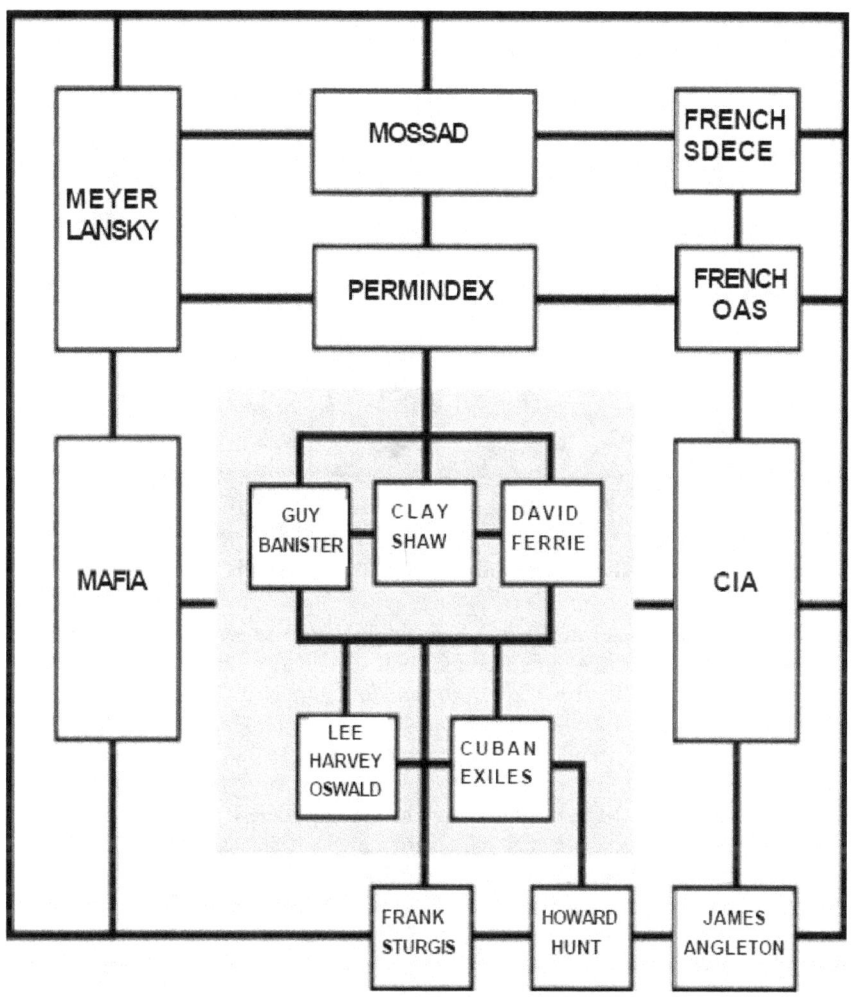

Questo grafico illustra le connessioni del Mossad con gli attori chiave della cospirazione contro JFK, in particolare quelle della CIA e dei membri del Sindacato Lansky di New Orleans che "travestirono" Lee Harvey Oswald da "agitatore pro-Castro" nell'estate del 1963. (Si noti, tuttavia, che il grafico non indica molti altri collegamenti significativi; ad esempio, i legami di Jack Ruby con Lansky e il contrabbando di armi israeliano o il controllo della mafia di Chicago da parte del collaboratore del Mossad Hyman Larner. Né menziona il probabile ruolo dei sicari corsi reclutati da simpatizzanti israeliani dei servizi segreti francesi. La relazione tra tutti questi attori apparentemente diversi è descritta in *Giudizio finale*. La maggior parte dei ricercatori non va oltre il legame "CIA-Mafia" a New Orleans (illustrato dalla zona grigia). Tuttavia, anche Frank Sturgis - un vecchio agente della CIA e del Mossad che ha affermato di essere stato coinvolto nell'assassinio di JFK - può essere considerato parte di questo legame per il suo ruolo nell'addestramento degli esuli cubani anticastristi fuori New Orleans. I ricercatori che sostengono che "La mafia ha ucciso JFK" ignorano accuratamente il legame di Clay Shaw con il sindacato di Lansky attraverso Permindex.

Il noto giornalista israeliano Barry Chamish (a sinistra) ha recentemente scritto che *Final Judgment* "fornisce prove convincenti che il Mossad è stato la forza trainante dell'assassinio di JFK". Autoproclamatosi "sionista" "impegnato per la forza e la sopravvivenza di Israele", Chamish accetta l'argomentazione di *Final Judgment* secondo cui Permindex era una copertura del Mossad per le operazioni segrete e che è plausibile che il Primo Ministro israeliano Ben-Gurion abbia apportato il know-how del Mossad al complotto per uccidere JFK a causa del suo disappunto per l'opposizione di JFK agli obiettivi nucleari israeliani. In precedenza, il 31 agosto 1996, il lettore *del Giudizio Finale* Ray Kalainikas aveva incontrato il famoso conduttore della CBS Walter Cronkite (a destra) al West Tisbury Farmers Market di Martha's Vineyard. Kalainikas illustrò la tesi del *Giudizio Finale* a Cronkite, che ascoltò attentamente. Poi, guardando verso il mare, Cronkite fece un'osservazione breve e concisa: "Non riesco a pensare a nessun gruppo - ad eccezione dei servizi segreti israeliani - che possa aver tenuto nascosto il complotto per l'assassinio di JFK così a lungo".

L'idea che il Mossad israeliano abbia cospirato contro un presidente americano - proprio la tesi del *Giudizio Finale* - ha acquisito credibilità quando Gordon Thomas ha rivelato nel suo libro *Gideon's Spies* che il Mossad aveva ricattato il presidente Bill Clinton con conversazioni registrate illegalmente tra il presidente e Monica Lewinsky. Questa rivelazione alimentò la campagna di impeachment contro Clinton in un momento in cui il conflitto tra Clinton e Israele si stava intensificando. In seguito, la Clinton fece infuriare la lobby israeliana sollevando pubblicamente dubbi sul programma "segreto" di armi nucleari di Israele, seguendo le orme del suo eroe, John F. Kennedy, che aveva fatto lo stesso in privato. Sebbene siano emersi molti "legami" tra Israele e le circostanze dell'affare Lewinsky, la storia completa del ruolo del Mossad nell'affare deve ancora essere raccontata.

Sulla scia della crescente consapevolezza da parte dell'opinione pubblica dei fatti esposti in *Giudizio Finale* sul conflitto di lunga data tra la famiglia Kennedy e Israele, la lobby israeliana ha intrapreso un grande sforzo per sopprimere la scomoda verità. Il 3 giugno 1998, in occasione di una settimana di celebrazioni per il 50° anniversario della nascita di Israele alla Union Station di Washington D.C. (nella foto sopra), la lobby israeliana ha lanciato un grande sforzo per sopprimere la scomoda verità. A Washington D. C. (nella foto sopra), c'è stata una trasmissione speciale: "Remembering Robert Kennedy", sponsorizzata dalla Anti-Defamation League. Il programma ha sottolineato che "questo evento è stato un tributo al forte legame tra la famiglia Kennedy e lo Stato di Israele", anche se ovviamente si tratta solo di un mito che non ha alcuna attinenza con la realtà geopolitica o storica.

La banconota statunitense del 1966 (qui sopra) è in possesso di un ex critico molto rispettato della Federal Reserve. La sua esistenza dimostra senza ombra di dubbio che è un mito assoluto che non siano state emesse banconote statunitensi dopo l'assassinio di JFK e smentisce la teoria secondo cui JFK sarebbe stato ucciso perché aveva ordinato che le banconote statunitensi fossero ritirate dalla circolazione e che, alla sua morte, il suo successore, Lyndon Johnson, avesse revocato l'ordine di JFK. *La Sentenza Finale* dimostra che l'ordine di JFK non aveva nulla a che fare con le banconote americane. Sebbene la famiglia Kennedy si opponesse alla Federal Reserve e avesse intenzione di sfidare il suo monopolio, il mito dei "Greenback di JFK" ha confuso le acque nel dibattito sulla cospirazione di JFK ed è un mito (in cui molti hanno scambiato i loro desideri per la realtà) che semplicemente si rifiuta di scomparire, nonostante i fatti.

Numerose appendici e bibliografia completa in: *Giudizio finale - L'anello mancante nell'assassinio di Kennedy - Volume*

ALTRE PUBBLICAZIONI

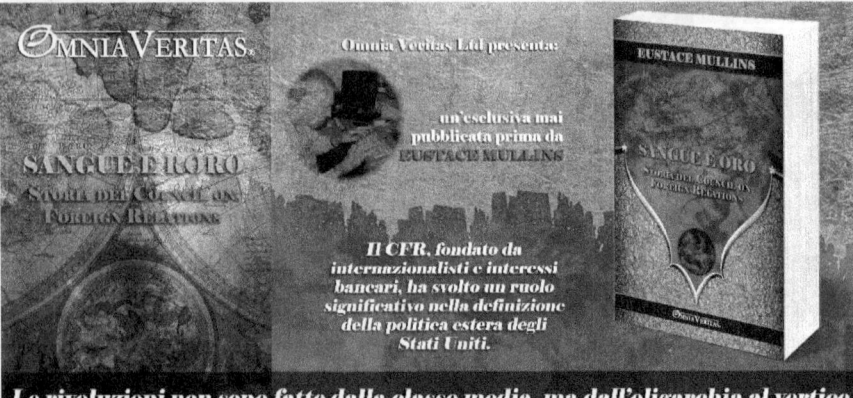

www.ingramcontent.com/pod-product-compliance
Lightning Source LLC
Chambersburg PA
CBHW050324230426
43663CB00010B/1738